»BIBLIOTECA DI ARCHEOLOGIA«
VOLUME 36

La collana è diretta da
Mario Torelli

ARTE E ARCHEOLOGIA DEL MONDO ROMANO

di
Mario Torelli
Mauro Menichetti
Gian Luca Grassigli

Schede a cura di
Lucio Fiorini, Simona Fortunelli, Marco Giuman

LONGANESI

www.longanesi.it

ISBN 978-88-304-2236-0

I edizione settembre 2008
II edizione maggio 2010
III edizione ottobre 2011
IV edizione novembre 2014
V edizione giugno 2016
VI edizione marzo 2018
VII edizione luglio 2020
VIII edizione luglio 2022
IX edizione aprile 2024
X edizione gennaio 2026

Finito di stampare nel mese di gennaio 2026
per conto della Longanesi & C.
da Press Grafica s.r.l.
Gravellona Toce (VB)
Printed in Italy

Indice generale

Parte III

Apparati

La questione dell'arte romana: un dibattito del XX secolo

Mario Torelli

1. La scoperta dell'arte romana: la Scuola di Vienna

Agli inizi del XX secolo, nella Vienna capitale di un grande impero centro-europeo al tramonto, ma al tempo stesso ricco di straordinari fermenti culturali che si possono ricapitolare nei nomi di Freud e di Musil, è stata posta per la prima volta in maniera moderna la questione dell'arte romana a opera di Alois Riegl e Franz Wickhoff, fondatori di quella che si usa chiamare "Scuola di Vienna". È assai significativo che a contrapporsi al giudizio negativo e senza appello riservato dagli archeologi classici alla cultura figurativa romana siano stati due studiosi di tardoantico, la fase più negletta e disprezzata tra quelle alle origini dell'arte europea. Figlia dall'accademismo neoclassico dell'archeologia filologica dell'Ottocento da Brunn a Furtwängler, la critica ufficiale privilegiava manifestamente la cultura greca e il momento della sua "perfezione" costituito dall'arte classica del V e IV secolo a.C.: ai loro occhi la cultura figurativa romana era soltanto il punto di arrivo della lunga decadenza dell'arte greca. Con la loro valutazione positiva dell'arte di Roma i due studiosi viennesi introducevano nel panorama degli studi di storia dell'arte un'importante ventata di novità.

A Franz Wickhoff si deve la prima affermazione di autonomia dell'arte romana, espressa nel lavoro introduttivo all'edizione delle miniature del codice tardoantico della Genesi di Vienna (*Die Wiener Genesis*), pubblicata nel 1905. Per Wickhoff il contributo più rilevante dell'arte romana sarebbe la ricerca della spazialità, da lui individuata negli sfondi prospettici dei rilievi storici, soprattutto in quelli dell'arco di Tito di Roma, nei quali si avverte la circolazione dell'atmosfera; collegata alla spazialità per Wickhoff era l'introduzione del paesaggio, da lui considerato come un'altra conquista della cultura figurativa di Roma. Oggi sappiamo che sia la spazialità che gli sfondi paesistici appartengono alle scoperte della pittura ellenistica, di cui Roma si è largamente servita per le proprie esigenze rappresentative; resta comunque il fatto che per la prima volta in maniera chiara e per rappresentazioni di grande apparato, come i rilievi storici, la critica d'arte ha parlato di una grande arte prodotta nel contesto storico dominato da Roma. Conservatore del museo di arte industriale di Vienna e perciò stesso interessato allo studio della produzione seriale e minuta di epoca imperiale e tardoantica di oggetti di uso, Alois Riegl parte invece da prodotti minuti realizzati nel quadro di una vera e propria manifattura primitiva, interrogandosi sulla genesi e sulla diffusione di questi oggetti e della loro ornamentazione, che accoglie e modifica temi e motivi di ascendenza classica per le esigenze decorative delle varie classi di materiale al centro dei suoi interessi. Riegl era già stato autore nel 1888 di *Stilfragen* (Questioni di stile), classificazione tipologica e genetica dei motivi decorativi classici, che si iscrive ancora nel pieno della corrente di pensiero del positivismo; pochi anni più tardi, nel 1900, con *Spätrömische Kunstindustrie* (Industria artistica tardoromana), egli pone le fondamenta di una lettura stilistica delle opere d'arte romane, la cui influenza si fa ancora sentire nella critica d'arte contemporanea. La linea di ricerca di Riegl diviene ora quella ben riassunta dal termine da lui impiegato di *Kunstwollen*, letteralmente "volontà d'arte", tradotto in modo abbastanza imperfetto in italiano con la parola "gusto", espressione priva della forte connotazione di scelta cosciente del corrispondente tedesco: tutte le opere d'arte antica (e non solo quelle, com'è ovvio arguire) sono prodotte da una ben precisa "volontà d'arte", frutto di un orientamento individuale e collettivo capace di indirizzare in maniera sia conscia che inconscia le tendenze dell'espressione artistica di una data epoca. I limiti di siffatta scelta di metodo sono evidenti, dal momento che il punto di arrivo di questa linea metodologica può essere – e spesso è – un vago giustificazionismo storico; ciononostante, la rinunzia a un modello di perfezione come era quello classico è esplicita e il salto di qualità nei confronti dell'imperante neoclassicismo enorme. Tuttavia, non meno dei suoi contemporanei di tendenze neoclassiche, anche Riegl contrapponeva a quello tardoantico, da lui sentito come genuinamente "romano", il modo classico di esprimere le forme: per Riegl la forma tardoantica era *optisch*, "ottica", mentre quella classica era *haptisch*, un neologismo tedesco tratto dal greco *hapto*, "toccare", e quindi "tattile", una contrapposizione quindi tra una visione pittorica, propria dell'espressione tardoantica, e una visione plastica, tridimensionale e volumetrica, che caratterizzerebbe invece l'opera d'arte greca. Soprattutto importante appare questa sua concezione della forma, che per la prima volta, sotto la suggestione delle scoperte moderne nel campo della psicologia e delle teorie della visione, superava il pregiudizio naturalistico di lontana origine aristotelica dell'arte come imitazione della natura, peraltro già sconfitta da un lato dalla fotografia e dall'altro dalle tendenze più avanzate dell'arte contemporanea, a partire dal trionfo della pittura degli impressionisti sin dal lontano *Salon* del 1861.

2. L'arte romana negli anni del fascismo e lo storicismo integrale di Bianchi Bandinelli

Questi fermenti nel campo della critica dell'arte antica, assieme a mille altre cose, vengono travolti dalla prima guerra mondiale. La Scuola di Vienna, nata attorno alla questione dell'arte romana, abbandona di fatto quel terreno, mostrando la propria vitalità soprattutto nell'ambito della storia dell'arte medievale e moderna, a opera di personalità molto diverse, come Arnold Hauser ed Ernst H. Gombrich; l'attività dei seguaci della Scuola giunge a toccare i nostri giorni, diffondendosi soprattutto nel mondo anglosassone, dove godrà di ampia fortuna, parallela a quella dell'altra grande scuola di storia dell'arte moderna fondata ad Amburgo da Aby Warburg e per le note vicende delle persecuzioni razziali trasportata a Londra. Le correnti irrazionalistiche di evidente origine provinciale e il trionfo della retorica nazionalista e fascista, che dominano la scena culturale italiana, non lasciano penetrare nel Paese i fermenti migliori della cultura di lingua germanica sviluppatisi tra la fine del XIX secolo e i primi tre decenni del XX. Come insegnano le impegnative operazioni di recupero e ricostruzione dell'*Ara Pacis* e l'allestimento della colossale Mostra Augustea della Romanità, personalmente volute da Mussolini per celebrare nel 1938 il bimillenario della nascita di Augusto, scoperto modello della figura del capo del fascismo, il romanesimo sostenuto dal regime a fini puramente trionfalistici, se da un lato ha favorito lo sviluppo di scavi e ricerche archeologiche di argomento romano, ha anche contribuito a lasciare nell'ombra ogni novità e le posizioni più moderne sia nel campo della storia dell'arte sia nell'ambito della metodologia nella ricerca archeologica. In particolare sono state del tutto ignorate le conquiste delle scuole storico-artistiche austriaca e tedesca, come peraltro le innovazioni nelle tecniche di indagine e di scavo elaborate nel mondo anglosassone, tradizionalmente legato alle scelte di matrice positivistica. Tutte queste novità appaiono di fatto trascurate ben oltre la caduta del fascismo, fino a dopo la metà del secolo: basti pensare che la prima traduzione italiana della *Spätrömische Kunstindustrie* di Riegl viene pubblicata solo nel 1950, dovuta a Sergio Bettini, non a caso uno storico dell'arte bizantina e non un archeologo. In definitiva, uno scenario, quello italiano, connotato da un forte provincialismo, sul quale domina una classe accademica retriva e impermeabile al nuovo. La lezione della Scuola di Vienna di Riegl e Wickhoff verrà in qualche modo ripresa dal più geniale e attento storico dell'arte romana dei nostri tempi, Ranuccio Bianchi Bandinelli, dominatore della scena della storia dell'arte romana in Italia nei quattro decenni a cavallo della metà del XX secolo, che non nascondeva il suo debito nei confronti dei due grandi viennesi. Figura di intellettuale anomalo di formazione crociana, Ranuccio Bianchi Bandinelli, dopo un primo periodo di disimpegno, negli anni della guerra sceglie di aderire al Partito comunista clandestino, all'interno del quale profonderà per oltre trent'anni un impegno culturale di spicco. Spinto da una forte esigenza di dare sostanza storica alle opere d'arte e da un preminente interesse per l'arte preromana e romana, Bianchi Bandinelli elabora ben presto teorie improntate a uno storicismo molto sentito, articolato sulla base di una serrata lettura formale. Dopo il suo primo libro-manifesto *Storicità dell'arte classica* (1942, III ed. 1973), nel quale espone con diversi saggi vari aspetti del suo metodo storicistico, Bianchi Bandinelli marca un graduale distacco dagli assunti di partenza neo-hegeliani, evidente nella seconda raccolta di saggi *Archeologia e cultura* (1961), per approdare alle posizioni sue più mature con la trilogia *L'arte romana al centro del potere* (1969), *La fine dell'arte antica* (1970) e *Etruschi e Italici prima del dominio di Roma* (in collaborazione con Antonio Giuliano, 1973) e con l'ultima raccolta postuma di saggi *Dall'ellenismo al medioevo* (1978). Secondo Bianchi Bandinelli l'arte romana è caratterizzata da un bipolarismo strutturale, tra forma greca ed esigenze espressive "nazionali" con tutto il loro retaggio di contenuti e di forme, tra arte del centro, realizzata per la classe dominante centrale con il proprio vertice nell'imperatore, e arte della periferia, quella cioè dei ceti subalterni dell'Italia dei municipi e delle province: quest'ultima, definita nel libro *Dall'ellenismo al medioevo* come "arte plebea", in contrapposizione a quella aulica e neoclassica del centro del potere. L'altra polarità ravvisata da Bianchi Bandinelli è quella che egli espone nel 1956 in un libretto polemico dal titolo *Organicità e astrazione* (rist. 2005), tra una forma organica, che tende a rappresentare naturalisticamente le componenti della realtà (gli "organismi"), e una forma astratta: la prima, basata sulla razionalità, caratterizzerebbe la tradizione classica, e la seconda, fondata su scelte irrazionali, connoterebbe invece sia le produzioni periferiche del mondo antico che i movimenti artistici del XIX e XX secolo, in polemica contro l'imitazione della natura della millenaria tradizione artistica occidentale, che, a partire dai primi trionfi dell'impressionismo, si mostrano dichiaratamente ispirati dall'irrazionalismo.

3. Le nuove tendenze

Il pensiero, per molti versi assai complesso, di Bianchi Bandinelli ha avuto un significativo seguito fra i suoi numerosi allievi diretti, ma anche fra studiosi di altre scuole: l'attenzione di tutti costoro non ha però proceduto sulle questioni relative alla forma, ma si è concentrata sui messaggi dell'arte romana e sulle mentalità che la governano, sulla composizione della committenza di epoca repubblicana e imperiale, sul rapporto molto articolato tra mondo greco e mondo romano in termini sia di stile che di circolazione della manodopera artigianale e artistica, sugli aspetti della produzione e della distribuzione dei manufatti, soprattutto – ma non esclusivamente – ceramici. Tra gli anni '60 e gli anni '80 la prospettiva di analisi dell'arte romana si è ulteriormente allargata alla cultura artistica della Cisalpina, importante cerniera tra l'ufficialità del centro e l'arte delle province, che ha trovato un prolifico interprete moderno in Guido Achille Mansuelli. Alla sua attività, proseguita dalla sua scuola e da una vasta cerchia di studiosi attivi in Italia settentrionale, si deve la classificazione sia delle architetture che delle produzioni soprattutto di scultura decorativa e di arti minori, tolte finalmente dalla penombra cui l'aveva condannata l'arte ufficiale promossa dalla capitale, centro di attenzione critica pressoché unico. A lui e alla sua scuola si deve anche un particolare interesse per gli aspetti programmatici degli apparati decorativi pubblici e privati e per gli impatti visivi creati dalle prospettive e dai percorsi creati dalle architetture. Notevole importanza e particolare seguito in Italia ha infine l'indirizzo metodologico perseguito da Salvatore Settis e dalla sua scuola in relazione sia allo studio non tradizionale delle iconografie perseguito in chiave warbughiana che alla storia culturale e alla sopravvivenza dell'antico, tendenza che sta scrivendo pagine molto importanti per la storia dell'arte antica e non solo per quella.

Fuori d'Italia le novità più importanti ci vengono ancora una volta dalla Germania, dove nel secondo dopoguerra, a partire dagli anni '70, si è verificata una vera e propria rinascita di studi sull'arte romana, ma su basi metodologiche del tutto nuove rispetto alla tradizione filologica di studi, tenuti in vita tra gli anni '30 e gli anni '50 da una generazione di studiosi, che, con qualche significativa eccezione, come quelle di Richard Delbrück e di Georg Rodewaldt, studiosi della tarda antichità, appaiono più impegnati nell'alta filologia che nella ricerca di nuovi indirizzi metodologici. Il nuovo corso dell'archeologia tedesca si è giovato dell'apporto di una generazione di storici dell'arte romana, tra i quali spiccano i nomi di Klaus Fittschen, Paul Zanker e Tonio Hölscher, che ha saputo coniugare il livello elevatissimo della tradizione filologica ben radicata in Germania con novità di approccio molto diverse fra loro, che vanno dalla psicologia sociale alla semiologia. In particolare nella serie di lavori dedicati all'arte augustea da Zanker, che toccano sia l'architettura che la scultura, la ritrattistica e il rilievo storico, con attente consonanze nel campo letterario, si introduce (*Forum Augustum*, 1968; *Forum Romanum* 1972; *Augustus und die Macht der Bilder*, Augusto e il potere delle immagini, 1987) il concetto di *Bildprogramm*, di "programma iconografico", ovvero il progetto organico di discorso per immagini, legato al messaggio che il committente intende trasmettere con l'opera d'arte. I suoi studi di ritrattistica pubblica e privata hanno messo in luce la sapiente manipolazione del ritratto ellenistico da parte delle élite romane e al tempo stesso la forte omologazione prodotta dal ritratto imperiale nella ritrattistica delle classi dirigenti locali, incarnata dal concetto di *Zeitgesicht*, ossia di "volto dell'epoca", che egli mette a fuoco in un lavoro a quattro mani con Klaus Fittschen (*Herrscherrbild und Zeitgesicht*, 1982, 1983); non meno innovativi sono gli impulsi dati all'aspetto della percezione (e del connesso carattere persuasivo) delle architetture e degli spazi pubblici, che occupano una parte importante delle sue ricerche più recenti.

A Klaus Fittschen, impegnato con successo anche sul versante della cultura figurativa greca, oltre a una serie di significativi studi di pittura pompeiana, si deve invece un brillante e acuto lavoro di sistemazione della ritrattistica romana e della classe dei sarcofagi, con l'introduzione del concetto di *Bildnispropaganda*, ovvero di "propaganda realizzata con il ritratto". Tonio Hölscher infine, anch'egli interessato in pari misura al mondo greco e al mondo romano, ha innovato gli studi sul rilievo storico romano (*Staatsdenkmal und Publikum*, Monumenti di stato e il pubblico, 1984), ma soprattutto si è distinto e continua a distinguersi per l'elaborazione del concetto di *Bildsprache*, di "linguaggio delle immagini", di cui propone una penetrante analisi dei sistemi semantici messi in campo dall'arte romana (*Römische Bildsprache als semantisches System*, Il linguaggio figurativo romano come sistema semantico, 1987; trad. it. 1991). Notevole è la sua tendenza alla riflessione metodologica sull'archeologia contemporanea, espressa in libri e articoli editi fino ad oggi, come *Klassische Archäologie am Ende des 20. Jahrhunderts*, L'archeologia classica alla fine del XX secolo (1995), *Formen der Kunst und Formen des*

Lebens, Forme dell'arte e forme della vita (1995) e *Klassische Archäologie. Eine Einführung*, Archeologia classica. Una introduzione (2000) pubblicata in collaborazione con Paul Zanker e Adolf Borbein.

Le nuove tendenze di cui abbiamo parlato a lungo per l'Italia e la Germania si riproducono in Francia, Inghilterra e Stati Uniti, dove però assumono il colorito proprio delle rispettive tradizioni culturali. In Francia il forte insediamento tenuto dall'antropologia nella cultura dominante fa mettere l'accento (anche se palesemente più orientato verso il mondo greco che su quello romano) sulla costruzione delle mentalità e sul contributo della psicologia sociale manifestato negli indirizzi all'origine dei messaggi visivi, mentre un posto speciale è occupato dagli studi di architettura romana, soprattutto quelli fortemente innovativi di Pierre Gros (*L'architecture romaine* I-II, 1996-2001).

In Inghilterra, ma soprattutto negli Stati Uniti, accanto a una non secondaria sopravvivenza di studi di tipo accademico, ha profondamente interagito con le tradizioni locali un significativo influsso europeo derivante dalla presenza di cospicui gruppi di storici dell'arte e archeologi emigrati, fuggiti dalla Germania nazista, da Otto Brendel a Peter von Blanckenhagen. Oggi, nel contesto di scambi culturali sempre più intensi e profondi sollecitati dal processo di globalizzazione, possiamo senz'altro dire che nella comunità scientifica internazionale esiste un panorama sostanzialmente unitario negli orientamenti degli studi della storia dell'arte romana, nei quali terreno largamente comune per il XXI secolo è costituito dalla ricerca sui programmi decorativi, sui modi della circolazione dei messaggi, sul linguaggio delle immagini e sui rapporti di questo con la psicologia sociale, con le mentalità e i diversi livelli sociali e culturali della committenza. Tutto ciò non vuol dire che fra le varie scuole non sussistano più differenze. Nel mondo anglosassone, il vecchio pregiudizio neoclassico assegna agli studi di arte greca un posto di gran lunga superiore a quello attribuito agli studi di arte romana, così come in Francia il primato degli studi di antropologia del mondo antico, vero e proprio centro di preminente interesse delle ricerche di archeologia e di storia antica della nazione, ha fortemente condizionato lo sviluppo in direzione del mondo greco.

La tradizione italiana di studi di archeologia romana a sua volta si distingue fortemente dalle altre per più di un motivo. Particolarmente significativa è l'attenzione rivolta dagli studi italiani verso la dimensione sociologica, un tratto che per certi versi l'accomuna all'archeologia francese, retaggio della lezione e, in taluni casi, dell'impegno politico di Ranuccio Bianchi Bandinelli. Ma ancor più rilevante è l'assoluta unicità dell'interesse della ricerca italiana per le fasi più antiche dell'arte di Roma, fortemente – e a torto – trascurato dalle altre scuole. Ciò si deve alla larga ed esclusiva diffusione in Italia, a somiglianza delle *Antiquités nationales* francesi, di studi di archeologia etrusca e italica, *humus* dell'arte di Roma almeno fino al II secolo a.C. (e per certi versi anche oltre), ma anche al sussistere negli altri Paesi dell'influenza della vecchia tradizione accademica, che, come abbiamo visto, considerava l'arte romana una sorta di prosecuzione e di impoverimento di quella greca e comunque "visibile" soltanto a partire dal collasso dei regni dei Diadochi in epoca tardoellenistica.

Questo carattere di "archeologia nazionale" rivestito in Italia dalla storia dell'arte romana non a caso si è accompagnato al sostanziale declino degli studi di storia dell'arte greca, da noi indirizzati, in maniera pressoché esclusiva e non priva di un sostanziale provincialismo, verso lo studio dell'archeologia della Magna Grecia, che per gran parte dell'Italia meridionale e per la Sicilia riveste il ruolo di "antichità nazionali".

I

La lunga storia di una committenza

I

La lunga storia di una committenza

Mario Torelli

1. La situazione della protostoria

Sarebbe sciocco pensare che negli oltre mille e duecento anni di storia di Roma la committenza artistica, della città prima e dell'impero poi, sia sempre stata uguale a se stessa. Come ha scritto Bianchi Bandinelli, l'arte è "espressione della libertà dei ceti socialmente attivi" e in quei dodici secoli i ceti socialmente attivi sono stati assai diversi per composizione, dinamicità, esigenze, quantità di risorse e di potere a disposizione. Scrivere la storia di questa articolata committenza significa ripercorrere insieme e sotto un'angolatura unica la complessa vicenda storica di Roma in congiunzione con quella della sua cultura figurativa. Il momento più arcaico della città, che va dalla sua fase preurbana, vissuta da un gruppo di villaggi collocati sulle alture affacciate sulla valle del Foro, fino a metà circa dell'VIII secolo a.C., quando l'unificazione di quei villaggi è un fatto acquisito, è caratterizzato da una società molto compatta. Questa società è ben rappresentata dalle sue necropoli di tombe a pozzo e a fossa, da cui si ricava l'immagine di estese comunità "egualitarie", forse le *curiae* della tradizione, "società di uomini" dalle evidenti finalità militari e religiose, apparentemente controllate da capi. La fisionomia "politica" di questi capi ci è restituita dalla tradizione nella forma della regalità romana arcaica, una sorta di *chiefdom* basata non su successione dinastica, bensì sul possesso di quella che i Greci chiamavano "aristeia", la superiorità fisica o morale sugli altri che conferisce autorità e potere.

In questa società la sola produzione di oggetti di tipo artigianale certamente interna alle singole comunità è quella delle ceramiche, eseguite su base familiare o comunitaria in impasti non depurati di vario grado di raffinatezza a seconda degli usi; gli oggetti in metallo appaiono prodotti da cerchie officinali di dimensioni a volte molto ampie, prova dell'esistenza di artigiani capaci di organizzare lo smercio a distanza dei propri prodotti o forse anche girovaghi, come sembrano attestare i "ripostigli", depositi di bronzo a volte anche ingenti, trovati in larga misura lontano dagli abitati. L'originaria posizione sociale, non solo libera, ma addirittura elevata, di questi artigiani è attestata dalla loro collocazione nelle classi del censo serviano, nel quale i *fabri*, fabbri e carpentieri, erano censiti al livello più alto, ossia nella prima classe; la stessa tradizione che attribuisce a Numa la creazione di corporazioni artigiane suona come conferma dell'interesse della comunità romana arcaica per queste produzioni specializzate, di grande rilievo per la società, che nella fabbricazione di strumenti e armi in metallo riconosceva un'attività addirittura vitale per la comunità. Nel corso dell'VIII secolo a.C. quel potente organismo unitario che è la società delle *curiae*, minato dall'incalzare di profonde contraddizioni che ne negano le basi egalitarie esaltando invece il rango, va incontro a una rapida e inesorabile distruzione, sanzionata prima dalla nascita, sia pur molto embrionale, delle forme politiche, religiose e sociali della città intorno al 750 a.C. e poi dalla scomparsa dei grandi sepolcreti unitari verso il 700 a.C., sostituiti da tipologie sepolcrali che riflettono la nuova articolazione socio-politica ed economica e il cui vertice è occupato dalle tombe a camera a carattere familiare e gentilizio. Lungo gran parte dell'VIII secolo a.C., la formazione della *gens*, consustanziale ai processi di definizione delle forme urbane, determina un nuovo stato di cose nella realtà sia dell'importazione che della produzione di oggetti di prestigio: il primato che le varie *gentes* si contendono all'interno della città, sia in quella primitiva che in quella di età repubblicana, si nutre dell'esibizione della ricchezza come espressione della potenza del gruppo, una circostanza questa che trasforma radicalmente tanto la produzione artigianale quanto la circolazione di oggetti di lusso. Già nel IX secolo si erano registrate le prime importazioni di manufatti di pregio di fabbricazione straniera, provenienti dal Vicino Oriente e dall'Egeo, in qualche modo segnale di una ripresa di quei traffici che nel tardo II millennio a.C. avevano fatto giungere sulle coste della penisola e della Sicilia oggetti di produzione micenea, in prevalenza ceramiche, talora persino imitate da fabbriche locali. All'inizio si tratta di materiali molto modesti di produzione quasi certamente fenicia, come le perline di vetro e gli scarabei destinati all'ornamento personale, ma ben presto, con l'intensificarsi delle frequentazioni prima fenicie e poi greche, il porto di Roma sul corso del Tevere, assieme agli approdi che facevano capo alle metropoli etrusche del Sud, Caere, Tarquinia e Vulci, a partire dall'inizio dell'VIII secolo a.C. diventa una delle mete più ambite di questi navigatori. Tali frequentazioni trovano una spiegazione nel vasto entroterra della penisola che il corso del fiume metteva in contatto con il Tirreno, veicolo dei fiorenti scambi di questi oggetti preziosi con metallo, soprattutto ferro di produzione etrusca, ma anche con derrate alimentari, minerali vari, ambra, pellami, schiavi: e, come abbiamo visto, con l'VIII secolo a.C. i traffici si intensificano in funzione della rapidissima crescita delle aristocrazie dell'Etruria e del Lazio e dei loro bisogni.

Per la penisola e per Roma in particolare, l'introduzione del vino di fabbricazione greca può essere considerata uno degli elementi più formidabili di sviluppo economico, sociale e culturale. I vini di produzione sia greca che fenicia e il *vinum odoratum*, il vino speziato, gradualmente, a partire dalla metà dell'VIII secolo a.C., prima si affiancano a un vino di produzione locale, noto già nell'età del Bronzo, e poi alla fine del VI secolo a.C. lo sostituiscono del tutto. Oltre a cambiare gli usi alimentari, questa nuova moda ha avuto soprattutto il merito di importare in Italia il cerimoniale del simposio alla maniera greca, di cui Etruschi e Latini si impadroniscono subito e che trasforma in profondità il costume locale. Il simposio diviene sede di produzione di cultura, di intreccio e conferma di relazioni di sangue e di rapporti politico-sociali: il rituale cementa il gruppo, ed è dunque di particolare importanza non solo per il mantenimento dei rapporti gentilizi, ma anche per la nascita di relazioni fra non consanguinei, finalizzate a costituire gruppi dal forte impatto politico, religioso, culturale. Con l'arrivo di queste novità siamo in presenza dell'atto di nascita della più antica committenza di Roma, del Lazio e dell'Etruria, espressione dei primi gruppi aristocratici emersi dal buio della protostoria. Le esigenze di prestigio di questa primitiva classe dominante trovano piena soddisfazione nella suggestiva mistione di tratti greci dell'età orientalizzante e di elementi orientali veri e propri, assunti tuttavia anche questi in larga misura attraverso gli intermediari ellenici e, come tali, "grecizzati": gli elementi culturali orientali e greci importati vengono comunque adattati in maniera accurata alla cultura preistorica locale più profonda e remota, di carattere per così dire nazionale. Di questi processi di cosciente e studiato adattamento alle esigenze e alle mentalità indigene ci documentano i "prestiti" culturali più significativi risalenti a questa fase, dall'ellenizzazione iconografica e funzionale del *pantheon* latino ed etrusco all'introduzione della scrittura a Roma e in Etruria dal mondo greco calcidese. Si costituiscono ora le basi più solide e profonde della mentalità gentilizia e le ragioni della sua continua dipendenza dal mondo greco per l'innovazione, che costituiranno una costante della cultura artistica di epoca regia e repubblicana, fino alla fondazione dell'impero e per certi aspetti anche oltre. Solo la nascita dell'impero, che avviene grazie anche a una radicale trasformazione della composizione, dell'economia e della cultura delle aristocrazie dominanti e delle forme politiche da queste via via elaborate nel corso di quasi ottocento anni, porterà a marcati cambiamenti della mentalità romana più profonda, creando la nuova committenza imperiale e la cultura, variamente romanizzata, della penisola e delle province.

2. La mentalità gentilizia e i primi interlocutori greci

Da sempre si è riconosciuto che la base economica dell'aristocrazia romana è costituita dalla terra e da tutte le attività produttive primarie controllate attraverso essa; lo scambio, com'è noto, non rientra tra le attività cui i patrizi romani potessero ancora dignitosamente dedicarsi nella piena età storica , anche se a volte, con o senza intermediari, vi si applicarono più o meno apertamente soprattutto alla fine dell'età repubblicana. La struttura sociale aveva un pilastro fondamentale nella formula della *clientela*, forma di dipendenza non servile, che legava al capo della *gens* i *clientes* sia nella produzione che nella vita politica e militare, un legame questo destinato però a trasformarsi in modo radicale dopo la crisi dei rapporti politici tra plebe e patriziato. Molto più complessa e paradossalmente mai descritta in forma compiuta e soddisfacente è invece la formazione della cultura gentilizia romana, che ha governato per secoli la committenza sia pubblica che privata.

Oltre ai legami economici, politici e giuridici appena descritti, gli ingredienti fondamentali dello spirito gentilizio romano sono in ultima analisi tre, il *mos maiorum*, ossia i modelli tradizionali di comportamento individuale e collettivo, la *religio*, i rituali della religione tradizionale da osservare in modo ossessivamente scrupoloso, e la *gloria*, ossia il prestigio sociale ottenuto prima di tutto con atti di valore militare, che fa attingere il titolare dell'atto a livelli di *status* sovrumani; in epoca medio e tardorepubblicana, sull'esempio contemporaneo greco, la *gloria* può essere conseguita anche con l'esercizio di particolari virtù non militari, atti capaci di generare orgoglio individuale, che nel caso romano era tuttavia sentito tutt'uno con quello collettivo, gentilizio e civico, mai del tutto separati fra loro. Il rispetto del *mos* e della *religio*, unito al conseguimento del successo militare e sociale e dunque della *gloria*, determinano la considerazione di cui godono l'esponente della *gens* e il suo gruppo e dunque il suo statuto di preminenza universalmente riconosciuto. Questo, per sommi capi, il quadro generale dei valori formativi della mentalità gentilizia, ricca comunque di retaggi patriarcali, destinata a sopravvivere nei secoli, fino all'epoca imperiale, grazie al particolare conservatorismo romano, cementato per l'appunto dal *mos maiorum* e dall'osservanza scrupolosa dei cerimoniali politico-religiosi, alla radice del caratteristico ritualismo della religione di Roma. In questo contesto non c'è da meravigliarsi del fatto che i prodotti dell'arte e dell'artigianato debbano prima di tutto celebrare questi valori distintivi dell'*ethos* patrizio, che nel concreto non vengono vissuti come separati, ma mescolati fra loro in maniera inestricabile nella rappresentazione che ne dà l'opera d'arte. Il modesto livello artigianale raggiunto dall'Italia della prima età del Ferro, anche della parte più avanzata di essa nella quale si collocavano Roma e il Lazio, viene radicalmente trasformato dall'arrivo, a partire dalla metà dell'VIII secolo a.C., di artigiani greci, che si spostano nella penisola al seguito degli scambi mercantili e del passaggio fra le prime aristocrazie tirreniche di mode culturali e di tecnologie greche. Per tutto l'VIII e gran parte del VII secolo questi artigiani provengono direttamente o indirettamente dall'area delle colonie calcidesi, Cuma in testa: i primi a giungere sono, forse assieme agli orefici, giunti già dalla fondazione di Pitecusa nell'isola di Ischia (775 a.C.), gli artigiani della creta, vasai *in primis*, che introducono già nella seconda metà dell'VIII secolo a.C. i servizi per il simposio, eseguiti in argilla figulina con la tecnica, sconosciuta in area tirrenica, del tornio veloce. La loro tecnica e i loro prodotti divengono presto tanto popolari da essere imitati nelle tradizionali forme dell'impasto e poi, con la metà del VII secolo a.C., del bucchero. I rituali religiosi romani registrano la nuova presenza di questi artigiani in seno alla primitiva realtà urbana, segnalandoci che il vasaio era una "presenza impura", ossia nuova secondo i parametri religiosi vigenti fondati sul *mos maiorum*: il lessico antiquario di Festo infatti ricorda che i sacerdoti romani che si recavano a compiere sacrifici erano preceduti da banditori, il cui compito era quello di allontanare i vasai, dal momento che al sacrificante non era consentito vederli. Prima dell'arrivo dei vasai greci o di formazione greca infatti, gran parte della produzione vascolare d'impasto doveva avvenire all'interno del gruppo, con larga partecipazione dell'elemento femminile: se per i vasai esiste un tabù, ciò vuol dire che questi sono estranei alla comunità. Se nella fase più antica (VIII-VII secolo a.C.) i Greci interessati alla frequentazione delle coste medio-tirreniche sono di origine calcidese, per l'epoca orientalizzante la tradizione ci presenta una situazione del tutto nuova: attorno alla metà del VII secolo a.C, al seguito di Demarato di Corinto, padre di Tarquinio Prisco, sarebbe giunta in Etruria una vera e propria squadra composta di tre artisti dai nomi parlanti, specializzati nella costruzione e nella decorazione dipinta e plastica di grandi edifici dell'epoca, templi e residenze principesche. La linfa dell'artigianato è ora in larga misura greco-orientale e tale resta fino all'inizio del conflitto patrizio-plebeo.

Come si vede, la situazione appare del tutto nuova sia per la provenienza che per le modalità d'ingresso dei gruppi artigiani. Nella fase più antica, i rapporti tra la società nel suo complesso e i mercanti e gli artigiani d'oltremare vengono mediati dai vertici dei gruppi dominanti, re e capi gentilizi, primi destinatari di quei prodotti, che per il consolidamento della propria posizione di potere dispongono l'eventuale redistribuzione fra i sottoposti e soprattutto fra i loro pari attraverso la pratica arcaica del dono: la fase rappresentata dall'arrivo di Demarato è il canto del cigno di questo modello e l'inizio di frequentazioni artigiane organizzate in vere proprie squadre produttive. Allo scadere del VII secolo a.C., la complessità raggiunta dalle relazioni socio-economiche e dalle strutture politiche urbane non consente più di lasciare ai capi delle *gentes* questo importante capitolo economico e politico. Si sceglie allora di creare, su collaudati modelli orientali, di cui il più celebre è l'emporio di Naucrati in Egitto, luoghi sacri nei quali viene consentito di esercitare lo scambio e dove i sempre più numerosi mercanti finiscono con l'unirsi a servi e ad artigiani, oltre che a contadini insofferenti al legame clientelare imposto dai ceti dominanti, venendo a formare gradualmente un vasto insieme sociale dal forte ed esclusivo insediamento urbano. Nel corso del VI secolo a.C. i vertici di questi strati verranno integrati dai Tarquini nella città per ottenerne un prezioso sostegno: ma la grande massa degli appartenenti a questi gruppi, priva di qualsiasi possesso di terra, sarà destinata a diventare agli inizi del V secolo a.C. l'anima della futura classe antagonista del patriziato, la plebe. Questi luoghi sacri, che conosciamo bene grazie all'evidenza del porto di Caere a Pyrgi e di Tarquinia a Gravisca, a Roma circondano le rive del *portus Tiberinus*, posto nell'ansa del Tevere dove si collocava la palude del Velabro: qui sorgono infatti i santuari emporici dell'Ara Maxima Herculis, di Fortuna e Mater Matuta, di Cerere, Libero e Libera, ognuno con la sua specializzazione funzionale, ognuno con la sua metecia in massima parte greca, proveniente dalle colonie d'Occidente, ma in questa fase soprattutto dalla Ionia asiatica. Rivelatrice è ancora in età imperiale la topografia dei mestieri: gli artigiani più ricchi o di più antico arrivo, come gli *aurifices*, gli orefici, gravitavano sull'area forense, non a caso là dove nel IV secolo a.C. sono stabiliti gli *argentarii*, i cambiavalute; al contrario tutti i luoghi tra il porto e il foro erano sede di mercanti e artigiani connessi con le forme orientalizzanti,

del lusso, dai *vestiarii* agli *aromatarii*, i mercanti e fabbricanti di stoffe, vesti e profumi. Poiché l'importazione di beni di lusso viene molto spesso seguita da imitazioni realizzate localmente o nei centri più vivaci e attivi della vicina Etruria, luoghi dello scambio e luoghi della produzione di oggetti o merci di fattura artigianale tendono in questa fase fatalmente a coincidere.
La matrice greca dell'arte arcaica di Roma, inseparabile da quella delle città più avanzate del Lazio e dell'Etruria meridionale, si colloca all'interno di siffatti processi socio-economici, svolti attorno ai luoghi dello scambio mercantile e dallo scambio comunque originati, la cui ricaduta sul terreno acculturativo risulta fin troppo evidente. In questi luoghi, e non più, come nel passato, ai margini delle dimore della primitiva aristocrazia, vanno ricercati i più attivi intermediari della cultura figurativa greca: artigiani greci, etruschi e latini, collocati in essi in virtù del coagulo degli stessi meccanismi di scambio, cercheranno di interpretare le esigenze di un'aristocrazia, tanto fortemente ellenizzata quanto tenacemente legata sia ai cerimoniali e ai retaggi della mentalità ricevuta dalla protostoria, che agli aspetti, talora reconditi, dei modelli culturali greci ricevuti anche per merito di quegli artigiani.

3. Dalla nascita della committenza pubblica alle scelte oligarchiche del V secolo a.C.

Per gran parte del VII secolo a.C. i *principes* aristocratici, come la tradizione chiamerà i capi delle *gentes* di epoca storica, profondono le loro ricchezze per la celebrazione dei rituali interni al gruppo, soprattutto banchetti, simposi, nozze, funerali, nei quali l'esibizione del lusso era ottenuta mediante l'ostensione di oggetti preziosi, in gran parte importati e, in minor misura, imitati e con i consumi esclusivi e opulenti: non abbiamo prova alcuna che a questi livelli cronologici esistesse una committenza per la produzione di oggetti destinati a un livello pubblico. Quest'ultima committenza nasce quasi all'improvviso poco dopo la metà del VII secolo a.C., in stretto rapporto con il maturare di più complesse forme politiche e, sul terreno della produzione artigianale, con la nascita delle architetture durevoli caratterizzate da tetti coperti con tegole e coppi. Questa novità di tecnica architettonica è destinata in primo luogo alle nuove, grandi residenze gentilizie, sede di riti religiosi e di cerimonie della *gens*, e, qualche decennio più tardi, ai primi edifici sacri: in questi ultimi, a partire dal VI secolo, sono documentati i primi ex voto, in larghissima misura ceramici, ma anche grandi statue fittili, come il noto gruppo di Atena che conduce Eracle nell'Olimpo dal santuario di Sant'Omobono. I grandi fregi figurati delle residenze principesche e dei templi celebrano i principali rituali gentilizi, dal simposio alle gare atletiche, dalle nozze al trionfo, tutti comunque fortemente ambivalenti come destinazione, potendo essere allusivi sia al mondo dei vivi che al mondo dei morti, e come pertinenza, essendo essi collocati sia nella sfera "pubblica", come decorazione di santuari, che in quella privata ed esclusiva dei *principes* e del loro gruppo. A differenza del mondo greco dove il mito è l'unica forma di discorso e paradigma etico di tutto, nella Roma dell'alto arcaismo il mito è usato di rado; nella rappresentazione a esso si preferisce la cerimonialità della sfera domestica e della celebrazione esclusiva del *princeps* nelle forme rituali proprie della mentalità arcaica di cui si è appena detto. Il mito greco viene usato solo come trasparente allusione alla ritualità tradizionale dei *principes* e alle loro aspettative: il racconto mitico, caro a tutte le aristocrazie greche dell'arcaismo, dell'ingresso di Eracle all'Olimpo cela soltanto le aspettative di apoteosi del *princeps* che immancabilmente segue il rito del trionfo. Lo sforzo costante dei capi gentilizi è quello di riportare tutto all'interno dell'*oikos*, anche quel tanto di "pubblico" che è concepibile in strutture urbane così primitive.
Ancora una volta tuttavia il contributo greco in termini di idee, tecniche artigianali e forme

artistiche e architettoniche appare determinante per lo sviluppo della cultura e dell'arte, che si afferma tra Etruria meridionale e Lazio e dunque a Roma, a partire dall'idea stessa di tempio derivata dai contemporanei edifici della Grecia. Ma, come sarà sempre anche in avvenire, l'accettazione di tale contributo è tutt'altro che passiva e gli usi indigeni si riaffacciano continuamente nelle realizzazioni concrete di epoca arcaica, con una grandissima commistione ideologica e formale tra elemento indigeno e cultura ellenica. Se l'uso di rivestire di coperture fittili, con sime laterali e frontonali, lastre di rivestimento, antefisse e acroteri, non meno dell'impiego del colonnato, deriva dal mondo greco e coloniale, e siceliota in particolare, il podio, estraneo alla tradizione della Grecia, ma destinato invece a restare per tutta la durata della storia dell'architettura romana distintivo di elemento originato da Roma, è il prodotto diretto della pratica divinatoria romana e panitalica dell'*auspicium*, fondamentale per l'acquisto del potere, dal quale discende il *templum*, un primitivo recinto virtualmente quadrato di tavole o strisce di stoffa. Il *templum* è in buona sostanza uno spazio, che è stato *effatus*, "liberato dagli spiriti" grazie all'intervento dell'augure: il podio serve appunto a destinare al dio una superficie che si intende mantenere "pura", ritagliandola e sollevandola rispetto a quella circostante, con una procedura che di fatto serve a pietrificare (e dunque eternizzare) l'atto purificatorio effettuato. Sempre sul piano delle architetture, un'altra profonda interazione tra la cultura architettonica greca e la tradizione, anch'essa panitalica, di associare le divinità in triadi dà luogo a un altro "ibrido" di portata epocale, il tempio a tre celle, impiegato per il principale tempio di Roma arcaica, quello dedicato sul Campidoglio alla triade di Giove, Giunone e Minerva e come tale simbolo stesso della sacralità romana. Avvertendo l'esistenza di un legame strettissimo tra strutture domestiche e forme sacrali, la cultura etrusca e romana enfatizza il concetto di tempio come casa del dio: ecco allora che nella pianta dei templi etrusco-italici si afferma quella particolare tipologia a tre celle che riprende la struttura preceduta da un porticato e composta da tre ambienti, di cui uno centrale maggiore e due laterali più piccoli, una pianta che si collega sia alla *pastàs*, il portico interno al cortile delle case arcaiche greche, che al modello orientale del *liwan*.

Non è tuttavia un caso che la nascita di una committenza collettiva nel tardo VII secolo a.C. coincida con la trasformazione nella sostanza politica, anche se non ancora nella forma istituzionale e religiosa, dell'istituto monarchico, che da *chiefdom* di comunità agropastorale arcaica, diviene nella prassi identico alle tirannidi delle città greche arcaiche. Gli itinerari politico-sociali della monarchia romana del VI secolo a.C. seguono tutti i percorsi delle tirannidi greche, dalla cooptazione di nuovi ceti emergenti nella classe dirigente fino alle colossali opere edilizie: come già Aristotele segnalava per le tirannidi arcaiche, queste realizzazioni miravano a creare un'atmosfera psicologica favorevole ai re negli ormai vasti strati di popolazione urbana non legata alle *gentes*. Di tale percorso, illustrato dalle straordinarie opere collettive, utilitarie e sacre, della dinastia etrusca, dal colossale tempio di Giove Ottimo Massimo al circo Massimo e alla cloaca Massima di Tarquinio Prisco, alle mura e al santuario di Diana Aventina di Servio Tullio, Roma è l'esempio forse più grandioso fra tutte le città dell'Occidente barbarico, ma anche dello stesso mondo coloniale greco. Alla fine del VI secolo a.C. il conflitto per la conquista del potere tra i gruppi gentilizi e tra questi e altre forze sociali all'interno della città arcaica, non meno dell'altro scontro tra città contermini per egemonia e conquiste territoriali, raggiunge livelli di inaudita violenza: ciò che da siffatto clima sortisce è la fine dell'ormai anacronistico istituto della monarchia e la quasi contemporanea affermazione degli istituti repubblicani nelle altre città del Lazio e dell'Etruria. All'inizio, la mobilità sociale sia verticale che orizzontale, alla base della smisurata crescita della città dalla fase protostorica in poi, sembra proseguire nelle forme proprie dell'epoca arcaica, mentre la committenza pubblica resta sostanzialmente stabile: ne sono la prova le dediche di numerosi edifici sacri nei primi vent'anni della repubblica, tra i quali spiccano, incarnazione degli orientamenti culturali (e politici) rispettivamente del patriziato e della plebe, i templi di Giove Ottimo Massimo, decorato dall'artista veiente della terracotta Vulca (circa 509 a.C.), e di Cerere, Libero e Libera (493 a.C.), dipinto dai pittori quasi certamente sicelioti Damofilo e Gorgaso. Significativamente la classe dominante si mostra legata all'Etruria e concentra la sua attività edilizia nel foro e sul Campidoglio, mentre la plebe opera nell'area dell'Aventino, destinato a diventare il colle plebeo per eccellenza, servendosi di artisti greci. Ben presto però difficoltà interne, come la rapida crescita, incontrollata e incontrollabile, della plebe urbana, e difficoltà esterne, come la calata dei Volsci, spingeranno la classe dominante a porre un freno alle cooptazioni (la "serrata del patriziato", 477 a.C.) e a mettere in atto una politica di austerità pubblica e privata, con il risultato ovvio del crollo di ogni forma di consumo. La prima a essere colpita da queste scelte oligarchiche di austerità è senz'altro la classe artigianale: per tutto il resto del V e fino agli inizi del IV secolo il patriziato blocca ogni attività edilizia, documentata dall'assenza di dediche di templi, mentre virtualmente scomparse risultano le necropoli, nostra fonte principale per analizzare la circolazione dei prodotti dell'artigianato e i suoi orientamenti formali e culturali. Un secolo questo, il V a.C., iniziato con attività edilizie frenetiche e presto trasformatosi in un lungo periodo di stasi produttiva, causa di grave recessione per i gruppi artigiani, da cui sarà possibile uscire solo con la conquista di Veio e la conseguente soluzione del problema centrale della plebe, la fame di terra.

4. Il nuovo blocco storico mediorepubblicano

Dalle rovine dell'incendio gallico e dalla diffusa consapevolezza nei gruppi egemoni della mancanza di orizzonti della politica oligarchica del V secolo nasce una nuova classe, composta dai resti del vecchio patriziato e dai vertici plebei più ricchi, che nel giro di due generazioni cancellerà gli aspetti più odiosi dell'antico ordine altorepubblicano, l'*apartheid* nei confronti della plebe, la schiavitù per debiti, il dominio patrizio sulla terra pubblica, promuovendo una graduale integrazione nello Stato dei vertici della plebe. Il blocco storico così formato rimette in movimento l'economia e la produzione artigianale, alla quale non è ancora una volta estraneo l'elemento propulsivo greco. La ripresa, che muove i suoi primi passi all'inizio del IV secolo, è contraddistinta ora dalla presenza di correnti molto varie, soprattutto magnogreche e siceliote, tutte o quasi tutte comunque derivate in maniera diretta o indiretta dalla diaspora degli *ateliers* di Atene ai tempi della rovinosa guerra del Peloponneso. Ben presto viene a cessare la grande egemonia culturale e politica etrusca che aveva contraddistinto i secoli dal VII al IV; dal IV al II secolo a.C. per Roma e la sua classe dominante punto di riferimento per ogni forma di cultura, letteraria, filosofica, politica, tecnologica e quindi anche artistica sono Taranto e Siracusa, molto più di quanto non lo fossero in passato, con tutte le implicazioni per la penetrazione a Roma di dottrine pitagoriche e di una pervasiva escatologia di matrice dionisiaca. Si viene così a formare una *koiné* culturale e artistica tra Etruria, Lazio e Campania, dove convivono Etruschi, Latini, Sanniti e Greci e di cui Roma, ormai lanciata come potenza peninsulare, diventa tra la fine del IV e gli inizi del III secolo a.C. la capitale: l'itinerario di assimilazione formale a una *polis* greca si conclude a metà del III secolo a.C., quando con il tarantino Livio Andronico Roma si dà una propria letteratura. Tutt'altro che casualmente le fonti etnografiche greche considerano Roma *polis Tyrchenís*, "città etrusca", fino alla seconda metà del IV secolo, quando lo storico e geografo Eraclide Lembo non la definisce per la prima volta *polis Hellenís*, "città greca", espressione che intende sottolineare le ormai sempre più visibili affinità culturali, sociali e politiche esistenti tra Roma e il mondo greco. Nelle sue linee di fondo questa *koiné* fa tuttavia riferimento ai modelli ideologici dei primi vent'anni della repubblica: la ripresa di un discorso interrotto un secolo prima dalla serrata del patriziato ha quasi il sapore di un *heri dicebamus*. Ritorna con Camillo l'uso del trionfo solenne su carro, una cerimonia centrale anche ai fini dell'arte figurativa, cancellata con l'inizio della repubblica; sempre con Camillo riprendono le dediche dei templi, che, spesso frutto di *evocatio*, la "chiamata" rituale delle divinità del nemico nella città di Roma, vengono realizzati in numero crescente con i ricchi bottini di guerra, collegata all'irresistibile politica di conquista. Naturalmente i fondamenti economici, sociali e politici costituiti dai nuovi ordinamenti statuali patrizio-plebei, rendono impossibile una pura e semplice ripresa del passato: purtuttavia l'ingresso nelle stanze del potere dei vertici della vecchia classe plebea, legata, come spesso accade alle "nuove classi" di antica origine, alla mentalità arcaica, ha finito con il recare con sé un vero e proprio *revival* di vecchie consuetudini e di antichi modelli culturali, fatto questo che ulteriormente ha rafforzato la "rinascita" di molti costumi del passato e ha contribuito a saldare in maniera diretta e solida il nuovo con le forme mentali più radicate della tradizione protostorica. È in questa incredibile miscela di passato e presente che si viene a costituire lo spirito mediorepubblicano, l'originalità stessa dell'esperienza culturale di Roma, che la differenzia sia dalle città greche che dalle altre dell'Italia antica: tra IV e II secolo a.C. questa cultura verrà esportata in tutta la penisola e fuori di essa con la conquista militare, con il potente veicolo della colonizzazione, con l'imposizione dei modelli romani, con la costruzione dei modelli acculturativi atti a favorire l'integrazione delle élite prima italiche e poi barbare della periferia in seno alla classe dirigente centrale e locale, una politica che verrà portata ulteriormente avanti in età imperiale dalla parte più illuminata e consapevole della classe dirigente e dagli imperatori più lungimiranti. La cultura mediorepubblicana era destinata a sedimentarsi in strati vastissimi di popolazione più o meno solidamente integrata nello Stato romano patrizio-plebeo, fino a costituire lo strato più profondo della mentalità romana attraverso l'"arte plebea", particolare forma di *Volkskunst*, o arte popolare, che in modi diversi appare a livelli locali e presso gruppi subalterni di epoca imperiale, con manifestazioni talora molto vicine alla cultura ufficiale contemporanea; il suo retaggio risulta visibile in tutti i momenti in cui la cultura figurariva romana mostra incrinature o eclissi del "superstrato" ellenizzante della *Hofkunst*, dell'arte ufficiale.

Conseguire nell'ordinamento statuale patrizio-plebeo lo *status* più elevato possibile, quello del trionfatore, non è più un pronunciamento autonomo del *princeps*, come dobbiamo immaginare accadesse in epoca monarchica, a giudicare dai fregi fittili delle residenze principesche con le scene di partenza e di ritorno da spedizioni militari, dove il rientro avviene in un dichiarato clima di apoteosi. Per ottenere questa altissima distinzione, i membri della *nobilitas*, come venne chiamata la nuova aristocrazia nata dalle leggi Licinie-Sestie (367 a.C.), sono ora vincolati a ottenere la sanzione del Senato, garanzia della isonomia, formale parità di tutti gli aristocratici davanti alla legge. E questa sanzione si ottiene solo se il generale è in grado di mostrare efficacemente al Senato l'eccezionalità della sua impresa. La documentazione sulla campagna militare viene così presentata in primo luogo in forma orale, venendo a costituire ciò che dal punto di vista letterario tecnicamente si può definire un *commentarium*, come quelli di Cesare *de bello Gallico* e *de bello civili*; tuttavia dal tardo IV secolo a.C. in poi le relazioni vengono assai spesso supportate da rappresentazioni figurate, nelle quali gli archeologi hanno a ragione visto le prime "rappresentazioni storiche", dalle quali dipende una parte dei cosiddetti "rilievi storici", nel caso specifico i grandi fregi delle colonne coclidi romane di Traiano e Marco Aurelio e da quelle "copie" intenzionali delle colonne di Roma, dedicate da Teodosio e da Arcadio a Costantinopoli. La più antica *tabula triumphalis*, letteralmente "dipinto per il trionfo", secondo la tradizione, sarebbe stata la *Tabula Valeria*, dedicata da Valerio Corvo per ricordare la vittoria navale sui Cartaginesi del 241 a.C., ma la documentazione parla di dipinti eseguiti da un membro stesso della *nobilitas*, Fabio Pittore, nel tempio di Salus, dedicato nel 302 a.C. da un parente di questi, Fabio Rulliano, per celebrare il trionfo sui Sanniti: una copia di queste pitture è stata da tempo riconosciuta negli affreschi che decoravano una tomba dell'Esquilino, possiamo presumere sepolcro del medesimo Rulliano, realizzato come d'uso a spese pubbliche in un luogo classico per sepolture eminenti, subito fuori la porta Esquilina. Lo stile degli affreschi della tomba rimanda direttamente alla tecnica impressionistica della cosiddetta "pittura compendiaria", usata in Grecia dal pittore Pausias già nel IV secolo a.C. per i soggetti "minori", non impegnati. È interessante vedere che nel vestibolo della tomba di Kazanlak, appartenuta ad un regulo di Tracia degli inizi del III secolo a.C. si faccia uso di eguale tecnica per narrare due eventi storici nei quali quel regulo è stato coinvolto, in particolare uno scontro con i Celti della calata nel sud dei Balcani e in Grecia nel 279 a.C., mentre la grande scena cerimoniale con il congedo della coppia regale affrescata nella cupola della stessa tomba mostra una pittura eseguita con la più antica tecnica tradizionale del chiaroscuro. Dai pittori greci la "pittura trionfale" era dunque considerata un genere meno rilevante, per il quale far ricorso a tecniche "rapide" e di tono minore, adatte a un linguaggio non solenne; non è un caso che lo stesso registro formale venga adoperato per una produzione ceramica certamente romana, ma forse eseguita in Etruria meridionale, i *pocola deorum*, ciotole a vernice nera con il nome di divinità e una figura o una scena nel tondo centrale sovradipinto nello stesso stile "compendiario".

Tuttavia all'inizio stesso del periodo medio-repubblicano si colloca un'altra serie di opere, che avranno un seguito enorme per tutta la storia stessa della cultura romana. Si tratta dei monumenti onorari alla maniera greca tardoclassica ed ellenistica, inaugurati a Roma nel 338 a.C. con le due statue equestri dedicate ancora una volta a L. Furio Camillo e al vincitore dei Latini e dei Volsci, C. Menio.

Sappiamo per l'epoca precedente di qualche dedica di statua a personaggi morti per la repubblica, come quelle alla memoria degli ambasciatori uccisi dai Fidenati nel 426 a.C., o di colonne votive (e non onorarie), come quella dedicata a Minucio Augurinus, *praefectus annonae* del 439 a.C.; tutti questi monumenti sono tuttavia pensati nel quadro delle forme isonomiche ben conosciute nella *polis* greca sin dall'arcaismo, quelle cioè di statue tipologiche e non iconiche, prive di contrassegni o attributi che ne potessero in qualche modo sottolineare uno *status* diverso da quello di cittadino, sia pur degno di onori collettivi per quanto da loro compiuto.

Le statue equestri romane partono da concetti non dissimili, ma il loro stesso carattere di immagine con un particolare attributo, nel caso specifico il cavallo, rende immediatamente visibile un rango, matrice di una ben precisa gerarchia politico-sociale: nel caso specifico il possesso del cavallo e soprattutto il diritto di andare alla guerra con una cavalcatura. Tutto ciò è un evidente segnale che anche su questo terreno Roma adotta una formula di rappresentazione priva di riscontri in Grecia, quella dello *status* segnalato allo spettatore

mediante l'esibizione di speciali attributi o insegne, di vesti particolari, secondo una mentalità ben descritta dallo storico greco Polibio a proposito del funerale tradizionale patrizio romano, nel quale sfilavano tutti gli antenati, vestiti degli abiti e muniti delle insegne spettanti al loro rango, impersonati da attori con le maschere mortuarie di cera sul volto.
Nel lontano passato monarchico il rango dei personaggi eminenti dello Stato (e dunque i conseguenti privilegi a quel rango connessi) era facilmente identificabile grazie all'ostentazione della ricchezza, alla sontuosità delle abitazioni, allo sfarzo dei conviti, alla solennità dei funerali; ora, dopo oltre un secolo di austerità e di leggi suntuarie emesse per limitare quei lussi e salvaguardare l'isonomia patrizia, ma soprattutto dopo la profonda evoluzione subita dalle strutture statuali caratterizzate da una sempre maggiore complessità e dall'ampio spettro di magistrature, ai cui singoli titolari erano attribuiti in maniera minuta e specifica ben precisi diritti e funzioni, sono proprio le insegne, gli abiti e le prerogative assegnati per legge ai magistrati a indicare agli occhi dei concittadini il rango di ogni singolo magistrato. L'esibizione di quelle vesti, di quelle insegne e di quelle prerogative serviva perciò a riaffermare la *gloria* della *gens*, una finalità individuale e collettiva della *nobilitas*, destinata a restare ancora per secoli al centro delle aspirazioni della classe egemone e della lotta politica della repubblica.
Si afferma così ancora un'altra forma di rappresentazione, caratteristica della cultura figurativa romana, quella della ostentazione del rango politico-sociale attraverso la minuta descrizione di attributi, insegne e simboli esibiti dal personaggio raffigurato, che la critica ha erroneamente unificato con la narrazione "storica" delle *res gestae*, delle imprese militari del magistrato, ma che ha invece origini, finalità e forme di espressione molto diverse. Ma l'esibizione di attributi e prerogative spesso non appaiono sufficienti a presentare al pubblico il messaggio dell'attività politica o militare propria del personaggio rappresentato, naturalmente per esaltarne meriti e rango: ecco allora che, accanto all'esibizione statica dei segni del potere, si fa rapidamente strada l'esigenza di presentare in maniera dinamica l'attività del magistrato, agli occhi della committenza la forma più chiara per la presentazione degli atti pubblici inerenti alla carica illustrata. Anche questa è stata male intesa come una maniera di "raccontare" delle *res gestae*: ma in questo caso le vicende esposte non sono eccezionali prove di capacità militari, prove concrete di *virtus*, del valore individuale del personaggio, bensì normalissime attività inerenti alla carica. Ciò che si intende esibire in questo caso è la *felicitas*, la piena riuscita, delle incombenze proprie della carica rivestita: se si assiste, come nella celebre Ara di Domizio Enobarbo, a una scena di *census* e di *lustrum*, l'intento non è quello di narrare un evento eccezionale, come è invece quello della pittura trionfale, ma l'esatto contrario, e cioè la *felicitas* del *lustrum*, nel quale tutte le cose sono state svolte così come si deve, e cioè secondo il *mos* e lo *ius*, il costume e il diritto. E infatti, quando per intuibili ragioni, nei decenni successivi alla guerra sociale, non si riesce a concludere *census* e *lustrum*, i Fasti Capitolini registrano il fatto che l'attività dei censori non avesse sortito buon esito con la lapidaria nota *lustrum parum felix*, letteralmente "lustro non riuscito". Di qui deriva ancora un altro elemento di somma importanza per comprendere il senso profondo della cosiddetta "rappresentazione storica": le immagini delle attività magistratuali, con l'attesa ripetività del loro agire "politico", di norma si accompagnano a figurazioni di cerimonie religiose, dal momento che nella logica del conservatorismo ideologico romano, l'atto magistratuale si invera soltanto con un *sacrum*, perlopiù un sacrificio, che agli occhi della comunità possiede dunque un alto carattere confirmatorio. Di qui la ripetività quasi ossessiva delle rappresentazioni ufficiali romane, nelle quali il momento re-

ligioso non può mai mancare: la cosa è vera per la fase repubblicana di cui stiamo parlando, ma lo è anche per quella imperiale, quando addirittura le sequenze di queste rappresentazioni cerimoniali seguono un indirizzo ormai stereotipico e si possono rintracciare fino alla tarda antichità, quando la morte del paganesimo porrà fine a queste millenarie sequenze "narrative", che in realtà non intendono narrare, ma semplicemente annunciare che le cose sono andate come dovevano. In collegamento con ciò si registra il primo vero interesse della classe dominante romana per il ritratto fisiognomico. Era praticamente naturale che l'erezione di una statua a un personaggio per la riuscita di questa o quella impresa sollecitasse il committente e per esso lo scultore a rendere l'immagine anche somigliante nel volto. Tuttavia sin dagli anni finali del V secolo a.C., quando si collocano le prime esperienze di Silanion (si pensi allo splendido ritratto della *kleidouchos* Lisimache), per intuibili ragioni di equilibrio classico di stile, la cultura figurativa greca era sostanzialmente rifuggita da ricerche approfondite di realismo ritrattistico, che solo con il ritratto dei sovrani della dinastia di Alessando e dei Diadochi diviene un'esigenza politica imprescindibile. Non fa meraviglia che anche a Roma e in Etruria i documenti di una ritrattistica intenzionale mediorepubblicana non abbondino, anche se dobbiamo immaginare che i livelli di consapevolezza di stile fossero facilmente raggiunti già nel tardo IV secolo a.C. per dediche di statue di *summi viri*, di personaggi straordinari, come quelle di L. Furio Camillo o C. Menio sopra ricordate: dei livelli di qualità attinti da questi pezzi eccezionali è luminosa testimonianza un pezzo del tutto fuori dal comune come il Bruto Capitolino.

L'attività edilizia di Roma, soprattutto di destinazione sacra, ma non solo quella, tra la metà del IV secolo e i primi decenni del II secolo a.C., inizio del periodo tardorepubblicano, fornisce la misura dell'impegno profuso dalla *nobilitas* per la gara incessante fra *gentes* e relativi partiti politici nel creare occasioni di propaganda molto efficace attraverso la grandiosità di alcuni edifici templari, ma anche mediante opere pubbliche come il Comizio, rifatto da C. Menio (318 a.C.), con realizzazioni come quelle della celebre censura di Appio Claudio del 312 a.C., che comprendeva il tempio di Bellona, un acquedotto terminato con una *natatio* (la *piscina publica*) e la via Appia, strada di grande comunicazione con la Campania appena conquistata. Dalle dediche di templi è possibile anche ricostruire gli antagonismi dei vari gruppi politici, attraverso le collocazioni e le divinità prescelte. Di questi templi quasi tutte le decorazioni fittili ad altissimo rilievo o a tutto tondo dei cavi frontonali sono andate perdute: tuttavia, il confronto con analoghe sculture dell'Etruria meridionale e i frustuli degli altorilievi decoranti il tempio dedicato a Victoria nel 295 a.C. da Postumio Megello ci assicurano che i livelli qualitativi raggiunti a Roma superano quasi tutte le analoghe realizzazioni del resto della penisola che partecipa alla cultura della *koiné* mediorepubblicana. Agli inizi del III secolo a.C. Roma è ormai indisputabilmente un centro egemonico di portata non solo peninsulare, ma addirittura mediterranea.

Riprende, com'è ovvio, anche se in maniera graduale, la produzione artigianale di beni di lusso e di consumo, una produzione che però tende inesorabilmente a standardizzarsi, assumendo le forme di una primitiva manifattura, chiaramente dipendente sempre di più da una diffusa manodopera servile. Già agli inizi del periodo Roma risulta uno dei centri per la produzione artigianale e artistica più importanti d'Italia: ad esempio, l'artigiano Novios Plautios, un liberto della *gens* dei Plautii di origine tiburtina (ma consoli a Roma sin dal 322 a.C.), che firma la Cista Ficoroni, la più bella di questa classe di recipienti di bronzo per il corredo femminile esclusiva della necropoli di IV secolo a.C. di Praeneste, pone accanto alla dedica alla sposa da parte della madre di costei, la propria firma orgogliosamente affermando di aver realizzato quest'oggetto a Roma (e non a Praeneste come ci si sarebbe aspettato). Ma non sembra nemmeno sconosciuta la forma della produzione delegata, ovverosia attività manifatturiere esercitate da città alleate, sulla base di accordi di *commercium*, una prassi del tutto parallela a quella del commercio delegato. Tanto per fare un esempio, i "piattelli di Genucilia", il cui vaso eponimo presenta un'iscrizione dipinta in latino, costituiscono una tipica classe della fine della produzione etrusca a figure rosse (fine IV-inizi III secolo a.C.), localizzabile a Caere, ma collegata strettamente a Roma, come prova la loro diffusione nella penisola che segue chiaramente le fasi della conquista e della colonizzazione romane. Del pari collocata in diverse località del Lazio e delle colonie latine potrebbe essere una parte non secondaria della più diffusa ceramica a vernice nera romana del III secolo, quella del cosiddetto *atelier des petites estampilles*.

5. La committenza della *luxuria* tardorepubblicana

Assoggettata la penisola italiana nella prima metà del III secolo a.C., schiacciata alla fine dello stesso secolo la resistenza cartaginese, nel corso dei primi cinquant'anni del II secolo a.C. la poderosa macchina bellica di Roma affronta i regni ellenistici. Al termine di questo scontro, tra la fine del III e i primi decenni del II secolo a.C., l'antica potenza dei regni dei successori di Alessandro è ormai solo una pallida ombra di quella del passato, il cui destino è quello di cadere uno dopo l'altro sotto il diretto dominio romano nell'arco del secolo successivo: distrutte contemporaneamente Cartagine e Corinto nel 146 a.C., Roma diviene di fatto la padrona del Mediterraneo. La vulgata, costruita dai filologi e in parte anche dagli storici, vuole che solo adesso Roma si ellenizzi: questa ricostruzione si appoggia direttamente alla letteratura e alla storiografia moralistica romana della fine della repubblica, che tende ad accreditare l'immagine di una Roma semplice e agreste prima della grande conquista mediterranea, che invece l'avrebbe corrotta con il lusso e il danaro. Come abbiamo visto, la cultura greca è presente nella città fin dalle sue origini e ha operato e costantemente opera per le esigenze della sua classe dominante. Il perché della devastante corruzione, che avvelenerà lo scenario della tarda repubblica, sta in ben altre circostanze, la più rilevante delle quali s'identifica con l'impossibilità di governare in modo efficiente un impero con una struttura politica nata per una città-Stato, altre volte sperimentata nella storia. La realtà è dunque assai diversa dalle pretese ragioni, tutt'affatto consolatorie, di quella storiografia.
All'inizio del periodo nella committenza permangono mentalità e atteggiamenti della fase precedente e l'aspetto esteriore di Roma e lo stile di vita della *nobilitas* non mostrano cambiamenti significativi: per i primi decenni dopo la guerra annibalica i templi continuano a offrire il vetusto aspetto dei tradizionali edifici di culto etrusco-italici e, tranne la novità della basilica (184 a.C.), la tipologia edilizia resta quella dei due secoli precedenti; il primo teatro in pietra si deve a Pompeo (55 a.C.), al confine con l'età imperiale, quando con Agrippa (25 a.C.) Roma conosce le prime terme pubbliche, che in altre città datano almeno al III secolo a.C. Anche i caratteri della produzione artigianale permangono immutati nelle forme mediorepubblicane, benché in molte classi di materiale, come la ceramica a vernice nera o la piccola plastica votiva, sia ancor più evidente che in passato il ruolo assunto dalla manodopera schiavile. Ben presto infatti, come l'enorme afflusso di ricchezze trasforma la lotta politica e le condizioni generali di vita di tutti i cittadini, così l'arrivo di legioni di schiavi – cadono in schiavitù intere popolazioni, quali gli Etoli – modifica radicalmente le forme dell'economia, dando ai rapporti di produzione schiavistici una dominanza che prima questi non avevano: il blocco storico, che si era formato con l'età mediore-

pubblicana, è in pezzi. I soldati-contadini, protagonisti delle guerre di conquista e delle immense imprese coloniali attuate da Roma dalla Valle Padana allo stretto di Messina a spese delle altre popolazioni italiche, subiscono un inesorabile impoverimento e il motore dell'antico blocco storico, la famelica *nobilitas*, non solo muta i rapporti al proprio interno, seppellendo per sempre i costumi dei primi tre secoli della repubblica, ma soprattutto trasforma la relazione nei confronti dei ceti subalterni delle campagne e della città. Il voto di questi ceti nei Comizi diviene sempre più strumento di corruzione, anche per l'inurbamento di larghi strati della popolazione rurale dal quale deriva un crescente problema di sostentamento. È l'atto di nascita della plebe annonaria urbana, tormento e al tempo stesso puntello dell'autorità degli ultimi generali della repubblica e poi del sistema di potere imperiale. Le condizioni generali di svolgimento della vita pubblica subiscono dunque profonde modificazioni, che preludono ai tumulti dei decenni finali della repubblica. Nel contempo, nella penisola le circostanze favoriscono uno sviluppo dell'agricoltura pregiata condotta con lo strumento della villa schiavistica nelle terre a suo tempo sequestrate alle altre popolazioni. Ben presto al centro degli interessi dell'aristocrazia senatoria ed equestre si colloca la forma produttiva della villa, prima nelle vesti della semplice fattoria catoniana, poi dal tardo II secolo a.C. in quelle della lussuosa dimora di campagna con una molteplicità di funzioni produttive, teorizzata da Varrone per evitare il pericoloso fenomeno dell'assenteismo padronale; la villa produttiva a sua volta non tarda a essere adottata dalle aristocrazie italiche, ciò che favorisce la nascita di nuovi ceti particolarmente abbienti, rapidamente saldatisi con i gruppi affaristici romani di rango equestre, divenuti nel frattempo classe antagonista della *nobilitas* tradizionale. Questo eccezionale spostamento di risorse, con la contemporanea, impressionante concentrazione di ricchezze nelle mani dei ceti equestri urbani e, in minor misura, dei più fortunati tra i *socii* italici, provoca una trasformazione profonda delle attitudini dei gruppi dominanti, nelle cui mani è la committenza. Quasi frenetica è l'attività edilizia celebrativa dei titolari di trionfi e censure. Tito Livio (*Annales*, XL, 5, 7) narra che nel 182 a.C. alla corte macedone si poteva tranquillamente affermare che Roma aveva "l'aspetto di una città non ancora resa adorna né con edifici pubblici né con edifici privati": il giudizio era sostanzialmente vero, poiché la tradizionale edilizia mediorepubblicana, quasi del tutto priva di architetture interamente in pietra, si basava su elevati in mattoni crudi dalle decorazioni fittili di evidente sapore arcaico. Ma già la censura di Porcio Catone del 184 a.C. dona alla città una novità tipologica, la basilica, destinata a grande diffusione nei secoli a venire; la censura successiva del 179 a.C. di Emilio Lepido e Fulvio Nobiliore aggiunge altre basiliche e una serie di altri edifici sacri e utilitari. E così lungo tutto il secolo, fino alla guerra sociale del 90 a.C. e, quasi senza soluzione di continuità, fino alla prima delle guerre civili, Roma vede moltiplicarsi i templi e le *porticus*, dagli ampi spazi per il passeggio e dalle sontuose decorazioni statuarie frutto dei bottini di guerra.

Al servizio di questa frenetica gara per il primato tra i *nobiles* sopraggiungono ora due importanti innovazioni sul terreno dei materiali, l'*opus incertum* negli anni '80 del II secolo a.C. e la tecnica dell'uso del marmo *saxo quadrato* in opera quadrata "alla greca" per gli edifici più nobili. Il primo esempio di quest'ultimo uso è offerto a Roma, nell'anno stesso della conquista di Corinto e di Cartagine (146 a.C.), da Q. Cecilio Metello Macedonico con i templi di Giove Statore e Giunone Regina posti lungo il lato settentrionale del circo Flaminio all'interno della *porticus* che prende il suo nome. Sappiamo che la *porticus* era ornata dal gruppo statuario, rapinato in Grecia, raffigurante Alessandro e i suoi compagni alla battaglia del Granico, uno dei monumenti più famosi dello scultore Lisippo: come prova la "copia" in marmo fatta erigere da Licinio Murena nel santuario di Giunone Sospita a Lanuvio, sua patria, il gruppo scultoreo lisippeo era tra i più cari all'*imitatio Alexandri*, l'emulazione del grande Macedone, che opera in profondo nella formazione dell'ideologia e della rappresentazione della classe dirigente romana. Questo di Metello è solo un caso tra i molti offerti dai censori e dai *triumphales viri*, i "signori dei trionfi", che nel II secolo a.C. sono gli autori della trasformazione in senso ellenistico del volto della città, grazie alle architetture di nuova tendenza e alle opere raccolte da tutto il mondo greco. Com'è noto, dopo i primi saccheggi di opere d'arte perpetrati nelle conquiste d'Etruria e di Magna Grecia del III secolo a.C., come le duemila statue prese nel santuario panetrusco di Volsinii, i trionfi celebrati sui regni ellenistici e sulle leghe greche per tutta la prima metà del II secolo a.C. portano a Roma capolavori, che avvezzano non solo la *nobilitas*, ma tutta la popolazione dell'Urbe alla qualità più alta possibile delle opere d'arte dell'età classica ed ellenistica: finiti i trionfi, sarà la rapina, quella sfrontata dei proconsoli delle province di cultura greca come Verre, e quella selettiva, ma non meno rovinosa, degli imperatori, come Augusto, Nerone e Vespasiano, a continuare la pratica ben oltre la fase tumultuosa della conquista, che ha consentito l'afflusso a Roma di tanti capolavori dell'arte greca. I modelli non sono più, come era stato per l'età mediorepubblicana, quelli della Roma tra la fine del VI e gli inizi del V secolo a.C., momento del trionfo dell'aristocrazia repubblicana, ma quelli dei dinasti ellenistici. Non solo i sovrani di Pergamo, che, forti dell'alleanza di ferro con Roma, si pongono in testa a questa opera di "persuasione", ma tutti i Diadochi, servendosi delle loro corti intellettuali, fanno a gara nel fornire all'uno o all'altro dei loro potenti padroni romani suggerimenti di natura letteraria, mitico-genealogica, artistica, ma anche nell'inviare a Roma scultori, pittori, specialisti di arte musiva, architetti, come quelli recati a Roma da Emilio Paolo, trionfatore della Macedonia e del suo sfortunato re Perseo, intellettuali e artisti che a loro volta trasmettono mode, tendenze, stili ai membri della *nobilitas* romana, avidi di queste seducenti novità. La cultura del medio e del tardoellenismo offre agli aristocratici romani una vasta gamma di opzioni intellettuali, che possono di volta in volta convenire alle esigenze del singolo o del gruppo, dallo stoicismo temperato di Panezio per quei *nobiles* che preferivano trovarsi in armonia con le scelte politiche più rispettose del *mos* tradizionale, all'epicureismo, capace invece di giustificare tutto l'edonismo implicito nella *luxuria*. Come l'*ethos* tradizionale poteva convivere con tutte queste possibili soluzioni dottrinali, così con il barocco, che attraversa un po' tutto l'ellenismo, convivono senza conflitti le scelte neoclassiche, di cui è intriso il ripiegamento sul glorioso passato di *eleuthería* e di *autonomía*, della libertà delle *poleis*, che caratterizza l'attività di una parte degli artisti greci, soprattutto quelli non direttamente connessi alla committenza regia, come è il caso dello scultore Damofonte di Messene. Neoclassici sono i primi grandi scultori, i discendenti di Prassitele Timarchides e Polycles, chiamati a Roma nel 179 a.C. per confezionare le statue di culto del tempio di Apollo; da subito sono note e accettate con entusiasmo come "ufficialità" le tendenze neoclassiche dei ceti dominanti di Roma. Per comprendere il fenomeno, possiamo rifarci ancora una volta a un personaggio di spicco dell'incipiente fase tardorepubblicana, Emilio Paolo, il quale, quando nel 168 a.C., dopo la vittoria di Pidna, visita Olimpia, si lascia andare a commenti estatici di fronte allo Zeus di Fidia, non a caso da non molto tempo restaurato proprio da Damofonte di Messene.

I trionfi, che dalla fine del III secolo a.C. vengono celebrati su popolazioni greche e su sovrani ellenistici, recano a Roma un'impressionante serie di opere d'arte, o anche semplicemente oggetti di pregio, di metallo prezioso o stoffe pur esse preziose, di cui viene fatto sfoggio, prima nelle sfilate trionfali, poi nelle case patrizie: tutta questa esibizione, assieme ad altre e più profonde cause della trasformazione in atto finisce con il suggerire a tutti gli abitanti di Roma un intero modello culturale. Di qui la *luxuria*, il lusso, fattore determinante per lo sviluppo dell'arte della Roma tardorepubblicana, ma anche strumento di corruzione generale dei costumi. Le corti ellenistiche erano state straordinarie fucine di raffinato lusso, come ci insegna tra i molti possibili esempi la nave *thalamegós*, la grande chiatta da ricevimento allestita sul Nilo da Tolemeo III a metà del III secolo a.C., a noi nota dalla celebre descrizione di Ateneo (*I Deipnosofisti*, V, 204b). Gradualmente l'imitazione di questo lusso invade le case della *nobilitas* romana, per diventare più tardi elemento costitutivo del potere imperiale, quasi una sorta di ritorno alle origini della fase tra protostoria e storia, quando, come abbiamo visto, il lusso orientale era stato elemento costitutivo del più antico potere gentilizio. Già all'inizio del periodo tardorepubblicano le abitazioni vengono decorate con pitture imitanti le incrostazioni marmoree (il cosiddetto I stile pompeiano), ornamenti fino a quel momento riservati agli edifici sacri; alla fine del II secolo le pareti si animano di prospettive architettoniche barocche (il cosiddetto II stile pompeiano), progressivamente aperte su vedute di lussuosi cortili interni con *tholoi* sacrali, o di *paradeisoi*, giardini ricchi di fontane; al culmine di questo periodo, corrispondente agli anni centrali del I secolo a.C., l'illusione del lusso in un contesto idillico-sacrale di forte marca dionisiaca viene ulteriormente ampliata popolando queste finte architetture adorne di una varipopinta serie di preziosi vasi di vetro ricolmi di frutta, di quadretti a sportelli posati sulle cornici, di armi, maschere e bende appese alle pareti. La progressione del lusso è evidente: si passa dall'imitazione degli interni dei templi a quella delle mosse articolazioni delle architetture barocche tardoellenistiche per giungere infine all'esibizione di puri e semplici oggetti di lusso di tipica fattura ellenistica: ogni casa può e deve essere un'*aulé*, una reggia. Diventano dunque splendidi i monumenti pubblici, ma lussuose anche le case. Eppure, "privatam odit luxuriam, publicam vulgus diligit magnificentiam", "il popolo detesta il lusso privato, ma ama lo splendore pubblico", suona una celebre frase di Cicerone, che può ben essere considerata come il miglior commento all'autentica frenesia edilizia, pubblica e privata, che si impadronisce della morente *nobilitas* e che sarà poi la strada obbligata per gran parte degli imperatori. Tutti comunque, *nobiles* e sovrani, appaiono legati alla necessità di essere grandi costruttori e anche al tempo stesso protagonisti di consumi opulenti privati, strumento essenziale del controllo sociale da loro esercitato, perenne elemento di contraddizione economica, politica, ideologica all'interno della società, soprattutto dell'aristocrazia senatoria. Il modello dinastico ellenistico finisce insomma per assumere una rilevanza e un prestigio agli occhi sia della *nobilitas* urbana che delle classi emergenti italiche, trasformando in profondo l'antica mentalità aristocratica.

Tra le prime conseguenze di questo radicale cambiamento, strettamente interconnesso con la capillare monetizzazione dei rapporti socio-economici, è la nascita dell'individualità, con conseguenze che investono prima i livelli più alti della *nobilitas*, poi via via nel corso del I secolo a.C. i membri più periferici del blocco storico romano-italico. Le conseguenze di questa trasformazione sul terreno della storia dell'arte sono la nascita del sepolcro individuale e l'introduzione del ritratto di tradizione ellenistica. Possiamo collocare come discrimine fondamentale del mutamento ideologico il rifacimento (circa 140 a.C.), da parte di Scipione Emiliano, del grande ipogeo familiare dei Cornelii Scipioni fondato nel III secolo a.C. Nel rifacimento la tomba conserva la forma dell'ipogeo gentilizio, un tipo edilizio cioè che dalla fine della protostoria era stato per l'aristocrazia uno dei cardini della propria autocoscienza e della conseguente autorappresentazione sociale, ma la sua facciata assume l'aspetto a metà strada tra una *scaenae frons* e un edificio sacro e soprattutto viene decorata dai ritratti dei due Africani e del poeta "di corte" Ennio: due di questi ritratti sono stati identificati con buoni argomenti con i due splendidi ritratti di Monaco, il cosiddetto "Mario" e il cosiddetto "Silla", annoverati a ragione tra i due più bei ritratti ellenistici del periodo, assieme al cosiddetto "Postumio Albino", riconosciuto invece come l'effigie di Catone il Censore. Da questi esempi si ricava che, all'inizio della fase tardorepubblicana, il ritratto supera presto le formule austere, anche se efficaci, della poco frequentata ritrattistica mediorepubblicana: il ritratto di tipo dinastico affermatosi tra la fine dell'ellenismo medio e l'inizio di quello tardo fa dunque il suo ingresso prepotente sullo scenario di Roma negli anni attorno alla metà del II secolo a.C. Come è stato in passato con il ritratto mediorepubblicano, la recezione "alta" del ritratto dinastico ellenistico è assai rara e di fatto limitata ai vertici della *nobilitas*. In generale prevalgono per numero (anche se in un momento di fatto posteriore) le realizzazioni legate alle classi intermedie romane e italiche tra la fine del II e tutto il I secolo a.C. Queste opere traducono i modi del ritratto ellenistico in una maniera dura e "veristica", a torto messa spesso in relazione con il costume delle *imagines maiorum*, le maschere di cera usate dalla *nobilitas* per i solenni funerali patrizi (che difficilmente hanno creato uno stile artistico), ma che invece esprime bene la recezione "al ribasso" delle istanze psicologiche ellenistiche, sentite come poco "vere" e "somiglianti". Sappiamo che la reazione senatoria di Silla rimise in auge, sia pur per un breve periodo, lo *ius imaginum*, ossia l'esclusiva riserva del diritto a esporre in pubblico ritratti solo a quanti della *nobilitas* avessero rivestito magistrature curuli: al contrario di quanto pensavano gli archeologi del secolo scorso, che attribuivano alla legge di Silla la nascita del ritratto romano, il provvedimento segnala invece l'enorme popolarità raggiunta già nel II secolo a.C. dal ritratto pubblico anche a livelli sociali diversi da quelli dell'aristocrazia senatoria, persumibilmente a livello dell'ordine equestre. Più tardo, degli anni finali del II secolo a.C., è l'inizio del sepolcro individuale, anche questo imitato dai *domi nobiles* solo a I secolo a.C. iniziato, ma con un immediato "imborghesimento" del modello, che, pur conservando le solenni e monumentali forme dei mausolei dinastici ellenistici, da individuale ed eroico passa a tomba di famiglia nucleare, con un titolare accompagnato quasi sempre da moglie, figli e liberti.

Tra il II e il I secolo a.C. Roma assume gradualmente il volto di una capitale ellenistica, quale di fatto è. E da Roma trae ispirazione la parte dell'Italia a più alto tasso di sviluppo, quella delle regioni tirreniche centrali, per dare alle proprie città monumenti capaci di rivaleggiare con quelli della capitale: si tratta in prevalenza di edifici pertinenti alla sfera sacrale, spesso santuari di antichissimo prestigio, riproposti adesso, come è nel caso del santuario della Fortuna Primigenia di Praeneste, con formule ellenistiche di avanguardia. È indubbio che alla base di questa imponente attività siano anche motivazioni dagli oscuri aspetti vissuti come reazione "nazionale" al dominio economico, sociale e culturale di Roma. Questi santuari sono comunque manifestamente in aperta gara con le analoghe realizzazioni della capitale, un esempio contagioso che trova risposta perfino nelle aristocrazie di regioni meno ricche, come il Sannio o la Lucania, dove remoti cantoni montani vedono sorgere templi imponenti, non a caso legati agli antichi modelli etrusco-italici, come accade per i molti santuari sannitici, a partire da Pietrabbondante, o, come nel caso della lucana Rossano di Vaglio, anche questo espressione di tradizioni locali diverse, anteriori alla conquista romana. Si viene così a formare una committenza locale, sul piano sociale diversa da quella della *nobilitas* e con finalità politiche diverse, ma in competizione a tutti i livelli con questa e comunque anch'essa legata agli stessi valori radicati nella cultura tardoellenistica. Per certi versi la loro cultura è più libera di quella degli aristocratici di Roma, soggetti a forte controllo sociale: si pensi alla casa del Fauno di Pompei, alle sue architetture e alla sua sfarzosa decorazione culminante nel noto Mosaico di Alessandro, altro esempio magniloquente dell'*imitatio Alexandri*: in generale però i livelli medi di questi intraprendenti Italici risultano alquanto mediocri, con esiti che spesso scimmiottano soltanto i modi dell'aristocrazia di Roma. Se questa generazione di Italici non a caso sarà la protagonista della guerra sociale, i loro figli, forti del diritto di cittadinanza appena ottenuto dopo il 90 a.C., si omologheranno a quel che restava della *nobilitas* della capitale, scegliendo l'una o l'altra delle *partes* che si affronteranno nelle guerre civili, per diventare alla fine la estesissima base e nocciolo stesso del blocco storico che consegnerà il potere a Ottaviano, quella *tota Italia*, l'"Italia intera", che, come dice lo stesso Augusto nel suo testamento, "in mea verba iuravit", "giurò sulle sue parole".

6. "Committenza unica" imperiale e omologazione

Il blocco storico, che nel II secolo a.C. appare in via di formazione, nel I secolo a.C. è largamente costituito nelle sue componenti sociali fondamentali. Al termine di feroci conflitti civili, causa di enormi spargimenti di sangue, questo blocco romano-italico, fortemente depauperato, si consegna nelle mani di Ottaviano, sulla cui ascesa al potere e sui cui metodi di governo si è molto scritto e molto si scriverà ancora. In questa sede interessa sottolineare il fatto che al termine delle guerre civili, quell'alleanza stretta tra gli esigui resti della *nobilitas* e i non meno decimati *domi nobiles* (come nel linguaggio politico romano venivano definite le aristocrazie municipali) non solo diventa pienamente operante come blocco, ma costituisce uno dei punti fermi per un nuovo sistema di committenza artistica, che rappresenterà per tre secoli la struttura destinata a fare l'arte di Roma imperiale. Tuttavia, tale blocco è molto diverso sia dalla vecchia classe dirigente aristocratica di Roma mediorepubblicana sia dall'alleanza del II secolo a.C. tra ceti equestri romani e aristocrazie italiche, non solo per la presenza di una guida impersonata dall'onnipotente *princeps* insediato a Roma, ma anche per l'obiettiva varietà della sua composizione, della mentalità e delle esigenze dei suoi membri: sul piano formale i valori erano ancora quelli nutriti dalla *nobilitas* per oltre trecento anni, ma la realtà era tutt'altra cosa. Diverso infatti era l'ambiente in cui tali valori venivano adesso vissuti, non tanto per la distruzione morale operata dai centocinquant'anni di *luxuria*, quanto piuttosto per il retaggio della cultura di origine degli antichi ceti intermedi o anche semplicemente subalterni, emersi a livello urbano e municipale come componente "nuova" del blocco storico: questo retaggio interagiva in maniera del tutto diversa dal passato con le logiche di potere mutuate dal vecchio ordine repubblicano e soprattutto con la nuova situazione generata dalla nascita del principato. Malgrado tutto ciò, malgrado la sua notevole articolazione interna e la forte dispersione politica prodotta dalla grande estensione del suo insediamento territoriale, di fatto l'intera penisola italiana, e ricompattata dalla sola figura del *princeps*, questo blocco storico, progressivamente allargato nel corso di due secoli alle élite delle province, ha funzionato come straordinario mediatore di uno smisurato consenso nei confronti del nuovo potere centrale fondato da Augusto e sopravvissuto fino al dominato della prima tetrarchia, sia pur con cambiamenti talora anche di grande portata. Al perfetto funzionamento di questa macchina comunque si opponeva la stessa costruzione politica messa in atto da Augusto nel suo lungo principato, dal momento che questa minava alle basi il tradizionale meccanismo di competizione politica fondato sulla *publica magnificentia*, sull'evergetismo e sull'orgogliosa coscienza della *nobilitas* del proprio ruolo di ceto esclusivo investito del potere, ingredienti, spesso sanguinosi, ma efficaci perché la produzione artistica di tradizione ellenistica, opportunamente modificata per soddisfare le esigenze "nazionali" romane, dispiegasse tutto il suo grande potenziale di straordinaria vivacità e di intensità produttiva. In pochi anni Augusto cancella ogni forma di autonomia dell'aristocrazia, togliendo la facoltà di celebrare il trionfo a persone diverse dai membri della casa imperiale, cancellando i Comizi popolari per eleggere i magistrati, trasformando in vera e propria forma di culto dinastico la vaga aura numinosa costruita attorno alla sua persona sin dall'inizio del principato da un'abile propaganda di regime: si inceppa così la tradizionale macchina della cooptazione nella classe dirigente, basata appunto sulla competizione, uno dei cui ingredienti principali era l'evergetismo, sostituita dalla corsa al favore imperiale. La voce dell'arte ufficiale è ora una sola: Augusto diventa il committente unico, ai cui modelli il Senato, l'aristocrazia senatoria e quella equestre, i *domi nobiles* e i ricchi esponenti del sempre più intraprendente ceto libertino si conformano in maniera entusiastica o quanto meno volenterosa, sia a Roma che nelle città dell'Italia, nelle colonie e nelle città più importanti delle province. Da principio, nella prima età augustea, i *domi nobiles* impegnati nella formidabile politica di formazione del consenso sono quelli della quasi totalità delle città dell'Italia, attirati dalle prospettive di carriera che con i numerosi incarichi senatorii ed equestri il nuovo regime offriva. Poco più tardi, nell'età giulio-claudia, il reclutamento della classe di governo centrale si allarga alle aristocrazie municipali delle province occidentali di più antica romanizzazione, per comprendere in età flavio-traianea quelle di più recente conquista, finché nella prima metà del II secolo d.C. vi entrano a far parte gli esponenti delle aristocrazie delle province orientali. Se nel I secolo d.C. è possibile continuare ancora la finzione della *tota Italia*, per i due secoli successivi Senato e burocrazia imperiale di rango equestre sono formati dalla crema della proprietà terriera di tutto l'impero. Il processo di cooptazione messo in moto per formare la classe di governo dell'impero rende profondamente omogenea la cultura delle città e con essa la domanda di opere d'arte e di artigianato, di cui si crea subito un linguaggio comune strettamente dipendente da quello della capitale, dominato dalla committenza dell'imperatore. L'imitazione dell'*Urbs*, dei suoi monumenti e del suo stile decorativo e figurativo, e la ripresa, ora totale ora parziale, con o senza fraintendimenti, dei modelli costituiti dai nuovi monumenti augustei e del primo impero sono i punti forti del nuovo linguaggio e al tempo stesso ragione tangibile dell'omologazione culturale. Tuttavia, la relativa esiguità, oltre che il costo, di maestranze di alto livello capaci di realizzare grandi monumenti e grande scultura sia celebrativa che decorativa in bronzo e soprattutto in marmo pone un limite notevole (in certa misura persino alle classi dominanti) alla diffusione di opere pensate e realizzate nella capitale, fatta salva la ritrattistica relativa alla casa imperiale, la cui capillare e omogenea diffusione era un punto essenziale per la formazione del consenso nell'impero. L'esclusivo insediamento urbano delle maestranze in possesso delle "novità" è confermato da fenomeni come la diffusione dell'opera reticolata, solo di rado esportata dai suoi limiti naturali di Lazio e di Campania, evidentemente con uno spostamento in blocco di operai destinati a lavorare anch'essi su progetti concepiti nella capitale. Com'è noto, la pittura aveva contato importanti esponenti romani, addirittura di estrazione nobiliare, come Fabio Pittore alla fine del IV secolo a.C. o Pacuvio della metà del II secolo a.C.: tuttavia, già all'epoca di Nerone, il pittore incaricato di decorare la *Domus Aurea*, Ludius (nella tradizione manoscritta detto anche Studius), dipingeva stando sulle scaffalature vestito di toga, non per un'improbabile prosopopea, come spesso si è detto, ma per segnalare il suo *status* di cittadino romano, prova dell'ormai avvenuto trapasso di quell'arte nelle mani di non romani o addirittura di non liberi. D'altronde, sappiamo della presenza nella Roma tardorepubblicana di pittori greci da cavalletto e di decoratori pure di origine greca negli *ateliers* responsabili di molta della pittura parietale del I e II stile della capitale e delle ville della *nobilitas*, come il Seleucus che firma una parete della Villa della Farnesina, esattamente come di origine greca, attica, alessandrina o orientale sono gli artisti e gli artigiani delle officine per la produzione di oggetti di lusso, dalla toreutica alla glittica, che hanno sfornato splendide argenterie e oreficerie o raffinate gemme di cui si servivano tutti i ricchi romani; persino il personale addetto alla produzione delle più raffinate ceramiche aretine poteva essere di origine orientale, come l'armeno Tigranes che ad Arezzo firma i prodotti migliori delle officine di ceramiche sigillate di Perennius. Quanto alla plastica in marmo, fin quasi alla fine della repubblica, per il noto legame esistente in tutto il mondo antico tra cave e scultura, le maestranze impegnate tanto nella scultura figurativa che in quella decorativa erano state in larga parte di estrazione greca e gli *equites* e poi senatori Cossutii di Velletri, tra la fine del II e il I secolo a.C., ne avevano fatto un ottimo affare mettendo su un'impresa di scultori collegati con le cave, tanto buono da arrivare a promettere in sposa a un giovanissimo e squattrinato Cesare una ragazza della famiglia. Solo con l'apertura delle cave del marmo lunense, come in antico si chiamava il marmo di Carrara, avvenuta nell'età di Cesare, gli imperatori disporrano di un'ottima e ricchissima fonte di materiale pregiato, al servizio per i giganteschi programmi monumentali e decorativi del *princeps*, a partire dall'*Ara Pacis Augustae*, senza contare che ben presto quasi tutte le cave di marmo, anche quelle non di particolare pregio, finiscono nel patrimonio privato dell'imperatore. Quanto agli architetti, non è un caso che proprio sotto Augusto sia stato scritto il primo e per noi unico manuale di architettura da uno specialista romano, Vitruvio, forse il *praefectus fabrum* di Cesare, capo cioè dei genieri militari del dittatore e perciò di rango equestre: Vitruvio, uno dei cui liberti, P. Vitruvius Cerdo, firma l'arco dei Gavi a Verona, sarebbe da identificare anche con il Mamurra irriso da Catullo, trasparente allusione a Mamurius Veturius, il mitico *faber* etrusco chiamato da Numa a fare le copie dell'*ancile*, lo scudo prodigioso fatto piovere miracolosamente dal cielo; ancora mezzo millennio più tardi trovava ampia conferma la tradizione che voleva i *fabri* in cima alla scala sociale.

Già con Augusto, la "committenza unica" imperiale, per i suoi colossali programmi, ha dunque al suo servizio architetti di grande perizia, pittori di formazione ellenistica e scultori appartenenti sia a scuole greche, *in primis* alle officine neoattiche di Atene, ma anche d'Asia e d'Egitto, sia ai primi veri *ateliers* urbani di varia formazione, che lavorano a pieno ritmo per produrre copie, varianti, *pastiches* derivati dalla grande scultura di epoca classica: queste officine di artigiani del marmo di Roma, che spesso esportano in Italia e nelle province occidentali, resteranno, sia pur in numero progressivamente minore, attive fino al V secolo d.C. per sopperire ai bisogni non solo dell'alta committenza senatoria ed equestre, ma anche di estesissimi ceti intermedi, che sopravvivono, anch'essi in progressiva diminuzione, fino al IV secolo d.C., sfornando soprattutto prodotti di destinazione funeraria, come urnette cinerarie, altari funerari, sarcofagi. Uguale situazione si può ricostruire anche per le officine specializzate per la decorazione pittorica di case e sepolcri. Roma detta le mode e all'occorrenza fornisce le officine: mentre l'Oriente segue in genere tradizioni proprie e continua a servirsi di *ateliers* di scultori di antica data, via via, tra I e III secolo d.C., nelle grandi capitali dell'impero, da Aquileia a Cartagine, da Lione a Colonia, nascono officine di scultori e di pittori derivate da quelle urbane, esattamente come vediamo "filiali" delle sigillate di Arezzo prima stabilirsi nel grande porto della Roma tardorepubblicana e altoimperiale, Puteoli, poi in Gallia e in Spagna, o come le fabbriche del vetro, che, nate in Oriente, sbarcano prima ad Aquileia, poi nella Renania. Tutte queste succursali, è inutile dirlo, avevano l'occhio ai grandi mercati provinciali e delle *gentes externae*, i barbari fuori dei confini dell'impero.

Ma le esigenze della committenza imperiale richiedevano qualcosa di diverso. Due fortunate scoperte all'interno di residenze imperiali hanno rivelato che un drappello, forse non piccolo, di questi artisti, composto da scultori in marmo e in bronzo, ma forse anche di pittori, era addirittura "pensionante" all'interno dei palazzi, per predisporre l'arredo della sempre più vasta proprietà imperiale, fatta di sontuose residenze, ville e giardini sparsi nella città di Roma e in tutta l'Italia; sappiamo per esempio che Marco Aurelio aveva nel suo seguito dei pittori incaricati di documentare con "pitture storiche" i successi delle sue campagne marcomanniche.

La prima delle due scoperte comprende dei calchi in gesso dei Tirannicidi e una copia appena scolpita della Sosandra di Calamide rinvenuti nei sotterranei dei palazzi imperiali di Baia; la seconda riguarda una nutrita serie di eccezionali *proplasmata*, "modelli" in terracotta durissima da cui trarre calchi in bronzo di opere della grande scultura classica e neoclassica, anche questi rinvenuti nei sotterranei nella *Domus Tiberiana* a Roma. Come sappiamo dalle lettere di Cicerone, i grandi patrizi della fine della repubblica e della fase più antica dell'impero, oltre a ordinare – lo stesso Cicerone si serviva come intermediario dell'amico Attico – copie di sculture greche classiche per le loro case e le loro ville, potevano addirittura mantenere in casa gli artisti per le loro commesse: C. Memmius, il patrono di Catullo e di Lucrezio, aveva "a pensione" nella casa del suo dorato esilio di Atene un celebre scultore, il liberto di origine greca Avianius Evander. La forte vicinanza, per non dire l'identità, di livello qualitativo degli scultori che lavorano per la committenza imperiale e quelli al servizio delle grandi famiglie aristocratiche della capitale è ben documentata, sia dalle fonti che dai materiali. Ciò è confermato da una sorta di "gara" non dichiarata tra i primi imperatori e i rampolli delle famiglie patrizie di Roma nel dare alle abitazioni e alle ville di loro proprietà un arredo sontuoso e raffinato: all'epoca di Caligola e di Nerone l'invidia suscitata negli imperatori dalla bellezza di alcune residenze patrizie ha finito per provocare la caduta in disgrazia e la conseguente morte dei nobili proprietari.

Un rapporto invece esclusivo tra scultori e imperatore era quello intrattenuto per la realizzazione delle grandi opere di propaganda, come la decorazione scultorea, figurata e non, di archi, altari e monumenti celebrativi, quelli che Tacito definisce con feroce ironia, riferendosi ai monumenti decretati dal Senato per celebrare l'associazione di Druso Minore alla potestà tribunizia del padre Tiberio, "arcus, arae multaque alia solita". Per tutto il primo impero, fino ad Adriano, la parte del leone è fatta da officine neoattiche, dalle quali sono uscite le principali opere di scultura tra Augusto e Traiano: ben distinguibile per la continuità di stile è l'*atelier* di alcuni monumenti domizianei e traianei, come gli archi di Tito a Roma e di Traiano a Benevento. Con Adriano fa il suo ingresso sullo scenario romano la prolifica scuola di Afrodisia di Caria, che con le maestranze di origine neoattica, ormai pienamente acclimatate nella capitale, condividerà l'esecuzione dei grandi monumenti dell'*Urbs* nel corso dell'impero degli Antonini e dei Severi. Ma la principale attività degli imperatori è quella dispiegata con le grandi architetture e con le opere di pubblica

utilità. È proprio quello architettonico-urbanistico il principale strumento che crea l'omologazione dell'Italia e dell'impero: non solo le colonie romane sono "imagines simulacraque parva" dell'*Urbs*, ma ogni città, dell'Italia prima e delle province occidentali poi, guarda con ammirazione alle novità della capitale, per replicarle subito, ora con maggiore ora con minore approssimazione. Mura civiche che attestano ad abitanti e stranieri il raggiungimento dell'agognata *urbanitas,* lo *status* di città, teatri, anfiteatri e (quasi soltanto nelle grandi capitali provinciali) circhi per lo svago collettivo, *porticus* e *chalcidica* per il passeggio, terme per la cura del corpo e la socializzazione, giardini, fontane, mostre d'acqua e acquedotti per il decoro collettivo, il refrigerio e la pubblica comodità, mercati per una più confortevole vita quotidiana, ma soprattutto monumenti magniloquenti, templi per gli dèi e luoghi di culto imperiale, che testimoniano l'adesione piena al modello proposto dagli imperatori nella capitale. Il vertice e la fucina di questo elaborato cemento ideologico della società urbana italica e provinciale, nel quale giocavano tutti i fattori appena descritti, risiedono nella *pietas* verso gli dèi, di cui con il loro comportamento gli imperatori offrivano un esempio da imitare, e nell'omaggio alla dinastia, che già nel 33 d.C. viene definita *domus divina*, la famiglia nella quale nascono i *divi*, gli imperatori divinizzati.
Ecco allora le città gareggiare in forme sempre più elaborate di omaggio all'imperatore e alla sua famiglia e tutti quegli edifici che abbiamo appena nominato, eretti per celebrare la grandezza della città, prima di ogni altra cosa debbono recare il ricordo dei Cesari o esaltarne le virtù con tutto un corredo di sculture, di pitture, di immagini allusive e di esplicite iscrizioni monumentali: i teatri recano nelle *scaenae frontes* statue dei membri della dinastia, si erigono Cesarei per il culto degli imperatori a somiglianza dei ginnasi ellenistici, fori e mercati ospitano templi dei divi Augusti e cappelle per l'omaggio ai Cesari di magistrati di ogni livello e grado, di *ordines* come i locali senati e i collegi dei *seviri Augustales*, di corporazioni di arti e di mestieri, fino al più trascurabile dei segmenti sociali.
La forma artistica accompagna da vicino tutto questo processo di omologazione culturale, favorendo la diffusione dei modelli e al tempo stesso segnalando subito tutti gli eventuali dislivelli culturali e sociali, come nel caso già ricordato dell'"arte plebea", espressione dei seviri augustali, ceto libertino assai attivo nel I secolo d.C., descritto a perfezione nel Trimalchione di Petronio e la cui cultura figurativa tutt'altro che casualmente riprende forme espressive ricordevoli di modi di epoca mediorepubblicana.
La fase centrale del principato augusteo inaugura un periodo di formale ritorno alla mitica austerità delle origini, che si porta con sé un processo, largamente condiviso in tutto l'impero, di rimozione delle forme più vistose del lusso dalle manifestazioni pubbliche, lasciando tuttavia ipocritamente spazi per espressioni private di varie forme di consumo opulento, quando non di vera e propria *luxuria*. La scelta segna la fine di tutti i barocchismi in ogni forma di espressione artistica e la parallela affermazione del neoclassicismo più frigido, apprezzabile nella scultura decorativa e nel ritratto e persino nella decorazione pittorica delle case, ben visibile nelle pareti ornate dalle tappezzerie caratteristiche del III stile pompeiano. L'inaugurazione del classicismo dell'età augustea, che pure aveva – come abbiamo veduto – radici lontane nell'età repubblicana, è un evento epocale: quello neoclassico diventa "lo stile", cui, con accenti di volta in volta diversi, tenderà tutta l'arte imperiale fino all'avanzata fase tardoantica. Il valore normativo, che non ammette incertezze, del classicismo imperiale romano, come peraltro quello di ogni classicismo, era perfettamente organico alla tenuta del blocco storico creato da Augusto sulle rovine di quello romano-italico tardorepubblicano.
Grazie alla potente costruzione politica augu-

stea, ma anche alla scelta consolatoria del neoclassicismo ufficiale, il blocco continuerà a operare, sia pur in forme sempre più attenuate e convenzionali con il progressivo allargarsi (e snaturarsi) dell'alleanza, fino al disfacimento di questa per forze esogene incarnate dalla crescente pressione dei barbari e per forze endogene costituite dal peso insostenibile della macchina statuale romana, oberata dal costo di eserciti sempre meno efficienti e motivo della crescente pressione della fiscalità, che più tardi, nel V secolo d.C., strapperà a un intellettuale galloromano, Salviano, l'augurio di una rapida presa del potere da parte dei barbari.

7. Agonia di un impero, agonia di una committenza, agonia di una forma

La caratterizzazione ideale della cultura romana di epoca imperiale si fondava sull'eternizzazione del ruolo degli individui liberi come cittadini di una città e, implicitamente, come parte attiva di un impero universale, alla cui testa era una città-Stato: di qui la pervasiva esaltazione dell'*urbanitas* come modello unico e insuperabile di stile di vita. L'esistenza era concepita come intrecciata attorno a un sistema di relazioni personali e sociali che solo la città poteva consentire: le attività politiche al servizio della città o del potere centrale, la socialità del convivio, l'esercizio e la cura del corpo nelle pause occupate dalle attività connesse con le terme, le delizie intellettuali dell'*otium*, scandivano la vita del *civis* e si riproducevano, per effetto dell'omologazione appena descritta, in maniera uniforme in tutte le città dell'impero. Come la città esercitava il suo dominio sulla campagna, così allo stile di vita proprio dell'*urbanitas* si contrapponeva la *rusticitas* di quanti per nascita o per fato erano stati costretti a rinunciare a tutto ciò e a svolgere lavoro manuale, libero, semilibero o schiavile: l'opposizione città-campagna riproduceva su scala ridotta le altre e più rilevanti polarità, quella interna tra liberi e schiavi e quella esterna tra impero e barbari, con la sola differenza che, se era possibile idealizzare in maniera paternalistica la campagna sull'esempio dell'immaginario bucolico ellenistico, il mondo dei barbari è stato sempre presentato come regno del disordine e dell'inciviltà.

Prima l'oscuro timore, ben percepibile nelle atmosfere irrazionali, francamente anticlassiche, della colonna aureliana, poi l'angoscia più che sofferta dell'anarchia del III secolo d.C., che si proietta nei drammatici rilievi dei sarcofagi e nei ritratti ufficiali, esprimono quella che Bianchi Bandinelli ha chiamato il "dolore di vivere", una formula che trasmette assai bene la profondità della crisi della società e la nullificazione del messaggio propagandato per secoli da Roma della *Pax Augusta*, tragicamente in pezzi davanti agli occhi di tutto un impero. Ai sudditi smarriti l'imperatore appare un dio e a lui ci si affida per la salvezza comune; lo spazio per l'irrazionale e per le religioni salvifiche, tra le quali vincitrice risulterà quella cristiana, si fa immenso. Già nel III secolo d.C. i barbari strappano a Roma pezzi all'impero, il gioiello delle guerre di Traiano, la Dacia; tra IV e V secolo d.C. dilagano in tutto l'Occidente, formalmente ammessi nelle province come *laeti*, coltivatori con vaghi obblighi militari, di fatto sovrani di entità che nel corso del V secolo d.C. diventeranno veri e propri regni romano-barbarici. A metà del III secolo d.C. l'organizzazione imperiale è al collasso, dilaniata da usurpatori che si contendono la porpora. Nel corso di due generazioni tra il 280 e il 330 d.C., a opera di Aureliano, dei Tetrarchi e infine di Costantino, prende forma la restaurazione in chiave autoritaria della struttura dello Stato, delle difese dell'impero, in una parola dell'ordine costituito: l'impero sopravviverà nella sua metà più forte, quella orientale, per altri secoli, a prezzo di scelte assai pesanti, che vanno dalla ferrea gerarchizzazione dei ruoli sociali al cesaropapismo bizantino. Ma quale forma e quali obiettivi ha la committenza nei due secoli di impero prima della caduta della *pars Occidentis* nel 476 d.C.? La restaurazione autoritaria, di cui Diocleziano, al passaggio tra III e IV secolo d.C., avvia le forme politiche, economiche e sociali, ufficializza la distinzione, fino a quel momento in gran parte delegata al costume, tra *honestiores*, la "gente perbene" e *tenuiores*, la "gente 'che non fa ombra'": tra questi ultimi, i figli sono obbligati a seguire il mestiere dei padri, condannando così all'immobilismo l'intera organizzazione sociale. Se i rapporti sociali vengono sclerotizzati, si ingessa l'intera economia con la pubblicazione del monumentale *Edictum de praetiis rerum venalium*, che stabilisce una tariffa per tutto, beni di consumo e salari, perfino il costo a giornata del *pictor imaginarius*, il ritrattista, e del *pictor topiarius*, il decoratore, letteralmente il "pittore di giardini", solo per ricordare ciò che interessa il nostro discorso. Viene così meno uno dei cardini del vecchio sistema di ascesa sociale e di cooptazione, che aveva alimentato Senato, ordine equestre e aristocrazie locali per secoli, mantenendo l'aspettativa di ricambio delle classi dirigenti e al tempo stesso sostenendo la qualità della vita delle comunità locali: d'altro canto l'aver reso responsabili in solido del pagamento delle tasse di tutta una città i *curiales*, ossia i membri delle assemblee cittadine, la dice lunga sulle ragioni dell'inarrestabile declino della struttura politica dell'impero, fondata appunto sulle città e sul loro stile di vita. Scomparsa ogni forma di competizione politica e con essa quel formidabile motore per l'abbellimento delle città che era stato per secoli l'evergetismo, l'impoverimento generale costringe le residue classi intermedie a evitare spese superflue, mentre la fine del tradizionale afflusso di schiavi mette in crisi il principale rapporto di produzione, sostituito dal colonato, subordinazione di ceti contadini poveri quasi totale ai padroni, peraltro sottratti all'obbligo di sostentamento come accadeva per gli schiavi. Anche la macchina economica si era inceppata e mancavano le condizioni perché ripartisse con le stesse marce del passato.

Per quanto riguarda l'aspetto pubblico, la committenza diventa veramente unica, quella imperiale. A Roma e nella nuova capitale d'Oriente, Costantinopoli, trasformata in maniera radicale dall'antica Bisanzio in uno splendido complesso urbano che si voleva rivaleggiasse con l'antica *Urbs* nell'arco del secolo intercorso tra la dinastia costantiniana e quella teodosiana, la committenza pubblica viene sostenuta quasi esclusivamente dagli imperatori con dediche ancora abbastanza frequenti di grandi monumenti, terme in primo luogo, ma anche di opere celebrative, come a Roma le colonne dei vicennali dei Tetrarchi sui Rostri o l'*Arcus novus* sulla Flaminia per commemorare la vittoria sull'usurpatore Carausio.

A Costantinopoli per le ragioni anzidette le nuove dediche sono impressionanti, due fori, quello di Costantino e quello di Teodosio, due colonne coclidi, il circo con relativo obelisco e soprattutto l'immenso palazzo imperiale. Un capitolo a parte è l'incessante attività edilizia messa in campo nelle due capitali per la nuova religione cristiana, divenuta a partire da Teodosio unica religione ufficiale: dal V secolo in poi la comunità cristiana resta quasi il solo obiettivo di grandi commesse edilizie, fra le quali si segnala, oltre alla straripante iniziativa imperiale, la presenza di doni fatti da membri della classe senatoria, per la quale quella di chiese e di edifici ecclesiastici resta di fatto l'unica committenza pubblica, eccezion fatta per quella dispiegata nelle due capitali dai *praefecti urbi*, di norma sotto forma di restauri.

A Roma, da Aureliano in poi, con l'"arco di Portogallo" e poi con l'arco decretato a Costantino dal Senato, si fa sistematico ricorso allo spoglio di monumenti di imperatori precedenti famosi e prestigiosi. Da questa prassi, a suo modo una nuova forma indiretta di classicismo, deriverà l'uso, noto dalla tarda antichità fino all'età romanica, del reimpiego di *antiqua opera*, di materiali antichi di spoglio, allo scopo di conferire prestigio al nuovo monumento attraverso l'aura attribuita dal mondo colto contemporaneo all'epoca o agli autori dei monumenti spogliati. Nelle altre città dell'impero, tranne le non molte eccezioni relative perlopiù alle capitali provinciali e all'onnipresente edilizia ecclesiastica, gli interventi sono rarissimi: in genere si tratta di restauri, finanziati dai governatori provinciali nel tentativo di conservare quei livelli di *urbanitas* che avevano contraddistinto gran parte dei centri abitati e che erano stati percepiti come il discrimine tra civiltà e barbarie. Questo descrive bene anche la sostanziale riduzione a pochissimi centri capaci di produzione artigianale alta, perdipiù con un parallelo scadimento di livelli di qualità: scompare gradualmente la scultura, mentre, quasi a conferma dell'antica qualifica riegliana dell'arte tardoantica come "ottica", la forte propensione verso l'illusionismo non realistico di tutta la cultura figurativa fa sì che la forma d'arte più usata sia la pittura, a noi nota soprattutto nelle due varianti, entrambe amatissime, in materiale non deperibile, il mosaico e l'*opus sectile*. La produzione artistica è dunque orientata solo verso le esigenze della corte e dell'esile, ma smisuratamente ricca aristocrazia senatoria: l'artigianato, da sempre linfa essenziale della produzione d'arte di qualità elevata, sopravvive solo per quei bisogni. Ai livelli più minuti, come la produzione del vetro e delle ceramiche sigillate, continuano ancora a produrre e a esportare alcune fabbriche provinciali, spesso in collegamento con la sopravvivenza, soprattutto a fini annonari, di una qualche rete di traffici mercantili, in genere non oltre il VII secolo d.C.

Scomparsa o quasi, con il declino generalizzato della struttura urbana, la piccola committenza dei ceti urbani intermedi, l'unico gruppo sociale superstite in possesso di sufficienti risorse per avanzare commesse d'arte per il proprio consumo privato è quello costituito dalla grande aristocrazia senatoria e dagli alti ufficiali della burocrazia imperiale. Questo ceto appare per entità infinitamente più ristretto di quello senatorio ed equestre alto e medio-imperiale, ma appare caratterizzato, se possibile ancor più che in passato, dallo sfoggio di ricchezze senza pari, in stridente contrasto con il generale impoverimento della popolazione: malgrado le difficoltà dell'impero, questa aristocrazia continua a perseguire uno stile di vita di enorme dispendio. E infatti, com'era inconcepibile che il rampollo di una delle grandi famiglie senatorie non fosse l'*editor* di costosissimi giochi in occasione dell'assunzione della pretura, così non si poteva immaginare un'esistenza di relazioni tra membri del Senato che non contemplasse l'uso di celebrare il consolato di uno dei membri di questa élite senza l'invio all'imperatore, alla corte e ai propri pari di *missilia*, preziosi doni come dittici d'avorio figurati o piatti d'argento con scene cerimoniali, simili a quelli che l'imperatore donava ai grandi dignitari dell'impero per festeggiare eventi ritenuti rilevanti per la dinastia.

A riprova dell'intrinseca debolezza di cui era affetta, questa società, ancor più che in passato, vive di forme autocelebrative, matrice di un'arte suntuaria nella quale un ruolo di prim'ordine era giocato dai materiali preziosi, oro, argento, avorio e vesti di lusso: ne fanno fede i grandi tesori di argenteria di IV e V secolo d.C., che, per effetto anche della forte instabilità politica e militare dei tempi, sono stati scoperti un po' ovunque nell'impero. Questa straordinaria sontuosità non appare limitata all'arte mobiliare, ma contraddistingue anche le grandi residenze senatorie e il loro apparato decorativo, non tanto o soltanto quelle urbane, nell'insieme poco conosciute (ma si pensi all'immensa *domus* dei Neratii di Roma di IV secolo d.C., con il suo straordinario calendario dipinto), ma soprattutto le sempre popolari ville di *otium*, la cui vita talora si prolunga fino all'alto medioevo. E in effetti, ancor più che in passato, anche per il peso che i grandi latifondi posseggono nell'economia della classe senatoria, la villa in quanto opera architettonica di taglio monumentale e in quanto occasione per esibire una decorazione appropriata al rango e agli interessi del proprietario, acquista ora una rilevanza eccezionale. Alcune ville sono impressionanti per superficie, come quella del Cercadillo alle porte di Cordova in Spagna, estesa come una piccola città per circa 10 ettari, altre lo sono per la ricchezza della decorazione musiva, come quelle di Antiochia in Siria o di Piazza Armerina in Sicilia, altre ancora, fatto del tutto inusitato, per il complesso di sculture ospitate, come quelle di Welschbillig in Germania e di Chiragan in Gallia, eccezionali documenti di un'ornamentazione di tipo "arcaico", contenenti la prima una serie di erme tardoantiche di *viri illustres* e la seconda una stupefacente collezione di copie di statue classiche.

Dalla Siria e dall'Africa si diffonde in tutto l'impero l'uso di decorare i pavimenti con grandi mosaici figurati policromi che esprimono il senso attribuito dall'aristocrazia tardoantica alla vita ordinata e agli svaghi dei suoi membri, *in primis* le cacce; la diffusione delle *crustae* marmoree dell'*opus sectile*, le lastre di marmi preziosi che compongono disegni geometrici sia sui pavimenti che sulle pareti, condizionano la decorazione pittorica parietale, nel caso in cui invece dei *sectilia* si faccia ricorso al surrogato della pittura. Gli interni sviluppano ulteriormente il gusto affermatosi nei due secoli precedenti per le piante mistilinee, soprattutto per i triclinii, con la moda ormai imperante dello *stibadium*, il cuscino tricliniare semilunato; ma soprattutto impressionante è il caso di Piazza Armerina, dove vengono introdotte forme architettoniche pubbliche come la basilica giudiziaria, culmine dell'intera sequenza architettonica della villa, il cui pavimento è perfino marcato dalla presenza simbolica del *tribunal-kloubion*, predecessore del ciborio delle architetture ecclesiastiche, e al tempo stesso prova del fatto che questi aristocratici spesso rivestivano incarichi di governo come *proconsules*, *correctores* o *praesides* delle province dove avevano sede i loro *latifundia*.

Nella sua confortevole villa il signore non solo riceve l'omaggio in natura dei suoi coloni, come si vede nel mosaico africano del *dominus Iulius*, ma addirittura amministra ormai la giustizia dei *provinciales* che popolano le sue terre, vera e propria prefigurazione del feudatario medievale. Con queste osservazioni si torna là dove abbiamo cominciato questo paragrafo, e cioè alla profonda trasformazione della mentalità e del costume delle classi dominanti intervenuta con la tarda antichità, quando l'essenza della vita associata non è più la città, di cui si possono eventualmente vagheggiare gli aspetti in chiave di puro e semplice ricordo di sapore mitologico, ma la campagna e con essa la vita della villa, all'interno della quale si tende a portare tutta la cultura, politica, letteraria, musicale, figurativa, e tutti i piaceri dell'*otium* codificati quasi mezzo millennio prima, ma anche quanto restava dei doveri del *negotium*, impersonati dagli apprestamenti di tipo giudiziario di Piazza Armerina. Non va sotto questo profilo dimenticato che la trasmissione del patrimonio culturale della civiltà latina è legata a doppio filo con l'*otium* di questa classe aristocratica di questi anni dell'impero morente: ciò che noi conosciamo della letteratura latina si deve essenzialmente alle scelte, ai gusti e agli orientamenti di questa aristocrazia tardoantica intrisa di cultura classica.

Ma l'evidente finzione della continuità della cultura neoclassica soprattutto nell'arte aulica ci impone di guardare meglio all'interno di questo agonizzante classicismo. Il carattere normativo, di assoluta certezza dei contenuti, di questa secolare e fondamentale scelta culturale non ha retto difronte alle sollecitazioni di due secoli di "cultura della crisi", quelli che separano l'apogeo dell'impero degli Antonini e la restaurazione tetrarchico-costantiniana, e alle spinte irrazionali di carattere religioso e non, che a quella crisi si accompagnano: le certezze dei contenuti sono state gradualmente svuotate proprio dal collasso del contesto della civiltà classica che affondava davanti al-

l'urgenza della crisi economica, sociale e politica dell'impero.
Ciò che ha retto è l'impalcatura formale ed esteriore di quel sistema di valori, l'"iconografia" di una cultura e non il messaggio, che si è andato riempiendo di contenuti simbolici e allegorici. In luogo di una cultura dell'organicità, dei rapporti "naturali", nell'immaginario come nella realtà quotidiana, si viene affermando un'autentica cultura in metafora, preludio della recezione allegorica dei contenuti classici, impalcatura della futura cultura medievale. Ciò a livello di espressione artistica è ancora più evidente, per il meccanismo proprio della trasmissione dei contenuti attraverso le immagini, cui finiscono per aderire non i valori immediati, ma soprattutto, se non esclusivamente, quelli simbolici, che sostituiscono quelli "naturali" della cultura classica.
La lentissima "morte" della forma classica, prolungata sino alle soglie del giorno d'oggi dalle cifre classicheggianti dell'arte bizantina delle icone, sempre meno comprese sia dagli esecutori che dai fruitori, sopravvive di oltre mezzo millennio alla morte della struttura politica dell'impero, di cui si è conservata la frusta memoria fino al 1453. Ma la verità su questa lunga agonia di una forma artistica e di una forma politica, ci viene raccontata da Paolo Diacono, quando narrando dell'ingresso in Italia nel 568 d.C. dell'ultima ondata barbarica dei Longobardi, parla seccamente della brutale eliminazione fisica di molti senatori. Scomparso il committente "unico" nel 476 d.C., si concludeva così anche la lunga agonia dell'ultimo frammento della committenza antica.

II

I grandi momenti dell'arte romana

1. La formazione della civiltà romana nell'Italia protostorica

Testo di
Mauro Menichetti
Schede di
Lucio Fiorini

La storia dell'Italia antica conosce un decisivo e relativamente rapido mutamento alla fine del II millennio a.C., nel momento di passaggio tra l'età del Bronzo Finale e la prima età del Ferro. In questa fase si creano le condizioni che condurranno all'emergere delle comunità che segneranno la storia della penisola fino all'unificazione a seguito della conquista di Roma. Questa storia può essere letta utilizzando anche il parametro della città, vale a dire attraverso l'osservazione delle aree ove precocemente si è affermata la struttura urbana rispetto ad altre aree della penisola ove tutto ciò si è manifestato solo più tardi o addirittura non si è mai verificato il passaggio alla forma urbana. Questo osservatorio, ovviamente mobile e variabile nel tempo, corrisponde anche ad aree caratterizzate da un più rapido sviluppo economico, sociale, politico e culturale rispetto a territori che in linea di massima subiscono quello sviluppo. In altre parole la città e le sue istituzioni, peraltro anch'esse variabili nel tempo, si presentano come uno straordinario strumento di accumulo di ricchezza e di gestione del potere.

Un particolare rilievo assumono in questa prospettiva proprio le aree dell'Etruria, del *Latium vetus* (comprendente un territorio collocato tra il basso corso del Tevere, il promontorio del Circeo e i colli Albani) ma anche della Campania, ove assistiamo a un precoce sviluppo delle forme urbane seppur con differenze di comparti territoriali, modalità, cronologia ed esiti finali.

Nel corso del Bronzo Medio l'area tirrenica dal *Latium vetus* e dall'Etruria fino alla Cala-

1. Capeducola in bronzo dal ripostiglio di Coste del Marano, Roma, Museo Pigorini

Il ripostiglio, rinvenuto fortuitamente nel 1880 a Coste del Marano presso Allumiere, è costituito da 148 esemplari in bronzo, quasi tutti ben conservati, nascosti all'interno di un vaso di impasto dalla caratteristica decorazione protovillanoviana. Il "tesoretto", da considerare una deposizione di tipo cultuale, era costituito da vasellame da mensa (tre tazze in lamina sbalzata), da utensili di ornamento personale (pendagli, fibule, spilloni, anelli, spirali, ecc.) e da oggetti dalla forte valenza simbolico-rituale (l'ascia e la paletta miniaturistici): questi manufatti, spesso oggetti di prestigio come nel caso delle fibule ad arco di violino foliato, dalle eccezionali dimensioni, o delle tazze, segnalano l'emergere di alcuni individui o di gruppi all'interno della compagine sociale, a cui si accompagna un accentramento della ricchezza evidente nelle forme di tesaurizzazione del metallo. Alto è il livello tecnico di lavorazione che trova agganci tipologici dall'Europa transalpina alla Grecia, pur nell'oramai indiscussa matrice locale dei prodotti. La cronologia, inquadrabile a un momento avanzato dell'età del Bronzo Finale (fine dell'XI-inizio del X secolo a.C.) è ricavabile in base alla tipologia delle fibule ad arco foliato e ad arco semplice a gomito con noduli, così come dell'ascia ad alette con spalla breve e degli spilloni a capocchia di chiodo.

2. Carta distributiva delle principali culture agli inizi dell'età del Ferro

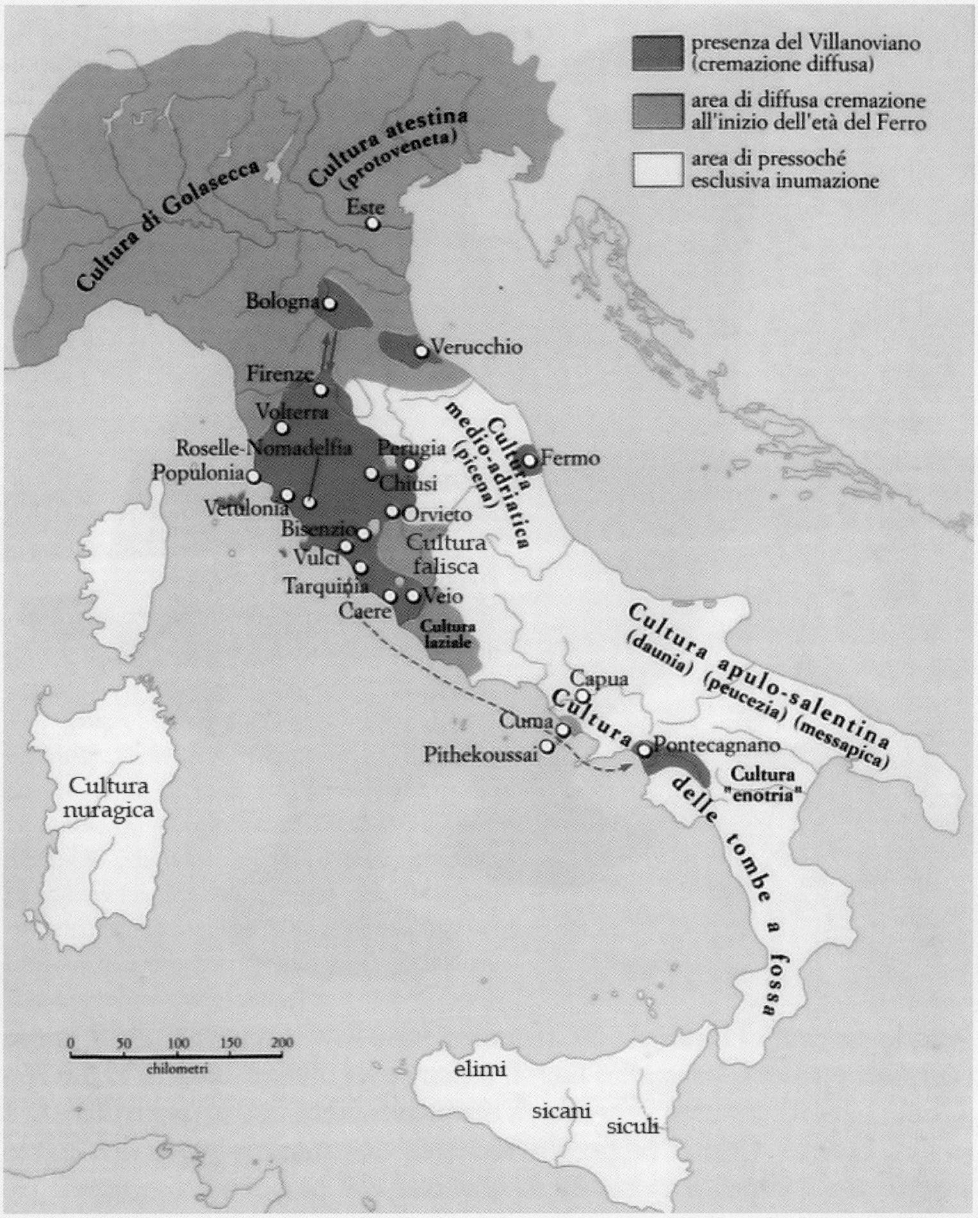

bria mostra i segni di una occupazione territoriale capillare basata su siti difesi entro cui si pratica la lavorazione dei metalli e ove vediamo circolare anche beni prestigiosi soprattutto di provenienza egea. Tale processo sembra continuare nelle fasi successive del Bronzo Recente e Finale attraverso una selezione degli insediamenti che sembra favorire le postazioni di altura ben difendibili. In diversi casi cogliamo i segni di un avviato processo di accumulo di ricchezza e di differenziazione sociale testimoniati da edifici che si distaccano dalle semplici capanne come nei casi di monte Rovello presso Allumiere o di Luni sul Mignone presso Blera; dalla realizzazione di piccoli tumuli funerari che spiccano all'interno delle necropoli; dai ritrovamenti di ripostigli di oggetti in metallo, come nel caso di Coste del Marano [figura 1], che segnalano la nuova importanza ora assunta dalle aree caratterizzate da risorse minerarie e dalla produzione metallurgica cui fa seguito l'attivazione di scambi a più lunga distanza. In questo quadro va richiamata anche tutta l'ingente documentazione oggi disponibile relativamente alle frequentazioni micenee già da tempo attivate soprattutto nell'area centro-meridionale della penisola e oggi riproposte all'attenzione dagli importanti ritrovamenti di Rocca Vecchia presso Lecce. Possiamo dunque cogliere i segni di un avviato processo di formazione di culture regionali e di differenziazione sociale relativamente alle comunità del Bronzo Finale ove agiscono gruppi emergenti identificabili come famiglie estese, il cui potere risiede nella gestione della proprietà della terra esercitata nel quadro di rapporti di parentela e di lignaggio entro cui si sviluppano le prime forme di clientela.

Attorno al 1000 a.C. la ricerca archeologica

3. Corredo villanoviano dalla tomba 179 di Poggio Selciatello, Pian della Regina, Tarquinia, Firenze, Museo Archeologico

Gli estesi sepolcreti della cultura villanoviana, per lo più dislocati nei poggi limitrofi alle aree abitative, sono caratterizzati da una fitta densità di tombe; il corredo, posto all'interno di pozzetti scavati nel terreno o nella roccia, con o senza protezione lapidea o in grandi dolii, è costituito da un cinerario dalla tipica forma biconica, a una o due anse (nel qual caso uno dei due manici veniva, ritualmente, spezzato), decorato con motivi incisi a fasce, a meandro, a metopa, fornito di coperchio a forma di elmo, o da una ciotola. Nelle deposizioni erano sistemati pochi oggetti personali, per lo più una o due fibule, a seconda del sesso, rasoi o spilloni, nelle tombe maschili, fermatrecce e fuseruole in quelle femminili. La tomba 179, rinvenuta a Poggio Selciatello presso Tarquinia, databile alla metà del IX secolo a.C., apparteneva a un individuo di sesso maschile: lo si deduce dall'elmo fittile apicato, sistemato a copertura del cinerario, e dagli oggetti personali, un rasoio lunato e una fibula ad arco serpeggiante con staffa a disco. Eccezionale per un corredo villanoviano è invece la presenza, oltre a due piattelli, di un *askos* configurato con lunghe corna taurine e piccole zampe.

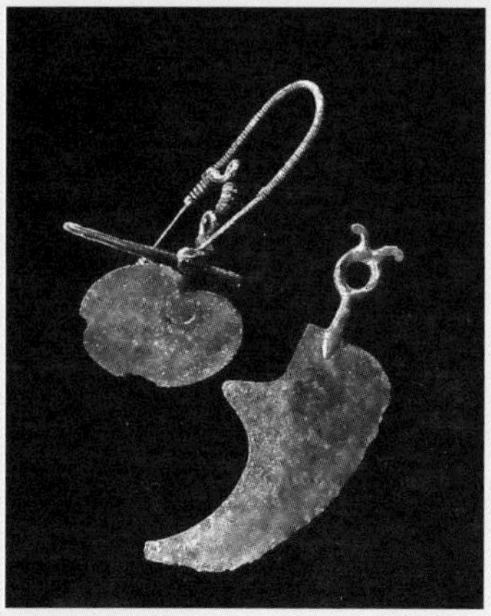

4. Disegno del corredo della tomba 126 dell'Osteria dell'Osa-Gabii

La pratica dell'incinerazione, attraverso l'azione rigeneratrice del fuoco, doveva rappresentare per il defunto il momento della sua rinascita in una nuova dimensione pone oggi un importante punto di svolta segnato dall'abbandono di gran parte dei villaggi dell'età del Bronzo e dalla formazione di abitati più estesi che coincidono sostanzialmente con i principali insediamenti di età storica. La ricerca ha dibattuto sulla natura unitaria di queste nuove comunità altrimenti pensate come aggregati di piccoli villaggi separati ma collegati da vincoli economici, sociali e religiosi. Si è coniato anche il termine "protourbano" per indicare questa fase che sembra costituire la necessaria premessa della successiva evoluzione in senso propriamente urbano. Appare certo che la formazione di una comunità urbana non è oggi pensabile nei termini di un atto unico e definitivo quanto invece al pari di un processo con una più o meno ampia estensione cronologica e che può presentare differenti tappe e gradi di intensità. Questi nuovi insediamenti mostrano costantemente una maggiore estensione che appare ora delimitabile anche dalla collocazione delle necropoli in aree esterne a quella interessata dall'abitato; quest'ultimo rivela inoltre una collocazione strategica in funzione di aree agricole e di vie di scambio. La situazione in area laziale non appare altrettanto netta riguardo al diffuso abbandono degli

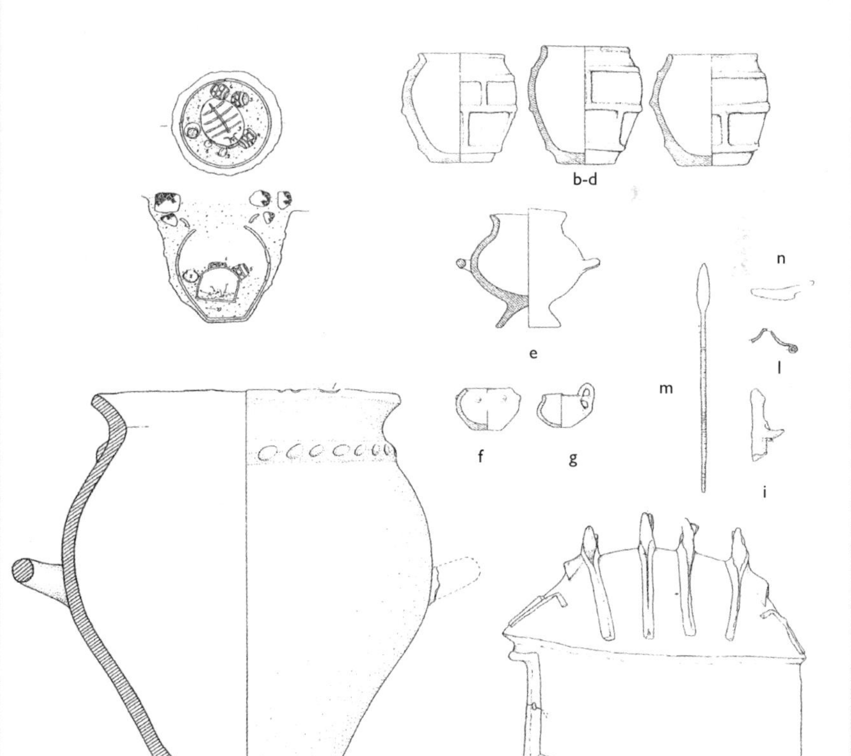

non corporea, eroicizzata, destinataria del corredo di manufatti miniaturistici riproducenti, oltre all'urna a capanna, vasi, ornamenti e armi, posti talora in diretto rapporto con una statuetta femminile, rappresentazione ultraterrena del *hieros gamos* (matrimonio sacro) del morto con una "consorte" divina, assimilabile all'*Ops* latina, dea infera della ricchezza domestica e collettiva. Ne è un esempio la tomba 126 dell'Osteria dell'Osa, assegnabile alla fase laziale II A 1 (900-830 a.C.) e appartenente a un personaggio di alto rango sociale, sepolto secondo un complesso rito funerario, come attestano i vasi miniaturistici e l'anfora spezzata rinvenuti nella terra di riempimento del pozzetto. Il dolio (a) conteneva i vasi ritenuti necessari per il defunto nell'aldilà, tre ollette a rete (b-d), un vaso biansato su piede (e), un'olletta a corpo globulare schiacciato con cinque bugne (f), una tazza ad ansa bifora (g), posti intorno all'urna a capanna (h) a sua volta sistemata al di sopra di una statuetta dalle braccia protese nel gesto tipico dell'offerente (i). All'interno dell'urna erano collocati gli oggetti personali miniaturizzati di più alto significato ideologico, una fibula ad arco serpeggiante (l), una lancia (m) e un coltello sacrificale (n), perpetua testimonianza dello *status* del defunto e delle sue funzioni politiche e religiose.

antichi insediamenti dell'età del Bronzo e alla formazione di insediamenti maggiori. In ogni caso agli inizi dell'età del Ferro vediamo emergere importanti comunità a Gabii, a Lavinium e a Roma ma lo stesso processo è comunque leggibile anche per altre comunità come a Crustumerium, Fidene, Ardea, Satricum, Tivoli, Tusculum.
Le divisioni regionali già intraviste nella fase precedente giungono ora alla piena maturazione, fissandosi in ampie e definite aree culturali [figura 2]: quelle di Golasecca e dei Liguri a nord-ovest e quella Atestina a nord-est della penisola; la cultura laziale e quella villanoviana, dislocate sostanzialmente lungo la fascia tirrenica centro-meridionale; più all'interno l'area sabina confinante con quella laziale e le culture umbra e falisco-capenate che assumono il corso del Tevere come principale confine rispetto al mondo etrusco-laziale; le culture medio-adriatiche sorte lungo il versante adriatico e risalenti verso la fascia appenninica; la cultura delle tombe a fossa che interessa gran parte dell'Italia meridionale; l'area iapigia, ove si svilupperanno le culture della Daunia, della Peucezia e della Messapia. Assistiamo anche all'assestamento delle comunità della Sicilia antica che si strutturano attraverso l'interferenza tra popolazioni autoctone e genti provenienti dalla penisola, alle quali la tradizione assegna le denominazioni di Siculi nell'area nord-orientale, Sicani nella parte centro-meridionale e Elimi nel settore nord-occidentale, mentre in Sardegna persiste la cultura nuragica con caratteristiche megalitiche.
Gli abitati villanoviani e laziali della prima età

5. Anfora in bucchero con decorazione a spirale, Cerveteri, Museo Cerite
6. Calefattoio dalla tomba 197 della necropoli dell'Osteria dell'Osa
Il processo di differenziazione sociale in atto nella società etrusca e latina nel corso dell'VIII secolo a.C. trova espressione nell'affermarsi di una ritualità del consumo del vino precedente all'assunzione delle forme conviviali greche, denunciata dalla presenza nel lessico latino più antico della parola indigena *temetum*, sostituita solo in un secondo momento dal termine di origine greca *vinum*. A livello archeologico questa più antica cerimonialità è ben documentata dalle associazioni di materiali nelle tombe delle necropoli laziali e villanoviane ed è centrata sulla presenza, insieme alla tazza ad ansa bifora, dell'anforetta a spirale, apparentata alle anforette panciute della prima metà dell'VIII secolo a.C. ben documentate in ambito laziale. La derivazione da essa dell'anfora attica nicostenica, se da un lato connota inequivocabilmente l'utilizzo di questa forma in rapporto al vino, dall'altro ce la mostra radicata a tal punto nel cerimoniale etrusco del simposio da conservare il suo significato funzionale anche al momento dell'avvenuta adozione dell'uso greco del vino da parte dell'aristocrazia tirrenica. Importante indicatore di rango sociale è inoltre la presenza nei contesti tombali del calefattoio, ovvero di un vaso con un alto sostegno, sormontato da una scodella più ampia al centro e da altre più piccole agli angoli. Identificato con il *praefericulum* della tradizione sacerdotale romana, utilizzato secondo Festo per la presentazione delle offerte nei sacrifici alla dea *Ops Consiva* nella *regia* da parte del *rex* e della regina, il calefattoio, rappresenta un prestigio in contesti tombali maschili di elevato *status* sociale.

7. Urnetta a capanna con figura di antenato sul tetto, Roma, Museo Pigorini
8. Ricostruzione della capanna I del Palatino-Cermalo a Roma

La capanna I del Palatino-Cermalo, che mostra fasi di frequentazione tra il 900 e il 750 a.C., presenta una forma ovale e misura 12 metri di lunghezza, 8 metri di larghezza, raggiungendo un'altezza massima di 6 metri. Accessibile tramite un'apertura collocata su uno dei lati brevi, era stata costruita direttamente sul banco roccioso, sorretta internamente da due coppie di sostegni disposti lungo l'asse maggiore. Si può ipotizzare che questi pali, legati tra loro nella parte superiore, avessero il compito di sostenerne altri verticali con terminazione a forcella; a questi venivano poi sovrapposti i puntelli orizzontali che chiudevano, stabilizzandola, l'intelaiatura rettangolare interna avente lo scopo di sostenere le lunghe travi oblique che costituivano la falda del tetto, infine ricoperto da un fitto rivestimento vegetale. Il perimetro della struttura era invece costituito da una serie di pali verticali, connessi alla sommità da un fascio di rami che correva tutto intorno alla capanna per sorreggerne il tetto; un intreccio di rami colmava inoltre lo spazio tra i pali, prima che tutto fosse rivestito di argilla in modo da impermeabilizzare le pareti, in seguito lisciate per permettere la realizzazione di decorazioni pittoriche. Le urne a capanna rappresentano, insieme ai dati di natura etnografica, una fonte di informazione alquanto attendibile per ricostruire i caratteri fondamentali dell'edilizia di età protourbana. L'esemplare proveniente probabilmente da Bisenzio, conservato al Museo Pigorini e databile al IX secolo a.C., aggiunge un ulteriore dato, di natura simbolica, alla concezione stessa della capanna, intesa come spazio centrale nell'ideologia della famiglia nucleare: al centro dello spazio frontonale siede un personaggio dotato di un copricapo a *polos*, identificabile con il defunto che, come le figure degli antenati dei *principes* di Murlo assisi sul tetto della *regia* arcaica, è mostrato come garante del gruppo familiare, posto a presidio della sua discendenza.

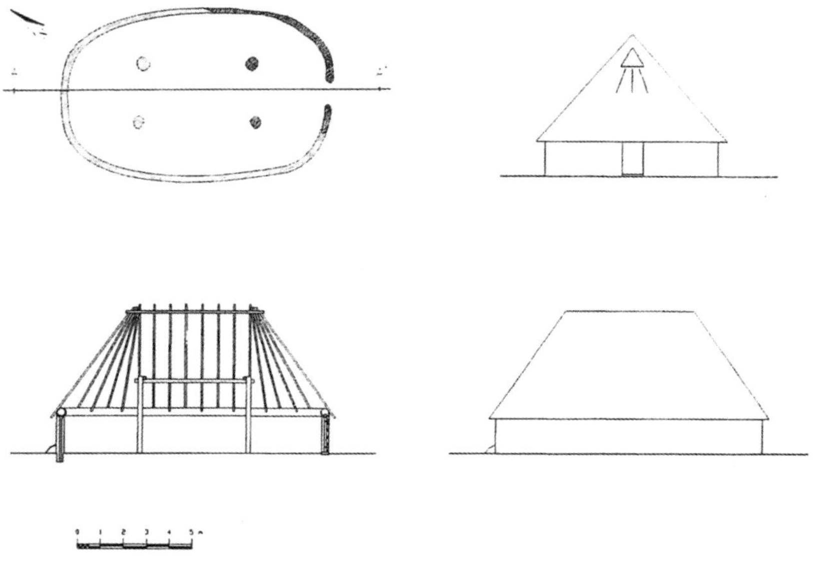

9. Cratere etrusco-geometrico da Pescia Romana, Grosseto, Museo Archeologico
L'intensificarsi nel corso dell'VIII secolo a.C. dei contatti tra il mondo etrusco-laziale e quello greco-euboico, coincide con il sorgere delle prime officine di ceramica fine dipinta in cui si può facilmente riconoscere l'opera di artigiani greci stanziatisi nei centri tirrenici di maggiore smercio dei loro prodotti, principalmente a Tarquinia, a Veio, a Vulci e in minore misura a Cerveteri e a Bisenzio. La ceramica etrusco-geometrica, affermatasi nel terzo quarto dell'VIII secolo a.C., comprende un vasto repertorio di forme vascolari (anfore, *oinochoai*, bottiglie, *askoi*, crateri su alto piede, coppe emisferiche, *skyphoi*, piatti, scodelle) decorati con motivi geometrici semplici (linee, losanghe, triangoli, meandri, cerchi concentrici, ecc.), ripartiti su fasce o su metope, con uccelli e pesci, solo raramente con schematiche figure umane. Uno degli esempi più significativi è rappresentato dal cratere di Pescia Romana, attribuito all'euboico Maestro di Cesnola o alla sua cerchia: impostato su un alto piede a tromba, presenta due anse a doppio arco, labbro estroflesso e coperchio la cui presa riproduce uno *skyphos* su alto piede. È databile tra il 730-710 a.C.

del Ferro, comprendenti nuclei abitativi formati da capanne con pianta variabile da rotonda a rettangolare, appaiono di dimensioni assai maggiori rispetto alla fase precedente, ma soprattutto vanno a occupare aree strategicamente funzionali al controllo di territori fertili, di corsi d'acqua, di risorse minerarie, di luoghi dello scambio come le zone portuali costiere. L'acquisizione di terre arabili in funzione di abitati stabili e più densamente popolati prende la forma di un movimento di colonizzazione che meglio percepiamo per l'area villanoviana, che vediamo espandersi verso nord, nell'area emiliana con il caposaldo di Felsina-Bologna e nell'area romagnola ove emerge il centro di Verucchio, e verso sud in Campania nel territorio di Capua e nell'area tra Pontecagnano e Sala Consilina. Isolato e di breve durata appare l'abitato villanoviano di Fermo.
Proprio la gestione della terra produce un altro importante cambiamento all'interno di queste comunità. Infatti la forte spinta all'occupazione di terre fertili va di pari passo con l'affermarsi della proprietà privata della terra, ora gestita da famiglie, che possiamo definire patriarcali, mononucleari o comunque più ristrette rispetto alla fase precedente.
L'insieme dei processi fin qui descritti si conclude con una profonda ristrutturazione dei rapporti tra abitati e territorio e con un'altrettanto profonda revisione dei rapporti sociali all'interno delle stesse comunità. Una spia evidente di quanto sta avvenendo è rappresentata dall'impressione di sostanziale uguaglianza tra individui che ci restituiscono le necropoli della prima età del Ferro, in particolare quelle di area villanoviana ove ricorre per lo più il tipico ossuario biconico per la deposizione delle ceneri del defunto [figura 3]. Gli studi sull'ideologia funeraria hanno ben messo in evidenza come l'immagine sociale che ci trasmette una necropoli non può essere applicata automaticamente per capire le dinamiche sociali della comunità corrispondente. In altre parole, i segni dell'ideologia funeraria rappre-

sentano sempre una selezione e una ricostruzione simbolica rispetto al mondo dei vivi.
Il processo di redistribuzione privata della terra, ora gestita da famiglie ristrette, si traduce sul piano sociale in una tendenziale uguaglianza di cui anche le necropoli ci restituiscono un riflesso. Tutto ciò peraltro non deve far dimenticare le spinte in direzione di una differenziazione sociale a opera di individui e gruppi che saranno destinate a emergere sempre più chiaramente [figure 4-6]. In questo senso va segnalato anche l'uso precoce di urnette a capanna [figure 7-8] destinate solo a pochi individui di entrambi i sessi nel quadro delle necropoli laziali e villanoviane e anche l'uso dell'elmo del guerriero la cui decorazione allude alla stessa capanna.
Questa situazione di equilibrio si mantiene al più tardi fino alla metà dell'VIII secolo a.C. allorché l'imponente sviluppo di queste comunità, riassumibile in primo luogo nella possibilità di un accumulo di ricchezza da parte di alcuni gruppi sociali, si traduce nella definitiva creazione delle basi materiali e ideologiche delle aristocrazie etrusche e latine e in un'ulteriore spinta verso la formazione urbana, due fenomeni correlati, anche se non privi di contraddizioni e di battute di arresto.
Il forte sviluppo delle aree etrusca, laziale e campana nel quadro dell'Italia antica agli inizi dell'età del Ferro non può essere separato da una serie di processi attivi su scala mediterranea. Dopo la fine delle navigazioni e degli scambi conseguente alla caduta dei regni micenei, a partire dal X secolo a.C. assistiamo a una ripresa di contatti e scambi attivati in primo luogo da navigatori di origine levantina, comprendenti anche i Fenici già noti a Omero. Nel corso del IX secolo a.C. anche il mondo greco, a partire dall'Eubea, da Corinto, dall'area cicladica, si inserisce in questa fitta rete di rapporti commerciali e culturali che si estende da un capo all'altro del Mediterraneo. Dopo questa prima fase di esplorazioni e contatti che comporta la conoscenza di rotte marittime, di luoghi e genti, di climi e paesaggi, prende avvio il vero e proprio movimento di colonizzazione che porta genti greche a stabilirsi sulle coste dell'Italia meridionale e della Sicilia a partire dai decenni attorno alla metà dell'VIII secolo a.C. Questo fatto contribuisce in modo ancor più profondo e significativo ad alimentare un processo di acculturazione e di intensi scambi con le comunità indigene dell'Italia antica.
Le prime postazioni coloniali dei Greci provenienti dall'isola di Eubea sorte nell'area campana settentrionale devono la loro collocazione geografica in primo luogo all'esigenza di scambi e rapporti con le aree indigene caratterizzate da maggior sviluppo sociale ed economico. Quest'area, ora interessata anche dalla forte presenza degli Etruschi-Tirreni sul mare che da loro prenderà il nome di Tirreno, si presenta come una linea di confine assai permeabile in direzione delle comunità etrusche, laziali e campane.
Le risorse minerarie dell'Etruria costituiscono solo la traccia più evidente della trama di interessi e rapporti tra mondo greco e mondo indigeno, al cui interno dobbiamo inserire una massa ben più ampia di scambi di beni materiali – derrate alimentari, vino, ceramiche, tessuti, lavorazioni in legno, avorio e metallo –, come anche di schiavi derivanti da una pratica di commercio marittimo di cui le fonti letterarie contribuiscono a delineare un'altra faccia corrispondente alla pirateria. Insieme alle merci, transitano da un mondo all'altro uomini, artigiani, conoscenze di tecniche di lavorazione [figura 9], concezioni sul mondo e sugli dèi. La tecnica della scrittura adottata alla fine dell'VIII secolo a.C. dal mondo latino ed etrusco si basa sull'alfabeto calcidese della colonia greca di Cuma; la mitologia e la religione dei Greci modificheranno in profondità le credenze di tutti i popoli italici; il consumo cerimoniale del vino, che nel mondo greco si esplica nel simposio, diverrà uno straordinario strumento di potere in mano alle aristocrazie etrusco-laziali, come a quelle italiche. Tutti questi elementi si intrec-

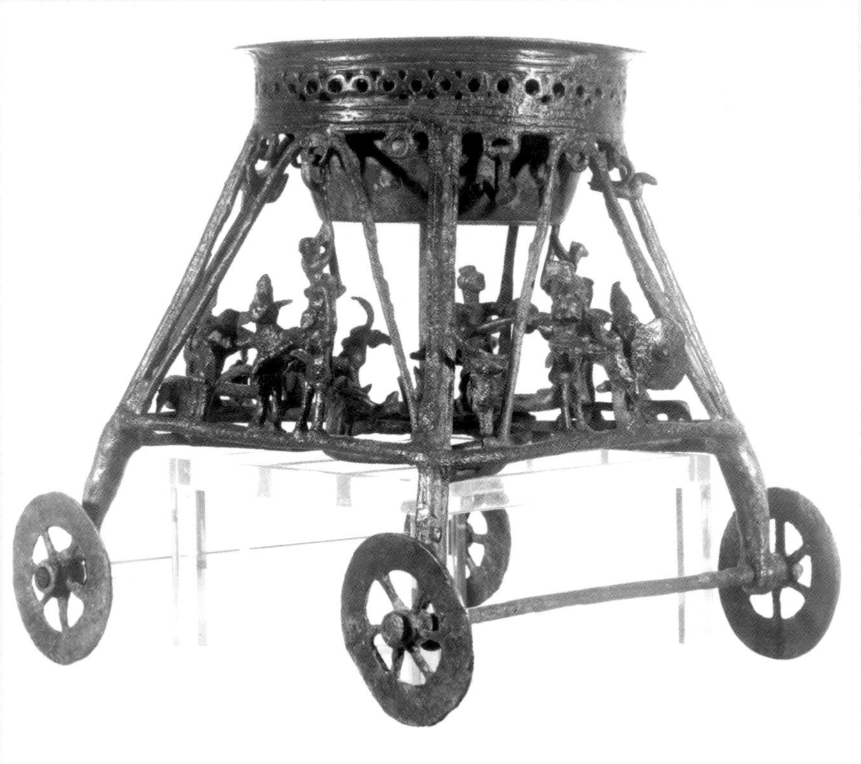

10. Carrello di Bisenzio, Roma, Museo Nazionale Etrusco di Villa Giulia
11. Ricostruzione schematica della decorazione
Deposto nella seconda metà dell'VIII secolo a.C. in una tomba femminile di alto rango, il carrello in bronzo, funzionalmente assimilabile al *praefericulum* utilizzato per la presentazione delle offerte nei sacrifici alla dea *Ops*, deriva tipologicamente da prototipi ciprioti e levantini; costituito da un sostegno munito di quattro ruote, funzionale a sorreggere un bacile troncoconico, è caratterizzato dalla presenza di figurine plastiche poste sulle assicelle di raccordo dei quattro angoli della base. Piccoli uccelli e scimmie, diretta allusione a una natura selvaggia e marginale, sovrastano una scena coerente, in cui i vari episodi alludono ai quei momenti del ciclo biotico fondamentali a scandire l'esistenza della nascente aristocrazia etrusca. In un ambiente animato da uno stambecco (a), un cervide (b), un lupo (c) e da due cani all'inseguimento di un cervo (d) e di una lepre (e), ha luogo la caccia di un arciere (f) e di un cacciatore munito di lancia con un cane al guinzaglio (g), esemplificazione del momento iniziatico che porta il giovane ad assumere le armi e a giungere alla propria maturità sessuale. Negli altri gruppi di figure l'uomo è oramai mostrato da un lato nel suo ruolo di guerriero, armato di elmo, scudo e lancia, congiunto a una donna recante un vaso sul capo e un'ol-

ciano in realtà con un altro aspetto, vale a dire la concezione della *polis* greca, che eserciterà un ruolo fondamentale da un lato verso la progressiva spinta al fenomeno urbano all'interno delle comunità italiche e dall'altro lato sul modo stesso in cui la più antica etnografia greca ha interpretato le caratteristiche sociali e politiche dei popoli indigeni con i quali veniva a contatto.In questa prospettiva non è casuale che Esiodo (*Teogamia*, vv.1011-1016) in una delle più antiche percezioni del mondo italico nell'ottica greca, ricordi Agrio e Latino come dei re a capo di comunità indigene, peraltro apparentati al mondo greco tramite la genealogia che li faceva risalire al matrimonio tra Odisseo e Circe. In questo modo si poteva indicare con chiarezza che l'area etrusco-laziale si presentava con le caratteristiche più simili al mondo greco.
Va infine ricordato che questa fase di forma-

la in mano (h-i), allusione alla funzione femminile dispensatrice di fecondità e depositaria di ricchezza; dall'altro appare, invece, in veste di *pater familias*, dotato di lancia, a cui è demandato il compito della riproduzione e della continuità della vita, come attestano sia la figura dell'aratore (l), sia la coppia di adulti la cui unione sessuale è sottolineata dal gesto dell'uomo che tocca con la mano il seno della donna la quale, a sua volta, sfiora il sesso dell'uomo; accanto a loro è un fanciullo che, armato di scudo ovale e cinturone, è pronto a ripercorrere le tappe iniziatiche della figura paterna (m-o). Montati separatamente su una ruotina girevole posta all'interno del carrello, due guerrieri, dotati di spada e piccoli scudi, si fronteggiano nella suprema prova delle armi, trasferiti in una dimensione a sé stante, quella richiesta dallo statuto regale dei combattenti (p-q).

12. Pianta della capanna "cultuale" sotto il tempio di *Satricum*
Il rinvenimento di fondi di capanne al di sotto di impianti cultuali del VII secolo a.C., unito a un'attenta disamina dei più antichi depositi votivi, è stato determinante per l'individuazione dei primi luoghi di culto in uso dalla fase recente dell'età del Ferro. Al culto all'aperto ancora predominante nella tarda età del Bronzo, si sostituisce nel corso dell'VIII secolo a.C. una religiosità più strutturata, praticata in luoghi sacri definiti: ben documentato appare il caso di *Satricum* dove è stato individuato un fondo ovale di capanna databile alla prima metà dell'VIII secolo a.C., posizionata al centro del sacello della metà del VII secolo a.C. e dei successivi templi della metà del VI e del primo quarto del V secolo a.C. La sequenza di edifici templari sorti sullo stesso luogo, così come la centralità della capanna volutamente preservata nelle fasi successive, sembra confermare la natura cultuale della struttura; questa era caratterizzata da un muro perimetrale (da cui dovevano elevarsi i pali portanti e il rivestimento di argilla e di intrecci di materiale vegetale) e da una copertura straminea, in modo non dissimile da come doveva presentarsi il tempio di Vesta in Roma che Ovidio ricorda essere stato un tempo una capanna circolare fatta di legno e paglia.

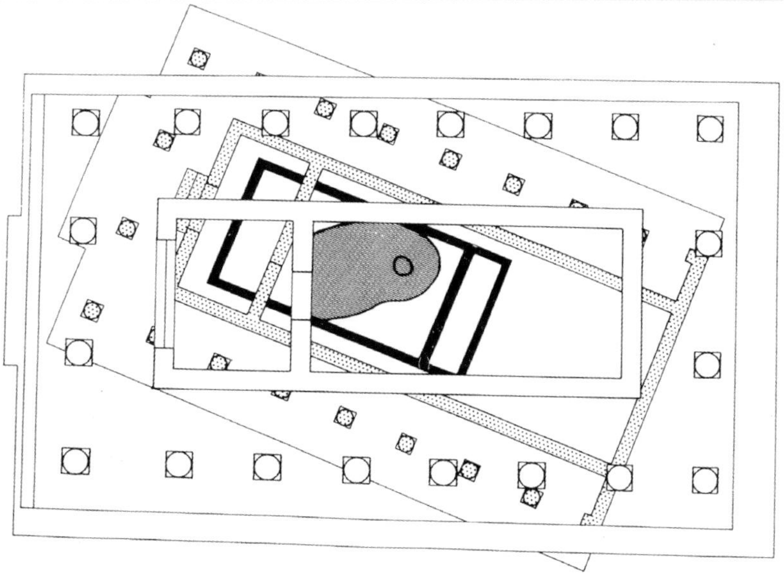

zione della civiltà etrusco-latina nel quadro delle culture italiche nel momento di passaggio tra età del Bronzo e età del Ferro coincide anche con la formazione delle radici di alcune importanti strutture religiose, dei rituali del potere e del trionfo, del culto degli antenati, della definizione di figure mitologiche e di divinità caratterizzate per lo più da un aspetto terioforme, precedenti la grande ondata di ellenizzazione [figure 10-12].

2. Roma e il Lazio tra *reges* e *principes*

Testo di
Mauro Menichetti
Schede di
Lucio Fiorini

Nel periodo compreso tra la seconda metà dell'VIII e la fine del VI secolo a.C. giungono a maturazione alcuni processi già avviati nella fase precedente: l'emergere definitivo e consolidato delle aristocrazie e la strutturazione altrettanto definitiva della forma urbana, sviluppi che appaiono del tutto correlati. I cambiamenti che investono le modalità dello scambio e del commercio ci offrono una prima diretta conferma per quanto appena detto. Possiamo infatti individuare tre grandi fasi corrispondenti a diverse modalità di gestione degli scambi. Il commercio-*prexis* perdura ancora per gran parte del VII secolo a.C. e vede come protagonisti i capi aristocratici: lo scambio si realizza entro il quadro dei rapporti personali intrattenuti dai grandi signori, in cui predomina il sistema del dono e del matrimonio. Il modello ci viene fornito dalla tradizione letteraria mediante la descrizione delle vicende di un aristocratico di Corinto, Demarato, il quale deve fuggire dalla propria città, sposa una donna di alto rango a Tarquinia e il cui figlio diviene re di Roma col nome di Tarquinio Prisco. A cavallo tra VII e VI secolo a.C. si afferma un nuovo spazio dello scambio corrispondente all'*emporion*. A Gravisca, presso Tarquinia, a esempio, così come nell'area del foro Boario a Roma le attività commerciali e artigianali si sviluppano ora sotto la protezione di una divinità e nell'ambito del suo santuario. Come si vede, viene interrotto il monopolio aristocratico ed emerge anche la figura dell'*emporos*, il navigatore-commerciante di professione, non più di esclusiva estrazione aristocratica.
Nel corso del VI secolo, la città ormai ingloba direttamente l'area commerciale apprestando al proprio interno gli spazi dello scambio: l'area del Foro a Roma rappresenta bene questo processo che conduce alla sostituzione dei legami personali attraverso strutture pubbliche prima garantite dalla divinità e in seguito dalla città con il suo complesso di isti-

1. *Tessera hospitalis* a forma di leoncino in avorio da Sant'Omobono, Roma, Antiquarium Comunale

Rinvenuta all'interno della stipe votiva arcaica, deposta intorno al 540-530 a.C., presso il lato posteriore del tempio di Sant'Omobono, la placchetta di avorio configurata anteriormente a forma di un leone accucciato, è stata identificata come tessera hospitalis, destinata ad attestare, a distanza di più generazioni, i rapporti di ospitalità esistenti tra gruppi etnici o familiari diversi. Ognuna delle due placchette combacianti, di cui si componeva l'insieme, conteneva, infatti, i nomi di una delle due parti che avevano stipulato l'accordo: l'iscrizione etrusca araz silqetenas spurianas, retrostante il leoncino d'avorio, appare composta da una formula onomastica bimembre che ricorda un araz, un etrusco abitante a Roma, silqetenas, interpretato come "il Sulcitano", con riferimento al centro fenicio di Sulcis, collegato con un'importante zona mineraria in Sardegna. Il terzo nome presente sulla placchetta, spurianas, potrebbe menzionare, invece, la gens legata al titolare dal rapporto di ospitalità, quegli Spurinna di Tarquinia, di cui in età arcaica si ricorda Arath Spuriana, proprietario della famosa tomba dei Tori. Il documento di Sant'Omobono, databile nel corso della prima metà del VI secolo a.C., rappresenta, dunque, un'ulteriore attestazione dell'esistenza di rapporti commerciali gestiti da aristocratici etruschi, attivi nei maggiori mercati tirrenici nella prima metà del VI secolo a.C.

2. Piccolo lebete in argento dorato dalla tomba Bernardini di Praeneste, Roma, Museo Nazionale Etrusco di Villa Giulia
3. Patera in argento dorato dalla tomba Bernardini di Praeneste, Roma, Museo Nazionale Etrusco di Villa Giulia
Databile all'inizio del secondo quarto del VII secolo a.C., la tomba Bernardini doveva ospitare le spoglie di un guerriero il cui statuto regale era palesato dal ricchissimo corredo ivi deposto. Come nelle altre coeve sepolture principesche, le esigenze di fasto, alla base dell'importazione di oggetti preziosi dalla Grecia e dal Vicino Oriente (presto imitati localmente da artigiani greci immigrati) rappresentano il presupposto per l'accumulo di preziosi *keimelia*: nella tomba Bernardini, oltre ai ricchi oggetti di ornamento personale, la celebrazione della potenza e della ricchezza del *princeps* era demandata all'ostentazione delle armi da parata (spada e scudi) e del carro. Tra il vasellame prezioso in metallo figura un lebete in argento dorato a protomi di serpente, decorato a sbalzo e a bulino con quattro fregi separati da un motivo a treccia: nei tre livelli sottostanti a una fila di ocherelle si snodano scene scandite da palmette, comprendenti guerrieri appiedati, cavalieri, un carro, una scena di caccia al cervo inseguito da un leone, un carro con figure femminili, un duello di guerrieri e infine, nel quarto fregio, immagini di tipo bucolico, con contadini al lavoro, mucche e vitelli, alternate a raffigurazioni di diverso carattere comprendenti un toro assalito da due leoni, un uomo in lotta con un leone e un arciere a cavallo. Una simile *imagerie* è riproposta anche nelle due patere pure in argento dorato rinvenute nella stessa tomba: la vasca dell'esemplare più grande è decorata con due fregi concentrici, rappresentanti il primo una teoria di cavalli e di uccelli in volo, il secondo una complessa scena raffigurante "la caccia del re": quest'ultimo, mostrato mentre esce dalla città su un carro, viene assalito durante la caccia da un essere mostruoso emerso da una caverna, di cui, però, alla fine risulta vincitore, grazie anche all'aiuto di una divinità alata. Intorno alla scena corre un serpente, antico simbolo orientale della ciclicità del tempo che inscrive la sequenza entro una prospettiva cosmica. Il tondo centrale rappresenta il faraone che, dinanzi a un uomo legato a un palo, sta per colpire un avversario, mentre nell'esergo un uomo nudo è azzannato da un animale. La scelta di simbolismi e di iconografie di chiara origine levantina ed egizia, sia pure probabilmente rielaborate da un'officina cipriota alla fine dell'VIII-inizi del VII secolo a.C., manifesta la completa adozione da parte delle aristocrazie tirreniche di tale linguaggio figurativo, prefigurando al tempo stesso l'adesione a un intero mondo di regole e di valori direttamente ispirato a quello dei dinasti orientali.

tuzioni politico-religiose [figura 1]. Attraverso i canali dello scambio e del commercio transita in primo luogo una quantità ingente di materiali preziosi che mostrano forti legami con il mondo orientale – l'area siro-ittita, il mondo neoassiro, la fascia siro-fenicio-palestinese fino all'Egitto e all'Arabia – per quanto riguarda gli elementi stilistici e figurativi, le tecniche di lavorazione artigianale, le originarie aree di circolazione. La dimensione del fenomeno è tale da aver dato il nome a un intero periodo storico, detto Orientalizzante, che ritroviamo in Grecia come in Occidente nel periodo compreso tra il 720 e gli inizi del VI secolo a.C. Questi materiali preziosi corrispondono ai *keimelia* del mondo omerico, vale a dire rappresentano il prestigio e il potere dei capi aristocratici che adottano uno sti-

4. Tomba 70 dell'Acquacetosa Laurentina, scavo
5. *Holmos*, Roma, Museo Nazionale Romano
6. Pianta della tomba 70

Destinata ad accogliere le spoglie di una donna di rango aristocratico, la tomba 70 della necropoli di Acquacetosa Laurentina rappresenta una delle sepolture più ricche e significative fra quelle rinvenute in area laziale in età orientalizzante, assegnabile cronologicamente a una fase avanzata della prima metà del VII secolo a.C. Accanto a una banchina utilizzata come letto funebre, nello spazio tripartito da due pilastri lignei sostenenti la copertura, la sistemazione del carro nuziale, del trono ligneo e di alcuni oggetti propri del *mundus muliebris*, esaltava il ruolo di sposa della defunta, la cui centralità nell'ambito della cerimonia aristocratica del banchetto veniva ribadita nella parte centrale della tomba dalla presenza, dinanzi a tre scudi appoggiati alla parete, di un'anfora fenicia e di un grande coltello con presa a maniglia di uso cerimoniale, caratteristico delle ricche sepolture femminili laziali a partire dall'VIII secolo a.C. Alla rappresentazione del momento pubblico del banchetto era infine riservata tutta la parte nord della camera, dove intorno a un grande *holmos* con tazza a cratere utilizzato per la miscelazione del vino, il prestigio della defunta era esibito nella deposizione di un corredo di centotré vasi funzionali a trasportare, ad attingere e al consumo del vino.

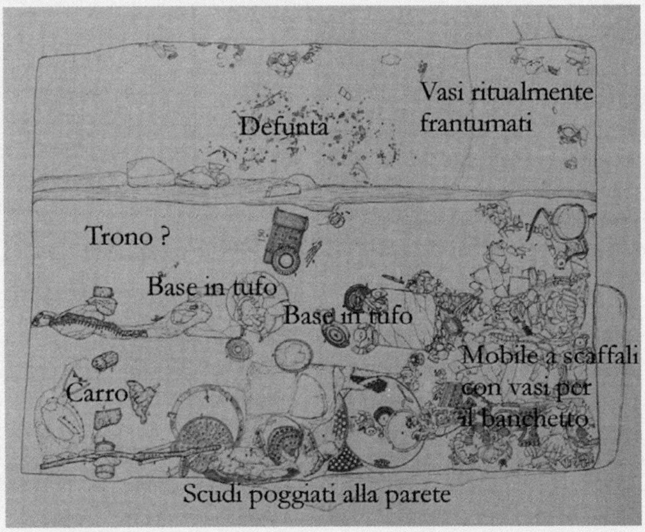

le di vita che intende ispirarsi ai modelli della regalità diffusi nel Vicino Oriente. Mentre nel mondo greco questo tipo di beni già entro l'VIII secolo a.C. si trasforma per lo più in dediche alle divinità entro i santuari, nel mondo tirrenico etrusco e laziale perdura a lungo il predominio delle aristocrazie guidate da personaggi eminenti definibili come *principes*, che riempiono le loro tombe di sfarzosi corredi di oggetti preziosi dotati anche di una evidente simbologia alludente al potere regale. Ecco allora i grandi calderoni in bronzo con i loro sostegni e con *appliques* plastiche, coppe e patere in oro, argento o bronzo, flabelli e fibule in oro, oggetti esotici realizzati in avorio, ambra o pasta vitrea come anche le uova di struzzo decorate e le conchiglie tridacna, contenitori per spezie e profumi, gioielli e tessuti, arredi comprendenti anche troni e letti (*klinai*) oppure mobilio come sgabelli cerimoniali (*diphroi*).

Ai *principes* del mondo laziale ed etrusco dobbiamo anche la creazione di quello che si può definire come il "paesaggio del potere" caratterizzato dalla diffusione di imponenti apprestamenti funerari e di residenze che prendono l'aspetto di palazzi e *regiae*. La cerimonia funebre si presenta infatti come una delle principali manifestazioni del potere aristocratico: non si tratta solo dell'apprestamen-

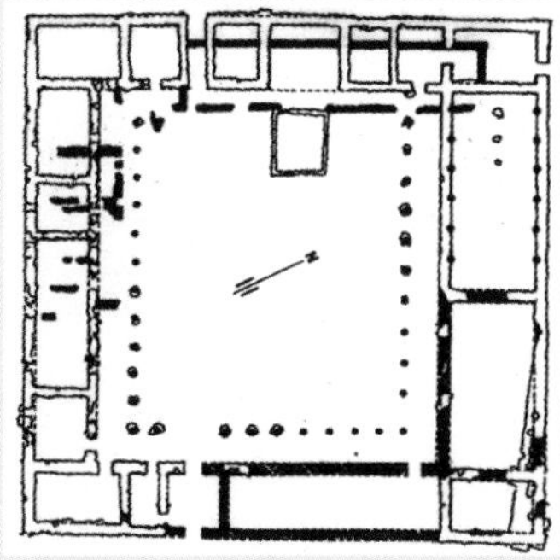

7. Pianta del palazzo di Murlo, Poggio Civitate, Siena
8. Pianta del palazzo di Acquarossa, Viterbo

Costruito intorno al 580 a.C. sulle rovine di un precedente edificio della metà del VII secolo a.C., il "palazzo" di Murlo era organizzato intorno a un'ampia corte porticata, probabilmente delimitata agli angoli da quattro torri. L'edificio era costituito lungo i lati nord-est e sud-est da una serie di ambienti di servizio (magazzini e stalle), mentre sui lati sud-ovest e nord-ovest sorgevano due impianti formati da tre vani assiali, di cui quello centrale, aperto sul cortile, dava accesso ai due laterali, identici e chiusi, secondo una tipologia in cui si è voluta riconoscere un'ascendenza orientale, connessa con il *liwan* persiano, destinato alle udienze e ai banchetti reali. L'ambiente mediano del complesso di nord-ovest si apriva, inoltre, verso il cortile, nel lato privo di porticato, proprio dinanzi a un piccolo *oikos* rettangolare che, unica costruzione all'interno dell'ampio spiazzo, costituiva il luogo dei *sacra* palatini, il santuario degli antenati, in stretto rapporto con la sala retrostante in cui si è voluto riconoscere una funzione analoga a quella svolta dal tablino della casa romana. Posteriore di circa mezzo secolo, il palazzo tardoarcaico di Acquarossa riflette nella sua concezione le più complesse trasformazioni politiche e sociali in atto nei maggiori centri etruschi. Edificato nel secondo quarto del VI secolo a.C. al posto di un precedente edificio datato alla fine del VII secolo a.C., la *regia* sorgeva all'interno del nucleo urbano accanto ad altre rilevanti abitazioni e non più isolato in un territorio privo di città e di abitati minori, come per il palazzo di Murlo: la pianta, di dimensioni più piccole, era composta da due differenti corpi di fabbrica, disposti a "L" e aperti su un cortile centrale, entrambi incentrati su due impianti tripartiti simili a quelli di Murlo. Il vano mediano dell'edificio orientale, caratterizzato da una colonna nel mezzo dell'ingresso, comunicava con gli altri due ambienti laterali, uno dei quali identificabile come sala da banchetto per la presenza al suo interno di una banchina a "U". La rigida struttura cultuale ospitata all'interno del cortile del palazzo di Murlo perde nel complesso di Acquarossa la sua coerenza architettonica e ideologica come conseguenza della sistemazione oramai esterna al palazzo del piccolo tempio, luogo dell'apparizione del *princeps*, non più detentore assoluto del potere politico e religioso, ma legittimato dalla propria *virtus* nelle sue prerogative regali.

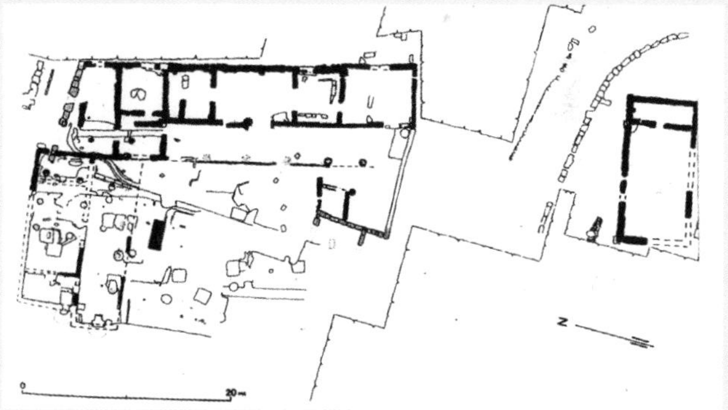

9. Statua di antenato dal palazzo di Murlo, Vescovado di Murlo, Museo Civico

Cuore ideologico del palazzo di Murlo, l'edificio al centro del cortile, ornato di proprie terrecotte architettoniche, era concepito come un piccolo sacello destinato al culto degli antenati, la cui celebrazione ritorna all'interno del cortile come motivo centrale di tutte le rappresentazioni figurate. Poste come acroterio sulla sommità del tetto, oltre venti figure di terracotta assise, maschili e femminili, a grandezza naturale, rappresentavano vere e proprie *imagines maiorum*, assistenti dall'alto allo svolgersi di quei rituali del potere gentilizio ben esemplificati dai fregi delle lastre di rivestimento. In tre casi i personaggi portano un ampio copricapo a larghe tese, di tipo rituale, denotante il livello elevato del rango, peraltro ribadito dall'attributo di comando che i personaggi maschili dovevano stringere nelle mani. Queste statue erano intervallate a motivi vegetali, a figure di sfingi e di altri animali mostruosi, una probabile presentazione allegorica di uno spazio ultraterreno, infero, secondo un immaginario ben attestato in molti documenti di epoca orientalizzante, dalla cassetta-cinerario della tomba del Duce di Vetulonia, alla situla della Pania e alle pitture della tomba Campana di Veio.

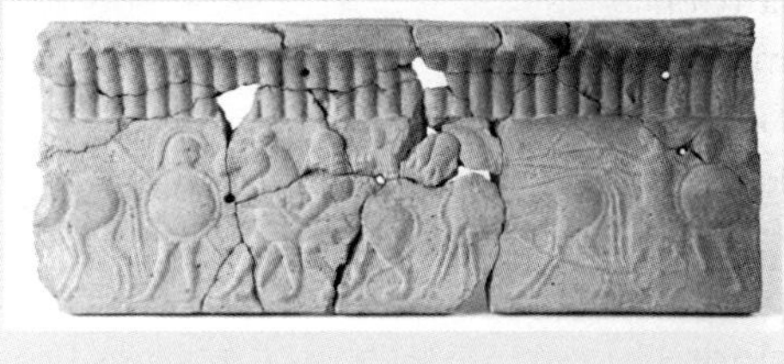

10. Lastra fittile con processione nuziale da Murlo, Poggio Civitate, Antiquarium
11. Lastra fittile con Eracle e il leone di Nemea da Acquarossa, Viterbo, Museo Archeologico Nazionale
12. Lastra fittile con banchetto da Velletri, Napoli, Museo Archeologico Nazionale
13. Lastra fittile con *concilium deorum* da Velletri, Napoli, Museo Archeologico Nazionale

Le corti palatine delle *regiae* etrusche e laziali del VI secolo a.C., così come i coevi edifici templari, erano decorate da lastre a rilievo rievocanti i momenti cruciali della vita del *princeps*. Le lastre del cosiddetto tempio di Santa Maria della Neve di Velletri (appartenenti alla serie Roma-Veio-Velletri) sono state tradizionalmente assegnate alla fase del 530 a.C. di un edificio in cui è verosimile riconoscere un complesso palaziale. Come i fregi della più antica *regia* di Murlo, i rilievi raffiguravano da un lato scene alludenti al momento delle nozze, dall'altro immagini di *concilium deorum*, di banchettanti su *klinai*, di *ludus* equestre, soggetti questi ultimi riconducibili a pratiche connesse alla cerimonialità funeraria: una tale valenza è stata infatti riconosciuta sia nelle scene di *ludi* equestri, realizzati in onore del capo della *gens*, sia in quelle di simposio, di cui sono state richiamate le radici orientali, individuate in una cerimonia di origine siro-palestinese per la commemorazione dei defunti della famiglia o del gruppo. Rispetto ai più antichi cicli di Murlo si constatano, però, nella serie Roma-Veio-Velletri alcune trasformazioni dall'alto contenuto ideologico, chiara spia dei forti cambiamenti politici e sociali in atto all'interno della società etrusco-laziale. Una di queste

to di una tomba, ma di un complesso di atti che va dall'esposizione del corpo del defunto, al trasporto e alla sepoltura nella tomba. Questa sequenza era ritmata da gesti e atti rituali, voci e suoni fino a veri e propri *ludi* che si svolgevano in appositi apprestamenti presso la tomba. Infine il defunto di alto rango veniva cremato al modo degli eroi omerici e le ossa collocate frequentemente in un tessuto prezioso posto entro urne. Uno straordinario corredo spesso comprendente armi, vasi da banchetto e anche il carro accompagnava il defunto nel suo viaggio nell'aldilà come a ribadire il suo statuto vicino a quello degli eroi. Sono per noi testimonianza di questo mondo l'ingente documentazione di area etrusca, come anche di area laziale, a partire dalle celebri tombe Bernardini [figure 2-3] e Barberini di Praeneste fino all'esempio da Acquacetosa Laurentina qui richiamato [figure 4-6]. Questi apprestamenti funerari, con le loro imponenti architetture sagomate e rifinite anche da pitture e con i loro ingressi spesso segnati dalla presenza di statue, dovevano svettare nel paesaggio antico con i loro tumuli o con il piano superiore a terrazza fiancheggiato da scale per permettere l'accesso e lo svolgimento di cerimonie rituali in onore dei defunti.

L'altro grande segno della presenza aristocratica sul territorio è costituito dalle nuove residenze che, distaccandosi dalla finora prevalente tipologia della capanna, assumono forme monumentali a palazzo che richiedono una inedita perizia tecnica. In un celebre brano Plinio il Vecchio (*Naturalis Historia*, XXXV, 152) segnala l'arrivo nel mondo tirrenico di tre artigiani greci dal nome parlante: Eucheir ("dalla buona mano"), Eugrammos è individuabile in relazione al tema delle nozze: se nelle lastre di Murlo a esso si riferisce il fregio con il trasporto della sposa sulla *klinis* (il carro a due ruote) mostrata mentre raggiunge la casa dello sposo seguita dagli attendenti con il corredo, nei rilievi di Velletri due processioni contrapposte, comprese ciascuna su una lastra differente, di due coppie di uomini e di donne su trighe trainate da cavalli normali alternate a bighe con cavalli alati, appaiono alludere a un complesso rituale allegorico di ispirazione orientale in cui si immagina lo svolgimento di una ierogamia ultraterrena del defunto *princeps* contemporaneamente a quella terrena del suo successore, diretto rimando all'acquisizione da parte di quest'ultimo del proprio potere regale. Ugualmente, al *concilium deorum* della serie di Murlo, rappresentante la totalità del consesso divino (semplificato da una coppia urania e da una triade infera), funzionale a ribadire il legame privilegiato dei signori di Murlo con gli dèi, si contrappone nel ciclo di Velletri una scena mitologica raffigurante l'introduzione da parte di Atena di Eracle all'Olimpo alla presenza di uno Zeus barbato, di un dio assimilabile ad Apollo con un lituo, di Hermes con petaso e altre due divinità mal conservate: questo tema, utilizzato in Attica come paradigma della conquista del potere da parte di Pisistrato, riscuote molto successo presso le aristocrazie tirreniche perché ritenuto gravido di allusioni allo statuto eroico che il capo della *gens* otteneva con il trionfo e con la morte gloriosa. Le lastre di Acquarossa, pure databili intorno al 530 a.C., aggiungono alle scene di banchetto, a cui si associano quelle di *komos* con giocolieri e danzatori, due episodi raffiguranti gli *athla* di Eracle contro il toro cretese e contro il leone nemeo. Intorno all'eroe sfilano teorie di guerrieri appiedati, su carro e cavalieri. Se, dunque, i signori di Murlo non necessitano di rifarsi al mito, presentandosi il loro potere come assoluto e garantito da un diretto rapporto con dèi e antenati (il cui sacello non a caso è inglobato all'interno della stessa *regia*), il ricorso alle imprese di Eracle nel programma figurativo di Velletri e di Acquarossa rivela come il conseguimento della regalità, lontano dall'essere oramai un diritto acquisito automaticamente dalla nascita, necessiti la dimostrazione di possanze sovrumane per cui, al pari di Eracle, spetta al *princeps* dimostrare, compiendo imprese eccezionali, lo statuto eroico della propria investitura, garantita direttamente dal volere divino.

("dal buon disegno") e Diopos ("colui che traguarda"), in riferimento alla posa in opera delle pesanti e complesse architetture ora commissionate dai *principes*. Queste strutture corrispondenti a vere e proprie *regiae* [figure 7-8] fanno sfoggio di imponenti apparati come le grandiose statue degli antenati accompagnate da animali mostruosi poste sul tetto del palazzo di Murlo presso Siena [figura 9]; mettono in scena nei rilievi fittili noti da gran parte di queste strutture i momenti fondanti del potere aristocratico come il banchetto, il matrimonio, gli agoni, la partenza del guerriero, il rapporto con gli dèi e gli eroi del mito greco [figure 10-13]; possono ospitare al proprio interno un apprestamento per le cerimonie religiose che coinvolgono quanti fanno riferimento al dominio del *princeps* come nel caso già richiamato di Murlo, oppure fiancheggiano la casa della divinità come nel caso del palazzo di Acquarossa presso Viterbo a segnalare come la sfera del sacro cominci a essere gestita da una comunità più ampia rispetto al singolo capo aristocratico.

Nella cornice di queste scenografie del potere corrispondenti alla tomba e al palazzo vengono elaborati i due nuclei ideologici che legittimano la supremazia dei *principes*, vale a dire il culto degli antenati e la regalità. Nel primo caso si tratta di una vera e propria invenzione della memoria aristocratica secondo un modello ben noto per il mondo antico, per cui una misura del prestigio è data proprio dall'antichità della propria stirpe fino a sconfinare nel mondo degli eroi del mito greco come mostra bene l'*heróon* di Enea a Lavinio [figura 14]. Da qui discendono anche la regolamentazione del diritto di possedere le *imagines ma-*

14. *Heróon* di Enea a Lavinio

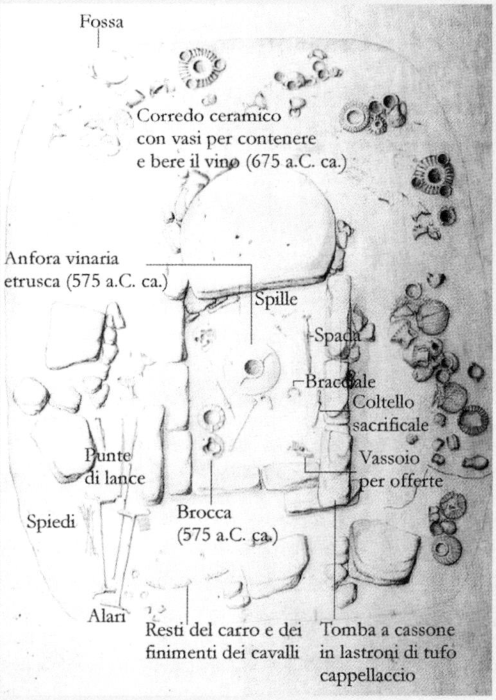

Il cosiddetto santuario della Madonnella, associabile al culto di Afrodite, era situato a sud dell'abitato di Lavinio, lungo la strada diretta dalla costa ad Alba; era costituito da tre differenti nuclei comprendenti le tredici are (riferibili a periodi differenti), un edificio rettangolare a esse adiacente e, circa 100 metri a est, l'*heróon* di *Indiges*-Enea identificato nel luogo di una sepoltura principesca a tumulo databile nel secondo quarto del VII secolo a.C. Al suo interno il defunto, abbigliato con un mantello fermato da fibule, era deposto in un cassone a lastre di cappellaccio con accanto i simboli del suo rango, la spada, il coltello sacrificale (*secespita*) e, come *keimelion*, una tazza più antica di almeno quattro generazioni. Nella fossa intorno al cassone si trovava il resto del corredo, comprendente un ricco servizio da banchetto, un carro con finimenti equini, il *praefericulum*, alari, spiedi, punte di lancia, una grattugia e un bacino bronzeo. Individuata come la tomba del re fondatore di Lavinio, identificato con il dio locale *Indiges Numicus*, la sepoltura venne visitata nel primo quarto del VI secolo a.C. (come attestano i vasi deposti con un sacrificio, in un secondo momento, al centro della tomba), contemporaneamente all'assimilazione di Enea al dio *Pater Indigetis* e alla conseguente identificazione dell'eroe come il fondatore di Lavinio. Si data alla fine del IV secolo a.C., successivamente alla perdita di controllo del grande santuario da parte della Lega Latina a scapito dell'accresciuta egemonia di Roma, un'ulteriore monumentalizzazione dell'*heróon*, attraverso la costruzione di una falsa cella, munita di "protiro" e finta porta, entro cui fu depositato un ricco apparato votivo.

iorum, descritte assai bene da Polibio nella sua celebre descrizione del funerale romano, che letteralmente mettono in scena le lunghe genealogie di marca aristocratica e la comparsa del *nomen gentilicium*, vale a dire la formula onomastica bimembre composta dal nome individuale, il *praenomen*, e da un altro termine, il *nomen*, che indica la *gens* di appartenenza e fissa lo statuto aristocratico dell'individuo. L'altra fonte del potere è fornita dai modelli del potere regale di cui si appropriano i *principes* attraverso uno stile di vita che oscilla tra il richiamo ai re-*basileis* del mondo omerico e l'imitazione della regalità orientale, come si è già avuto modo di segnalare a proposito della circolazione dei materiali preziosi. Tutto questo paesaggio del potere aristocratico è destinato a scomparire tra VI e V secolo a.C. in significativa coincidenza con la definitiva strutturazione delle città. In altre parole la *polis* giunge a regolare anche le basi del potere aristocratico che si erano sviluppate nel territorio ora definitivamente annesso alla comunità politica, in un processo non dissimile da quello già sopra rilevato a proposito dei luoghi dello scambio. Le tensioni e le differenziazioni sociali generate dai gruppi aristocratici si trasferiscono ora all'interno stesso della comunità politica, come insegna il caso macroscopico di Roma su cui conviene ora soffermarsi adeguatamente.

Gli autori antichi hanno tramandato l'idea di una fondazione di Roma in un momento preciso e con un atto altrettanto puntuale. Riguardo alla cronologia, circolavano ovviamente varie indicazioni, che però concordavano nella possibilità di individuare una data: per Eratostene si tratterebbe del 1184 a.C.; per

Ennio si scende al 1090; Timeo istituisce un rapporto con Cartagine che sarebbe stata fondata nello stesso anno di Roma, nell'814; gli annalisti romani hanno elaborato la data del 754 a.C., poi ripresa anche dal grande erudito Varrone, che è divenuta canonica. È evidente che ognuna di queste date corrisponde a una diversa ricostruzione del passato e delle origini di Roma. L'atto concreto della fondazione veniva invece immaginato attraverso il fondatore Romolo il quale, a seguito dell'esito favorevole ottenuto mediante il rito dell'*inauguratio*, aveva aggiogato una vacca e un toro e aveva così tracciato il solco primigenio destinato a delimitare la città. Per fasi così antiche la possibilità di una ricostruzione attendibile della nascita e dello sviluppo di Roma e delle altre comunità del Lazio e dell'Etruria è affidata pressoché integralmente alla documentazione archeologica [vedi parte III capitolo 1].

Le premesse per la formazione delle strutture urbane risalgono indietro nel tempo, come abbiamo già visto nel capitolo precedente. Questo fatto deve indirizzarci a considerare la nascita di Roma e delle altre città come un processo di lungo periodo scandito da fasi per così dire forti entro cui scorgiamo salti di qualità corrispondenti alla formazione di istituzioni politico-religiose e alla realizzazione di aree e strutture urbanistiche destinate a funzionare nel quadro di una comunità unita.

Una di queste fasi di forte cambiamento la possiamo collocare a partire dalla metà dell'VIII secolo a.C., quando le aree delle necropoli appaiono già definitivamente dislocate in settori marginali rispetto all'area urbana. Gli scavi recenti, condotti sulle pendici del Palatino, hanno messo in luce un muro interpretato come fortificazione e databile attorno al 725 a.C. Siamo dunque in presenza con tutta probabilità di una fase decisiva di progettazione dell'area urbana e di una compiuta maturazione di istituti politici che interessa anche le altre comunità laziali come Satricum, Decima, Lavinio e Ardea. Tenendo ben presente che è del tutto impensabile una sovrapposizione puntuale tra dati letterari e documentazione archeologica, si può comunque immaginare una fase paragonabile a quanto le fonti letterarie raccontano a proposito della primitiva *Roma quadrata* fondata da Romolo sul Palati-

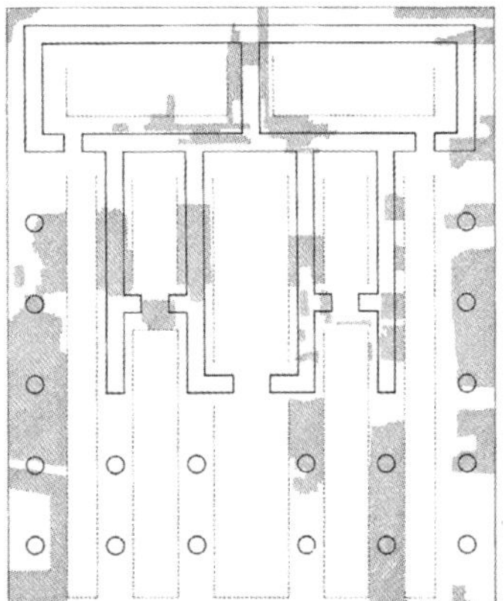

15. Pianta del tempio di Giove Capitolino a Roma
Concepito come duplicato e concorrente nel culto del santuario preistorico panlatino di *Iuppiter Latiaris* sul monte Albano, culla dell'*ethnos* latino e sede delle antichissime feste dei *populi Albenses*, il grande tempio tuscanico di Giove Capitolino doveva rappresentare con le sue eccezionali dimensioni (superiori a 3000 metri quadri), e con l'imponenza delle sue fondazioni, la massima espressione del potere tirannico dei Tarquini. Era costituito da un basamento in blocchi di cappellaccio a pianta quasi quadrata, occupata per metà della lunghezza da tre celle, precedute nella restante metà da un vestibolo con sei colonne disposte su tre file; ai lati due file di sei colonne definivano l'aspetto di un *peripteros sine postico*. Il voto e l'inizio dell'opera con la costruzione delle imponenti sostruzioni era assegnato dalla tradizione storiografica a Tarquinio Prisco; l'edificio templare vero e proprio, però, fatto costruire da Tarquinio il Superbo con il bottino ricavato dal saccheggio di Pomezia, fu terminato solo dai primi consoli della repubblica, e dedicato alla Triade Capitolina, Giove Ottimo Massimo, Giunone e Minerva. Distrutto in un incendio nell'83 a.C., è legata al console Q. Lutatio Catulo la ricostruzione e la dedica nel 69 a.C. del nuovo edificio riedificato nel rispetto della pianta e dell'aspetto originario.

16. Gruppo scultoreo con Atena e Eracle da Sant'Omobono, Roma, Musei Capitolini, Centrale Montemartini
Il gruppo acroteriale, databile al 530 a.C., raffigura Eracle accompagnato da una divinità femminile variamente identificata. L'eroe indossa una corta tunica e la *leonté* coperta sui fianchi da una sorta di cinturone-corazza, affibbiato sul davanti. Gli sta accanto la dea dall'elmo ionico (il cimiero era predisposto a ricevere un alto *lophos*), vestita con un lungo chitone e con un mantello pieghettato. All'identificazione di questa divinità con Atena e del gruppo come la rappresentazione dell'introduzione di Eracle all'Olimpo, si è contrapposta l'interpretazione che, sottolineando l'iconografia cipriota dell'eroe e valutando la natura emporica del santuario, vi ha scorto una divinità femminile, di origine orientale, dalle caratteristiche virginali e guerriere, da identificare con un'Afrodite discendente dalla fenicia *Ishtar*, al cui ambito sono da riconnettere sia la *Mater Matuta*, sia la *Fortuna* venerate nel tempio. Centrale in entrambe le interpretazioni è il tema dell'eroizzazione di Eracle tramite una figura femminile che, sancendone il potere assoluto, fa da garante con la comunità del suo valore, un motivo non a caso connesso nella tradizione letteraria all'assunzione della regalità di figure tiranniche come Pisistrato ad Atene o Servio Tullio a Roma. Le due statue, omogenee per tecnica e stile, presentano chiare influenze greco-orientali, ben esemplificabili nei tratti del volto della dea, dalle labbra leggermente arcuate e non chiuse agli angoli, dagli occhi a mandorla, dagli zigomi, dal naso e dal mento sporgenti rispetto alla superficie tondeggiante dell'elmo. Alcune evidenti asimmetrie della testa sono state interpretate come correzioni ottiche, realizzate per ottenere un'ottimale visione dal basso della coppia divina.

no. Un'altra fase importante va collocata nel corso del VII secolo a.C. quando la tradizione colloca l'accrescimento delle strutture politico-militari di Roma, le *curiae veteres* ora affiancate da quelle *novae*. In base alla documentazione archeologica nei decenni successivi alla metà del secolo appaiono definitivamente formate le principali strutture urbane, a partire dall'area del Foro e da edifici simbolicamente rilevanti come la *regia*, corrispondente alla residenza dei re insieme al santuario di Vesta, e il Comizio destinato alle riunioni del popolo in armi. Anche in questo caso i recenti scavi hanno fatto avanzare l'ipotesi di un generale rialzamento cronologico tale da anticipare almeno entro la prima metà del VII secolo a.C. l'inizio delle principali strutture urbane.

Il VI secolo a.C. corrisponde all'epoca della monarchia etrusca, che giustamente è stata definita "la grande Roma dei Tarquini". Possiamo considerarla una sorta di ultima grande fondazione di Roma di epoca arcaica sia sul piano politico che su quello urbanistico. La storia del re Tarquinio Prisco, figlio del nobile corinzio Demarato già sopra ricordato, ci mostra con chiarezza come la lotta e la concorrenza tra capi aristocratici si trasferisca ora nel quadro delle strutture urbane. Allo stesso modo la tradizione che lega l'ascesa del successore Servio Tullio alle vicende di condottieri etruschi quali Mastarna e i fratelli Vibenna, non fa che riportarci allo stesso mondo dei *principes* con il loro dominio e con i loro eserciti personali. D'altro canto le notizie sempre di fonte letteraria che dipingono Servio Tullio quale figlio di una schiava rappresentano per noi una probabile spia dell'emergere di nuovi ceti urbani che ormai si sviluppano all'ombra delle spinte economiche e delle istituzioni comunitarie della città. Proprio la forza e la crescita delle strutture urbane costituiscono la causa primaria della fine di quel paesaggio del potere che aveva trovato punti di forza nelle *regiae* e nelle necropoli principesche disseminate nei diversi territori. L'età dei Tarquini mostra analogie con le fasi tiranniche delle *poleis* greche in cui assistiamo da un lato a un ridimensionamento del potere aristocratico, seppur attraverso lotte e contraddizioni, e dall'altro lato all'emergere di nuovi ceti legati all'attività artigianale e al commercio.

Tutto ciò comporta la definitiva monumentalizzazione di Roma a ogni livello attraverso la realizzazione di un grande circuito di mura connesso secondo la tradizione all'ampliamento della città rispetto alla fase romulea operata da Servio Tullio; la definizione di tutti i principali santuari urbani, a cominciare da quello di Giove sul colle Capitolino [figura 15], dall'area sacra di Sant'Omobono [figura 16] e, come ora sappiamo, dall'area sud-ovest del Palatino fino alla definitiva sistemazione nell'area forense del Volcanal, la tomba-*heróon* del fondatore Romolo; la realizzazione di una *regia* che può ora rappresentare nei suoi rilievi fittili il potere regale attraverso le vicende di Teseo e del Minotauro [figura 17]; la creazione di nuovi istituti politici attribuiti a Servio Tullio come le tribù urbane e rustiche o i comizi centuriati; la fissazione di feste e rituali come nel caso del trionfo, le cui radici risalgono fino all'antica religione del collegio dei Salii; la localizzazione entro lo spazio urbano, presso il Foro, di aree appositamente specializzate nello scambio e nelle produzioni artigianali; la definitiva specializzazione di un'area extraurbana, quella del Campo Marzio, per le sepolture dei re, per le attività militari e per il tirocinio dei giovani.

La ricerca archeologica ha documentato un altro aspetto importante relativo agli ultimi decenni della Roma dei Tarquini. Infatti è stato individuato un nucleo di case appartenenti al ceto aristocratico e significativamente disposto tra le pendici del Palatino e la Sacra Via, vale a dire in un'area centrale dell'assetto urbano. L'importanza di queste residenze viene confermata dalle notevoli dimensioni della loro pianta come a esempio nel caso della *Domus 3* databile intorno al 530 a.C. [figura 18]. Inoltre la struttura interna della casa mostra una disposizione degli ambienti attorno a un vano centrale, che ricorda l'atrio delle case ben noto per le fasi più recenti a partire dal-

17. Lastra fittile con Teseo e il Minotauro dalla *Regia* di Roma, Roma, Antiquarium forense

La dea che accompagna Eracle a Sant'Omobono [figura 16] equivale, in un altro mito di regalità, all'Afrodite che assiste Teseo nelle sue gesta cretesi. Anche questo episodio è attestato a Roma in età serviana: proviene, infatti, dall'area della *Regia* una lastra fittile in cui figurano, al centro di una teoria di animali reali e fantastici, un personaggio a testa di toro e un uccello, identificabile con una gru. Si tratta di una diretta allusione all'impresa del labirinto compiuta da Teseo uccidendo il Minotauro, conclusa ritualmente dalla danza della *gheranos* (ovvero della gru) eseguita da Teseo e dai compagni nell'isola di Delo per celebrare il ritorno da Creta. Anche in questo caso il ricorso al mito riflette, dunque, la volontà del *rex* di legittimare il proprio potere e la propria investitura divina attraverso l'esaltazione della propria *virtus*, che è tale da eguagliare il valore di eroi come Odisseo, Teseo, Achille, Eracle, le cui imprese, diffuse in area tirrenica tra VII e VI secolo a.C., rappresentavano un imprescindibile paradigma eroico.

la documentazione pompeiana. Questa disposizione, con un ambiente sul fondo simile al *tablinum*, appare in primo luogo funzionale all'esercizio del potere del *dominus* rispetto ai propri *clientes* e alla celebrazione di banchetti per rinsaldare legami politici e di amicizia tra capi aristocratici. La Roma del VI secolo a.C. corrisponde a una delle città più grandi di tutta l'area mediterranea [figure 19-20]. Infatti la superficie compresa entro le mura serviane viene calcolata attorno a 822 ettari, un'estensione che trova confronto solo con *poleis* greche come Atene, Sparta, Taranto e Agrigento. A ciò si deve aggiungere una probabile spinta alla colonizzazione condotta da Roma e dagli alleati della Lega Latina.

Il rilevante sviluppo urbanistico e monumentale della "grande Roma dei Tarquini" crea le condizioni per un deciso incremento delle attività artigianali: il nome di Vulca di Veio, ricordato da Plinio il Vecchio (*Naturalis Historia*, XXXV, 137) a proposito dello scultore che avrebbe realizzato le statue di culto in terracotta del tempio di Giove Capitolino, rappresenta solo il livello più alto di un fenomeno ben più marcato e diffuso che vede affluire a Roma artigiani di diversa provenienza, in primo luogo dalle città etrusche di Veio e Caere, compresa l'area magnogreca e in particolare la città di Cuma che mostra forti legami con l'area etrusco-laziale. Questi scambi e contatti producono a livello storico-artistico la diffusione di un linguaggio caratterizzato da un comune riferimento allo stile ionico che, nelle sue radici greco-orientali, si presta assai bene a tradurre l'atmosfera cerimoniale e preziosa delle realizzazioni urbane segnate dall'intervento di *principes* e *reges*.

La data tradizionale del 509 a.C. segna il passaggio dalla monarchia alla repubblica e registra contemporaneamente il ruolo mediterraneo ora giocato dalla stessa Roma: infatti alla stessa data la tradizione pone la ratifica del primo trattato romano-cartaginese, che definisce le rispettive zone di influenza in un'ottica di politica internazionale. Nel corso del VI secolo a.C. assistiamo a un complessivo e forte ridimensionamento del lusso funerario anche a seguito di vere e proprie leggi suntuarie. Scompare così una delle grandi componenti

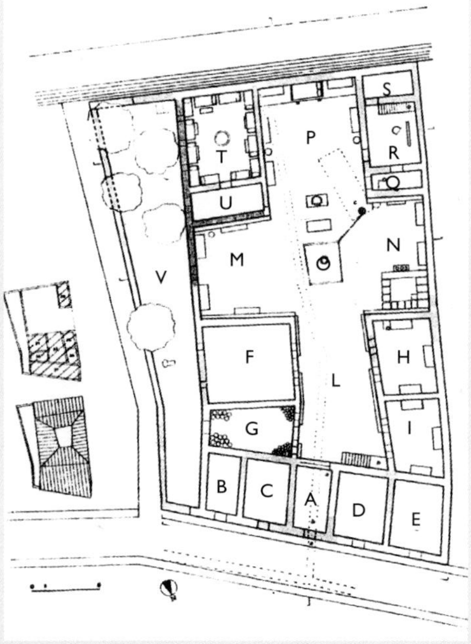

18. Pianta della *Domus 3* alle pendici del Palatino

Tra le dimore aristocratiche sorte negli ultimi decenni del VI secolo a.C. alle pendici del Palatino, la meglio conosciuta è la *Domus 3*, probabilmente a due piani, databile intorno al 530 a.C. Accessibile dalla via Sacra, le strette *fauces* dell'ingresso (A), affiancato da quattro *tabernae* (B-E), introducevano a un vestibolo allungato (L), fiancheggiato su entrambi i lati da due stanze (F-I) interpretate come *cubicula* o ripostigli. Al termine del corridoio si giungeva all'ampio atrio tuscanico (O) con *impluvium* (collegato tramite una canaletta a una grande cisterna), su cui si aprivano le *alae* laterali asimmetriche (M-N) e un piccolo ambiente (Q) identificato come la cucina. La stanza di fondo (P), corrispondente al *tablinum* delle più recenti case pompeiane, costituiva lo spazio di rappresentanza del *dominus*, funzionale alle *salutationes* dei *clientes*, mentre doveva essere adibita a triclinio la grande stanza subito a est (T), prospiciente sull'*hortus* (V) e preceduta da un piccolo vestibolo (U). Nella stanza di fronte (R), dietro la cucina, collegata a un vano più piccolo (S), si è invece riconosciuto il gineceo e un piccolo *penus* in cui venivano conservati gli oggetti preziosi o le riserve della casa poste direttamente sotto il controllo della *domina*.

19. Carta del territorio laziale in rapporto all'espensione romana

Tra la fine del VI e l'inizio del V secolo a.C., due trattati stipulati da Roma, il primo marittimo con i Cartaginesi, il secondo militare con la Lega Latina, ben esemplificano l'evoluzione della politica romana all'indomani del passaggio dalla monarchia alla repubblica. Ma se il trattato con Cartagine deve essere letto nell'ottica di una rinegoziazione da parte delle nuove istituzioni repubblicane di quegli accordi internazionali fino a quel momento garantiti dai dinasti locali, il foedus Cassianum stipulato nel 493 a.C. dal console Spurio Cassio, successivamente alla battaglia presso il lago Regillo (496 a.C.), se da un lato sanciva di fatto la superiorità romana sulla Lega Latina, dall'altro ristabiliva le relazioni federali di Roma, garantendo la parità di diritti fra questa e le altre città della Lega. Questo accordo si rivelò per Roma uno straordinario strumento politico-militare nella lotta contro le popolazioni confinanti che essa sostenne durante tutto il V secolo a.C. per la conquista del territorio laziale e delle principali vie di comunicazione. In questa prospettiva l'esame della distribuzione dei sistemi decorativi, comprendenti le antefisse di cosiddetta fase II, rivela ancora, nei decenni di passaggio tra VI e V secolo a.C., una piena vitalità edilizia sia a Roma che nelle città del Lazio e dell'Etruria, prima della cosiddetta crisi del V secolo a.C. Inoltre, accanto alla diffusione di sistemi decorativi omogenei, che segnalano un ruolo di guida per Roma e Veio da un lato, e per Caere e Falerii Veteres sul versante dell'Etruria meridionale, possiamo anche riscontrare nelle scelte decorative una ricerca di originalità funzionale a uno sforzo di definizione e di identità civica che ben si addice al panorama politico sopra delineato.

del paesaggio del potere di marca aristocratica. Tutto ciò si può indicare anche come passaggio dalla *habrosyne* alla *tryphè*, vale a dire da società ove il lusso e la ricchezza appaiono funzionali alla legittimazione del potere a società ove lo sfoggio di ricchezza viene sentito negativamente e assimilato allo stile di vita dei tiranni. Tra VI e V secolo a.C. scompare definitivamente anche l'altra componente dell'antico paesaggio del potere aristocratico, costituita dalle grandi residenze palaziali come Murlo e Acquarossa non più compatibili con il controllo delle nuove strutture urbane. Insieme alle *regiae* termina anche la produzione di quelle lastre figurate a rilievo che all'interno di quegli edifici avevano fatto parte della scenografia del potere dei *principes*. Una nuova produzione di queste lastre, detta di seconda fase, appare destinata esclusivamente a edifici templari: qui ritroviamo scene del mito ma vengono escluse quelle iconografie, come il matrimonio e la partenza del guerriero-eroe, che erano state appannaggio del mondo aristocratico. In altre parole le strutture pubbliche della città, con i suoi templi e santuari, si appropriano di una produzione e delle relative iconografie che in precedenza erano state appannaggio delle residenze dei *principes* nel quadro di una funzione significativamente ambigua tra pubblico e privato.

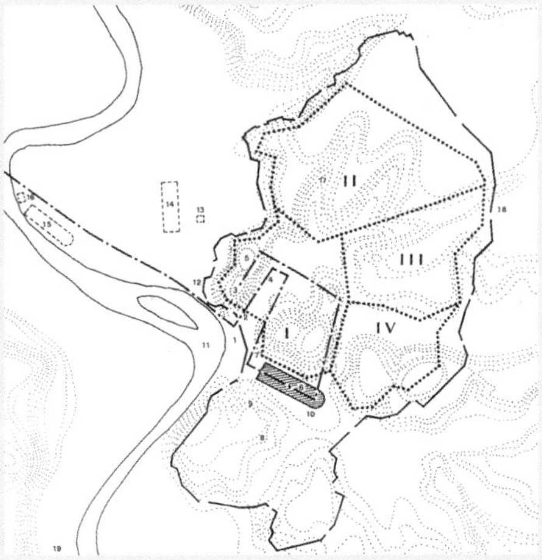

20. Pianta di Roma alla fine dell'età regia

3. L'età alto e mediorepubblicana

Testo di
Mauro Menichetti
Schede di
Marco Giuman

La storia di Roma repubblicana è segnata da numerosi tentativi di "rifondazione" della città, a seguito di rivolgimenti politici e di intensi contrasti sociali, il cui esito finale sarà la "nuova Roma" di Augusto che si presenta come "nuovo Romolo".
Il trapasso dalla fase monarchica a quella repubblicana probabilmente deve essere inteso più come un processo durato alcuni decenni piuttosto che un evento puntuale, dobbiamo cioè pensare a un periodo di assestamento in cui, accanto all'emergere di personaggi che ancora agiscono nel segno di un potere personale, come nel caso di Publio Valerio Publicola, negli anni immediatamente successivi al 509 a.C., vediamo gradualmente strutturarsi una serie di nuove istituzioni che imprimono il proprio segno nel tessuto politico e urbanistico dando così origine a una di quelle rifondazioni simboliche della città di cui si diceva.
L'area del foro Boario, che aveva visto alcuni dei maggiori interventi dei re-*tyrannoi* etruschi, appare ora marginale rispetto al centro politico e commerciale scelto dal Senato di Roma, vale a dire l'area del Foro Romano [parte III, cap. 1, fig.6]. Qui, oltre alla sistemazione dell'area del Comizio e della Curia ove ha sede il Senato, viene eretto nel 497 a.C., proprio all'inizio della via che sale verso il Campidoglio, un nuovo tempio dedicato a Saturno collocato presso il *mundus*, vale a dire la cavità entro cui secondo la tradizione sarebbero state poste in comune le primizie da parte dei fondatori della città. Come si vede, il tempio di Saturno, la divinità ritenuta capostipite della stirpe latina, indica un nuovo inizio e significativamente entro l'edificio viene collocato l'*aerarium* della città, vale a dire le ricchezze comunitarie al pari di quanto era avvenuto nel *mundus*. Dalla parte opposta del Foro, in direzione del Palatino, sorge un altro tempio, quello dedicato ai Castori, quasi a marcare simbolicamente il limite del nuovo spazio politico. Le divinità, identificate con i Dioscuri del mondo greco, si presentano come i protettori della cavalleria e secondo la tradizione in veste di giovani cavalieri sarebbero apparsi al fianco dei romani nella battaglia del lago Regillo combattuta contro i Latini nel 499 o nel 496 a.C.
Se questi sono i segni più evidenti del nuovo potere senatorio, l'altra grande componente sociale che ora appare con chiarezza nella storia di Roma, quella plebe corrispondente ai ceti dediti al commercio e alla lavorazione della terra, si organizza in un altro polo urbano, l'Aventino, che rimarrà storicamente legato alle memorie plebee fino a configurarsi come "uno Stato nello Stato". In quest'area sorgono in brevissimo tempo due nuovi templi: quello di Mercurio dedicato nel 495 a.C. in funzione della *mercatura*, e dunque in relazione ai ceti commerciali, e quello dedicato nel 493 a.C. a Cerere, Libero e Libera. Questo culto presenta uno spiccato carattere greco e trova corrispondenza nelle figure di Demetra, Kore e Dioniso. Inoltre la sacerdotessa doveva provenire espressamente dalla Magna Grecia, vale a dire da Napoli o da Velia. La forte rilevanza religiosa di Cerere-Demetra pone l'accento sui valori della terra portatrice di messi e fertilità, segnalando ancora una volta le spinte sociali che si muovono all'ombra delle forme religiose. È interessante rilevare come tutto il polo dell'Aventino, ove si svolgono le assemblee della plebe (*concilia plebis*) e si praticano culti la cui provenienza è fortemente marcata come straniera, assuma un ruolo di contrapposizione rispetto al centro della città, il Foro Romano, ove la componente aristocratica del Senato sottolinea invece il ruolo degli dèi patrii come Saturno oppure di divinità altrettanto greche come i Castori-Dioscuri, ma protettori dei valori aristocratici, di cui è simbolo il mondo della cavalleria.
Altro punto nevralgico della città repubblicana

diviene tutta l'area che ora assume il nome di Campo Marzio, vale a dire il *campus* extraurbano, posto tra il Campidoglio e la grande ansa del Tevere, destinato a luogo di riunione dell'esercito in armi e per questo posto sotto la protezione di Marte. Tutta questa grande area in precedenza aveva fatto parte del patrimonio privato dei re etruschi che vi avevano istituito culti, festività e *ludi*. Con la creazione dello Stato repubblicano, tutta quest'area viene dunque resa pubblica e riconsacrata attorno all'altare di Marte. L'importanza che ora assume il Campo Marzio nel quadro delle strutture repubblicane è testimoniata dal fatto che qui, presso l'*Ara Martis*, si svolge il *lustrum* dei censori, vale a dire l'inquadramento politico-militare dei cittadini in base al censo. Inoltre nella zona nota come *palus Caprae* vengono collocati i *saepta*, le strutture mobili utilizzate per le operazioni di voto dei cittadini inquadrati nei *comitia centuriata*. Proprio a sottolineare l'importanza di tutto questo nuovo complesso politico-istituzionale la tradizione letteraria ricorda per quest'area la reduplicazione della storia della sparizione del corpo del fondatore Romolo, evento parimenti collocato nell'area del più antico complesso istituzionale del *Volcanal*-tomba di Romolo collocato, come si è già visto, nel Foro Romano nei pressi del complesso Curia-Comizio.

L'assestamento dello Stato repubblicano nei decenni successivi al 509 a.C. avviene in un complesso quadro di avvenimenti interni ed esterni che vanno brevemente richiamati. Sullo sfondo dobbiamo collocare la conquista persiana della Ionia nel passaggio tra VI e V secolo a.C. con forti ripercussioni anche nella grecità occidentale. Significativamente tra 490 e 480 finisce la lunga frequentazione dell'*emporion* di Gravisca, il porto di Tarquinia, da parte di navigatori e commercianti provenienti dalle città greche ora finite sotto l'impero persiano. Altro fatto di enorme portata è la caduta nel 510 a.C. del cosiddetto impero di Sibari che aveva gestito la grande rete di rapporti tra mondo indigeno e *poleis* coloniali e lo stesso equilibrio tra le diverse spinte coloniali. In questo contesto maturano i primi passi della nuova politica ateniese volta all'attenzione verso l'Occidente e lo stesso trattato ro-

1. Antefissa con satiro dal tempio dei Castori, Roma, Antiquarium forense

2. Antefissa con *Iuno Sospita*, Roma, Museo Nazionale Romano

Il potenziamento della pubblica committenza nel periodo successivo alla nascita delle istituzioni repubblicane, soprattutto in relazione alla costruzione di nuovi edifici cultuali, trova un'importante testimonianza nei processi di standardizzazione che iniziano a caratterizzare le decorazioni accessorie di tipo architettonico. È proprio in questa fase che osserviamo come alcune nuove tipologie di antefisse fittili inizino a presentare una diffusione che oramai si estende in un'area molto ampia tra Lazio e Etruria. È il caso di antefisse raffiguranti menadi con corona e satiri barbuti – come nel caso di quest'esemplare proveniente dal tempio dei Castori a Roma – o teste di *Iuno Sospita*, divinità poliade dalle corna caprine, che in territorio latino fruiva del suo culto principale a Lanuvio e il cui aspetto è minutamente descritto da Cicerone. Questa antefissa in terracotta, raffigurante la dea, proveniente da Antemnae e databile ai primi decenni del V secolo a.C., può ben dimostrare la fortuna del tipo per il quale sono conosciute numerose varianti e un'ampia diffusione che trova confronti da Falerii Veteres, da Fidenae e a Roma dal Palatino e dal tempio dei Castori.

mano-cartaginese sopra ricordato. Le forti tensioni in area tirrenica si traducono nella sconfitta etrusca a Cuma nel 474 a.C. da parte della potenza siracusana. Nella fase di passaggio tra VI e V secolo a.C., le fonti antiche ricordano la fondazione di colonie da parte di Roma e degli alleati Latini a Signia, Circei, Norba e Velitrae. Questa espansione verso la pianura pontina si inserisce in un complesso quadro di mobilità sociale, di alleanze, scontri e tensioni che coinvolgono il mondo etrusco, i Sabini, il ruolo emergente degli Ernici (stanziati originariamente nel territorio di Praeneste) e soprattutto dei Volsci (stanziati nella stessa pianura pontina), fino ai movimenti di genti celtiche provenienti dal nord. Questa prima fase della Roma altorepubblicana, seppur nel quadro delle tensioni interne sopra richiamate tra plebei e i gruppi facenti capo all'aristocrazia senatoria, presenta complessivamente ancora forti elementi di mobilità, di integrazione anche di gruppi etnici diversi – come accade per i Claudi giunti a Roma dalla Sabina nel 504 a.C. –, di espansione e di circolazione di beni.

La committenza pubblica, cioè generata dalle istituzioni della comunità urbana, sostituisce pressoché definitivamente le realizzazioni architettoniche e monumentali prima gestite su un piano individuale o a cavallo tra pubblico e privato dalle figure di *principes* e *reges*. In questo senso la ricchezza, almeno a Roma e nell'area laziale, non si incanala più negli apprestamenti privati, e segnatamente nelle tombe, ma viene indirizzata a tradurre a livello pubblico, sul piano urbanistico e architet-

3. Torso fittile di amazzone dall'Esquilino, Roma, Musei Capitolini

4. Torso fittile di guerriero da Signia, Roma, Museo Nazionale Etrusco di Villa Giulia

Dall'area del tempio di Libitina sull'Esquilino proviene un torso acroteriale fittile databile ai primi decenni del V secolo a.C. Dal colore bianco che ancora ne caratterizza le parti nude e dall'accentuata volumetria che contraddistingue la cassa toracica sembra verosimile, nonostante alcuni pareri contrari, poter identificare nella terracotta un'amazzone, figura mitica portatrice di un complesso sistema semantico basato sull'alterità uomo-donna e sugli ambiti specifici da questi ricoperti nel quadro sociale e culturale del mondo antico. L'amazzone, ferita e reclinata su un fianco, doveva costituire un gruppo unico con il suo assalitore, come è possibile dedurre dal confronto con il bassorilievo acroteriale del tempio dei Sassi Caduti di Falerii Veteres, di epoca quasi coeva. Eccezionale appare la maestria realizzativa del pezzo costituito da un'anima interna in terracotta grezza, rivestita di argilla purissima e quindi finemente dipinta. Proprio la particolare tecnica, unitamente a una minuziosa cura per le scelte cromatiche e per gli equilibri volumetrici, ci rimanda a prototipi di ambito ellenico piuttosto che italico, trovando il confronto più calzante in alcune celebri terracotte provenienti da Olimpia. È raffrontabile al torso dell'Esquilino, per quanto secondo modalità che si traducono in una resa dei volumi e della policromia semplificata, un altorilievo su testata di *columen* o di mutulo proveniente dal tempio dell'acropoli di Segni e raffigurante un guerriero.

5. Lupa Capitolina, Roma, Musei Capitolini
Sappiamo che a Roma in antico dovevano esistere due simulacri raffiguranti la lupa legata dalla tradizione alle origini mitiche della città. Uno, come apprendiamo da Cicerone, sarebbe stato collocato sul Campidoglio e qui colpito da un fulmine nel 65 a.C.; all'altro, posto nel Lupercale del Palatino, nel 295 a.C. gli edili Ogulnii avrebbero aggiunto la coppia dei gemelli Romolo e Remo. Questa notizia ci permette verosimilmente di identificare l'esemplare dei Musei Capitolini con il bronzo capitolino, dal momento che esso ci è giunto privo dei due gemelli – quelli attuali sono stati aggiunti dal Pollaiolo solo alla fine del XV secolo – e con evidenti tracce di guasto sulle zampe posteriori, forse le conseguenze del fulmine ricordato da Cicerone. La lupa, conosciuta fin dal X secolo e per la quale si è recentemente riproposta una datazione altomedievale, è posta con il corpo di profilo, la testa rivolta verso l'osservatore, le fauci digrignanti in un chiaro atteggiamento di minaccia. La resa stilizzata del manto della fiera, unitamente a una traduzione del corpo di tipo schematicamente modulare, sono nitidi vettori dei rapporti stilistici e formali che legano il simulacro capitolino con la bronzistica etrusca di matrice tardoarcaica.

tonico, quelle idee, valori, aspirazioni, alleanze che compongono l'orizzonte di riferimento politico, religioso, sociale e culturale di una comunità o di gruppi significativi e allargati che in essa agiscono. Gli edifici pubblici, e in particolare i santuari e i templi, divengono il vero e proprio biglietto da visita in cui si fa sfoggio dei tipi architettonici, delle tecniche costruttive e dei materiali che via via sostituiscono il legno, delle parti decorative fino alle immagini parlanti che sotto la forma di storie del mito traducono una pluralità di valori e significati. La forte spinta della committenza pubblica produce una sorta di canonizzazione del cosiddetto tempio etrusco-italico, pur nelle sue diverse varianti [vedi parte III capitolo 2], e una decisa standardizzazione di elementi decorativi, le cui varianti sono anche riconducibili a processi di identità delle diverse comunità. Particolarmente chiaro è il caso delle antefisse raffiguranti un Satiro o una Menade oppure la testa della dea Giunone Sospita con le corna caprine diffuse tra Roma, il Lazio e l'Etruria [figure 1-2].

Se il tempio di Giove Capitolino realizzato sotto i Tarquini aveva visto all'opera lo scultore Vulca di Veio, per il nuovo tempio eretto sull'Aventino e dedicato a Cerere, Libero e Libera le fonti letterarie (Plinio il Vecchio, *Naturalis Historia*, XXXV, 154) ricordano l'opera di due artigiani (*plastae*) di provenienza magnogreca, Damophilos e Gorgasos, che avrebbero decorato tra l'altro le pareti della cella con lastre (*crustae*) dipinte. Se in questa fase più antica la maggior parte dei templi doveva presentare ancora il frontone aperto, le fonti letterarie tramandano per il tempio dell'Aventino la presenza di frontoni con statue di terracotta o di bronzo dorato. Possiamo avere un'idea di queste realizzazioni a altorilievo attraverso il frammento di torso di amazzone o guerriero policromo proveniente dal tempio di Libitina nell'area dell'Esquilino a Roma o un altro frammento di guerriero da Signia [figure 3-4]. Per lo stesso tempio è conservata la notizia (Plinio il Vecchio, *Naturalis Historia*, XXXV, 15; Tito Livio, *Annales*, II, 41,10) che la statua di culto di Cerere sarebbe stata realizzata in bronzo. Gran parte della produzione bronzistica antica è per noi perduta visto il valore del metallo che veniva rifuso. Abbiamo la fortuna di possedere un pezzo straordinario come la Lupa Capitolina [figura 5], la cui probabile cronologia nell'ambito del V secolo a.C. può darci un'idea di questa produzione di alto livello che doveva essere affiancata da altre produzioni più corsive e standardizzate come quella dei bronzetti votivi. Tutto ciò lascia intravedere una ancora fiorente attività di officine che, oltre alla produzione di ceramiche da mensa o di uso comune, appaiono soprattutto impegnate attorno ai grandi cantieri degli edifici pubblici – tegole, intonaci e lastre decorative per gli interni anche delle più importanti case private, elementi decorativi e figurati fittili, bronzi – e che si avvalgono di maestranze artigiane che operano su ampia scala nell'area laziale, etrusca e falisca insieme a sollecitazioni provenienti dal mondo greco e magnogreco. A livello stilistico si affacciano nuove tendenze che, pur conservando elementi del precedente ionismo ora al tramonto, come mostra bene la scomparsa delle lastre a rilievo di prima fase, si adeguano gradualmente e con accenti diversi ai motivi dello stile severo. Appare confermata la diffusione di un linguaggio stilistico piuttosto omogeneo che avevamo visto formarsi già nel corso del VI secolo a.C. e che ora appare inscindibile dalla spinta verso la colonizzazione promossa da Roma e dai suoi alleati Latini.

Secondo la tradizione la data del 486 a.C. corrisponde alla "serrata del patriziato", vale a dire una forte chiusura sociale promossa a Roma dalla classe dirigente dinanzi agli sviluppi politici e sociali su scala interna e internazionale che abbiamo sopra ricordato. Il mondo della *tryphè*, come nei casi di Sibari o della Roma dei Tarquini, lascia il posto a società

6. Statua fittile di Minerva Tritonia da Lavinio, Pomezia, Museo Archeologico "Lavinium"

Il santuario orientale di Lavinio dedicato a Minerva, divinità sotto la cui tutela dovevano rientrare complessi rituali di natura prenuziale e che Strabone e Licofrone significativamente riconnettono al culto di *Atena Ilias*, ha restituito un ricco scarico di terrecotte votive che dall'età arcaica giungono fino al I secolo a.C. La loro analisi appare di grande interesse per la comprensione dell'evoluzione delle dinamiche sociali connesse alle unioni matrimoniali, dalla legislazione restrittiva delle XII tavole fino alle leggi Licinie Sestie che nel 367 a.C. permetteranno una maggiore integrazione tra *nobilitas* e famiglie plebee. Ma i materiali di Lavinio appaiono importanti anche per l'analisi evolutiva delle sollecitazioni stilistiche che, provenendo da ambiente greco, si innestano su un sostrato formale di matrice sostanzialmente locale. È il caso di questa statua fittile raffigurante Minerva armata e fiancheggiata da un tritone. La terracotta, databile ai primi decenni del V secolo a.C., costituisce una buona esemplificazione delle tendenze che caratterizzano le produzioni plastiche votive di questo periodo. Pur nel solco di un modello che non può non risentire degli stimoli provenienti dall'ambiente greco, la cifra stilistica della statua evidenzia in maniera chiara la volontà di tradurre tali influenze in un linguaggio locale, che attraverso l'uso di chiavi formali proprie – l'impostazione rigidamente frontale, la resa disegnativa del volto, la volumetria semplificata – si risolve in un prodotto artisticamente autonomo. In questo senso, appare significativo il confronto con analoghi materiali provenienti dal medesimo contesto ma di produzione successiva, nei quali gli stilemi ellenici appaiono a tal punto assimilati da rendere oramai difficile una loro distinzione dalle coeve produzioni greche.

7. Coppia di orecchini in oro da Praeneste, Roma, Museo Nazionale Etrusco di Villa Giulia

Nei secoli VI e V a.C. assistiamo a una progressiva contrazione nella richiesta di quegli oggetti di alta oreficeria che fin dal VII secolo a.C. hanno costituito un elemento centrale per l'artigianato artistico di ambito etrusco-italico e che ora sembrano limitarsi a un uso ideologico di tipo prevalentemente funerario. In questa stessa fase alcuni centri paiono mantenere una produzione rimarchevole per quantità e qualità. Tra questi va certamente annoverata Praeneste, dalle cui necropoli anche per queste fasi si conoscono non pochi corredi di un certo pregio, comprendenti oreficerie attinenti all'ornamento personale e non dissimili per composizione da quelli noti per le tombe mediorepubblicane. È il caso di questa coppia di orecchini in lamina d'oro sbalzata a cesello: entro un riquadro con bordi rilevati a cordicella e sormontato da tre globetti a capolino, trova posto una protome femminile con diadema e collane, arricchita da inserti in pasta vitrea e occhi decorati a smalto. I due monili, inseribili nella grande classe degli orecchini a bauletto, presentano stringenti analogie con una serie di placchette auree di analoga provenienza e databili agli anni finali del VI secolo.

8. Corredo dalla tomba del Guerriero di Lanuvio, Roma, Museo Nazionale Romano

Rinvenuta in maniera del tutto casuale nel 1934, la cosiddetta tomba del Guerriero di Lanuvio ha restituito un corredo funebre di grande ricchezza. All'interno di un sarcofago in peperino malauguratamente andato perduto nel corso dell'ultimo conflitto mondiale, trovavano posto i resti del defunto, circondato da una serie di oggetti che ben ne delineano in senso autorappresentativo il profilo sociale e culturale: una cintura a maglie e un disco in bronzo, una punta di lancia, due punte di giavellotto, tre *aryballoi* in osso, una spada da fendenti, uno strigile e una zappetta in ferro utilizzata per spianare il terreno durante gli agoni atletici. Straordinaria si presenta la qualità della panoplia, costituita da un elmo di tipo etrusco-italico in bronzo dorato e decorato a sbalzo, con occhi apotropaici in pasta vitrea e metalli preziosi applicati sulla calotta frontale, accompagnato da una corazza anatomica a due valve, con muscolatura a rilievo e anch'essa modellata in bronzo dorato.

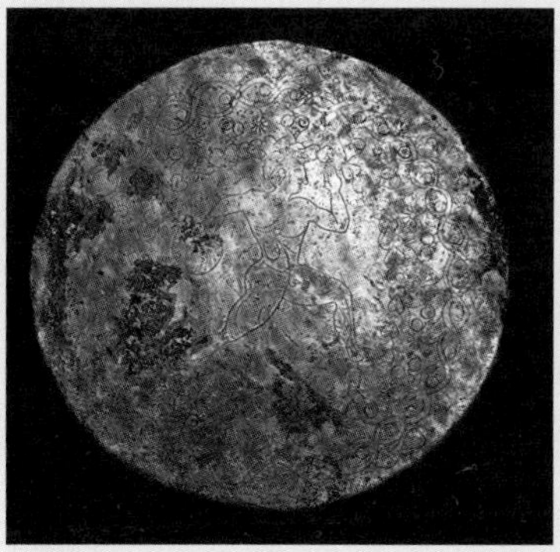

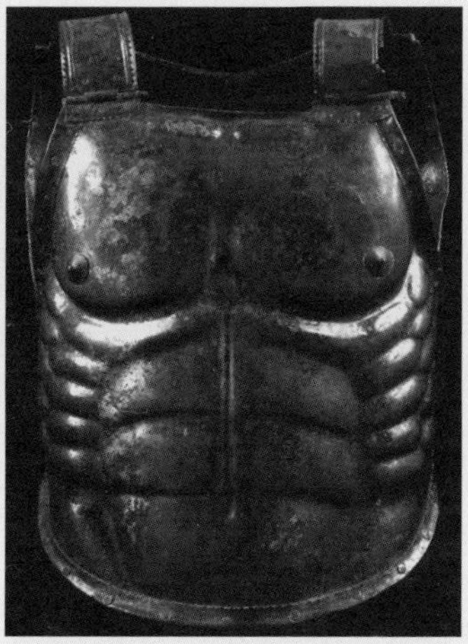

che riducono i consumi e la mobilità sociale. Questo fenomeno interessa gran parte dell'Italia antica anche se affiora con tempi e modalità diverse, se non con vere e proprie eccezioni. Basti pensare da un lato alla drastica riduzione della dedica di templi a Roma – bisogna aspettare il 431 a.C. per la dedica del tempio di Apollo Medico nel Campo Marzio – e dall'altro al fiorire di un santuario come quello di Minerva a Lavinio da cui proviene una straordinaria quantità di statue fittili e oggetti votivi [figura 6]. Allo stesso modo mentre a Roma e nel Lazio assistiamo complessivamente a una fortissima riduzione della ric-

9. Disegno del fregio di una cista da Praeneste, Karlsruhe, Badisches Landesmuseum
10. Cista Ficoroni, Roma, Museo Nazionale Etrusco di Villa Giulia
Le necropoli prenestine hanno restituito un alto numero di ciste, oggetti solitamente collegati al mondo femminile. Di forma ovale poi cilindrica e anche parallelepipeda, prima in legno rivestito quindi in lamina bronzea, la cista è caratterizzata da raffinate decorazioni realizzate in origine a traforo e dalla metà del IV secolo a.C. a incisione, collocate sia sul corpo che sul coperchio. Particolarmente ricco e articolato si presenta anche l'apparato accessorio caratterizzato di sovente da *appliques* a tuttotondo costituenti i manici e i piedi in forma di protome animale. Un esempio è offerto da una cista prenestina con una scena raffigurante il giudizio di Paride – il pericoloso mondo della seduzione – cui fa da contraltare Aiace che, accompagnato da un personaggio femminile, Crisida, appare inquadrato da amazzoni, immagine dell'alterità uomo-donna. Il livello stilistico di queste produzioni raggiunge talora livelli di elevata qualità, come possiamo vedere a esempio anche dalla notissima cista Ficoroni, la cui iscrizione rimanda a una produzione localizzata direttamente a Roma.

chezza destinata all'ideologia funeraria, un'urnetta in marmo da Roma stessa come le oreficerie dalla necropoli di Praeneste e soprattutto la tomba del Guerriero da Lanuvio testimoniano della persistenza di differenti spinte sociali [figure 7-8].

La forte pressione da parte delle comunità italiche, che minacciano o conquistano importanti città etrusche o greche tra V e IV secolo a.C., come Capua, Cuma e Poseidonia-Paestum, trova un corrispettivo nella conquista di Veio da parte di Roma nel 396 a.C. Tali avvenimenti sono generati dalla comune richiesta da parte dei ceti meno abbienti di accedere al possesso di terra e a un maggior peso decisionale in ambito politico. A Roma tutto ciò è ben esemplificato dalla promulgazione nel 367 a.C. delle leggi Licinie-Sestie che aprono l'accesso alle magistrature da parte dei ceti non aristocratici. In termini generali, tra IV e III secolo a.C., assistiamo a un'altra fase di rifondazione delle comunità latine, etrusche e anche italiche, in cui la nascita di comunità politiche allargate si accompagna alla ripresa della fortuna degli antichi eroi fondatori – come avviene per Enea a Roma e nel Lazio o per Tagete in Etruria –, alla definizione ormai ultimata dell'identità etnica nel variegato mondo italico, alla graduale ripresa di consumi e attività edilizia, alla nuova occupazione delle campagne, al processo di colonizzazione promosso da Roma e destinato a mutare l'intero assetto della penisola. Questa nuova fase di espansione produce tra IV e III secolo a.C. un'ampia frammentazione delle strutture commerciali e artigianali, legate alla crescita delle diverse città e dei loro territori, ma anche tendenze comuni segnate dal ruolo egemone che Roma va gradualmente assumendo. Assistiamo così allo sviluppo di un artigianato di alta qualità organizzato in botteghe in cui lavorano i maestri artigiani, ma anche liberti e schiavi, e l'alta considerazione anche sociale di questo ruolo è testimoniata dal diffondersi della firma dell'artigiano, un modello ripreso dalla Grecia di età classica. La firma apposta

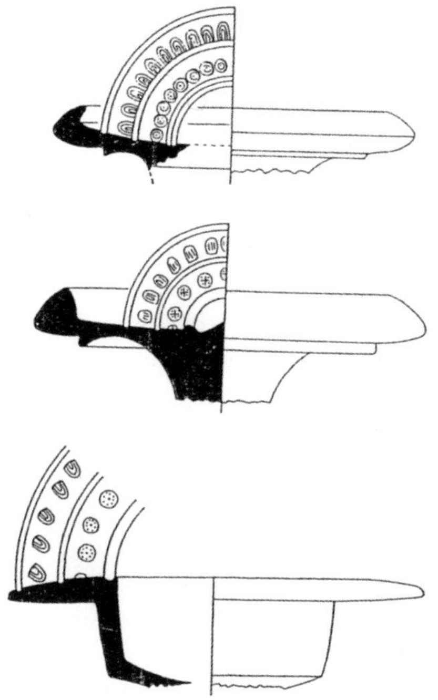

11. La produzione dell'*atelier des petites estampilles*

Tra il IV e il III secolo a.C. l'analisi della circolazione delle ceramiche nell'area della *koiné* etrusco-laziale-campana sembra mostrare incipienti ma ben percepibili processi di standardizzazione. Classi ceramiche come i piatti cosiddetti di Genucilia, i gruppi dei *pocola* e delle *Heraklesschalen* e altre ancora, evidenziano il ricorrere di forme costanti, come costanti si presentano le sobrie tipologie decorative. In questo quadro le produzioni del cosiddetto *atelier des petites estampilles*, nell'ambito delle classi ceramiche dell'Italia antica costituiscono un importante caposaldo tipologico. Realizzata a opera di un'officina attiva verosimilmente in un centro limitrofo a Roma, se non nella stessa Urbe, questa produzione, cronologicamente corrispondente alla prima metà del III secolo a.C., si presenta caratterizzata da un'argilla estremamente depurata, sulla quale viene distribuito per immersione uno spesso strato di vernice a ricoprire integralmente il vaso, con l'eccezione della parte esterna del fondo. Vari possono essere i motivi decorativi utilizzati, tra i quali vediamo tuttavia predominare combinazioni costituite da quattro stampigli a rilievo raffiguranti rosette. Al pari delle altre classi ceramiche di questo periodo anche le produzioni dell'*atelier des petites estampilles* sono testimonianza sia dell'esistenza di un mercato che oramai risente dell'influenza romana anche in aree dalla solida tradizione ceramica – i piatti di Genucilia a esempio sono ceriti – sia di processi produttivi oramai specializzati e articolati su una chiara suddivisione del lavoro.

12. Frammento di affresco dalla necropoli dell'Esquilino, Roma, Musei Capitolini, Centrale Montemartini

Proviene da un sepolcro della necropoli esquilina un affresco databile ai primi decenni del III secolo a.C., la cui analisi appare centrale per la comprensione delle dinamiche stilistiche e formali che caratterizzano la grande pittura trionfale di età repubblicana. L'affresco, probabile *exemplum* di pittura relativa a *Tabulae Triumphales*, si richiama alla tradizione ellenica tardoclassica nella resa cromatica e nel trattamento dei particolari. Nella parte superstite si mostra articolato su quattro registri, secondo un gusto narrativo di chiara matrice italica, che trova evidente traduzione anche nella scelta di utilizzare proporzioni di tipo gerarchico. Complesso appare il tentativo di identificare le singole scene, da sempre motivo di discussione tra gli studiosi, ma verosimilmente riconducibili a episodi della seconda guerra sannitica. Se poco ci rimane del registro superiore, ben leggibile si presenta la scena sottostante: di fronte alle mura di una città due personaggi, il primo in abiti militari sannitici e il secondo con toga e lancia, si affrontano, forse per la consegna di *dona militaria*; ritroviamo i medesimi protagonisti nel registro inferiore al cospetto di un gruppo di soldati, mentre alle loro spalle è in atto una scena di combattimento. Nel quarto e ultimo registro infine un Sannita e un Romano sono intenti a duellare.

sulla cista Ficoroni ne è un esempio chiaro e tutto il complesso delle ciste e degli specchi prenestini [figure 9-10] rimanda a queste produzioni di buona qualità, non ancora standardizzate, con un raggio di circolazione entro l'area medioitalica, corrispondente in larga misura ai territori del Lazio e dell'area falisca, dell'Etruria e della Campania. Il ruolo predominante che Roma va assumendo nel panorama italico ci viene testimoniato da un lato dalle importazioni, corrispondenti a tutte le maggiori produzioni coeve, e dall'altro lato nel ruolo produttivo svolto dalla città stessa, come dimostra l'attivazione attorno al 300 a.C. della produzione ceramica detta dell'*atelier des petites estampilles* [figura 11], che raggiunge aree straniere anche in probabile rapporto al trattato romano-cartaginese del 348 a.C.
Nel corso del IV secolo a.C. a Roma riprende un'intensa attività edilizia testimoniata tra l'altro da una serie continua di dediche di templi. La tradizione su Camillo che, all'indomani della presa di Veio, riedifica il tempio di Fortuna e Mater Matuta di memoria tirannica e subito dopo dedica anche il tempio di Concordia, in evidente riferimento alle vicende patrizio-plebee, illumina bene le turbolenze politiche di quei decenni fino alle leggi Licinie-Sestie che pongono le basi dello Stato repubblicano patrizio-plebeo sancito dalla dedica dello stesso tempio di Concordia, rimasta fino a quel momento disattesa, da parte di L. Furio Camillo, figlio di Camillo, nello stesso anno 367. Di particolare interesse è per noi la dedica del tempio di Salus nel 303 a.C. in cui le fonti ricordano la presenza di pitture a opera di G. Fabio Pittore, un esponente dell'aristocrazia impegnato dunque in un'attività che solo in seguito sarà sentita come propria del ceto schiavile. Di queste pitture possiamo avere un riflesso nel frammento proveniente da una tomba dell'Esquilino con scene di assedio e di armati [figura 12]. Questo tipo di pitture richiama anche lo sviluppo di una particolare forma di rappresentazione connessa alle *tabulae triumphales* e ai *pegmata*, vale a dire raffigurazioni su legno o tessuto oppure al modo di piccoli plastici con cui i generali e i magistrati informavano il Senato circa lo sviluppo delle operazioni militari. Queste raffi-

13. Ritratto del cosiddetto Bruto Capitolino, Roma, Musei Capitolini

La testa bronzea, conosciuta fin dal XVI secolo e pertinente a una statua andata purtroppo perduta, è stata identificata nel volto di Bruto, mitico fondatore della repubblica, conosciuto da due serie monetali emesse nel 53 e nel 49 a.C. da Giunio Bruto, il cesaricida. Se permangono dubbi circa una paternità certa del ritratto, sono al contrario evidenti le dinamiche formali che ricollegano il bronzo dei Capitolini alla ritrattistica cosiddetta "medioitalica", soprattutto per quanto concerne la struttura stereometrica del cranio e una netta propensione a una resa fisiognomica dei tratti del volto. Su questi stilemi di fondo, tuttavia, vediamo sovrapporsi elementi di matrice diversa – il trattamento minuto dei particolari, la resa netta ma morbida delle superfici, un uso sapiente del sottosquadro – che ci rimandano in modo diretto alla ritrattistica ellenistica degli inizi del III secolo a.C. e in particolare alla tradizione attica relativa ai ritratti dei grandi oratori. Un siffatto orizzonte cronologico, d'altra parte, sembra ben integrare il cosiddetto Bruto Capitolino nel quadro ideologico della politica culturale della Roma di questo periodo, oramai proiettata verso il predominio della penisola ed inevitabilmente intenta a ricercare nelle radici più profonde della propria tradizione mitistorica le chiavi ermeneutiche della sua inarrestabile potenza.

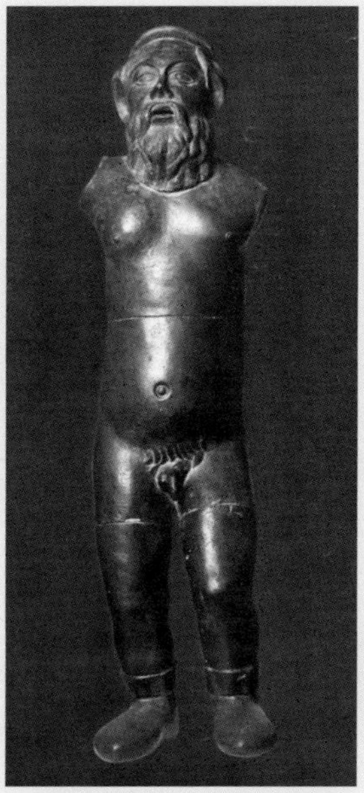

14. Statua bronzea di Marsia, Paestum, Museo Archeologico Nazionale

Verso la metà del III secolo a.C., a distanza di pochi anni dalla fondazione della colonia latina, viene collocata lungo il lato occidentale del foro di Paestum una statua bronzea raffigurante Marsia. Il simulacro, giuntoci mancante delle braccia e realizzato per fusioni multiple saldate successivamente, presenta il sileno stante e nudo, a eccezione di una vitta a trattenere i capelli e di una coppia di pesanti ceppi posti alle caviglie ma privi di catene. Il Marsia pestano acquisisce grande rilevanza se posto in relazione con l'analoga statua che, come sappiamo dalle fonti, doveva ergersi non lontano dalla *Ficus Ruminalis*, dunque nei pressi dello stesso *comitium* di Roma. Verosimilmente da ricondurre alla figura di Q. Marcio Rutilo Censorino, censore del 294 e nipote del primo plebeo chiamato nel 351 a ricoprire una carica tanto prestigiosa, il Marsia romano non può che tradursi in un chiaro *indicium libertatis*, ovvero nella proiezione di quelle libertà politiche, sociali ed economiche – tra le quali quell'affrancamento dalla schiavitù per debiti che tanti coloni potevano riacquisire solo attraverso la deduzione coloniale – conquistate dalla plebe dopo aspre e dure lotte. È il medesimo significato che dobbiamo leggere nel simulacro pestano, collocato non a caso nel centro della nuova colonia latina a celebrare la condizione di *libertas* raggiunta dai coloni.

15. Frammento di testa fittile dal tempio della Vittoria sul Palatino, Roma, Museo Palatino

Sulla sommità del colle Palatino, forse su un preesistente luogo di culto della dea, viene eretto e dedicato nel 294 a.C. dal console L. Postumio Megello il nuovo tempio della Vittoria. Da *favissae* rinvenute all'interno dell'edificio, caratterizzato da murature tufacee in *opus quadratum* e cella circondata da colonne, proviene una splendida testa fittile policroma verosimilmente pertinente a una delle statue frontonali del tempio. L'analisi di questo pezzo purtroppo frammentario, ma per il quale troviamo più di un confronto coerente – è il caso di due teste fittili affini, l'una proveniente dal tempio dello Scasato di Falerii Veteres, l'altra da Antemnae – ci permette di verificare le tendenze formali che caratterizzano le produzioni della cultura medioitalica di questo periodo. A stilemi che si richiamano in maniera nitida alla tradizione greca del periodo tardoclassico, come il cosiddetto Efebo di Anticitera, soprattutto per quanto concerne l'impostazione strutturale del volto e la resa della capigliatura, si affiancano altresì accenti di matrice "italica" da riconoscere in una netta tendenza all'espressionismo, che trova la sua più chiara manifestazione nei tratti disegnativi degli occhi e degli zigomi.

gurazioni di battaglie ed eventi reali, di *res gestae*, peraltro già note anche in Grecia, sono all'origine del rilievo storico romano che troverà la massima espressione nei pannelli degli archi di trionfo e nei fregi delle colonne coclidi imperiali.

In questo periodo si avvia anche una complessiva ristrutturazione dell'area forense in cui cogliamo la tendenza a una marginalizzazione di quelle attività commerciali sentite come meno nobili, che va di pari passo con la sistemazione nella zona centrale delle strutture politiche e di rappresentanza, oltreché di quelle attività produttive come le *tabernae argentariae*, le botteghe dei cambiavalute, che ora assumono un ruolo di pri-

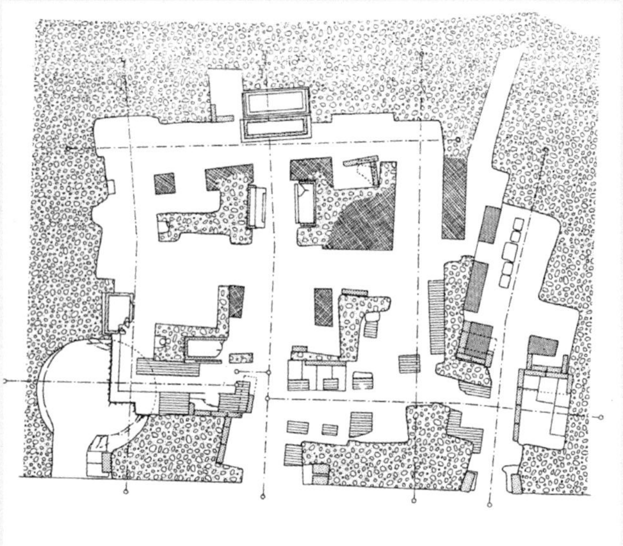

16. Pianta del sepolcro degli Scipioni, Roma
17. Ricostruzione della facciata
18. Sarcofago di L. Scipione Barbato, Città del Vaticano, Musei Vaticani

Realizzato lungo la via Appia, il sepolcro dei Corneli Scipioni era costituito in origine da una semplice camera ipogeica di forma quadrangolare a quattro pilastri risparmiati nel tufo, secondo un impianto che trova confronto più nell'architettura funeraria romana, come nel caso delle tombe dell'Esquilino o di Tuscolo, che nei grandi ipogei di tradizione etrusca. È in questo ambiente che con il susseguirsi delle generazioni trovano posto numerosi sarcofagi, spesso accompagnati da *elogia* funerari, incluso quello di L. Scipione Barbato console nel 298 a.C. e verosimilmente fondatore del sepolcro. Concepito in forma di altare, il monumentale sarcofago di Barbato presenta una decorazione di tipo architettonico caratterizzata da un fregio dorico con rosette e coronamento superiore a volute e foglie di acanto. Proprio l'opzione per un sarcofago in forma di altare con decorazione composita, unitamente alla scelta di un *elogium* che sembra seguire il modello eroico classico greco – *fortis vir sapiensque, quoius forma virtutei parisuma fuit* – non può che rimandarci al gusto eclettico del primo ellenismo. Alla metà del II secolo a.C., forse per iniziativa di Scipione Emiliano, l'ipogeo viene ampliato con la realizzazione di un secondo vano e di una facciata monumentale rifacentesi alle ricche *scaenae frontes* di età ellenistica: su un alto podio con cornici a cuscino e tre archi, viene realizzato un prospetto tripartito a semicolonne e nicchie contenenti, secondo Plinio, le statue marmoree dell'Africano, dell'Asiatico e del poeta Ennio – le prime due sono state recentemente riconosciute nei ritratti del cosiddetto Silla di Copenhagen e del cosiddetto Mario di Monaco –; una cornice superiore in peperino doveva completare infine la struttura. Per quanto permangano dubbi circa la reale ricostruzione dei moduli architettonici del monumento, per il quale si è ipotizzata anche una struttura a semicolonne ioniche che richiamerebbe i mausolei di matrice alessandrina, sono nitidi i tributi di cui è debitrice la tomba degli Scipioni al mondo greco-orientale, e che la pongono in una posizione centrale per la comprensione dei processi di ellenizzazione che caratterizzano la cultura romana alla metà del II secolo a.C.

mo piano. A partire dalla seconda metà del IV secolo a.C. aumentano anche le statue, equestri o su colonna, dedicate dal Senato a personaggi che abbiano acquisito meriti verso lo Stato e che trovano nell'area forense una adeguata collocazione scenografica. Vale la pena di ricordare almeno la statua concessa nel 338 a.C. a Gaio Menio o quelle di Pitagora e Alcibiade poste presso il Comizio attorno al 300 a.C. In questo clima matura un ritratto come quello del cosiddetto Bruto Capitolino che riprende i modelli greci del filosofo e dell'oratore [figura 13]. Anche da questo tipo di documentazione appaiono chiari i riflessi delle lotte politiche in corso come si evince dalla coeva statua di Marsia replicata poco dopo nel foro della colonia latina di Paestum [figura 14].

Agli inizi del III secolo a.C. viene costruito a Roma sul Palatino il nuovo tempio della Vittoria [figura 15], un culto che si presta a celebrare l'espansione della città, uscita vittoriosa dalle guerre sannitiche, ora volta anche a sud, come mostra bene l'apertura del primo tratto della via Appia. Su questa strada cominciano ad allinearsi i sepolcri di importanti famiglie di Roma, come nel caso del sepolcro degli Scipioni [figure 16-18].

La spinta coloniale di Roma può essere seguita anche attraverso la diffusione di ex voto raffiguranti teste o parti anatomiche [figura 19], che significativamente ora appaiono in forme standardizzate, un sintomo preciso di quella unificazione culturale in atto sotto il segno di Roma.

Tutto questo mondo mediorepubblicano, che si era nutrito del modello della *polis* classica e delle forme artistiche di età classica e del primo ellenismo, oltreché dell'area magnogreca con in testa Taranto, volge al termine nel corso dei decenni successivi alla metà del III secolo a.C.

L'incipiente dimensione mediterranea dell'impero di Roma sancisce la fine di questo mondo, per lasciare il posto ad altre fortune, ad altri ideali politici, a una vera e propria rivoluzione economica e sociale, ad altri modelli di rappresentazione.

L'annalista Fabio Pittore ricorda che, a seguito delle conquiste in territorio sabino effettuate da Manio Curio Dentato attorno al 290 a.C., i romani conobbero per la prima volta la ricchezza.

In realtà in precedenza c'era già stata, come si è visto, la grande stagione della *tryphè* arcaica, ma è pur vero che ora si pongono le basi per l'ingresso nel mondo romano dei modelli politici e culturali elaborati nei regni ellenistici. Qui si possono rintracciare le radici della definitiva scissione tra arte e artigianato, tra committenza colta e artisti da un lato e produzioni standardizzate rivolte a un pubblico anonimo dall'altro lato.

19. Ex voto dalla stipe di Minerva Medica, Roma, Antiquarium Comunale
Rinvenuto casualmente alla fine del XIX secolo nel corso di alcuni lavori stradali effettuati nei pressi di via Merulana, il deposito del tempio di Minerva Medica ha restituito una notevole mole di materiale votivo, prevalentemente riconducibile al III secolo a.C. Le terrecotte, secondo dinamiche che appaiono ricorrenti nei culti di tipo salutare, presentano un'articolata varietà tipologica, comprendente statuette di divinità e di animali, raffigurazioni di donne con bambino, gruppi familiari, ex voto anatomici, oggetti di tipo miniaturistico. Appare importante sottolineare come tali produzioni, a dimostrazione della grande unità culturale che oramai caratterizza il mondo della Roma di età mediorepubblicana, si presentino completamente standardizzate e realizzate in serie.

4. L'urbanistica e i nuovi modelli dell'architettura ellenistica

Testo di
Mauro Menichetti
Schede di
Marco Giuman

Tra III e II secolo a.C. Roma si trasforma sul piano urbanistico e monumentale in una delle grandi capitali del mondo ellenistico mentre prosegue, sul piano politico, la costruzione di un impero su scala mediterranea che culmina nella battaglia di Azio del 31 a.C. e che rende Roma erede di tutti i regni ellenistici sorti a seguito delle imprese di Alessandro Magno. Un punto di svolta va posto subito dopo la fine della seconda guerra punica, e nei decenni a cavallo tra III e II secolo a.C., quando vediamo già attivati tutti i principali elementi che determineranno le radicali trasformazioni della Roma ellenistica. Il rapporto con il mondo greco, come si ricorderà, era di antica data ma ora l'ampiezza delle conquiste territoriali e l'accesso diretto a quel mondo e ai territori dell'Oriente avviano un contatto ancor più marcato, segnato dall'afflusso di una nuova ricchezza a livelli mai visti in precedenza, tanto da essere etichettata come *Asiatica luxuria*, e innescano una serie di trasformazioni sia nel tessuto culturale e monumentale di Roma sia più in generale nei territori italici che a vario titolo partecipano alle conquiste della capitale dell'impero. Il contatto diretto con i modelli dell'ellenismo provoca reazioni diverse all'interno della società romana ma appare comunque inarrestabile e contribuisce a rimodellare in profondità persino l'ambito assegnato agli dèi, la funzione degli spazi domestici impegnati a tradurre un nuovo stile di vita e le nuove forme dell'*otium* [vedi parte III capitolo 6].
Tutte queste trasformazioni si possono ora avvalere dei grandi modelli urbanistici, monumentali, figurativi e decorativi messi a punto nei centri del potere ellenistico, a partire da Alessandria e Pergamo. Un esempio eclatante di queste tendenze è costituito dai santuari laziali che, nei decenni a cavallo tra II e I secolo a.C., riprendono e sperimentano modelli del pieno ellenismo, a partire dalla disposizione scenografica a terrazze, seppur filtrati attraverso la tradizione locale, come è ben visibile ad esempio nel santuario di Giunone a Gabii in cui convivono il ricordo del *lucus* arcaico attorno alla *aedes* e la piena accettazione della tradizione ellenistica [figura 1].
L'impronta personale e dinastica che è alle ra-

1. Planimetria del santuario di Giunone a Gabii
Il grande santuario urbano di Giunone, già menzionato da Virgilio (*Eneide*, VII, 682), costituisce il monumento più importante della città di Gabii, antico centro latino posto lungo la via che da Roma conduceva a Praeneste. Frequentato già in età arcaica, intorno alla metà del II secolo a.C. il santuario è oggetto di una radicale ridefinizione monumentale, secondo puntuali moduli architettonici di matrice ellenistica che ne hanno fatto attribuire il progetto a Ermodoro di Salamina, attivo a Roma a partire dal 146 a.C. Al centro di un'area delimitata da una *porticus triplex* con botteghe su due lati, si ergeva l'edificio templare, un periptero esastilo *sine postico* su podio, preceduto dall'altare e affacciato su un'ampia cavea teatrale, la più antica conosciuta in ambito italico. Significativo appare il rinvenimento nell'area del piazzale porticato di una serie di cavità quadrangolari scavate nella roccia e disposte su linee parallele, identificate come buche destinate a ospitare alberi, in una sorta di monumentalizzazione dell'antico *nemus*, il bosco sacro all'interno del quale era realizzato il *templum* di età arcaica.

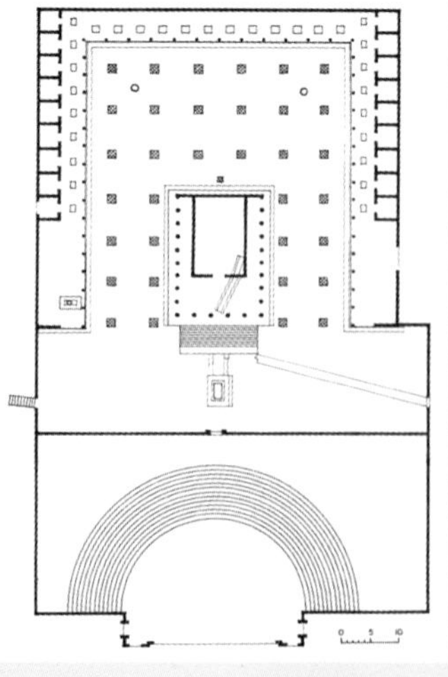

2. Capitello corinzio
Narra Vitruvio che Callimaco, l'allievo prediletto di Fidia, si sarebbe ispirato a un cestello posto sulla tomba di un fanciullo di Corinto e cinto da una pianta di acanto per l'elaborazione del capitello corinzio. Al di là della narrazione vitruviana, di chiara matrice aneddotica, non c'è dubbio alcuno che il capitello corinzio – il cui esempio più antico è notoriamente presente al centro della cella del tempio di Apollo a Figalia-Basse – trovi nelle sovrabbondanti esigenze ornamentali dell'architettura ellenistica la chiave fondamentale della propria fortuna. Allo stesso modo, la rapida diffusione in ambito romano dell'ordine corinzio anche all'interno di abitazioni private già a partire dai decenni iniziali del II secolo a.C., come nel caso della fase più antica del peristilio della casa del Fauno a Pompei, è chiaro indizio di come al progressivo espandersi delle conquiste di Roma verso Oriente venga a corrispondere il prevalere di un gusto nuovo, la ben nota *Asiatica luxuria*, indirizzato con sempre maggiore vigore verso i modi stilistici e formali del barocco ellenistico.

dici del potere ellenistico offre i migliori strumenti di propaganda politica ai generali vittoriosi di Roma, gli *imperatores* e i *viri triumphales*, che ormai apertamente piegano a proprio vantaggio le istituzioni repubblicane e sfidano il potere tradizionale della *nobilitas* patrizio-plebea facente capo al Senato. In questo modo l'immagine urbanistica di Roma viene riplasmata secondo le nuove esigenze politiche, sociali e culturali. In primo luogo va segnalata a questo proposito la scala degli interventi, tendenzialmente assai più ampia e articolata rispetto al passato e destinata a sfociare in una sorta di competizione urbanistica e monumentale tra i diversi committenti. Sulla stessa linea si pone l'uso sempre più diffuso di materiali preziosi, a partire dal marmo e dal bronzo, per la realizzazione di edifici, statue e apparati decorativi. In questa prospettiva va inserito il trionfo del capitello corinzio [figura 2] divenuto ormai simbolo di un'architettura sfarzosa e attenta come non mai al gusto decorativo. L'enorme impegno finanziario profuso in prima persona dai generali vittoriosi di Roma, ricavato soprattutto dai bottini di guerra, reca con sé anche la tendenza a poter indicare con il proprio nome le opere realizzate, imponendo così un segno duraturo del potere personale negli spazi pubblici della città. Questi processi si traducono sul piano urbanistico anche nella creazione sempre più coerente di complessi monumentali chiusi e compatti che mettono in scena in ogni loro parte i messaggi politici e culturali dei relativi committenti, come vediamo in forma compiuta alla fine dell'età repubblicana nei grandi interventi di Pompeo e di Cesare. Nel quadro di queste realizzazioni un ruolo fondamentale è assegnato alla funzione dei portici e delle basiliche. La *porticus*, corrispondente alla *stoà* greca, prevede la copertura di uno spazio maggiormente esteso in lunghezza e munito di una fronte a colonne. Uno degli esempi più antichi risale al 166 a.C. ad opera di Gn. Ottavio che, a seguito del trionfo su Perseo di Macedonia, fece erigere presso il circo Flaminio la *porticus Octaviae* a duplice navata e decorata con capitelli bronzei. Questo tipo di edificio può assolvere a una pluralità di funzioni e, secondo i modelli ellenistici, viene ora utilizzato per delimitare ampie piazze nella cui area centrale sono collocati templi e altri edifici in posizione enfatica.

La basilica è un altro edificio plurifunzionale entro cui possono svolgersi al coperto le attività normalmente previste per l'area forense come l'attività giudiziaria, le transazioni commerciali, gli incontri di ogni tipo, e che può ospitare la sede di uffici amministrativi. L'edificio comprende di solito un'aula rettangolare divisa da navate, di cui quella centrale risulta

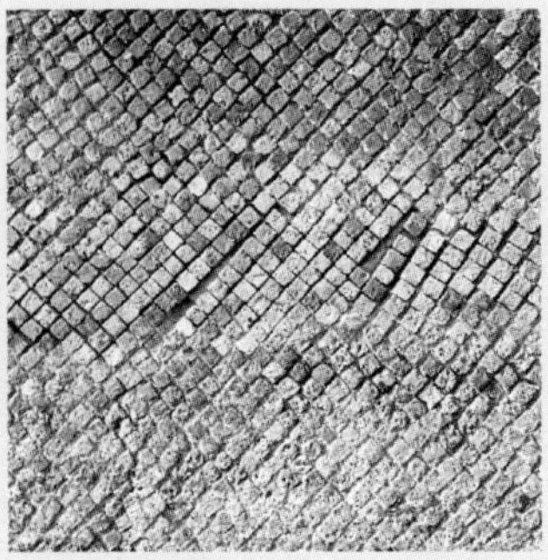

3. Muro in *opus reticulatum*

4. Tabella riassuntiva delle principali tecniche dell'edilizia romana

È nei decenni finali del III secolo a.C. che alla tecnica canonica dell'*opus quadratum*, consistente nella messa in posa di blocchi di forma parallelepipeda, si affianca una nuova tecnica edilizia basata sull'uso dell'*opus caementicium*, un conglomerato di malta e pietrisco, come nucleo interno dei paramenti murari. La nuova tecnica, che soppianterà in breve tempo l'*opus quadratum* – oramai riservato a edifici di particolare prestigio –, necessita tuttavia di un rivestimento esterno, realizzato mediante la giustapposizione di tufelli piramidali inizialmente allocati in modo irregolare (*opus incertum*), ma che progressivamente assumono una disposizione sempre più regolare (*opus quasi reticulatum*, a partire dalla fine del II secolo a.C.) per giungere infine a un vero e proprio tessuto di forma geometrica (*opus reticulatum*, a partire dagli inizi del I secolo a.C). Molti sono i vantaggi che derivano dall'uso esteso della nuova tecnica, per la messa in opera della quale si richiedono capacità tecniche e artigianali decisamente inferiori rispetto al vecchio *opus quadratum* e che possiamo ben riassumere in un sensibile abbattimento dei tempi e dei costi necessari alla realizzazione di un edificio, per il quale l'ampio impiego di manodopera servile non specializzata diviene una pratica sempre più diffusa.

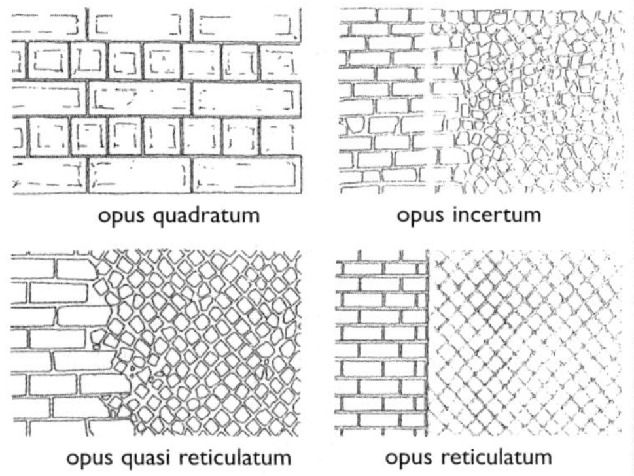

più ampia. Gli studi hanno messo in evidenza una complessa genesi del tipo edilizio che da un lato sembra riprendere i modelli delle sale ipostile dell'Egitto tolemaico – in relazione all'aggettivo *basilikè*, cioè regale – e, dall'altro lato, il tipo appare anche come la trasformazione dell'*atrium regium*, in modo da trasferire in ambito interamente pubblico quelle funzioni precedentemente svolte nell'ambito privato o, meglio, semipubblico, degli *atria* privati.

Il concetto ellenistico di *urbanitas*, vale a dire la necessità di un aspetto gradevole e decoroso dell'ambiente urbano, va di pari passo con la specializzazione degli spazi e dei monumenti in funzione delle diverse attività, generando in tal modo un profondo rinnovamento delle tipologie edilizie e delle relative tecniche costruttive. A questo proposito nella fase tardorepubblicana assistiamo alla diffusione generalizzata dell'*opus caementicium* [figure 3-4], una tecnica edilizia a basso costo e richiedente una manodopera non specializzata, non a caso costituita in buona parte da schiavi affluiti in gran quantità nel mondo italico a seguito delle conquiste orientali di Roma.

Per comprendere la portata delle trasformazioni urbanistiche e monumentali di Roma conviene prendere in considerazione almeno tre aree nevralgiche corrispondenti alla zona portuale sul Tevere, al Foro e al Campo Marzio. Fin dall'età arcaica l'area del foro Boario aveva svolto una funzione emporica anche in relazione al guado del Tevere presso l'isola Tiberina e alle merci, compreso il sale, risalenti da Ostia lungo il fiume. In quest'area si era venuto strutturando in età repubblicana il *portus Tiberinus* che aveva finora sopperito alle esigenze commerciali della città. Nei primi decenni del II secolo a.C. assistiamo a una radicale ristrutturazione di tutta l'area destinata allo stoccaggio delle derrate alimentari. Lo sviluppo demografico e l'aumento degli scambi commerciali adeguati al nuovo ruolo imperiale di Roma induce gli edili del 193 a.C. legati alla politica scipionica, M. Emilio Lepido e L. Emilio Paolo, a una complessa ristrutturazione del nuovo *Emporium* [figura 5], completata nell'arco di un ventennio, comprendente anche il grande edificio della *porticus Aemilia* o, secondo un'altra lettura, dei *navalia*. Il porto con i suoi *horrea*, i magazzini per le merci, continua anche nella zona più a sud, su un'area di circa 10 ettari, la cui immensa attività è testimoniata dall'accumulo dei contenitori ceramici che ha dato origine all'odierno monte Testaccio.

Negli stessi anni, nel 194 a.C., viene fondata la colonia di Puteoli, odierna Pozzuoli, destinata a diventare il bacino di approdo per le grandi navi onerarie provenienti dall'Oriente, in particolare quelle cariche di grano egiziano. Da qui, con navi più leggere, le merci risalivano fino al nuovo *Emporium* tiberino ove transitava in primo luogo tutto il grano necessario alle sempre più frequenti distribuzioni gratuite, le *frumentationes*, che si configurano come uno straordinario strumento di propaganda in mano ai protagonisti della vita politica di Roma.

Il Campo Marzio [figura 6] si specializza quale zona di riunioni e attività di tipo politico e, in conseguenza della sua posizione fuori dai limiti sacri del *pomerium*, quale area di manovra dei condottieri romani in armi, il cui possesso era proibito all'interno della città. Nel primo caso, oltre al regolare funzionamento dei *saepta*, vale a dire i recinti mobili ma assimilati alla struttura sacra del *templum*, necessari allo svolgimento delle votazioni popolari, l'area viene munita nel 221 a.C. del circo Flaminio che diviene luogo di riunione della plebe e di svolgimento dei *ludi plebei*, quasi un duplicato di quelli svolti al circo Massimo. Nel secondo caso, l'area diviene luogo di sperimentazione dei più arditi e innovativi progetti urbanistici legati ai *viri triumphales*: qui, infatti, prendeva avvio la processione del

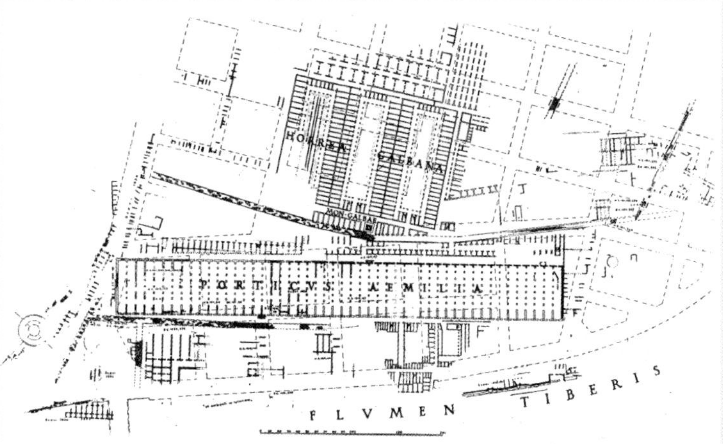

5. Area dell'*Emporium* a Roma

Il forte incremento demografico e commerciale che interessa Roma all'indomani della seconda guerra punica rende necessaria la realizzazione di un nuovo porto in sostituzione del vecchio scalo del *forum Boarium*, oramai sottodimensionato in relazione alla mole dei traffici e impedito di ulteriori ampliamenti. L'area scelta per l'edificazione del nuovo complesso portuale corrisponde all'ampia valle a sud del colle Aventino (XIII *regio*), dove a partire dal 193 a.C. per iniziativa degli edili curuli M. Emilio Lepido e L. Emilio Paolo si dà inizio ai lavori per la costruzione di un edificio colossale (487 x 60 metri) realizzato in *opus incertum* e suddiviso in 50 vani da 294 pilastri disposti su 7 file, un tempo interpretato come [porticus Aemi]lia, ora meglio spiegato come [nava]lia. All'enorme fabbricato, da intendere evidentemente come arsenale per la flotta militare, corrispondeva lungo il fiume una banchina lunga oltre 500 metri, dotata di scale, rampe e potenti piloni in travertino destinati alla fonda delle pesanti navi da trasporto. La messa a regime del nuovo scalo e l'ulteriore aumento demografico della Roma degli anni finali del II secolo a.C. determineranno in senso commerciale anche la destinazione delle aree a esso contigue, caratterizzate dalla presenza di magazzini e di grandi depositi – *horrea Sempronia, Lolliana, Seiana, Aniciana* – tra i quali si contano gli *horrea Galbana* – dal nome del console del 108 a.C. Servio Sulpicio Galba – che conosciamo dalla pianta severiana e ai quali dovevano essere annessi *ergastula* destinati al commercio degli schiavi.

6. Pianta del Campo Marzio a Roma
Pericolosamente esposta alle esondazioni del Tevere, la zona del Campo Marzio meridionale rimane fino alla fine del IV secolo a.C. un'area di secondaria importanza nell'espansione urbanistica di Roma e nella quale l'attività edilizia si limita alla realizzazione del tempio di Apollo (433 a.C.) e del tempio C dell'area di largo Argentina, unitamente alla sistemazione della vasta area a verde della *villa Publica*. Nel corso del secolo successivo a questi edifici si affiancheranno il tempio di Bellona (295 a.C.) e il tempio A di largo Argentina, tutti orientati sull'asse del tempio di Apollo, il medesimo dei *saepta*, sede dei Comizi centuriati che si trovava nell'area più settentrionale del Campo Marzio. È nel 221 a.C. che C. Flaminio Nepote, nel corso della sua attività di censore, decide la costruzione del circo Flaminio, destinato a ospitare i *concilia plebis* e orientato sulla direttrice nord-ovest/sud-est che costituirà il nuovo asse di riferimento per i molti edifici che d'ora innanzi andranno ad arricchire quest'area, dal tempio di *Hercules Musarum* (189 a.C.) al tempio di Diana (179 a.C.), dalla *porticus Metelli* al tempio di Castore e Polluce *in circo*.

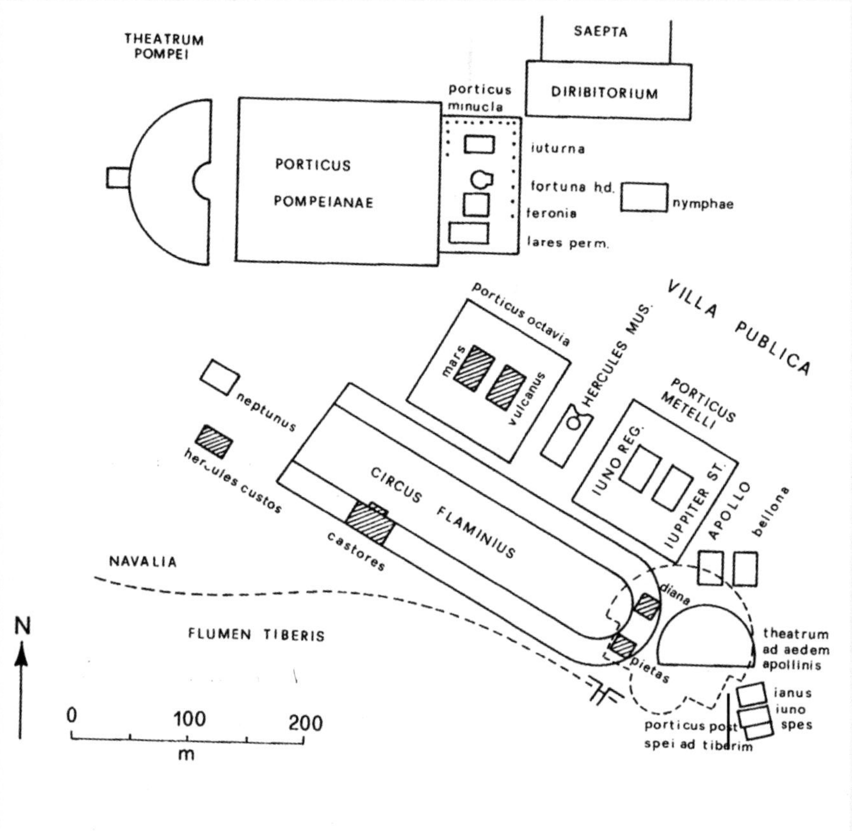

trionfo [vedi parte III capitolo 5] e qui troviamo realizzate soluzioni urbanistiche e architettoniche che, almeno a quest'epoca, non potevano trovar posto entro la città, nel quadro dello spazio tradizionale del potere senatorio di Roma rappresentato dal Foro Romano. Un osservatorio particolarmente istruttivo è costituito dal succedersi di realizzazioni monumentali nella cosiddetta area sacra di largo Argentina [figura 7] che, a partire dal III secolo a.C., è fatta segno di importanti interventi di generali vittoriosi: nel 107 a.C. viene creata la *porticus Minucia* [figura 8], che racchiude in un unico complesso i tre templi fino ad allora realizzati, e nel 101 Q. Lutazio Catulo dedica il tempio rotondo della *Fortuna huiusce diei*. Le due strutture, insieme al tempio delle Ninfe e all'*Ara Martis*, formano il complesso sacrale e politico che garantisce agli aventi diritto, una volta completate le operazioni dei censori, la distribuzione delle *frumentationes*.

Si è già richiamato il ruolo svolto dai portici nelle nuove forme dell'architettura ellenistica e un esempio particolarmente eclatante viene proprio dal Campo Marzio ove viene realizzata tra il 146 e il 143 a.C. la *porticus Metelli* [figura 9]. Dalla scarsa documentazione archeologica e da una più ampia descrizione letteraria ricaviamo la realizzazione di un'area sacra quadrangolare, ora interamente bordata da portici, secondo quella tendenza alla definizione di complessi monumentali chiusi e compatti già ricordata. Il quadriportico ingloba al centro il tempio già esistente di Giunone Regina e quello nuovo di Giove Statore, nelle cui strutture viene per la prima volta utilizzato il marmo. Tutto il complesso viene commissionato da Q. Cecilio Metello Macedonico che può avvalersi direttamente di un architetto greco, Ermodoro di Salamina. Va segnalato che nella piazza viene innalzato anche il gruppo statuario opera di Lisippo che celebrava la vittoria di Alessandro presso il fiume Granico: oltre a darci un'idea del saccheggio di opere d'arte dalla Grecia confluite nei bottini di guerra riportati dai generali, la scultura aveva il merito di esplicitare le profonde ragioni ideologiche che i trionfatori romani intravedevano nelle forme ellenistiche, vale a dire la possibilità di una *imitatio Alexandri* tanto temuta dall'aristocrazia senatoria.

L'altra area in cui possiamo registrare sostanziali mutamenti corrisponde come si è detto al Foro Romano [figura 10]. La piazza forense svolgeva funzione di memoria storica e di rappresentanza dell'intera comunità. Qui trovavano posto le sedi istituzionali e amministrative, la tomba di Romolo-Quirino, il *mundus primigenius*, le statue e le iscrizioni che celebravano gesta ed eventi memorabili, qui passava anche la via Sacra corrispondente al percorso trionfale diretto verso il colle Capitolino. Per tutta l'età repubblicana il Foro continua a ospitare anche i *ludi* gladiatori e le rappresentazioni di caccia ad animali feroci,

7. Area sacra di largo Argentina a Roma

Posta al confine tra il circo Flaminio e il Campo Marzio, l'area di largo Argentina costituisce il più importante complesso sacro della Roma di età medio e tardorepubblicana. Il tempio più antico, denominato C, è un periptero *sine postico* su alto podio, esastilo – o forse tetrastilo – sulla fronte e colonnato sulle *alae*. Verosimilmente risalente agli anni a cavallo tra il IV e il III secolo a.C., al suo interno era forse venerata la dea sabina Feronia, per la quale i calendari ricordano un antico culto *in campo*. Il secondo edificio, denominato A, è un piccolo tempio *in antis*, forse da identificare con il tempio di Giuturna o con l'*aedes Iunonis Curitis* eretta nel Campo Marzio dopo l'espugnazione di Falerii nel 241 a.C. L'edificio D, caratterizzato da una grande cella rettangolare preceduta da un ampio pronao esastilo e per il quale è riconoscibile un rifacimento ascrivibile al I secolo a.C., deve essere verosimilmente identificato con il tempio dedicato nel 179 a.C. dal censore M. Emilio Lepido ai Lari Permarini, i Cabiri di Samotracia protettori della buona navigazione. L'edificio più tardo, denominato B, è una struttura di forma rotonda su podio, identificata sulla base di una testimonianza di Varrone con il tempio dedicato nel 101 a.C. alla *Fortuna huiusce diei* da Q. Lutazio Catulo e connesso alle pubbliche distribuzioni di frumento.

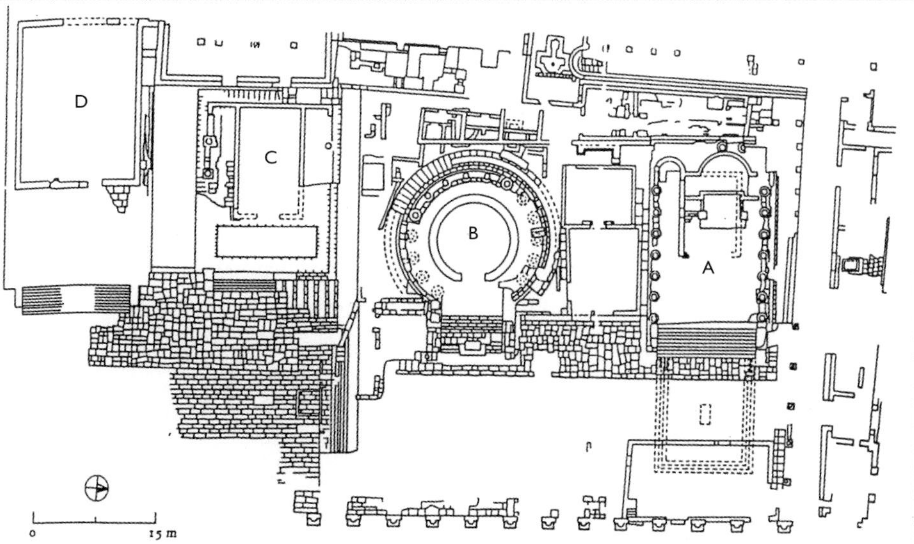

8. Area della *porticus Minucia* a Roma

Un frammento della *forma urbis* severiana ci informa che nell'area immediatamente a est del complesso sacro di largo Argentina doveva erigersi un grande quadriportico denominato *porticus Minucia* [figura 6]. Sappiamo tuttavia che a Roma le *porticus Minuciae* erano due: la *Vetus*, edificata nel 107 a.C. dal console M. Minucio Rufo, all'indomani del suo trionfo sulle popolazioni tracie degli Scordisci, e la *Frumentaria*, verosimilmente creata da Claudio – o Domiziano – come luogo per le distribuzioni pubbliche di grano. Ora, essendo l'edificio a est di largo Argentina per struttura e dimensioni ben adattabile a questo tipo di operazioni è oltremodo evidente che proprio in esso debba essere riconosciuta la *porticus Minucia Frumentaria*. Appare anche verosimile, nonostante alcuni pareri contrari, che la *Frumentaria* altro non sia se non l'ampliamento della *Vetus*, da identificare dunque nel complesso di largo Argentina e dalla quale il nuovo edificio avrebbe tratto il nome di *Minucia*, tipico della tradizione repubblicana e altrimenti incomprensibile in un monumento della piena epoca imperiale. Vale la pena di aggiungere che la ripavimentazione in tufo dell'area sacra di largo Argentina appare posteriore ai templi A, C e D ma anteriore a B, edificio che abbiamo del resto già visto connesso alle distribuzioni pubbliche di frumento.

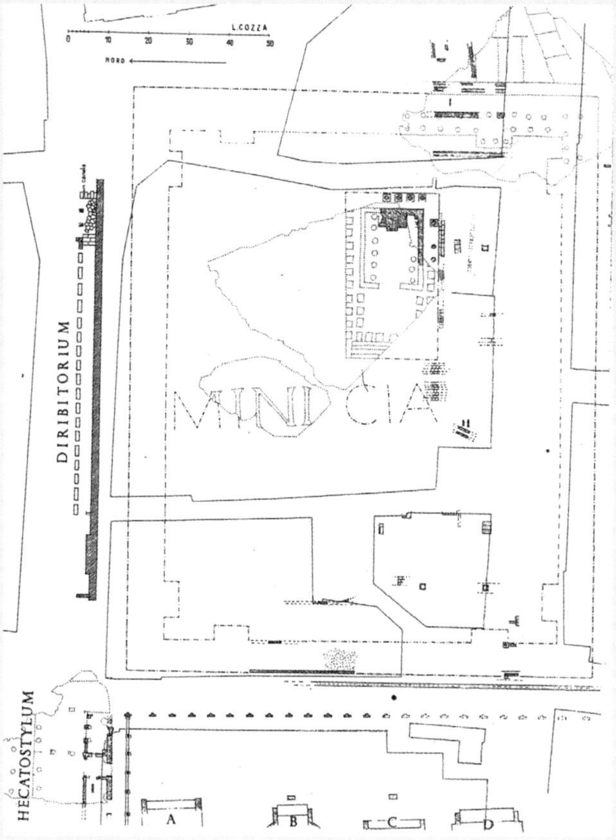

le *venationes*, svolti entro strutture provvisorie al pari delle tribune, gli *spectacula*, su cui trovavano posto gli spettatori. Ma il processo di specializzazione degli spazi e delle funzioni investe anche l'area forense: il Foro appariva circondato da *tabernae*, soprattutto *argentariae*, mentre quelle dedite alla vendita di generi alimentari, sentite come contrarie al decoro urbano, vengono dislocate in uno spazio marginale rispetto al centro della piazza. Subito dietro le *tabernae* che bordavano l'area forense trovavano posto vari *atria*, edifici che riprendevano lo schema della casa privata, con atrio centrale su cui si aprivano i diversi ambienti, e che venivano destinati a sedi di corporazioni, a uffici amministrativi, a luoghi di incontro per affari e transazioni commerciali. A partire dalla prima metà del II secolo a.C. nel Foro Romano compare un altro protagonista dell'architettura ellenistica, il tipo edilizio della basilica di cui si sono già richiamate le principali caratteristiche. È interessante rilevare che l'introduzione di questo tipo edilizio presso il complesso *Curia-Comitium* nel 184 a.C. – ma probabilmente il tipo è già noto a Plauto qualche decennio prima – si deve al censore M. Porcio Catone che spese tanta parte della sua eloquenza nel condannare la diffusione della cultura ellenistica nella società romana. Evidentemente agli occhi di un alto magistrato dello Stato romano si poteva distinguere tra modelli diversi di cultura ellenistica, taluni da accettare e altri da rigettare poiché esplicitamente riconducibili al potere personale e dinastico dei sovrani ellenistici.

Il processo è inarrestabile e i due lati lunghi del Foro, dietro le *tabernae argentariae* e nelle aree prima occupate dagli *atria*, saranno bordati subito dopo rispettivamente dalla basilica Emilia e dalla basilica Sempronia che ora chiude tutto lo spazio tra il tempio dei Castori e quello di Saturno. Entro il II secolo a.C. sorge sul lato corto del Foro un'altra basilica, la Opimia, presso il tempio della Concordia. Negli stessi anni dietro la basilica Emilia, nell'area che sarà poi occupata in età imperiale dal *forum Pacis*, sorge il nuovo mercato specializzato nei generi alimentari, il *Macellum*, che comprende il *forum Piscatorium* per il pesce e il *forum Cuppedinis* per generi di più alto livello. Il complesso *Curia-Comitium* [figura 11] e l'area circostante avevano assolto a una pluralità di rilevanti funzioni: qui si riunivano i rappresentanti delle antiche *curiae*, cioè i senatori, qui si svolgevano le attività giudiziarie, alcune delle riunioni del *populus* per votare nei *saepta*, qui trovavano posto la tribuna degli oratori e quella destinata a ospitare le delegazioni straniere, la *graecostasis*. Va rilevato che il complesso *Curia-Comitium*, al pari dei *saepta*, corrisponde in origine a un *templum*, ovvero si tratta di un'area sacra che garantisce le decisioni che in essa vengono prese. Per questo motivo il Senato può riunirsi anche all'interno di altri templi e tutte le attività che vi si svolgono sono scandite da un tempo sacro, al pari dello spazio, annunciato da un addetto che traguarda il corso del sole e ratificato nel calendario comprendente i giorni nefasti, in cui non si può svolgere alcuna attività, quelli *fasti* e quelli *comitiales* in cui è possibile riunire il popolo. Nel corso della prima guerra punica, nel 263 a.C., viene introdotto da Catania un orologio idraulico destinato a segnare il tempo: si tratta dell'inizio di un processo di trasformazione di tutto il complesso *Curia-Comitium* cui si accompagna anche l'assunzione della forma circolare tipica degli *ekklesiasteria* greci e la diversificazione delle funzioni giudiziarie in altre aree del Foro. Questa vera e propria disintegrazione del potere senatorio originariamente qui concentrato culmina nella ricostruzione della *Curia* a opera di Cesare, ora struttura annessa alla nuova piazza che celebra il potere del dittatore. Va se-

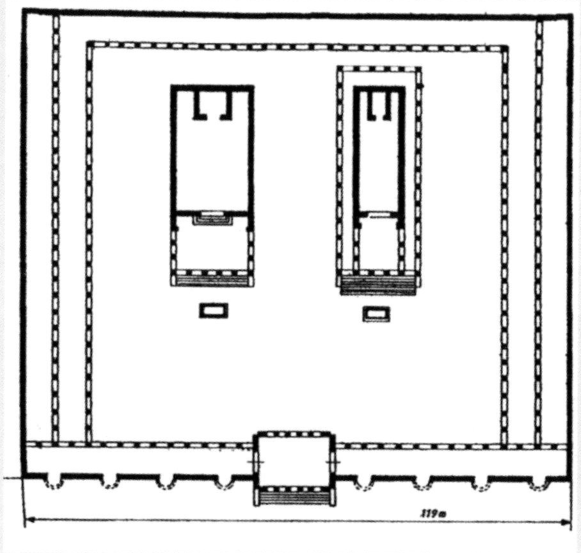

9. Area della *porticus Metelli* a Roma
Posto nell'area del circo Flaminio e iniziato a opera di Q. Cecilio Metello Macedonico nel 146 a.C. all'indomani del suo trionfo "de Macedonia et de Andrisco" (Valerio Massimo, *Facta et dicta memorabilia*, VII, V, 4), del sontuoso portico, ricordato da Velleio Patercolo (*Historiae Romanae*, II, I, 2) come uno dei più sontuosi di tutta Roma, non conosciamo molto. Inaugurato probabilmente nel 131 a.C., anno della censura di Cecilio Metello, la grande struttura porticata doveva inglobare al suo interno il tempio di Giunone Regina, dedicato nel 179 a.C. da M. Emilio Lepido. È accanto a questo che per volere dello stesso Metello viene eretto il tempio di Giove Statore, il primo edificio di Roma interamente realizzato in marmo – e verosimilmente di pianta periptera nella sua fase originaria – su progetto di un architetto greco, Ermodoro di Salamina. Negli anni compresi tra il 30 e il 23 a.C. il portico, ora dedicato alla sorella di Augusto, Ottavia, sarà oggetto di un radicale rifacimento [figura 6]: ampliato verso settentrione, a esso saranno annessi propilei monumentali, una biblioteca e la *Curia Octaviae*, un grande edificio absidato che la pianta marmorea severiana ci mostra proprio a ridosso dei podi dei due templi.

10. Foro Romano in età repubblicana

Il progressivo espandersi della potenza romana all'indomani della seconda guerra punica trova una chiara esemplificazione nell'intensa attività edilizia che caratterizza l'area del Foro a partire dal II secolo a.C. La realizzazione di ben quattro basiliche – Porcia, Fulvia Aemilia, Sempronia ed Opimia – che contribuiscono a regolarizzare i lati della piazza, unitamente al rifacimento del tempio della Concordia – restaurato da L. Opimio nel 121 a.C. – e di quello dei Castori – rinnovato nel 117 a.C. per opera di L. Cecilio Metello Dalmatico – ben sottolineano l'accresciuta centralità politica dell'area. È proprio a partire dalla metà del II secolo, d'altra parte, che il Foro diviene il luogo deputato sia allo svolgimento di una parte consistente dell'attività giudiziaria sia alle attività assembleari dei Comizi legislativi, essendo a questo scopo oramai insufficiente il *Comitium*. La ridefinizione urbanistica e topografica della piazza in età tardorepubblicana, ovvero prima dei grandi interventi di età cesariana e augustea che ne muteranno profondamente l'aspetto, trova conclusione nella realizzazione sillana del *Tabularium*, vera e propria quinta monumentale chiamata a chiudere il lato nord-occidentale, armonizzando in un *continuum* architettonicamente coerente il complesso Foro-Campidoglio.

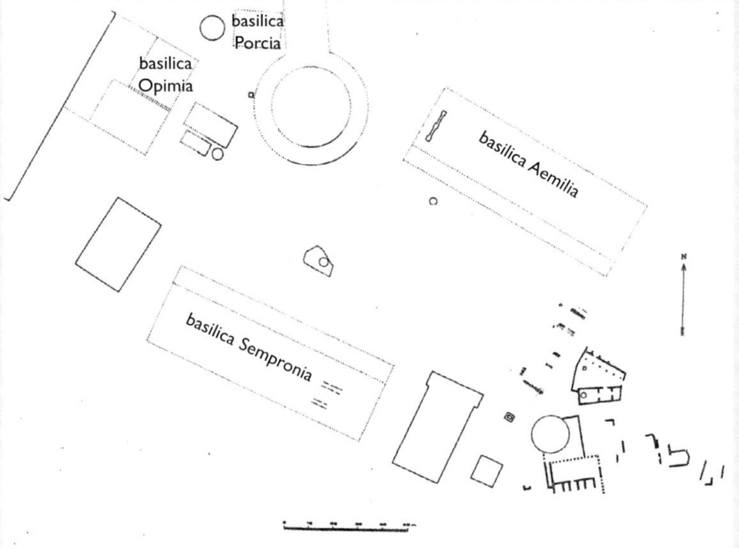

gnalato in questa prospettiva che a Roma il *populus* esprime il proprio voto sempre nella forma collettiva prevista nei vari *comitia* e nello spazio ritualizzato dei *saepta*, in altre parole a Roma il voto popolare è fortemente controllato dalle istituzioni senatorie. Al contrario, in Grecia il voto viene espresso individualmente e nello spazio, non privo di rimandi religiosi, ma assai più libero corrispondente a quello del teatro. Da questa identificazione tra teatro e assemblee popolari discende il rifiuto del potere senatorio alla realizzazione di teatri stabili in muratura, come accadde nel 154 a.C. quando Cassio Longino intendeva realizzare un *theatrum lapideum* sul Palatino per lo svolgimento dei *ludi megalenses*. Solo con Pompeo, e in netto ritardo rispetto ad altre aree del mondo italico, un teatro stabile viene realizzato nel Campo Marzio [figura 6] a ribadire l'incipiente declino del potere senatorio. Gli interventi di Pompeo e Cesare nel tessuto urbanistico possono ben riassumere l'evoluzione delle forme ellenistiche a Roma. Possiamo dire che tanto più declinano l'influenza e il controllo del potere senatorio tanto più aumenta la scala degli interventi urbanistici da parte dei *novi homines* che basano il loro potere sugli eserciti e sulla ricchezza dei bottini di guerra. Nel corso del I secolo a.C. già Silla aveva elaborato una serie di interventi, concepiti però nell'ottica di una restaurazione senatoria: il restauro del venerando tempio di Giove Capitolino, ora abbellito anche dalle colonne sottratte dall'*Olympieion* di Atene, va collocato in quella prospettiva. Nel 78 a.C. il console Q. Lutazio Catulo regolarizza le pendici del colle Capitolino verso l'area forense mediante la quinta scenografica del *Tabularium* [figure 12-13]. Tutto ciò non è comunque paragonabile a quanto progettato da Pompeo, ancora una volta nell'area del Campo Marzio [figure 14-15]. Si tratta apparentemente della ripresa di un modello ben noto nell'architettura romana, quello della *porticus post scaenam*, vale a dire un portico posto dietro la scena di un edificio teatrale per offrire riparo agli spettatori. In realtà già le dimensioni del quadriportico (180 x 135 metri), tradiscono ben altri intenti chiaramente esplicitati dall'aggiunta di un gigantesco teatro e di una *Curia* rispettivamente sui due lati corti del quadriportico. Si è già detto della novità e del significato che assumeva a Roma l'edificio teatrale che, stando alle fonti, viene giustificato da Pompeo quale struttura di sostegno per un tempietto dedicato a Venere posto sulla sommità della cavea. In questo modo il modello teatro-tempio, già sperimentato nel mondo italico sulla scorta delle architetture scenografiche ellenistiche di ascendenza pergamena, fa il suo ingresso a Roma segnalando a un tempo la speciale relazione che inter-

11. Complesso *Curia-Comitium* a Roma

Luogo fondamentalmente deputato ad assolvere alle funzioni assembleari dei *Comitia curiata*, il *Comitium* viene mano a mano arricchendosi di ulteriori valenze di natura politica. Sede del Senato, come dimostrano le strette connessioni intercorrenti con la *Curia Hostilia*, sede di magistrature (*tribunalia*) e finanche luogo destinato ad accogliere le delegazioni straniere (*Graecostasis*), la sua fase più antica è riconducibile agli anni finali del VII secolo a.C., in coincidenza cronologica con la pavimentazione del Foro e della *Regia*. Più volte oggetto di importanti interventi di rifacimento – intorno al 570 a.C. in conseguenza di un grave incendio, alla fine del VI secolo a.C. quando viene realizzata la tribuna per gli oratori (*Rostra*), nella seconda metà del IV a.C. con la costruzione dell'altare del *Lapis Niger* e l'ulteriore ampliamento dei *Rostra* –, il *Comitium* viene radicalmente riedificato nella prima metà del III secolo a.C., verosimilmente in concomitanza ai fatti della prima guerra punica. È in questa fase che l'edificio assume una forma circolare con gradinata interna, una tipologia chiaramente derivante da quella degli *ekklesiasteria* greci e che si manterrà inalterata fino alla fine del periodo repubblicano, diventando prototipica per molti comizi di ambiente coloniale – Cosa, Paestum, Alba Fucens, Fregellae. Nuovamente restaurato da Silla intorno all'80 a.C., il *Comitium* cesserà di esistere in conseguenza dei grandi rifacimenti cesariani dell'area, allorquando la *Curia Hostilia* sarà trasformata in un tempio dedicato a *Felicitas*, sostituita nelle sue funzioni dalla nuova *Curia Iulia*.

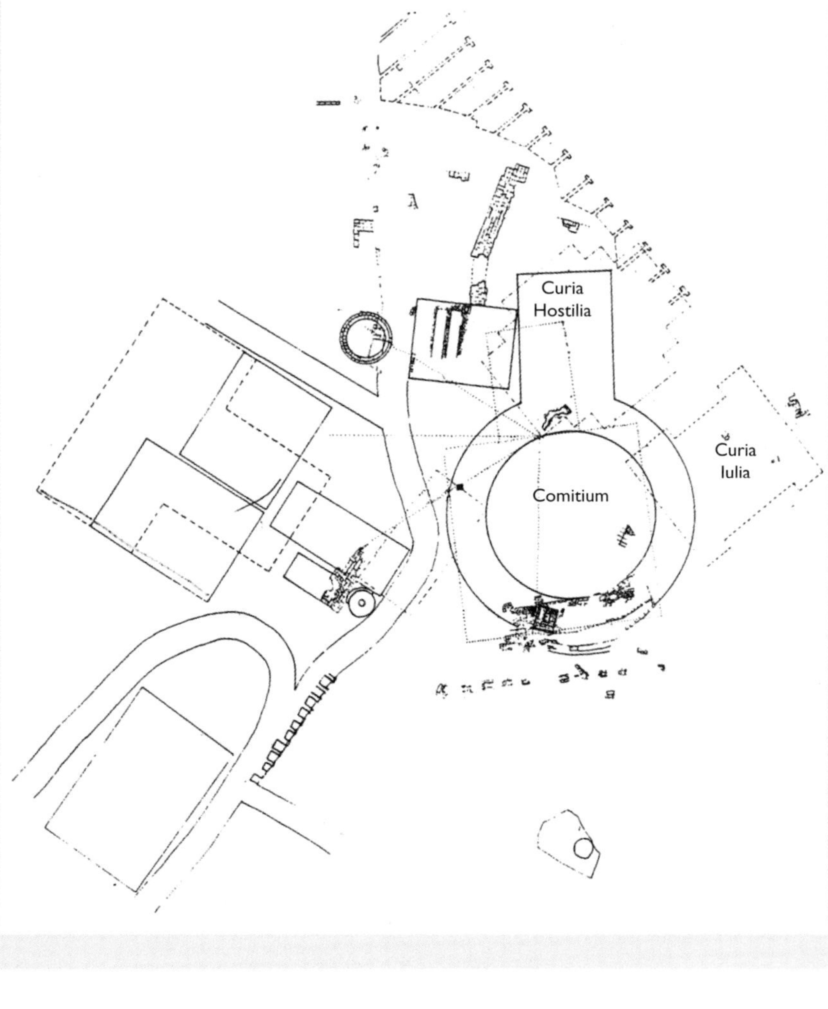

corre tra una divinità e un condottiero quale Pompeo, un elemento destinato a grande fortuna che sottolinea una volta di più il potere personale e che troverà ampio spazio nella costruzione del culto imperiale. Sul lato opposto del quadriportico rispetto al teatro viene realizzata una nuova *Curia* per permettere ai senatori di prendere contatto anche con quei generali, muniti di *imperium*, che non potevano attraversare il confine sacro del *pomerium*. La statua di Pompeo posta nell'edificio segnala con tutta evidenza il condizionamento cui ora è sottoposto il senato stesso a tutto vantaggio dei *viri triumphales*. Ma non è tutto. La grande passeggiata a giardini lungo il quadriportico era ritmata da esedre e dalla sfilata di numerosi gruppi statuari che alludevano alle qualità eroiche dello stesso Pompeo. La complessità di tutte queste realizzazioni, note come *opera Pompeiana*, si coglie anche da altri punti di vista. In primo luogo viene confermata quella tendenza a progettare complessi unitari, chiusi e compatti che veicolano a vario livello i messaggi propagandistici del committente. Alla lotta politica trascorsa e segnata dalla dedica di singole statue ed edifici, si contrappone ora un progetto ampio e unitario diretto a ridisegnare un intero settore del tessuto urbanistico di Roma. Inoltre il progetto pompeiano si inserisce anche nel quadro della diffusione di quegli *horti*, cioè la villa suburbana – poi divenuta urbana – con parco annesso, iniziata alla fine del II secolo a.C. e che costituisce una delle massime espressioni

12. Pianta del *Tabularium* a Roma
13. Ricostruzione della facciata

Concepito allo scopo di regolarizzare l'area mediana del colle Capitolino corrispondente alla valle dell'*Asylum* e di costituire una vera e propria quinta scenica al lato nord-occidentale del Foro, il *Tabularium* rappresenta probabilmente la più impegnativa opera architettonica della Roma di età tardorepubblicana. Di pianta trapezoidale e destinato a ospitare gli archivi di Stato, il complesso era costituito da un'imponente *substructio* in opera quadrata di pietra gabina con nucleo in tufo, sormontata da una grande galleria a volta. A monte di questa, aperta verso il Foro mediante arcate a tutto sesto inquadrate da semicolonne doriche con basi e capitelli in travertino e sormontate da un fregio dorico a metope e triglifi oggi scomparso, si aprivano ampie stanze con volta a padiglione. Poco resta del piano superiore, il vero e proprio *Tabularium*, caratterizzato verosimilmente da una facciata monumentale verso il lato del colle e aperto verso il Foro con un grande portico colonnato di ordine corinzio sovrastante la galleria, del quale sono stati rinvenuti numerosi resti relativi a un restauro di età domizianea successivo all'incendio dell'80 d.C. e dunque non pertinenti alla fase originaria dell'edificio.

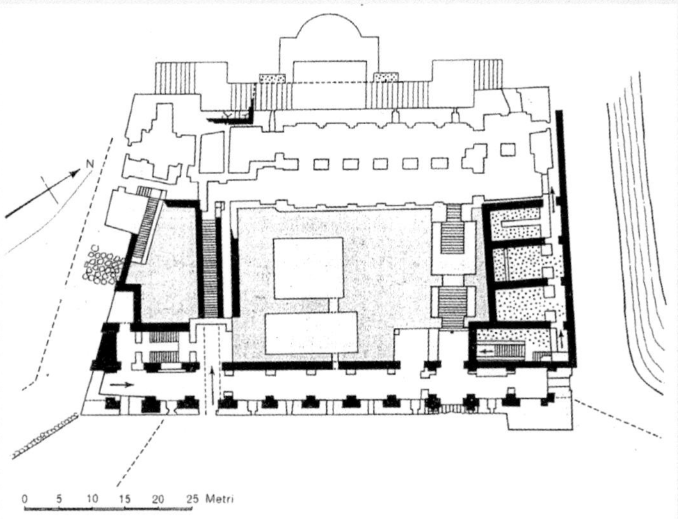

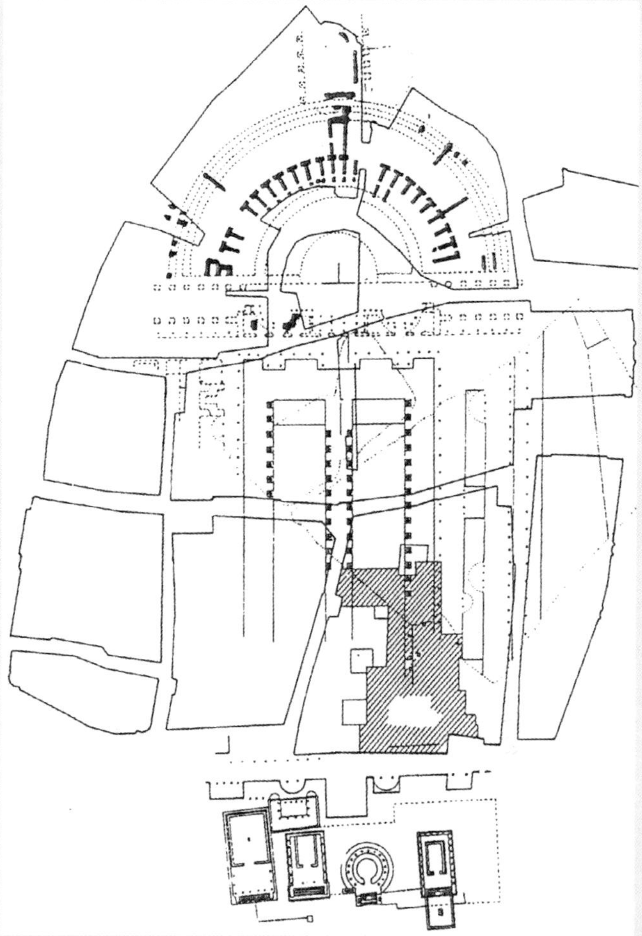

14. Teatro e portici di Pompeo in Campo Marzio a Roma
15. Statua di Pompeo, Galleria Spada, Roma
Iniziato verosimilmente nel 61 a.C. dopo il suo triplice trionfo e inaugurato nel 55 o nel 52, quello realizzato da Pompeo è il primo teatro stabile di Roma. Dotato di un *templum in summa cavea* dedicato a Venere Vincitrice, *escamotage* questo che permette a Pompeo di aggirare i divieti censori che impedivano di costruire a Roma edifici da spettacolo in muratura – l'edificio, i cui resti sono inglobati nelle fondazioni dei caseggiati di piazza di Grotta Pinta, aveva un diametro di oltre 150 metri e poggiava su poderose sostruzioni in opera reticolata che costituiscono uno dei primi esempi dell'uso di questa tecnica edilizia. Analogamente monumentale doveva presentarsi la *frons scaenae* che sappiamo dalle fonti essere riccamente ornata e all'interno della quale erano collocate statue delle Muse e di Apollo. Alle spalle della scena si apriva un portico di dimensioni eccezionali (180 x 135 metri), terminante sul lato opposto al teatro con un'esedra rettangolare utilizzata come Curia per le riunioni del senato e ornata con una statua dello stesso Pompeo, che alcuni hanno voluto riconoscere in una, colossale, conservata a palazzo Spada. Il grande portico, abbellito al centro con giardini, boschetti di platani e teorie di fontanelle, era anch'esso arricchito da statue di artisti greci a soggetto prevalentemente teatrale.

dell'*Asiatica luxuria* [figura 16]. I modelli di riferimento si possono cogliere nelle capitali ellenistiche, a partire da Alessandria con i suoi *basileia*, ovvero una reggia caratterizzata da una successione di aree destinate a parco anche con animali esotici e di padiglioni con diverse funzioni, simbolo di una vita sfarzosa pari a quella degli dèi. Questi apprestamenti andranno per così dire ad assediare lo spazio urbano di Roma fino a penetrare nel cuore del tessuto urbano come avverrà con la *Domus Aurea* neroniana. Gli interventi di Cesare nel tessuto urbano di Roma, stando alle fonti letterarie, sarebbero dovuti risultare ancor più ampi e coerenti rispetto a quanto effettivamente il dittatore riuscì a realizzare. In ogni caso le iniziative di Cesare si pongono in diretta competizione rispetto alle realizzazioni di Pompeo riuscendo per così dire a duplicare il complesso pompeiano ma inserendolo questa volta nel pieno tessuto istituzionale dell'antico Foro Romano. Infatti il nuovo *fo-*

rum Iulium [figura 17] inaugurato nel 46 a.C. comprende una piazza, circondata da portici e *tabernae*, che si affianca all'antica area forense: non più, dunque, un intervento fuori dal *pomerium*, come nel caso delle *opera Pompeiana*, ma al centro stesso dello spazio della memoria culturale della Roma repubblicana. La piazza cesariana intende porsi come il nuovo centro politico attraendo significativamente anche la *Curia*, ora ricostruita significativamente col nome di *Iulia* e inserita lungo uno dei lati della piazza. Sul fondo della piazza, e non più al centro, sorge il tempio di Venere Genitrice interpretata come progenitrice della *gens Iulia*. La collocazione sul fondo, che costituirà un modello per i successivi fori imperiali, permette un più articolato percorso celebrativo entro la piazza che culmina con la

16. Planimetria generale dell'Esquilino a Roma con indicazione degli *horti*

Proiezione cittadina del lussuoso mondo che a partire dall'età della tarda repubblica caratterizza la vita sfarzosa dei litorali laziali e campani, ma la cui origine deve essere probabilmente ricercata nel modello del *paradeisos* di matrice orientale, la presenza di grandiosi *horti* diviene un elemento ricorrente nel tessuto urbano di Roma antica, acquisendo progressivamente articolazioni topografiche e architettoniche sempre più complesse. Già proverbiali in antico per la loro imponenza e ricchezza (Plutarco, *Vite parallele, Cimone* e *Lucullo*, XXXIX, 2) erano quelli appartenenti a Lucullo, la cui area – per un'estensione di circa 25 ettari – andava ad occupare l'intero versante occidentale del colle del Pincio. Recenti scavi effettuati nei terreni di villa Medici e del convento di Trinità dei Monti hanno permesso di ricostruire – per quanto in senso ancora parziale – un capillare sistema idrico costituito da cisterne, pozzi e cunicoli, la cui fase originaria di età tardorepubblicana vede un notevole incremento in epoca augustea, quando proprietario degli *horti* è Valerio Messala Corvino. Questo complesso meccanismo di approvvigionamento delle acque, ulteriormente potenziato in età imperiale – forse per mano di Valerio Asiatico prima che i giardini luculliani diventino nel 52 d.C. proprietà del demanio imperiale –, era evidentemente funzionale al sistema di ninfei, fontane, serre esotiche, vasche che sappiamo dalle fonti dover arricchire gli *horti*; tra questi un grande complesso architettonico conosciuto solo grazie ad alcune piante del Cinquecento e costituito da un giardino-teatro con annesso portico che faceva da cornice ad un edificio circolare, forse da riconoscere in un tempio dedicato alla Fortuna.

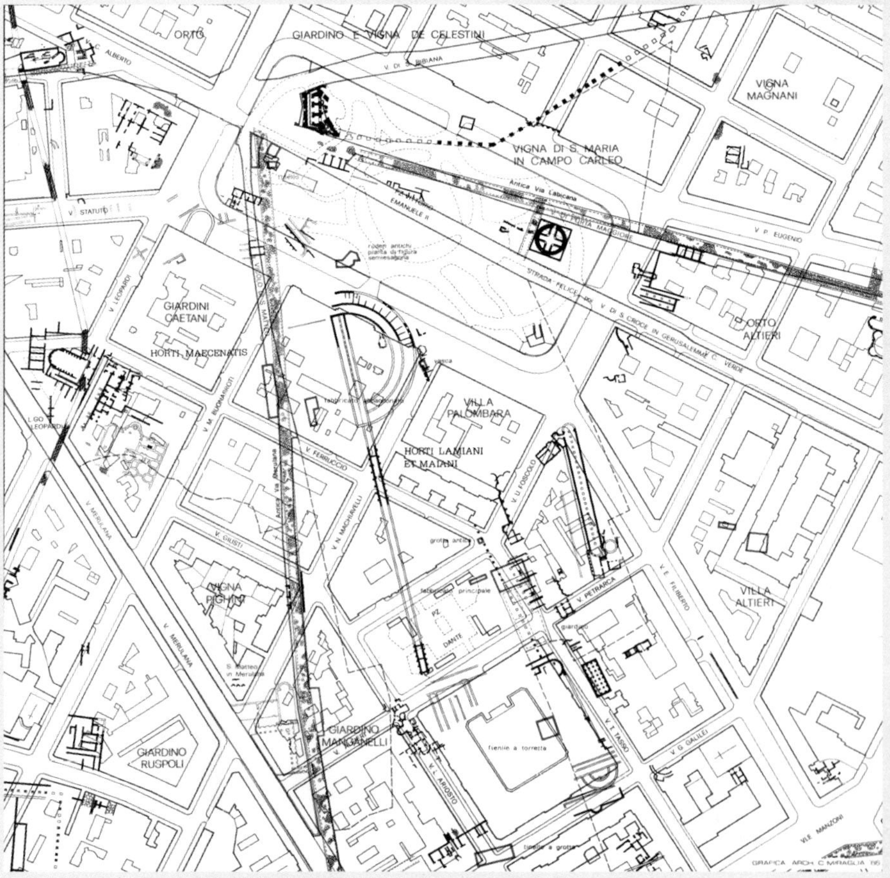

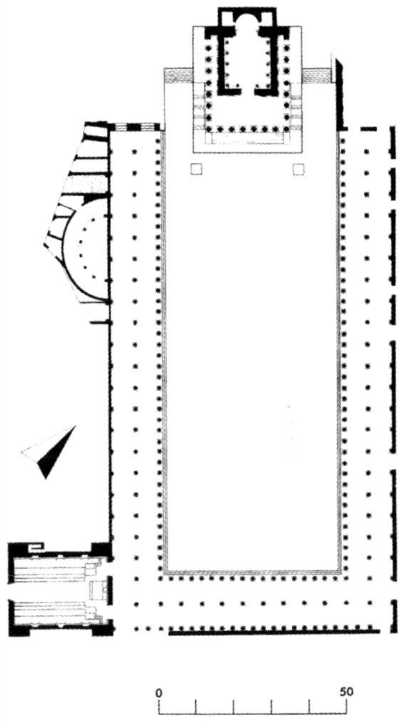

17. *Forum Iulium* a Roma

Realizzato nell'area prospiciente il *clivus Argentarius* e incidendo parzialmente le pendici orientali del colle Capitolino, il monumento viene inaugurato dal dittatore in occasione del grande trionfo del 46 a.C. Il nuovo complesso forense, che trova definitivo completamento solo in epoca augustea, consta di una grande piazza quadrangolare (75 x 160 metri) colonnata su tre lati, delimitata da un alto muro perimetrale in blocchi di peperino e ingresso rivolto a sud-est, in corrispondenza dell'*Argiletum*. Sul lato opposto della piazza, al centro della quale sappiamo da Stazio doveva ergersi la statua equestre del dittatore, trova posto il tempio di Venere, la mitica progenitrice della *gens Iulia*, alla quale Cesare aveva fatto voto di dedicare l'edificio prima della battaglia di Farsalo. Al tempio, periptero *sine postico* corinzio su alto podio, si accedeva tramite due scalette laterali che conducevano alla cella di forma absidata. All'interno di questa, oltre alla statua di culto di Venere opera dello scultore neoattico Arkesilas, trovavano posto varie opere d'arte, tra le quali quadri di Timomaco, collezioni di gemme e statue bronzee. Una serie di botteghe a pianta irregolare, disposte su tre piani e caratterizzate da piattabande, archi e coperture lignee, completava il monumento alle spalle del portico, nello spazio di risulta tra il foro e il *clivus Argentarius*. Sappiamo dai Fasti Ostiensi che il foro di Cesare sarà oggetto di un grande restauro di età traianea – forse iniziato già da Domiziano – che, oltre a ridefinire le ornamentazioni marmoree dell'intero complesso, amplierà la piazza verso ovest con la realizzazione di un grande portico a pilastri, la *basilica Argentaria*. Un nuovo intervento si renderà necessario in età dioclezianea dopo l'incendio del 284 d.C.

facciata del tempio da dove, nel 44 a.C., lo stesso Cesare riceve il Senato seduto nel pronao, eloquente immagine della fine della Repubblica. L'intreccio tra mito troiano, le vicende della *gens Iulia* e i destini di Roma è ormai operante e troverà ampio spazio nell'età augustea. Nel frattempo gli Emili restaurano in accordo col dittatore l'antica basilica che portava il loro nome mentre appaltano sull'altro lato del Foro la nuova basilica Giulia che sostituisce l'antica Sempronia. Si è già detto della *Curia*, ridotta ad appendice del *forum Iulium*, mentre il *Comitium* viene drasticamente ridimensionato. L'area del Foro Romano si avvia a diventare una quinta scenografica priva di un reale significato politico se non quello relativo alla celebrazione della casata imperiale.

5. Arte e lotte politiche fra tarda repubblica e impero

Testo di
Mauro Menichetti
Schede di
Lucio Fiorini

Tutto comincia nei decenni di passaggio tra III e II secolo a.C., dopo la fine della seconda guerra punica, quando si creano le condizioni per un radicale e profondo rivolgimento delle strutture sociali e politiche di Roma destinato a concludersi nella soluzione del principato augusteo. In queste rapide e spesso violente trasformazioni un ruolo preminente viene svolto da un nuovo processo di rapida ellenizzazione che coinvolge la società romana e le diverse aree e tradizioni culturali che compongono il variegato mondo ellenistico formatosi sotto i successori di Alessandro Magno. Questa nuova fase di ellenizzazione presenta una forza così dirompente per quantità e qualità tanto da aver oscurato per lungo tempo nella storia degli studi i precedenti processi di ellenizzazione e, in questa fase, si è creduto addirittura di riconoscere l'atto di nascita della stessa arte romana. Nella lunga storia dei rapporti tra mondo greco e italico è importante capire, di volta in volta, da un lato quali elementi della cultura greca entrino in gioco e, dall'altro lato, quali settori del mondo romano e italico risultino interessati ad attivare tale rapporto. È bene dire subito che nella Roma tardorepubblicana la partita si gioca non tra chi accetta i modelli politici e culturali del mondo greco e chi li rifiuta, quanto invece tra visioni diverse del mondo greco che vediamo agire in campo politico, filosofico, letterario e in quello relativo alle arti figurative.

Per quanto qui interessa va segnalato che negli ultimi due secoli della repubblica cambiano totalmente le condizioni della produzione artigianale e artistica per quel che concerne la committenza, il ruolo della manodopera e

1. Mosaico di Alessandro e Dario da Pompei, Napoli, Museo Archeologico Nazionale

Sistemato alla fine del II secolo a.C. all'interno della grande esedra-*oecus* della casa del Fauno di Pompei, il celebre mosaico rappresentava la battaglia di Isso del 333 a.C., copia di un originale di Philoxenos di Eretria, autore, secondo Plinio, di un quadro raffigurante un *Alexandri proelium cum Dario* eseguito intorno alla fine del IV secolo a.C. per Cassandro, generale e diadoco macedone. Il mosaico, prodotto di maestranze alessandrine, nella tecnica dell'*opus vermiculatum*, mostra Alessandro e l'esercito attaccare l'armata persiana, mentre al centro l'auriga cerca di portare in salvo Dario III che, incredulo, sollecita ancora i persiani in rotta. La diffusione di scene di battaglia, già testimoniate in età classica, gode di un particolare successo a partire dalla seconda metà del IV secolo a.C., in relazione alle imprese di Alessandro e dei suoi generali: è stata sottolineata la valenza eroicizzante delle figurazioni del dinasta a cavallo in combattimento e il carattere "personalizzato" di queste rappresentazioni che presuppongono una visione della storia come opera di pochi. È a questa concezione che si richiamano, tra la fine del III e il II secolo a.C., i *novi homines* della politica romana, forti del ruolo da essi rivestito grazie al controllo degli eserciti e alla gestione di ingenti ricchezze, un potere che si traduce ideologicamente nell'*imitatio Alexandri* e nel costante richiamo ai modelli di autorappresentazione dei dinasti ellenistici.

2. Mosaico nilotico da Praeneste, Museo Archeologico Nazionale

Il grande mosaico policromo decorava il pavimento dell'abside dell'Iseo prospiciente sul foro, copia degli ultimi decenni del II secolo a.C. di un originale dell'età di Tolomeo Filadelfo. Rappresenta, nel suo insieme, una sorta di grande carta prospettica dell'Egitto al momento della piena del Nilo, mostrato nel suo percorso dai confini con l'Etiopia fino alla sua foce nel Mediterraneo. Il nucleo compositivo più rilevante è da identificare al centro in basso dove ad Alessandria, presso il palazzo dei Tolomei, si svolge una scena in cui si è voluto identificare il banchetto e la *pompé* indetta da Tolomeo Filadelfo in occasione dell'istituzione dei *Ptolemaia,* i giochi penteterici fondati nel 280-279 a.C. Sulla destra, sono mostrati i porti, militare e commerciale, e di fronte alla reggia probabilmente l'isola di Faro. A sinistra è una festa sull'acqua, sotto una pergola, forse le cerimonie orgiastiche di Canopo. Al di sopra di una scena di caccia all'ippopotamo, è raffigurato un tempio, preceduto da due obelischi e da un pozzo, complesso in cui si è voluto identificare il nilometro di Elefantina, e ancora altre due città dalle cinte merlate. Un paesaggio roccioso caratterizza l'Alto Egitto, ai confini con l'Etiopia dove alcuni cacciatori etiopi incalzano fiere reali e fantastiche, i cui nomi sono indicati in greco, un vero e proprio bestiario ispirato a modelli alessandrini. D'altronde tutta la composizione è attribuibile all'opera di artisti alessandrini, gli stessi ricordati dalle fonti attivi in Italia già dal II secolo a.C., tra i quali Demetrio "il Topografo" (cioè pittore di paesaggi) che, stabilitosi a Roma già nel 165 a.C., è ricordato ospite del re d'Egitto Tolomeo VI, esule in Italia.

delle officine, la circolazione e le occasioni di uso ed esposizione della stessa produzione artigianale e artistica. È necessario dunque tracciare un quadro seppur sintetico di queste nuove condizioni. Nel 212 a.C. M. Claudio Marcello conquista Siracusa e di lì a poco, nel 209, la stessa sorte viene riservata a Taranto a opera di Fabio Massimo. In entrambi i casi affluisce a Roma un'ingente quantità di opere d'arte come bottino di guerra: il colossale Eracle di Lisippo, di provenienza tarantina, viene dedicato sul Campidoglio da Fabio Massimo insieme a una sua statua equestre (Plutarco, *Vite parallele, Pericle e Fabio Massimo*, XXII, 8). Pochi anni dopo, nel 196 a.C., T. Quinzio Flaminino proclama la libertà delle città greche assumendo le vesti di un sovrano ellenistico mentre una sua statua con iscrizione greca viene innalzata a Roma, lungo la via trionfale, presso il circo Massimo. Ma le fonti antiche (Tito Livio, *Annales*, XXII, 9-10, XXXIX, 6, 7-9; Plinio il Vecchio, *Naturalis Historia,* XXXIII, 148; XXXIV, 14) sono ancora più precise indicando nel 186 a.C. l'avvento dell'*Asiatica luxuria* a seguito dei trionfi di Scipione Asiageno su Antioco III a Magnesia nel 189 a.C. e di Cn. Manlio Vulsone sui Galati d'Asia nel 186 a.C. Non solo opere d'arte ma anche artisti greci cominciano ad arrivare direttamente a Roma al seguito di questi generali vittoriosi, come avviene anche da parte di M. Fulvio Nobiliare che organizza dei *ludi* ancora nel 186 a.C. chiamando a Roma artisti greci (Tito Livio, *Annales*, XXXVIII, 22, 1-2). Negli stessi anni Scipione Africano introduce il modello della villa suburbana [vedi parte III

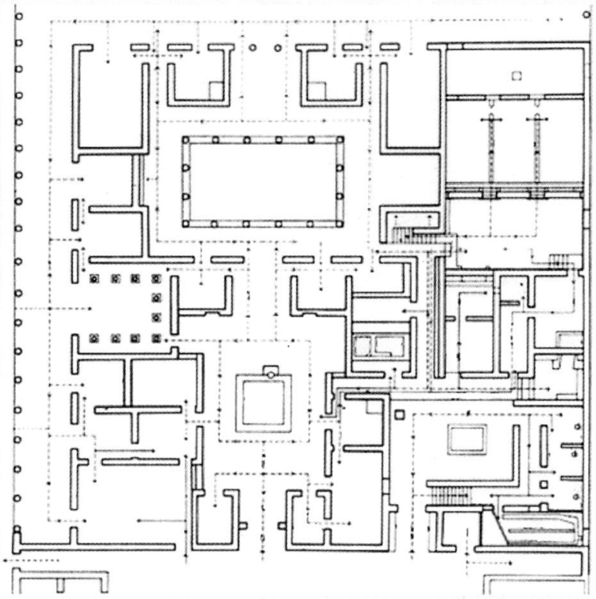

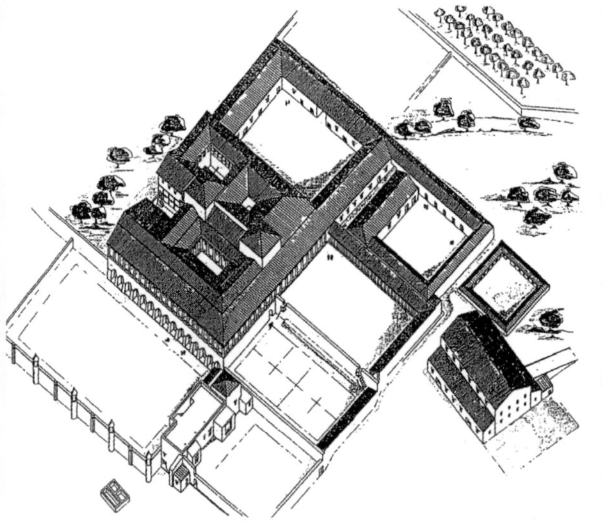

3. Particolare della pianta della villa romana di Settefinestre
4. Ricostruzione
Uno degli esempi più conosciuti di *villa perfecta* su modello varroniano è rappresentato dalla villa di Settefinestre, fatta costruire dal ricco proprietario terriero Lucio Sestio poco dopo la metà del I secolo a.C. Il complesso, situato non lontano dalla colonia latina di Cosa, si articola in un poderoso corpo centrale a pianta quadrata, racchiuso entro mura turrite e comprendente portici, loggiati, giardini; era, inoltre, circondato da altri edifici, adibiti all'aspetto produttivo della villa e inseriti in un paesaggio di campi coltivati (il *fundus*), di pascoli (*pastio agrestis* e *villatica*) e di bosco. L'impianto razionale dell'organizzazione, di tradizione ellenistico-romana, prevedeva la suddivisione, all'interno del corpo centrale, in una *pars urbana* e in una *pars rustica*. Il primo settore si articolava in due distinti quartieri, l'uno incentrato attorno a un alto atrio tuscanico e comprendente le stanze per gli ospiti, per il fattore e per il custode, l'altro occupato dagli ambienti padronali lussuosamente affrescati in II stile, circostanti a un peristilio. Nella *pars rustica* si concentravano gli impianti più specializzati di tutta l'azienda, tra cui la mola per frangere le olive e tre grandi torchi per la spremitura dell'uva, il cui vino, commercializzato, costituiva una delle maggiori entrate della villa. La totale riconversione della produzione, in età traianea, basata su differenti modalità di sfruttamento delle risorse (che sono ora schiavi, maiali, pollame e selvaggina), portò, probabilmente insieme con nuovi proprietari, anche a una riorganizzazione dell'intero complesso principale tramite l'eliminazione di ogni attività produttiva e l'aggiunta al suo esterno, occupando una parte dei giardini, di uno *xystus* e di un grande impianto termale. Alla "villa varroniana" si sostituisce la "villa pliniana", oramai sempre più indirizzata verso forme di autosostentamento.

capitolo 3] e si fa apprestare un sepolcro individuale con un sontuoso prospetto architettonico. In questi eventi e comportamenti riusciamo a cogliere tutte le premesse di quanto sarebbe accaduto nei decenni a seguire: l'emergere di singole personalità, a scapito della *nobilitas* senatoria e del ceto equestre, che agiscono sulla scena politica secondo i dettami dei dinasti ellenistici; il ruolo sempre più importante giocato dal controllo degli eserciti; la possibilità di accumulare in tempi rapidi ingenti ricchezze, soprattutto grazie ai bottini di guerra e alle nuove possibilità commerciali in Oriente, che modifica in profondità il ruolo pubblico e privato dei *novi homines*; l'accumulo di ricchezza che rende possibile la nascita di grandi latifondi e di concentrazioni di imprese manifatturiere che necessitano di un mercato su scala enormemente più ampia rispetto alle fasi precedenti.

Arte e lotte politiche tra tarda repubblica e impero 5

L'impatto dell'*Asiatica luxuria* ha conseguenze ampie e profonde e può essere letto come il tentativo di introdurre la scenografia del potere ellenistico nel quadro della società romana e italica. Tale processo ovviamente non procede in modo lineare ma attraverso accelerazioni e rallentamenti, spinte e adeguamenti, forza le tradizionali strutture sociali e politiche del mondo romano creando le condizioni per l'emergere di condottieri e uomini politici che ora sottolineano a ogni livello il loro potere personale sulla scia di una diffusa *imitatio Alexandri* [figura 1].

Il termine *luxuria* indica propriamente il lusso, l'abbondanza di ricchezza e materiali preziosi che i romani avevano sperimentato presso le corti ellenistiche e che trova riscontro nella celebre descrizione della processione di Tolomeo Filadelfo da parte di Ateneo (*Deipnosofisti*, V, 197-203b). Questo aspetto diviene il comune denominatore di tanta parte dello stile di vita dei *novi homines* di epoca tardorepubblicana: il lusso e la ricchezza divengono espressione di potere in quanto simbolo di uno stile di vita simile a quello degli dèi. Una sorta di traduzione iconografica di questa idea ci è fornita dal celebre mosaico con scene di vita lungo il Nilo proveniente da Palestrina, l'antica Praeneste [figura 2], in cui i molteplici aspetti della ricchezza dell'Egitto vengono a costituire le premesse del potere e della sovranità della dinastia dei Tolemei. Gli effetti della *luxuria* non mancano di modificare in profondità la struttura economica dell'Italia romana le cui conseguenze emergono anche in relazione alla produzione artigianale e artistica.

Nel periodo compreso tra II secolo a.C. e II secolo d.C. il mondo romano appare caratterizzato da quello che è stato chiamato il modo di produzione schiavistico. L'accumulo rapido di ricchezza e l'ingente disponibilità di schiavi affluita in Italia a seguito delle conquiste orientali modificano in profondità i rapporti di produzione economica anche per quanto concerne l'ottica artistico-artigianale che qui più interessa. In realtà l'epicentro di questo sistema è limitato a un'area piuttosto ristretta, tra l'antica Etruria settentrionale, il Lazio e la Campania, che però funge da nucleo trainante rispetto a vasti territori che continuano a funzionare per lo più secondo i modi tradizionali. Il sistema delle ville [figure 3-4] costituisce un riassunto esemplare di queste nuove tendenze che si affermano sul piano economico (la *pars rustica* della villa) ma con riflessi anche sul nuovo valore dell'*otium* (la *pars urbana*) [vedi parte III capitolo 6].

Queste ville, inserite in vasti latifondi, si specializzano in produzioni, in particolare vino e olio, destinate specialmente ai mercati dell'Oriente, della Gallia, della Spagna e anche dell'Africa. Tutto ciò determina lo sviluppo di produzioni agricole ma anche di vasi, di contenitori, di strumenti in quantità massiccia che si incontra con analoghe richieste provenienti dai centri urbani sempre più densamente popolati. Le produzioni artigianali di massa e standardizzate rappresentano una delle grandi novità di questo periodo rese possibili dalla facile disponibilità di manodopera schiavile. Tale processo richiede una più alta concentrazione di uomini e mezzi e una decisa semplificazione dei processi lavorativi ora affidati a una manodopera pressoché priva di specializzazione. Le grandi produzioni di ceramica campana A e B [figura 5], che prendono avvio entro la prima metà del II secolo a.C., o di ceramica rossa aretina, a partire dalla metà circa del I secolo a.C., il passaggio dalle anfore greco-italiche alla Dressel I [figura 6] verso la metà del II secolo a.C., la diffusione della tecnica costruttiva dell'*opus caementicium* dal II secolo a.C., sono tutti elementi di un orizzonte comune entro il quadro sopra descritto. La forza di un tale modello giunge a condizionare anche produzioni di più alto livello, come nel caso di statue e ritratti, la cui richiesta di copie, per adornare soprattutto i nuovi spazi dell'*otium*, si muove anch'essa nell'ambito di una produzione di serie [figura 7].

La Roma della tarda repubblica conferma co-

5. Forme della ceramica campana A e B

L'accresciuta disponibilità di manodopera servile, a partire dalla fine del III secolo a.C., è direttamente collegata alla diffusione di produzioni artigianali in cui, nonostante il più alto uso di uomini e mezzi, è constatabile una semplificazione dei processi produttivi. È emblematico il successo della ceramica campana A, evoluzione della produzione a vernice nera delle officine di Ischia e Napoli, che si impone dal 200 a.C. nel Mediterraneo occidentale e in parte di quello orientale: questa classe di materiale propone un repertorio formale e decorativo standardizzato che tende a ridurre al minimo l'iniziativa del vasaio, riproponendo forme vascolari tradizionali e semplificando l'apparato decorativo. Un rinnovamento del repertorio formale si ha invece, pure a partire dalla fine del III secolo a.C., con la ceramica campana B, che si ispira a forme e decorazioni non più ceramiche, ma derivanti dalla toreutica. Oltre alle officine romane, probabilmente le prime a produrla, ampia è la diffusione delle fabbriche che realizzano una ceramica molto vicina alla campana B, da quelle di alto livello artigianale localizzate in Etruria, ad Arezzo, Bolsena, Volterra, alle creazioni più scadenti nella resa tecnica e nel repertorio, individuate nella Campania settentrionale (*Cales*), ma anche in centri come Luni, Cosa, Tarquinia, o nei territori Capenate e Veiente.

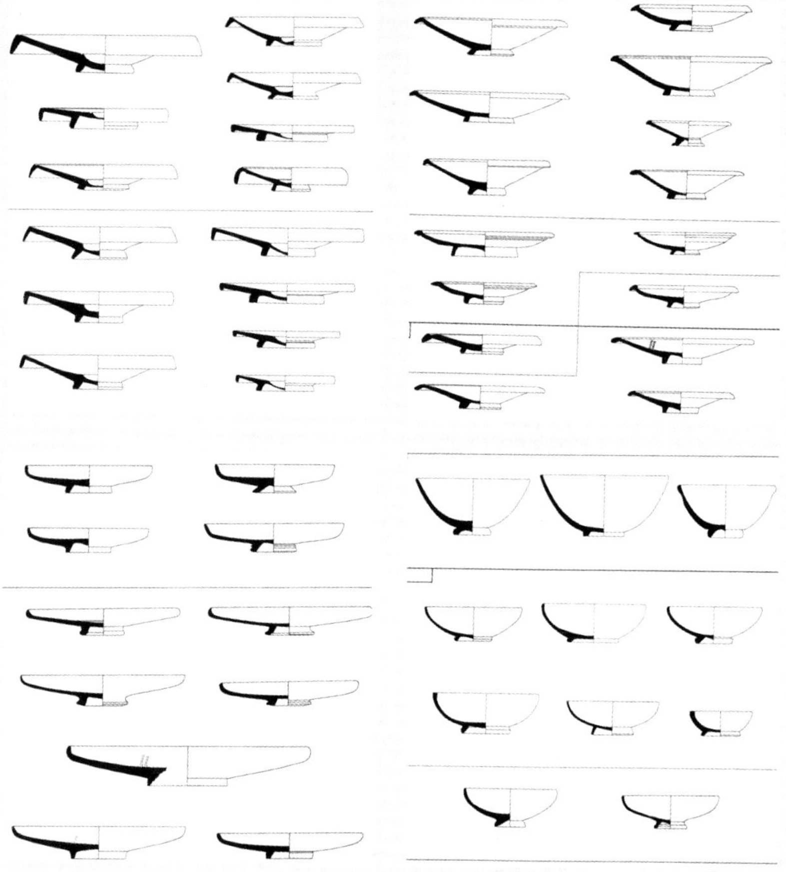

sì di essere pienamente inserita nel pieno del mondo ellenistico che aveva già avviato la separazione tra artigianato standardizzato e di massa, da un lato, e la grande produzione di alto livello riservata alle corti dinastiche dall'altro. In questa prospettiva il lavoro manuale, sostanzialmente identificato con la manodopera schiavile, subisce una svalutazione complessiva tanto da risultare incompatibile con l'attività dell'uomo libero e dedito all'*otium*. I tempi di *Fabius Pictor*, aristocratico dedito alla pittura, sono ormai fuori moda.

I profondi cambiamenti che interessano la Roma tardorepubblicana, che si avvia a diventare una repubblica imperiale, creano le premesse per una circolazione di artisti, artigiani e relative opere e manufatti in un mondo unificato di dimensioni oramai vastissime. I bottini e i saccheggi di guerra [vedi parte III capitolo 5] costituiscono la base iniziale di quella circolazione, documentata anche da relitti di navi naufragate nel Mediterraneo cariche di opere d'arte strappate al loro contesto originario in Grecia e in Oriente. Ben presto il dibattito sorto a Roma intorno ai diversi modi di intendere il mondo greco crea le premesse per una più precisa selezione di modelli culturali, ricavati dallo stesso mondo gre-

co, che opera a livello politico, filosofico, letterario e anche sul versante delle arti figurative. Da qui la ricezione anche a Roma di tanta parte della trattatistica sulle arti che aveva avuto una lunga storia nel mondo greco e che vediamo emergere di volta in volta ad esempio nelle opere di Cicerone, Vitruvio e Plinio fino alla realizzazione di una sorta di canone da parte di Quintiliano.
In questo quadro va inserita la celebre affermazione di Plinio il Vecchio (*Naturalis Historia*, XXXIV, 52) relativa alla morte dell'arte durante l'Olimpiade 121, corrispondente agli anni 296-293 a.C., e alla sua rinascita nell'Olimpiade 156, tra il 156 e il 153 a.C. La visione di Plinio appare infatti come una precisa e mirata selezione rispetto alla storia dell'arte greca per cui la "morte dell'arte" traduce un rifiuto di tutti gli aspetti più innovativi e radicali dell'arte ellenistica cui fa seguito una "rinascita" in un quadro per così dire normalizzato, ove la cornice è ora data dalla ripresa su vasta scala di modelli neoattici ispirati soprattutto alla produzione greca tra l'età severa, l'età classica e il primo ellenismo ma non privi di elementi ripresi dal pieno ellenismo. Questo passaggio è stato letto nella storia dell'arte romana in relazione a una prima fase di rapida e violenta ellenizzazione, secondo un "modello scipionico" attivo dalla fine del III e soprattutto dagli inizi del II secolo a.C., cui fa seguito un "modello catoniano" a partire dalla metà circa del II secolo a.C.
Il ruolo svolto da alcuni esponenti della famiglia degli Scipioni nell'introduzione a Roma di comportamenti analoghi a quelli dei dinasti ellenistici e tipici dell'*Asiatica luxuria* è stato già richiamato in precedenza. L'ingente quantità di bottini di opere d'arte e i numerosi artisti greci al seguito dei trionfatori diffondono a Roma le più diverse tendenze artistiche del mondo ellenistico, in primo luogo quella pergamena [figure 8-9] ma anche le tradizioni attica, alessandrina e rodia, quest'ultima ben rappresentata da Philiskos, insieme alle variegate tendenze insulari. La figura di Catone può essere invece presa ad esempio non di un rifiuto complessivo del mondo greco quanto, invece, di una selezione di modelli culturali tale da escludere quelle tendenze

Tipo IA Tipo IB Tipo IC

6. L'anfora Dressel I
Diffusa a partire dal terzo quarto del II secolo a.C. nei mercati mediterranei come contenitore di vini di media qualità di produzione italica, l'anfora di tipo Dressel I (tipo I A, I B e I C) derivata da quella greco-italica, è caratterizzata da un corpo ovoide affusolato, da una spalla carenata o arrotondata, da un lungo collo cilindrico, da un orlo a fascia verticale, da anse a bastone schiacciato saldate sotto l'orlo e sulla spalla e da un puntale cilindrico pieno. Il mondo economico di riferimento è quello attestato tra il II secolo a.C. e la fine del I secolo d.C. in aree come l'Etruria meridionale, il Lazio e la Campania, dove si sviluppa un sistema di produzione incentrato sulla cosiddetta "villa varroniana", la cui prosperità è favorita dall'afflusso di manodopera schiavile a buon mercato e, contemporaneamente, dal venir meno della piccola proprietà terriera a favore del grande latifondo. La produzione, fondata soprattutto sul mercato del vino e dell'olio destinato all'Oriente, alla Gallia, alla Spagna, non esclude anche altri prodotti artigianali realizzati in quantità massiccia e standardizzata al fine di soddisfare le richieste provenienti dai centri urbani sempre più densamente popolati.

7. Testa del Doriforo di Policleto, Roma, Museo Barraco
La riproduzione consapevole di originali figurativi più antichi, attestata nelle varie arti sia nel mondo greco che in quello romano, può essere ricondotta a molteplici motivazioni da connettere a processi produttivi, a necessità ideologiche e culturali, a consuetudini devozionali e cultuali, a vere e proprie richieste del mercato d'arte. In quest'ultima prospettiva il fenomeno assume particolare rilevanza in età romana in funzione della decorazione di complessi architettonici pubblici o residenziali. Viene generandosi in tal modo un ricco mercato di artisti dediti alla produzione di copie che dalla metà del II secolo a.C. si specializzano in un repertorio ispirato ai prototipi classici del V e del IV secolo a.C. Essi producono inoltre oggetti in serie, riproduzioni statuarie in scala ridotta o con varianti, nuove opere impostate su prototipi ideali. Il rinvenimento di circa trecento frammenti di calchi in gesso, scaricati in un vano delle terme di Sosandra e riferibili a una bottega di scultori operanti a Baia, fornisce un'importante documentazione sul compimento di queste copie, le cui repliche più fedeli dovevano essere realizzate direttamente dall'originale mediante matrici che, smontabili per facilitarne il trasporto e la conservazione, potevano essere in seguito rimontate nella bottega per il meccanico trasferimento delle misure sul marmo. Se il possesso di un calco primario costituiva, dunque, una garanzia del prestigio della bottega, poteva accadere che una copia marmorea di cattiva qualità, imprecisa nella resa dei particolari, derivasse da un calco cattivo o, addirittura, da un calco secondario, cioè ricavato a sua volta da una copia in marmo. Tra le opere maggiormente riprodotte, può essere citato come esempio il Doriforo di Policleto di cui sono note circa settanta copie tra torsi e teste, oltre a una grande quantità di rielaborazioni. La testa di Doriforo al Museo Barraco, copia datata a età tardoellenistica o augustea, mostra chiaramente l'attività del copista nella reinterpretazione di alcuni particolari della testa: è stato sottolineato come, oltre al rendimento estremamente minuzioso delle ciocche, solo il lato sinistro del viso possa essere coerentemente associato a un'impostazione policletea, probabilmente in corrispondenza dell'angolazione da cui la statua doveva essere visibile. Per il resto il volto si carica di un *pathos* del tutto nuovo che ne enfatizza la rotazione del volto, incava più profondamente gli occhi, apre maggiormente la bocca, destrutturando in tal modo la solidità dell'impianto facciale policleteo.

che apparivano munite di un linguaggio politico, culturale e artistico derivato dal mondo dei sovrani ellenistici. Per Catone, e per la cultura senatoria di cui è portavoce, la difesa e addirittura la creazione di una tradizione romana fondata sui valori dell'austerità e del rifiuto della ricchezza, sul ruolo degli antenati e sull'opposizione a tendenze religiose ritenute eversive rispetto ai costumi romani, come nel caso della repressione dei *Bacchanalia* nel 168 a.C., procedono di pari passo all'accettazione e alla riproposizione di un mondo greco che trova nell'Atene di Pericle, di Fidia e della grande oratoria attica il principale punto di riferimento. Anche un condottiero come L. Emilio Paolo, vincitore sul re Perseo di Macedonia a Pidna nel 168 a.C. [figure 10-11] può essere collocato su questo versante culturale alla cui elaborazione hanno probabilmente contribuito il pittore Metrodoro di Atene, artista e filosofo, e lo storico greco Polibio giunti a Roma al seguito dello stesso L. Emilio Paolo.

Proprio verso la metà del II secolo a.C. giunge a maturazione il processo di formazione di quella cultura neoattica che, senza rifiutare in blocco i modelli ellenistici, crea una tradizione figurativa improntata a una cornice sostanzialmente classicista. Tale processo sembra svolgersi in parallelo a quanto vediamo emergere sul piano della tradizione letteraria e retorica entro cui si confrontano un modello asiano, più direttamente ispirato agli effetti patetici e drammatizzanti del pieno ellenismo, e un modello neoattico in cui Atene svolge un ruolo essenziale quale centro promotore di una visione della classicità esemplare modellata sulle grandi linee letterarie, retoriche, filosofiche, teatrali e figurative comprese cronologicamente tra l'età periclea e il primo ellenismo. L'elaborazione di un classicismo, vale a dire l'idea che possa esistere una misura e un modello che permettano di stabilire una scala di valori culturali ed estetici in base a un canone di riferimento, il classico appunto, si fa strada nella cultura greca già nel corso del IV secolo a.C. ma trova ora nel mondo romano una definitiva elaborazione teorica destinata a esercitare una duratura influenza nelle fasi successive, ogni volta che si è guardato al classico come punto di riferimento politico e culturale.

I maestri riconosciuti di questa tendenza classicista vanno ricercati nell'officina attiva a Roma che fa capo a due artisti attici, Polykles e Timarchides, e la cui attività si può seguire per oltre un secolo, tra la fine del III e gli inizi del I secolo a.C. L'etichetta classicista non

8. Particolare della decorazione frontonale del tempio di Civitalba, Bologna, Museo Civico
9. Testa dell'Eracle barbato dall'edificio sacro in località "I Fucoli", Chianciano Terme, Museo Civico Archeologico delle Acque

L'assorbimento da parte dei coroplasti etruschi-italici del repertorio figurativo di matrice asiatica, in primo luogo pergamena, come effetto dell'egemonia di Roma, culturale oltre che politica ed economica, è ben documentato dalla decorazione fittile di due edifici sacri rinvenuta a Civitalba e in località "I Fucoli" presso Chianciano. Civitalba, situata su un'altura non lontana da *Sentinum*, luogo della celebre battaglia del 295 a.C., ha restituito terrecotte architettoniche pertinenti a un fregio raffigurante una galatomachia delfica, e a un frontone, incentrato probabilmente sull'apoteosi di Dioniso e sulla sua teogamia con Arianna. Ma se appare ancora controversa l'interpretazione iconologica del frontone e la stessa cronologia dell'opera, da datare verosimilmente entro il primo quarto del II secolo a.C., le caratteristiche tecniche e stilistiche del monumento rivelano una chiara dipendenza dall'ambiente pergameno, suggerita dallo stile e da dettagli iconografici precisi, come ad esempio la riproduzione rovesciata del gruppo del Pasquino, o quella, nel fregio, dello schema statuario dell'Artemide derivato dal fregio del grande altare di Pergamo. Quanto alle terrecotte architettoniche rinvenute a "I Fucoli", databili entro il secondo quarto del II secolo a.C., esse comprendono l'estremità destra di un frontone chiuso, alcune lastre della sima figurata e l'acroterio laterale destro. Del frontone, in cui era narrato un episodio del mito di Eracle, si conservano due figure sedute: a una di esse, in costume orientale, è pertinente una testa, ritrovata a parte, i cui capelli spartiti al centro della fronte in una sorta di *anastolé,* rivelano palesi influssi pergameni nel ricercato effetto coloristico. In eguale misura tra i vari frammenti pertinenti al frontone, condividono i medesimi echi pergameni sia il busto di una figura virile barbata a torso nudo e con una tenia sui capelli, sia la testa di Eracle barbato con *leonté,* i cui modelli stilistici sono ben evidenti nella fronte aggrottata, negli occhi infossati, nelle labbra dischiuse e nella barba spartita al centro, resa a ciocche spesse e fortemente chiaroscurate.

10. Ricostruzione del monumento di Emilio Paolo a Delfi e particolare del fregio, Delfi, Museo Archeologico
11. Fregio da Fregellae, Ceprano, Museo Archeologico di Fregellae

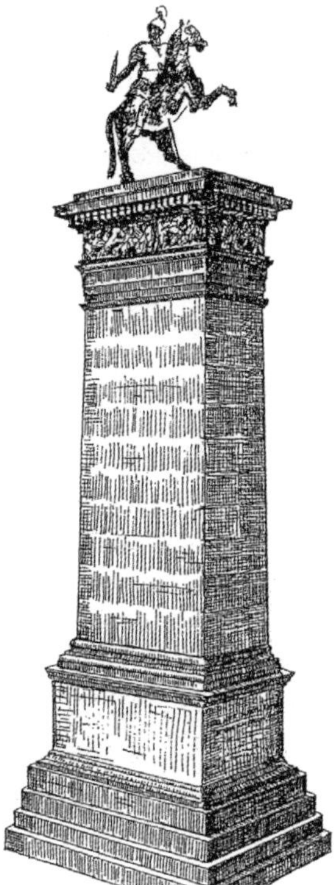

L'adozione da parte di personalità emergenti nell'ambito dell'aristocrazia senatoria, all'inizio del II secolo a.C., di modelli di autorappresentazione derivati dalle corti dei successori di Alessandro, prende forma nell'ostentazione della *luxuria*, in quell'esibizione di ricchezza e spettacolarità rispondente per un sovrano greco a precise finalità eroicizzanti, che lo portavano a mostrarsi distante dagli uomini in quanto simile a un dio. In questa prospettiva apoteotica si realizza il trionfo allestito dal console Emilio Paolo per la vittoria di Pidna, che sancì nel 168 a.C. la fine del regno macedone. Plutarco ricorda come il generale, recatosi a Delfi dopo il combattimento, ordinasse di erigere una sua statua al di sopra di un grande pilastro quadrangolare già destinato alla celebrazione del sovrano sconfitto, Perseo: se il monumento equestre, lo stesso progettato per il re e caratterizzato dal cavallo impennato sul modello del gruppo del Granico di Lisippo raffigurante Alessandro Magno e la sua eroica *eteria*, suggeriva un'equiparazione del console romano ai regnanti ellenistici (contigui a questo monumento erano i pilastri di Eumenes II e di Prusias di Bitinia), del tutto originale si presentava invece il fregio decorante la sommità del pilone con episodi della battaglia di Pidna: sia pure realizzata in uno stile classicista, la rappresentazione dello scontro era sostenuta dalla medesima scelta ideologica che animava l'intera concezione del monumento, raffigurando la battaglia come uno scontro elitario tra opposte cavallerie e non come un combattimento reale tra la falange macedone e le legioni romane. Quanto alla natura "storica" del soggetto (il ciclo costituisce infatti il primo esempio conservato di rappresentazione storica romana in marmo), un precedente al grande rilievo storico di Delfi possono ritenersi alcuni fregi in terracotta rinvenuti a Fregellae, riconducibili sia per il soggetto, che per lo stile ad ambiente pergameno. Collocate nel primo ventennio del II secolo a.C. nel tablino di eminenti abitazioni della città (probabilmente inserite in pareti affrescate in I stile), queste decorazioni, riferibili a episodi della prima guerra siriaca, se da un lato esaltavano il ruolo svolto dai proprietari, destinatari di incarichi eminenti all'interno del contingente cittadino (la *turma Fregellana*), dall'altro mostravano l'aspirazione da parte di questa aristocratica committenza italica ai medesimi modelli ideologici e culturali, già individuati alla base del monumento di Emilio Paolo.

deve però oscurare le diverse tendenze ispirate alle novità ellenistiche pure ricomprese entro la produzione di questa famiglia di artisti che opera contemporaneamente a Roma, in Grecia, nel porto franco di Delo sia per una committenza pubblica che privata. La varietà

12. Testa colossale di Eracle imberbe dal Campidoglio, Roma, Musei Capitolini
13. Testa colossale femminile di acrolito dalla Collezione Albani, Roma, Musei Capitolini
14. Statua di *Ares* o Achille, Roma, Museo Nazionale Romano

L'attività di artisti neoattici a Roma nel corso della seconda metà del II secolo a.C. è testimoniata da una serie di statue di culto che consentono di far luce sul carattere della tradizione formale greca accettata a Roma nel II secolo a.C. Una testa colossale marmorea di Eracle giovane (appartenente a una figura alta il doppio del vero), rinvenuta ai piedi del Campidoglio è stata identificata con quell'*Hercules* Capitolino opera dello scultore attico Polykles, ricordata da Cicerone come situata sul lato occidentale del Campidoglio: la qualità del marmo pario e le caratteristiche stilistiche hanno permesso, infatti, di riconoscervi un originale attico della seconda metà del II secolo a.C. La testa, internamente cava, secondo una tecnica comune ai grandi acroliti di età tardoellenistica (della capigliatura erano visibili solo le ciocche più avanzate, essendo la testa coperta dalla *leonté* lignea con rivestimento in bronzo), presenta caratteri prassitelici nel trattamento del volto (dall'ovale allungato, dal largo setto nasale e dalla bocca piccola e carnosa), pur non essendo assenti citazioni scopadee, ben visibili nella resa delle profonde orbite oculari. Il classicismo di cui quest'opera è permeata è rivissuto alla luce di una sensibilità tipicamente ellenistica, ben visibile nel modellato morbido dei piani, interpretato attraverso la sensibilità del medio ellenismo. All'Eracle di Polycles è avvicinabile la testa femminile di acrolito conservata nella Collezione Albani, anche questa quasi certamente da interpretare come una statua di culto: realizzata in marmo pentelico, la testa, cava e priva della parte posteriore, era animata dall'inserzione di paste vitree o pietre dure nelle cavità oculari, secondo una tecnica utilizzata in Grecia per gli acroliti sin dall'età arcaica. Anche in questo caso i confronti stilistici permettono di considerare l'opera un prodotto di artisti attici attivi a Roma nella metà circa del II secolo a.C.: il confronto con l'Eracle del Campidoglio (si vedano l'inclinazione della testa, l'ovale dei volto, la resa delle labbra, del naso, dell'arcata sopraccigliare, la caratteristica della bocca semiaperta), ha fatto ritenere le due sculture opera di un medesimo autore, o quantomeno il prodotto di artisti assai prossimi per ambiente e cronologia. Un'opera originale di Skopas minore, databile alla fine del II secolo a.C., è stata riconosciuta nel cosiddetto *Ares Ludovisi*, scultura definita dal Winckelmann come "il più bel Marte dell'antichità". La statua raffigura il dio seduto su una roccia, con la gamba destra allungata in avanti e la sinistra che, piegata e appoggiata su un elmo, serve da sostegno alle braccia incrociate. Reca in mano la spada, mentre gli schinieri e lo scudo rimangono appoggiati alla roccia. Ai suoi piedi è un piccolo Eros con una faretra nella mano sinistra e un arco, ora perduto, nella destra. Anche in questo caso è stato sottolineato il carattere eclettico dell'opera: alla posa fidiaca dell'*Ares*, ricollegabile all'immagine del dio nel fregio del Partenone, corrisponde, infatti, il carattere scopadeo del viso dall'espressione patetica, pur essendo identificabili anche stilemi tardoprassitelei nella resa della testa; echi lisippei sono individuabili, inoltre, nelle proporzioni del corpo e nella sua concezione spaziale. All'ipotesi che voleva riprodotta nell'*Ares Ludovisi* una copia, in scala minore, del Marte seduto, visto da Plinio nel tempio di Marte in circo Flaminio, se ne è affiancata recentemente una nuova, che vi identifica l'eroe Achille nell'atto di ricevere dalla madre Teti le armi avute da Efesto, gruppo composto dall'*Ares Ludovisi* e dalla statua di Teti seduta su trono con piccolo Tritone, rinvenuta alla stazione Termini. Le sculture rappresenterebbero, dunque, il gruppo scultoreo visto da Plinio nel tempio di Nettuno in Campo Marzio, al di sopra di un basamento che si è voluto identificato nell'Ara di Domizio Enobarbo [figure 23-24].

15. Statua del cosiddetto Pseudoatleta di Delo, Atene, Museo Archeologico Nazionale
16. Statua bronzea del cosiddetto Principe delle Terme, Roma, Museo Nazionale Romano
17. Statua marmorea del cosiddetto Generale di Tivoli, Roma, Museo Nazionale Romano
18. Statua di Cartilio Poplicola da Ostia, Museo Ostiense

Alla corrente neoattica si deve ricondurre il modello statuario utilizzato per la statua colossale del cosiddetto Pseudoatleta, databile agli ultimi decenni del II secolo a.C., che, come per la statua-ritratto del *negotiator* C. Ofellius Ferus, opera di Dionysios e di Timarchides, può essere presa a modello delle pliniane "statue achillee" caratterizzate dalla nudità eroica dei corpi, ispirati a modelli classici, discordante con i caratteri veristici delle teste-ritratto. La ponderazione è desunta da archetipi prassitelici, da cui deriva anche il contrasto chiaroscurale tra le parti del panneggio e le superfici luminose del nudo, pur distaccandosene per significative variazioni, come quella della mano destra che, avviluppata nel mantello e non distesa lungo il fianco, dà solidità alla parte portante della statua; se il capo, volto a sinistra, suggerisce il senso di una potenziale rotazione, secondo lo schema lisippeo, le ancora forti suggestioni policletee si realizzano nel moto all'indietro della gamba libera, nella solennità della posa e nella cura dei rapporti proporzionali. Su questo corpo divino si innesta il ritratto volitivo del personaggio, specchio delle sue ambizioni di *homo novus*, i cui caratteri individuali sono rivissuti alla luce della monumentalità classicheggiante della scala che porta a una dilatazione dei piani e perfino all'accentuata sporgenza dei padiglioni auricolari funzionale alla concezione frontale dell'opera. L'adozione della nudità eroica come forma di autorappresentazione rende talora problematico il riconoscimento di un dinasta greco da un magistrato romano: è il caso del cosiddetto Principe delle Terme, su cui è ancora aperta la discussione se si tratti di un sovrano greco (Eumene II, Attalo II), o di un per-

di esperienze è pure confermata dall'impiego del bronzo, del marmo e della tecnica dell'acrolito [figure 12-14].

Alla stessa officina è stato collegato anche il modello statuario adottato per il cosiddetto Pseudoatleta di Atene e per il *negotiator* italico C. Ofellius Ferus. Tutto ciò segnala l'introduzione a Roma di un linguaggio del tutto nuovo e funzionale alle novità politiche che stavano maturando, come possiamo osservare ad esempio anche nel celebre Dinasta del Museo delle Terme o nelle statue del cosiddetto Generale di Tivoli e di Cartilio Poplicola da Ostia [figure 15-18]. Al modello del togato [figure 19-20], simbolo del *civis romanus* e della fedeltà alla repubblica senatoria, si affianca la nuova, rivoluzionaria immagine di un personaggio in nudità che si paragona al

sonaggio romano volutamente atteggiatosi a dinasta ellenistico (tra i vari nomi proposti sono Flaminino, Manlio Vulsone, Scipione Emiliano): la statua in bronzo, databile alla metà del II secolo a.C., rappresenta un personaggio nudo, stante sulla gamba destra, che sorregge con la mano sinistra una lancia, mentre la destra, portata dietro il busto, è appoggiata con il dorso sui glutei. L'eclettismo della composizione si manifesta da un lato nella matrice policletea della ponderazione e della solidità del corpo, dall'altro nelle evidenti reminiscenze lisippee che si palesano nella struttura, nelle dimensioni e nei caratteri della testa, nel ritmo dell'opera che cita l'Alessandro con la lancia e nel gesto della mano destra posata sul gluteo, diretta allusione all'Eracle in riposo dello scultore sicionio. Accanto alle "statue achillee", un secondo importante referente iconografico è rappresentato dalla statua del cosiddetto Generale da Tivoli: essa raffigura un personaggio stante, in nudità eroica, avvolto in un mantello che, scendendo dalla spalla sinistra sul ventre, copre le gambe fino al ginocchio, raccogliendosi sull'avambraccio sinistro. L'elevato rango militare giustifica la presenza, in funzione di sostegno, di una corazza costituita da una doppia fila di *pteryges*, da una cintura legata in vita e da un *gorgoneion*. Il rendimento della testa, dai marcati tratti fisionomici, in cui si impone l'interesse minuzioso del dettaglio tipico della ritrattistica sillana, contrasta sia con l'impostazione eroica dell'impianto statuario, sia con la poderosa muscolatura del corpo, il cui modellato rimanda a modelli scultorei tardoellenistici. Il rinvenimento della scultura nei pressi del santuario di Ercole a Tivoli, ha fatto ritenere l'opera una dedica, databile tra il 90 e il 70 a.C., di un generale vittorioso (forse al seguito di Lucullo nelle campagne asiatiche), alla stregua di altre statue-ritratto di condottieri o uomini politici romani, quali quella celebre del Cartilio Poplicola da Ostia. Questa, eretta tra il 40 e il 30 a.C. presso l'area sacra contigua al tempio di Ercole a Ostia, rappresenta una figura maschile nuda, stante, inclinata in avanti, con il piede sinistro poggiato su un sostegno cilindrico a forma di tronco, mentre il braccio sinistro, avvolto nel mantello, è poggiato sul ginocchio sollevato. Pur in mancanza della testa, anche in questo caso il confronto con un simile monumento, il cosiddetto Varrone di Cassino, probabilmente opera del medesimo *atelier* neoattico, permette di ricostruire una testa-ritratto montata su un corpo idealizzato ispirato a prototipi lisippei.

mondo degli eroi greci. I personaggi ora rappresentati secondo il modello "achilleo" della nudità potevano da un lato suscitare disapprovazione per l'impudicizia e il possibile richiamo al costume dell'omosessualità greca ma, dall'altro lato, rimandavano soprattutto a un preciso linguaggio assai temuto dall'aristocrazia senatoria, quello dell'apoteosi, elaborato nel mondo ellenistico quale importante elemento di legittimazione del potere del sovrano. In questa prospettiva assume particolare rilievo anche la collocazione di queste statue o gruppi statuari, almeno nei casi in cui fortunatamente ci è nota.

Nel caso sopra ricordato di Cartilio Poplicola, la statua viene eretta tra il 40 e il 30 a.C. presso l'area sacra del tempio di Ercole a Ostia, un evidente rafforzamento di quello statuto

19. Statua marmorea di togato, Bergamo, Museo Civico Archeologico
20. Rilievo marmoreo con rappresentazione di *sella curulis*, Roma, Museo Nazionale Romano

All'attività di maestranze artigianali greche operanti in Italia si può attribuire anche la realizzazione di statue di togati, tipologia predominante sia a Roma a livello ufficiale, sia nelle città italiche. Così sono di sicura produzione greca alcune statue, acefale, conservate presso il Museo di Bergamo riferibili a due personaggi maschili, uno con *toga exigua*, l'altro con pallio, e a due personaggi femminili, raffigurate secondo lo schema della "Grande Ercolanese" e della Pudicizia. In particolare, proprio la statua maschile con pallio e rotulo nella mano sinistra mostra, nella complessa ponderazione, elementi di innovazione che non trovano confronti nella serie di statue onorarie di età repubblicana prodotte da botteghe italiche secondo schemi sfruttati e semplificati. Anche il trattamento del panneggio, lontano dalla riproposizione di stilemi ripetitivi, suggerisce di considerare queste opere il prodotto di botteghe greche operanti nei primi decenni del I secolo a.C. per una committenza italica. Come la statua del togato concretizza l'adesione del *civis romanus* all'impianto ideologico tradizionale di stampo senatoriale, la *sella curulis* costituisce in età repubblicana il simbolo del potere assegnato dal Senato ai magistrati, che su di essa prendevano posto al momento di esercitare le proprie funzioni pubbliche. Il rilievo, proveniente da Torre Gaia sulla via Casilina, databile in età preaugustea, ne riproduce una in calcare: il sedile, su cui si sviluppa un fregio, è sostenuto da due gambe configurate con le fattezze di barbari nudi; al di sotto è visibile lo *scrinium* contenente i rotuli, gli stessi che ha appena estratto dal contenitore il personaggio togato raffigurato al centro del fregio, a lato della propria *sella curulis*: si tratta probabilmente di un *praetor urbanus* accompagnato dalla scorta di sei littori con *fasces*. Il magistrato è rappresentato nell'atto di amministrare la giustizia nei confronti di due cittadini, mostrati a sinistra del rilievo, che costituiscono le parti in causa nella contesa. Nei due profili raffigurati ai lati del rilievo, uno femminile, con pettinatura "all'Ottavia" in voga in età triunvirale, e l'altro maschile, la critica ha voluto riconoscere le *imagines* degli antenati del defunto, gli stessi partecipanti alla *pompa funebris* seduti su *sellae curules* durante la *laudatio funebris* in onore del morto.

eroico e sovrumano cui la statua stessa alludeva. In modo del tutto analogo alla metà del I secolo a.C. la famiglia dei Licini di Lanuvio può permettersi di erigere un grandioso donario con cavalieri presso il santuario di Giunone Sospita [figure 21-22].

Come si vede, nella Roma tardorepubblica sono attivi e si incrociano linguaggi stilistici molto differenti che possiamo trovare accomunati o accostati anche su uno stesso monumento, come vediamo nel caso esemplare rappresentato dalla celebre Ara di Domizio Enobarbo [figure 23-24]. Le condizioni dell'arte romana tardorepubblicana, con le diverse e spesso contrastanti esigenze di comunicazione e circolazione, con l'afflusso di opere dal mondo greco risalenti a ogni epoca e il loro riutilizzo attraverso copie e rielaborazioni, creano le premesse per una sorta di grammatica degli stili per cui, in analogia ai generi letterari, uno stile può essere sentito come quello più adatto per rappresentare un certo contenuto. Ecco allora che, anche nel quadro di uno stesso monumento, la rappresentazione solenne di divinità [figure 25-27] o di scene ufficiali viene per lo più affidata a uno stile sostanzialmente classico che limita il movimento e l'individualità secondo i concetti di *gravitas*, *auctoritas*, *maiestas* e *pondus*; al contrario, la rappresentazione di scene complesse di battaglie, di movimento, di intensa emozionalità, di barbari vinti, di paesaggi e animali, viene per lo più resa mediante gli schemi elaborati dal mondo ellenistico e funzionali a una resa dinamica.

Tutto ciò rende dunque possibile una lettura e un uso del repertorio stilistico in una certa misura svincolato da una dimensione cronologica in quanto stili diversi sono sentiti pertinenti a contenuti differenti. Questa prospettiva non corrisponde certamente a un processo lineare e univoco ma costituisce comunque una tendenza ben visibile che continua a essere attiva anche nel quadro dell'arte imperiale.

Anche l'ultimo secolo della repubblica è dunque caratterizzato da una varietà e da un intreccio di tendenze stilistiche. Sullo scorcio del II secolo a.C. conosciamo l'attività di altri scultori greci come Scopas Minor e Teisicrates mentre verso la metà del I secolo a.C. va posta l'attività di Pasiteles, che scrisse un'opera dedicata ai capolavori di tutto il mondo (Plinio il Vecchio, *Naturalis Historia*, XXXVI, 39), e del suo allievo Stephanos. La forte espansione di queste officine va messa in relazione

21. Frammento marmoreo di cavaliere con corazza pertinente al gruppo equestre di Licinio Murena a Lanuvio, Londra, British Museum
22. Frammento marmoreo di cavaliere con corazza e cavallo pertinente al gruppo equestre di Licinio Murena a Lanuvio, Leeds, City Museum
Al console del 62 a.C., L. Licinio Murena, si deve il rifacimento, intorno alla metà del I secolo a.C., del tempio dedicato a *Iuno Sospita* sul colle San Lorenzo di Lanuvio. In quell'occasione venne dedicato un grande gruppo equestre per commemorare la vittoria romana su Mitridate presso il fiume Granico. La derivazione dal gruppo lisippeo del Granico, fondata su dati iconografici e antiquari mostra chiaramente l'utilizzo a uso propagandistico dell'*imitatio Alexandri* da parte di questo *homo novus*: come il padre che, legato di Silla nella prima guerra mitridatica, aveva ottenuto gli onori del trionfo, così il futuro console L. Licinio Murena, legato di L. Licinio Lucullo nella sua vittoriosa spedizione contro Mitridate, aveva partecipato alla celebre battaglia presso il fiume Granico dove i romani avevano eguagliato nella gloria l'esercito macedone, secondo un'equiparazione, già celebrata dal poeta Archia, che ritrovava in Mitridate un nuovo Dario e in Lucullo un novello Alessandro. Degli otto busti di cavalieri facenti parte del donario, due si distinguono sia per la più elevata resa stilistica, sia per il tipo di abbigliamento, che ne qualifica l'alto rango, caratteristiche che hanno indotto a ipotizzare un diretto richiamo iconografico da un lato all'Alessandro del monumento lisippeo, utilizzato a celebrazione di Lucullo, dall'altro a uno dei suoi *eteri*, aggiornato dal ritratto di Murena.

23. Fregio con scena di censo dell'Ara di Domizio Enobarbo, Parigi, Musée du Louvre
24. Fregio con nozze di Poseidone e Anfitrite dell'Ara di Domizio Enobarbo, Monaco, Glyptothek
Il monumento, identificabile come la base di un gruppo statuario raffigurante la consegna delle armi ad Achille da parte della madre Teti, rappresenta un documento prezioso sull'utilizzo di moduli stilistici differenziati nell'ambito di una stessa opera. Eretto intorno alla fine del II secolo a.C., era decorato su tre lati con un *thiasos* celebrante le nozze tra Nettuno e Anfitrite, di tradizione ellenistica e neoattica.

Sul quarto lato, con lo stile paratattico e didascalico del rilievo storico, si illustrano i momenti principali di un *lustrum* censorio: a sinistra uno *iurator* annota sulle *tabulae censorie* le dichiarazioni giurate rese da un cittadino che reca in mano un dittico contenente i propri dati personali e la lista delle proprietà; sulla base di queste dichiarazioni, poco oltre, il gesto fortemente simbolico del censore di posare la propria mano destra sulle spalle del togato, serve a sancire l'appartenenza del cittadino a una ben determinata classe di censo.

Al centro del rilievo è una scena di *lustrum*, svolto alla presenza di Marte (il dio onorato dal sacrificio censorio) e del censore sacrificante assistito da tre *camilli* e da due musici. Da destra procedono verso di loro le vittime sospinte da quattro vittimari per il *suovetaurile*, mentre ancora dietro un personaggio avanza *capite velato* innalzando il *vexillum*, probabilmente l'*accensus* che, secondo le fonti, apriva la processione della *lustratio* censoria. La scena è chiusa da soldati, verosimilmente alludenti ai vari ranghi dell'esercito.

soprattutto con due fattori principali. In primo luogo la crescente richiesta di copie di statue, gruppi scultorei, ritratti, rilievi, arredi [figura 28], altari destinati ai nuovi spazi dell'*otium* entro cui la classe dirigente romana ricostruisce una sorta di *grand tour* intellettuale dell'esemplare mondo della grecità. Fioriscono le raccolte e le collezioni di opere d'arte sistemate negli spazi pubblici di templi e terme come anche nello spazio privato del peristilio della casa. Grande fama aveva acquistato la raccolta curata da Asinio Pollione in età cesariana (Plinio il Vecchio, *Naturalis Historia*, XXXVI, 33-34) con opere di ogni epoca esposte nei giardini presso l'*atrium Libertatis* ove venne realizzata la prima biblioteca pubblica. In secondo luogo gli artisti attivi a Roma continuano a trovare ampio spazio nella committenza pubblica stimolata soprattutto dai personaggi emergenti nel quadro politico. Possono essere ricordati come esempi il monumento onorario probabilmente dedicato a Silla sul Campidoglio [figure 29-30]; l'attività di un artista, Coponios, che lavora alle statue delle nazioni sottomesse collocate nel teatro di Pompeo (Plinio il Vecchio, *Naturalis Historia*, XXXVI, 41) [figura 31] e anche il celebre Arkesilaos che lavora alla realizzazione della statua di Venere Genitrice posta nel nuovo foro di Cesare. In questa prospettiva possono essere richiamate anche le copie dei celebri donari del Galata suicida e del Galata morente verosimilmente eseguite in età cesariana [figure 32-33]. Vale la pena segnalare che la statua di Venere Genitrice era in terracotta e ciò si accorda con la fama goduta dallo stesso Arkesilaos per i suoi *proplasmata*, bozzetti o sculture di piccolo formato in terracotta ritenute di gran

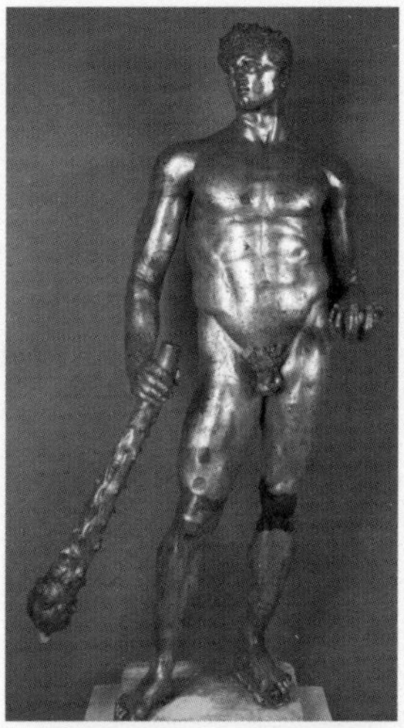

25. Ercole dorato, Roma, Musei Capitolini

Collocata nell'*aedes Aemiliana Herculis*, dedicata probabilmente nel 142 a.C. durante la censura di Scipione Emiliano, la statua bronzea di Ercole giovane, conservata ai Musei Capitolini, doveva derivare da un archetipo databile tra il 320 e il 300 a.C. riconosciuto nell'Eracle tipo Lenbach, avvicinabile su basi stilistiche a Lisippo o alla sua cerchia, a cui rimandano caratteristiche quali la piccolezza della testa (non priva di echi scopadei) o la pronunciata torsione del tronco: la statua, alta quasi due metri e mezzo, è stante sulla gamba sinistra, mentre la destra, spostata di lato e leggermente flessa e avanzata, è saldamente piantata a terra. La testa, cinta da una corona di olivo, risulta piccola rispetto alle forme solide del corpo e alla possente muscolatura; è rivolta a destra come il tronco, mentre le gambe sono di prospetto allo spettatore. L'eroe sostiene con la destra una clava, in origine verosimilmente poggiata su una base a testa di toro, mentre regge nella mano sinistra i pomi delle Esperidi.

26. I Dioscuri dal *Lacus Iuturnae*, Roma, Antiquarium forense

Un passo di Minucio Felice ricorda come le statue dei Dioscuri, posizionate al centro del *Lacus Iuturnae*, fossero state eseguite, su volere di Emilio Paolo, a memoria di un'apparizione dei Castori che, così come già avvenuto nelle fasi successive alla battaglia del lago Regillo, avrebbero in circostanze analoghe annunciato l'esito vittorioso della battaglia di Pidna. Si tratta di sculture arcaicizzanti i cui modelli vanno ricercati in età severa in connessione ad artisti come quell'Hegias, maestro di Fidia, autore di un gruppo bronzeo dei Dioscuri collocato in età augustea dinanzi al tempio di Giove Tonante sul Campidoglio. Tuttavia, il rendimento naturalistico della struttura muscolare delle figure, ben lontana dal trattamento lineare e disegnativo della scultura arcaica, svela più profonde differenze stilistiche e permette di riferire il gruppo scultoreo all'attività di una bottega di artisti greci operante nella seconda metà del II secolo a.C. È stato ipotizzato che la scelta di una tale epoca sia stata dettata dal desiderio di farne coincidere lo stile con il momento storico dell'introduzione del culto dei Dioscuri a Roma, un'operazione culturale estremamente raffinata che bene corrisponderebbe con quanto noto della cultura di Emilio Paolo.

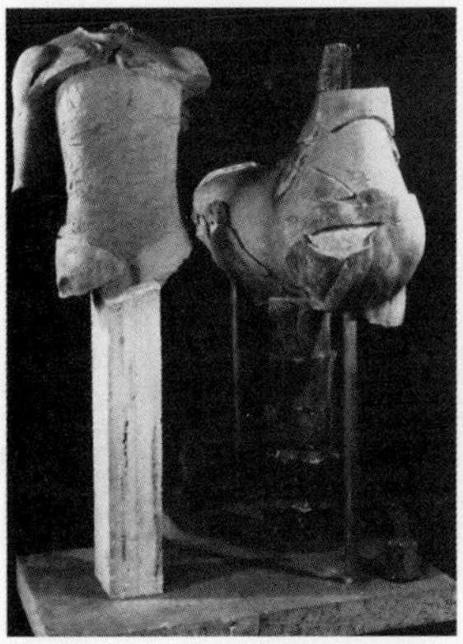

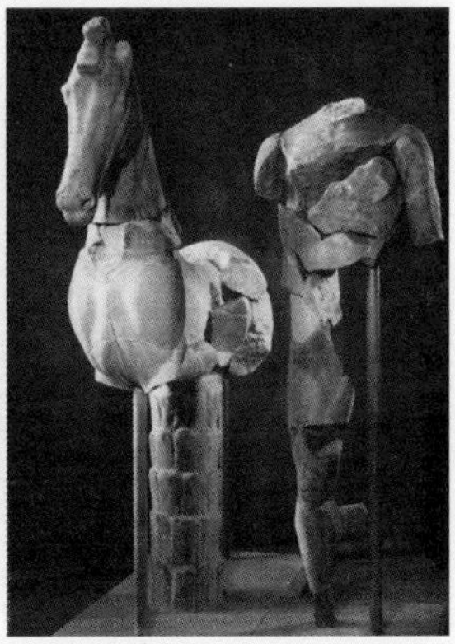

27. Testa colossale di acrolito femminile dal tempio della *Fortuna huiusce diei* Roma, Musei Capitolini

Proveniente dal tempio B di largo Argentina a Roma, identificato con la *aedes Fortunae huiusce diei* fondata nel 102 a.C. da Q. Lutazio Catulo, la testa di acrolito, scolpita in marmo pentelico, doveva appartenere al simulacro di culto della dea la cui realizzazione è dunque possibile collegare alla cronologia del tempio (si conservano anche un braccio e i due piedi). Come acrolito della colossale testa sono realizzate solo la parte frontale e laterale dei capelli, il volto e il collo fino all'altezza della fossetta sternale: le fattezze classiche del volto fanno sì che alle superfici mosse e modulate di tradizione ellenistica, si sostituisca una concezione classica che privilegia le superfici ampie e geometriche, le inserzioni di piani a spigolo vivo (si veda il modo di realizzare le sopracciglia), il trattamento lineare nella resa di dettagli di superficie come i capelli. L'archetipo della statua, sia per il significato cultuale, sia per le caratteristiche iconografiche, è stato ricercato nella Nemesi di Ramnunte opera di Agoracrito.

28. Cratere neoattico, Pisa, Camposanto monumentale
Il fenomeno del collezionismo privato, sviluppatosi a partire dal II secolo a.C. a emulazione delle grandi raccolte di opere d'arte organizzate nelle loro regge dai sovrani ellenistici, vede nelle ville d'*otium* aristocratiche lo spazio preposto alla realizzazione di progetti decorativi prestigiosi e dalle valenze fortemente autorappresentative. Le fonti letterarie testimoniano come in questi sontuosi complessi fossero conservate le maggiori collezioni d'arte, veri e propri musei privati dove opere originali si univano a copie o a nuove creazioni contemporanee, scelte secondo criteri che appaiono dettati più dalla adattabilità "tematica" al luogo in cui dovevano essere collocate, che da una loro affinità sul piano estetico e formale. Presso l'atrio o presso il giardino di uno di questi complessi doveva figurare anche il cratere di Pisa decorato a bassorilievo da un corteo dionisiaco, centrato sulla figura di Dioniso ebbro e di cui fanno parte anche satiri, menadi e Pan. Il vaso, databile al I secolo a.C., è opera di artisti neoattici il cui eclettismo si rivela nell'unione di elementi stilisticamente eterogenei, per cui se il consesso di cui è parte Dioniso riprende a modello tipi tardoellenistici, nel gruppo delle menadi danzanti appare il riflesso delle forme mosse del tardo V-inizio IV secolo a.C.

29. Particolare del monumento onorario dedicato da Bocco a Silla sul Campidoglio, Roma, Musei Capitolini
30. Rilievo della base e disegno ricostruttivo
Una testimonianza importante dei monumenti celebrativi della tarda repubblica è rappresentata dai due trofei in onore di Silla, fatti erigere il primo sulla piana di Cheronea in occasione della vittoria del dittatore contro i generali di Mitridate nella battaglia dell'86 a.C., il secondo sul Campidoglio dal re dei Mauritani Bocco, opera riconosciuta, per motivi stilistici e per il suo soggetto, in una base in pietra bigia recante ai lati una ricca decorazione allegorica. Ricostruita, sul confronto del monumento di Emilio Paolo, come un pilastro la cui estremità superiore era ornata da rilievi, la base del monumento di Bocco è di forma quadrangolare allungata; mostra al centro di uno dei lati lunghi tra due candelabri due Vittorie che decorano con una corona di alloro uno scudo, a sua volta ornato da un'aquila su un fulmine, da due bende e da due eroti che reggono un cartiglio. Seguivano elementi di panoplie: uno schiniere con immagine di Ercole e di una Vittoria, una corazza anatomica, uno scudo avente come *episema* un Dioscuro, un frontale di cavallo. Su uno dei lati brevi, un altro scudo, adorno di una testa di divinità femminile armata (forse Roma), era situato al centro tra due trofei d'armi e tra due corazze decorate con Vittorie e testa di Medusa. Sono pertinenti, invece, al lato lungo posteriore un altro frammento con scudo fregiato da un serpente alato e due piccoli lacerti pertinenti a un secondo scudo con Dioscuro e alla parte superiore di una corazza decorata. Lo stile del rilievo mostra, in una mescolanza di elementi stilistici, arcaicizzanti Vittorie affiancarsi ai classicistici candelabri e ad altri elementi desunti invece dal repertorio formale tardoellenistico.

31. Statua di Musa seduta dal teatro di Pompeo, Roma, Musei Capitolini

Nel corso del I secolo a.C., l'attività degli artisti greci attivi a Roma continua a esplicarsi in primo luogo nella decorazione di grandi complessi architettonici funzionali ai fini politici dei potenti committenti romani. L'attività di uno di questi scultori, Coponios, è testimoniata da Plinio presso il teatro di Pompeo, dove esegue le statue delle *nationes* sottomesse da Pompeo durante le sue vittoriose imprese in Africa, in Spagna e in Asia Minore. Se non si conserva nessuna delle sue opere, una statua di Musa seduta, acefala, doveva far parte della decorazione del teatro insieme a un gruppo di sculture colossali (oggi a Roma, palazzo Borghese, a Napoli e a Parigi), raffiguranti Apollo e le Muse: la mancata lavorazione della parte posteriore lascia ipotizzare che la statua fosse concepita sin dall'inizio per essere inserita in una nicchia, ipotesi confermata dalle notevoli dimensioni dell'opera che corrispondono alla grandezza canonica delle altre sculture esposte nel portico. D'altronde la scultura si mostra apprezzabile da una prospettiva dal basso e leggermente laterale che permette di cogliere il gioco delle pieghe sul fianco sinistro, la bellissima mano abbandonata sul grembo, giustificando l'anomala posizione dei piedi e la sproporzione delle spalle. Le caratteristiche stilistiche e tecniche dell'opera permettono di collocarla in ambito tardoellenistico e di datarla verso la metà del I secolo a.C.

32. Gruppo del Galata suicida, Roma, Museo Nazionale Romano
33. Galata morente, Roma, Musei Capitolini

Copie marmoree di un gruppo bronzeo realizzato a Pergamo nel III secolo a.C. dallo scultore Epigono per commemorare le vittorie di Attalo I sui Celti invasori dell'Asia Minore, le statue del Galata morente e del Galata suicida, provenienti dagli *horti* di Giulio Cesare (poi *horti Sallustiani*), rivelano nella loro collocazione la volontà di una precisa scelta celebrativa, non solo genericamente antibarbarica, ma legata all'esaltazione delle vittorie di Cesare nelle sue campagne di Gallia. La statua del Galata suicida raffigura un guerriero di alto rango che, preferendo alla sconfitta la morte, sua e della compagna, affonda con la destra la spada nel collo, mentre con la sinistra sorregge il corpo quasi esanime della donna. Tutta la figura è attraversata da una dinamica torsione elicoidale che parte dal piede destro, si sviluppa attraverso le gambe, fortemente divaricate in una direzione obliqua rispetto all'asse rappresentato dal torso e si conclude con la testa rivolta, in senso contrario alla torsione, verso l'alto. I due personaggi giacciono su uno scudo ovale affiancato da un fodero di spada, armi di tipo celtico che ben si addicono sia ai tratti ritenuti tipici del Gallo (volto affilato, baffi, capelli biondi scompigliati a lunghe ciocche dense), sia all'abbigliamento canonico femminile di tipo orientale. Su un medesimo scudo giace la figura del Galata morente: il capo piegato, le gambe inerti, solo lo sforzo del braccio destro sostiene il torso trafitto da una ferita mortale. Unici attributi sono il *torques*, il collare ritorto considerato l'ornamento tipico dei Galli, e la tromba ricurva che, spezzata, giace a terra accanto allo scudo. L'elegante esecuzione dei corpi, ben visibile nella resa della muscolatura, la tensione che anima entrambe le figure dei Galli, l'intensa espressione di sofferenza che contorce i visi nel momento dell'estremo dolore, fanno di questo gruppo scultoreo uno dei capolavori drammatici dell'arte ellenistica, caratteristiche restituite con fedeltà dalla copia marmorea assegnata sia stilisticamente, sia per tipo di marmo, probabilmente asiatico, a età cesariana.

34. Frontone fittile da Luni, Firenze, Museo Archeologico Nazionale
35. Statua femminile in terracotta dal sacello di Iside, Ostia, Museo Ostiense

Tra i primi edifici eretti presso la colonia di Luni, dedotta nel 177 a.C. da M. Emilio Lepido in territorio ligure, figura il tempio di Luna, divinità eponima della colonia (identificata con Diana), costruito probabilmente entro il secondo venticinquennio del II secolo a.C. A questa fase dell'edificio è riferibile la decorazione frontonale del tempio che decorava la testata del *columen* centrale e i *mutuli* del tetto. In trono, al centro della raffigurazione, è Diana-Luna, vestita con un ricco chitone, cinto alla vita ma che le lascia libero il seno destro, e con un mantello che ricade sulle gambe. Alla sua destra Apollo, nudo a esclusione di un mantello che dall'avambraccio sinistro gli scende, da dietro alla schiena, sulla gamba destra, tiene con la mano destra la cetra; a sinistra di Luna è una figura maschile, speculare nella ponderazione a quella di Apollo, la quale, nuda, sorregge sulla spalla sinistra il panneggio che, coprendo tutto il braccio a esclusione della mano, ricade sulla gamba, portata in avanti, passando da dietro alla schiena. Calza stivaletti (*embades*) e regge una cornucopia con il braccio sinistro. Sono varie le interpretazioni proposte per questo personaggio che vi hanno voluto riconoscere ora il *Genius Coloniae* o il *Genius Populi Romani*, ora Dioniso-*Liber* nella sua accezione di divinità frugifera, ora *Honos* a memoria delle imprese contro i Liguri. Ai lati della triade divina sono due figure femminili, vestite di chitone e *himation*, interpretate come Muse. Le cinque figure derivano da modelli scultorei colti, reinterpretati con disinvoltura e autonomia dal coroplasta: se l'Apollo, e ancor più il cosiddetto *Genius Populi Romani*, sembrano imitare nella ponderazione l'Apollo di Timarchides, le Muse appaiono liberamente riconducibili al tipo della Musa con la piccola cetra, pertinente al gruppo realizzato dallo scultore Philiskos per il tempio di Apollo Medico a Roma, strettamente connesso alla propaganda di Lepido. L'attività di questi coroplasti è attestata ad alti livelli qualitativi ancora in età tardorepubblicana, come documenta l'opera di Arkesilaos attestata da Plinio, o anche il simulacro in terracotta di Venere Genitrice realizzato per il tempio omonimo del foro di Cesare. Ne è un esempio una statua femminile seduta proveniente da Ostia da un sacello privato di Iside, notevole per gli eleganti effetti di trasparenza del chitone e per la resa minuziosa delle pieghe dell'*himation*, che permette di apprezzare l'alto livello qualitativo raggiunto nella lavorazione dell'argilla nel campo delle sculture a tutto tondo.

pregio. Tutto ciò permette di osservare come la lunga tradizione della lavorazione della terracotta appare ben viva per tutta l'età tardorepubblicana [figure 34-35] probabilmente favorita, per quanto concerne in particolare le statue di culto, da un'aura di veneranda antichità che il materiale poteva suscitare rispetto, ad esempio, alla preziosità del marmo.
A conclusione del quadro fin qui tracciato relativo all'arte romana tardorepubblicana dob-

biamo ora prendere in considerazione due aspetti – la pittura e il ritratto – che hanno rivestito un ruolo centrale anche nel dibattito impostato fin dall'Ottocento sulla presunta originalità o meno della stessa arte romana [vedi parte I]. Per quanto riguarda la pittura, l'immensa documentazione pompeiana, resa possibile dal tragico evento dell'eruzione del Vesuvio nel 79 d.C., ha condizionato fortemente le prospettive di ricerca permettendo peraltro una classificazione in quattro stili proposta da August Mau – in accordo anche alle notizie fornite da Vitruvio e da Plinio – che sostanzialmente continua a essere adottata fino a oggi. Il I stile, denominato anche strutturale in quanto riproduce la struttura a blocchi di un muro o i rivestimenti delle pareti in preziose lastre marmoree, comincia a essere documentato in Grecia dalla fine del V secolo a.C. e trova nella ricca documentazione delle case di Delo gli esempi più vicini al I stile del mondo romano, a partire dalla metà del II secolo a.C. [figura 36], che corrisponde dunque a una variante rispetto a uno stile ampiamente diffuso su scala mediterranea.

A partire dalla fine del II secolo a.C. troviamo i primi esempi del cosiddetto II stile la cui diffusione deve essere compresa nel quadro delle novità introdotte dall'*Asiatica luxuria*. Il II stile, infatti, rimanda sostanzialmente a un'idea di ricchezza e sovrabbondanza mediante la rappresentazione di prospetti decorativi e architettonici, tendaggi, sontuosi edifici, giardini simili a "paradisi", vasi ricolmi di

36. Decorazione pittorica di I stile dalla casa Sannitica di Ercolano

Lo straordinario flusso di ricchezze affluito, grazie ai bottini asiatici e allo sfruttamento di enormi masse di manodopera servile, nei patrimoni della classe dirigente romana e italica, si manifesta, a livello privato, nella dilatazione dell'impianto tradizionale della *domus* romana e nello sviluppo dell'apparato decorativo, che porta all'uso di dipingere le pareti delle case con decorazioni in I stile, detto anche "stile strutturale" o "a incrostazione". Con questa ornamentazione si raggiungeva il duplice scopo di nascondere alla vista i paramenti dell'opera cementizia, dotando la casa di un'ulteriore raffinatezza di gusto ellenizzante. Consistente nell'imitazione in stucco, bianco o policromo, di strutture murarie a blocchi isodomi, questo sistema, già noto nel V secolo a.C. ad Atene e a Olinto, si diffuse ben presto nelle città del mondo ellenistico, tra cui Alessandria, Delo, Pergamo e Magnesia al Meandro. Per il tramite di Roma e di Delo, questa tradizione si estese poi a tutto il mondo italico più ricco, come documenta il caso di Pompei, dove sono note pareti in I stile in edifici pubblici e privati del III e II secolo a.C. Lo schema compositivo, tripartito, prevedeva la presenza in basso di un alto zoccolo, sovrastato, nella zona mediana da ortostati, imitanti, tramite il colore e le finte venature, i marmi preziosi degli edifici pubblici e sacri; la terza zona, in alto, costituita da uno o più filari di bugne policrome, era terminata da parti a rilievo accentuato con cornici a dentelli o finti loggiati. Presso la casa Sannitica di Ercolano, una *domus* ad atrio tuscanico risalente al II secolo a.C., si conservano numerose parti dell'originaria decorazione in I stile: le *fauces* d'ingresso sono decorate con stucchi policromi che intendono suggerire una parete isodoma su alto zoccolo e ortostati, con una particolare cura rivolta all'imitazione dipinta di marmi rari e preziosi. Questa inserzione di colore costituiva una concessione all'eclettismo e al gusto barocco ellenistico, andando ad animare il classicismo implicito nella muratura a blocchi regolari, che si rifà a motivi propri dell'architettura del V e IV secolo a.C. Nella parte superiore dell'atrio, infine, un finto loggiato a pilastrini con balaustra, esprime bene il desiderio di lusso e di spazio, diffuso in questa fase in Italia presso un ceto medio che non poteva permettersi dilatazioni di spazio ben attestate, invece, in *domus* come la casa del Fauno a Pompei.

37. Pianta della casa del Fauno a Pompei

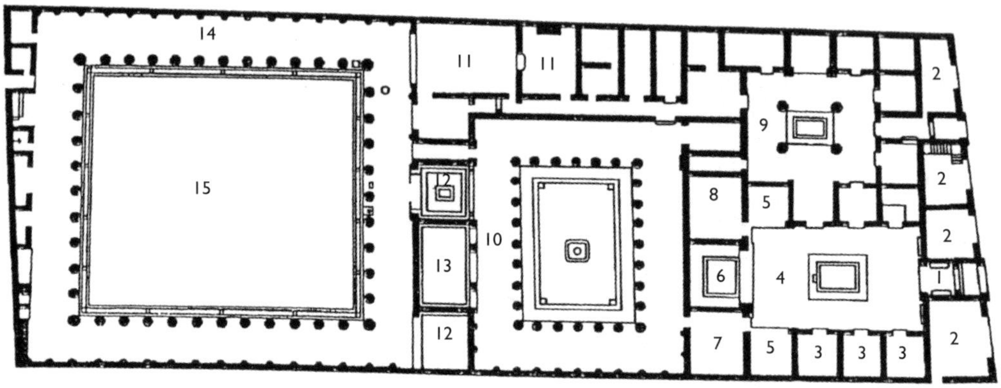

La ricchezza accumulata nel corso del II secolo a.C. dalla classe dirigente romana editalica è ben riflessa nelle incredibili dimensioni raggiunte dalle loro abitazioni, tali da emulare, talora, in estensione e ricchezza il fasto delle regie ellenistiche. Ne è un esempio la casa del Fauno a Pompei. Estesa in un'area superiore a 3000 metri quadri per lo spazio di un'intera *insula*, l'ingresso (1), tradizionalmente circondato da botteghe (2), dava accesso a un grande atrio tuscanico (4), il cui elegante impluvio era decorato con una statuetta di fauno danzante; oltre a tre *cubicula* (3), si aprivano sull'atrio, secondo l'impianto tradizionale, le *alae* (5) e sul fondo il tablino (6), inquadrato lateralmente da due sale da triclinio (7-8). Da questo primo nucleo si poteva accedere a un secondo atrio tetrastilo (9), intorno a cui si disponeva verosimilmente il quartiere di *hospitium*. Alle spalle del tablino, il tradizionale giardino-orto della casa romana assume le forme di un grande peristilio (10), sul cui fondo si affacciava un'esedra (13) decorata con il celebre mosaico raffigurante la battaglia di Alessandro [figura 1]. Questa moltiplicazione degli spazi si concludeva con un secondo e più grande peristilio, con colonnato di ordine dorico e, sul lato rivolto all'interno della casa, con un secondo ordine di stile ionico (15).

frutta, animali, scene sacrali ambientate in un paesaggio idilliaco. Tutto questo apparato trova la sua naturale collocazione nelle ampie *domus*, simbolo della nuova cultura dell'*otium*, che sostanzialmente tendono a presentarsi al pari di una reggia, come mostra in modo chiaro l'esempio della casa del Fauno [figura 37]. Tuttavia, i recenti rinvenimenti del santuario repubblicano di Brescia mostrano in modo altrettanto chiaro che le formule del II stile potevano ben adattarsi anche alle decorazioni interne degli edifici pubblici [figura 39]. Dalla metà del I secolo a.C. la decorazione del II stile [figura 38] tende ad annullare del tutto la parete in modo illusionistico mediante l'uso di ampie scenografie che guidano l'occhio in profondità. Tali scenografie, ispirate propriamente a quelle teatrali, appaiono funzionali a richiamare le architetture regali e gli apparati trionfali derivati dal mondo ellenistico. Entro queste architetture illusionistiche possono anche trovare spazio ampie megalografie, come nel caso celebre della villa dei Misteri a Pompei, ove la rappresentazione di figure in scala quasi naturale sembra tradurre in pittura la monumentalità dei gruppi statuari [figura 40]. Altro genere assai diffuso è quello dei *topia*, secondo la denominazione di Vitruvio, in cui compare un repertorio di ambienti geografici come coste, porti, fiumi, promontori, montagne, campagne e boschi sacri. Il II stile termina agli inizi dell'età augustea, attorno al 20 a.C., e nella fase finale mostra una tendenza a richiudere la parete, a modificare gli apparati architettonici con elementi vegetali e all'inserimento di scene figurate anche a carattere mitologico che sembrano costituire un vero e proprio genere come

38. Decorazione pittorica in II stile dalla casa dei Grifi sul Palatino, Roma, Antiquarium del Palatino

Alla fine del II secolo a.C. la consolidata tradizione dello "stile strutturale" viene progressivamente sostituita da un sistema decorativo a imitazioni pittoriche, il II stile pompeiano (detto anche "stile architettonico"), attraverso il quale era possibile realizzare pittoricamente, mediante l'utilizzo di lumi e ombreggiature, quelle partiture architettoniche e quei rivestimenti parietali resi nel I stile a rilievo. Ma già nelle prime, misurate, testimonianze (la decorazione in II stile della casa dei Grifi a Roma, o della villa dei Misteri a Pompei), a queste pareti di finto marmo si associano avancorpi dipinti di colonne e architravi riproducenti verosimilmente architetture reali, riconducibili ad aule e ninfei pubblici e privati. Da questi inizi, gli esiti di questo stile, predominante negli edifici romani fino agli ultimi decenni del I secolo a.C., sfoceranno in una sfarzosità barocca in cui la progressiva accentuazione dei piani si traduce in fughe prospettiche che sfondano i ristretti limiti delle pareti con podi, colonnati, soffitti, arcate, mensole, edicole e paesaggi. Basate sulle ricerche scenografiche e architettoniche ellenistiche, queste sapienti prospettive si adattano al gusto romano desideroso di riprodurre illusionisticamente gli spazi e i fasti propri delle grandi dimore ellenistiche.

39. Particolare della decorazione pittorica in II stile iniziale della cella occidentale del cosiddetto "Santuario repubblicano" di Brescia, Musei Civici di Arte e Storia

Su un'ampia terrazza a destinazione religiosa fin dall'età protostorica e sede del *Capitolium* dedicato da Vespasiano nel 73 d.C., fu eretto nel II secolo a.C. il primo santuario della Brixia romana, sostituito nell'89 a.C., al momento dell'ottenimento della cittadinanza latina, da un secondo edificio più monumentale e caratterizzato da eccezionali decorazioni pittoriche e a stucco. Il cosiddetto complesso "repubblicano", scoperto al di sotto del pronao del *Capitolium*, era costituito da quattro celle, dipinte con affreschi in II stile pompeiano, affiancate su un unico podio dotato di scale d'accesso indipendenti. Lo scavo della cella più occidentale dell'edificio ha restituito la partitura decorativa delle pareti: sui lati lunghi della cella, al di sopra di una tenda frangiata con ghirlande avvolte da nastri, sono riprodotti ortostati di marmi colorati, delimitati da un fregio a meandro e scanditi da colonne ioniche dipinte in corrispondenza delle colonne delle navate. Anche la parete di fondo, dietro la pedana dove si ergeva la statua di culto, presentava riquadri policromi. Nel complesso, all'idea di parete piana che prevede solo rari spunti tridimensionali, si contrappone lo spazio intuibile dietro la tenda: l'elevato livello qualitativo di queste decorazioni rivela l'opera di maestranze partecipi della migliore tradizione pittorica ufficiale, a indicazione dell'avvenuta trasformazione di Brescia da centro celtico filoromano a vero e proprio fulcro di una profonda romanizzazione.

40. Particolare della decorazione pittorica dell'*oecus* 5 della villa dei Misteri a Pompei

Le fonti definiscono con il termine *megalographiae* una delle espressioni più caratteristiche del pieno II stile, volendo indicare in tale modo le grandi dimensioni delle immagini e al contempo il soggetto elevato di tali raffigurazioni. Le ventinove figure della megalografia da cui prende nome la villa dei Misteri a Pompei comprendono personaggi umani e divini partecipanti in vario modo a una cerimonia in cui si è voluto vedere una scena di iniziazione ai misteri dionisiaci o, piuttosto, una sequenza matrimoniale rappresentata e avvolta nell'aura del mondo dionisiaco. Intorno alla parete di fondo in cui Dioniso ebbro giace sdraiato fra le braccia di Arianna-Venere, perfetta rappresentazione dell'unione tra il mondo divino e quello umano, si svolgono una serie di atti fortemente simbolici, centrati sulle fasi preparatorie e sull'unione fra una giovane donna con il dio. A momenti di carattere mitico-rituale (la parete nord è scandita da una scena di giuramento; dall'offerta di focacce sacre da parte di una giovane incinta e dalla preparazione di un pasto rituale), ne seguono altri di carattere mitico-estatico, animate da figure connesse alla sfera dionisiaca (satiri, sileni, panische e menadi). Presso l'angolo della parete di fondo (lato sud), dopo lo scoprimento della *mystica vannus*, una giovane inizianda viene fustigata da una divinità alata: solo sopportando il dolore potrà dimostrare di essere ormai adulta e di poter essere data in sposa. Accanto, le baccanti danzano e battono i cembali. Superata la prova, la fanciulla si prepara per la cerimonia nuziale assistita da un'ancella, mentre un erote, inviatole espressamente da Venere, le porge uno specchio. Ai margini della composizione, la figura di una matrona (la *domina*) assiste ai riti prima e dopo la cerimonia nuziale.

nel caso della *domus* dall'Esquilino con le "Ulixis errationes per topia" [figura 41].

La storia del ritratto romano ha coinvolto una serie di questioni assai complesse che continuano ad affiorare nel dibattito attuale, seppur ovviamente nel quadro di una diversa impostazione di fondo. Ci si riferisce qui in particolare al problema della dipendenza dai modelli greci, alla possibilità di rintracciare una tradizione ritrattistica in ambito italico che possa risalire indietro nel tempo anche alla luce dell'ampia documentazione etrusca, all'individuazione di un'importante radice dell'uso del ritratto nel quadro del rituale funerario romano secondo il ben noto brano dello storico greco Polibio (*Storie*, VI, 53). In estrema sintesi possiamo affermare che, per quanto concerne il rapporto con il mondo greco, la questione non può che essere inquadrata nella prospettiva generale che vede in azione fin dall'età arcaica una forte spinta ellenizzante cui fanno seguito in ambito italico la ricezione e l'adattamento dei diversi modelli. In questa prospettiva il periodo compreso tra V e IV secolo a.C. appare decisivo nel mondo greco per elaborare la spinta verso la rappresentazione dell'individuo – non più costretto solamente entro tipologie come "il giovane efebo", "il guerriero", "il filosofo", ecc. – destinata a emergere in tutta la sua portata nel corso dell'età ellenistica. I riflessi di tutto ciò appaiono evidenti e decisivi anche per quanto concerne l'elaborazione del ritratto nel mondo romano.

Peraltro, è pur vero che fin dall'età arcaica vediamo operante nell'area etrusco-laziale il costume dello *ius imaginum* [vedi parte II capitoli 1-2] che, sullo sfondo di un'antichissima valenza magica percepita nell'immagine, costituisce parte integrante dello *status* aristocratico e che si esplicita anche nelle immagini degli antenati realizzate in legno o in cera

41. Particolare della decorazione pittorica con scene dell'*Odissea* dalla casa dell'Esquilino in via Graziosa a Roma, Città del Vaticano, Musei Vaticani

Rinvenuti fra il 1848 e il 1849 negli scavi di una *domus* in via Graziosa sull'Esquilino, alcuni pannelli raffigurano quelle che Vitruvio (*De Architectura*, VII, 5,2) chiama "Ulixis errationes per topia", soggetto molto in voga in tempi a lui poco anteriori per la decorazione pittorica dei portici di grandi abitazioni. L'intero affresco contenente queste pitture era destinato alla parte alta di una parete, scandito in otto riquadri attraverso doppi pilastrini sormontati da capitelli corinzi e architravati, creando l'illusione prospettica di una loggia affacciata su un paesaggio terrestre o marino sul quale erano ambientate le diverse scene dell'*Odissea*. I pannelli comprendevano la fuga di Ulisse dall'antro di Polifemo (andata perduta), l'episodio dei Lestrigoni, quello di Ulisse nella reggia di Circe, seguito dalla discesa dell'eroe negli inferi. Concludevano la raffigurazione l'incontro di Ulisse e le sirene e probabilmente l'episodio di Scilla e Cariddi. Le pitture, databili alla metà del I secolo a.C., sono realizzate con una tecnica " impressionistica" che, se da un lato permette di ricondurre l'archetipo a un ambito alessandrino (a cui ben si addice sia la minuziosità filologica, sia lo stile pittorico a macchie), dall'altro prelude alla lunghissima serie di pitture di paesaggio dei fregi minori e dei *pinakes* "a sportello" della tradizione decorativa romana fino in età medioimperiale.

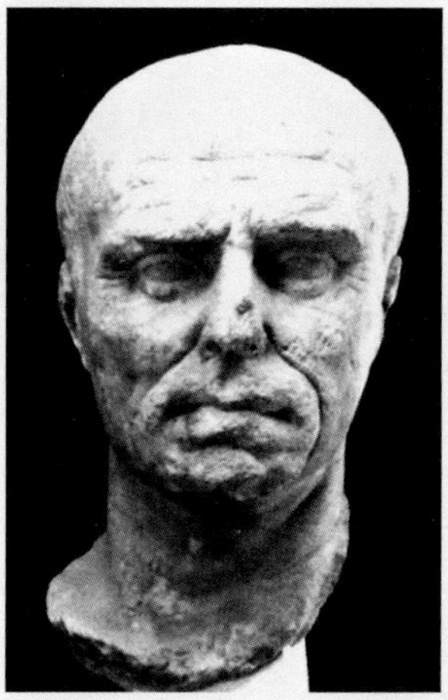

42. Ritratto di anziano da Praeneste, Roma, Museo Nazionale Romano

A partire dalla metà del II secolo a.C. il ritratto italico appare caratterizzarsi secondo due diverse linee di tendenza, essendo percorso da un lato da influssi ellenizzanti, bene evidenti soprattutto nella ritrattistica pubblica, dall'altro caratterizzandosi per un maggiore realismo, proprio della tradizione privata. Questa corrente "verista", già attiva nel tardo II secolo a.C. ma diffusasi particolarmente in età tardorepubblicana e altoimperiale, appare infatti tesa a sottolineare gli aspetti realistici dei tratti fisionomici ritraendo le fattezze del defunto con una straordinaria immediatezza. È così anche per questo ritratto di anziano proveniente da Palestrina. Il volto è solcato da fitte rughe, incise con minuzia, che marcano la zona naso-labiale e segnano profondamente le guance e il collo. La fronte, ampia e contratta, così come le pieghe nell'angolo esterno degli occhi e le sopracciglia aggrottate, conferiscono al viso una particolare energia e concentrazione, accentuata dalla bocca serrata, pure circoscritta da rughe, dalle labbra sottili e arcuate. La capigliatura è resa mediante scalfitture della superficie, leggermente rilevata soltanto sulla nuca e sulle tempie. Il ritratto è stato considerato un esempio tipico del realismo italico tardorepubblicano, sebbene in esso le notazioni di superficie non siano realizzate a scapito della sostanza plastica, ma al contrario si associano a una salda costruzione volumetrica del volto: si tratta di un prodotto di bottega, databile alla metà del I secolo a.C., in cui il confronto richiamato con i ritratti di Cicerone o con il cosiddetto Mario di Monaco, mostra al contempo il venir meno della resa patetica e della tensione psicologica di quelle immagini, a favore di un rendimento calligrafico e di un descrittivismo esasperato dei singoli elementi.

43. Ritratto di Cesare, Città del Vaticano, Musei Vaticani
Tra i numerosi ritratti di Cesare, la testa dei Musei Vaticani è caratterizzata da un volto allungato, la cui magrezza evidenzia i volumi della struttura ossea, l'incavo dell'osso temporale, la prominenza degli zigomi, la linea asciutta della mascella. La fronte corrugata trasmette l'idea di intensa concentrazione, accentuata dalla ruga orizzontale posta alla radice del naso e, sotto l'arcata sopracciliare, dagli occhi incavati fissi in avanti. Due rughe scendono dalla base del naso verso la bocca, dalle labbra sottili, limitata agli angoli da una piega molto rilevata. I capelli, disposti a vortice sulla sommità del cranio, scendono in avanti sulla fronte in una frangia movimentata. Il volto, ricco di sottili ricerche chiaroscurali, è caratterizzato da un'espressione pensosa e patetica i cui tratti comunicano un'intensa forza intellettuale. La critica è propensa nel ritenere che il prototipo di questo ritratto, di cui la testa ai Musei Vaticani rappresenta una copia di età claudia, sia da porsi dopo la morte del dittatore, in concomitanza con la propaganda di Ottaviano e con il suo presentarsi come *Divi filius*.

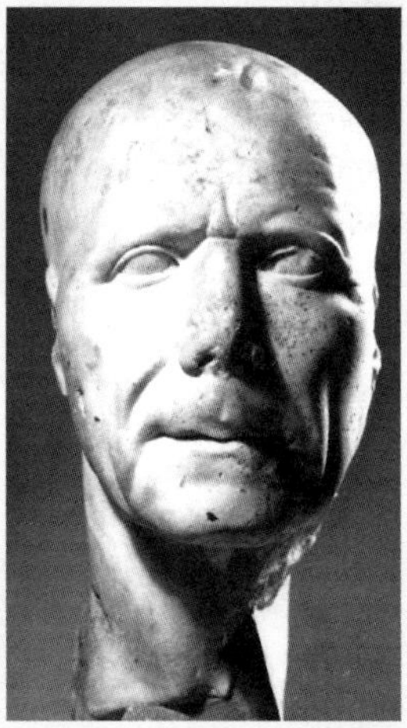

44. Ritratto di sacerdote isiaco, Roma, Museo Nazionale Romano
Tra i primi culti orientali diffusi nell'occidente romano già in età ellenistica figurano quelli isiaci, la cui presenza risulta attestata da evidenze epigrafiche e archeologiche già alla fine del II secolo a.C. in Campania e a Roma sin dall'età sillana. A questa sfera cultuale va ricondotto il ritratto di questo anziano personaggio, recuperato dall'alveo del Tevere, rappresentante un sacerdote isiaco, come si deduce dal cranio rasato e dalla cicatrice rituale che contraddistingueva i sacerdoti di Iside. Le superfici morbide del viso sono solcate da profonde incisioni agli angoli degli occhi, alla radice e alla base del naso, ai lati della bocca. Il volto, magro e allungato, presenta un'ampia fronte solcata da rughe parallele, occhi piuttosto piccoli delimitati da palpebre sottili a semicerchio, labbra serrate a marcare, insieme alla mascella squadrata, a indicare il carattere volitivo. Caratteristiche tecniche e stilistiche, quali l'impianto simmetrico della testa, la plastica asciutta e l'espressione severa del volto dominato dalla fronte alta, permettono di datare il ritratto intorno alla metà del I secolo a.C.

45. Ritratto di Cicerone, Roma, Musei Capitolini
Il Cicerone dei Musei Capitolini è un uomo di mezza età, il cui volto tondo è caratterizzato da una fronte alta, solcata da profonde rughe, e da un naso aquilino, lungo e pronunciato; gli occhi, piccoli e distanti, mirano in lontananza sotto l'arcata sopracciliare, contribuendo a rendere tesa e concentrata l'immagine del volto che, ruotato a sinistra, è oggi inserito su un busto di restauro non pertinente. Alla bocca piccola e serrata si contrappone lateralmente il trattamento accentuato delle rughe e delle pieghe della pelle, unificate in superfici ampie e morbide, che bene si accorda con il rigonfiamento del collo realizzato a indicare il "doppio mento"; i capelli sono volutamente resi a

presenti nel rituale funerario romano ricordato da Polibio. Questa lunga tradizione non pone l'accento sulla rappresentazione individuale e realistica – che appare invece una componente essenziale della ritrattistica greca come ricordato sopra – quanto su un complesso di valenze politiche, religiose, cerimoniali entro cui dobbiamo necessariamente inquadrare il funzionamento della ritrattistica romana che, nel corso del tempo, ha raccolto e utilizzato sollecitazioni di diversa provenienza. In questa prospettiva è stata di recente sottolineata l'importanza delle statue onorarie che, a partire dalla fine del V secolo e poi aumentando vistosamente nel corso della seconda metà del IV secolo a.C., mettono in

ciocche poco rilevate e rade, soprattutto all'altezza delle tempie, per enfatizzare la fronte larga e spaziosa. Ispirato a modelli tardoellenistici rivissuti alla luce del ritratto veristico romano di età repubblicana, la testa dei Musei Capitolini rappresenta la copia di età augustea di un modello originale risalente al 50 a.C., in cui è tramandato l'aspetto volitivo e autoritario dell'oratore.

46. Ritratto di Pompeo, Venezia, Museo Archeologico
47. Ritratto di Pompeo, Copenhagen, Ny Carlsberg Glyptothek

Dei ritratti di Pompeo sono note due varianti, il tipo Venezia e quello Copenhagen, verosimilmente realizzate nella forma di statue-ritratto in occasioni storiche precise, sebbene non determinabili. Il ritratto di Venezia, copia di età augustea, è ritenuto derivato dal tipo più antico, da comprendere cronologicamente negli anni tra il trionfo del 71 a.C. e quello del 61 a.C. su Mitridate e sui pirati: rappresenta un uomo nella piena maturità i cui tratti fisionomici del volto (la struttura triangolare della faccia, gli occhi infossati, la bocca piccola e serrata, il mento marcato), contribuiscono a creare l'energico modello di un uomo d'azione illuminato. La caratteristica torsione del collo e l'accentuato sfumato dell'esecuzione permette di inquadrare il ritratto ancora nell'ambito della tradizione barocca ellenistica. Una più complessa solidità dal punto di vista plastico presenta il Pompeo tipo Copenaghen, copia di età tarda tiberiana proveniente dalla tomba dei Licini (discendenti per adozione da Pompeo) di un originale databile agli anni 60-50 a.C.: il ritratto si risolve nel contrasto tra la capigliatura a lunghe ciocche culminanti nell'*anastolé* (la ciocca centrale) alla maniera di Alessandro Magno, alla cui *imitatio* Pompeo cercò di adeguare la propria immagine, e le fattezze del volto, dalle forme morbide, ma i cui tratti fisionomici degli occhi e della bocca sono trattati con il taglio incisivo proprio del realismo italico, secondo una tendenza presente anche nel ritratto di Crasso. Sono stati individuati in questa scultura i primordi della nuova concezione del ritratto classicistico augusteo che fonde elementi propri della tradizione del ritratto dinastico all'interno di una visione più limpida e fredda delle forme propria del gusto neoclassico.

scena personaggi esemplari della storia o del mito ma anche personaggi reali quali *exempla virtutis*. Gli esempi del Bruto Capitolino o delle statue di Pitagora e Alcibiade erette presso il Comizio possono costituire una spia della scelta operata a Roma in favore di una rappresentazione dipendente dai modelli dell'oratore e del filosofo, di forte valenza politica in relazione al quadro ateniese, rispetto ad esempio a quanto vediamo in tanta parte della documentazione etrusca ove emerge il pingue banchettante che sembra richiamare più scopertamente l'idea di *tryphè* fortemente imparentata con una certa ritrattistica circolante nelle corti ellenistiche. Anche per quanto riguarda il ritratto, gli effetti dell'*Asiatica luxu-*

ria non tardano a tradursi in una fortissima spinta alla resa individuale, sia sul piano fisico che sul piano delle qualità morali che si vogliono esibire. In questa prospettiva possiamo richiamare anche la possibile influenza esercitata dalle *tabulae triumphales* destinate a narrare le imprese dei generali vittoriosi. In altre parole, la resa fisiognomica individuale accompagna tutto il processo di esaltazione e celebrazione delle imprese e delle *virtutes* dei grandi personaggi emergenti della tarda repubblica in analogia a quanto abbiamo già potuto constatare in campo architettonico, negli spazi dell'*otium*, nelle trasformazioni urbanistiche, nelle scenografie del II stile pittorico. Tutto ciò si traduce anche nell'emergere su larga scala del nuovo modello del sepolcro individuale, che insinua l'idea di un'eroicizzazione del defunto, insieme alla diffusione di rilievi funerari raffiguranti intere famiglie che si affacciano direttamente sulle strade in modo da comunicare direttamente il ruolo e il prestigio dei singoli nuclei familiari [vedi parte III capitolo 4]. Questa insistenza sulla rappresentazione delle qualità individuali [figura 42] fa un uso sapiente e mirato del vocabolario stilistico e iconografico, rivolgendosi di volta in volta alle tendenze classiciste o a quelle dell'ellenismo patetico e talvolta mischiando i diversi linguaggi [figure 43-47]. Si è già ricordato il modello achilleo che rimanda sostanzialmente all'eroicizzazione del personaggio; un altro importante filone è quello della già ricordata *imitatio Alexandri* che altrettanto esplicitamente rimanda all'esaltazione delle qualità del sovrano ellenistico. Anche il verismo esasperato di tanta parte della ritrattistica romana tardorepubblicana appare del tutto funzionale ad accentuare le caratteristiche individuali. L'avvento dell'età augustea assume ancora una volta la forma simbolica e propagandistica di una rifondazione della società romana in cui Augusto, "nuovo Romolo", diviene il garante dei nuovi tempi dell'età dell'oro funzionali a riproporre un saldo ordine gerarchico in campo sociale e politico. A conferma del profondo intreccio tra lotte politiche ed uso di differenti linguaggi artistici, le statue in nudità eroica, utili all'esaltazione di personaggi emergenti, divengono

48. Fregio scultoreo della Basilica Emilia, Roma, Antiquarium forense
Gli scavi della Basilica Emilia nel Foro Romano hanno restituito un grande fregio che decorava l'architrave del primo dei due ordini interni dell'edificio, essendo decorato il secondo unicamente da motivi vegetali. Le lastre narrano episodi delle origini di Roma, a partire dalla gioventù di Romolo e Remo, pastori alla presenza di Acca Larenzia; seguono la fondazione di Roma, l'istituzione dei *Consualia* da parte di Romolo, il ratto delle Sabine, la punizione di Tarpea, le nozze di Romolo (?) e la fondazione di una colonia romulea, forse Cameria. Le scene, costruite con palese chiarezza esplicativa e con abbondanza di dettagli paesistici, rivelano l'origine pittorica delle singole iconografie, oltre a un eclettismo stilistico per cui caratteri classicisti come lo sfondo neutro o la paratassi compositiva si fondono ad altri di tradizione ellenistica legati alle esperienze dei fregi di Pergamo e di Magnesia. Una cronologia di età sillana, in concomitanza con la ricostruzione dell'87-78 a.C., trova conferma a un'analisi di natura tecnica del monumento e dalla documentazione numismatica, ricorrendo nei denari di L. Titurio Sabino, datati all'87 a.C., i temi del ratto delle Sabine e della punizione di Tarpea caratterizzati da notevoli consonanze iconografiche con il fregio della Basilica Emilia.

49. Fregio dipinto dal sepolcro degli *Statilii Tauri* dell'Esquilino, Roma, Museo Nazionale Romano
Situati sull'Esquilino fuori porta Prenestina, gli *horti* di T. Statilio Tauro, trionfatore ad Azio e seguace di Augusto, accoglievano il piccolo colombario della *gens Statilia*, decorato in età augustea con un fregio narrante episodi relativi alla fondazione di Roma, legati alla saga troiana di Lavinio e di Alba Longa. Entro una cornice continua violacea, gli episodi dei *Primordia Urbis* (illustrati da didascalie già evanescenti al momento della scoperta) si riferiscono, sulla parete ovest, alla fondazione di Lavinio, allo scontro tra Rutili e Troiani (causato dalle nozze di Enea con Lavinia) nei pressi del fiume Numicio, battaglia vinta da Enea incoronato da una Vittoria raffigurata all'estremità della parete. Più problematica risulta invece l'interpretazione della scena sulla parete orientale, in cui si è letta la vicenda della vestale Rea Silvia, culminante nell'esposizione di Romolo e Remo e nel prodigio del Lupercale sulla parete nord. Nota dominante dell'intera composizione è sicuramente la varietà dei modelli iconografici e compositivi adottati, la cui selezione appare motivata dall'esigenza di un'immediata leggibilità delle immagini: così se le scene di combattimento dipendono da schemi di alta età ellenistica, le immagini bucoliche traggono, invece, origine stilisticamente dalle pitture di paesaggio, mentre le figure delle singole divinità e personificazioni richiamano tipi statuari classici; ricorda le realistiche scene di genere l'episodio dei muratori al lavoro per erigere le mura della città. Il messaggio politico che informa l'intera composizione ben si inscrive all'interno della propaganda augustea, per cui ogni cittadino romano, all'interno del proprio rango sociale, è chiamato a sentirsi partecipe della leggendaria storia di Roma che, iniziata con le eroiche gesta di Enea, aveva trovato il suo culmine proprio sotto il principato di Augusto.

rapidamente fuori moda in quanto sentite come pericolose rispetto all'ordine augusteo, dall'altro lato il linguaggio classicista, senza essere esclusivo, appare come il più adatto a esprimere i nuovi valori di ordine e stabilità.

A livello iconografico, gli ultimi cicli scultorei e pittorici della fase repubblicana tornano ai temi delle origini e del legame mitico con il mondo troiano [figure 48-49], prefigurando così il nucleo centrale dell'ideologia augustea.

6. L'età di Augusto

Testo di
Gian Luca Grassigli
Schede di
Marco Giuman

"Ricomincia il regno di Saturno e già una nuova generazione discende dall'alto del cielo [...] si eleva sul mondo intero l'aurea stirpe: ecco già regna Apollo" (Virgilio, *Bucoliche*, IV, 5). "[...] campi felici cercheremo e fortunate isole, dove il suolo non arato dona biade e la vite non potata fiorisce senza soste [...]" (Orazio, *Epistulae*, XVI, 41). In questi versi, non isolati, di Virgilio e di Orazio siamo soliti leggere il sogno diffuso nella società del tempo della fine dell'aspro periodo delle guerre civili e dell'inizio di un'età pacifica e prospera. Insieme al sogno, però, dobbiamo riconoscere anche il sostegno a un preciso progetto politico destinato a ricostruire dalle radici lo Stato romano.

Alla luce di questi due grandi poeti di corte possiamo leggere l'arte augustea come un'espressione del vasto progetto di rifondazione politica, ideologica e culturale dello Stato romano, che conduce alla costituzione dell'impero. In questa fase assistiamo a un forte controllo da parte del potere centrale, che si traduce in una profonda manipolazione dei temi e delle forme del linguaggio artistico, non per questo indifferente ai problemi estetici, in grado di sfruttare tutta la capacità evocativa e significativa delle diverse tradizioni formali dell'arte greca. In particolare, tuttavia, si individua nell'elaborazione di un linguaggio ispirato allo stile dell'arte attica della prima età classica, e perciò detto classicista, il migliore strumento per esprimere i valori fondamentali del nuovo corso politico e culturale. Nella necessità da parte di Ottaviano Augusto e della sua cerchia di diffondere e far accettare questo nuovo programma, l'arte mantiene e rafforza quel ruolo fondamentale di efficace mezzo di comunicazione, capace di agire anche sul piano estetico ed emotivo, ossia irrazionale, delle persone.

In questa grande operazione politica e culturale svolgeva un ruolo determinante il costante richiamo alla tradizione, ovviamente modi-

1. Ritratto giovanile di Augusto barbato da Arles, Arles, Lapidarium
2. Ritratto di Augusto da Fondi, Napoli, Museo Archeologico Nazionale
Un raffronto tra le fattezze del volto di Alessandro così come trādito dalle fonti iconografiche di età ellenistica – può essere il caso del celeberrimo mosaico con la raffigurazione della battaglia contro Dario – e questa testa giovanile di Augusto proveniente da Arles ma nota in più repliche, può costituire un nitido strumento interpretativo per verificare le tendenze stilistiche che caratterizzano la ritrattistica della Roma degli anni intorno al 40 a.C. La presenza della barbula, gli zigomi pronunciati, le sopracciglia allungate e di taglio vagamente obliquo, la capigliatura disordinata, sono gli elementi distintivi di questo ritratto, nel quale a stento riconosciamo i lineamenti fisiognomici del futuro imperatore e che si richiama in maniera diretta al prototipo dei grandi condottieri dell'età ellenistica. Ritroviamo le medesime caratteristiche, forse addirittura accentuate nella resa morbidamente plastica del modellato, in un altro busto di qualche anno posteriore, proveniente da Fondi e conservato a Napoli. È questa l'opera di uno scultore di chiara formazione ellenistico-asiatica, in cui la ricerca dello sfumato pittorico appare ancora lontana dalle fredde convenzioni classicistiche di tradizione neoattica.

3. Ritratto di Augusto, Roma, Musei Capitolini

Cronologicamente riconducibile agli anni immediatamente successivi al 31 a.C., così almeno sembrerebbe indicare il confronto con le emissioni monetali che seguono la vittoria di Azio, il ritratto dei Musei Capitolini – su busto antico non pertinente – racchiude in sé buona parte degli aspetti formali che caratterizzano le concezioni artistiche del primo periodo augusteo. Se resta in parte intelligibile un'impostazione complessiva che ancora si richiama in maniera esplicita agli stilemi ellenistico-barocchegianti del decennio precedente – il capo piegato verso sinistra, l'aspetto dolentemente meditativo del volto, gli occhi profondamente infossati, la capigliatura scomposta –, ben diversa appare la resa ruvidamente metallica e netta del modellato, in parte certamente attribuibile all'opera del copista, ma che sembra altresì anticipare le caratteristiche più proprie della ritrattistica ufficiale dell'ultimo quarto del I secolo a.C.

ficata o addirittura reinventata in funzione della nuova situazione storica, così che ogni cambiamento apparisse il recupero o l'evoluzione degli aspetti più antichi e nobili caratterizzanti la natura del popolo romano. In questo senso fu costante il riferimento al concetto di *mos maiorum*, ovviamente manipolato in funzione ideologica, quale strumento propagandistico che garantisse la bontà dei cambiamenti istituzionali.

La dimostrazione dell'efficacia dell'azione augustea non sta solo nel successo del suo progetto politico, ma anche nel fatto che gli studiosi, ancora oggi, tendono a fornire un'immagine omogenea e univoca della società del tempo, come se davvero si fosse realizzata un'età dell'oro, in cui non esistesse né scontento né dissenso politico. In verità anche quella società era percorsa da forme vibranti di opposizione, costituita in particolare dalla cerchia dei personaggi raccolti intorno a Messalla, ma il controllo fu tale da parte del potere centrale, che ben poche notizie e poche tracce sono giunte fino a noi, e per di più spesso trascurate dagli studiosi.

Non c'è nulla di meglio per avvicinarci all'arte di quest'epoca, che vedere come siano cambiati i modi di rappresentare il volto di Augusto, ossia come egli stesso abbia voluto modificare nel tempo la sua immagine da proporre al pubblico.

I primi ritratti di Ottaviano, da collocare intorno al 40 a.C., coniano l'immagine di un tipo giovanile nuovo nella ritrattistica ufficiale, abituata al tema dell'uomo maturo, che si ricollega direttamente ai modi della rappresentazione di Alessandro Magno [figura 1]. Ancora poco prima di Azio (31 a.C.), vediamo applicate in maniera enfatica queste caratteristiche in una testa da Fondi [figura 2]. La forte torsione del collo, il capo rivolto verso l'alto, la plasticità intensa delle ciocche scompigliate, coerente del resto con il modellato carnoso di tutto il volto, la densa passionalità, rimandano esplicitamente ai modi della rappresentazione dei principi orientali. Il modello e il linguaggio adottati comunicano l'idea di un capo militare sull'esempio ideale di Alessandro, dall'energia intensa e vigorosa, impulsiva e incontenibile, tutta esplicitata all'esterno non solo nelle vittorie militari, ma anche nella capacità di attingere a piene mani ai piaceri della vita. In questa fase non appare alcuna differenza rispetto ai ritratti dei grandi personaggi della tarda repubblica e in particolare a quello di colui che sarà il suo avversario principale, ossia Marco Antonio.

Ma la vittoria di Azio su Antonio e sul suo esplicito riferimento ai modelli di sovranità orientale, offrì non solo il potere a Ottaviano, ma anche l'occasione per un importante cambiamento nella definizione del suo progetto

politico e insieme della sua immagine. Nel ritratto nato in quegli anni [figura 3], vediamo come il tema del capo militare sia trattato in forme più composte, dalla resa più quieta e uniforme della capigliatura a una sobrietà più generale del modellato, che si dirige verso modi classicistici, per comunicare un'energia più consapevole e matura, governata dalla razionalità e immune dal vibrante vigore passionale delle immagini dei sovrani orientali. In questo senso procede l'evoluzione della rappresentazione del volto di Augusto, che tende alla rimozione dell'energia esplosiva del condottiero e, attingendo sempre più diffusamente ai modelli dell'arte classica, il cui equilibrio e la cui misura parevano ora più confacenti ai nuovi contenuti, delinea un'immagine più sobria, essenziale e contenuta, governata da una ferma razionalità.
La scelta nel 27 a.C del Doriforo, ossia del prototipo classico per eccellenza, per la rappresentazione dell'imperatore in veste militare, risulta perfettamente coerente con questo spirito [figura 4]. Il tipo, diffuso in tutto l'impero, svolge un'importante funzione propagandistica, non solo perché comunica, attraverso le forme classiciste, l'idealizzazione della forza consapevole e sorvegliata dell'imperatore, ma mediante la scena figurata posta sulla corazza trasforma l'operazione diplomatica della riconsegna delle insegne sottratte dai Parti a Crasso in una vittoria militare inscritta in un contesto cosmogonico, ossia considerata come una tappa ineluttabile del disegno divino che guida la storia di Roma. Non c'è più traccia di passione alcuna nell'immagine in veste di Pontefice Massimo, che l'imperatore fa diffondere nell'ultimo periodo del suo regno, dal modellato sempre più sobrio e controllato, dall'espressione lontana, evocante un profondo equilibrio interiore [figura 5]. Si pone l'accento sulla sensibilità religiosa,

4. Statua di Augusto dalla villa di Livia a Prima Porta, Città del Vaticano, Musei Vaticani
Proveniente dalla villa suburbana di Livia lungo la via Flaminia, questa statua di Augusto costituisce al tempo stesso il prototipo delle statue loricate imperiali fino alla tarda antichità e un chiaro manifesto delle chiavi propagandistiche che alimentano l'ideologia di età augustea. Rappresentato nell'atto di richiedere il silenzio, secondo un'impostazione che affonda le proprie radici nella statuaria di tradizione italica, l'imperatore, il cui volto già tradisce le caratteristiche stereotipate del ritratto ufficiale, appare avvolto nel *paludamentum* militare e con una lancia serrata nella mano sinistra. Particolarmente interessante è la decorazione posta a ornare la corazza: in alto la personificazione del Cielo, al di sotto del quale corre la quadriga del Sole preceduta da *Aurora e Phosphoros*; in basso *Tellus*, Apollo a cavallo di un grifo e Diana su una cerva. Al centro, tra le personificazioni delle province pacificate di Pannonia e Germania, un dignitario dei Parti – forse lo stesso sovrano – restituisce a un generale romano – forse Tiberio – le insegne conquistate a Crasso nella battaglia di Carre. Verosimilmente di fattura neoattica, l'Augusto della villa di Prima Porta può essere inserito nella polemica che vede contrapposto Tiberio – così almeno sembrerebbero indicare i riferimenti ai fasti militari illirici e germanici – a Gaio e Lucio Cesare nella prospettiva delle successione imperiale.

5. Statua di Augusto *capite velato* da via Labicana, Roma, Museo Nazionale Romano
6. Ritratto di Lucio Cesare da Vigna Santucci, via Nomentana, Roma, collezione privata

Copia di età tiberiana o claudia di un ritratto eseguito con buona probabilità nei primi anni dell'era volgare, l'Augusto proveniente da via Labicana, lungo le pendici del colle Oppio, ci mostra l'imperatore impegnato *capite velato* nell'assolvimento dei compiti rituali a lui deputati in qualità di *Pontifex Maximus*: vestito di una lunga e ampia toga, forse con una patera nella mano destra, Augusto doveva essere rappresentato nell'atto di eseguire un sacrificio. La testa, realizzata da uno specialista e solo successivamente inserita nel corpo, presenta buona parte delle caratteristiche formali che qualificano il classicismo di età tardoaugustea, soprattutto per quanto concerne il modellato sobrio e misurato del volto che, unitamente a una resa più disegnativa della capigliatura, si concreta in una sorta di sublimazione ieratica dell'aspetto stanco e malato dell'imperatore. Ritroviamo le medesime chiavi stilistiche, oramai denotanti in senso lato le caratteristiche formali della ritrattistica ufficiale degli anni finali del regno di Augusto, nelle rappresentazioni pertinenti alla sua più immediata discendenza. È il caso di questo ritratto di Lucio Cesare proveniente da Vigna Santucci, lungo la via Nomentana, nel quale il volto del giovane e sfortunato figlio di Giulia, che morirà prematuramente a Marsiglia nell'agosto del 2 d.C., ci viene proposto secondo quegli stilemi di sobrietà e fermo classicismo che possiamo oramai leggere in chiave propriamente dinastica.

per esprimere l'idea di un uomo, la cui forte tempra morale e la dedizione al bene pubblico ha allontanato progressivamente dall'interesse per i piaceri della vita. Il ritratto è eseguito sempre secondo il fermo equilibrio del linguaggio classicista, ponendo quindi l'accento sull'ispirazione religiosa della sua azione politica, funzionale, anche, al rafforzamento del programma di controllo sociale dei costumi, basato sulla diffusione incessante di valori ispirati al cosiddetto *mos maiorum*, ossia all'immagine idealizzata dei tempi della Roma più antica. In questa maniera si dava maggior forza alle idee di "moralizzazione" della vita individuale, ispirate alla sobrietà, alla misura nei costumi, a una rigorosa morale sessuale, alla promozione della famiglia. Anche in questo senso, dunque, il richiamo ideologico alla tradizione riveste un'importanza fondamentale. La stessa sobrietà del linguaggio espressivo viene utilizzata per i ritratti dei discendenti diretti di Augusto [figura 6], secondo l'esplicito progetto dell'instaurazione di una successione dinastica, mentre il primo erede designato, nonché straordinario collaboratore di Augusto, cioè Agrippa, prolunga anche oltre gli anni di Azio l'uso nel suo ritratto in un linguaggio più vicino alla sensibilità dell'ellenismo barocco, nel modellato più plastico e nel più vivido chiaroscuro, e quindi prossimo ai modelli dei sovrani orientali, come mostra il tipo risalente probabilmente al

7. Ritratto di Agrippa da Gabii, Parigi, Musée du Louvre

Probabilmente da ricondurre a un prototipo realizzato in occasione delle nozze celebrate nel 21 a.C. con la figlia di Augusto, Giulia, questo ritratto ora conservato al Louvre mostra con chiarezza gli stilemi che caratterizzano il tardo "barocco" ellenistico degli anni finali dell'ultimo quarto del I secolo a.C.: il capo piegato, il volto corrugato, la capigliatura resa in piccole ciocche separate, gli occhi infossati, rappresentano le chiavi formali che abbiamo già incontrato nel ritratto di Ottaviano dei Musei Capitolini, quelle chiavi dal tratto psicologico così fortemente delineato che tanto sembrano discostarsi dall'Agrippa dell'*Ara Pacis*, risolto nella fredda espressività di un classicismo augusteo oramai definitivamente affermatosi.

8. Ricostruzione della decorazione dell'attico del Foro di Augusto, Roma, casa dei Cavalieri di Rodi

Ben si adattava ai modi formali e alla temperie pienamente classicista del Foro augusteo la decorazione scultorea posta a ornare l'attico dei grandi portici laterali. Racchiuse all'interno di metope delimitate da una cornice a *kyma* lesbio, facevano bella mostra di sé *imagines clipeatae* effigianti la testa barbuta di Giove Ammone entro corone circolari di foglie. A sostegno dell'architrave superiore, caratterizzato da cassettoni con rosetta centrale, trovavano posto Cariatidi a tutto tondo, con un richiamo alla loggia dell'Eretteo che appare tanto manifesto nel suo impianto complessivo quanto distante nella resa formale, così lontana dall'equilibrio e dalle sottigliezze stilistiche che caratterizzano l'inarrivabile modello ateniese.

21 a.C. [figura 7]. Questa diversificazione rispetto all'evoluzione dell'immagine di Augusto si lega forse a un gusto personale, ma anche, probabilmente, alla volontà di continuare a esprimere in forme più vigorose l'idea del condottiero eroico e vittorioso.

L'evoluzione delle forme di rappresentazione del volto del primo imperatore può essere usata come il paradigma dello sviluppo dell'arte augustea. L'arte ufficiale aderisce sempre più a modelli classici, dal momento che, già in questo periodo, l'arte classica – o almeno una parte di essa – veniva sentita come la forma ideale per l'espressione di idee legate all'equilibrio delle passioni, alla compostezza, alla solidità, alla moderazione, all'austerità, a una serie di valori, insomma, adottati quali elementi guida dalla propaganda imperiale, per la creazione di un consenso diffuso intorno al progetto di fondazione in chiave autoritaria del nuovo Stato. L'azione di Augusto e del suo *entourage*, in questo senso, fu vasta, profonda e capillare. Naturalmente non si tratta di una riproduzione meccanica, ma proprio per la diversità del messaggio e per la varietà delle esperienze accumulatesi nel tempo, ci troviamo di fronte all'utilizzo di modelli rielaborati e riformulati secondo una sensibilità e un intento profondamente diversi da quelli originari. Il linguaggio classico, in sostanza, diventa un modello ideale, a cui rivolgersi per la produzione di un'arte che ha al

suo interno significati, problemi e fini assolutamente diversi da quelli del mondo greco, che l'aveva inventato ormai cinquecento anni prima. Questo spiega non solo le differenze formali, ma anche il diverso effetto emotivo sullo spettatore moderno.
Uno degli aspetti più importanti dell'azione augustea è dato dai vari interventi in ambito architettonico e monumentale, con la costruzione di numerosi edifici pubblici e con la ristrutturazione di altri già esistenti. Secondo tale prospettiva assume un'importanza determinante sia la conclusione del Foro concepito da Cesare, che suggerisce l'idea di continuità rispetto all'azione del padre adottivo, sia la costruzione di un nuovo Foro personale, collegato al precedente. Per quanto scavi recenti stiano in parte ridisegnando la planimetria del Foro di Augusto, rimane invariato il ruolo determinante che al suo interno svolgeva il tempio dedicato a Marte Ultore. Dal punto di vista ideologico la scelta di questa divinità comunicava espressamente l'idea dell'inesorabile forza militare di Roma, concepita – almeno dal punto di vista propagandistico – non tanto come uno strumento di conquista, quanto di pacificazione, come premessa alla diffusione di prosperità e benessere in ogni regione dell'impero. L'idea della pace imposta con la sola minaccia delle armi, infatti, fu un tratto tipico del regime augusteo.
Il complesso era arricchito da un imponente apparato decorativo, costituito da una grande quantità di statue e rilievi disposti lungo i portici e nelle ampie esedre, che svolgeva un accurato discorso ideologico e propagandistico. Il soggetto principale era naturalmente Roma, ossia la visione trionfante della sua storia, evocata sia dalle immagini dei personaggi legati al mito delle origini, quali Enea e Romolo, sia da quelle degli uomini illustri, che l'avevano resa grande. Ma nell'esaltare la storia di Roma, in verità, si provvedeva a porre enfasi sul ruolo della *gens Iulia*, ossia della famiglia di Augusto, e quindi di Augusto stesso. L'abile uso dell'antiquaria operato dagli intellettuali di corte, e testimoniato dal poema di Virgilio, intrecciava, infatti, nel programma figurativo la vicenda mitica di Roma a quella della *gens Iulia*, così che Augusto, la cui statua campeggiava al centro del Foro, poteva essere visto quale successore di Enea e di Romolo e quindi come il nuovo fondatore della città. In questo senso si spiega la presenza della statua di Venere sia nella cella sia nel pronao del tempio, progenitrice della stirpe

9. Fregio della cella del tempio di Apollo Sosiano, Roma, Musei Capitolini
Al rifacimento augusteo dell'antico tempio di Apollo Medico, realizzato negli anni compresi tra il 34 e il 25 a.C. da C. Sosio – da cui il nuovo appellativo di Sosiano dato alla divinità –, è pertinente un frammento del fregio della cella raffigurante una processione trionfale. Al seguito di un *ferculum* al di sopra del quale è posto un trofeo circondato da prigionieri barbari, apparentemente abbigliati alla maniera germanica e forse pertinenti al trionfo di Augusto del 29 a.C., alcuni inservienti guidati da un *tibicine* accompagnano al sacrificio gli animali destinati al *suovetaurilia*. Lo stile sobrio e narrativo del rilievo, in ovvio contrasto con la piena classicità greca delle sculture frontonali, ben si inserisce nei modi formali che caratterizzano il rilievo storico romano dei primi anni dell'età augustea.

10. Teatro di Marcello a Roma
Progettato per volere di Cesare nell'area che ospitava il tempio della *Pietas*, demolito unitamente ad altri edifici privati per far spazio alla nuova costruzione, il teatro fu completato da Augusto e da questi dedicato al nipote Marcello nel corso dei *ludi saeculares* del 17 a.C. Inaugurato ufficialmente solo quattro anni più tardi, l'edificio sostituiva l'antico *theatrum ad Apollinis*, cavea teatrale sull'asse del tempio di Apollo Sosiano eretta già nel 179 a.C. Costruito su poderose sostruzioni radiali in blocchi di tufo, opera reticolata e laterizio, il teatro presentava una fronte esterna in travertino costituita da archi inquadrati da semicolonne su tre ordini, dorico, ionico e corinzio – incerto tuttavia è l'assetto di quest'ultimo, forse da intendere con un modulo a paraste su parete piena. Dell'edificio scenico, più volte restaurato in età imperiale e noto per la ricchezza dei suoi apparati decorativi, nulla rimane. L'analisi della *Forma Urbis*, tuttavia, ci permette di ricostruire l'assetto complessivo della struttura, alle cui spalle dovevano ergersi un largo recinto *pone scaenam* di forma absidata e due costruzioni di minori dimensioni, verosimilmente da identificare nelle *aedes* della *Pietas* e di Diana in Circo, distrutte da Cesare e successivamente ricostruite da Augusto.

troiana di Enea e della famiglia dell'imperatore. Non è un caso, quindi, se nella cella dell'edificio sacro era posta anche la statua del divo Giulio, ossia del padre adottivo di Augusto. Anche Marte, titolare del tempio nella sua qualità di vendicatore, rientrava nella vicenda mitica di Roma, in quanto progenitore di Romolo e Remo, la cui madre, tuttavia, Rea Silvia, discendeva da Enea. Nonostante l'articolazione spaziale del Foro, legata alla tradizione delle *porticus* romane medio e tardorepubblicane, sentisse gli influssi del cosiddetto barocco ellenistico, l'apparato decorativo richiamava in maniera esplicita modelli classici, ancora una volta ateniesi, come mostra chiaramente la ricostruzione della decorazione dell'attico [figura 8], con la cadenzata presenza delle Cariatidi, ispirate direttamente alla loggetta dell'Eretteo, posto sull'Acropoli di Atene. Si capisce bene come la scelta di un'estetica classicista corrispondesse ora alla volontà di comunicare un'idea solenne e austera di ordine e stabilità, quali valori intesi sia in ambito privato, come dimostra la sequenza dei romani illustri disposta nel Foro di Augusto, sia sul piano politico, come frutto dell'instaurazione dell'impero. Il linguaggio classicista, peraltro, attribuisce ai valori espressi una dimensione sovratemporale, così come l'implicito richiamo ad Atene, sentita naturalmente come una realtà profondamente idealizzata e quindi manipolata, di cui Roma sarebbe la continuazione perenne. Del resto gli interventi architettonici augustei modificano profondamente anche l'*agorà* ateniese, mentre nel senso della continuità tra le due capitali va letto il trasporto a Roma delle sculture del frontone del tempio di Apollo Sosiano [figura 9].

L'ampio programma di rinnovamento monumentale corrisponde da un lato alla necessità di rendere manifesta la forza e la potenza dello Stato rinnovato e dall'altro, in chiave demagogica, di creare consenso intorno alla figura dell'imperatore, che non solo restituiva, abbelliti, spazi privati al popolo, ma si preoccupava anche dello svago dei cittadini, portando a termine, ad esempio, la costruzione del teatro di Marcello [figura 10]. Quest'azione, pur privilegiando Roma, investì tutto il territorio delle province, dove si dette avvio a un diffuso fenomeno di rinnovamento urbanistico di numerose colonie e municipi, grazie anche al contributo diretto di una parte delle aristocrazie locali. L'introduzione nei centri provinciali di monumenti, pubblici e religiosi, legati per la loro stessa natura alla capitale e ai suoi modi di vita, funziona anche quale formidabile strumento di romanizzazione e di rafforzamento dell'istituto imperiale [figure 11-12]. In generale si considera quale monumento emblematico dell'arte augustea l'*Ara Pacis*, sia per il linguaggio formale utilizzato, sia per i contenuti. Il monumento, per la sua stessa natura, rappresenta bene l'ambiguità di fondo del programma augusteo [figure 13-17]. Da un lato, infatti, nella sua forma elementare di altare su un basamento circondato da un recinto si richiama con apparente semplicità alla più antica tradizione di Roma, dall'altro, con il raffinato programma figurato posto a decorazione in particolare del recinto stesso,

11. Tempio di Augusto a Pola
Dei due templi gemelli che tra il 2 a.C. e il 14 d.C. affiancavano lungo il lato settentrionale del foro di Pola un precedente edificio di incerta destinazione, forse da riconoscere nel *Capitolium* della colonia, ci resta il solo tempio di Augusto e Roma; dell'altro, dedicato a una divinità che ci è sconosciuta, rimane solo la parete posteriore, attualmente inglobata all'interno del palazzo comunale. Su podio con scalinata di accesso centrale, tetrastilo (17,65 x 8,05 metri), il tempio polano di Augusto e Roma presenta una cella unica, delimitata da paraste scanalate. Lisci, al contrario, si presentano i fusti delle colonne corinzie del pronao che sorreggono un'elegante trabeazione timpanata.

12. Arco di Augusto a Rimini
Eretto nel punto di incontro tra la via Flaminia e la via Emilia e dedicato nel 27 a.C. ad Augusto in occasione della risistemazione delle "più frequentate vie d'Italia, da lui stabilita e ordinata", come è possibile leggere nell'iscrizione presente sull'attico, l'arco di Rimini è in realtà una porta urbana, fatto questo che si traduce in uno schema decorativo piuttosto anomalo del monumento e in un'impostazione architettonica che, dovendosi adattare alla superficie piana delle mura, non può che privilegiare un'accentuata verticalità. Realizzato in pietra d'Istria, l'arco presenta una decorazione piuttosto sobria, costituita da due semicolonne di ordine corinzio che sorreggono un timpano. Nello spazio compreso tra il fornice e i capitelli sono collocati – due per lato – quattro clipei effigianti le teste di Apollo, Giove, Roma e Nettuno. Due protomi taurine poste al di sopra della chiave di volta dell'arcata completano l'apparato ornamentale del monumento.

13. *Ara Pacis*, Roma
14. Particolare della Processione
15. Sacrificio di Enea
16. Cosiddetta *Saturnia Tellus*
17. Fregio dell'altare

Votato dal Senato nel 13 a.C. e dedicato nel 9, il grande altare marmoreo, conosciuto anche da emissioni monetali, è costituito da un recinto su basso podio, di forma quasi quadrata (11 x 10 metri) con due porte sui lati minori e un'ara centrale. La decorazione interna delle pareti di recinzione prevedeva in basso la riproduzione marmorea della palizzata lignea eretta al momento della *constitutio* dell'ara; in alto, al di sopra di una fascia di palmette e fiori di loto, erano rappresentati motivi a festoni e bucrani con *phialai* centrali. Il lato esterno del monumento, anch'esso suddiviso in due registri sovrapposti e separati da una fascia a meandro, prevedeva nella zona bassa una complessa figurazione a girali d'acanto e nella parte superiore dei rilievi figurati così suddivisi: quattro scene mitiche e allegoriche sui lati brevi; due scene di processione su quelli lunghi. A inquadrare l'ingresso principale erano la rappresentazione del Lupercale e la scena del sacrificio di Enea ai Penati. Sul primo, fortemente lacunoso, Marte armato e il pastore Faustolo assistono presso la *ficus ruminalis* all'allattamento dei gemelli da parte della lupa. Sul secondo, Enea *capite velato*, assistito da due *camilli* e accompagnato dal figlio Ascanio, offre primizie e la scrofa di Laurento agli dèi Penati di Lavinio. Ai lati dell'ingresso opposto del monumento erano invece collocati i due rilievi a carattere allegorico: una personificazione di Roma in abiti amazzonici seduta su una catasta di armi – di cui restano pochissimi frammenti – e la grande raffigurazione della cosiddetta *Saturnia Tellus*, una figura matronale seduta ornata di diadema, putti e primizie, da identificare forse con Venere Genitrice, forse con la personificazione dell'Italia o ancora con l'allegoria della *Pax terra marique parta*. Questa è inquadrata da due ninfe, l'una seduta su un dragone mari-

sancisce il profondo cambiamento dello Stato. Mentre celebra la pace diffusa in tutto l'impero, ma bisognerebbe meglio dire la pacificazione *manu militari* delle province, esaltando la tradizione mitica di Roma, di fatto porta l'attenzione sull'imperatore e insieme sulla sua famiglia, introducendo così in maniera estremamente solenne l'idea della commistione tra privato del *princeps* ed istituzioni pubbliche e di conseguenza suggerendo il diritto alla successione al trono per via ereditaria. I singoli temi sono ben distinti sia per collocazione sul monumento sia per il diverso linguaggio formale adottato.

Il fregio figurato sull'esterno dei due lati lunghi, infatti, mostra una processione in cui ai magistrati e ai gruppi sacerdotali fanno seguito i membri della famiglia imperiale, comprese le donne e i bambini. L'aspetto del pubblico viene in questa maniera intrecciato indissono, l'altra portata in volo da un cigno. Nel fregio dei due lati lunghi è rappresentata una processione suddivisa in due parti, una ufficiale con i sacerdoti, l'altra riservata alla famiglia di Augusto. Nella prima, che partiva dal lato meridionale che guardava verso la città, è possibile riconoscere i littori che aprivano il corteo, un *camillo*, il *lictor proximus* e dei togati nei quali devono essere riconosciuti i pontefici, al cui centro, a capo coperto, avanza Augusto nella sua carica di *Pontifex Maximus*. Il corteo, secondo la tradizione, è chiuso dai *flamines maiores* e dal *flaminius lictor*, riconoscibile per la grande ascia. È da questo punto che inizia la parte privata della processione, impostata in maniera chiara su una sequenza di tipo dinastico legata alla successione al trono, quale doveva presentarsi negli anni intorno al 10 a.C. La prima figura è quella di Agrippa, già morto tuttavia nel 12, alla cui toga si aggrappa un fanciullo, forse il nipote e figlio adottivo di Augusto, Gaio Cesare; a costoro, stando a una delle letture più verosimili, seguono Livia e Tiberio, quindi, dopo una coppia sconosciuta, Druso con la moglie e il piccolo Germanico. Un ultimo gruppo familiare è aperto da una figura femminile, forse Antonia Maggiore accompagnata dal marito Domizio Enobarbo. Il corteo prosegue sul lato opposto del monumento, dapprima nella sua versione ufficiale con gli auguri, seguiti dai *quindecemviri sacris faciundis* e dai *septemviri epulones*, quindi nella variante privata, aperta dal piccolo Lucio Cesare e da sua madre Giulia, la figlia di Augusto, per proseguire infine con un ordine rigidamente genealogico: Marcella Maggiore, suo marito Iullo Antonio e la piccola Giulia Minore; Marcella Minore accompagnata dal marito Sesto Appuleio e dal loro figlio.

lubilmente al privato del *princeps*. Le singole figure sono disposte paratatticamente, secondo un ritmo cadenzato e solenne, e concepite su due piani ricavati con il diverso spessore del rilievo. Nessun elemento di paesaggio né di quinta architettonica è presente sullo sfondo, così da accrescere la solennità e insieme il carattere quasi atemporale ed esemplare della situazione. Il solo elemento che ravviva la scena è dato dalla varietà dell'atteggiamento delle singole figure, in modo da conferire l'impressione di un'azione in svolgimento. Il modello dal punto di vista formale è la grande processione sul fregio del Partenone. Mentre, tuttavia, nell'edificio ateniese la scena assume un valore ideale, nell'*Ara Pacis* al linguaggio classicista si unisce la concretezza dell'intento ritrattistico nella resa dei volti, esclusivamente quelli dei membri della famiglia di Augusto, nonché un intento propagandistico più esplicito. In altre parole, i modi austeri e idealizzanti del classicismo vengono usati per inserire personaggi reali ed un evento concreto in un'atmosfera di solennità assoluta, quasi al di sopra del tempo, funzionale all'evidente intento celebrativo. A ciò bisogna aggiungere l'estrema attenzione per la disposizione dei singoli personaggi, aderente in maniera perfetta alle ragioni protocollari e alla più antica tradizione dello Stato romano, per quanto riguarda i sacerdoti e i magistrati, e alla linea nella successione per i familiari. Anche in questo caso risulta evidente, quindi, e assai significativa l'adesione quasi ossessiva alle forme della tradizione, ossia al *mos maiorum*, del resto più volte ribadita da Augusto stesso nelle *Res Gestae*, che costituisce un'idea fondante dell'ideologia augustea.

Più libero rispetto alla rigidità delle forme classicistiche appare il linguaggio utilizzato per i quattro pannelli sui lati brevi, che celebrano Roma e il suo impero sia attraverso l'*epos* sia tramite allegorie. Mentre due con la rappresentazione del Lupercale e della dea Roma sono conservati solo in maniera frammentaria, gli altri due appaiono ben leggibili, raffiguranti uno Enea che sacrifica ai Penati e l'altro la personificazione probabilmente di *Tellus*. Anche se singole figure, quali l'Enea sacrificante, vengono trattate con formule classicistiche, l'utilizzo del paesaggio, il carattere composito delle scene, la ricchezza e la varietà delle rappresentazioni, insieme alla grande animazione che percorre le superfici, attingono piuttosto alla vivacità della tradizione ellenistica. Per questi temi non collegati alla solennità cerimoniale e al vincolo della celebrazione di una "realtà storica", per quanto idealizzata, e quindi sciolti anche dalle formule del rilievo cosiddetto storico-narrativo, conveniva evidentemente un linguaggio più ricco e libero, più aderente al carattere fantastico ed evocativo dei soggetti. In questi due pannelli ritroviamo temi fondamentali della propaganda augustea. Mentre *Tellus* evoca la prosperità e la serenità della vita nell'immensa estensione dei territori governati da Roma, con Enea ci si rivolge alla vicenda mitica della fondazione della città e al suo inestricabile intreccio con la vicenda della *gens Iulia*.

Una soluzione ancora diversa venne trovata per il fregio dell'altare, concernente una scena di sacrificio, con la abituale processione delle vittime. Il soggetto, assai tipico e legato alle consuetudini formulari del rilievo "storico-narrativo", richiedeva appunto il linguaggio co-

18. Fregio dell'arco di Susa

A un solo fornice, in marmo bianco di Foresto, con stretti pilastri inquadrati agli angoli da quattro colonne corinzie e alta trabeazione con attico e iscrizione dedicatoria, l'arco onorario di Susa è realizzato tra il 9 e l'8 a.C. per celebrare il *foedus* stretto cinque anni prima tra Augusto e il re locale Cozio. Particolarmente interessante si presenta l'analisi della decorazione del fregio, non solo per le tematiche in esso rappresentate – una scena di *suovetaurilia* che doveva evidentemente sancire il patto di alleanza – ma soprattutto per le inconsuete scelte formali, nettamente improntate a uno stile semplificato e fortemente disegnativo che allontana di molto i rilievi di Susa dai canoni classicistici dell'arte ufficiale di età augustea e rende plausibile l'impiego di maestranze di origine locale.

19. Lastra di tipo Campana con Apollo ed Eracle dal tempio di Apollo Palatino, Roma, Museo Palatino

Il tempio di Apollo sul Palatino, in stretta connessione con la casa di Augusto alla quale era collegato mediante una rampa di accesso, a sottolineare ulteriormente l'alta valenza ideologica che legava l'imperatore a questa divinità, era stato votato nel 36 a.C. e inaugurato nel 28 a.C. In marmo di Carrara e circondato da un portico in giallo antico, l'edificio si presentava riccamente adornato, con gli intercolumni caratterizzati dalla presenza di cinquanta statue effigianti le Danaidi e, all'interno, dai simulacri di Apollo, Latona e Artemide, originali ellenici di Skopas, Kephidotos il giovane e Timotheos appositamente fatti giungere dalla Grecia. Anche gli apparati decorativi di tipo accessorio, in questa prospettiva, ben si adattavano a una lettura di chiara impostazione classicheggiante, come è possibile comprendere dall'analisi del fregio architettonico con scene a tema apollineo del quale possediamo numerosi frammenti. È il caso di questa lastra di tipo Campana, delimitata in alto da un fregio a ovuli e in basso da fiori di loto e palmette. In essa, secondo stilemi nitidamente arcaicizzanti è raffigurata, a bassissimo rilievo, la scena della lotta per il possesso del tripode delfico: sulla sinistra è Apollo, con arco, frecce e due turcassi sul dorso, sulla destra Eracle, la clava e la *leontè* strettamente serrata in vita da una cintura; al centro è raffigurato l'oggetto della contesa, il tripode di Delfi, alla cui base riconosciamo il profilo del sacro *omphalos* oracolare.

20. Rilievo con triade apollinea e Vittoria, Roma, Villa Albani

Presso le collezioni della villa Albani è conservato un rilievo marmoreo di provenienza sconosciuta e cronologicamente riconducibile alla prima età augustea. Lungo un muro di *temenos* alle spalle del quale riconosciamo la parte sommitale di un tempio corinzio con fregio caratterizzato da corse di carri e frontone con *gorgoneion* sorretto da tritoni, Apollo, Diana e Latona avanzano in direzione di un altare circolare, presso il quale li attende una Vittoria alata impegnata a versare libagioni. Il nitido intento arcaicizzante del rilievo, che del resto abbiamo già visto distinguere le lastre di tipo Campana del tempio di Apollo Palatino, ci appare manifesto sia per quanto riguarda la sintassi compositiva della scena – per quanto precipuamente "romana" rimanga la visione per piani prospettici – sia per quanto concerne le scelte iconografiche che ne caratterizzano i protagonisti. È questo il caso di Apollo, la cui impostazione complessiva sembra rifarsi in maniera evidente ai modelli citaredici dell'età classica o del primo ellenismo, di cui un buon esempio può essere riconosciuto nell'Apollo della sala delle Muse dei Musei Vaticani.

munemente adoperato per questo soggetto. Una semplice organizzazione paratattica delle figure all'interno di un rilievo assai alto punta sulla riconoscibilità immediata della scena, inserendola – sia pur nel rispetto di un'alta qualità dell'esecuzione – nei tipi di rappresentazione tradizionale. Il legame così forte tra questo soggetto e il linguaggio formulare con cui viene espresso, anche a costo di contrastare – almeno ai nostri occhi – con il più raffinato e austero classicismo del monumento, è mostrato dal fregio dell'arco di Susa, che ripropone analoghe soluzioni formali [figura 18].

In un contesto storico in cui ogni elemento inerente il potere era predisposto con cura, in quanto usato retoricamente in chiave propagandistica, anche il privato del sovrano finiva con l'acquisire una funzione fondamentale nel sistema di comunicazione del nuovo corso politico e culturale. Perciò costituisce una scelta estremamente significativa dal punto di vista ideologico e propagandistico l'idea di concepire insieme sul Palatino la casa privata di Augusto e il tempio di Apollo, ossia del dio scelto quale nume ispiratore e tutelare. Ancora una volta il *princeps* gioca in maniera am-

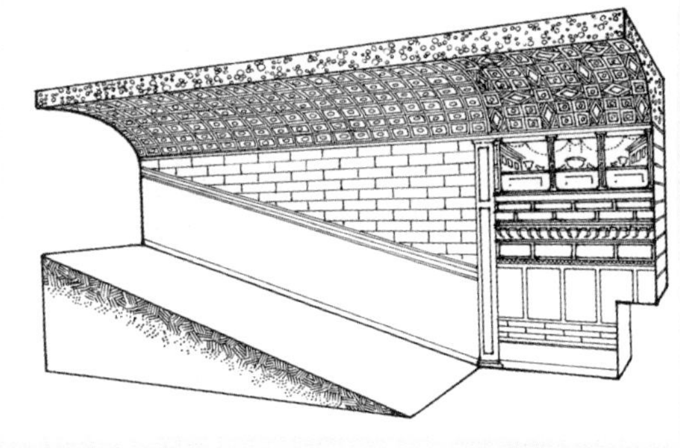

21. Decorazione pittorica della rampa della casa di Augusto a Roma
La rampa di accesso che metteva in comunicazione la casa di Augusto al tempio di Apollo Palatino era preceduta da un vano di modeste dimensioni (4,40 x 2,65 metri) denominato ambiente 12 e interamente decorato con pitture che stilisticamente si inseriscono in senso pieno nei modi del II stile. Al di sopra di uno zoccolo a campitura piena, la decorazione si caratterizzava per la presenza di pannelli policromi sovrapposti a modulo decrescente verso l'alto, sormontati da sottili pilastri con balaustra, alle spalle dei quali si apriva una veduta prospettica su edifici retrostanti. La volta cementizia del vano, infine, a imitazione dei cassettonati in stucco a tessitura geometrica, era decorata da riquadri con cornice a *kyma* lesbio e fiore centrale a quattro petali e rettangoli con losanghe.

22. Decorazione pittorica della sala delle Maschere della casa di Augusto a Roma
Posta nel settore occidentale della residenza, quello riservato agli ambienti di uso privato, la sala deve il suo nome alla presenza di maschere teatrali che ne ornano le pareti. Ma è tutta la decorazione del vano a proiettare l'osservatore nel mondo del teatro, riproponendo una facciata scenica che si apre su ambienti agresti e paesaggi sacri – nel caso della parete meridionale un betilo fusiforme, rappresentazione aniconica di Apollo, ovvero della divinità tutelare di Augusto. Resta da sottolineare la sintassi che scandisce la ripartizione degli ornati pittorici e che, tanto nella prevalenza di ampie porzioni a campitura piena quanto nella sobrietà degli apparati accessori, pare anticipare i modi formali propri del III stile.

23. Gemma Augustea, Vienna, Kunsthistorisches Museum, Antikensammlung

Capolavoro della glittica degli anni finali del regno di Augusto, il grande cammeo in onice conservato a Vienna (15 x 23 centimetri) presenta un raffinato ornamento disposto su due registri sovrapposti. Al centro di quello superiore ritroviamo la figura dell'imperatore, ritratto in trono in forma di Giove con *lituus* e lancia. Alle spalle di Augusto, sopra la cui testa campeggia un clipeo raffigurante un capricorno – suo segno zodiacale –, la personificazione del mondo abitato, *oikoumene*, sorregge una corona, affiancata da Oceano e da un personaggio femminile con cornucopia e putti, forse la Terra. A lato dell'imperatore, e a questi rivolta, siede la dea Roma. Sulla sinistra, Tiberio si appresta a scendere da un carro, accompagnato dal nipote Germanico, ai cui piedi sono accatastate le armi dei nemici sconfitti. Nel registro inferiore, alcuni soldati romani sono intenti a innalzare un trofeo, mentre due *auxiliares*, ovvero alleati non romani, trascinano due prigionieri, forse un'allusione alle province di Rezia e Pannonia.

24. Decorazione pittorica della sala III della casa di Livia sul Palatino a Roma

È nel terzultimo decennio del I secolo a.C. che gli stilemi ornamentali della pittura cosiddetta di II stile si vanno indirizzando verso modi espressivi nuovi, in un costante processo di trasformazione che ben presto sfocerà nell'elaborazione di un linguaggio inedito: il III stile. Accantonate le vorticose visioni prospettiche e le ardite architetture illusionistiche e baroccheggianti che qualificano le produzioni finali del II stile, la sintassi pittorica della prima età augustea trova nella sobrietà e nell'equilibrio ornamentale un approdo formale che ben si adatta alle caratteristiche classicistiche dell'arte ufficiale di quegli anni. Ne è buon esempio la decorazione pittorica della sala III della casa palatina di Livia, databile al 20 a.C. circa e contraddistinta da un semplice colonnato, alle cui spalle trova posto una sobria partizione a campitura piena, priva di aperture prospettiche e caratterizzata da un grande festone centrale che si trasforma nel vero e unico punto focale dell'ornato parietale; al di sopra dei pannelli, la presenza di un lungo fregio continuo raffigurante scene di genere è elemento che sottolinea in senso ulteriore i modi e la sintassi più propri della pittura di III stile.

bigua con la sfera religiosa, rivendicando un legame esclusivo e preferenziale con la divinità. Le terrecotte che decoravano l'edificio sacro con temi apollinei costituiscono il modello per numerose repliche, ulteriore strumento propagandistico, che mostrano un linguaggio classicista e a volte arcaicizzante [figure 19-20]. Coerente con questi aspetti risulta anche la decorazione parietale della casa di Augusto, attenta al rapporto con la qualità e la funzione dei vani, come rivela bene il repentino cambio della pittura nella rampa che collega l'abitazione al tempio [figura 21], o anche la differenza di ricchezza ed eleganza tra

25. Decorazione pittorica dal cubiculo B della villa della Farnesina, Roma, Museo Nazionale Romano

Dalla parete di fondo del cubicolo B della villa della Farnesina proviene questa raffinata pittura di III stile di gusto classicheggiante, come evidenziato anche dalla decorazione accessoria di chiara tradizione neoattica e caratterizzata da cariatidi, acroteri, candelabri. Al di sopra di un basso zoccolo è raffigurata una parete a fondo rosso, caratterizzata nella parte mediana da un'edicola e sormontata da nicchie che inquadrano uno spazio centrale a campitura scura. La grande edicola, delimitata da colonne corinzie che sorreggono un timpano, presenta al suo interno una scena a carattere dionisiaco, verosimilmente copia di un originale greco ascrivibile al IV secolo a.C. Sorretti da geni femminili alati, infine, due quadretti laterali a fondo bianco con immagini di gineceo chiaramente riferibili ai modi della pittura greca del V secolo a.C. completano l'apparato decorativo della parete.

26. Decorazione pittorica del tablino, Pompei, casa di M. Lucrezio Frontone

Sono verosimilmente databili agli anni del regno di Claudio gli affreschi della ricca *domus* pompeiana di M. Lucrezio Frontone. Tra questi la decorazione parietale del grande tablino può costituire un esempio eccellente dei modi formali e di ripartizione spaziale che contraddistinguono un III stile oramai maturo. Al di sopra di un podio unitario, sottolineato dalla presenza di piccoli riquadri e figure animali, si imposta una triplice struttura a "paravento", caratterizzata dalla presenza di un quadro centrale su ciascun pannello, uno di maggiori dimensioni con scena mitologica su quello centrale, due minori effigianti paesaggi con ville su quelli laterali. Il registro sommitale della parete vede invece la presenza di una complessa struttura scenografica, anch'essa tripartita e arricchita da preziose ornamentazioni – *oscilla*, tripodi, quadretti a sportello – che sembrano anticipare almeno in parte gli stilemi decorativi che caratterizzeranno l'ostentata opulenza del IV stile. Sapiente appare infine l'alternarsi di ampie superfici di colore, con prevalenza di giallo, nero e rosso, che si risolve efficacemente in una policromia di grande coerenza ed equilibrio.

27. Decorazione a fondo nero del triclinio C della villa della Farnesina, Roma, Museo Nazionale Romano

Un basso zoccolo con motivo a meandro sopra il quale si sviluppa una decorazione a fondo nero, partita da sottili colonne festonate e sormontate da cariatidi; un fregio – sempre a fondo nero – contrassegnato da scene di ambiente egiziano, forse da ricondurre alla novellistica popolare di matrice alessandrina.
È questo l'apparato decorativo che caratterizza le pareti della sala C della villa della Farnesina e che denota in maniera chiara il momento di passaggio che, negli anni del terzultimo decennio del I secolo a.C., traghetta un II stile oramai morente verso le novità formali e tematiche del III; quelle novità che qui sono ben riassunte nella scelta monocromatica dello sfondo, nell'alleggerimento degli apparati architettonici e nella conseguente e drastica riduzione dei giochi prospettici. Nuova appare anche la tecnica a macchie che caratterizza il fregio e che rimanda anch'essa all'ambiente egiziano.

28. Paesaggio idillico-sacrale dal cubicolo Rosso della villa di Boscotrecase, Napoli, Museo Archeologico Nazionale

Il cubicolo Rosso della villa di Agrippa Postumo, sepolta dalla lava del Vesuvio e riportata alla luce all'inizio del XX secolo per essere poco dopo inghiottita dalla lava di una nuova eruzione, era decorato da raffinate pitture in III stile – primo quarto del I secolo d.C. – che ora sono parzialmente conservate a New York. La pittura su fondo rosso era contraddistinta da sottili colonne e pilastri, ornate da eleganti motivi di tipo fitomorfo. Al centro della parete settentrionale, entro un'edicola sormontata da gru, fa bella mostra di sé un quadro a soggetto idillico-sacrale dipinto con delicate tinte pastello su fondo bianco. Presso un sacello caratterizzato da una colonna con vaso rituale al di sopra dell'abaco e una statua di divinità femminile su trono, verosimilmente Cibele, un pastore è intento ad accudire il proprio gregge; sul lato opposto, due donne e un fanciullo si dirigono verso il sacello, recando alcune torce. Un Priapo itifallico, posto alle spalle del piccolo corteo, qualifica ulteriormente il carattere pastorale del paesaggio sul cui sfondo è visibile un tempietto con giardino cinto da mura presso il quale trova riposo un pellegrino.

29. Stucchi dal cubicolo D della villa della Farnesina, Roma, Museo Nazionale Romano

Le volte dei cubicoli B, D ed E della villa della Farnesina erano interamente ricoperte da decorazioni a stucco, geometricamente organizzate in pannelli diversi per forma e dimensioni e l'un l'altro separati mediante raffinate cornici a *kymatia*. Nei riquadri più piccoli la decorazione è costituita da figurazioni di chiara intenzione ornamentale come vittorie, grifi, girali o candelabri; i pannelli maggiori, al contrario, presentano paesaggi idillici e sacrali – nel caso della nostra immagine alcune donne apprestano un sacrificio di fronte a un idolo effigiante un Priapo itifallico –, scene di culto riconducibili al ciclo dionisiaco, scene del mito di Fetonte. Appaiono oltremodo manifesti, sia nella partitura degli spazi decorativi sia in una chiara tendenza classicistica che caratterizza le figurazioni, i rapporti che intercorrono tra la coeva pittura e l'ornamentazione a stucco, che proprio nel periodo augusteo vediamo raggiungere livelli qualitativi estremamente elevati.

la parte pubblica e quella privata. Per quanto, tuttavia, nella decorazione in particolare dei vani riservati l'imperatore adotti ancora uno schema ornamentale riferibile al cosiddetto II stile, esso appare fortemente ridotto verso una dimensione più semplice ed essenziale, che mostra in atto quel processo di trasformazione destinato a generare un nuovo sistema decorativo [figura 22]. In ogni caso, che Augusto in ambito privato abbandonasse i modi severi e misurati del pubblico, per concedersi forme di espressione del potere in contrasto con il programma ufficiale e più vicino allo spirito filoorientale del suo periodo giovanile, risulta evidente dalla produzione della glittica di corte. Nella famosa Gemma Augustea, ad esempio, l'imperatore non esita a farsi ritrarre come Giove, accanto alla dea Roma, e a esprimere in maniera esplicita il dominio sui barbari [figura 23]. Anche il linguaggio in questo caso muta sensibilmente. Alle forme solenni e cadenzate dell'arte ufficiale, si sostituisce una composizione molto più articolata, con ampio utilizzo dello scorcio e in generale l'espressio-

30. Pittura di giardino dalla villa di Livia a Prima Porta, Roma, Museo Nazionale Romano
Secondo quanto riportato da Plinio (*Naturalis Historia*, XXXV, 116-117) sarebbe stato un certo *Ludius* – o *Studius* – a introdurre per primo nei repertori romani una pittura amena, ricca di ville, boschi, giardini e paesaggi, popolata da pastori, pescatori e viandanti. È un dato di fatto, al di là della testimonianza pliniana, che l'ultimo quarto del I secolo a.C. vede un accentuato fiorire di questo modo decorativo, ampiamente attestato a Pompei ma anche in Oriente e chiaramente riconducibile al modello del *paradeisos* ellenistico. Ne sono un esempio le pitture parietali provenienti dalla grande sala sotterranea della villa di Livia a Prima Porta: curato nello spazio compreso tra l'incannucciata in primo piano e la transenna marmorea che si erge alle sue spalle, il giardino si trasforma in un bosco lussureggiante e rigoglioso, ricco di alberi da frutto e fiori, popolato da uccelli sgargianti.

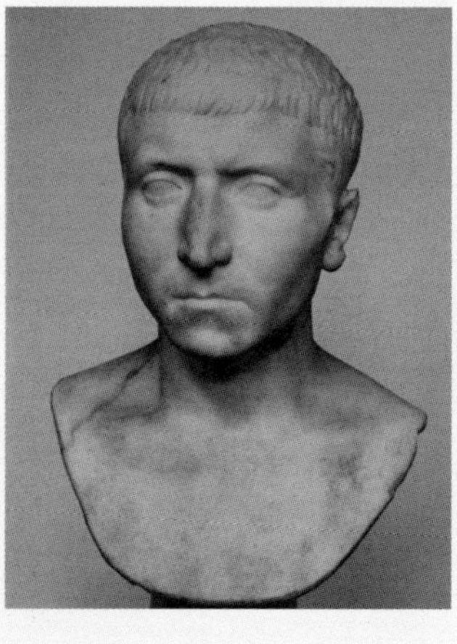

31. Ritratto di privato, Roma, Musei Capitolini
A partire dall'età augustea, l'affermarsi di una ritrattistica di tipo marcatamente dinastico si riflette in maniera evidente anche sulla produzione privata, per la quale è possibile notare un graduale distacco dai modi formali di tradizione italica in favore di stilemi che la vedono avvicinare in senso sempre più compiuto alle rappresentazioni dell'arte ufficiale. Una buona esemplificazione di questo fenomeno, per il quale non è tuttavia possibile ravvisare uno sviluppo coerente e generalizzato, può essere riconosciuto in questo busto anonimo dei Musei Capitolini che replica, sia negli atteggiamenti e nell'espressione del volto quanto nella resa morbidamente stereotipata della superficie, la rigida formula del ritratto augusteo, ben lontano da quella ricca varietà fisionomica che abbiamo visto essere la caratteristica principale della tradizione tardorepubblicana.

32. Altare dei Vicomagistri del *vicus Aescleti*, Roma, Musei Capitolini
Il riordino augusteo del sistema amministrativo di Roma ora suddiviso in 265 quartieri (*vici*) e il conseguente recupero del culto dei Lari, il cui tempio sulla Velia viene significativamente riedificato per volere dell'imperatore, ha per conseguenza il proliferare di sacelli e di edicole poste ai crocicchi dei vari rioni. Il compito della cura di questi edifici e dell'officio delle pertinenti funzioni cultuali spettava a quattro *magistri*, eletti con carica annuale tra gli abitanti del quartiere e affiancati nel corso del loro mandato da altrettanti *ministri*. Sono proprio i *magistri* del *vicus Aescleti*, intenti nell'assolvimento di un sacrificio, a essere rappresentati in questo altare votivo del 2 d.C.: al suono del flauto i quattro magistrati *capite velato* versano le loro libagioni al di sopra di un'ara, mentre alcuni inservienti, significativamente minori per dimensioni a quelle dei protagonisti, trattengono gli animali destinati a essere immolati. La presenza di un littore sottolinea il carattere ufficiale della carica di *vicomagister*, il quale nel corso delle sue funzioni sacre aveva diritto alla presenza di un *adiutor* ufficiale, analogamente ai pretori – sei assistenti – e ai consoli – dodici assistenti.

ne di una maggiore vivacità e intensità.
Il profondo cambiamento culturale collegato alla fondazione dell'impero e al programma augusteo incide profondamente anche sul privato dei cittadini, come mostra in maniera ben chiara la diffusione del sistema decorativo detto comunemente III stile pompeiano. Il II stile, infatti, sostanzialmente legato all'orizzonte culturale tardorepubblicano, nella sua ispirazione al modello ideale delle regge dei sovrani ellenistici, contrasta fortemente con la nuova epoca imperiale, venendo perciò presto abbandonato. I meccanismi che portano alla nascita del III stile sono vari e complessi, e non riducibili a un evento istantaneo, bensì a un processo di riduzione e trasformazione, che collochiamo nel decennio tra il 30 e il 20 a.C., come mostrano, ad esempio, alcune decorazioni parietali della casa di Livia sul Palatino e allo stesso modo alcune abitazioni pompeiane [figura 24]. Per quanto non lo si possa far derivare meccanicamente dal programma politico e culturale augusteo, non si può nemmeno non notare come il nuovo partito ornamentale vi si adatti alla perfezione. Si pone fine, quindi, alla moltiplicazione illusionistica degli spazi, per riconsiderare la parete come supporto di un sistema decorativo incentrato, in genere, su un quadro principale posto in posizione centrale, sovente affiancato da pannelli figurati di dimensioni minori; il tutto organizzato nell'ambito di un'ordinata quinta architettonica. La decorazione del cubicolo B della villa della Farnesina, a Roma, degli anni intorno al 20 a.C., costituisce un esempio, per così dire canonico, di questo nuovo sistema decorativo, diffuso ben presto anche al di fuori della capitale [figura 25]. Proprio attraverso i quadri, sovente copie più o meno rielaborate di originali di età classica ed ellenistica, si attua ancora una volta il recupero di opere della più antica produzione greca, sentita – a diversi livelli di consapevolezza – come la migliore espressione dei valori del nuovo regime. Troviamo quindi temi di carattere mitologico, spesso usati come paradigmi di comportamento, ma anche soggetti epici e teatrali, il tutto utilizzato anche in funzione dei meccanismi di autorappresentazione dei singoli committenti, ossia come strumento di definizione retorica della propria immagine sociale. Le necessità di esibizione di ricchezza, cultura e aggiornamento rispetto ai modelli più innovativi, infatti, al fine della propria

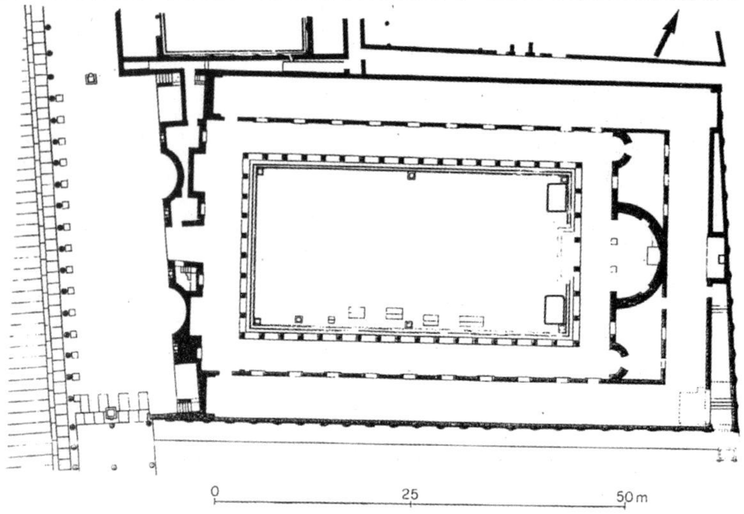

33. Planimetria dell'edificio di Eumachia, Pompei
L'imponente edificio, di incerta destinazione, era collocato sul lato orientale del Foro tra il tempio di Vespasiano e il Comizio. Esso doveva il nome a Eumachia, una matrona della famiglia degli Eumachi e sacerdotessa di Venere, che in età augustea erige il monumento e lo dedica alla Concordia Augusta e alla Pietà; ovvero a Livia, alla quale sappiamo spettavano questi attributi. All'edificio, un vasto quadriportico colonnato su due ordini sovrapposti – dorico in basso e corinzio in alto –, delimitato esternamente da una *crypta* anulare e terminante in una grande esedra destinata a contenere la statua della Concordia Augusta, si accedeva mediante una facciata monumentale che, nella versione attuale, è pertinente al rifacimento in laterizio rivestito a marmo susseguente al terremoto del 62 d.C. Obliqua rispetto all'asse del quadriportico in modo tale da mascherare il diverso allineamento tra l'edificio e il Foro, la facciata, preceduta da un doppio ordine di colonne in travertino, era caratterizzata da due grandi nicchie sopraelevate, forse destinate a banditori di aste pubbliche e inquadranti l'ingresso vero e proprio, ornato da una ricca cornice in marmo decorata con girali d'acanto e uccelli.

ascesa sociale, non erano certo venute meno con l'instaurazione dell'impero.
Accanto a questa organizzazione canonica, il III stile presenta anche altre soluzioni ornamentali, tutte ugualmente lontane dall'uso illusionistico di prospettive architettoniche, e caratterizzate in alcuni casi da grande raffinatezza, in cui a un partito architettonico ridotto all'essenziale, vengono aggiunti piccoli fregi colorati ed eleganti effetti cromatici [figure 26-27]. Non è sparita, naturalmente, da parte dei privati l'esigenza di esprimere pubblicamente la propria ricchezza e il proprio potere, ma lo si fa in una maniera diversa, che non ha più a che fare con modelli legati alla sfera della regalità, come nell'età tardorepubblicana, quanto a quella della ricchezza, della cultura, dell'eleganza o anche della fantasia esotica e bizzarra. In questo senso, ad esempio, gode di un grande successo il tema del paesaggio idillico sacrale, di tradizione ellenistica, che viene verosimilmente sentito come lo specchio idealizzante della nuova situazione di pace e di prosperità, cara all'ideologia imperiale [figure 28-29]. Sovente questi paesaggi sono permeati da una soffusa atmosfera dionisiaca; di un dionisismo, tuttavia, che ha ormai perduto ogni intensità passionale, e che suggerisce piuttosto soffuse e languide emozioni. In questo senso si può leggere anche la straordinaria pittura in un vano sotterraneo della villa di Livia a Prima Porta, che rappresenta un fantastico lussureggiante giardino, dipinto con vivido naturalismo, che dà inizio a un vero e proprio genere pittorico [figura 30].
Risulta difficile attualmente percepire le forme di dissenso e di distinzione rispetto al nuovo corso politico, nonché alla diffusione del nuovo programma culturale. Nello stesso tempo non è facile distinguere il livello di consapevolezza alla base dell'adozione dei nuovi temi e delle nuove forme artistiche da parte dei privati, per capire se essa corrisponda a una dichiarazione di attiva adesione allo Stato rin-

novato o non risulti, piuttosto, un semplice adeguamento a modi sentiti come più attuali e aggiornati. Anche in questo caso, naturalmente, le sfumature e le possibilità sono praticamente infinite. Sta di fatto che assistiamo a un vasto fenomeno di diffusione in ogni parte dell'impero, e nei più disparati settori della produzione artistica e artigianale, di modi desunti dall'arte ufficiale e trasferiti in ambito privato, come appare, ad esempio e in modo assolutamente evidente, nei ritratti di individui, che si fanno raffigurare in maniera somigliante ai tratti dell'imperatore o dei membri della sua famiglia [figura 31].

Un'altra forma di imitazione dell'arte ufficiale, sentita senza dubbio come forma di lealismo nei confronti dell'imperatore, è rappresentata dall'ampia serie di basi e di altari dedicati da magistrati minori, che attingono alle scene ufficiali tipizzate, e in particolare a quelle relative al momento del sacrificio, per i rilievi posti su piccoli monumenti, che ricordano il loro *status* magistratuale [figura 32]. Le forme classicistiche del rilievo "storico-narrativo" vengono in questi casi non solo rese in maniera più sommaria, ma non di rado unite a soluzioni legate piuttosto a forme espressive di tipo simbolico, quali ad esempio l'alterazione in senso gerarchico delle proporzioni. L'operazione colta e intellettuale del linguaggio classicistico, infatti, a contatto con necessità espressive legate a ceti non pienamente acculturati, declina verso forme non sempre strettamente connesse all'espressione naturalistica, ma tendenti piuttosto all'immediatezza dell'espressione simbolica. Come si può im-

34. Coppa in argento con Priamo e Achille, Copenaghen, Statens Museum for Kunst
35. Cratere di Hildesheim, Berlino, Antikensammlung
È nel periodo augusteo che la toreutica romana raggiunge probabilmente l'apice delle proprie capacità tecniche e formali, come ben dimostra del resto il successo di classi ceramiche quali le cosiddette "terre sigillate", nate a chiara imitazione delle coeve produzioni in argento. Ne costituiscono un esempio una coppia di *skyphoi* ritrovati in Danimarca, dunque ben oltre i confini dell'impero, nella tomba di un capotribù locale. Su uno di questi Priamo, significativamente abbigliato alla maniera barbarica con tanto di berretto frigio, è inginocchiato di fronte ad Achille mentre implora la restituzione del corpo di Ettore. Sull'altro un giovane Filottete viene curato dai compagni dopo il morso del serpente; di fronte al capo dell'eroe appare ben visibile la firma dell'artista, Cheirisophos, di chiara ascendenza ellenica. Ancora da oltre confine, ma questa volta di provenienza germanica e verosimilmente frutto di una razzia, è questo cratere conservato a Hildesheim: finemente decorato a sbalzo e ornato da un complesso decoro costituito alla base da due grifi affrontati e retrospicienti, dai quali diparte una fine decorazione fitomorfa arricchita da eroti, gamberi e pesci, il cratere presenta chiare contiguità con analoghe figurazioni che sono note dalle pitture e dagli stucchi della villa della Farnesina, a ulteriore dimostrazione di quanto stretti siano i legami formali e compositivi che in questa fase culturale intercorrono tra la toreutica, la pittura e la scultura.

maginare ci si trova di fronte a una grande varietà di soluzioni. In effetti il gruppo sociale che più di ogni altro adotta questo linguaggio è il ceto libertino, che trova nel nuovo organismo statale le condizioni migliori per l'arricchimento e per la propria ascesa sociale.
L'adozione di formule di diretta derivazione dal potere centrale per azioni di evergetismo e quindi per la definizione e l'espressione di una propria immagine sociale vincente si attua anche su una scala monumentale più ampia, come mostra, ad esempio, a Pompei il cosiddetto edificio di Eumachia [figura 33]. Questo edificio, aperto sul Foro e quindi in una posizione di grande prestigio, imita esplicitamente la *porticus Liviae*, fatta costruire da Augusto, così come trae da edifici della capitale anche alcune formule di decorazione architettonica. Ma soprattutto con il suo doppio percorso e con la decorazione statuaria traccia un esplicito parallelismo tra la committente, Eumachia appunto, e Livia, la moglie dell'imperatore.
Un caso diverso, ma altrettanto significativo, è documentato da una coppia di coppe in argento, sempre di età augustea, ritrovate in Danimarca nella ricca tomba di un capotribù barbaro [figura 34]. Appare notevole il fatto che in particolare la scena di Priamo inginocchiato davanti ad Achille mostri lo stesso schema utilizzato nell'arte imperiale per la sottomissione dei barbari all'imperatore, sentito evidentemente come un segno di romanizzazione da parte dell'aristocrazia locale.
Temi e motivi dell'arte di corte e di quella ufficiale si diffondono anche a un livello diverso, in funzione sostanzialmente decorativa, a dimostrazione dell'efficacia della propaganda augustea, capace di permeare della propria ideologia e della propria cultura ogni ambito della vita. Così, proprio come accadrà anche per i grandi imperi europei dell'età moderna, assistiamo a diffusi fenomeni di costume, collegati sempre agli usi e alle scelte della famiglia regnante, che tendono alla trasformazione in motivi ornamentali di elementi nati nell'arte ufficiale come semanticamente significativi. Il grande cratere di Hildesheim costituisce l'esempio, a un livello economicamente impegnativo, dell'utilizzo dei racemi tipici dell'età augustea e che caratterizzavano la decorazione esterna dell'*Ara Pacis*, come motivo ornamentale, secondo un gusto sobrio e leggero al tempo stesso [figura 35]. Conoscen-

36. Coppa in terra sigillata, Arezzo, Museo Archeologico Nazionale
È intorno alla metà del I secolo a.C. che, prima in Oriente e poi in Italia, fa la sua comparsa una nuova classe ceramica fine da mensa, denominata "terra sigillata", contraddistinta da una superficie liscia e rossa e inizialmente standardizzata su poche forme che sembrano imitare il vasellame d'argento. Anche le decorazioni appaiono per lo più semplificate – piccoli stampigli, incisioni a rotella – se si eccettuano decori a matrice con scene figurate più complesse che caratterizzano coppe e crateri. Tra le fabbriche di ambiente italico le più rinomate, già in antico, erano certamente quelle di Arezzo, attive tra la metà del I secolo a.C. e la metà del successivo, quando sono soppiantate prima dalla concorrenza gallica e poi, a partire dal II, da quella africana. Decorate a imitazione della glittica e della pittura di epoca coeva con scene di carattere dionisiaco, scene erotiche, episodi del mito, le sigillate "aretine" presentano sempre un livello qualitativo straordinario sia per quanto riguarda la raffinatezza della ceramica, sia per quanto pertiene alla complessità e all'eleganza degli ornati.

37. Pavimento con cigni, Piacenza, Museo Civico Archeologico

Proveniente dall'area di via XX settembre a Piacenza, ma oramai privo dei dati contestuali, è un emblema musivo policromo, racchiuso entro tre fasce circolari di triangoli bianchi e neri alternati. Al centro, una lira in campo bianco è circondata da otto cigni su fondo nero, rappresentati ad ali aperte nell'atto di spiccare il volo da altrettante mensole, forse riferibili a un sistema architettonico. Variamente datato, anche in virtù di una concezione spaziale che ancora appartiene apertamente al linguaggio formale del tardoellenismo, il mosaico ha trovato in anni recenti una convincente collocazione cronologica entro l'età augustea, dato che sembra trovare conforto sia nell'impostazione iconografica dei volatili, assai simili a quelli riprodotti sull'*Ara Pacis*, sia nella scelta di temi marcatamente apollinei – la lira, i cigni – che ben si inseriscono nella retorica ufficiale che caratterizza l'ideologia dei primi anni del regno di Augusto. È da rimarcare il netto contrasto che separa il soggetto, pienamente coerente con le tematiche della svolta augustea, dai modi formali attraverso i quali esso viene realizzato e che si mostrano essere ancora legati a una vigorosa concezione di matrice ellenistica.

do il forte valore simbolico che tale motivo assume nell'arte ufficiale, risulta difficile considerarne l'adozione da parte di un privato come un atteggiamento esente da qualunque significato sociale, sia pure in forma superficiale. A un livello più basso, ma per questo ancora più diffuso, assistiamo alla ricezione di questi motivi su elementi di produzione seriale, quali il vasellame in terra sigillata [figura 36], che sia per partiti decorativi, sia per soggetti figurati attingono all'*imagerie* dell'arte imperiale.

L'efficacia senza dubbio alta di questa capillare azione di diffusione a livelli diversi e con i più differenti mezzi del nuovo programma politico e culturale, che usa in via preferenziale il linguaggio classicista, spiega – insieme alla scarsa attenzione degli archeologi in questa direzione – la quantità ridotta di prodotti dell'arte privata non direttamente ascrivibili alle mode correnti. Ciononostante, come mostra, ad esempio, un pavimento di Piacenza [figura 37] è possibile, anche durante l'impero di Augusto, magari accettare soggetti propri dell'arte ufficiale, ma esprimerli secondo formule e linguaggi formali assai distanti dal classicismo di corte, ovvero circondarsi di prodotti estranei agli usi formali correnti. Se, tuttavia, come ormai si tende a fare comunemente, si considera l'utilizzo in ambito privato di modelli derivanti dall'arte ufficiale come l'espressione di un'adesione al nuovo corso politico, sia pur a diversi livelli di consapevolezza, occorre in maniera coerente assegnare lo stesso valore significativo alle opere in cui ciò non avviene.

7. L'arte e la costruzione dell'impero nel I secolo d.C.

Testo di
Gian Luca Grassigli
Schede di
Simona Fortunelli

Abbiamo visto lo sforzo compiuto da Augusto e dai suoi collaboratori non solo per l'instaurazione di una nuova organizzazione dello Stato intrinsecamente autoritaria, ma anche per la creazione e la diffusione di una nuova cultura – visiva, letteraria, di consuetudini di vita –, che con i suoi valori potesse costituire la base ideologica condivisa dalla maggior parte dei sudditi e che potesse svolgere, pertanto, con la sua efficacia propagandistica, una funzione di aggregazione del consenso attorno alla figura del sovrano e dei successori designati.
Dal punto di vista formale il linguaggio classicista, che rimodellava in particolare i frutti della produzione artistica attica di età classica, venne sentito come uno strumento idoneo alla comunicazione di quei valori di moderazione, equilibrio, sobrietà, fedeltà alla tradizione, particolarmente funzionali al nuovo regime. Il recupero antiquario – o a volte l'invenzione – di numerosi aspetti del *mos maiorum*, ossia degli antichi modi di vita e degli usi del popolo romano, altro fondamento dell'ideologia augustea, voleva comunicare come il nuovo Stato si inscrivesse pienamente nella tradizione di Roma e anzi ne costituisse la piena realizzazione storica, portando come conseguenza pace e prosperità. Naturalmente il primo grande problema per i successori di Augusto, e in particolar modo per Tiberio, fu quello di mantenere coesa e solida una struttura statale indissolubilmente legata nella sua nascita alla persona di Augusto stesso.
La promozione del culto di Augusto divinizzato offrì a Tiberio la possibilità di mostrarsi, prima di tutto nelle forme, continuatore della

1. Disegno dell'arco di Orange
Tra le opere pubbliche che nei primi anni del principato diffondono nelle province dell'impero i tipi edilizi rappresentativi della capitale e l'ideologia del potere centrale, l'arco onorario appartiene, per le sue connotazioni trionfali, alla sfera dei monumenti ufficiali, votati per decreto pubblico e destinati alla celebrazione della figura dell'imperatore e della sua famiglia. Documenta questo fenomeno l'arco eretto ad Orange, nella Gallia Narbonense, in età tiberiana. Costruito dalla cittadinanza di *Arausio* per commemorare Germanico, il figlio di Druso Minore, il monumento venne dedicato a Tiberio nel 26-27 d.C. La struttura, a tre fornici inquadrati da semicolonne corinzie, è contraddistinta da un'esuberanza dell'apparato scultoreo che ricopre ogni spazio disponibile: sull'epistilio corre un fregio continuo con galatomachia; sulle fronti nord e sud fregi d'armi sono al di sopra dei fornici secondari, spoglie navali decorano lo spazio ai lati del frontone dell'attico inferiore, scene di battaglia interessano la parte centrale dell'attico superiore; gli intercolumni dei lati corti sono ornati da pannelli con *tropaia*, sovrastati da frontoni in cui sono scolpiti simboli cosmologici.

2. Tazza di Tiberio da Boscoreale, Parigi, Musée du Louvre, già Collezione Rothschild
3. Spada di Tiberio, Londra, British Museum
4. Particolare del rilievo del fodero

La propaganda ufficiale della prima età imperiale veicola una serie di "valori-guida" della politica e della vita pubblica che, esemplati direttamente sulla figura dell'imperatore e della famiglia imperiale, trovano riscontro anche in ambito privato. Ne sono un esempio due tazze d'argento provenienti da Boscoreale che celebrano rispettivamente le *virtutes* del *princeps* Augusto e quelle di Tiberio, non ancora asceso al soglio imperiale. Sulla tazza di Tiberio, in particolare, da un lato viene raffigurato un sacrificio che, celebrato dal generale in abiti militari, è stato di recente riferito alle cerimonie espiatorie compiute, davanti al tempio di Giove Statore *in Circo Flaminio*, prima del trionfo (piuttosto che al sacrificio di *profectio* precedente alla partenza per la guerra). Sul lato opposto Tiberio dimostra appieno la propria *virtus*: incoronato e provvisto dello scettro e del ramo di alloro del trionfatore, il futuro imperatore sfila nel corteo trionfale sulla quadriga, ornata da una Vittoria che appende le armi a un trofeo; precedono la processione i vittimari che conducono il toro destinato al sacrificio. Se non si può escludere il riferimento a un evento storico preciso (il trionfo sui Germani del 7 a.C., oppure quello sulla Pannonia del 12 d.C.), l'identificazione dell'occasione contingente non è immediata proprio perché il messaggio è volto a esaltare specifici aspetti simbolici e situazioni paradigmatiche del principato. Diversa appare l'immagine di Tiberio, divenuto imperatore, riprodotta sul fodero bronzeo di una spada ritrovata in Germania, in cui il principe si presenta quale detentore del potere supremo e universale. Sul pannello sbalzato della parte superiore del fodero, infatti, Tiberio è rappresentato, in trono, nelle vesti di Giove; affiancato dalla Vittoria e da Marte Ultore, sorregge con la mano sinistra uno scudo, su cui è leggibile la scritta "Felicitas Tiberi", mentre tende la destra verso un principe della corte imperiale, forse Germanico oppure Druso, in atto di offrirgli una statuetta di vittoria alata, quella ottenuta evidentemente nella guerra condotta sotto gli auspici del sovrano e delle sue divinità protettrici.

politica del suo predecessore. La diffusione del culto dell'imperatore divinizzato sovente accompagnato a quello della dea Roma, oltre a dare un preciso segnale della presenza dell'autorità imperiale, serviva a saldare i legami tra i ceti dirigenti locali, tra i cui membri venivano scelti i sacerdoti del nuovo culto, e l'imperatore. Prese così inizio un vasto programma di monumentalizzazione delle città dell'impero, che nel corso del I secolo si dotarono di tutti gli edifici pubblici, quali templi, basiliche, archi onorari [figura 1], teatri, anfiteatri, propri del modo di vita "alla romana". Le parti decorate di questi monumenti recavano di norma fregi legati alla tradizione del cosiddetto rilievo storico, in cui si celebravano le gesta dell'imperatore o precisi momenti della sua vita pubblica, dalle battaglie al trionfo, ad atti sacrificali. L'idea del potere di Roma e l'immagine dell'imperatore vennero diffuse capillarmente e anche le rappresentazioni figurate sulle monete costituirono uno strumento formidabile di propaganda.

Durante il I secolo l'impero conobbe una fase di crescita economica generalizzata, caratterizzata da una grande mobilità sociale, particolarmente evidente in età claudia. Diversi personaggi di umili origini, ma di forza economica notevole, trovarono nel nuovo istituto statale l'occasione per la propria promozione sociale. Si formò così un vasto ceto di nuovi committenti per l'artigianato artistico, legato per lo più, date le origini sociali, a quel gusto e a quella tradizione che normalmente chiamiamo "arte plebea". Tutta questa produzione privata rispondeva alla necessità di legittimazione del successo sociale dei singoli individui e al loro bisogno di comunicare pubblicamente un'immagine vincente.

Risulta come sempre decisiva l'analisi dei modi della rappresentazione del sovrano. Se, dopo la sua adozione da parte di Augusto, Tiberio appariva su una tazza d'argento da Boscoreale nell'atto di celebrare il trionfo [figura 2], pochi anni dopo, una volta divenuto imperatore, poté farsi rappresentare come Giove sull'elegante fodero in bronzo della cosiddetta Spada di Tiberio [figure 3-4]. La prima immagine, decontestualizzando la scena da una situazione storica precisa, valorizzava la *virtus* di Tiberio, mostrandolo quasi in un trionfo perenne, in maniera appropriata a un futuro imperatore. Sul fodero bronzeo della spada, successivo al 19 d.C., e verosimilmente oggetto di dono, il sovrano è rappresentato, invece, nell'attitudine di Giove. Seduto in trono con il busto in nudità eroica, riceve un dono da un principe della famiglia imperiale, men-

5. Cammeo di Francia, Parigi, Bibliothèque Nationale de France

La grande gemma in sardonica nota come Cammeo di Francia offre testimonianza dell'utilizzo delle arti minori suntuarie quali veicoli di diffusione dei temi della propaganda imperiale. Controversa rimane l'esegesi della raffigurazione che, articolata in tre registri sovrapposti, sembra riprodurre prototipi ufficiali, di età tiberiana. In basso sono barbari prigionieri. La scena intermedia vede protagonisti Tiberio nelle sembianze di Giove e sua madre Livia, in trono, davanti ai quali è un personaggio in abiti militari, forse Germanico, in partenza per l'Oriente (ma diverse sono state le proposte di identificazione come Druso Minore, Caligola o il figlio di Germanico, Nerone); altri membri della corte imperiale affiancano il gruppo centrale (tradizionalmente si riconosce Antonia al fianco di Germanico, il piccolo Caligola e sua madre Agrippina all'estremità sinistra, Druso Minore e la moglie Livilla dietro Livia). Il registro superiore è riservato ai personaggi della famiglia imperiale divinizzati (Augusto capite velato, Druso Maggiore con lo scudo ed Enea in veste frigia), verso cui si dirige lo stesso Germanico in apoteosi a cavallo di un Pegaso.

6. Statua ritratto di Claudio da Caere, Città del Vaticano, Musei Vaticani
La rappresentazione del sovrano nelle vesti della suprema divinità olimpica, propria della tradizione monarchica ellenistica, trova riscontro a Roma già nella prima fase del principato, seppure nell'ambito "privato" delle produzioni di lusso. Un significativo sviluppo in questo senso si registra però con la comparsa, in Occidente, di opere ufficiali in cui l'imperatore regnante viene assimilato a Giove Capitolino, in allusione ad un potere che comincia ad assumere esplicitamente valenze assolutistiche. È questo il caso della statua colossale di Claudio, provvisto della corona civica, appartenente all'importante ciclo scultoreo del teatro di Caere, offerto dalla città italica in occasione della censura dell'imperatore del 47 d.C. In contrasto alle masse ampie del corpo, la resa concreta del ritratto, attenta a riprodurre i tratti fisionomici maturi dell'imperatore (il volto triangolare, il naso grosso, le labbra sottili e le rughe su fronte e guance) con un modellato molle e pittorico, denuncia i primi segni della ripresa barocca che troverà pieno compimento nella ritrattistica neroniana.

tre ai suoi lati si riconoscono Marte Ultore e la Vittoria. Non può sfuggire l'accento sulla natura del nuovo imperatore, assimilata metaforicamente a quella del dio supremo. Ci troviamo ancora, tuttavia, ed è bene ricordarlo, nell'ambito di una produzione artistica assai esclusiva. In questo senso l'arte suntuaria, ossia quella produzione in materiali di grande pregio destinata alla circolazione tra i ceti più abbienti, godeva di più ampi margini di manovra e poteva sperimentare forzature ideologiche e fughe in avanti rispetto a quella ufficiale. Proprio come Augusto, che in alcune opere scelse un'iconografia esplicitamente correlata a Giove, anche Tiberio, nell'ambito di una produzione a circolazione estremamente ristretta, indugiò in analoghe espressioni. Ne è un altro importante esempio il cosiddetto grande Cammeo di Francia, che celebra il nuovo imperatore alla luce della sua discendenza da Augusto divinizzato [figura 5].
Non stupisce un passo ulteriore compiuto in questa direzione da Claudio, sia pur prudente rispetto alle accelerazioni di Caligola.
Nel teatro di Caere, infatti, si rinvenne una sua statua colossale, che lo raffigura nell'atteggiamento caratteristico di Giove Capitolino [figura 6]. Il paragone con il dio, utilizzato stavolta per una statua da destinare in un luogo pubblico, è rafforzato anche dalle dimensioni del pezzo, superiori al vero. Nonostante le forme si inquadrassero ancora in un gusto sostanzialmente classicista, così come del resto quelle dell'arte tiberiana, appaiono evidenti elementi – quale la resa della capigliatura – legati piuttosto a un linguaggio barocco, che andrà via via godendo di un successo sempre maggiore.
Accanto a questa evoluzione, e potremmo dire rinnovata enfasi dell'immagine dell'imperatore, è ben presente la volontà da parte dei sovrani di ricordare il loro stretto legame con Augusto sia per legittimare il proprio potere, sia per rafforzare la dinastia. Queste due finalità costituiscono il presupposto di una vasta serie di opere ufficiali, diffuse in ogni parte dell'impero. La cosiddetta *Ara Pietatis Augustae*, ad esempio, dedicata in verità nel 44 d.C. per il ritorno di Claudio dalla Britannia, con la sua struttura e con i rilievi raffiguranti processioni e sacrifici dinanzi ad alcuni templi dell'urbe [figure 7-9], imita strettamente nel cuore di Roma l'*Ara Pacis*. È chiaro l'intento di ricollegarsi ad Augusto richiamandosi diret-

7. Rilievi della cosiddetta *Ara Pietatis Augustae*: dal calco a Roma, Museo della Civiltà Romana, particolare della processione
8. Particolare dell'immolazione del toro
9. Particolare dei togati
Gran parte dei rilievi "Medici-Della Valle", insieme ad altri rinvenuti presso la chiesa di Santa Maria in via Lata, riadoperati nell'*arcus Novus* dioclezianeo, erano in origine pertinenti a un monumento di età claudia del tutto simile all'*Ara Pacis*: un altare, all'interno di un recinto, decorato esternamente da un fregio a girali di acanto cui si sovrappongono scene sacrificali e, all'interno, da festoni pendenti da *thymiateria*. Alle forti analogie strutturali tra le due opere, si contrappongono rilevanti differenze formali, tra cui il superamento dell'astrazione classicista del rilievo augusteo tramite la precisa ambientazione topografica dell'azione nel fregio di Claudio. La processione prende avvio dall'introduzione della vittima sacrificale davanti a un edificio esastilo corinzio (il tempio di Cibele sul Palatino) e culmina con l'immolazione del toro di fronte a un ottastilo corinzio, il tempio di Marte Ultore nel foro di Augusto. A questa serie si ricollegano il frammento che rappresenta uno dei *flamines* accompagnato da littori e da togati e la lastra con tre togati e un *camillo* recante una statuetta di Lare. Negli altri rilievi pertinenti sono raffigurati un tetrastilo ionico (forse il tempio dei Penati sulla Velia), parte di figura femminile (una vestale) e di un dapifero con un canestro di offerte sulla testa, e la parte inferiore di due togati. Superata l'ipotesi tradizionale che il monumento originario sia da identificare nell'*Ara Pietatis Augustae*, la pompa rappresentata – che, prendendo avvio dal Palatino, termina dinanzi al tempio di Marte Ultore – potrebbe celebrare, con il sacrificio per Marte e per il Genio dell'imperatore, il *reditus* trionfale di Claudio dalla Britannia, avvenuto nel 44 d.C., occasione di dedica dell'altare da parte del Senato.

tamente a una delle opere più rappresentative del suo regno. Anche un rilievo da Ravenna [figura 10], sempre di età claudia, con la raffigurazione di una serie di membri della famiglia imperiale, vuole propagandare insieme l'armonia all'interno della famiglia regnante e la legittimazione della discendenza dinastica, rafforzata in questo caso dalla presenza tra i personaggi di Augusto divinizzato. Risulta enorme lo sforzo propagandistico dei successori di Augusto, per affermare il diritto ereditario del potere, celebrando la famiglia regnante, e per diffondere in ogni parte dell'impero il volto del sovrano, insieme alla serie

delle virtù che lo contraddistinguono.
Ne costituisce un celebre esempio l'*Ara* della *gens Augusta* [figure 11-12], di età neroniana, rinvenuta a Cartagine. Le due facce principali recano una la personificazione di Roma, che con una vittoria in mano siede su una catasta di armi, e l'altra Enea, che con il figlio Ascanio e il padre Anchise fugge da Troia, tema

10. Rilievo di Ravenna, Ravenna, Museo Nazionale
Due rilievi frammentari, rinvenuti sotto il sacello di Galla Placidia, dovevano appartenere a un monumento ufficiale, probabilmente un altare, eretto in occasione del passaggio dell'imperatore Claudio per Ravenna avvenuto, nel 44 d.C., al ritorno dalla spedizione in Britannia. In una delle lastre resta parte di una pompa sacrificale, mentre l'altra rappresenta gli esponenti più significativi della *gens* giulio-claudia, di discussa identificazione; l'intento è quello di mostrare le origini sacre dell'impero e di perpetuare al tempo stesso il sacrificio compiuto per il trionfo britannico. Augusto compare nelle sembianze di Giove; al suo fianco è la madre di Claudio Antonia Minore come Venere Genitrice (con un erote sulla spalla), seguita dal fratello di Claudio, Germanico, la cui apoteosi è visibile da Espero che gli orna la fronte, e da Druso Maggiore (padre di Claudio) nella posa di Marte. Rimane incerto il riconoscimento della figura femminile seduta parzialmente conservata all'estremità sinistra del rilievo, forse Livia, assimilata a Giunone, la sposa adottiva di Augusto garante della continuità dinastica tra i *Giulii* e i *Claudii*.

11-12. Altare della *gens Augusta* di Cartagine, Tunisi, Museo del Bardo
Le forme che il rito imperiale assume negli edifici cultuali e nelle opere d'arte diffusi nelle città dell'impero veicolano schemi e temi figurativi urbani, specchio della propaganda politica ufficiale. Esemplificativo un altare dedicato a Cartagine al culto della famiglia imperiale: databile al 60 d.C., l'ara apparteneva al tempio della *gens Augusta* eretto dal *sacerdos perpetuus P. Perelius Hedulus*. Il programma figurativo riproduce prototipi augustei di derivazione romana. La vicenda di Enea riconduce al gruppo statuario del Foro di Augusto: l'eroe, progenitore della *gens Iulia*, è rappresentato in fuga da Troia mentre, con in spalla il padre Anchise e per mano il figlio Ascanio, mette in salvo i Penati della città. La figura di Roma seduta sulle armi è simile a quella dell'*Ara Pacis*. Particolarmente indicativi, oltre al richiamo al *clipeus virtutis,* che Augusto aveva ricevuto dal Senato nel 27 a.C., presente nella Vittoria che Roma regge nella mano destra, sono gli attributi posti sull'altare di fronte alla dea (il globo in allusione al dominio del mondo; la cornucopia e il caduceo simboli di prosperità). La composizione si conclude sui lati secondari con la rappresentazione di un sacrificio e di Apollo in trono.

13-14. Pannelli del *Sebasteion*, Afrodisia

Nelle province orientali il culto dell'imperatore, per motivi storici connessi alle precedenti monarchie ellenistiche, trova facile sviluppo, diventando presto la forma religiosa di maggiore diffusione: onori divini vengono tributati alla casa imperiale in edifici specifici, come nel caso del *Sebasteion* di Afrodisia, in Caria, un complesso di età tiberiano-claudia dedicato ai *Theoi Sebastoi*, ovvero al Divo Augusto, a Venere e ai loro discendenti. La struttura comprendeva un propileo di accesso a una via processionale che, fiancheggiata da portici a tre piani, conduceva al tempio vero e proprio. Di grande interesse la decorazione scultorea dei porticati della piazza, in particolare di quello meridionale: gli intercolumni del secondo e del terzo ordine erano infatti chiusi da due serie di pannelli ornati nel piano centrale con scene mitologiche (tra cui le Grazie, Meleagro, Leda), nel piano superiore con la rappresentazione idealizzata degli esponenti della *gens* giulio-claudia, per lo più in nudità eroica, incoronati e associati a nemici sconfitti. Così in uno dei rilievi Claudio è nell'atto di sottomettere la Britannia: l'imperatore, nudo, si erge al di sopra della provincia abbattuta al suolo, in una composizione che richiama schemi figurativi greci di battaglie, in particolare di Amazzonomachie; in un secondo pannello è invece Nerone a sconfiggere l'Armenia, identificabile dal berretto frigio, secondo la nota iconografia usata per il duello tra Achille e Pentesilea. Il ciclo scultoreo si compone di altre numerose immagini imperiali (Augusto come signore della terra e del mare, Nerone coronato dalla madre Agrippina Minore nelle vesti di una divinità con cornucopia, ecc.), mentre i rilievi del portico nord presentano, accanto a motivi cosmici, le personificazioni di province e di popoli conquistati da Augusto. Il mito greco e l'allegoria romana concorrono dunque a propagandare l'omaggio divino reso al principato, che trova espressione nella rappresentazione dell'eternità della vittoria sui barbari, della prosperità dell'impero e soprattutto nella correlazione tra l'immagine degli *Augusti* e quella degli eroi del mito e delle stesse divinità olimpiche.

che si ricollega alle origini di Roma e a quelle della *gens Iulia*. Nella stessa ottica di celebrazione del potere imperiale e della successione dinastica sono da interpretare i numerosi altri cicli statuari, raffiguranti i membri della famiglia giulio-claudia, che ritroviamo sparsi in ogni parte dell'impero, collocati generalmente all'interno degli edifici pubblici. Molto spesso tali cicli erano finanziati da esponenti di spicco delle aristocrazie o dei nuovi ceti dirigenti locali, che volevano così guadagnare visibilità all'interno della città e acquistare la benevolenza dell'imperatore.

Ancora più eclatante risulta questo tipo di propaganda nella parte orientale dell'impero, abituata per cultura e tradizione a considerare il sovrano appartenente alla sfera celeste. Nel grande complesso del *Sebasteion* di Afrodisia, nell'odierna Turchia, costruito per il culto imperiale da due importanti personaggi locali, troviamo vari membri della famiglia imperiale rappresentati in contesti o divini o di tipo eroico. Ricordiamo due pannelli raffiguranti l'uno Claudio, che in nudità eroica sconfigge la personificazione della Britannia, e l'altro Nerone, che annienta in battaglia la personificazione dell'Armenia [figure 13-14].

L'intervento di privati nella costruzione di edifici pubblici e di monumenti corrisponde alla necessità mai venuta meno in una società come quella romana di esprimere pubblicamente, da parte dei componenti delle classi dirigenti, il proprio potere e il proprio *status* sociale. Ciò è ancora più vero nella prima età imperiale proprio a causa di quella grande mobilità sociale, a cui abbiamo già accennato, che spinge i nuovi ceti emergenti, tra i quali un numero cospicuo di liberti, a legittimarsi mediante azioni di evergetismo o l'erezione di monumenti privati, affermando per altro un gusto artistico legato alle origini umili di questa classe.

La tradizione figurativa romana metteva a disposizione una certa varietà di temi funzionali a questo scopo. Uno dei più diffusi era senza dubbio quello legato alla rappresentazione di processioni, sacrifici, udienze, spettacoli, tutti momenti canonici dell'esercizio di una magistratura, grande o piccola che fosse. Costituisce un ottimo esempio in questo senso la cosiddetta base dei Vicomagistri [figura 15], rinvenuta a Roma, che mostra una processione sacrificale, mutuando un linguaggio di gusto classicistico dai monumenti dell'arte ufficiale.

L'imitazione dell'arte ufficiale riguarda anche i livelli più alti della committenza.

Basta pensare a una testa-ritratto di Giuba II, di età neroniana, che non solo utilizza il linguaggio formale dei ritratti imperiali, ma assume anche alcune caratteristiche fisionomiche tipiche dei membri della dinastia giulio-claudia [figura 16].

Un caso emblematico al di fuori della capitale è costituito da un noto fregio d'armi di età claudia, in marmo greco, rinvenuto a Torino, pertinente con ogni verosimiglianza a un monumento funerario di un membro della classe senatoria [figura 17]. Proprio l'adozione di tale tema, in voga in verità nell'ultima età repubblicana, mostra il legame di questi nuovi ceti dirigenti locali con i vecchi modelli, che vengono riproposti in una sorta di *revival* autocelebrativo. Sono già evidenti in

15. Base dei Vicomagistri, particolare del lato destro, Città del Vaticano, Musei Vaticani

Nella politica religiosa promossa da Augusto assume un ruolo di rilievo la riforma del culto dei Lari, antiche divinità domestiche e dei quadrivi, che comportò, oltre alla ricostruzione del tempio principale sulla Velia, l'associazione al culto del *Genius Augusti*, divenuto in questo modo il vero custode dell'Urbe. Offre testimonianza di questa riorganizzazione la base di un altare marmoreo databile al 30-40 d.C. di cui sono stati portati alla luce, al di sotto del palazzo della Cancelleria, i frammenti del fregio frontale. Il rilievo continuo rappresenta una processione sacra aperta da due togati con *calcei senatorii*, magistrati affiancati da tre littori e scortati da due personaggi in corta tunica e da tre trombettieri; sfilano quindi i vittimari con le *hostiae* (un bue, un toro e una vacca) e, di seguito, riprende il corteo dei togati laureati all'interno del quale spiccano in primo piano quattro personaggi in abiti magistratuali (toga e *calcei senatorii*) preceduti da quattro giovani in tunica senza cintura che, contraddistinti dal capo velato dal *ricinium*, recano in mano le statuette dei Lari e del Genio di Augusto. In questo gruppo sono stati appunto riconosciuti i quattro *magistri* e i quattro *ministri* a cui era affidata la gestione del santuario sulla Velia impegnati in una cerimonia pubblica in onore del *Genius* dell'imperatore.

16. Ritratto di Giuba II, Parigi, Musée du Louvre
La ritrattistica dell'età imperiale è caratterizzata dalla volontà dei committenti di autorappresentarsi secondo lo stile, i modi e i tipi della casa imperiale, giungendo in alcuni casi a un vero e proprio adeguamento fisionomico alle fattezze del principe: il fenomeno si manifesta sia nella rappresentazione ufficiale dei membri della famiglia imperiale o di funzionari pubblici e notabili locali, sia nel caso della committenza più specificatamente privata. Esemplare al riguardo il ritratto di Giuba II, re della Mauritania dal 25 a.C. al 23 d.C., non a caso cresciuto a Roma, dove venne educato da Ottavia insieme alla sua futura sposa Cleopatra Selene, figlia di Cleopatra e di Marco Antonio, e posto sul trono da Augusto. Nella rinuncia ad alcuni tratti caratterizzanti l'effige del padre Giuba I (in particolare la soppressione della barba e la diversa foggia della corta capigliatura) e nell'imitazione delle immagini della dinastia giulio-claudia, il sovrano africano esprime il totale assenso e la fedeltà al principato, evidente anche nella conduzione politica del suo regno.

questi monumenti i segni chiari di un gusto barocco, riaffermatosi liberamente in età claudia, che permea un classicismo sempre più di maniera. L'arte ufficiale di questo primo periodo imperiale, così come quelle espressioni pubbliche frutto di istanze private, perpetuano l'uso del linguaggio classicistico creato in età augustea, per quanto sempre più tradotto in un formulario superficiale, svincolato da una vera ricerca formale. Ciò dipende non soltanto dalla differenza tra l'esperienza e la viva tradizione degli scultori neoattici, che lavorarono per Augusto, e le successive botteghe urbane, ma anche dallo sviluppo di un gusto, di una sensibilità e di esigenze nuovi e diversificati, dovuti anche – abbiamo visto – all'emergere di nuovi ceti dirigenti. Da un lato, in particolare, la committenza di livello inferiore introduce elementi veristici per l'individuazione personale e una più didascalica descrizione della scena, o anche di carattere simbolico, tesi a porre enfasi particolare sul singolo individuo, che corrisponde alla tradizione della cosiddetta "arte plebea". Dall'altro lato l'eredità ellenistica di un gusto barocco, sostanzialmente soffocata in età augustea, ricomincia a farsi strada a ogni livello della committenza.

È con Nerone che le tendenze non conformi al classicismo augusteo trovano espressioni eclatanti, per quanto fossero già ben presenti in forme evidenti nella produzione immediatamente precedente. Benché a causa della *damnatio memoriae*, a cui fu sottoposta la sua immagine, non conosciamo molto del ritratto di questo controverso imperatore, possiamo dire che non solo potenziò gli elementi legati alla tradizione del ritratto dinastico ellenistico, già riconoscibili peraltro in Claudio, ma giunse nel suo ultimo periodo a pettinarsi con riccioli artificiali, per corrispondere maggiormente alla tradizione orientale [figura 18].

Appare perfettamente coerente con questo modello culturale e ideologico la costruzione nel cuore di Roma della *Domus Aurea* [figura 19], ossia di una vera e propria reggia, caratterizzata da una ricchezza e da un fasto straordinari, nel cui vestibolo era posta una statua colossale dell'imperatore ritratto come *Helios*. Una serie di padiglioni diversificati, distinti da grande arditezza e fantasia architettonica e resi possibili da importanti innovazioni tecniche, erano costruiti all'interno di un enorme giardino, che per estensione e varietà di piante e animali rappresentava benissimo l'idea di *paradeisos*, cioè dei lussureggianti giardini delle dimore dei sovrani ellenistici. Tale immensa struttura occupando

17. Disegno di fregio d'armi, Torino, Museo dell'Antichità

I cinque blocchi di marmo greco, conservati al Museo dell'Antichità di Torino e decorati con un fregio d'armi, sono pertinenti a un monumento funerario, probabilmente ad altare, di età claudia; la foggia dell'armamento, in cui la successione delle insegne è intervallata dalla reiterata rappresentazione frontale di una corazza, risponde a canoni del tutto convenzionali, ormai lontani dalla rappresentazione naturalistica delle figurazioni d'armi proprie della tradizione ellenistica.
Una recente analisi ha permesso di rintracciare la committenza del monumento, grazie all'attribuzione al sepolcro di un'epigrafe torinese (*Corpus Inscriptionum Latinarum* V 7165) iscritta su un blocco di un marmo del tutto simile a quello utilizzato per i rilievi figurati. L'iscrizione conserva parte di un *cursus honorum* senatorio la cui titolarità è stata assegnata a un membro della famiglia taurinense dei *Glitii*, un personaggio di rango pretorio che, proprio perché distintosi in impegni di natura militare (riceve, come ricorda il *titulus* stesso, i *dona militaria* dall'imperatore Claudio probabilmente in Britannia), sceglie di attribuire al partito decorativo del suo sepolcro un carattere spiccatamente militare, seguendo modelli in uso nella tarda repubblica.

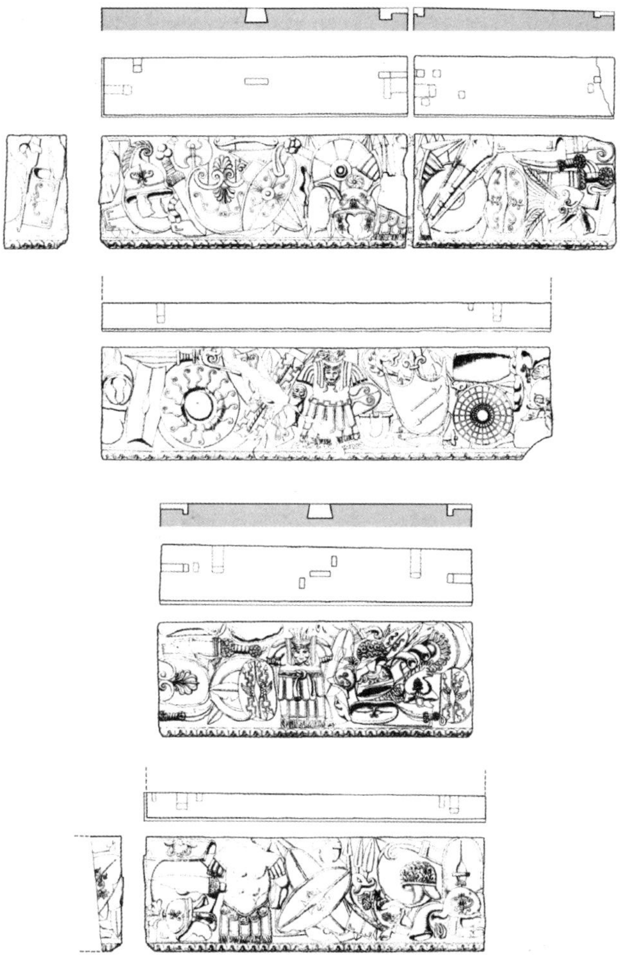

18. Ritratto di Nerone dal Palatino, Roma, Museo Nazionale Romano

Nella ritrattistica neroniana, nota soprattutto dalle emissioni monetali, sembra di poter distinguere tre momenti stilisticamente differenti riconducibili alla diversa condotta politica che l'imperatore assume dall'epoca della sua ascesa al trono all'ultimo quinquennio di regno. Così nel ritratto del Palatino, cronologicamente collocabile negli anni centrali del regno, il realismo di alcuni tratti fisionomici è temperato dalla morbidezza del modellato, dalla ricerca di effetti chiaroscurali e dal patetismo: il viso è carnoso; gli occhi, piccoli e infossati, conferiscono un'espressione patetica e ispirata che richiama i modi del ritratto dinastico orientale; la rada barbula copre le guance; i capelli sono resi a ciocche ampie e mosse. Lo stile preannuncia la fase di governo assoluto dell'imperatore in cui si assiste, a livello di linguaggio artistico, alla definitiva affermazione della tendenza barocca e pittorica di tradizione ellenistica, peraltro già in nuce nella cultura figurativa, ritrattistica compresa, di Claudio.

un'area posta nel centro della Roma più antica, inglobava nello spazio privato della dimora imperiale vetuste aree sacre, legate direttamente alla storia mitica di Roma, manifestando in maniera eclatante e insieme coerente una concezione assolutista del potere.

La *Domus Aurea* per la sua grandiosità, la sua decorazione, la sua ricchezza e la sua posizione costituiva la materializzazione più evidente del progetto politico neroniano. Non a caso venne immediatamente smembrata dai successori, che volevano marcare chiaramente una politica di discontinuità rispetto a quella neroniana. Il progetto politico di Nerone contrasta fortemente con quello augusteo, in quanto ispirato al modello dei dinasti orientali, il cui potere assoluto non solo veniva espresso con la massima evidenza e ostentazione, ma ricollegato senza alcuna remora alla sfera divina, così che gli stessi sovrani erano adorati come divinità. Adottando tale concezione, Nerone portò alla luce la contraddizione insita nella struttura dello Stato augusteo, che escludeva ogni forma e ogni aspetto di tipo monarchico. La dialettica tra questi due modelli percorrerà tutta la storia dell'impero romano, incidendo in maniera determinante anche sulla produzione artistica.

Benché in antico considerata meno importante rispetto a quella marmorea, la decorazione pittorica parietale della *domus Aurea* riveste un ruolo fondamentale nella storia dell'arte antica, perché costituisce la documentazione al più alto livello di quel linguaggio decorativo detto IV stile. Anche se le prime realizzazioni del IV stile sono attestate già a partire dagli anni 40, è nella reggia neroniana che troviamo una vasta casistica e di altissima qualità [figure 20-22]. Con questo nuovo linguaggio viene a interrompersi la cadenzata e razionale organizzazione parietale del cosiddetto III stile, sostituita ora da un vero e proprio profluvio di quinte architettoniche, di scene figurate, di riproduzioni di statue e rilievi, in un trionfo del gusto barocco. Si recupera l'idea, caratteristica del II stile, dello sfondamento prospettico delle pareti. Se nel II stile, tuttavia, le architetture disegnavano

19. *Domus Aurea*, sala ottagona, Roma

La reggia realizzata da Nerone in un'area di circa 80 ettari, tra Palatino, Velia, Esquilino e Celio, fu progettata dagli architetti Severo e Celere dopo che l'incendio del 64 d.C. aveva distrutto la *Domus Transitoria*, il primo palazzo neroniano che collegava i possessi imperiali del Palatino con quelli dell'Esquilino. Corrispondono alla visione autocratica del potere del principe tanto il fasto dell'apparato decorativo, quanto la grandiosità e l'originalità dell'impianto che, staccatosi dalla tradizionale *domus* urbana modello delle residenze dei predecessori, è concepito come una villa suburbana. Il complesso si articolava in una serie di distinti corpi di fabbrica, immersi in boschi e giardini, di cui il meglio noto è il padiglione dell'Oppio, poi inglobato nelle terme di Traiano. Un grande cortile pentagonale distingue l'edificio, dalla fronte sud porticata, in un corpo occidentale, caratterizzato da un impianto regolare incentrato su un peristilio, e in un'ala orientale dalla planimetria più articolata, imperniata su una grande sala ottagona. L'ambiente, coperto da una volta a padiglione con ampio foro di luce centrale, è circondato da un ambulacro perimetrale che fa da perno a cinque stanze radiali, illuminate grazie a una serie di finestre strombate ricavate tra le pareti dell'ottagono e l'estradosso della cupola. Le innovazioni della concezione architettonica, evidenti nel settore est, consistono nella ricerca di una nuova spazialità, di un illusionismo e di una grandezza scenografica del tutto rispondente al barocco tipico del gusto neroniano.

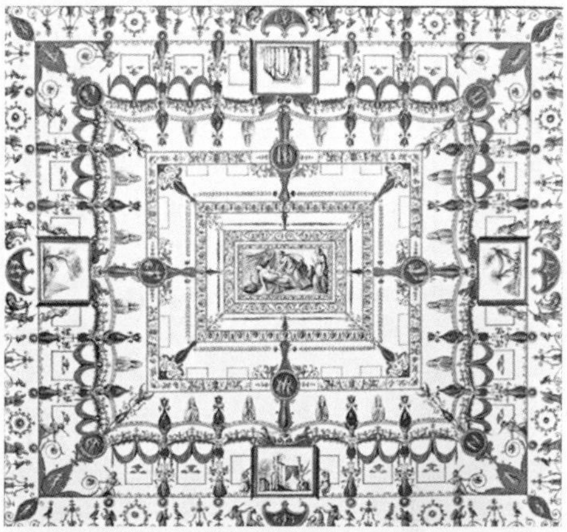

20. *Domus Aurea*, sala della volta delle civette, Roma
21. *Domus Aurea*, sala della volta nera, Roma
22. *Domus Aurea*, sala di Achille a Sciro, Roma

Della ricca decorazione della *Domus Aurea*, in cui larga parte doveva avere l'apparato marmoreo, resta testimonianza nelle impronte delle lastre lasciate sulle malte di rivestimento e nelle pitture, spesso conservatesi insieme agli elementi in stucco. Il rapporto esistente tra la superficie marmorea e quella affrescata sembra rispondere alla diversa destinazione assegnata agli ambienti, con il prevalente utilizzo, nelle sale di rappresentanza, dei materiali preziosi per le pareti e per i pavimenti, laddove la pittura appare relegata al soffitto. Nella reggia si assiste, inoltre, alla definitiva affermazione del nuovo stile pittorico già attestato da età claudia, il cosiddetto IV stile, che, proprio per l'impiego nella *Domus Aurea*, è stato collegato a *Fabullus* o *Famulus*, l'artista scelto da Nerone per il suo palazzo. Ispirato ai criteri delle scenografie teatrali, il nuovo sistema ornamentale scandisce le pareti con esili e complesse architetture, aperte su sfondi prospettici illusori e arricchite da un ampio repertorio di elementi decorativi fantastici, di quadretti paesaggistici, di motivi tessili. La sala della volta delle civette, probabilmente adibita a triclinio, costituisce l'ambiente più prestigioso dell'ala ovest del padiglione dell'Oppio, in asse con il lato lungo del cortile centrale. Il partito decorativo del soffitto, ispirato al motivo ellenistico delle tende figurate, prevede una serie di fregi disposti intorno al quadro centrale e arricchiti da motivi fitomorfi, maschere, animali fantastici e reali, drappi appesi, erme nascenti da candelabri vegetali, scudi, quadretti e medaglioni con figure in stucco; particolare la fascia esterna in cui civette su corolle floreali si alternano a immagini di Atena. Anche la sala della volta nera appartiene allo stesso settore occidentale dell'ambiente ora preso in esame, a cui si affianca sul lato destro. La decorazione parietale si articola in due registri: la parte bassa riproduce pareti chiuse, con riquadri monocromi neri al centro dei quali sono sospesi *pinakes* miniaturistici; nella fascia superiore predomina, invece, la ricerca prospettica e illusionistica a cui si accompagna il calligrafismo e la raffinatezza dei dettagli dipinti, già notati nelle volte. Il linguaggio pittorico adottato nella parte orientale del quartiere, a cui appartiene la sala di Achille a Sciro (un ambiente absidato posto a fianco della sala ottagona), risponde a criteri stilistici diversi da quelli intravisti nel settore ovest, tanto che si è parlato di due distinte officine operanti nella reggia. In questo caso lo stucco colorato assume un ruolo determinante tanto nella decorazione parietale, dove costituisce l'ossatura architettonica delimitante i pannelli su cui sono dipinti complessi sistemi prospettici animati da figure o quadretti a vari livelli, quanto nella sintassi compositiva del soffitto, dove le ricche cornici in stucco inquadrano spazi geometrici a loro volta ornati da vignette figurate. Particolare interesse rivestono i soggetti impiegati nei *pinakes*: accanto a temi mitologici (come nel pannello centrale della volta, da cui la sala prende il nome, dove è rappresentato lo "svelamento" di Achille che, nascosto a Sciro tra le figlie del re Licomede, abbandona gli abiti femminili per imbracciare le armi recate da Ulisse), prevalgono quadretti di ambito dionisiaco in allusione alla nuova età dell'oro promossa dal principato di Nerone.

23. Casa dei Vetti, triclinio nord, Pompei
24. Casa di Meleagro, tablino, Napoli, Museo Archeologico Nazionale
25. Ritratto del cosiddetta Saffo dalla casa della *Regio* VI, Napoli, Museo Archeologico Nazionale
Se l'inizio del IV stile nelle città vesuviane si colloca nella media età claudia, e dunque per Roma si può pensare a qualche tempo prima (intorno agli anni '40 del I secolo d.C.), le sue attestazioni appaiono particolarmente numerose e varie dal momento che costituisce il linguaggio pittorico utilizzato dai restauri successivi al terremoto del 62 d.C. fino all'eruzione del 79. Ne offre significativa testimonianza, a Pompei, il triclinio settentrionale della casa dei Vetti con una decorazione parietale ricca di effetti cromatici, imitante, grazie alle megalografie che abbelliscono i pannelli principali, una finta pinacoteca. La sintassi compositiva conserva la tradizionale doppia tripartizione della parete in senso verticale e orizzontale, derivata dal III stile: uno zoccolo a finto marmo occupa la fascia inferiore; la zona mediana presenta al centro i pannelli a fondo rosso con i grandi quadri mitologici, mentre ai lati si dispongono scorci architettonici chiusi in basso da pannelli azzurri; nella parte superiore, su fondo bianco, scenografici prospetti si alternano a figure di offerenti e di divinità. I *pinakes* raffigurano tre storie di legami amorosi tra dèi e uomini dagli esiti difformi: da un lato Dedalo consegna a Pasifae, la moglie di Minosse, la vacca lignea grazie alla quale la regina di Creta si unirà al toro dando alla luce il Minotauro; sul quadro di fondo è rappresentata la punizione di Issione per aver tentato di possedere Era, sostituita da Zeus con una nuvola (dall'unione nacquero i centauri); sulla parete destra, infine, Dioniso scopre Arianna abbandonata da Teseo a Nasso. Analogamente a quanto visto per la *Domus Aurea*, la peculiarità che si riscontra nell'ornamentazione del tablino della casa di Meleagro, sta, invece, nell'ampio impiego dello stucco dipinto, in particolare per la realizzazione del raro fre-

edifici e giardini reali, perché evocativi di *paradeisa* e in generale dell'immagine idealizzata delle regge ellenistiche, nel IV stile lo sfondamento prospettico è finalizzato a dare vita a una serie di quinte ardite e fantastiche, che nulla hanno a che fare con riferimenti reali. Diviene possibile rivolgersi ai modelli e alle tradizioni più varie, il cui contrasto costituisce anzi una delle cifre caratteristiche del IV stile. Nelle espressioni qualitativamente migliori, o comunque più ricche, il tutto è tenuto insieme da un'abbondanza quasi ridondante di piccoli e assai vari elementi decorativi, secondo un evidente senso di *horror vacui*, che conferisce all'insieme un aspetto decisamente barocco.
I numerosi esempi noti dalle città vesuviane, oltre a mettere in evidenza l'estrema varietà dell'organizzazione architettonica della decorazione e dei soggetti figurati, mostrano come – rispetto agli stili decorativi precedenti – quest'ultimo possa soddisfare anche una clientela non elevatissima, mediante la semplificazione dei suoi schemi e degli apparati decorativi [figure 23-25]. Come tutta l'arte privata, la decorazione pittorica di IV stile corrisponde alla necessità delle classi dirigenti, anche di livello minore, di esprimere pubblicamente il proprio *status*, meccanismo funzionale all'ascesa e all'affermazione sociale. Nella pittura di IV stile trovano spesso posto scene che nulla hanno a che fare con la tradizione colta classica ed ellenistica, legata a temi epici e mitologici, riferendosi in-

gio a rilievo della zona superiore delle pareti; qui lo stucco serve non solo per la partitura architettonica che fa da cornice ai riquadri, ma anche per l'esecuzione di molte delle figurine ornamentali dei pannelli. La cosiddetta Saffo, dipinta nella casa della *Regio* VI, costituisce, infine, un interessante esempio della diffusione nella pittura romana di IV stile di medaglioni con busti di personaggi isolati o in coppia, talora ritratti con caratterizzazioni fisionomiche, altre volte riproducenti le fattezze idealizzate di scrittori e artisti. Si tratta in questo caso di un'effige femminile, recante in mano quattro tavolette cerate e lo stilo, del tipo di quelle eseguite dalla famosa pittrice Iaia di Cizico ricordata da Plinio (*Naturalis Historia,* XXXXV, 147-148) e attiva nella prima metà del I secolo d.C.

vece a episodi di vita quotidiana più o meno direttamente connessi al committente o alla descrizione apparentemente cronachistica di avvenimenti della vita pubblica e religiosa [figura 26]. È un fenomeno molto importante, che si attesta attorno alla metà del secolo, sia perché trova riscontro anche in altri generi di produzioni artigianali, sia perché porta a maturazione e a diffusione un linguaggio non conforme alla tradizione classica ed ellenistica, indissolubilmente legata a una concezione naturalistica, preferendo espressioni più vivide e immediate, realizzate mediante espedienti di tipo simbolico.
Questo linguaggio è stato definito da Bianchi Bandinelli "plebeo" o "popolare", e connesso pertanto sia ai ceti medi della capitale sia alle aristocrazie locali non acculturate. In verità lo sviluppo dell'arte romana mette in evidenza come questo linguaggio sia trasversale alla società e funzionale piuttosto a una particolare necessità di porre enfasi immediata e assoluta sul committente, per quanto inizialmente legata a strati sociali minori. Nel tempo – come vedremo successivamente – questo linguaggio legato a concezioni non naturalistiche verrà sentito sempre più consono all'espressione della nuova idea di potere definitasi a partire almeno dal II secolo d.C. Un caso esemplare, benché databile ai primi anni dell'impero, è costituito a Roma, nei pressi della porta Maggiore, dal sepolcro di Eurisace, che, come sappiamo dall'iscrizione, era un fornaio, la cui impresa lavorava anche per lo

Stato, e che ebbe un ruolo pubblico come aiutante di un magistrato [figure 27-28]. Il monumentale complesso funerario risponde bene all'esigenza di apparire di un individuo di umili origini, che nell'ostentazione della ricchezza accumulata e della piccola carica ricoperta riconosceva il proprio successo. Particolarmente significativo appare il rilievo posto sul monumento. Imitando il fregio continuo dei rilievi ufficiali, il committente fa però rappresentare le varie tappe del processo di panificazione, eseguito da schiavi sotto il controllo di un personaggio in toga, cioè lo stesso defunto. Il linguaggio formale sommario, l'intento didascalico, l'enfasi sul protagonista, oltre che il tema, ne fanno una tipica opera di "arte plebea".

Il caso di Eurisace è ben rappresentativo dell'ascesa di una "piccola borghesia" che forte del successo economico cerca una propria visibilità pubblica, emulando naturalmente i modelli aristocratici, ma rispondendo in verità a un gusto e a esigenze sue proprie, che danno vita appunto all'"arte plebea".

Un altro monumento esemplare di questa vasta produzione, diffusa presso le classi dirigenti locali di tutto l'impero, è il celeberrimo sepolcro di *Lusius Storax*, a Chieti, databile alla prima metà del I secolo d.C. [figura 29]. In questo caso vediamo celebrato il successo di un magistrato locale, che unisce in una sola scena diversi momenti della sua magistratura, ricordando in particolare e con grande enfasi i giochi gladiatori offerti alla città. Sono ben visibili in questo caso alcuni tratti formali tipici del linguaggio dell'"arte plebea", che non rispecchiano assolutamente una concezione naturalistica, ma servono a porre in particolare risalto la figura del protagonista. *Lusius Storax*, infatti, secondo il principio delle proporzioni gerarchiche viene rappresentato più alto degli altri personaggi, mentre la composizione è organizzata secondo una finta visione prospettica che, spostando sui lati ciò che nella realtà sta davanti, consente al protagonista di apparire in primo piano e al centro della scena. Peraltro la rigida frontalità, del tutto innaturale, con cui è rappresentato il protago-

26. Rissa nell'anfiteatro, pittura da Pompei, *Regio* I, *insula* 3, numero 23, Napoli, Museo Archeologico Nazionale
Sulla parete ovest del peristilio della casa I, 3, 23 a Pompei era dipinto il celebre affresco illustrante la rissa fra Nucerini e Pompeiani, eccezionale documento di quel filone popolare che si afferma nella pittura romana alla metà del I secolo d.C., adottando soggetti "realistici" (scene di vita religiosa, politica e quotidiana) e alcuni tratti del linguaggio formale "plebeo". L'episodio, risalente al 59 d.C., è documentato negli *Annales* di Tacito (XIV, 17): in seguito alla violenza degli scontri verificatisi durante lo spettacolo gladiatorio il Senato romano vietò per dieci anni l'uso dell'anfiteatro pompeiano. La scena è raffigurata in una veduta a volo d'uccello che deforma la prospettiva in modo da rendere leggibili i particolari anche all'interno del monumento, riprodotto nel contesto topografico reale: l'anfiteatro, con il velario e la scalinata esterna a due rampe, è addossato alle mura urbiche, rese in tecnica isodoma, mentre a destra è visibile la grande palestra con la piscina al centro.

27. Tomba del fornaio Eurisace, Roma
28. Particolare del fregio
Posta subito fuori da porta Maggiore, la tomba di Marco Virgilio Eurisace, un fornaio appaltatore di commesse statali e *apparitor* (ufficiale subalterno) di un magistrato o di un sacerdote, rappresenta uno degli esempi più originali dell'"arte plebea". Il monumento, databile al 30-20 a.C., evoca il mestiere del committente, fiero del suo successo professionale, tanto nella forma architettonica (resta incerto se gli elementi cilindrici, in basso verticali e superiormente cavi e orizzontali, che caratterizzano il corpo centrale della costruzione imitino la struttura di recipienti per impastare la farina o piuttosto quella di un granaio), quanto nell'apparato decorativo del fregio superiore che, dedicato alle fasi salienti del lavoro del defunto, corre su tutti e quattro i lati del sepolcro. I bassorilievi raffigurano, infatti, vari momenti della panificazione: il travaso, il conteggio, la macinazione del grano e la mondatura della farina; la lavorazione dell'impasto, la pezzatura e la cottura dei pani; la pesatura e consegna del prodotto finito alle autorità pubbliche.

nista, gli conferisce una maggiore autorità.
Gode di amplissima diffusione una categoria monumentale sempre ricollegabile a questi tipi, ma senza dubbio di minore impegno economico. Si tratta delle cosiddette lastre policoniche, poste nei monumenti funerari o anche ricavate su stele più o meno grandi [figura 30]. In questi pannelli erano posti i busti-ritratto, in verità fortemente tipizzati, dei defunti. È il modo di apparire, a partire dai primi anni dell'impero, di un ceto di modesto benessere, che sente comunque la necessità di lasciare un segno pubblico della propria presenza.
L'operazione politica di Nerone si concluse con il fallimento del tentativo di trasformare lo Stato in una monarchia di stampo orientale. I successori, infatti, si affrettarono a cancellare le tracce o comunque a smantellare almeno il segno più forte di questo progetto, la *Domus Aurea*, in alcune parti delle quali si intervenne per creare spazi destinati al pubblico. Il livello più alto di tale azione demagogica, ma certamente efficace e significativa, fu la costruzione dell'anfiteatro Flavio, noto come Colosseo [figura 31]. Venne così prosciugato il grande lago dei giardini della residenza neroniana, per innalzarvi l'ampio edificio destinato a cacce, scontri gladiatori e battaglie navali, gli spettacoli di maggior successo presso il popolo romano. La dinastia flavia, subentrata a quella giulio-claudia, voleva così rinnovare l'idea augustea di un imperatore preoccupato del benessere dei suoi sudditi, e rassicurare il Senato circa le tentazioni assolutistiche. Si tratta naturalmente di una formidabile operazione di creazione di consenso intorno alla figura del sovrano, dopo la terribile crisi provocata da Nerone.
Sempre in questa ottica di dotazione della città di nuovi spazi per il godimento pubblico,

29. Monumento funerario di *C. Lusius Storax*, Chieti, Museo Archeologico
Sull'edicola funeraria di Teate Marrucinorum, databile tra il 20 e il 40 d.C., il liberto *C. Lusius Storax* esprime con orgoglio l'appartenenza al collegio dei *seviri Augustales*, incaricati di provvedere localmente al culto imperiale. Sul timpano si giustappongono episodi salienti dell'assunzione della carica, l'apice della sua carriera politica. Il committente appare in posizione mediana sul *tribunal* nell'atto di dare il via al ludo gladiatorio che, offerto per l'occasione, trova svolgimento sul fregio sottostante; lo affiancano i sommi magistrati del municipio, i quattuorviri seduti in primo piano su *bisellia* e gli Augustali (i sei uscenti e i nuovi assunti) posti alle spalle contro il colonnato del Foro cittadino, mentre i suonatori sono raffigurati ai lati del palco secondo una visione prospettica distorta. Completano il rilievo scene minori probabilmente non coeve allo svolgimento dei giochi: dal versamento nelle casse collegiali della *summa honoraria*, a cui alludono i due seviri in alto a sinistra intenti a contare il denaro di uno scrigno, al compimento del sacrificio inaugurale rappresentato dai tre *camilli* posti sul sedile alla destra dei tibicini.

30. Lastra funeraria, Città del Vaticano, Musei Vaticani
Diffuse a Roma, in Italia centro-meridionale e nella Cisalpina, le lastre cosiddette policoniche (rilievi "a cassetta" contenenti i busti dei titolari del sepolcro) appaiono una forma di autorappresentazione funeraria adottata prevalentemente, fra tarda repubblica e primo impero, dai ceti medi di estrazione libertina. L'esempio scelto assegnabile all'età tiberiana, di provenienza urbana, rappresenta tre membri di una famiglia di liberti: i genitori, alle estremità del riquadro, presentando il figlio che reca evidente al collo la grande *bulla* che ne sottolinea la condizione libera, affermano orgogliosamente il pieno conseguimento dei diritti di cittadinanza. Come testimoniano monumenti *in situ* sulla via Statilia, queste sculture erano destinate a essere murate, a mo' di finestre, nelle facciate dei sepolcri, concepiti come case, o in edicole, così da essere visibili dai passanti; in questo modo i componenti della famiglia, nelle vesti di *cives romani* (gli uomini in toga, le donne avvolte nella *palla*), apparivano affacciati al prospetto della tomba-casa.

con un chiaro intento demagogico e per il controllo della vita sociale, va interpretata la costruzione di un grande complesso termale da parte di Tito [figura 32]. Un evidente riferimento al modello augusteo è dato dall'arco di Tito, che si inscrive con i suoi rilievi nella tradizione dell'arte trionfale, sia pure espressa con un linguaggio che unisce alla tradizione classicista nuovi espedienti volti alla resa più immediata di una spazialità naturale [figure 33-35]. Accanto allo smantellamento della *Domus Aurea*, il segno di maggiore discontinuità rispetto al regno di Nerone e di recupero della tradizione augustea, fu la creazione da parte di Vespasiano del cosiddetto Foro della Pace, ma noto in verità fino all'età costantiniana come *templum Pacis*. In effetti si trattava di un ampio complesso sacro, edificato su un asse perpendicolare al Foro di Augusto e subito accanto a esso. La dedica della restaura-

ta *pax Augusta* vuole esprimere la riaffermazione di una politica legata alla tradizione augustea, come mostra anche la sua ubicazione a ridosso del primo foro imperiale.
In generale i ritratti imperiali della dinastia flavia si ispirano ad un linguaggio classicistico, usato anche per ribadire ulteriormente il legame con la prima tradizione giulio-claudia, ma mostrano una più attenuata idealizzazione, aderendo con maggiore fedeltà ai tratti del

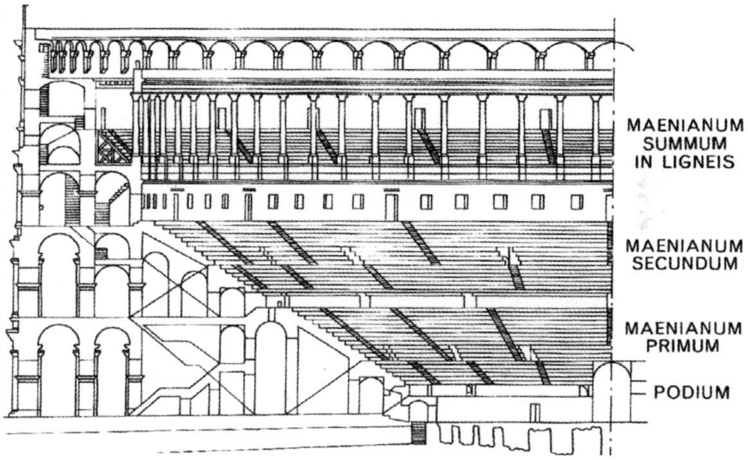

31. Disegno di una sezione del Colosseo, Roma
Il Colosseo, primo anfiteatro stabile di Roma, rientra nel progetto flavio di destrutturazione della residenza neroniana e di ridestinazione collettiva del suolo. Iniziata nel 71-72 d.C., la costruzione, dopo la solenne inaugurazione voluta da Tito nell'80 d.C., fu portata a compimento sotto Domiziano. L'edificio è costituito da una gigantesca cava ellittica le cui sostruzioni, in blocchi squadrati di travertino e opera laterizia, erano esternamente ripartite in quattro piani. Coronava la triplice serie di ottanta arcate inquadrate da semicolonne (successivamente tuscaniche, ioniche e corinzie) un attico in muratura piena diviso in fornici da lesene corinzie, inquadranti ogni due scomparti una finestra quadrata. I fori praticati nel cornicione dovevano sostenere le travi di legno utili all'ancoraggio dell'immenso velario che, manovrato da un apposito distaccamento della flotta di Miseno, era fissato a terra a una serie di cippi posti sul limite dell'area lastricata in travertino che circondava l'edificio. All'interno, la cavea era suddivisa per mezzo di corridoi anulari in settori sovrapposti (*maeniana*), dotati di gradini e a loro volta distinti verticalmente in *cunei* dalle scalette e dagli ingressi.

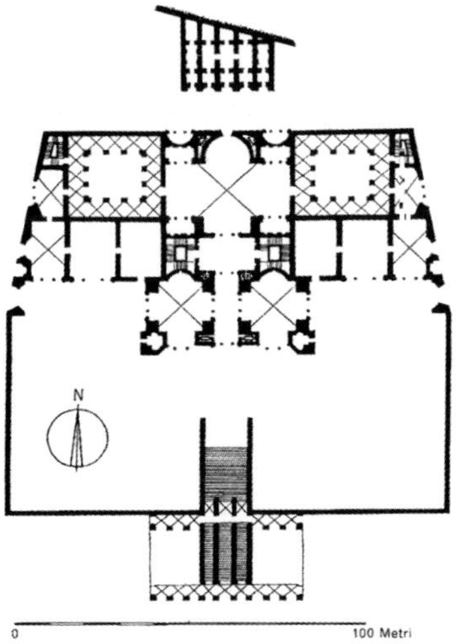

32. Pianta delle terme di Tito, Roma
Le terme di Tito sulle pendici dell'Oppio, inaugurate nell'80 d.C. e completate da Domiziano, nascendo dal rifacimento e dall'ampliamento dei bagni privati della *Domus Aurea* con cui condividono l'orientamento, fanno parte della "restituzione" pubblica della valle del Colosseo promossa dalla dinastia flavia. Il monumento, noto da una pianta del Palladio, offre una chiara testimonianza della compiuta canonizzazione dell'impianto termale di tipo cosiddetto imperiale che, ideato sotto Nerone, è incentrato sui principi di assialità e di simmetria. I servizi per i bagni, disposti lungo l'asse principale, sono giustapposti alla doppia terrazza-palestra anteriore, cui si accedeva, sul lato dell'anfiteatro, mediante una monumentale scala a duplice rampa. La successione prevedeva un doppio calidario absidato, un piccolo tepidario intermedio e, per ultima, un'ampia aula basilicale adibita a frigidario, ambienti che segnavano il perno mediano di divisione del complesso in due parti speculari, provviste di due cortili-palestre, di due spogliatoi e di sale di intrattenimento.

33. Arco di Tito, Roma
34-35. Particolari dell'arco di Tito, Roma
Eretto nei primi anni del regno di Domiziano, l'arco del Divo Tito sorge alle pendici settentrionali del Palatino. Il programma figurativo del monumento, a fornice unico, è incentrato sul *bellum iudaicum*: il piccolo fregio della trabeazione, ad altissimo rilievo, commemora il trionfo di Vespasiano e Tito per la conquista di Gerusalemme del 71 d.C., mentre i due grandi pannelli entro il fornice, di qualità più elevata, rappresentano le scene salienti della *pompa triumphalis*. Il rilievo nord è dedicato all'episodio centrale del trionfo (la quadriga su cui avanza l'imperatore Tito, incoronato dalla Vittoria, accompagnato dalle personificazioni di *Honos* e *Virtus* e preceduto dai littori); sul lato sud compare l'inizio della cerimonia, ovvero il passaggio attraverso la porta Trionfale del corteo a cui partecipano i portatori dei *fercula*, con gli arredi del tempio di Gerusalemme, e delle tabelle ansate con i nomi delle città sconfitte. Al centro della volta una formella raffigura l'apoteosi di Tito, su un'aquila. Notevole risulta l'effetto di spazialità che si realizza nei due rilievi grazie a diversi piani di risalto dati alle figure e agli oggetti sullo sfondo e grazie a un'efficace e illusionistica ricerca prospettica.

volto, piuttosto rudi, sia di Vespasiano sia di Tito, mentre modi sensibilmente più sfumati vengono adottati per le donne della famiglia imperiale [figure 36-37].
Si stacca decisamente da questa tradizione la testa della statua colossale da Efeso di Domiziano [figura 38] in cui sono evidenti non solo le deformazioni dovute alla dimensione e alla correzione ottica per l'altezza, ma anche al gusto barocco di tradizione ellenistica, che ben si addiceva non solo all'ambito orientale, ma anche alle aspirazioni assolutistiche di questo imperatore, che per tale motivo finì per scontrarsi duramente con il Senato. Per quanto la sua immagine sia giunta fino a noi mediata da una tradizione storiografica avversa, vediamo Domiziano impegnato in un vasto programma di rinnovamento monumentale di Roma, attraverso il restauro di edifici preesistenti e mediante la costruzione di nuovi complessi. Presumibilmente grazie all'opera di Rabirio, sfruttando le innovazioni tecniche già sperimentate nella *Domus Aurea*, l'architettura domizianea rappresentò una tappa di sviluppo importante nell'arte di costruire dei romani. Oltre agli interventi nella *curia Iulia*, ricordiamo la costruzione di un nuovo Foro con il nome di Foro Transitorio, che con un'abile serie di espedienti provvedeva alla monumentalizzazione dell'*Argiletum*, la via d'ingresso al Foro Romano, che rappresenta una grande prova delle capacità illusionistiche dell'architettura flavia.
Ancora più importante per i suoi esiti estetici, ma anche per la sua coerenza con un progetto ideologico ben definito, risulta la costruzio-

ne sul Palatino della *Domus Augustana* [figura 39], frutto di un progetto dell'architetto Rabirio. Domiziano in questa maniera edificò una nuova straordinaria dimora per il sovrano, che unita a quelle di Augusto e di Tiberio finiva per estendersi su tutto il Palatino. Il colle, dunque, venne occupato interamente da quello che da quel momento in poi si sarebbe cominciato a chiamare il *Palatium*, il Palazzo, ossia la residenza dell'imperatore. Il

36. Statua togata di Tito, Città del Vaticano, Musei Vaticani
37. Ritratto di Giulia di Tito, Roma, Museo Nazionale Romano
La statua-ritratto di Tito, proveniente da un edificio presso il Laterano, sembrerebbe, sulla base della resa fortemente chiaroscurata delle pieghe della toga, copia di un originale bronzeo, forse realizzato agli inizi del regno dell'imperatore. Il ritratto risente del gusto neo-classico tipico dell'avanzata età flavia, come dimostra una certa idealizzazione dei tratti fisionomici che, pure presenti nella forma tozza del volto e dei lineamenti (gli occhi piccoli, il naso importante, la capigliatura rada, le labbra carnose), vengono attenuati dal trattamento delicato, ma mosso, della superficie e dalla ricerca di espressione del carattere forte e deciso del principe. I canoni del linguaggio classicistico divengono ancora più evidenti nella ritrattistica femminile della dinastia. Ne costituisce un esempio la colossale testa Ludovisi, al Museo Nazionale Romano, ascrivibile a Giulia, la figlia di Tito. La pettinatura, con corona di ricci sulla fronte e accenno di scriminatura mediana, è quella delle effigi giovanili, come confermano i tratti adolescenziali del volto; sapiente appare il contrasto tra il forte chiaroscuro delle chiome, dovuto a un ampio uso del trapano, e il modellato classicistico del viso, dai piani levigati, sfumati e morbidi.

38. Testa colossale di Domiziano da Efeso, Smirne, Museo Archeologico
Dal tempio di Efeso dedicato a Domiziano proviene una colossale statua dell'imperatore che doveva costituire l'immagine del culto tributato, ancora vivente, al principe che si era esplicitamente definito *dominus et deus*. A causa della *damnatio memoriae* a cui Domiziano fu condannato dal Senato dopo la morte violenta avvenuta nel 96 d.C., l'edificio efesino venne riconsacrato al Divo Vespasiano e la testa dell'acrolito venne probabilmente rilavorata nei tratti del fratello Tito, reimpiego che motiverebbe, insieme alla monumentalità delle dimensioni, le evidenti deformazioni proporzionali della scultura. Il ritratto si inserisce nella nuova corrente barocca ed ellenizzante che ben si addice all'asserzione del dominato, caratteristica del regno dell'ultimo dei Flavi: evidente è la torsione del collo di tre quarti che rievoca i modi del ritratto dinastico ellenistico, così come la ricerca di effetti chiaroscurali è rilevabile nel trattamento della capigliatura a ciocche voluminose e nell'infossamento degli occhi.

complesso prevedeva su scala monumentale un nucleo privato accanto a quello destinato alle attività di rappresentanza, che per lusso, dimensione e articolazione spaziale rispondeva pienamente all'idea assolutistica del potere di Domiziano. Nonostante alla base del progetto vi fosse ancora un'idea forte di assialità e simmetria, il gusto per i vani mistilinei, la capacità illusionistica di suggerire spazi inesistenti nella realtà e di modellare quelli reali con soluzioni ottiche sorprendenti, l'invenzione di scorci e prospettive, sfruttando anche i dislivelli del colle, costituiscono il grande presupposto per il linguaggio barocco che animerà villa Adriana. Meno evidenti appaiono le innovazioni nel linguaggio scultoreo. L'opera più significativa del periodo domizianeo è costituita dai grandi frammenti noti come rilievi del palazzo della Cancelleria, già smontati in antico e pertinenti con ogni probabilità a un arco trionfale [figura 40]. Le processioni sul fondo neutro, in cui appaiono anche divinità e personificazioni allegoriche, risuonano di un classicismo ormai stanco e di maniera, che si ispira ancora una volta al fregio dell'*Ara Pacis*.

La composizione e le proporzioni mettono in evidenza la figura di Domiziano, la cui testa venne rilavorata per essere trasformata nel ritratto di Nerva, ma la varietà di atteggiamenti, l'articolata sovrapposizione delle figure e la disposizione leggermente convessa, mettono in evidenza una nuova ricerca espressionistica, corrispondente del resto ai

39. Pianta della *Domus Augustana*, Roma

La costruzione sul Palatino del grande complesso noto dalle fonti come *Domus Augustana* sancisce una rottura rispetto al tradizionale concetto di sede imperiale, segnando la nascita del vero e proprio palazzo dinastico. L'edificio, progettato dall'architetto Rabirio e inaugurato da Domiziano nel 92 d.C., associa in un insieme organico il nucleo pubblico di rappresentanza a quello privato residenziale, superando tanto il modello di *domus* patrizia proprio della reggia augustea, quanto il modello articolato della *Domus Aurea*. Posto nell'angolo sud-est del colle, il complesso si articola in tre peristili e nel cosiddetto Stadio, probabilmente un giardino-ippodromo, posto sul fianco orientale. La cosiddetta *Domus Flavia*, il quartiere affacciato sul Foro, incentrato sul peristilio ovest, era riservato all'attività ufficiale (con l'aula Regia, al centro del lato nord, per le udienze pubbliche, l'adiacente basilica per il consiglio del principe e il triclinio meridionale, affiancato da due ninfei, per i banchetti solenni); per quanto attiene alla cosiddetta *Domus Augustana*, la parte meridionale, collegata al circo Massimo da un loggiato a esedra, svolgeva una funzione abitativa, mentre il settore settentrionale aveva forse destinazione religiosa, visto il tempietto che sorgeva sul bacino ornamentale al centro del peristilio.

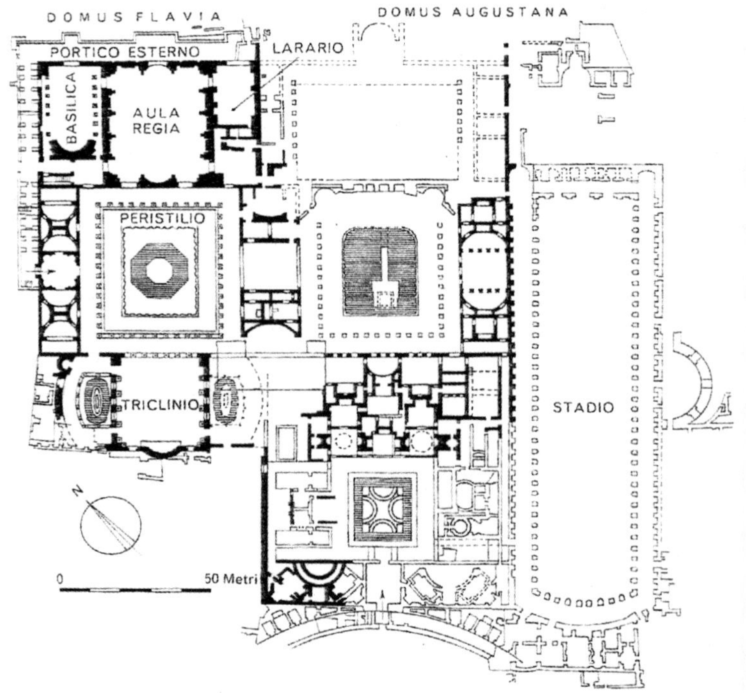

40. Rilievi del Palazzo della Cancelleria, Città del Vaticano, Musei Vaticani
Rinvenuti nel 1937 a Roma sotto il palazzo della Cancelleria, i due rilievi di epoca domizianea, probabilmente in origine pertinenti a un arco trionfale, celebrano episodi, di controversa identificazione, connessi con l'attività politica degli imperatori flavi. Sul fregio in alto è rappresentata la *profectio* di Domiziano, il cui ritratto è rilavorato nei tratti di Nerva, in occasione della rivolta gallo-germanica del 70 d.C. guidata da Giulio Civile: il principe in abito da viaggio, tra Marte, Minerva e *Virtus*, riceve il saluto del Genio del Senato e del popolo Romano, dietro i quali è rappresentata la guardia pretoriana; all'estremità sinistra si conservano parzialmente una Vittoria e un littore, così come altri littori sono rappresentati a rilievo più basso sullo sfondo. Il fregio a lato è forse inerente al *reditus* a Roma di Vespasiano, accolto dal figlio, in veste di *praetor urbanus* e di *servator Urbis*, e dalle Vestali: sul lato sinistro, accanto alla statua della dea Roma, compaiono cinque Vestali, scortate da un littore, verso le quali si dirigono alcune figure incomplete (littori o *apparitores*); occupa il centro della scena Domiziano giovane, affiancato da un littore, dal *Genius Senatus* e dal *Genius populi Romani*, mentre la parte destra della lastra è riservata alla figura di Vespasiano, incoronato da una Vittoria volante e seguito da littore e da un *apparitor* con rotolo. Delle numerose letture alternative proposte per l'interpretazione dei rilievi, ricordiamo l'ipotesi che vi ravvisa avvenimenti legati alle guerre sarmatiche del 93 d.C., riconoscendo nel fregio A l'*adventus* vittorioso di Domiziano, nel fregio B la conseguente *consecratio* del tempio della *Fortuna Redux* in Campo Marzio.

pressoché contemporanei rilievi dell'arco di Tito. Domiziano è l'ultimo dei Flavi a lasciare un segno per noi percepibile nello sviluppo dell'arte e dell'architettura romane. In questo scorcio di secolo risulta evidente il carattere sempre più freddo e distaccato del linguaggio classicistico, che non riesce a contenere le spinte verso espressioni più libere, eredi da un lato delle forme più sciolte e varie della tradizione ellenistica e dall'altro di modi espressionisti usati fino a questo momento nell'ambito dell'arte cosiddetta "popolare" e comunque di ambito privato.

Il secolo successivo porterà a compimento queste pulsioni innovative in alcune grandi sintesi, quali la colonna Traiana, che costituiscono nuovi momenti fondanti del percorso dell'arte romana.

8. L'età di Traiano e degli Antonini

Testo di
Gian Luca Grassigli
Schede di
Marco Giuman

Nonostante i segni evidenti della crisi economica, che aprirà i profondi rivolgimenti del periodo successivo, il II secolo dell'impero è il momento in cui il dominio romano non solo raggiunge la sua estensione più ampia, ma appare anche più solido. Le grandi aristocrazie delle diverse province hanno ormai raggiunto una piena integrazione con quelle italiche, sia dal punto di vista politico, sia da quello culturale. Anzi, se nel I secolo d.C., pur nell'ambito di uno scambio costante, è possibile delineare un predominante fluire di impulsi e spinte originali da Roma verso le province, durante il II secolo i contributi delle province pesano in misura sempre maggiore sull'elaborazione nella capitale di un nuovo linguaggio artistico e di una nuova tradizione architettonica. Non è un caso, quindi, che il II secolo si apra con un imperatore originario della Spagna.

Traiano è l'ultimo sovrano a intervenire su vastissima scala con un progetto urbanistico e architettonico colossale nel cuore di Roma, con la costruzione di un nuovo Foro e del grande complesso limitrofo dei Mercati. È importante ovviamente valutare i modi di rappresentazione dell'immagine del principe, che costituiscono sempre i frutti di un'operazione retorica raffinata e consapevole. Nel caso di Traiano, poi, la questione appare ancora più delicata, dal momento che, stando anche a scoperte recenti, egli sembra riproporre una nuova versione dell'atteggiamento ambivalente di Augusto, pronto da un lato ad assumere le forme di un potere aperto, attento alla collaborazione con il ceto senatorio ed equestre, e dall'altro ad affermare la sostanza di un potere sempre più autoritario. I due diversi atteggiamenti trovano conferma nella produzione artistica ufficiale, legata all'immagine dell'imperatore. Possiamo leggere l'espressione del tradizionale atteggiamento filosenatorio nel tipo di ritratto concepito verosimilmente per la celebrazione del decennale del suo regno e quindi databile al 108 d.C. [figura 1]. L'immagine, diffusa in tutto l'impero, con l'imperatore a torso nudo, coperto sulla spalla sinistra dal *paludamentum* e attraversato dal balteo della spada, risulta perfettamente inserita nella tradizione delle statue achillee. Questo fatto, insieme al classicismo pacato, che ne delinea i tratti fisionomici, dichiara esplicitamente il richiamo alla tradizione giulio-claudia e quindi a una visione del potere rassicurante, in quanto lontana in apparenza da risvolti autoritari e da tentazioni di tipo teocratico. L'espressione concentrata e le forme del volto esprimono la ferma volontà di un comandante deciso, ma giusto, e la solenne *auctoritas* implicita nella sua persona e nel suo *status*.

1. Busto di Traiano, Città del Vaticano, Musei Vaticani
Ritratto ufficiale eseguito per il decennale dell'ascesa al trono di Traiano, così almeno pare dal confronto con le monete emesse tra il 108 e il 111 d.C., il busto ci mostra l'imperatore che indossa un *paludamentum* con fibula sulla spalla sinistra e balteo, secondo un modello iconografico che trova chiara derivazione nel prototipo della statua "achillea". La resa del volto, caratterizzato da un modellato calligrafico e secco, soprattutto per quanto concerne la capigliatura piatta e il tratto quasi disegnativo degli occhi, ben delinea le caratteristiche di un ritratto che sembra fondere in sé gli elementi distintivi del cosiddetto "realismo repubblicano" con i modelli della corrente classicistica ufficiale.

2. Colonna Traiana, Roma
3-5. Particolari dei rilievi

Collocata di fronte alla basilica Ulpia tra la biblioteca Greca e quella Latina, la grande colonna coclide è *centenaria*, ossia presenta un'altezza complessiva di cento piedi (29,77 metri). Di ordine dorico, ma con capitello a *kyma* e ovuli, la colonna è realizzata in blocchi di marmo pario, per un totale di 18 rocchi. La base, in forma di corona su plinto, poggia su un alto basamento decorato con cataste di armi, mentre sul lato verso la basilica, al di sotto di un'iscrizione sorretta da Vittorie a commemorazione dell'offerta della colonna da parte del Senato e del popolo romano (*Corpus Inscriptionum Latinarum* VI, 940), vi è l'ingresso che conduce alla cella interna ove erano collocate le ceneri dello stesso Traiano; una stretta scala a chiocciola illuminata da feritoie porta alla sommità del monumento, dove si trovava il grande simulacro bronzeo dell'imperatore, in luogo del quale, dal XVI secolo, è posta una statua effigiante san Pietro. Complesso e a suo modo straordinario è l'apparato decorativo della colonna, costituito da un rilievo continuo spiraliforme che l'avvolge per intero, con uno sviluppo complessivo di quasi 200 metri. Esso appare suddiviso in 155 quadri pertinenti alle vicende delle vittoriose campagne condotte da Traiano in Dacia nel 101-102 d.C. (scene 1-77) e nel 105-106 d.C. (scene 79-155), distinti momenti cronologici che sono visivamente separati da una figura allegorica di Vittoria fra trofei intenta a scrivere le *res gestae* (scena 78). Il rilievo, nel solco della grande pittura trionfale, appare strutturato secondo puntuali modalità di natura topografica e cronologica. Così le scene di battaglia e di assedio appaiono didascalicamente intervallate da quadri pertinenti a marce di trasferimento, costruzione di *castra*, ponti e *stationes*, immagini di mietitura; a queste si affiancano scene di valenza politica – *consilia*, *adlocutiones*, sacrifici – e quadri di natura più squisitamente propagandistica, come nel caso delle torture inflitte dai barbari ai prigionieri romani. Il risultato di quest'opera, di cui ignoriamo l'ideatore, forse da riconoscere nello stesso Apollodoro di Damasco, è un vero e proprio capolavoro, in cui le convenzioni più tipiche della tradizione narrativa romana, le prospettive "a volo d'uccello", le notazioni paesistiche in scala ridotta rispetto alle figure, la parvenza di una cronaca meticolosa e attenta dei fatti, trovano armoniosa fusione con gli stilemi dell'arte ellenistica di questo periodo, soprattutto per quanto concerne l'uso di un rilievo molto basso, in cui la resa morbida delle superfici si traduce in un chiaroscuro di grande equilibrio, che non sembra cedere mai il passo a tentazioni di tipo pittoricistico.

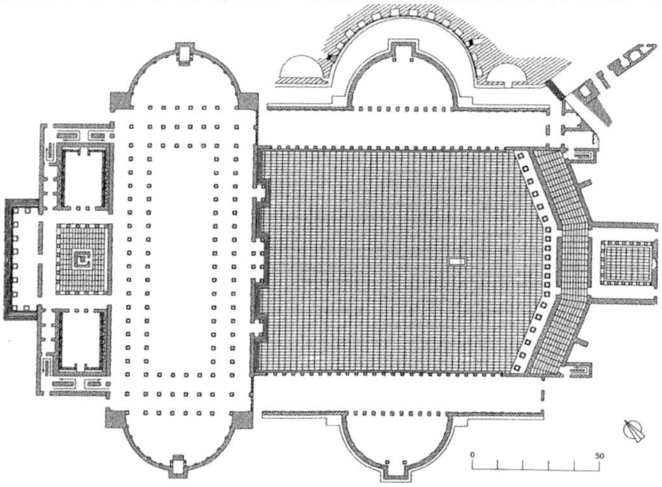

6. Pianta del Foro di Traiano a Roma
7. Basilica Ulpia
8. Statua di Dace dal Foro di Traiano, Città del Vaticano, Musei Vaticani

È con i proventi delle campagne daciche che Traiano dà incarico all'architetto Apollodoro di Damasco di iniziare i lavori per la realizzazione dell'ultimo e più grande tra i Fori imperiali (107-113 d.C.), monumento del quale i recenti lavori di scavo effettuati lungo via dei Fori Imperiali hanno radicalmente mutato la tradizionale lettura topografica. Posto tra Quirinale e Campidoglio, in luogo della sella che univa i due colli e che venne allo scopo tagliata, il Foro (300 x 185 metri) aveva l'accesso principale attraverso il lato nord-ovest, caratterizzato dalla imponente mole della colonna istoriata. Questa era inquadrata dalle due biblioteche, la Latina e la Greca, sale quadrangolari con copertura a volta, decorate con due ordini di colonne e caratterizzate dalla presenza di nicchie destinate agli armadi per i *volumina*. Superata la colonna, si accedeva quindi alla basilica Ulpia, così denominata dal gentilizio di Traiano. La grande aula, che presentava il tetto coperto da tegole dorate e gli interni sfarzosamente policromi, era suddivisa in cinque navate: la centrale, maggiore per dimensioni (80 x 25 metri), era delimitata da altissime colonne in granito, le altre da colonne più basse in marmo cipollino. I lati brevi della basilica vedevano la presenza di due grandi esedre. Di queste la meridionale, come sappiamo attraverso la testimonianza della *Forma Urbis* severiana, era dedicata alla *Libertas* e sostituiva con buona probabilità l'*atrium libertatis*, il luogo della *manumissio* degli schiavi abbattuto per fare posto alla costruzione del Foro. Tre ingressi – quello centrale a tre fornici, i laterali a fornice unico – inquadrati da colonne e sormontati da gruppi equestri, collegavano la basilica alla piazza del Foro, dominata nella parte mediana dalla statua equestre dell'imperatore e caratterizzata nei lati lunghi da monumentali portici colonnati, sopraelevati di due gradini rispetto al livello della piazza e dotati di alto attico decorato con statue di prigionieri daci. Alle spalle degli spazi porticati, su ciascun lato, si aprivano due esedre con pavimenti decorati in marmi preziosi, mentre il lato breve meridionale, caratterizzato da un prospetto colonnato tripartito, dava accesso a una sala quadrangolare di incerta funzione, collegata al Foro di Augusto.

Un discorso analogo sembra emergere anche dai modi di rappresentazione dell'imperatore sulla colonna Traiana, benché essa sia parte essenziale di un progetto – il foro Ulpio –, che al contrario corrisponde a un'idea assolutistica del potere. Prima di analizzare il complesso forense, ci soffermiamo sul rilievo della colonna, che evoca, più che narrare, le vicende delle guerre daciche [figure 2-5]. Ci troviamo, dunque, nell'ambito del rilievo storico-narrativo e delle sue strette implicazioni con la cerimonia e i significati del trionfo. Non è un caso, infatti, se l'unica figura di altezza pari a quella della fascia contenente il fregio, disposta a spirale sulla colonna, sia proprio quella della Vittoria, che incide sullo scudo le gesta vittoriose dell'imperatore. La Vittoria, posta al centro della lunga narrazione figurata a dividere la rappresentazione della prima guerra dacica dalla seconda, è il concetto alla base del monumento stesso. Il fregio procede secondo tappe ormai divenute canoniche nell'arte ufficiale, che riguardano sia momenti di vita militare, sia l'attività civile delle legioni, su cui si insiste particolarmente, mostrandole, ad esempio, nella costruzione di ponti e di strade.

Una parte consistente delle scene è destinata all'immagine delle attività del sovrano. Nell'ambito di un modo di trattazione delle singole figure sostanzialmente classicistico, attento a una descrizione accurata di anatomie e particolari, si usano tuttavia, per quanto in maniera lieve, espedienti di tipo simbolico per mettere in risalto la figura dell'imperatore. Così, se alla maniera classicista, si tende a lasciare un certo spazio vuoto intorno a Traiano, per sottolinearne la presenza, adoperando una cifra simbolica lo si raffigura sempre di proporzioni sensibilmente aumentate, op-

9. Arco di Benevento
Eretto nel 114 d.C. in occasione dell'inaugurazione della nuova via Appia Traiana, che dal centro campano conduceva a Brindisi, quello di Benevento è uno degli archi trionfali meglio conservati. A fornice unico, con colonne corinzie poste agli angoli dei piloni e potente attico con iscrizioni commemorative, il monumento presenta un apparato decorativo che segue le tipologie ornamentali più peculiari degli archi trionfali: al lato interno, rivolto verso la città e contraddistinto da immagini riconducibili a opere di pace – scene di *adventus*, di sacrificio, di *largitio* –, fa da contraltare il lato esterno, rivolto verso la campagna e caratterizzato da episodi di segno militare o comunque riconducibili all'attività svolta da Traiano nelle province – concessione della cittadinanza, deduzione di nuove colonie, la *restitutio Daciae* e altri. Un fregio ad altissimo rilievo recante scene trionfali al di sopra dell'architrave, pannelli con Vittorie tauroctone e figure amazzoniche poste a separazione dei quadri principali e due rilievi collocati sui lati interni del fornice – istituzione degli *alimenta* e sacrificio alla presenza dell'imperatore – completano il sistema ornamentale dell'arco beneventano. Stilisticamente assai vicino per modi formali e compositivi al grande fregio traianeo dell'arco di Costatino, il monumento appare pertanto riconducibile con buona probabilità all'opera dell'officina del cosiddetto "Maestro delle imprese di Traiano".

10-12. Plutei traianei dal Foro Romano
Provengono dall'area del Foro i due plutei istoriati di età traianea che sono attualmente conservati all'interno della Curia. Su un lato di entrambi i rilievi sono raffigurati gli animali – un toro, una pecora e una scrofa ornati con *vittae* – destinati al sacrificio solenne del *suovetaurilia*, mentre più complessa si presenta la decorazione dei lati opposti, effigianti due episodi salienti del regno di Traiano. Sul primo rilievo, alla presenza dello stesso imperatore, un gruppo di inservienti si appresta a distruggere i dittici pertinenti ai debiti contratti dai cittadini romani e cancellati da Traiano dopo le imprese di Dacia. Sullo sfondo della scena sono riconoscibili la statua di Marsia, la facciata porticata della basilica Giulia, il tempio di Saturno e quello di Vespasiano e Tito. Sul secondo dittico l'imperatore è rappresentato mentre, al di sopra di una tribuna, si appresta a decretare l'istituzione degli *alimenta*, ovvero degli aiuti economici destinati al sostentamento dei cittadini meno abbienti. Anche in questo caso lo sfondo del rilievo è puntualmente caratterizzato in senso topografico, così che possiamo riconoscervi nuovamente la statua di Marsia, il tempio dei Castori, un arco da identificare verosimilmente con quello di Augusto, i *Rostra*.

pure si tende a rappresentarlo preferibilmente in posizione frontale. In questa maniera si viene a creare un nuovo linguaggio formale, che fonde in maniera equilibrata e originale modi desunti dalla tradizione classicista, la cosiddetta "arte colta", e modi propri della tradizione simbolica, chiamata comunemente "arte plebea". La stessa contaminazione viene adoperata anche nelle scene di massa, in funzione soprattutto di una rappresentazione spaziale di lettura più immediata, con la cosiddetta prospettiva ribaltata, ma anche con l'eliminazione del vincolo delle proporzioni naturalistiche, per cui le cinte murarie urbane o dei *castra* militari vengono semplicemente evocate tramite rappresentazioni miniaturistiche. In conclusione ci troviamo di fronte a un linguaggio in cui il tono classicista, equilibrato e di pacata severità, con i suoi modi e i suoi schemi, assorbe in sé anche modelli iconografici di tradizione ellenistica, come ad esempio nelle scene di battaglia, e rese formali di tipo simbolico. In tutto questo si nota un'attenzione costante per la messa in risalto dell'imperatore, evidente, ma mai enfatica od ossessiva, che nei contenuti espressi e nei modi utilizzati risulta come un comandante sempre vittorioso, eroico, ma giusto, deciso, nonché mosso anche da una severa pietà per i vinti. Contribuisce all'espressione del sovrano come comandante militare capace e insieme capo supremo dello Stato la rappresentazione della funzione "civilizzatrice" dell'esercito, impegnato sovente nella costruzione di opere pubbliche.

Se questa è l'immagine dell'imperatore delineata nel rilievo della colonna, emerge, invece, dal progetto generale del suo Foro [figura 6] un profilo di Traiano assai differente. Scavi recenti hanno mostrato come la colonna fosse posta immediatamente al di là dell'accesso monumentale al Foro, preceduto da grandi propilei. Chi entrava, vedeva proprio il lato della colonna con al centro la grande immagine della Vittoria intenta a scrivere sullo scudo. La colonna stessa per la sua forma evocante un *rotulus*, per il soggetto del fregio figurato e per l'immagine dominante della Vittoria scrivente, rimandava esplicitamente ai due edifici che la racchiudevano, ossia la biblioteca Greca e quella Latina, che contenevano verosimilmente i *Commentari* scritti da Traiano stesso relativi alle guerre daciche. Tutto questo rinviava immediatamente alla tradizione del trionfo e quindi del generale vittorioso. Al di là della colonna si accedeva poi all'immensa basilica Ulpia [figura 7], attraverso la quale si transitava nell'enorme piazza, nel cui punto conclusivo, preceduta da una facciata monumentale, era una sala circondata da un portico, destinata forse all'esposizione perenne di parte del bottino mostrato durante il trionfo. La piazza, di dimensioni enormi, avvolgeva la grande statua equestre bronzea di Traiano, posta su un alto podio, decorato con la rappresentazione di una catasta d'armi simile a quella del basamento della colonna. Quest'ultimo soggetto, strettamente connesso al tema del trionfo, era direttamente collegato alle statue di Daci prigionieri [figura 8], iterate quasi ossessivamente non solo lungo i portici che circondavano la piazza, ma anche sulle due facciate monumentali del complesso.

13. Ritratto di Adriano, Roma, Museo Nazionale Romano
Noto da numerose copie e successivi adattamenti, il ritratto ci mostra Adriano nel momento della sua ascesa al trono nel 117 d.C. Quasi del tutto privo del busto, sui resti del quale rimane tuttavia traccia del *paludamentum* in corrispondenza della spalla destra, la replica del Museo Nazionale Romano presenta il giovane imperatore barbato, secondo un modello, quello del filosofo greco, che Adriano per primo seguirà tra gli Augusti. Pur essendo ancora evidenti le eredità formali di età traianea, soprattutto per quanto concerne la volumetria complessiva della testa, il ritratto sembra già anticipare nella resa morbida delle superfici e nell'assenza di bruschi sottosquadri le peculiarità stilistiche che saranno proprie dello stile classicistico adrianeo.

14. Tondo adrianeo dall'arco di Costantino a Roma
Nell'arco di Costantino, a coppie di due al di sopra dei fornici minori, sono inseriti otto tondi entro lastre di porfido. I medaglioni, quattro dei quali raffiguranti scene di caccia e quattro pertinenti a sacrifici silvestri in onore di Apollo, Diana, Ercole e Silvano, provengono da un monumento che ci è del tutto sconosciuto; né ci è di aiuto per una sua eventuale identificazione constatare come la testa dell'imperatore, sempre presente in tutte le scene, sia stata rilavorata in età tetrarchica per la nuova destinazione onoraria. Tuttavia la presenza nelle scene di caccia di un personaggio chiaramente riconducibile al tipo di Antinoo, in un caso raffigurato in nudità eroica, riconduce i medaglioni entro i termini certi dell'età adrianea, dato che trova conferma sia nel temperato classicismo che permea il modellato dei rilievi, sia nelle scelte compositive e tematiche – i rari accenni paesaggistici, la caccia di tipo eroico di tradizione alessandrina – che caratterizzano i tondi secondo le convenzioni più peculiari della tradizione ellenistica di questo periodo.

A questo punto, tuttavia, bisogna ricordare la funzione essenziale della colonna, che non è solo quella di fornire il supporto della cronaca figurata delle guerre daciche o di rappresentare il *piaculum* posto a risarcimento dello sbancamento della sella tra Quirinale e Campidoglio per ricavare lo spazio per il Foro, bensì anche quella di essere uno straordinario segnacolo funerario per la tomba dell'imperatore, contenuta dal grande podio alla base della colonna stessa. È una questione dirimente per capire il complesso del Foro, ma anche la personalità di Traiano. Egli, infatti, concependo la propria sepoltura all'interno del pomerio sottrae una prerogativa esclusiva al Senato, a cui solo spettava la concessione di tale rarissimo privilegio, esaltando quindi al massimo la propria figura. Inoltre, la mancanza del tempio, un caso unico non solo tra i Fori imperiali, ma in generale tra i Fori delle città dell'impero, rendeva lo spazio intorno alla colonna l'unico sacralizzato dell'intero complesso, come se Traiano non avesse bisogno di alcun nume tutelare al di fuori di se stesso. Queste scelte, fatte in verità indipendentemente e contro i poteri del Senato, di stampo assolutistico, che lasciano trasparire una concezione prossima al soprannaturale della propria persona, svelano l'aspetto di un'ideologia fortemente autoritaria presente in Traiano, sapientemente dissimulata in azioni, gesti e propaganda legati alla più antica tradizione di Roma.

Occorre segnalare, inoltre, nell'ambito del complesso sistema culturale e ideologico che struttura il Foro di Traiano, il valore distintivo assunto dal concetto di *sapientia*, ossia di cultura. La presenza delle biblioteche, intese anche come elemento essenziale della tomba dell'imperatore, la funzione di commentario figurato del fregio della Colonna, l'enfasi sulla Vittoria scrivente, sono tutti elementi che pongono in evidenza la funzione connotante della cultura, il suo ruolo essenziale nella designazione di *status*, secondo un concetto che avrà grande successo e diffusione nelle età successive.

Definito questo tratto ambivalente della figura di Traiano e del suo governo, che emerge senza dubbio dai prodotti dell'arte ufficiale, occorre ricordare l'eco che in quest'ultima ha avuto anche l'attività civile dell'imperatore, impegnato non solo a rendere più sicuri i confini dell'impero, ma a scongiurare anche con mirati provvedimenti la crisi economica che dava i primi segnali consistenti, in particolare nel territorio italico. Così nell'arco di Benevento [figura 9], alle rappresentazioni di attività militari si affianca il ricordo della deduzione di colonie e soprattutto l'istituzione degli *alimenta*. Fanno specifico riferimento a questi provvedimenti economici anche i rilievi dei cosiddetti Plutei di Traiano, ossia di una coppia di lastre, verosimilmente delle balaustre, rinvenute nel Foro Romano [figure 10-

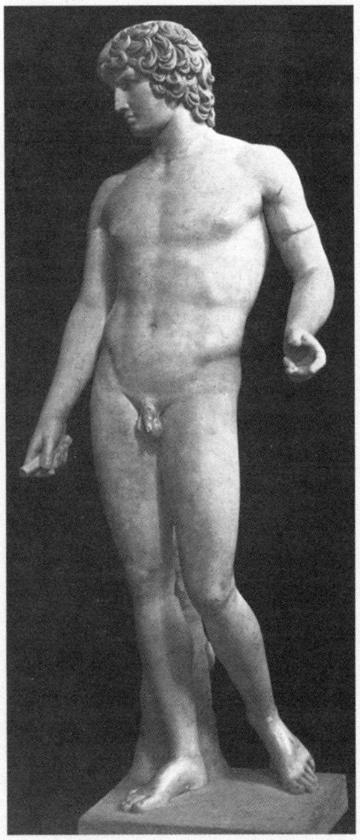

15. Antinoo Farnese, Napoli, Museo Archeologico Nazionale
Quasi un manifesto delle chiavi formali e stilistiche che caratterizzano il classicismo di età adrianea, l'Antinoo Farnese raffigura lo sfortunato favorito dell'imperatore, prematuramente morto in Egitto nel 130 d.C. e da questi subito eroizzato, secondo un modello apollineo che si richiama in maniera diretta alla grande scultura greca del periodo a cavallo tra il V e il IV secolo a.C., come del resto ben dimostra l'equilibrata impostazione chiastica della figura di chiara matrice policletea. Prodotto di quella scuola di Afrodisia, che con il beneplacito e la protezione dello stesso Adriano tanta fortuna avrà nella Roma degli inizi del II secolo, l'Antinoo Farnese ci mostra un modellato di straordinaria leggerezza, in cui la sapiente e delicata resa chiaroscurale delle superfici appare solo in parte contrastata dalla massa compatta e densa della capigliatura.

16. Villa Adriana a Tivoli

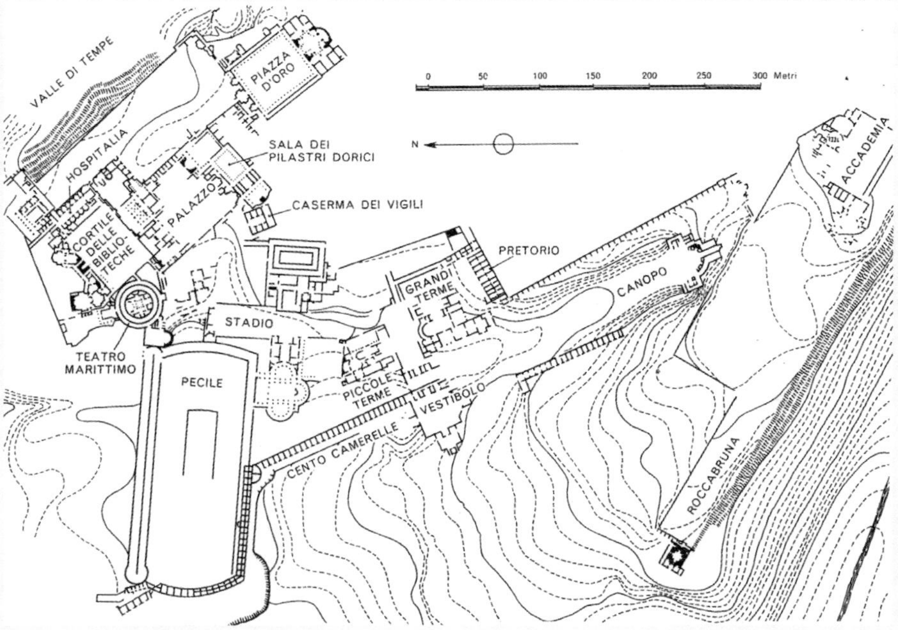

L'immensa dimora voluta da Adriano presso Tivoli sul luogo di una precedente villa (oltre 300 ettari l'estensione complessiva) si strutturava lungo quattro direttrici principali: Roccabruna, Canopo, Pecile e Piazza d'Oro. Quest'ultimo complesso era incentrato su un grande peristilio con salone a pianta mistilinea sul lato orientale, dal quale dipartiva in direzione opposta un'articolata e varia serie di ambienti ed edifici che attraverso altri tre peristili, ovvero la "sala dei pilastri dorici", il peristilio "di palazzo" e il cortile delle cosiddette "biblioteche" – in realtà strutture a carattere residenziale –, permetteva di raggiungere il ninfeo con la riproduzione della *tholos* dell'Afrodite di Cnido e i due teatri. Nell'area orientale di questo primo complesso, ma con orientamento divergente, si ergeva il "Pecile", un'immensa piazza colonnata di forma quadrangolare, decorata al centro da un bacino e circondata da un portico. Questa si innalzava su poderose sostruzioni artificiali note come le "cento camerelle" e formate da decine di ambienti, verosimilmente destinati alle attività di servizio. Attraverso una doppia serie di edifici termali con palestra si giungeva al Canopo, un lungo bacino d'acqua circondato da una ricca serie di sculture, copie di originali greci, che terminava con un monumentale edificio concepito come una grotta a conchiglia, decorata da nicchie, fontane e giochi acquatici, in realtà un triclinio estivo. Del complesso di "Roccabruna", infine, facevano parte un edificio a torre sormontato da una *tholos* con copertura a cupola, edifici sacri di difficile attribuzione e la cosiddetta "Accademia", un ennesimo peristilio circondato da edifici e vestiboli riccamente decorati.

12]. Su una è raffigurata una *adlocutio* imperiale relativa con ogni probabilità all'istituzione degli *alimenta*, mentre sull'altra è icasticamente rappresentata la distruzione col fuoco dei registri contenenti le indicazioni dei debiti dei cittadini verso lo Stato.

Per quanto la qualità formale del rilievo della Colonna Traiana resti ineguagliata, lo stesso intento di leggibilità immediata e di chiarezza didascalica è ravvisabile nelle opere sopra citate, che mostrano al fine della massima efficacia espressiva la medesima sintesi di elementi delle diverse tradizioni dell'arte romana, colta e popolare. Il tono classicistico generale assume, tuttavia, in particolare nelle scene di massa, caratteristiche e accenti barocchi, che del resto erano già chiaramente evidenti nell'arte di Tito.

Con Adriano assistiamo a decisi cambiamenti nella produzione artistica ufficiale, in parte dovuti alla personalità del sovrano, tradizionalmente considerato filelleno, e in parte conseguenti all'accentuazione di caratteristiche peculiari, già presenti nell'arte ufficiale traianea. In questo senso il notissimo ritratto dell'imperatore normalmente assegnato al momento della sua ascesa al trono, e quindi al 117 d.C., è assai significativo [figura 13]. Esso

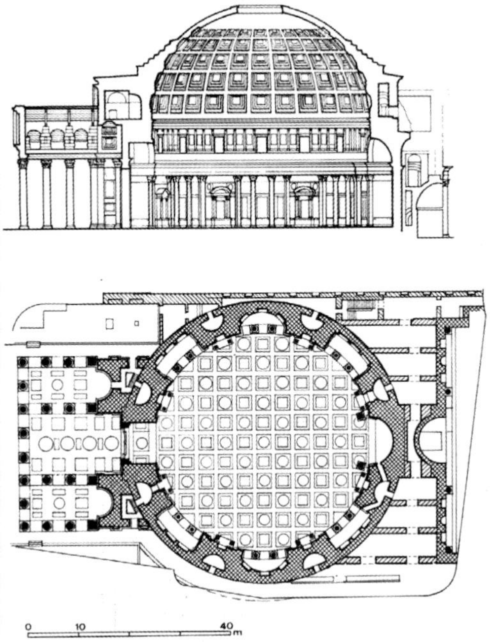

17. Pantheon a Roma

È negli anni compresi tra il 118 e il 128 d.C. che Adriano procede alla riedificazione del Pantheon di età augustea, dedicato nel 27 a.C. da Agrippa. Fortemente danneggiato nel corso del grave incendio dell'80 d.C. e restaurato da Domiziano, del monumento originario, noto parzialmente da scavi effettuati alla fine del XIX secolo, non sappiamo molto: di forma verosimilmente rettangolare, con ingresso a meridione in corrispondenza del lato lungo, l'edificio doveva presentare la fronte caratterizzata da un'ampia zona circolare scoperta, delimitata da un semplice muro e pavimentata in travertino. L'intervento adrianeo modifica in modo radicale l'impianto primitivo dell'edificio, ruotando di 180 gradi l'orientamento della struttura, che ora dunque presenta l'ingresso verso nord, e facendo corrispondere il nuovo pronao con l'antico tempio e la rotonda con l'area circolare scoperta. Al di là del monumentale portico di accesso (33,10 x 15,50 metri) costituito sulla fronte da otto colonne monolitiche di granito grigio e altrettante retrostanti in granito rosso che raccordano l'ingresso a una poderosa costruzione laterizia dotata di due nicchioni laterali – forse ospitanti le statue di Augusto e Agrippa – si sviluppa l'imponente rotonda, impostata su una potente sostruzione in calcestruzzo e costituita da un muro dello spessore di oltre 6 metri. All'interno essa si mostra caratterizzata alla base da sei profonde nicchie distile e da un'abside emisferica sull'asse dell'ingresso, intervallate da otto edicole a timpano alternativamente triangolare e arcuato. È al di sopra di questo tamburo, la cui struttura è staticamente alleggerita mediante l'uso di finestre cieche, volte e archi che scaricano la spinta nei punti di maggior resistenza, che si innalza l'alta cupola cassettonata, realizzata in un'unica gettata e terminante nel grande *oculus* centrale. Un pavimento a marmi preziosi completa quest'edificio colossale, con buona probabilità il punto di più alta espressione e sintesi spaziale del raziocinio tecnico-ingegneristico del mondo di Roma antica.

18. Porta di Adriano ad Atene

"Questa è Atene, l'antica città di Teseo"; "questa è la città di Adriano e non di Teseo". È questo il celeberrimo testo delle due iscrizioni poste rispettivamente sulle fronti ovest ed est dell'arco e che qualificano Adriano quale nuovo ecista della città. Eretto in marmo del Pentelico lungo la strada che dall'acropoli conduceva all'area dell'*Olympieion* – il colossale tempio in onore di Zeus lasciato incompiuto dai tempi di Pisistrato e completato per opera dello stesso Adriano – il monumento onorario è probabilmente da mettere in connessione con la visita che l'imperatore filelleno compie nella capitale greca tra il 131 e il 132 d.C. A fornice unico, con colonne libere ai lati e paraste agli angoli, l'arco è sormontato da un'edicola centrale con colonne corinzie e timpano, chiusa in antico da lastre marmoree e inquadrata da *pariphai* laterali aperte, delimitate da paraste.

19-20. Base della Colonna Antonina, Città del Vaticano, Musei Vaticani

Nel Campo Marzio, presso il luogo nel quale era stato cremato il corpo del divo Antonino, Marco Aurelio e Lucio Vero decisero di innalzare una colonna commemorativa, della quale oggi rimangono la base e la parte sommitale in granito rosso. Su un lato della base, in opposizione all'iscrizione dedicatoria, è raffigurata l'apoteosi dell'imperatore: sulle spalle del genio alato Aion, che reca come attributi un globo e un serpente, fiancheggiati da due aquile simboleggianti l'assunzione celeste, Antonino Pio e la moglie Faustina vengono condotti in cielo; la scena divina ha luogo sotto lo sguardo benevolo delle personificazioni del Campo Marzio, riconoscibile dall'obelisco di Augusto trattenuto nella mano sinistra, e di Roma, seduta in abiti di foggia amazzonica al di sopra di una catasta di armi. Completano l'apparato decorativo della base le scene, quasi identiche, che ne ornano i due fianchi: cavalieri in giostra – *decursio* – e pretoriani danno vita alle parate funebri in onore del defunto imperatore, secondo un rito che sappiamo essere dalle fonti cronologicamente distinto – prima gli *equites* quindi i *pedites* – ma che nelle due immagini viene fuso in un unico momento. È questa una modalità propria della tradizione narrativa romana, che trova d'altra parte buona sponda sia nella resa formale delle figurette – tozze e fortemente aggettanti rispetto allo sfondo liscio del rilievo – sia nella scelta prospettica di una *decursio* restituita "a volo di uccello", con le linee del suolo sommariamente sovrapposte. Di registro assai diverso, al contrario, si mostra la scena dell'apoteosi della coppia imperiale, aderente a un classicismo forse non particolarmente raffinato né rigoroso, ma ancora riconducibile per scelte stilistiche e tematiche, come nel caso dell'uso dell'allegoria, ai canoni propri della tradizione ellenica.

riprende il tema delle statue achillee, già visto per il ritratto di Traiano. Adriano, tuttavia, introduce il motivo della barba, che rinvia esplicitamente all'uso dei filosofi greci, e quindi a un costume orientale. Non si tratta semplicemente dell'espressione del filellenismo adrianeo, bensì del recupero e del potenziamento della funzione connotante del concetto di *sapientia*, già fatto proprio da Traiano. Il motivo della barba, inoltre, acquista un ruolo decisivo anche dal punto di vista formale, dal momento che insieme alle mosse e plastiche ciocche dei capelli, funziona da elemento di vivido contrasto chiaroscurale con le superfici lisce e luminose del volto. In una composizione solidamente classicista si introduce così, sia pur ancora in modo contenuto, un'idea di plasticità ed esuberanza barocca che troverà una forte accentuazione nei ritratti successivi. Un'altra importante innovazione, sempre legata ai modelli orientali perseguiti da Adriano, è costituita dagli otto tondi reimpiegati nell'arco di Costantino e assegnabili, forse, a un edificio connesso al culto di Antinoo, l'amasio dell'imperatore, e databile pertanto tra il 130 e il 138 d.C. [figura 14]. Tutti i tondi, infatti, sono legati al tema della caccia, rappresentata sia nei suoi momenti topici del

21. Ritratto di Marco Aurelio, Città del Vaticano, Musei Vaticani

Forse da ricondurre alle celebrazioni per le vittorie nelle campagne d'Armenia e all'assunzione del titolo di *Armeniacus*, il busto dei Musei Vaticani ci mostra l'immagine di Marco Aurelio quale doveva presentarsi negli anni compresi tra il 164 e il 166 d.C., così come sembra confermato anche da confronti con coeve monetazioni della zecca imperiale. Il busto, coperto nella spalla sinistra dal *paludamentum* di tradizione eroica con grande fibula, anticipa stilisticamente molte di quelle dinamiche di matrice "pittoricistica" che a partire dagli anni finali dell'età di Antonino troveranno un'ulteriore accentuazione nei ritratti del successore Commodo, soprattutto per quanto concerne l'uso profondo e massiccio del trapano e la resa della capigliatura e della barba che si traducono in una massa uniforme e fortemente chiaroscurale, in cui il volume prevale nettamente sul trattamento morbido delle superfici. Siamo dunque già ben lontani, a una sola generazione di distanza, dalle modalità formali della tradizione classicista di età adrianea che ancora vediamo permeare la ritrattistica ufficiale di Antonino Pio.

22. Ritratto di Commodo, Roma, Musei Capitolini

Inserito in un busto che ci mostra l'imperatore in guisa di Ercole, con tanto di *leontè* annodata sul petto, clava poggiata sulla spalla destra e pomi delle Esperidi tra le dita, il ritratto trova un confronto diretto con alcune emissioni monetali degli anni 188-189 d.C., sulle quali Commodo è rappresentato nelle vesti dell'eroe, vera e propria proiezione ideologica delle visioni soteriche e dei programmi religiosi perseguiti dall'ultimo degli Antonini. Il busto, piuttosto caratterizzato nei tratti del volto, come lo conosciamo da monete e altre opere scultoree – occhi sporgenti, labbra carnose, folta capigliatura sottolineata da un uso massiccio e profondo del trapano –, poggia su un complesso sostegno costituito da una pelta bronzea inquadrata da cornucopie e amazzoni. È proprio in questo celebre ritratto, proveniente con buona probabilità dall'area dell'Esquilino, che possiamo forse cogliere le estreme testimonianze di quello stile classicistico che ha caratterizzato l'arte romana nel periodo compreso tra il regno di Adriano e quello degli Antonini.

confronto con la preda, sia nei suoi aspetti cerimoniali, con la scena della partenza o quelle di un sacrificio silvestre. Dal punto di vista ideologico e propagandistico si tratta di un esplicito rinvio ad Alessandro Magno, in particolare, e in generale a un modello di sovranità imperiale di stampo orientale, in cui l'eroismo del principe e la sua esaltazione vengono espressi mediante un'attività non pubblica, bensì privata. Coerente con la natura del tema risulta il linguaggio formale adottato che, nell'ambito del classicismo generico tipico dell'arte ufficiale, usa schemi iconografici, sintetica ambientazione paesaggistica e varietà compositiva di evidente derivazione ellenistica.

Secondo questa prospettiva vanno lette anche le numerose raffigurazioni di Antinoo [figura 15], che, morto prematuramente, venne eroizzato, divenendo così destinatario di un culto personale appositamente fondato. Non solo i modi di queste rappresentazioni, che univano in maniera sapiente e originale elementi di tradizione ellenistica ad altri di derivazione classica, frutto in gran parte della scuola di Afrodisia, ma anche l'eroizzazione di un individuo inerente in maniera esclusiva al privato del principe, e quindi – ancora una volta –

l'esaltazione di questa sfera, rinviano direttamente a una concezione della sovranità legata a modelli orientali. Sempre all'Oriente e alla Grecia, per quanto entrambi idealizzati e rielaborati intellettualmente, o per meglio dire ridefiniti alla luce di necessità ideologiche e culturali contemporanee, bisogna guardare per comprendere l'enorme complesso di villa Adriana, a Tivoli [figura 16]. Sfruttando l'esperienza della *Domus Aurea*, villa Adriana può essere letta come il compimento del processo di rielaborazione romana del modello ideale costituito dalla reggia ellenistica, sviluppandosi come una fantasia barocca, un ridondante gioco intellettuale, una successione di quadri teatrali, che sfrutta al massimo l'idea di complesso sparso, costituito da singoli padiglioni che giocano con il paesaggio naturale, in cui la volontà di sorprendere con soluzioni ardite e inaspettate, e insieme di rievocare letterariamente luoghi reali, ma mitizzati, dell'impero costituisce il filo conduttore. Del resto, come mostra anche il Pantheon [figura 17], la fantasia architettonica, raffinata ma a volte anche bizzarra, l'arditezza ingegneristica e la profonda rielaborazione di elementi orientali alla luce della grande tradizione romana costituiscono elementi caratteristici di tutta l'architettura adrianea.

L'interesse di Adriano per l'Oriente, che nasce certo da un'inclinazione personale, ma che non si esaurisce in essa, presenta connotazioni piuttosto marcate di carattere ideologico, finalizzate a una ridefinizione in chiave assolutistica del potere, con un risvolto teocratico non irrilevante, e spinge l'imperatore a lunghi soggiorni nelle province orientali dell'impero. La sua presenza, accolta sempre con onori divini, comportò anche numerosi interventi architettonici e urbanistici, tra cui ricordiamo,

23. Colonna Aureliana, Roma

Eretta nel Campo Marzio nell'area presso il tempio dedicato a Marco Aurelio e alla sua consorte Faustina divinizzati, la colonna istoriata doveva essere terminata nel 193 d.C., come sappiamo dal dato epigrafico. Realizzata in marmo di Luni per un totale di 19 rocchi, il monumento ripete nell'impostazione complessiva il modello della Colonna Traiana, pur con alcune divergenze di carattere modulare; maggiore infatti è l'altezza del basamento e dello zoccolo, dunque superiore l'altezza complessiva della colonna (41,95 metri), maggiore, soprattutto, l'altezza del rilievo spiraliforme che pertanto la fascia con un minor numero di avvolgimenti. Quest'ultimo è ripartito in 115 quadri, suddivisi in due momenti cronologici, anche qui, come nella Colonna Traiana, intervallati da una Vittoria fra trofei: la prima parte è pertinente alle campagne germaniche condotte da Marco Aurelio tra il 171 e il 173 (scene 1-42, *bellum Germanicum*; scene 43-55, *bellum Marcomannicum*), la seconda alle vittorie orientali ottenute nel biennio 174-175 contro i Quadi (scene 56-77) e i Sarmati (scene 78-116). Analoga al modello traianeo si presenta anche la struttura didascalica del fregio, impostato secondo una rigida sequenza topografica e temporale nella quale scene di trasferimento e di costruzione di *castra* si alternano a immagini di battaglia, di *adlocutio*, di *decursio*. Assai diversa, tuttavia, appare la temperie complessiva del rilievo, sia per quanto concerne le opzioni dei temi raffigurati – compaiono qui notazioni soprannaturali come "il miracolo della pioggia" (scena 16) –, sia per quanto riguarda le scelte stilistiche adottate: lontane dalla fluidità ellenistica che ancora caratterizza il fregio traianeo, le figure appaiono ora più dense, fortemente sottolineate da un uso del trapano che accentua la resa volumetrica in una sintesi che sfocia in un teso illusionismo, anticipando le soluzioni di contenuto e di forma che caratterizzeranno l'arte della tarda antichità.

come esempio tra i vari possibili, l'arco fatto costruire ad Atene [figura 18].
Rispetto a Traiano con Adriano troviamo un uso meno accentuato nell'arte ufficiale di elementi legati al linguaggio simbolico. È un periodo in cui il classicismo, inteso in senso lato, ossia di eclettica ispirazione a diversi modelli e momenti dell'arte greca, diviene la cifra pressoché esclusiva dell'arte di diretta emanazione imperiale, in piena sintonia con la fisionomia intellettuale del sovrano e con il suo progetto politico. In questo possiamo riconoscere una forte peculiarità del periodo adrianeo, che già nel momento immediatamente successivo viene meno. Esemplare, in questo senso, la base della colonna Antonina, fatta erigere da Marco Aurelio e Lucio Vero [figure 19-20]. Qui, infatti, sia pur nell'ambito di un gusto classicista diffuso, in particolare nei rilievi della fronte con l'ascesa al cielo dei divi Antonino e Faustina, e di un modo classicistico di trattare le singole figure, troviamo nuovamente caratteristiche compositive e forme espressive tipiche del filone simbolico. Oltre alle diverse scale proporzionali usate per le singole figure, almeno nel pannello frontale dominato dal corpo sovradimensionato di Aion, risulta evidente il carattere didascalico e l'immediatezza espressiva della coppia imperiale, giustapposta al corpo del grande Genio alato, eludendo ogni descrizione di tipo naturalistico.
Un carattere fortemente simbolico nella sintassi compositiva e nel modo di narrazione risulta evidente per i rilievi posti sulle facce laterali. La prospettiva "a volo d'uccello", che traduce in termini esclusivamente bidimensionali, ossia alto e basso, il concetto spaziale di lontano e vicino, insieme alla scelta di dividere nello spazio le due *decursiones* dei soldati, che invece sono distinte nel tempo, caratterizzano evidentemente i modi espressivi di tipo simbolico. Occorre sottolineare come, in questo monumento, al soggetto allegorico posto sulla fronte, trattato nell'ambito di una concezione classicista, sia pur sempre meno rigorosa, si affianchino sui lati due pannelli con una rappresentazione di tipo "narrativo",

24. Casa delle Muse, decorazione pittorica della sala V, Ostia
La tendenza a una progressiva semplificazione nei modi compositivi che caratterizzano la pittura parietale romana a partire dagli inizi del II secolo d.C., trova nella decorazione della sala V della casa delle Muse di Ostia, di età adrianea, un buon esempio. Ciascuna parete dell'ambiente è tripartita sia in senso orizzontale – zoccolo basso a campitura nera, fascia centrale e registro superiore –, sia in senso verticale mediante colonne ioniche sormontate da pilastri. Alle colonne sono agganciati tre grandi pannelli, nei quali appaiono raffigurati Apollo, su quello centrale a fondo giallo, e due Muse, sui laterali a fondo rosso; altri sei pannelli sono disposti sui rimanenti lati del vano. Limitato appare in questo caso l'uso della prospettiva e degli inquadramenti architettonici che si intravedono solo alle spalle dei grandi pannelli e che si trasformano in tal modo nel punto focale dominante dell'ornato parietale. È da notare in ultimo che le figure presenti nei riquadri appaiono sovradipinte su fondo a fresco, secondo una tecnica già conosciuta a Ostia e che sottolinea in maniera chiara l'alto grado di specializzazione raggiunto dalle maestranze.

25. *Insula* di Giove e Ganimede, vano 33, decorazione pittorica della sala Gialla, Ostia
È in età tardoantonina che il processo di disarticolazione delle sintassi ornamentali che hanno sin qui caratterizzato la pittura parietale romana subisce una chiara accelerazione: perdita di organicità e di raccordo logico tra i vari elementi della rappresentazione pittorica, bruschi contrasti cromatici ottenuti mediante la mera giustapposizione di superfici di diverso colore, con netta prevalenza del giallo e del rosso. Esemplificazione di queste nuove tendenze, la cosiddetta sala Gialla dell'*insula* di Giove e Ganimede, una modesta abitazione ostiense dei decenni finali del II secolo d.C., presenta le pareti caratterizzate da prospetti architettonici delineati oramai da semplici linee rosse su fondo giallo, con gli epistili sospesi nel vuoto, prospettive rovesciate e rivolte verso l'interno del vano. La resa semplificata dell'ornato, in parte da attribuire anche alla qualità modesta delle maestranze chiamate alla sua realizzazione, appare ulteriormente sottolineata dall'uso di un tratto netto e privo di sfumato, che accentua la percezione di un insieme spaziale poco organico e privo di profondità.

e pertanto connessa a modi espressivi di tipo simbolico.

Il ritratto di Adriano, che si stacca in maniera netta da quello del suo predecessore, esercita un'influenza decisiva su quelli degli altri imperatori del II secolo, che sviluppano il modello esasperandone le caratteristiche di fondo. Se con Adriano il tema del contrasto tra parti lisce e luminose del volto e quelle animate dal chiaroscuro della corta barba e dei capelli trova un equilibrio nella forte matrice classicista, con Marco Aurelio e ancora di più con Commodo [figure 21-22] il ritmo quasi frenetico delle masse dei capelli e della barba, sempre più lunghe, diventa la caratteristica dominante, che vuole trasmettere l'idea di forza e vigore del sovrano. Commodo, in particolare, unisce questa energia del modellato al soggetto, facendosi rappresentare in quanto Ercole, come accade del resto anche su una serie monetale, collegando esplicitamente in questa maniera il potere al carattere eroico e quindi sovrumano del sovrano.

Già per gli imperatori della seconda metà del secolo le figure di Traiano e di Adriano costituiscono il paradigma migliore per il concetto di sovrano ideale. La loro imitazione, pertanto, in determinati atteggiamenti e mediante anche una certa produzione artistica, costituisce un elemento importante nella propaganda imperiale. In questo senso si può leggere la Colonna Aureliana, innalzata in Campo Marzio, presso il tempio di Marco Aurelio e Faustina, terminata nel 193 d.C. [figura 23]. Il monumento stesso, una colonna coclide istoriata, richiama esplicitamente il modello della Colonna Traiana. Anche il soggetto, costituito dalle campagne militari imperiali, nonché la divisione in due parti tramite una grande figura di Vittoria, si rifanno direttamente al celeberrimo precedente. Il linguaggio formale, tuttavia, rispecchia ovviamente i cambiamenti profondi, che abbiamo già visto in atto anche nei ritratti imperiali, in cui tramite il vivo pittoricismo, ottenuto soprattutto con un rilievo molto mosso e un forte chiaroscuro, si cerca un effetto espressionistico a scapito anche del senso naturalistico e della fedeltà all'organicità della forma. Proprio queste ultime caratteristiche costituiscono elementi fondamentali per

26. Decorazione pittorica della casa di via dello Statuto, Roma, Antiquarium Comunale
Provengono da un piccolo complesso termale privato, rinvenuto in via dello Statuto e ascrivibile alla metà del II secolo d.C., alcuni lacerti dipinti che, pur non permettendo una coerente ricostruzione d'insieme dell'ornato parietale, appaiono tuttavia importanti per una verifica puntuale dei modi stilistici che caratterizzano in questa fase cronologica l'arte pittorica romana. È in tale prospettiva, dunque, che appare degno di attenzione un pannello – quasi integro se si eccettuano poche e limitate lacune – che mostra un cavaliere con mantello, a cui si rivolge un personaggio appiedato; dal portico di un caseggiato antistante una donna assiste alla scena, mentre sullo sfondo il profilo di un albero sembra suggerire un ambiente extraurbano. Lo stile del dipinto, contrassegnato da pennellate secche e fortemente marcate, appare brusco, così come priva di organicità sembra mostrarsi la sintassi complessiva dell'immagine, con tanto di ombre realizzate dal decoratore senza tenere nel dovuto conto una coerente fonte di illuminazione.

27. Decorazione pittorica di una tomba ipogea a Caivano, Napoli, Museo Archeologico Nazionale
È stata rinvenuta presso Caivano, tra Napoli e Capua nel territorio dell'antica Atella, una tomba ipogeica la cui tipologia – volta a botte su cornice aggettante e pavimento in cocciopesto, presenza di tre *klinai* disposte lungo le pareti – rimanda alla tradizione architettonico-funeraria dell'area campana di età ellenistica. È nella prima età traianea che la decorazione parietale del sepolcro viene radicalmente rinnovata. Il nuovo ornato pittorico, che si richiama in modo manifesto alla sintassi del IV stile, è scandito da fasce gialle con motivi stilizzati, che dividono le pareti in specchiature quadrangolari racchiudenti oggetti di natura rituale – *rytha*, siringhe, cestelli –, mentre la volta presenta una decorazione prevalentemente fitomorfa a palmette e racemi. È invece collocato nella lunetta della parete di fondo un paesaggio di ambientazione marina, articolato in quattro scene indipendenti – un banchetto, il sacrificio di una donna a Priapo, una selva, una scena pastorale – che suggeriscono l'idea di modelli peraltro già noti ai repertori del I secolo d.C. e qui giustapposti in maniera apparentemente priva di coerenza.

28. Decorazione pittorica della tomba rupestre di via Portuense, Roma, Museo Nazionale Romano
Si data alla metà del II secolo d.C. la decorazione pittorica di una tomba ipogeica rinvenuta a Roma lungo la via Portuense. Il sepolcro, di pianta irregolare, inizialmente destinato a custodire sepolture a incinerazione e quindi riconvertito al rito inumatorio, si mostra ornato su due sole pareti. Quella di sinistra appare caratterizzata dalla presenza di quindici nicchie decorate con motivi rosacei e sormontate da due pavoni ai lati di un vaso. Più articolato si presenta l'ornato pittorico della parete opposta, priva di nicchie e suddivisa in due fasce sovrapposte e separate da uno zoccolo, da cui pendono festoni fitomorfi. Nel registro superiore due arieti, ai lati dei quali riconosciamo un cratere e uno scudo appoggiato a una colonna, sono presentati nell'atto di affrontarsi, mentre in quello inferiore una dozzina di personaggi appaiono impegnati in conversazione e giochi; all'estrema sinistra la figura di un bambino, fuori proporzione rispetto agli altri protagonisti della scena, avanza poggiandosi a una sorta di "girello" *ante litteram*. Il ritratto di due giovinetti posto nel timpano delle edicole laterali, verosimilmente i destinatari originari della tomba, e busti delle stagioni ai quattro angoli del soffitto completano la decorazione dell'ipogeo, nel quale sia le opzioni tematiche – commistione tra oggetti chiaramente riconducibili al simbolismo funerario e scene di vita quotidiana –, sia le scelte stilistiche si richiamano in maniera manifesta ai modi formali della cosiddetta "arte plebea".

il successivo sviluppo dell'arte tardoantica.
Anche dal punto di vista della committenza privata il II secolo vide notevoli cambiamenti. Tra questi va segnalato con grande enfasi il mutamento delle forme dell'abitare, che ebbe notevoli ripercussioni in primo luogo sulla decorazione pittorica. Assistiamo, infatti, alla progressiva sparizione della *domus* ad atrio, che da secoli aveva costituito l'esempio più alto della residenza privata urbana, sostituita perlopiù da complessi sviluppati in alzato e composti da diversi appartamenti, caratterizzati pertanto da un minore tono di ricchezza e di lusso esibito. Si allargava, dunque, la fascia sociale che disponeva di una residenza di un certo decoro, e quindi anche la committenza della decorazione pittorica, almeno di quella a costi più contenuti. Nello stesso tempo si diffondeva presso gli strati più alti della società una nuova forma di residenza, organizzata di norma intorno al peristilio e caratterizzata ovviamente dall'esibizione di una grande ricchezza. Sono varie le cause che concorrono a questo fenomeno. Basterà ricordare qui, intanto un benessere diffuso che allarga il numero di coloro che possono permettersi un'abitazione di un certo livello, ma che non rivestono ruoli di particolare evidenza nella società e poi l'abbassamento della conflittualità politica rispetto alla tarda repubblica e al primo impero, che aveva trasformato la *domus* in uno strumento importante per l'affermazione sociale. Mutano di conseguenza le esigenze e le necessità alla base della decorazione figurata delle abitazioni e, quindi, le forme stesse della decorazione.
Fino a questo momento, al di là delle scene figurate vere e proprie, anche l'apparato architettonico dipinto aveva un intento rappresentativo, sia che creasse illusionisticamente nuovi spazi sentiti come reali (II stile), sia che applicasse un partito architettonico più o meno articolato alla parete (III e IV stile), sovente decorato da riproduzioni, più o meno ela-

29. Pitture e stucchi della tomba dei Pancrazi, Roma
Posta lungo la via Latina e ascrivibile alla tarda età adrianea, se non forse ai primi anni del regno di Antonino Pio, la monumentale tomba a *naiskos* dei Pancrazi era un ricco sepolcro a camera su due livelli, di cui rimane praticamente integro nella sua strutturazione originaria il piano ipogeico. Ed è proprio nella grande volta e nelle lunette di risulta del vano sotterraneo che l'apparato decorativo del monumento, contrassegnato dalla commistione di stucchi e pitture, raggiunge livelli qualitativi altissimi, in cui zone a fondo scuro si alternano ad altre a fondo chiaro, risolvendosi in una policromia di grande equilibrio. La volta appare caratterizzata da grandi riquadri a soggetto mitologico – ciclo di Eracle, miti omerici e dionisiaci – tutti riconducibili al tema della morte e dell'apoteosi del defunto, mentre le lunette si presentano articolate in architetture prospettiche con soffitti a cassettoni e a semicupola. Estremamente ricca è anche la decorazione accessoria, contrassegnata da medaglioni e pannelli di minori dimensioni con centauri, grifi, candelabri, geni alati. Se appaiono oltremodo evidenti i richiami ai modi stilistici e ai criteri di scansione spaziale che caratterizzano il IV stile, è tuttavia originale l'organizzazione tematica dei soggetti, coerentemente inquadrati in un sistema paradigmatico che trova il proprio punto focale nella simbologia della morte.

borate, di quadri. Durante il II secolo si delinea chiaramente la tendenza alla perdita dell'organicità e dell'articolazione strutturale delle architetture dipinte, che – con modi e tempi differenti a seconda dei casi – virano verso un intreccio regolare di linee che suddividono le superfici dei vani. La parete, pertanto, cessa di essere altro da sé, ma costituisce, semplicemente, il supporto di una decorazione concepita come tale.
I singoli elementi architettonici (colonne, capitelli, pilastri, mensole, ecc.) sono sottoposti a un processo di semplificazione e di geometrizzazione tale da perdere la loro individualità, per trasformarsi in elementi astratti che organizzano gli spazi delle pareti. Rimane ancora viva, in ogni caso, la tendenza alla tripartizione, verticale e orizzontale, con l'enfasi maggiore posta nella porzione centrale, benché i grandi quadri si facciano via via meno numerosi. Naturalmente il fenomeno assume intensità e forme assai variegate, in funzione di vari fattori, ma procede in maniera univoca, come mostrano due esempi diversi, quali l'ambiente V della casa delle Muse a Ostia [figura 24], di età adrianea e l'ambiente 33 dell'*insula* di Giove e Ganimede, sempre a Ostia [figura 25], appartenente alla tarda età antonina.
Per quanto riguarda le scene figurate, a partire dalla seconda metà del secolo, si assiste a un processo analogo a quello che abbiamo sopra descritto per la scultura. L'interesse sempre più vivo sia per una lettura immediata sia per un maggiore coinvolgimento emotivo dello spettatore spinge ad allontanarsi dai modi del naturalismo classicista, sostituiti via via da un pittoricismo sempre più accentuato, meno attento all'organicità della forma e concentrato, piuttosto, su una viva resa espressio-

nistica. Ne vediamo un chiaro esempio in un quadretto dalle terme di una casa di via dello Statuto a Roma, della metà del II secolo [figura 26]. Le singole figure sono rappresentate sinteticamente con rapide pennellate, che non si fermano ad analizzare l'organicità di ciascun elemento, ma suggeriscono con immediatezza un'azione e un'atmosfera. Si va verso un'attenuazione dell'elemento pittorico vero e proprio, per usare un cromatismo sempre meno sfumato, costituito soprattutto dall'accostamento rapido di colori differenti, secondo un processo assai diluito nel tempo che trova i suoi esiti finali nell'arte tardoantica, ove sfocerà in una resa sostanzialmente disegnativa.
Testimonianze assai importanti derivano dalla sfera funeraria, grazie soprattutto alle decorazioni dipinte di tombe ipogee. Per quanto il diverso ambito cambi in parte i soggetti, relativi spesso, ma non necessariamente, a tematiche escatologiche o soteriologiche, l'articolazione della parete e i modi di rappresentazione confermano le tendenze appena descritte. Un chiaro esempio del fenomeno di trasformazione in senso lineare del partito architettonico, nei cui spazi troviamo l'inserimento di pitture di paesaggio idillico, è dato dalla tomba ipogea di Caivano, vicino a Napoli [figura 27], assegnabile a età traianea. Rappresenta bene il cambiamento in senso espressionista dei modi pittorici, legati al linguaggio dell'arte simbolica già esaminato, una pittura dalla tomba rupestre di via Portuense, a Roma [figura 28]. Alla disposizione paratattica e all'uso di diverse scale proporzionali, espedienti tipici dell'arte di tipo simbolico, si affianca la tendenza a definire in maniera rapida e sintetica le figure, sentite soprattutto come macchie di colore, nell'intento di suggerire con icasticità ed evidenza immediata le azioni e le atmosfere, allo scopo in questo caso di fornire un'immagine efficace e suggestiva della realtà ultra-

30. Sarcofago Amendola, Roma, Musei Capitolini
Proviene da Vigna Amendola, lungo la via Appia, questo sarcofago di datazione controversa, ma verosimilmente da ascrivere al secondo quarto del II secolo d.C. La cassa, ornata a rilievo basso sui lati brevi e in altorilievo sulla fronte, presenta scene di combattimento tra romani e barbari; il coperchio, che prevede maschere barbariche in guisa di acroteri angolari, è anch'esso decorato con un fregio ad altorilievo raffigurante dei prigionieri. Le scelte compositive operate dallo scultore, soprattutto per quanto concerne la costruzione del combattimento, che appare fondamentalmente impostato sulla giustapposizione di singoli duelli, sembra richiamarsi in maniera diretta a modelli – forse pittorici – pergameni. È questa un'opzione che ben si adatta alla resa formale delle figure, fortemente sottolineate da uno stile patetico, che mostra in maniera chiara quanto siano varie e articolate le fonti che ispirano il classicismo romano di questo periodo.

terrena. Per avere l'idea della varietà artistica di questo momento, occorre considerare un esempio diverso, che mostra invece la volontà di aderire ancora a una tradizione colta, in grado di attingere a diversi settori della produzione greca, secondo i modi del IV stile. È il caso della tomba dei Pancrazi, a Roma, di età adrianea [figura 29]. Per quanto semplificate, vediamo ancora in atto l'idea della trasformazione architettonica della parete, nonché una concezione delle singole figure realizzate perlopiù in stucco policromo, che sente viva la necessità dell'intento naturalistico.
L'ambito funerario è protagonista di un altro importante mutamento, iniziato già a partire dalla fine del I secolo, ma affermatosi in particolare durante quello successivo, ossia l'uso della sepoltura a inumazione. Si sviluppò così un'intensa produzione di sarcofagi che, pur imitando prototipi dell'Asia Minore, assunse ben presto caratteristiche peculiari. Attraverso questa produzione, frutto di norma di una committenza privata, è possibile seguire non solo l'evoluzione del linguaggio della scultura, ma anche analizzare la varietà dei soggetti selezionati. Come spesso accade per l'arte funeraria romana, a temi inerenti gli aspetti escatologici si affiancano soggetti che vogliono piuttosto esaltare l'estrazione sociale del defunto. Il modello elevato e il livello medio-alto della committenza favoriscono in questo settore la continuità della tradizione classicista, che predilige, coerentemente con la coeva arte ufficiale, modi fortemente patetici nell'energia e nella vivacità della composizione e un forte pittoricismo, reso mediante un rilievo fortemente chiaroscurato, come mostra, ad esempio, il sarcofago Amendola, della prima metà del II secolo [figura 30]. Presenta, invece, un allentamento del tessuto e del ritmo compositivo e la tendenza ad una semplificazione del modellato un sarcofago dionisiaco, proveniente da Roma e databile alla seconda metà del secolo [figura 31], che risulta tipico di una vasta produzione urbana.
Entrambi i sarcofagi testimoniano soggetti di grande successo durante questo periodo. Il primo, che rappresenta una battaglia contro i barbari, pur prestandosi anche a letture allegoriche, appare legato soprattutto, attraverso il paradigma eroico, all'esaltazione del defunto. Il tema dionisiaco, invece, per quanto attestato spesso anche in ambito residenziale, sembra esprimere in questo caso la speranza

31. Sarcofago con scene dionisiache, Roma, Musei Capitolini
Da ricondurre cronologicamente al penultimo quarto del II secolo d.C. e ascrivibile a una tipologia più volte attestata tra le produzioni urbane di questo periodo, il sarcofago presentava al momento del rinvenimento ampie tracce di colore, ora quasi del tutto perdute. Sul bassorilievo ornante la cassa, all'estrema sinistra, riconosciamo Bacco, seduto su una biga e preceduto da due centauri, mentre al centro dell'immagine un satiro tibicine e una *tympanistria* sono intenti a suonare al cospetto di un Pan danzante; altri satiri, un sileno e un carro trainato da una coppia di asini e recante due menadi arricchiscono l'insieme di questo vivace corteggio per il quale permangono nitidamente percepibili le influenze di tipo asiatico che ancora caratterizzano i sarcofagi della tarda età antonina.

32. Rilievo con scene di circo, Foligno, Museo Civico

È privo del contesto originario, verosimilmente da ricondurre a un monumento onorario, un rilievo marmoreo conservato nelle collezioni di palazzo Trinci a Foligno ed effigiante una corsa di quadrighe all'interno del circo Massimo. Il rilievo appare fortemente connotato in senso topografico, tanto da potervi riconoscere sulla sinistra l'alto profilo dei *carceres*, le gabbie di partenza dei carri, sormontati dal palco dei magistrati e sul lato opposto, corrispondente alla linea di curva dell'arena, un arco dedicato dal Senato a Tito nell'81 d.C. per commemorare le sue vittorie giudaiche; al centro è riconoscibile la *spina*, delimitata dalle *metae* e arricchita da alcuni dei *monumenta circi* che ci sono noti dalle fonti, tra i quali l'obelisco di Ramsete II proveniente da Heliopolis – oggi a piazza del Popolo –, le sette uova che scandivano i giri della corsa, edicole e altari. Il rilievo folignate si propone secondo chiavi stilistiche che possiamo ricondurre con chiarezza entro i modi espressivi della tradizione cosiddetta "plebea"; è il caso della visuale schiacciata "a volo d'uccello", dell'uso di proporzioni gerarchizzate e, più in generale, di una "traduzione" dell'immagine che tende a privilegiare una prospettiva di tipo marcatamente didascalico, supplendo alle approssimazioni formali con una visione d'insieme di grande coerenza e organicità.

di una vita oltre la morte.

Non appena si abbandona il mondo del mito o quello legato a una tradizione dell'arte colta, come appunto le scene di battaglia contro i barbari, i modi simbolici della tradizione cosiddetta "plebea" riemergono subito, come appare ad esempio nel rilievo con scene del circo da Foligno [figura 32]. Figure tozze e rese sinteticamente tramite l'accostamento di masse geometrizzanti, evocanti le varie parti del corpo umano, sono disposte su due file parallele, indicanti però l'idea di spazialità, mentre anche le proporzioni assolutamente non naturalistiche sono pensate in funzione di una lettura guidata del rilievo. Sono proprio le caratteristiche formali che durante il secolo successivo godranno di un successo crescente anche nell'ambito della produzione ufficiale, costituendo le premesse per la nascita e lo sviluppo dell'arte tardoantica.

9. Città e cultura figurativa nelle province dell'impero

Testo di
Gian Luca Grassigli
Schede di
Lucio Fiorini

Abbiamo già visto come con il II secolo salgano al trono membri della grande aristocrazia provinciale. È questo un segno del successo dell'ideologia alla base dell'impero romano, che ha saputo allargarsi, assumendo al proprio interno le alte classi dirigenti di tutte le regioni annesse. Nello stesso tempo questo fatto costituisce la manifestazione più chiara del risultato positivo della romanizzazione, ossia della diffusione nei luoghi progressivamente conquistati dei modi di vita, dei valori, dell'ideologia, dell'arte – in una parola della cultura – alla base della società romana. Questo vasto fenomeno della romanizzazione, usato dal governo centrale con piena consapevolezza, adottava come formidabile strumento quello dell'urbanizzazione, e quindi della costruzione di città conformate alla mentalità romana, dal punto di vista topografico, urbanistico, architettonico e del decoro artistico, in particolare nelle province occidentali e settentrionali. L'assunzione dei nuovi modi di vita da parte degli esponenti dell'aristocrazia locale costituiva il presupposto indispensabile per la loro ascesa fino al Senato di Roma, secondo i modi di una conquista, che a questi aspetti di acculturazione faceva precedere e affiancava – è sempre bene ricor-

1. Ponte Arco, Alcántara
L'arco onorario di Alcántara (Cáceres, Spagna) fa parte di un complesso architettonico che, dedicato a Traiano da tredici comunità limitrofe della Lusitania nel 103-104 d.C., è opera dell'architetto *C. Iulius Lacer*. Il monumento, a fornice unico, insiste sul pilone centrale dell'imponente ponte costruito sul fiume Tago: composto da sei arcate a tutto sesto di differente ampiezza sorrette da stretti piloni sovrastati da contrafforti che raggiungono le spallette, il manufatto si caratterizza per la presenza a una delle testate di un tempietto munito di frontone e di due colonne tuscaniche sulle ante di ingresso. L'uso della tecnica a leggero bugnato adottata per le murature in granito conferisce all'insieme una elegante sobrietà tipica dell'architettura iberica dell'età imperiale.

2. Porta Nigra, Treviri
Uno dei maggiori monumenti di Treviri, capoluogo della Gallia Belgica, la cosiddetta porta Nigra, aperta sul lato nord della cinta muraria sulla strada diretta alle maggiori città del Reno, è databile su base stratigrafica all'ultimo venticinquennio del II secolo d.C., momento in cui il cen-

darlo – anche quello dell'aggressione militare e della repressione armata.
Molto più sfumato e diversamente articolato appare questo fenomeno nei confronti delle province orientali, che godevano naturalmente di una secolare e formidabile tradizione urbana, per tacere della loro tradizione culturale. Anche in questo caso Roma, pur avendo assunto molto da questa stessa cultura greca e orientale, volle lasciare segni evidenti del proprio dominio, mediante una grande quantità di rifondazioni di città, di costruzione di edifici pubblici e di produzione artistica, affinché la sua presenza e il suo condizionamento sulla vita politica, sociale e culturale fossero certi e determinanti.
Se nel momento della conquista e nelle fasi immediatamente successive la forza militare e la violenza costituivano in generale l'aspetto principale, con la stabilizzazione forzata della situazione subentrava questo progetto di romanizzazione, che costituì il sistema vincente per la costruzione dell'impero e il mantenimento della pace al suo interno, almeno per un lungo periodo. Il risultato fu la formazione di una classe dirigente transnazionale, che pur conservando naturalmente un legame profondo con la cultura delle proprie regioni d'origine, si riconosceva in valori, modi di vita, credenze, gusti comuni, e che finì con il costituire un vero e proprio linguaggio fatto di comportamenti, costumi e produzione intellettuale e artistica, che oggi riconosciamo diffuso in ogni parte dell'impero e che costituì a ogni livello della scala sociale uno strumento vincente della romanizzazione, diffon-

tro assunse un importante ruolo difensivo contro la pressione delle tribù germaniche. Costruito in opera quadrata a grossi blocchi di arenaria grossolanamente sbozzati, il manufatto consta di due torri laterali che all'interno hanno forma rettangolare, mentre esternamente sporgono con due avancorpi semicircolari; il corpo centrale di passaggio, a doppio fornice, è munito di cavedio interno. Le facciate si articolano in piani sovrapposti (quattro in corrispondenza delle torri, tre al centro) separati da cornici e parapetti aggettanti e animati da semicolonne che negli ordini superiori inquadrano finestre arcuate, senza che venga per questo inficiata la massiccia ponderosità volumetrica che resta l'aspetto cruciale della fortificazione.

3. Anfiteatro, Nîmes
Databile all'ultimo decennio del I secolo d.C., come quello di Arles, del tutto simile nell'aspetto esterno, l'anfiteatro di Nemausus (Nîmes), uno dei meglio conservati del mondo romano, esemplifica la tendenza tipica dell'architettura narbonese all'evidenziazione della solidità strutturale e all'orizzontalità, determinata dalla limitata altezza delle arcate e dal forte aggetto delle trabeazioni. Il prospetto esterno presenta il consueto sistema a due piani di arcate sormontate dall'attico e inquadrate da un ordine incassato di colonne al livello superiore e di pilastri al piano terra, con capitelli tuscanici sorreggenti le trabeazioni sporgenti. Attorno all'attico resta traccia del sistema di copertura nei sostegni aggettanti muniti di fori per l'ancoraggio delle corde del velario. Costruito in opera quadrata, il monumento consta internamente di due gallerie concentriche che permettevano l'accesso alla cavea, comprendente quattro serie di gradini per ogni meniano; particolare il sistema di copertura dell'ambulacro esterno con volte radiali intervallate da archi trasversali.

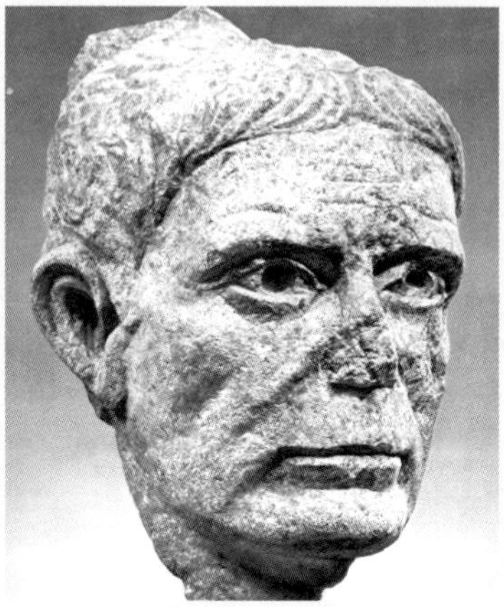

4. Ritratto virile, Aquileia, Museo Archeologico Nazionale

Il problema dell'arte provinciale si pone già nell'Italia settentrionale soggetta a un processo di romanizzazione profondo e antico, in cui ha rivestito un ruolo importante la fondazione delle colonie latine, in particolare quella di Aquileia nel 181 a.C. Nell'analisi della produzione plastica aquileiese di età romana vanno in primo luogo distinti i monumenti in marmo che, riferibili a opere di carattere pubblico, mostrano maggiore aderenza alle correnti colte urbane, dalla scultura privata in cui si coglie, fin dall'età tardorepubblicana, un legame più stretto con la tradizione dell'artigianato locale. In particolare la ritrattistica, di destinazione essenzialmente sepolcrale, appare legata alla corrente figurativa delle province danubiane, dal Norico alla Pannonia, vicina a espressioni artistiche proprie del linguaggio plebeo, con una tendenza all'espressionismo e alla schematizzazione che ignora i canoni del naturalismo ellenistico. Ne costituisce un esempio, tra i molti possibili, una testa-ritratto virile in calcare locale, tagliata all'altezza del collo, probabilmente riferibile a una stele funeraria. I tratti fisionomici sono fortemente caratterizzati: le orecchie grandi, gli occhi profondi con il foro per le pupille, rughe accennate sulla fronte, profondi solchi ai lati della bocca e sulle guance, capelli lisci divisi sulla fronte, labbra serrate sottili e strette.

5. Busto femminile, Siviglia, Museo Arqueológico Provincial

Rispetto alle restanti province occidentali l'arte della Spagna romana presenta più netti caratteri di originalità dovuti da un lato a un sostrato culturale di elevato livello qualitativo, influenzato dai canoni ellenistici, dall'altro alla precoce romanizzazione della regione. Questi i motivi che spiegano la diffusa ricezione dell'arte ufficiale e colta di Roma, pur rivissuta secondo i modi della tradizione figurativa iberica. Il dato risulta evidente dall'esame della ritrattistica in cui opere di alta qualità artistica, molto vicine ai prodotti urbani, si distinguono per l'evidente caratterizzazione somatica e per le acconciature adattate alle fogge del luogo, come nel caso del busto muliebre in terracotta conservato nel Museo Arqueológico Provincial di Siviglia nella provincia meridionale della Betica, assegnabile ancora alla fine del I secolo d.C.

6. Stele con cavaliere trace e ritratti da Sandanski (Bulgaria), Sofia, Museo Archeologico

Diversamente da quanto avviene nelle province d'oltralpe di Illiria, Norico e Pannonia, nella scultura funeraria della Tracia (come pure in Macedonia e Moesia che costituiscono in età romana una sorta di unità culturale) alle raffigurazioni di mestieri e a quelle militari di soldati in armi vengono preferite le stele riproducenti numerose teste-ritratto della famiglia. A esse si aggiunge a partire dal II secolo d.C. l'immagine sacrale del cavaliere trace, cui viene assimilato il morto eroizzato: così la stele di Sandanski, dalla tipica forma arcuata, presenta al di sopra della base allargata con tre teste-ritratto l'immagine del cavaliere al galoppo, accompagnato da un cane e impegnato a cacciare un cinghiale. Il motivo, diffusissimo anche nell'ambito della plastica votiva, riprende un modello iconografico greco tratto dal repertorio eroico per raffigurare una antica figura divina locale, designata dalle iscrizioni come *Heros* o *Heron*. Dal punto di vista stilistico le forme dei volti sono quelle tipiche del linguaggio popolare, schematiche e geometriche, ma non prive di un pur approssimativo intento ritrattistico.

dendo immagini, storie, miti, valori, ideologie, credenze e contribuendo così in maniera decisiva alla costruzione di un rinnovato, comune e diffuso immaginario collettivo.

Nello stesso tempo proprio la produzione artistica è uno degli indicatori più evidenti della formazione di quella cultura transnazionale, tipica in particolare delle più alte classi dirigenti, di cui è parte integrante. In effetti l'arte è uno dei mezzi migliori nelle mani di questa aristocrazia imperiale per l'espressione del proprio rango, della propria ricchezza, della propria cultura, in una parola della propria identità sociale.

Sarebbe, tuttavia, un errore pensare, come è accaduto a lungo in particolare per le province occidentali, che questo fenomeno di diffusione di abitudini, valori e modi di vita comportasse una sola direzione, ossia procedesse da Roma, dal centro del potere, verso la periferia, ossia le province. Alla stessa maniera, come abbiamo visto, sarebbe erroneo pensare ad una passiva ricezione da parte di Roma della cultura greca e orientale in genere. In verità, quando ci si trova di fronte a fenomeni di acculturazione, entrambe le identità, quella di chi in apparenza dà e quella di chi in apparenza si limita a ricevere, finiscono con il mutare, per quanto in misura e in maniera diversa, in conseguenza proprio del contatto con una cultura altra da sé. D'altra parte l'affermazione evidente almeno a partire dal II secolo di una cultura transnazionale comune è la dimostrazione di questo concetto, dal momento che essa non si presenta coincidente né con la tradizione romana, né con quella delle altre province, ma nasce proprio dall'incontro di diverse identità.

Accanto a questo aspetto diffuso e comune rimangono, tuttavia, elementi e retaggi propri delle tradizioni regionali, più forti e dominanti nelle espressioni artistiche collegabili ai ceti dirigenti locali, più sfumati e quasi come accenti rispetto alla cultura dominante nella committenza delle classi più elevate. Nelle pagine che seguono vogliamo offrire una panoramica, per quanto sintetica, proprio di queste caratteristiche regionali, di norma meno considerate nelle analisi generali rispetto all'arte ufficiale e transnazionale.

Prima di cominciare occorre naturalmente fissare la profonda differenza tra la parte occidentale e quella orientale dell'impero. La seconda, infatti, ha dietro di sé una civiltà urbana secolare e una tradizione culturale variegata ed estremamente raffinata, che ha svolto un

7. Stele di *Albinus Asper* da Neumagen, Treviri, Rheinisches Landesmuseum

Rinvenuto nel 1878 a Neumagen, l'antica Noviomagus sulla riva destra della Mosella nella Belgica, il monumento fu eretto da *Albinus Asper* per sé e per la moglie *Secundia Restituta*, come recita l'epigrafe funeraria ("C. Albinuis Asper Secundiae Restitutae coniugi vivos") incisa sulla *tabula* che, retta ai lati da due geni alati, è posta al di sotto della raffigurazione dei defunti. La coppia coniugale, negli abiti dei *cives* romani, appare a figura intera all'interno della nicchia centrale dell'edicola. Se l'impostazione delle figure, così come la resa dei panneggi, conserva le forme corrette e fredde dell'impostazione classicista, è ai ritratti dei defunti che è demandato il compito celebrativo dei committenti. Così i volti delle due figure, in particolare quello maschile, mostrano una maggiore aderenza alla tradizione ritrattistica "plebea", con un'accentuata tendenza all'espressività, ottenuta grazie all'incavo dell'iride oculare e all'individuazione fisionomica.

ruolo decisivo anche nella formazione della cultura romana. Al livello dell'espressione artistica tutto questo si risolve in una sensibilità molto più legata all'eredità dell'arte classica ed ellenistica, anche per via di una ininterrotta tradizione delle botteghe di artisti e artigiani, a cui sovente si rivolge anche la committenza imperiale, tra cui ricordiamo, come semplice esempio, la scuola di Afrodisia. Di conseguenza l'inclinazione classicista trova in queste regioni una sensibilità molto più acuta e capace di aderire nella sostanza ai modelli classici ed ellenistici e non semplicemente ridurli a una pura questione formale esteriore.
Diversamente la parte occidentale e settentrionale dell'impero coltiva una tradizione artistica locale, collegata a linguaggi espressivi di tipo simbolico, che nel tempo sono venuti a contatto con l'arte greca, classica ed ellenistica, ma assumendola al proprio interno in maniera di volta in volta molto diversa. Pertanto, come vedremo, gli esiti della produzione artistica, soprattutto di quella figurata, danno origine a differenti sintesi in cui, tuttavia, la tendenza verso l'espressione simbolica e non naturalistica è sempre molto forte.
Iniziando a trattare l'arte provinciale, come viene comunemente definita, della parte occidentale dell'impero, occorre considerare in primo luogo gli interventi urbanistici e architettonici, dal momento che sono stati i veicoli primari della presenza romana, in un territorio sostanzialmente privo di città. Non solo la costruzione dei centri urbani e delle infrastrutture, ma l'edificazione di quei complessi quali fori, terme e anfiteatri, che caratterizzavano i modi di vita delle città italiche, costituirono la premessa indispensabile alla romanizzazione. Nell'architettura pubblica si mise a frutto la grande tradizione romana, ormai ben consolidata, accentuando gli aspetti di monumentalità e ricchezza decorativa, nella consapevolezza che ciò avrebbe espresso al massimo livello l'idea della forza e della potenza di Roma [figure 1-3].
Non solo perché costituisce quantitativamente la maggior parte della documentazione disponibile, ma anche per la sua efficacia esemplificativa, è sulla scultura che si è coniata l'idea di arte provinciale. Appare immediatamente evidente il legame con i modi della cosiddetta arte plebea, non dal punto di vista sociale, quanto nella preferenza per le forme simboliche dei linguaggi adottati. Così la varia ritrattistica locale, pur recependo a più livelli l'influenza del ritratto ellenistico, predilige, soprattutto nel caso di una committenza di *status* non elevato, forme lontane dai tentativi idealizzanti, per puntare decisamente su una forte aderenza fisionomica, sulla messa in evidenza del rango del defunto, attraverso l'abbigliamento o particolari attributi, e sul culto

8. Statua di Venere da Mas d'Agenais, Agen, Musée des Beaux Arts

La statua in marmo bianco scoperta a Mas d'Agenais, prodotto della corrente colta della plastica aquitanica del pieno impero, ripropone, con una soluzione originale, uno dei tipi statuari più diffusi e vari del mondo ellenistico-romano in cui Afrodite figura semipanneggiata. La scultura rappresenta la dea stante sulla gamba sinistra, con la destra in riposo flessa in avanti; la parte inferiore del corpo è avvolta in un panneggio che, senza nodo sul davanti, è trattenuto contro il fianco dal braccio sinistro, lasciando così scoperta parte della coscia e del pube. Sebbene solo parzialmente conservate, è possibile ricostruire con verosimiglianza la posizione delle braccia, con il sinistro sollevato verso il capo a sistemare una ciocca di capelli, l'altro abbassato sul bacino a fermare il drappeggio. La scultura non si inscrive dunque in una precisa tradizione copistica dal momento che l'atteggiamento del braccio destro richiama il tipo della *Venus Felix*, mentre il gesto di acconciare i capelli rimanda al tipo dell'Anadiomene; è probabile che ci si rifaccia a un'opera originale, in cui la resa del panneggio crea un efficace contrasto coloristico con le forme rotonde e lisce del corpo nudo.

9. Rilievo con toeletta di Venere, Newcastle, Museum of Antiquities

Il rilievo ad archetti da Bremenium (High Rochester), ascrivibile al II-III secolo d.C., ripropone l'iconografia classica delle dee nude al bagno secondo lo stile semplice della scultura britannoromana, in cui le figure, rese a linee sinuose, appaiono quasi disarticolate. All'interno di una nicchia arcuata, retta da pilastri sormontati da maschere maschili angolari, la figura centrale, inginocchiata verso sinistra ma con il volto frontale, trattiene con entrambe le mani le lunghe ciocche dei capelli, mentre da una brocca posta dietro la sua gamba destra fluisce copiosa l'acqua. La figura alla sua sinistra, nuda e stante, reca in una mano una brocca, mentre con l'altra si aggiusta una ciocca di capelli; dall'altro lato una terza donna nuda, anch'essa stante e rivolta verso lo spettatore, tiene con entrambe le mani un oggetto che sembra essere un telo frangiato. Le dimensioni maggiori, la posizione accovacciata e il gesto del personaggio al centro del rilievo rendono del tutto verosimile l'ipotesi che si tratti di Afrodite (lo schema richiama una delle varianti note dell'Afrodite inginocchiata di Doidalsas in cui, secondo il motivo dell'Anadiomene, la dea è raffigurata nell'atto di strizzare o legare le chiome), assistita al bagno dalle ninfe.

della tradizione locale, in particolare attraverso acconciature o elementi del vestiario [figure 4-6]. Non mancano, naturalmente, segni chiari di una volontà classicista anche nella committenza collegata a questo livello sociale, che di norma appare più evidente nella concezione generale e nell'apparato decorativo delle opere, nelle impostazioni delle figure e nel trattamento dei panneggi, piuttosto che nella resa dei volti [figura 7]. Una più chiara adesione ai moduli classicisti appare, in ogni caso, nei soggetti mitologici [figura 8], per quanto, soprattutto nelle regioni più lontane dal centro del potere e, in generale, dalle più importanti arterie di comunicazione, anche soggetti e schemi derivanti chiaramente dalla tradizione classica vengono trattati in maniera estremamente riduttiva, tendente sostanzialmente a una resa disegnativa [figura 9].

Esattamente come abbiamo visto per l'arte cosiddetta "plebea", hanno un grande successo in ambito funerario le scene inerenti l'attività del defunto, che vengono messe in massima evidenza, a discapito anche di una concezione naturalistica, ma secondo un'ottica di rafforzamento simbolico del soggetto, nonché con indubbio intento didascalico, in quanto sentite come dichiarazione di rango. Se per ciò che riguarda l'uomo è proprio l'attività professionale, sovente accompagnata da segni di una modesta ricchezza e da allusioni a una qualche carica pubblica ricoperta, per la donna, invece, è la scena della toeletta, ossia l'evocazione della sua bellezza, e quindi del suo potere seduttivo, che la rende ottima sposa e madre, a essere di norma rappresentati [figure 10-11].

Un discorso a parte deve essere fatto per le province d'Africa, la cui crescita economica diviene assai rilevante, con la conseguente formazione di una classe dirigente estremamente ricca. Anche in questo vasto territorio assistiamo a una profonda attività urbanistica, con la fondazione di numerosi municipi e colonie, o in particolare in Egitto a interventi all'interno di città già esistenti. La committenza locale assai facoltosa finanzia non solo programmi di monumentalizzazione urbana, ma dà vita anche a un'edilizia residenziale di grande rilievo, per dimensioni e per qualità della decorazione.

In particolare, anche grazie alle fortunate condizioni di conservazione, possediamo una va-

10. Stele con scena di pagamento delle imposte da Kostolac (Serbia-Montenegro), Belgrado, Museo Nazionale

Tutta l'area delle province danubiane dell'Illiria, Norico, Pannonia e Dacia, di profonda romanizzazione, è caratterizzata in età imperiale da una sostanziale unità artistica sia sul piano stilistico sia su quello iconografico, che trova uno spazio autonomo e originale di espressione nelle opere di committenza privata. L'arte "provinciale" d'oltralpe, legata ai modi tipici del linguaggio "plebeo", si estrinseca in particolare nella sfera funeraria, dove appare diffusa l'autorappresentazione attraverso il proprio lavoro dei ceti medi, per i quali l'affermazione del proprio mestiere aveva un particolare valore di riconoscimento sociale. Ne costituisce un esempio la stele frammentaria in marmo di Kostolac che, ascrivibile al II secolo d.C., rappresenta una scena di riscossione delle imposte da parte di un esattore (il committente del monumento): evidente appare la perdita dell'organicità naturalistica nella resa dei panneggi e dei corpi, dove la prevalente linearità e la schematizzazione si accompagnano a una tendenza espressionistica nella resa dei volti non privi di individuazione ritrattistica.

11. Rilievo con scena di toeletta, Treviri, Rheinisches Landesmuseum

Il rilievo di Treviri con scena di toeletta decorava il fianco di un pilastro funerario recante sulla fronte la rappresentazione della coppia di defunti a figura intera [figura 7]. Si tratta di una tipologia sepolcrale, tipica dell'area belgica, a forma di torre quadrata a tre piani con nicchie e coronamento a cuspide curvilinea, in cui una grande importanza è rivestita dall'apparato figurativo costituito da rilievi narrativi con soggetti tratti prevalentemente dalla vita quotidiana (scene di pagamento, di caccia, di mestieri, così come raffigurazioni di ambito muliebre). Al centro del campo figurato, inquadrato da pilastri a decorazione vegetale, la matrona siede lateralmente su una sedia in vimini, riprodotta fedelmente, mentre le ancelle sono intente a pettinarla. Per quanto dunque il soggetto di "vita quotidiana" sia legato alla tradizione locale e un certo schematismo sia rintracciabile nel trattamento delle vesti e dei corpi, elementi di classicità sono riscontrabili nel rispetto delle proporzioni e della prospettiva.

sta documentazione della straordinaria produzione musiva africana. A partire dal II secolo d.C. essa assume una sua fisionomia ben definita, in cui la tradizione ellenistica viene reinterpretata secondo canoni di un vivo pittoricismo e di una forte tendenza all'espressionismo [figura 12]. La produzione africana, che abbraccia tutti i temi diffusi nell'impero, si distingue inoltre per una maniera originale di comporre le scene sui vasti tappeti musivi, prediligendo una sorta di narrazione continua, disposta su fasce sovrapposte, spesso non separate tra loro, che prevede un unico punto di vista, di cui analizzeremo successivamente un esempio con il mosaico del *dominus Iulius*. Diversamente, la tradizione delle province occidentali si caratterizza per una composizione centrifuga, nella quale la scena principale è circondata da scene rivolte ognuna verso il proprio lato, moltiplicando così i punti di vista.

Si distingue, in maniera particolare, l'espe-

12. Mosaico con il trionfo di Nettuno da Acholla

Una fiorente scuola di mosaicisti africani attivi nella piena età imperiale è stata individuata ad Acholla, una piccola città sulla costa della Byzacena (Africa Proconsolare): costituisce un esempio la decorazione della cosiddetta casa del Trionfo di Nettuno che, ascrivibile al ventennio compreso tra il 150 e il 170 d.C., associa a mosaici figurati riservati alle sale di rappresentanza, pavimenti ornati nel caratteristico stile floreale che arricchisce la composizione geometrica di base con stilizzati elementi vegetali. Di particolare rilievo il pavimento del grande *oecus-triclinium* colonnato, composto da un tappeto a medaglioni circolari popolati da creature marine (Nereidi e putti su delfini) con riquadri semicircolari sui margini contenenti uccelli e motivi vegetali. Al centro era il pannello con il trionfo di Nettuno che dà il nome all'abitazione: il dio, con il tridente nella sinistra, è rappresentato frontalmente sul carro aggiogato a due cavalli marini. Lo stile dell'opera associa elementi di tradizione classica, individuabili tanto nel trattamento anatomico e nella plastica volumetria dei corpi quanto nella simmetria della composizione e nei tratti barocchi della ricca policromia.

13. Sudario con Anubi che accompagna il defunto, Mosca, Museo Puškin

Una delle manifestazioni artistiche più originali dell'Egitto greco-romano è rappresentata dai ritratti e dai lenzuoli funebri, che offrono una chiara testimonianza della commistione di stili e di credenze che caratterizza la provincia in età romana. In particolare i sudari, derivati dall'uso religioso di coprire le mummie con tavole lignee o tessuti decorati, mostrano iconografie ibride, in cui gli elementi di antica tradizione si uniscono a stilemi e modi di matrice classica. Così l'esemplare conservato al Museo Puškin di Mosca, proveniente dalla zona di Saqqara e databile al terzo venticinquennio del II secolo d.C., raffigura la presentazione del morto a Osiride: al centro è il defunto, nei tipici abiti del cittadino romano e con rotolo in mano, affiancato a destra da Anubi e a sinistra da una mummia con testa umana. Il dio della mummificazione, dalla testa di sciacallo, l'incarnato scuro e il disco solare sul capo, abbraccia il defunto per accompagnarlo nel suo viaggio verso l'aldilà, mentre dall'altro lato si deve riconoscere Osiride, il re dell'oltretomba egizio, con la tipica barba posticcia pendente dal mento. Sullo sfondo domina una costruzione templare con le colonne papiriformi, l'iscrizione in caratteri geroglifici che ricorda Serapide e la cornice a gola egizia ornata dal disco solare alato, diversamente intesa come la rappresentazione del sepolcro, oppure dell'ingresso al regno dei morti raggiunto dal defunto.

14. Statua-ritratto da Massicault, Tunisi, Museo del Bardo

Conformemente alla prassi ormai comune dell'apoteosi imperiale, dalla metà del I secolo d.C. fino all'affermazione del cristianesimo si diffonde anche nell'ambito privato, in particolar modo nella sfera funeraria, la tendenza all'eroizzazione dei familiari. Il personaggio onorato assume così, nella statuaria o nei rilievi degli altari funerari e dei sarcofagi, i tratti fisionomici individuali e gli attributi caratteristici della divinità o dell'eroe mitologico che meglio ne rappresenta le attività svolte in vita e le virtù. Questa sorta di divinizzazione privata appare essenzialmente limitata a Roma e alle province occidentali ed è tipica della raffigurazione dei ceti medi, in particolare quelli di estrazione libertina, che in questo modo potevano affermare con vanto il conseguimento, grazie a propri meriti, di un ruolo sociale di rilievo. La statua funeraria di Massicault, attribuibile alla metà del III secolo d.C., potrebbe rientrare in questa pratica. Il defunto, di cui è netta l'individuazione ritrattistica, indossa stivali, una corta tunica e una pelle di leone o di lupo che gli copre il capo e tiene nella sinistra un oggetto a forma di giavellotto e nella destra fiori di papavero e spighe; un cane è al suo fianco. La difficoltà di dare un'interpretazione univoca a questi diversi attributi rende incerta l'interpretazione dell'immagine: si potrebbe trattare infatti di un *signifer* (l'asta che reca nella sinistra sarebbe da ricostruire come un *signum*) e dunque non ci sarebbe intento alcuno di deificazione, ma non si può nemmeno escludere la possibilità che abito, giavellotto e cane alludano alla *virtus* del morto come cacciatore e che la *leontè* richiami il paragone con Ercole.

15. Ritratto di Erode Attico, Parigi, Musée du Louvre

Di Erode Attico (101-177 d.C.), filosofo, retore, maestro di Marco Aurelio e Lucio Vero, ricco finanziatore di numerosi edifici pubblici in Grecia, si conoscono numerosi ritratti identificati con certezza grazie al ritrovamento a Corinto di un'erma iscritta col suo nome. Il tipo, ispirato alla ritrattistica del IV secolo a.C., risente delle nuove tendenze spirituali tipiche dell'epoca antonina, come risulta evidente dal busto togato conservato al Louvre, rinvenuto a Probalinthos, vicino a Maratona, luogo di nascita dell'oratore, insieme ai busti-ritratto dei suoi due discepoli imperiali. Il volto, piegato verso destra, è incorniciato dai capelli a corte ciocche movimentate e da barba e baffi chiaroscurati ed è attraversato da profonde rughe che segnano la fronte e le guance emaciate; lo sguardo concentrato ha un'espressione intensa, con le pupille incise.

rienza artistica dell'Egitto, la cui forte tradizione, prima legata alla cultura egizia vera e propria e poi a quella ellenistica, pesa fortemente sugli esiti di età romana, sia per quanto riguarda il linguaggio formale adottato, sia anche per i soggetti prescelti [figura 13]. Anche nelle province africane, naturalmente, troviamo numerose attestazioni di quella che si è soliti chiamare arte popolare [figura 14], legata a una committenza di livello sociale più basso, che persegue i modi più immediati ed elementari per l'esaltazione del committente. Per le province orientali il problema è di altra natura. In questi territori, come già detto, rimane forte la tradizione culturale e la pratica effettiva di un linguaggio formale strutturato ancora secondo la grande esperienza ellenistica. Questa sensibilità formale e questa forte necessità mimetica permangono dunque vive e ben evidenti nella produzione di que-

16. Particolare del sarcofago di Torre Nuova da Roma, Parigi, Musée du Louvre

Frutto di un rinvenimento settecentesco sulla via Labicana, in località Torre Nuova, ed entrato a far parte dell'antica Collezione Borghese, il sarcofago marmoreo attualmente al Louvre, databile al 130 d.C. circa, pur essendo attribuibile a botteghe romane, rielabora la tipologia dei sarcofagi asiatici a ghirlande tanto nelle modanature ornamentali della cassa (con fregi di alloro e di acanto), quanto nella forma del coperchio displuviato con quattro acroteri angolari (sul retro due palmette, davanti due maschere rappresentanti satiri o geni delle stagioni). Scolpito solo su tre facce, conformemente all'uso romano di addossare il monumento alla parete del sepolcro, lo schema figurativo prevede una successione di quattro ghirlande, due sulla fronte rette da tre figure femminili (probabilmente le Cariti o le *Horai*) e una su ogni lato retta da un grifo, decorate negli spazi di risulta superiori da quattro raffigurazioni mitologiche relative alla leggenda di Atteone. Sul lato principale a destra è rappresentato il bagno di Diana, sorpresa nuda da Atteone, mentre a sinistra è rappresentata la punizione del giovane, divorato dai suoi cani; sui fianchi compaiono a sinistra una scena antecedente al dramma (due pastori attorniati dai loro cani), a destra la fine della vicenda (il seppellimento di Atteone da parte di due donne). Il coperchio presenta sul fregio frontale un tiaso marino con Nereidi e Tritoni, mentre sui frontoni laterali è una maschera di vecchio coronato di acanto.

17. Pannello musivo con giudizio di Paride da Antiochia, Parigi, Musée du Louvre

Il triclinio della cosiddetta casa ad Atrio di Antiochia sull'Oronte ha restituito una ricca decorazione pavimentale cronologicamente collocabile nella prima metà del II secolo d.C. (la cronologia dei mosaici è ascritta ora a una fase precedente al terremoto che ha distrutto la città nel 115 d.C., ora alla successiva ricostruzione tra il 115 e la metà del II secolo d.C.). Il pavimento della sala prevedeva una fascia ornamentale disposta sui tre lati in corrispondenza delle *klinai* e uno spazio residuo a "T" occupato da cinque diversi pannelli che, circondati da una banda a meandro e a onde, narrano episodi mitologici di evidente tradizione ellenistica (la rappresentazione di Dioniso ed Eracle era di fronte all'ingresso, affiancata da due riquadri minori con un satiro e una menade, mentre nello spazio centrale del *triclinium* erano il pannello con il giudizio di Paride e un secondo con Afrodite e Adone). Concepite come quadri isolati, le scene raffigurano i personaggi in maniera naturalistica, immersi in un'ambientazione paesistica: così Paride, seduto in un paesaggio roccioso caratterizzato dalla presenza di due colonne e di un albero, è attorniato dal suo gregge; gli stanno di fronte le tre dee, mentre al suo fianco è Hermes stante. La finezza delle sfumature cromatiche per la resa dell'incarnato, delle vesti e del fogliame è ottenuta grazie all'uso di tessere piccolissime, con una tecnica non dissimile da quella del *vermiculatum*.

sti territori, anche nel momento in cui si ricerca una formula espressiva più intensa e patetica [figura 15], ovvero si vira verso una resa barocca, che moltiplica gli elementi decorativi [figura 16]. D'altra parte possono apparire ancora pienamente ellenistici i mosaici che decoravano le ricche abitazioni di Antiochia, per la complessità della composizione, per l'ambientazione paesistica pienamente prospettica, per un modellato ancora fortemente plastico, il tutto realizzato con un gusto pittorico sostenuto [figura 17].

Di grande interesse appare anche la ricca produzione architettonica, sia pubblica, sia privata, in cui compare l'influenza della tradizione romana occidentale. Così assistiamo alla fusione di esperienze diverse, che producono sintesi in cui modelli romani sono rivisitati con sensibilità orientale o ancora si reinterpretano modelli orientali alla luce delle istanze romane, come mostra bene, tra i possibili esempi, il monumento di Filopappo ad Atene [figura 18].

Ci offre la testimonianza di un'evoluzione diretta dal tardoellenismo la biblioteca di Celso, a Efeso, un vero e proprio *heróon* privato, in particolare con la sua facciata articolata in uno spartito architettonico che si ricollega direttamente a una frontescena teatrale [figura 19]. Dal punto di vista ideologico costituisce una tappa importante in quel processo di utilizzo della cultura come segno di *status* che culminerà nel mondo tardoantico.

Chiudiamo questa sintetica rassegna con un cenno al gigantismo monumentale, che caratterizza una parte dell'architettura pubblica delle province orientali, in cui l'enfasi sulle dimensioni contribuisce a segnalare la ricchezza e l'importanza dell'intervento [figura 20].

Era indispensabile, naturalmente, fermarsi, per quanto in maniera così succinta, sulla messa in rilievo di alcuni dei vari accenti, che percorrono l'arte romana, in considerazione della vastità del territorio ricoperto. Assistiamo a uno spostarsi costante tra la produzione ufficiale, da un lato, che guarda in maniera

18. Monumento di Filopappo, Atene
Il monumento funerario e celebrativo eretto ad Atene da *C. Iulius Antiochus Philopappus*, ultimo discendente della dinastia regale siriana e console romano nel 109 d.C., domina ancora la collina delle Muse. Costruito tra il 114 e il 116 d.C., il sepolcro è del tipo a edicola. Al di sopra del basamento inornato, si elevano il podio, su cui era il fregio ad altorilievo in marmo pentelico con la rappresentazione del defunto, nella sua dignità consolare, impegnato nella *pompa circensis* (Antioco Filopappo, munito delle insegne di carica ovvero lo scettro coronato da un'aquila e la corona, sfila sulla quadriga attorniato da dodici littori), e la parete tripartita da pilastri corinzi che inquadrano le nicchie per le statue-ritratto del committente (a cui era riservata la nicchia centrale arcuata) e dei suoi predecessori (Antioco IV, nonno di Filopappo e ultimo re di Commagene, e Seleuco I, il capostipite). La retrostante camera funeraria, conservata solo in fondazione, conteneva all'interno un *naiskos* distilo per il sarcofago e la statua del defunto. L'edificio presenta dunque una commistione di elementi romani (dalla forma architettonica, all'accento dato alla fronte scenica rivolta verso l'acropoli, al rilievo scultoreo) ed elementi greci, conformemente alla figura di Filopappo, *civis romanus* che riveste le più alte cariche dell'ordine senatorio (come ricorda il *cursus honorum* riportato in latino sul pilastro esterno a sinistra della nicchia centrale), ma anche insigne cittadino ateniese, la cui ascendenza principesca è debitamente registrata nell'iscrizione in greco incisa sul pilastro esterno di destra, ora perduto.

19. Biblioteca di Celso, Efeso
Collocata in una posizione di primo piano nel sistema urbano di Efeso, alle spalle dell'agorà commerciale, la cosiddetta Biblioteca di Celso fu costruita nel 110 d.C. dal console *Ti. Iulius Aquila* per il padre *Ti. Iulius Celsus Polemaeanus*, assumendo anche la funzione di *heróon*. Il sistema architettonico adottato per la facciata, che assolve alla funzione di scenografico ingresso alla piazza, ricalca il modello delle *scaenae frontes* teatrali: un doppio ordine di edicole distile distaccate dalla parete e sfalsate da un piano all'altro; le edicole del secondo piano sono sormontate da frontoni alternativamente triangolari e semicircolari. Un'imponente scalinata dava accesso al triplice ingresso della sala di lettura, una grande aula a pianta quadrangolare con esedra assiale destinata alla statua di Atena, al di sotto della quale era collocato il sarcofago di Celso. Lungo le pareti interne, separate dalle murature esterne dell'edificio da un'intercapedine di circa un metro di larghezza, correva un podio a cui si sovrapponevano due ordini di colonne sormontati da una galleria grazie alla quale erano fruibili i tre piani di nicchie per i libri.

20. Tempio di Bacco, Baalbek
L'importanza rivestita in età romana dall'antica città siriana di Heliopolis (attuale Baalbek, in Libano) è legata al santuario di Giove Eliopolitano, il cui culto ebbe ampia diffusione in varie parti dell'impero: il complesso monumentale della triade eliopolitana (Giove, Venere e Mercurio), la cui costruzione si protrasse per più secoli, si sviluppava su un asse est-ovest di più di 400 metri nella zona occidentale della città. A sud del grande tempio venne costruito con lo stesso orientamento, intorno alla metà del II secolo d.C., il cosiddetto "piccolo tempio", detto anche tempio di Bacco, un periptero di 8 x 15 colonne corinzie, su alto podio, preceduto da una scala di trentaquattro gradini; la cella, coperta con volta a botte, dà accesso a un *adyton* a tre navate sopraelevato, elemento questo peculiare dell'architettura templare siriana. Particolarmente elaborata risulta la sistemazione interna: una serie di alte colonne su piedistalli, addossate alle pareti laterali, inquadrano due ordini sovrapposti di nicchie, arcuate in basso e timpanate in alto; la facciata dell'*adyton* è costituita da un'edicola con un frontone arretrato in cui è inserito un arco, inquadrato da due ali con un semifrontone. È verosimile che anche questo secondo tempio, anch'esso improntato alla ricerca di maestosità e di monumentalità, fosse connesso alla triade di Heliopolis, forse destinato al culto misterico di Mercurio.

ferma alla tradizione del classicismo, e quella privata, più sensibile e vicina, in genere, a un linguaggio legato all'uso del simbolo. In questo oscillare continuo, in cui le esperienze si contaminano a vicenda e che produce un continuo cambiamento, le tradizioni locali hanno evidentemente un peso notevole. Questa sorta di grande crogiolo non impedisce, anzi contribuisce al formarsi di quel linguaggio transnazionale, che diviene l'espressione preferenziale della grande aristocrazia, ma che si riverbera anche sulle committenze minori e che, soprattutto, si accompagna al grande cambiamento della tarda antichità.

10. I cambiamenti del III secolo d.C.

Testo di
Gian Luca Grassigli
Schede di
Simona Fortunelli

È sempre difficile individuare le cause dei grandi cambiamenti del gusto estetico e del linguaggio espressivo dell'arte, né appare possibile considerarli meccanicisticamente una conseguenza dei rivolgimenti sociali, come sovente si è cercato di fare per l'arte romana del III secolo. Sembra più corretto, invece, analizzare tali mutamenti alla luce anche delle consonanze riscontrabili con l'evoluzione della società, intesa in tutti i suoi molteplici aspetti.
Il III secolo è per il mondo romano un periodo di profonda crisi, che si risolve in fondamentali cambiamenti strutturali, non solo nell'apparato istituzionale e nei rapporti tra le diverse classi sociali, ma anche nell'ambito culturale, ideologico, religioso, nonché artistico. Le mutazioni in ogni settore dell'esistenza sono così evidenti, che si considera tale periodo come una fase di passaggio, al cui termine inizierà un nuovo e assai diverso periodo, chiamato età tardoantica.
Non che nel II secolo non vi fossero stati chiari segnali della crisi incipiente, ma la forza dell'impero era tale da riuscire a controllare in qualche maniera i numerosi problemi, dando anzi ancora l'impressione di floridezza e stabilità, al punto che Traiano, Adriano e Marco Aurelio furono considerati già in epoca antica tre sovrani esemplari. Nel III secolo, invece, vennero minate, in primo luogo da una profonda crisi economica, le basi stesse dell'impero, che vide un lungo periodo di instabilità politica e istituzionale, durante il quale si succedettero numerosi sovrani, ascesi al potere con la forza. In questa situazione giocarono un ruolo decisivo i grandi potentati economici e militari delle province, che misero a repentaglio l'unità dell'impero. Non è un caso, del resto, se si giunse con Diocleziano, alla fine del secolo, a istituzionalizzare la divisione dell'impero in quattro parti. Abbiamo visto nel capitolo precedente le forti identità culturali delle province e le differenze evidenti tra esse, che trovavano già durante il II secolo un chiaro riflesso nell'espressione artistica.
Possiamo dire, inoltre, che la situazione di precarietà istituzionale ed economica, da cui derivò, per altro, una sempre maggiore concentrazione di ricchezze nelle mani di pochi, si accompagnò soprattutto nei ceti più umili a una diffusa sensazione di insicurezza e di paura, che spiega in parte anche il grande diffondersi di varie religioni e credenze orientali, dirette tutte a garantire la salvezza ultraterrena del singolo individuo. Come sempre, i momenti di crisi si accompagnano

1. Ritratto di Decio, Roma, Musei Capitolini
Il ritratto, su busto non pertinente, conservato ai Musei Capitolini raffigura un uomo di età matura, dal volto allungato e rugoso, la fronte alta e spaziosa solcata da profonde rughe, il naso lungo e ricurvo, il mento largo e la bocca carnosa. I grandi occhi dallo sguardo melanconico sono infossati tra ampie palpebre e pesanti borse, mentre la corta capigliatura è costituita da ciocche aderenti, rese a piccoli colpi di scalpello, così come la barba. L'identificazione del ritratto con Decio, acclamato imperatore dall'esercito nel 249 d.C. e rimasto in carica solo due anni, è confortata dal confronto con le effigi monetali. Stilisticamente l'opera si pone nella tradizione della ritrattistica tardoseveriana che avrà seguito fino a Gallieno, nonostante risenta delle nuove tendenze espressionistiche (nell'allungamento del volto marcato dalle rughe) e tenda già a quel disfacimento formale che sarà tipico della fine del secolo.

2. Ritratto di Settimio Severo, Napoli, Museo Archeologico Nazionale
Il busto-ritratto conservato al Museo Archeologico Nazionale di Napoli costituisce il migliore esempio del primo tipo della ritrattistica di Settimio Severo che, creato per l'assunzione al trono del 193 d.C., avvicina i tratti del sovrano a quelli del Serapide di Briasside, figura divina di primo piano in epoca severiana, fino ad assurgere quasi a divinità dinastica nel primo periodo del dominio. Non più legati agli schemi ellenistici, i ritratti della dinastia dei Severi tendono alla ricerca di espressività, evidente nell'immagine di Caracalla [figura 3], ma già emergente nel ritratto di Settimio Severo, soprattutto nel tipo più tardo caratterizzato da una chioma a grandi riccioli ricadenti sul volto. Il tipo più antico qui preso in considerazione, seppure volutamente legato alla tradizione pittorica della ritrattistica di Commodo a cui il fondatore della dinastia severiana si richiamava politicamente (si noti in particolare la resa degli occhi sporgenti e rivolti verso l'alto con sguardo sognante secondo il tipo dell'imperatore filosofo caro agli Antonini), se ne distacca stilisticamente per un più ampio uso del trapano nella resa della folta chioma e della lunga barba che, tratto distintivo del sovrano, si divide in due grandi riccioli sul mento.

3. Ritratto di Caracalla, Città del Vaticano, Musei Vaticani
La ritrattistica del figlio di Settimio Severo, in carica tra il 211 e il 217 d.C., è una testimonianza evidente della nuova temperie stilistica e ideologica che segna l'arte romana del III secolo d.C. Creato in occasione dell'assunzione totale della responsabilità dell'impero nel 212 d.C., in seguito all'eliminazione del fratello minore Geta, il ritratto di Caracalla esprime tutto il *pathos* e la drammaticità propria della nuova concezione assolutistica del potere, a cui non è estraneo il richiamo ai modi della rappresentazione dei dinasti ellenistici, in particolare a quelli di Alessandro Magno. A questo scopo mirano la torsione del capo e l'intensa tendenza espressiva: i capelli e la barba a corti riccioli sono fortemente mossi e chiaroscurati, la fronte è corrugata, gli occhi profondamente infossati, le labbra serrate.

a una diffusione e a una predominanza degli aspetti irrazionali ed emotivi della natura umana, dal momento che non è più possibile riconoscere nella società una realtà ordinata ed equilibrata.
Anche per l'arte, così come per i diversi settori del mondo romano, non è opportuno parlare di cambiamenti improvvisi o inaspettati, quanto piuttosto di forte intensificazione e di vasta affermazione di esigenze e di modi espressivi già presenti nell'arte ufficiale e privata dei secoli precedenti. Potremmo dire, con una formula forse un po' troppo sintetica, che il grande contenitore del classicismo, inteso nell'accezione ampia di riferimento ai modi dell'arte greca classica ed ellenistica, non è più in grado di tenere in sé e di dare forma a esigenze espressive che reclamano ora modi più adeguati, caratterizzati da un'efficacia più immediata e da una capacità comunicativa più viva e urgente. La composizione razionale e l'equilibrio delle emozioni ottenuta mediante le forme del classicismo non viene più sentita come mezzo espressivo conveniente, dal momento che risulta ora prioritario trovare una forma di comunicazione che sappia evocare immediatamente passioni ed emozioni intense.

Partendo, come sempre, dai ritratti imperiali, specchio efficace dei valori dominanti della società e della concezione del potere, possiamo misurare la distanza delle scelte formali degli imperatori del III secolo rispetto ai sovrani delle età precedenti, attraverso l'esame del volto di Decio [figura 1], esemplare per la sua epoca, che regnò dal 249 al 251 d.C. In questa opera si punta decisamente su effetti espressionistici, per esprimere un'intensità interiore quasi drammatica.

Questo risultato, tuttavia, non giunge improvviso, se consideriamo già le scelte di Settimio Severo [figura 2], che pur richiamando il ritratto di Commodo, di fatto vira decisamente, soprattutto nella seconda parte del suo regno, verso un'espressione tormentata e densa di *pathos* o anche se guardiamo alla forte rottura con la tradizione precedente operata nelle rappresentazioni del volto di Caracalla [figura 3], sempre nella direzione di una resa psicologica intensamente patetica. Assistiamo, quindi, a un progressivo allontanamento da quella espressione di equilibrio e austerità, che il linguaggio classicista assegnava al volto del sovrano, sostituita nel tempo da una volontà di espressione di un'energia immediata e istintiva, quasi trascendente, non sottoposta alla composizione di una sobria razionalità. Parallelamente assistiamo a un progressivo abbandono della concezione naturalistica nelle scene complesse a favore dell'introduzione in misura sempre maggiore di modi espressivi di tipo simbolico.

L'intensa drammaticità assegnata ora al viso dell'imperatore, che doveva colpire e suggestionare profondamente lo spettatore, sente la sobrietà classicista e la prospettiva naturalistica come un vincolo che limita l'efficacia del messaggio, per cui si tende a valorizzare quei modi espressionisti e simbolici, già presenti del resto, per quanto in misura meno enfatica, nei secoli precedenti. D'altra parte a un'idea del potere rimasta in generale vinco-

4. Pannello con Settimio Severo e Giulia Domna, porta degli Argentari, Roma

Il piccolo arco eretto nel 204 d.C. per il *numen* della famiglia imperiale dagli *argentarii et negotiantes boari* (i banchieri e i mercanti di buoi del luogo, evidentemente legati a Settimio Severo da debiti di riconoscenza) costituiva l'ingresso monumentale al Foro Boario, sullo sbocco di una strada proveniente dal *vicus Iugarius*. Dal punto di vista architettonico la struttura appare del tutto singolare: una porta architravata posta su due piloni inquadrati da lesene angolari. Il ricco apparato decorativo, organizzato in pannelli, riveste esclusivamente la fronte sud, affacciata sul Foro, e i fianchi del monumento. La figurazione risulta incentrata su aspetti religiosi, coerentemente con le motivazioni della dedica, e sulla tematica militare (riservata al lato ovest) in allusione alle vittoriose campagne partiche dell'imperatore. Il carattere non ufficiale del monumento rende esplicito il riferimento alla maestà delle figure imperiali sia nella scelta dei soggetti, sia nel linguaggio figurativo. Esemplificativo in tal senso il rilievo maggiore all'interno del pilone orientale in cui Settimio Severo e la moglie sono in atto di sacrificare, affiancati in origine da Geta, scalpellato in seguito alla *damnatio memoriae* del 212 d.C. (a essi facevano riscontro dall'altro lato Caracalla con Plautilla e Plauziano, anch'essi abrasi): la frontalità, la mancanza di prospettiva e la resa disegnativa delle figure, associata alla gerarchia delle proporzioni, sono tutti elementi che, preannunciando i modi espressivi della tarda antichità, concorrono a conferire un'aura mistica alle immagini imperiali.

5. Arco quadrifronte, pannello con la processione imperiale da Leptis Magna, Tripoli, Museo Archeologico

L'arco quadrifronte di Leptis Magna, città natale di Settimio Severo, venne verosimilmente eretto nel 202 d.C., in occasione del ritorno dell'imperatore dalla vittoriosa guerra in Oriente e del decennale del regno. L'apparato scultoreo presenta una vasta gamma di soggetti politici, religiosi e civili legati alla propaganda severiana: particolarmente notevoli i rilievi maggiori delle quattro fronti dell'attico che rappresentano l'imperatore, Giulia Domna e i loro due figli in una serie di scene tipiche di trionfo e di sacrificio. La raffigurazione di Settimio Severo al centro del pannello di nord-ovest, in posizione frontale sulla quadriga imperiale, affiancato da Caracalla e Geta, è funzionale all'esaltazione della *virtus* militare della casa severiana e insieme chiara espressione della continuità dinastica. Il carro, con la cassa ornata dalla triade leptitana (Ercole, *Liber Pater* e la *Tyche* della città), è preceduto da prigionieri incatenati, a piedi e sul *ferculum*, ed è seguito da un gruppo di cavalieri con *vexilla*; in secondo piano è allineata una serie di soldati. L'ambientazione della processione è indicata da una costruzione turrita posta in alto sulla parte destra della lastra, soggetta a diverse interpretazioni che influenzano conseguentemente l'esegesi della scena: vi si è riconosciuto il faro di Ostia (l'evento alluderebbe al *reditus* dell'imperatore dalle campagne partiche), quello di Leptis (la pompa farebbe riferimento all'ingresso trionfale di Settimio Severo nella città africana), oppure la torre-faro di Ctesifonte in allusione alle motivazioni della cerimonia. Dal punto di vista stilistico ritroviamo nel rilievo i caratteri già notati nella porta degli Argentari: il frontalismo, il decorativismo lineare delle vesti, la mancanza di solidità volumetrica e la falsa prospettiva nella rappresentazione del carro.

lata a una concezione terrena e razionale, si va sostituendo, secondo un processo già radicato nel tempo, l'immagine di un sovrano sempre più legato alla sfera del soprannaturale. Un esempio utile, in questo senso, è dato dal rilievo con Settimio Severo e la moglie Giulia Domna sulla porta degli Argentari, a Roma, del 204 d.C., in cui le due figure appaiono in rigida e innaturale frontalità, disponendosi su un unico piano, lontane quindi da una realistica resa volumetrica, caratterizzate inoltre da un'esecuzione disegnativa, mediante i solchi profondi e lineari dovuti all'uso insistito del trapano [figura 4].

Troviamo queste stesse caratteristiche, usate in maniera ancora più accentuata, in un pannello con la processione trionfale nell'arco quadrifronte dello stesso imperatore a Leptis Magna [figura 5], e quindi in un monumento di sicura committenza imperiale. A parte un certo interesse manifestato per una sintetica analisi delle singole figure, riconosciamo tutti quei modi espressivi di tipo simbolico che caratterizzeranno l'arte tardoantica. La coerenza naturalistica della rappresentazione di un corteo sviluppato di profilo viene qui accantonata a vantaggio della necessità della rappresentazione frontale dell'imperatore e dei suoi figli, assolutamente rigida e innaturale, che serve però alla creazione di un rapporto emotivo diretto e immediato tra il sovrano con i suoi figli, distinti dagli altri personaggi, ed il pubblico. Questa esigenza è così forte da annullare ogni ricerca di una spazialità di tipo naturalistico, che induce anche a commettere quelli che in un'ottica realista apparirebbero come errori di disegno, ben evidenti nell'immagine del carro imperiale o nella disposizio-

6. Arco di Settimio Severo, Roma
7-8. Pannelli nord-ovest e sud-ovest
L'arco dell'angolo nord-est del Foro Romano, sul percorso della via Sacra, venne dedicato nel 203 d.C. dal Senato per celebrare la vittoria partica di Settimio Severo e, conseguentemente, le *virtutes* del *princeps* e dei suoi due figli (Caracalla come Augusto e Geta come Cesare). La forma architettonica del monumento rientra nello schema tradizionale degli archi onorari, a tre fornici inquadrati da quattro colonne composite, su alti plinti; come attestano le testimonianze monetali, sulla sommità dell'attico, dedicato all'iscrizione commemorativa ripetuta sulle due facce, era la quadriga imperiale affiancata da statue equestri. Ugualmente canonico appare l'apparato decorativo, soprattutto nei rilievi di carattere simbolico, che ripropongono iconografie di tradizione classica (le figure dei soldati romani con i barbari prigionieri sulle basi delle colonne; le Vittorie trofeofore sopra l'archivolto centrale; le sottostanti personificazioni delle stagioni; le divinità fluviali sopra l'archivolto dei fornici laterali). Un diverso modo espressivo, che adotta schemi di nuova creazione, contraddistingue invece i rilievi di carattere storico posti al di sopra dei fornici minori, con una narrazione che, imitando le pitture trionfali e i fregi delle colonne coclidi, si sviluppa su fasce sovrapposte secondo un senso di lettura che procede dal basso verso l'alto. In questo caso le vicende essenziali della guerra mesopotamica vengono presentate secondo il reale susseguirsi degli avvenimenti. Il pannello di sud-est rappresenta gli episodi salienti della prima campagna del 195 d.C., mettendo in scena la partenza dell'esercito romano da un accampamento, una scena di combattimento, il discorso di Settimio Severo all'esercito e la presa di Nisibis. Seguono verso destra gli avvenimenti della seconda campagna contro i Parti del 197-198 d.C., con l'attacco alle città di Edessa (pannello nord-est), di Seleucia (pannello nord-ovest) e di Ctesifonte (pannello sud-ovest). Diversamente dai pannelli maggiori, i quattro piccoli fregi a essi sottostanti sui fornici laterali mancano di un preciso riferimento storico, mostrando in successione una sfilata militare che, probabilmente allusiva al vittorioso *adventus* dell'imperatore nell'Urbe, termina nella raffigurazione della dea Roma seduta in atto di ricevere l'omaggio dei capi parti.

ne dei cavalli. Ulteriore enfasi ricevono il sovrano e i suoi figli dalle dimensioni aumentate rispetto agli altri protagonisti della raffigurazione, secondo il meccanismo delle cosiddette proporzioni gerarchiche, ossia la distinzione dell'importanza delle figure mediante le diverse dimensioni assegnate loro. Il tutto, per altro, appare eseguito in maniera disegnativa, con solchi netti e profondi, a chiaro svantaggio di una più morbida e realistica resa volumetrica ottenibile mediante un modellato più articolato. Troviamo le medesime caratteristiche nel linguaggio usato nei pannelli dell'arco di Settimio Severo nel Foro Romano, a tre fornici, eretto nel 203 d.C. per celebrare le campagne partiche dell'imperatore [figure 6-8]. Mentre la decorazione accessoria è svolta secondo canoni permeati di classicismo, i

quattro pannelli sui fornici minori fanno abbondante uso di quei modi espressivi di tipo simbolico, in cui si punta sull'icasticità e l'immediata chiarezza di gesti e situazioni. Ci troviamo pienamente nell'ambito della tradizione del rilievo storico, che narra per momenti e per situazioni standardizzate le gesta, in particolare militari, dell'imperatore.
Lo scardinamento dell'equilibrio classicista e della concezione naturalistica della realtà a tutto vantaggio di una resa espressionista potente e immediata, che privilegia contenuti ed effetti emotivi, risulta evidente anche in opere di carattere non ufficiale, per quanto poste in edifici pubblici o anche in produzioni legate all'ambito privato. All'interno delle grandi esedre semicircolari delle terme di Caracalla [figura 9], l'ultima straordinaria impresa architettonica in Roma prima del lungo intervallo del III secolo, troviamo, infatti, alcuni grandi mosaici con scene di atleti [figura 10]. Il tema, usato nelle età precedenti per celebrare in un'ottica del tutto classicista l'ideale della corrispondenza tra l'eccellenza fisica e quella intellettuale, viene qui trasformato in una vivida espressione di forte fisicità, attraverso l'enfasi su masse muscolari fortemente accentuate e la rappresentazione dei volti degli atleti, che rivelano psicologie brutali e violente.
Questa nuova sensibilità permea anche opere che continuano a inscriversi nell'ambito di un gusto e di forme classiciste. Tale tradizione classicista, infatti, con la sua necessaria vocazione naturalistica e la ricerca costante di un equilibrio formale e compositivo non cessa di esistere, ma perde il predominio nella produzione artistica, riproponendosi a ondate periodiche, e soprattutto accoglie al proprio interno i nuovi fermenti e la sensibilità irrequieta che caratterizzano quest'epoca di cambiamenti profondi.
Così, nella crescente produzione di sarcofagi, possiamo cogliere la creazione di pezzi quali il cosiddetto sarcofago Ludovisi, risalente alla metà del secolo [figura 11]. L'attenzione del

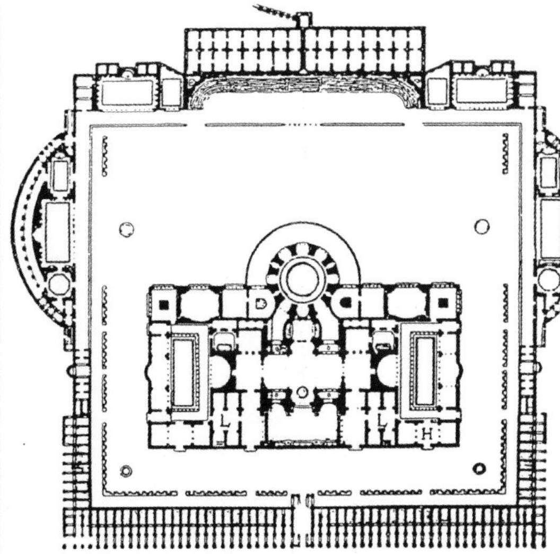

9. Pianta delle terme di Caracalla, Roma
Edificate per iniziativa di Caracalla alle pendici del Piccolo Aventino, le *thermae Antoninianae* sono elemento integrante del vasto programma edilizio severiano per la parte meridionale dell'Urbe, in cui rientrano opere quali la *via Nova* e il *Septizonium*: la costruzione del blocco centrale risale al 212-216 d.C., mentre il recinto perimetrale e parte della pavimentazione a mosaico furono completati da Elagabalo e Alessandro Severo tra il 222 e il 235 d.C. Posta su un ampio terrapieno artificiale sostenuto a nord-est da archi in laterizio, la struttura segue lo schema planimetrico delle "grandi terme imperiali", canonizzato nelle terme traianee, pur distaccandosene per la netta separazione tra l'edificio balneare e il recinto esterno, luogo di studio, di passeggio e di esercizi fisici. Il fabbricato centrale (l'edificio termale vero e proprio composto dalla successione sull'asse mediano di *natatio*, *frigidarium*, *tepidarium* e *calidarium*, a cui si affiancano gli ambienti di servizio con i quattro *apodyteria* e le due palestre), è, infatti, del tutto isolato dal cortile esterno dove erano poste, a sud-ovest, le cisterne (con davanti la gradinata del cosiddetto stadio per assistere alle gare ginniche) e le biblioteche, a nord-ovest e sud-est, sui lati, le due grandi esedre contenenti all'interno tre ambienti, a nord-est l'ingresso principale e le *tabernae*.

10. Mosaici con atleti dalle terme di Caracalla, Città del Vaticano, Musei Vaticani

Provenienti dalle terme di Caracalla, dove pavimentavano le esedre semicircolari aperte sulle palestre laterali del fabbricato centrale, i due grandi mosaici policromi si compongono di tre tipi di pannelli geometrici: quelli quadrati con busti di atleti; quelli rettangolari contenenti figure intere di atleti (distinti tra atleti vincitori, con ramo di palma e corona, e categorie sportive di pugili, discoboli, lanciatori di giavellotto e lottatori) o di giudici di gara (coperti da una tunica, con una palmetta in mano); i riquadri di forma irregolare, a contatto con le pareti curve, decorati con attrezzi o premi atletici. Cronologicamente collocabili in età severiana, i mosaici sono il frutto del completamento della costruzione termale nei primi anni di regno di Alessandro Severo, intorno al 225 d.C., momento in cui l'atletica ebbe un grande sviluppo proprio per l'interesse personale dell'imperatore. Stilisticamente, vanno segnalate la forte plasticità dei corpi e la resa possente della muscolatura – ottenute con variazioni cromatiche e chiaroscurali – oltre alla ricerca di personalizzazione quasi ritrattistica dei volti attraverso i tratti fisionomici, psicologici e la tendenza all'espressività del viso con lo sguardo trasognato rivolto obliquamente verso l'alto.

11. Particolare del sarcofago Ludovisi, Roma, Museo Nazionale Romano

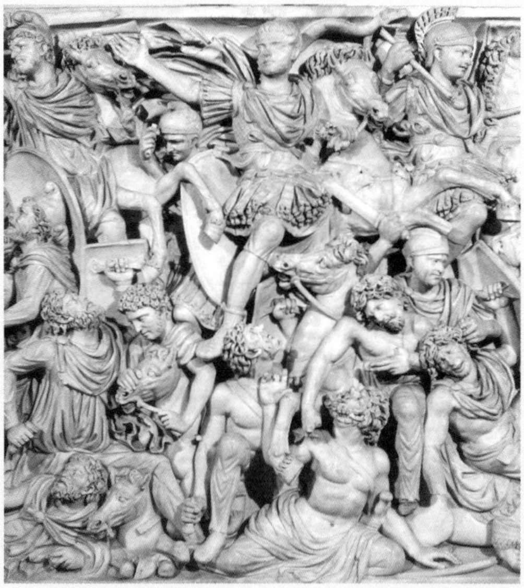

Il sarcofago con battaglia fra romani e barbari (forse Goti), appartenente alla collezione Ludovisi, fu rinvenuto nel 1621 sulla via Tiburtina, fuori porta San Lorenzo. La scena di combattimento, a cui partecipa un groviglio di figure disposte su tre piani sovrapposti (in alto i romani vincitori; al centro i combattenti in azione; la fascia inferiore con i barbari morti o feriti), è incentrata sul personaggio a cavallo che, occupando la parte centrale superiore del rilievo, è di certo il destinatario del monumento, verso cui convergono le direttrici interne della composizione. Sulla base del ritratto e sulla presenza del segno iniziatico a croce sulla fronte sono state avanzate varie proposte di identificazione del condottiero (Ostiliano, il figlio di Decio morto di peste nel 252 d.C., oppure Erennio Etrusco, il fratello di Ostiliano, morto nel 251 d.C.). In realtà non si può andare oltre la notazione di una vicinanza stilistica al tipo ritrattistico di Gallieno creato intorno al 260 d.C., datazione confermata dalla presenza del gruppo di cavalieri in cui si devono riconoscere i cosiddetti *protectores*, un corpo che ottenne codificazione ufficiale proprio in età gallienica.

tutto classicista per l'analisi delle singole figure e la ricercatezza della loro peculiare articolazione, certo legata a esperienze attiche, sorveglia la composizione per dare il massimo rilievo alla figura del defunto in armi, posto nella parte centrale superiore della fronte, ma nello stesso tempo la traduce in un insieme vibrante e agitato, che nega una spazialità complessiva di tipo naturalistico, sfruttando con grande abilità una prospettiva ribaltata che colloca simbolicamente le figure nello spazio mediante una scansione per fasce parallele dal basso verso l'alto. Il fortissimo chiaroscuro, il diffuso uso del trapano, il carattere quasi frenetico del trattamento mosso delle superfici, esprimono coerentemente la drammaticità e l'agitazione profonda evidente nella composizione, dando vita a un'opera in cui la forma classicista assume elementi propri dell'espressione simbolica per aderire alla nuova diffusa sensibilità.

Un altro esempio dell'uso della tradizione classicista in funzione delle nuove istanze appare in un mosaico da Cherchell, in Algeria, databile alla prima metà del III secolo d.C., che raffigura una serie di lavori agricoli [figura 12]. Il vivo naturalismo e la sapienza che attinge alla tradizione dell'arte ellenistica usano qui un brillante pittoricismo, che punta sull'evidenza e l'icasticità dei gesti, comunicando con intensità immediata, la fatica e il vigore – anche brutale – impiegato nel lavoro dei campi.

L'opera appartiene alla grande produzione di tappeti musivi pavimentali, con diffuse e complesse scene figurate, che prende avvio nel corso del secolo stesso. Per questioni storiche possediamo una documentazione ricca e variegata soprattutto per le province africane, ma in realtà è una classe di manufatti diffusa in tutto l'impero, per quanto ogni grande regione mostri caratteristiche peculiari nel gusto e nel linguaggio formale. Si tratta, ovviamente, di opere riferibili all'ambito privato, destinate principalmente alla decorazione di *domus* e *villae*. Attraverso la selezione di temi e di iconografie, la classe dirigente usava questi grandi mosaici per costruire la propria immagine sociale, svelando in questa maniera valori, ideologie, inclinazioni culturali ed eventualmente forme devozionali, che ci consentono di capire la società di quel tempo.

Anche la pittura svolgeva una funzione simile, sia nelle abitazioni sia in ambito funerario, per quanto possediamo testimonianze più sporadiche e in numero fortemente ridotto.

12. Mosaico con lavori dei campi, Cherchell, Musée Archéologique

I mosaici con i lavori campestri trovati nel 1925 a Caesarea nella Mauretania Caesariensis (odierna Cherchell, in Algeria) costituiscono una delle opere musive più significative e qualitativamente più alte del III secolo d.C. Il frammento di dimensioni maggiori svolge il tema dei lavori agricoli in quattro registri sovrapposti, incorniciati lateralmente da un bordo fitomorfo: le due scene superiori (l'aratura e la semina) si susseguono dal basso verso l'alto con andamento bustrofedico, quelle inferiori rappresentano i lavori invernali nel vigneto (la zappatura e l'accumulo della terra attorno alle radici delle viti). Dal punto di vista stilistico va sottolineata la coerenza espressiva e formale delle figure, che pure si stagliano sul fondo neutro del pavimento prive di una reale profondità spaziale. Nonostante nel caso in esame si dia rilievo alla rappresentazione realistica delle fatiche agresti, l'importanza della terra come fonte di ricchezza e di distinzione sociale, e dunque il carattere elitario delle occupazioni e dei piaceri rurali, motiva la ricorrente raffigurazione di scene di vita "rurale" idealizzata sui mosaici delle ville aristocratiche e sui prodotti dell'artigianato di lusso del periodo tardoimperiale e poi di quello tardoantico.

13. Decorazione pittorica della Villa Piccola sotto San Sebastiano, Roma

Databile entro la prima metà del III secolo d.C., la decorazione pittorica della Villa Piccola sotto la basilica di San Sebastiano sull'Appia (in cui si è riconosciuto un edificio di culto funerario collegato alla necropoli) è contraddistinta da un sistema di ornamentazione lineare che riveste tanto le pareti quanto il soffitto voltato. La composizione comprende vignette, alternanti figure e animali, rapidamente schizzate entro campi inquadrati da semplici fasce di vernice rosse e verdi. La predilezione per formule figurative sintetiche e semplificate, tipica della produzione pittorica severiana, si esprime nel totale superamento della resa naturalistica dello spazio, anche architettonico, trasformato in un sistema di linee geometriche che creano campiture a fondo neutro. Come attesta l'esempio di San Sebastiano e come documentano anche diverse catacombe cristiane della prima metà del III secolo d.C. (si vedano il cubicolo del Buon Pastore nelle catacombe di Domitilla, la cripta della "coronatio" di Pretestato, le cripte di Lucina a San Callisto), l'ascendenza dell'organizzazione ornamentale lineare dal tardo III stile pompeiano è ancora visibile nella tripartizione delle pareti in un'edicola centrale affiancata da due laterali minori, che ormai serve però solo da semplice inquadramento delle vignette.

14. *Domus Praeconum*, pittura con servitori, Roma, Antiquarium del Palatino

La pittura del triclinio della cosiddetta *Domus Praeconum* in via dei Cerchi, presso il circo Massimo, forse sede del collegio dei *nuntii circi* (gli araldi che annunciavano, muniti di vessillo, gli spettacoli circensi), raffigura in un grande fregio, posto su una zoccolatura marmorea, una serie di figure a grandezza naturale sullo sfondo di un porticato. Vi si riconosce un gruppo di *servi*, che, a piedi nudi e vestiti di ampie tuniche, recano serti, drappi o cassette; li precede un tricliniarca, con in mano un *baculum*, che sembra accogliere gli ospiti per un solenne banchetto, in allusione alla funzione dell'ambiente. Il pavimento musivo in bianco e nero della sala tricliniare rappresenta schiavi che portano *vexilla* o caducei, in cui si sono riconosciuti i *circi nuntii* della corporazione addetta alle cerimonie del vicino circo Massimo. Databile agli inizi del III secolo d.C., la decorazione pittorica continua la tradizione delle architetture solenni che, attestata per tutto il II secolo d.C., risulta ormai priva di ricerca prospettica e illusionistica.

Nel III secolo d.C. continua quel fenomeno di astrazione dell'articolazione architettonica dipinta sulla parete, che si trasforma definitivamente in un sistema di semplici linee, funzionali alla suddivisione dello spazio da decorare, come appare per esempio nella Villa Piccola sotto San Sebastiano a Roma [figura 13]. Di contro, si assiste alla nascita di grandi scene unitarie, legate in generale a temi destinati alla celebrazione del committente, sia attraverso l'espressione diretta di potere e di ricchezza, sia mediante espliciti paragoni col mondo del mito. Appartiene al primo caso la pittura con i servi addetti al triclinio, una sala che assume sempre un forte valore di rappresentanza, posta a decorare a Roma la *do-*

15. Decorazione pittorica del mitreo Barberini, Roma
L'apertura verso nuove istanze religiose legate ad aspettative salvifiche porta alla diffusione a Roma, nel III secolo d.C., del culto solare di Mitra e la conseguente costruzione di numerosi santuari dedicati alla divinità. Ne è un esempio il mitreo rinvenuto nel giardino retrostante palazzo Barberini costituito da un ambiente con volta a botte precedentemente costruito con una diversa funzione e poi trasformato, all'inizio del III secolo d.C., in antro mitriaco. Sulla parete dell'edicola di fondo si concentra la decorazione pittorica che comprende temi dal forte simbolismo cosmogonico, strettamente legati a motivazioni rituali: al centro si svolge l'immolazione del toro, inquadrata superiormente dal cerchio zodiacale e dai busti del Sole e della Luna. L'uccisione del toro da parte di Mitra, in abiti orientali (brache, berretto frigio e clamide ornata di stelle), è accompagnata, come di norma, dalla rappresentazione dello scorpione, del serpente che si drizza contro un cane e da due dadofori (si tratta di *Cautes*, con fiaccola rivolta in alto, simbolo del sole nascente e di *Cautopates*, con fiaccola riversa, simbolo del sole tramontante). Le scene dei quadretti laterali sono ugualmente collegate alla figura del dio, di cui narrano la storia sacra (dalla nascita dalla roccia, al patto di alleanza con il Sole).

mus Praeconum [figura 14]. Cominciamo a trovare, inoltre, in maniera sempre più diffusa in ambito funerario e all'interno di spazi per il culto, scene a carattere religioso inerenti religioni salvifiche di origine orientale, come accade ad esempio per la decorazione del mitreo Barberini a Roma [figura 15], tra le quali va considerato il cristianesimo nelle sue varie accezioni dottrinali.
Dal punto di vista del linguaggio formale anche per la pittura riconosciamo, al di là delle peculiarità proprie della sua tradizione, le stesse evoluzioni già descritte. L'esigenza di un'espressione che in primo luogo colpisca emotivamente lo spettatore e insieme la concezione anche del potere privato in termini sempre più irrazionali, cioè non legato a fattori concreti bensì piuttosto a una diversa qualità umana, spinge all'abbandono della concezione naturalistica e delle forme di tradizione classica ed ellenistica, per assumere un linguaggio che usa sempre di più soluzioni di tipo simbolico. Si viene così abbandonando una resa di tipo pittorico, per impiegare una definizione disegnativa e sempre più sommaria delle figure, ossia eseguita mediante l'uso di linee piuttosto che l'accostamento graduale e sfumato del colore, ottenendo un vivo effetto espressionista attraverso la netta e brusca giustapposizione di ampie campiture cromatiche. Queste stesse esigenze e le soluzioni adottate sono valide naturalmente anche per tutte le immagini dipinte a carattere religioso e attraversano, nonostante le diverse tradizioni regionali, la pittura di ogni parte dell'impero, come risulta ben visibile, ad esempio, nella grande decorazione pittorica della sinagoga di Doura Europos, in Siria [figura 16].
Il secolo che porta alla disgregazione dell'impero e alla diffusione di una rinnovata idea del potere legata a istanze irrazionali e che appare percorso da un comune sentimento di precarietà e insicurezza, collegato quindi ad altrettanto irrazionali istanze salvifiche ultraterrene, si chiude con la rifondazione dello Stato mediante la tetrarchia per opera di Diocleziano. Anche il ritratto di questo importante imperatore, non a caso, è concepito secondo una prospettiva fortemente espressionista, teso a impersonare una psicologia tormentata e profonda, secondo i modi della ritrattistica imperiale di tutto il secolo [figura 17].
La costruzione di un enorme palazzo a Spala-

16. Decorazione pittorica della sinagoga, Doura Europos, Damasco, Museo Archeologico
Scoperta negli anni '30 del secolo scorso, la sinagoga di Doura Europos nella Siria Orientale conserva il più completo ciclo pittorico ebraico dell'antichità che, databile intorno al 245 d.C., mette in scena numerosi episodi tratti dall'Antico Testamento, in contrasto con la netta tendenza aniconica della religione giudaica. Il punto focale della sala è costituito dal sacrario della *Torah*, sulla parete ovest, decorato con gli strumenti del culto e con la scena del sacrificio di Isacco, nella quale il divieto biblico di rappresentare l'immagine divina per evitare ogni forma di idolatria viene superato con la presenza simbolica della sola mano di Dio che interviene a fermare Abramo. Le pareti sopra le panche sono dipinte con tre serie di immagini tratte dalle scritture ebraiche (le narrazioni di Giacobbe, di Mosè, di David, di Samuele e di altri eroi e profeti giudei). Disposte in sequenze paratattiche, le scene, prive di ambientazione paesistica e naturalistica, se non per l'essenziale alla narrazione, sono rappresentate in uno stile piatto e lineare, con le figure disposte sullo stesso piano, in posa frontale, senza accenni prospettici.

17. Ritratto di Diocleziano, Roma, villa Doria Pamphili
La statua di togato conservata fin dal XVII secolo nella villa Doria Pamphili presenta una testa, in origine *velato capite*, raffigurante l'imperatore Diocleziano, il fondatore della tetrarchia, nelle vesti di pontefice massimo. L'effige rientra perfettamente nei modi espressivi e dinamici della ritrattistica tetrarchica che si ricollegava, nella concezione stereometrica della testa, alla tipologia degli "imperatori-soldati" dominante per quasi tutto il III secolo d.C. Il volto, con i capelli corti (resi con piccoli e radi colpi di scalpello) e la barba (perduta in seguito alla lisciatura moderna) appena accennata, è caratterizzato da tratti energici e sintetici che, atti a esprimere la grande forza dominatrice dell'imperatore, non nascondono i segni dell'età. La ricerca di espressività è perseguita anche mediante l'alterazione dei tratti fisionomici, soprattutto in relazione allo sguardo: la fronte è alta e corrugata, gli occhi grandi dalle palpebre rilevate e dalle pupille incise sono infossati nelle arcate orbitali segnate da profonde rughe, la bocca è morbida e carnosa, il mento prominente. L'opera si inquadra cronologicamente tra la fine del III e gli inizi del IV secolo d.C.

to da parte di Diocleziano, una volta abbandonato il trono, appare fortemente emblematica della nascita di grandi potentati individuali autonomi e, al tempo stesso, della concezione assolutistica e sovrannaturale del potere pubblico e privato [figure 18-19]. L'edificio, che contamina il tipo del *castrum* con quello della villa, si delinea infatti come residenza fortificata di un sovrano assoluto. Del resto tutta l'architettura ufficiale della fine del secolo, anticipando la realtà tardoantica, presenta un evidente gigantismo degli spazi e delle forme, al fine ancora una volta di suggestionare con forza lo spettatore, in maniera corrispondente all'espressionismo delle arti figurative. In questo senso la basilica di Massenzio, a Roma [figura 20], caratterizzata per altro da uno straordinario e fastoso rivestimento marmoreo, costituisce un esempio assai chiaro.

18. Pianta del palazzo di Diocleziano, Spalato
19. Ricostruzione

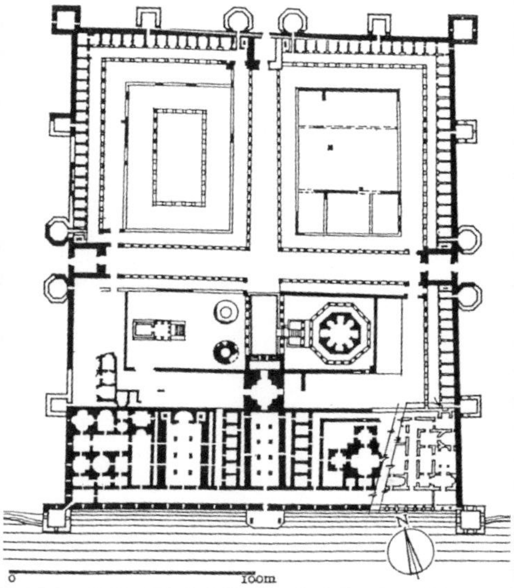

Il palazzo di Spalato, in Dalmazia, venne costruito da Diocleziano tra il 300 e il 306 d.C. come residenza "privata" dove ritirarsi dopo la programmatica abdicazione del 305 d.C. Strutturalmente la costruzione unisce il modello castrense a quello residenziale, con un possente muro di cinta che alterna torri quadrate a quelle ottagone poste in corrispondenza delle porte; da queste si dipartono le vie colonnate che, incrociandosi al centro, dividono lo spazio in quattro settori rettangolari. I due quartieri settentrionali, incentrati su peristili concentrici, erano di servizio e di acquartieramento della guardia imperiale. Il settore meridionale si articola in due parti: sul lato interno si fronteggiano l'edificio templare tetrastilo che, destinato al culto della divinità che proteggeva l'imperatore (probabilmente Giove), sottolinea la sacralità della figura imperiale e il mausoleo ottagonale, che forma così un'unità ideologica e formale con il palazzo (come nel caso del mausoleo di Romolo, il figlio di Massenzio, sulla via Appia). Li separa il cosiddetto peristilio, ovvero la prosecuzione verso sud della via colonnata che, culminante in un timpano cerimoniale per la statua dell'imperatore, introduce all'ala propriamente residenziale, aperta sul mare con un loggiato a semicolonne inquadranti archi. Di essa è meglio nota la parte occidentale dove si riconoscono ambienti termali e l'aula basilicale.

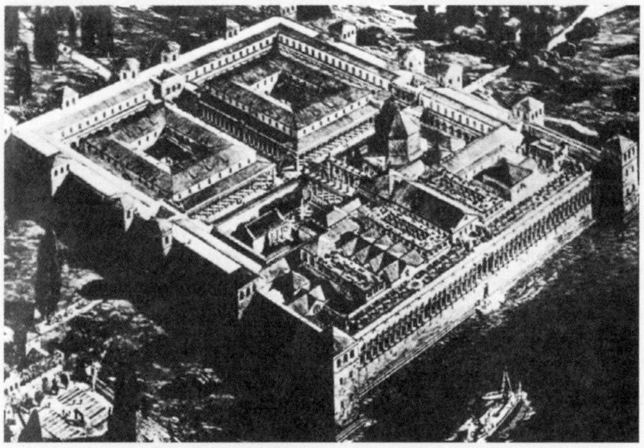

20. Ricostruzione della Basilica di Massenzio, Roma

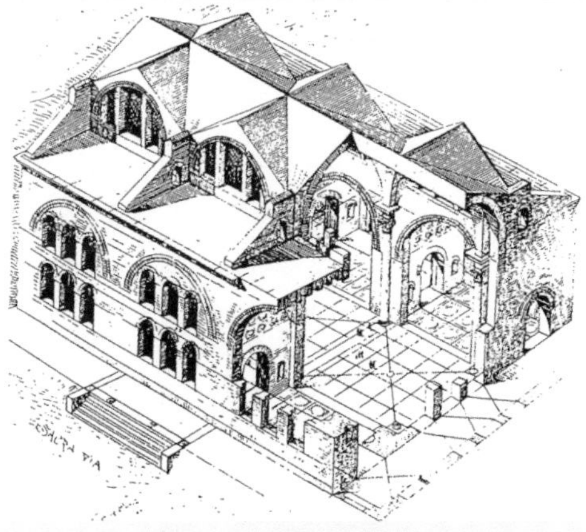

Realizzata da Massenzio e solo successivamente nota come *basilica Nova* o *Costantiniana*, la basilica fa parte del vasto intervento edilizio massenziano sulla Velia che, promosso con l'intento di collegarsi alle tradizioni avite dell'Urbe e probabilmente alla *gens Valeria* legata a questa zona della città, portò alla costruzione del cosiddetto tempio di Romolo e al rifacimento del tempio di Venere e Roma. Utilizzato per l'attività giudiziaria del *praefectus urbi*, l'edificio comprendeva tre navate, di cui quella centrale conclusa a ovest dall'abside per il colossale acrolito dell'imperatore (in seguito rilavorato come Costantino) e coperta da tre volte a crociera impostate su otto colonne di marmo proconnesio; le navate laterali constano di tre ambienti, tra loro comunicanti, coperti da volte a botte. All'ingresso originale da est, si aggiunse successivamente una seconda apertura sulla via Sacra costituita da un portico tetrastilo, così come più tarda appare l'abside, con un ampio podio centrale, posta sulla navata settentrionale. Dal punto di vista strutturale la basilica mostra chiare analogie con le sale centrali, utilizzate come frigidari, dei grandi edifici termali imperiali.

Chiudiamo l'analisi di questo periodo con due opere assegnabili alla fine del III secolo, che mentre incarnano bene la sensibilità e le istanze di questa fase, aprono anche il momento ormai definito comunemente come tardoantico, ossia i rilievi sulle mensole delle colonne porfiretiche provenienti da Costantinopoli con la raffigurazione dei tetrarchi [figura 21] e i rilievi superstiti dell'arco quadrifronte di Galerio a Salonicco [figura 22].

Nei primi risulta ben evidente la nuova esigenza ideologica e propagandistica di diffondere l'idea di una rinnovata stabilità e coesione dell'impero attraverso lo spirito unitario dei tetrarchi. La necessità dell'immediatezza e dell'efficacia espressiva, che punta all'estrema evidenza del gesto, e l'uso del simbolo come strumento di natura emotiva permea non solo il linguaggio formale, ma anche lo schema iconografico scelto e la composizione della scena. Nell'abbraccio solidale tra i sovrani, infatti, si vuole esprimere il legame indissolubile delle varie regioni dell'impero. Le singole figure sono qui sommariamente riassunte, mentre si valorizza l'evidenza gestuale e la suggestione della resa dei volti degli imperatori, direttamente rivolti agli spettatori.

Per quanto mossi da una più viva sensibilità per la forma, tipica della tradizione artistica delle province orientali, anche i rilievi dell'arco quadrifronte di Salonicco, iscrivibili pienamente nel cosiddetto rilievo storico-narrativo, partecipano con evidenza della nuova sensibilità ed esprimono efficacemente la rinnovata concezione del potere.

I sovrani in rigida frontalità, raffigurati con dimensioni maggiorate, che appaiono – prima ancora che agire – in un contesto universale definito da *Tellus* e *Oceanus*, oltre che da una serie di divinità del *pantheon* olimpico, esprimono ormai un potere che attinge la sua natura, e quindi anche le sue forme e le sue espressioni, dal mondo ultraterreno. Si tratta di un cambiamento radicale per il mondo romano, che corrisponde anche a una risposta in senso irrazionale, e quindi opposta all'inclinazione della tradizione classica, alla crisi che ha percorso l'impero in tutti i suoi aspetti. È proprio questo uno dei temi profondi che pervade tutto l'universo tardoantico.

Il III secolo d.C., quindi, costituisce effettivamente dal punto di vista artistico un lungo momento di passaggio, in cui viene messo in crisi in maniera diffusa il linguaggio formale

21. Mensole con i tetrarchi, Venezia, basilica di San Marco
Il gruppo dei tetrarchi attualmente conservato a Venezia presso la basilica di San Marco raffigura, su mensole aggettanti da due colonne porfiretiche, gli imperatori (è discusso se della prima o della terza tetrarchia) nella collegialità della loro carica. L'immagine è volta a ribadire, pur nella suddivisione, l'unità e la perpetuità del potere tetrarchico e insieme l'uguaglianza e la *fraternitas* tra Augusti e Cesari, sottolineate dalla tipologia dei ritratti che, lontani da una caratterizzazione specificatamente fisionomica, assumono un aspetto semplificato e uniforme, dalla omogeneità dell'abbigliamento (copricapo pannonico, *paludamentum* e lorica) e dalla gestualità dell'abbraccio che unisce le coppie imperiali. Carattere tipico della ritrattistica tetrarchica appare inoltre l'accentuazione dell'espressività, ottenuta mediante la dilatazione e la fissità dello sguardo che mira a fornire un'immagine distaccata della maestà imperiale. Nell'opera, certamente proveniente da Costantinopoli, si riconosce la mano di maestranze egiziane, a cui rimanda anche il materiale utilizzato; per il suo colore e la sua rarità, infatti, il marmo purpureo proveniente dall'Egitto costituisce una pietra di esclusiva pertinenza imperiale.

22. Particolare dell'arco di Galerio, Salonicco
L'arco quadrifronte di Salonicco, la città dove Galerio aveva posto la sua residenza, costituiva l'ingresso monumentale, nel punto di incontro tra la via Egnazia e la nuova via processionale, al quartiere imperiale comprensivo di palazzo, di circo e della cosiddetta Rotonda che, concepita come il mausoleo dell'imperatore, fu trasformata da Teodosio in cappella palatina per divenire poi la chiesa di San Giorgio. Risalente al 298-303 d.C., e dunque al periodo della prima tetrarchia in cui Galerio era Cesare, l'arco trionfale, volto a commemorare le vittorie riportate sui Parti, riprende il tipo quadrifronte molto caro ai sovrani del III e del IV secolo. Della struttura permangono due pilastri scolpiti con episodi relativi alle campagne militari in Mesopotamia e in Armenia; il sistema decorativo, forse ancora influenzato dalle colonne coclidi, prevede per ogni pilone la sovrapposizione di quattro registri decorati su tre lati senza soluzione di continuità e separati orizzontalmente da pesanti cornici vegetali. Il pilastro nord-est è occupato da ripetitive scene belliche pertinenti alla guerra adiabenica. Di maggiore interesse risultano i rilievi sul pilastro sud-ovest che, a partire dal basso, mostra due pannelli ornati con Vittorie entro nicchie e una scena di tributo da parte di personaggi orientali (forse l'inizio della guerra armeniaca); quindi la cattura dell'*harem* del sovrano persiano, la raffigurazione dei quattro tetrarchi (gli Augusti in trono, i Cesari stanti) circondati dalle personificazioni inginocchiate delle province di Armenia e dalle divinità protettrici degli imperatori e la celebrazione di un sacrificio (che segna forse la seconda fase del conflitto) da parte di Galerio e Diocleziano di fronte a un prospetto colonnato; nel terzo registro sono rappresentate due scene di battaglia (in una Galerio a cavallo occupa il centro del rilievo sovrastato da un'aquila con la corona trionfale) seguite dalla *deditio* dei Persiani; nella fascia superiore il conflitto si conclude con l'*adlocutio* di Galerio ai soldati che escono da una città, l'*adventus* dell'imperatore su un carro in una città scortato dalla cavalleria e accolto dalla popolazione festante e, per finire, il trionfo del 303 d.C. con una divinità che conduce all'imperatore una quadriga di elefanti.

legato a una concezione classicista, che era stato il principale strumento espressivo in particolare dell'arte ufficiale dei primi due secoli dell'impero, sperimentando nel contempo formule di tipo simbolico, usate invece fino a quel momento soprattutto nell'arte legata alla sfera privata.
Come in tutti i periodi di transizione, il cambiamento non si presenta certamente in maniera univoca, caratterizzato da balzi in avanti e da propositi conservativi, in una temperie artistica in cui l'ideale classicista continua comunque a svolgere un ruolo importante. Nello stesso tempo, tuttavia, l'incapacità delle vecchie categorie culturali di interpretare un mondo in profondo cambiamento, insieme alla diffusa e crescente inquietudine derivata da tali trasformazioni, producono una generale inclinazione verso le pulsioni irrazionali della natura umana, così che progressivamente la concezione razionale del mondo e la conseguente rappresentazione realista corrispondono sempre meno alla sensibilità comune. Insieme alla tradizionale visione del mondo inizia così a disgregarsi anche la sua corrispondente rappresentazione classicistica, e con essa il suo principale strumento espressivo, ossia il senso dell'organicità della forma.

11. L'arte del mondo tardoantico

Testo di
Gian Luca Grassigli
Schede di
Simona Fortunelli

L'età tardoantica raccoglie e unifica in una nuova sintesi, in particolare dal punto di vista artistico, le diverse istanze che, massime durante il III secolo d.C., avevano già percorso in precedenza il mondo romano. Nella percezione moderna, tuttavia, questa fase è stata sentita spesso come prossima al successivo universo bizantino e medievale, piuttosto che alla storia passata. Questa valutazione, al di là della sua correttezza, ci fa riflettere su quanto rinnovata possa apparire la sfera sociale, politica, culturale e religiosa del IV e V secolo.

1. Arco di Costantino, Roma
2-4. Pannelli sud (assedio di Verona e battaglia di Ponte Milvio) e nord (*adlocutio* nel Foro Romano)

L'arco posto lungo il percorso della via trionfale, tra Palatino e Celio, fu dedicato dal Senato in occasione dei *decennalia* del 315 d.C. per celebrare la vittoria riportata da Costantino su Massenzio nella battaglia di Ponte Milvio (312 d.C.). Dal punto di vista architettonico il monumento si inserisce pienamente nella tradizione degli archi onorari, organizzato in tre fornici inquadrati da quattro colonne libere e con la parte centrale dell'attico riservata alla lunga iscrizione dedicatoria, incisa su entrambe le fronti. L'originalità si rivela primariamente nel complesso sistema figurativo, in cui manufatti di spoglio, propagandisticamente selezionati, si associano a rilievi di nuova fattura che alternano volutamente iconografie di ispirazione classicista a schemi decorativi originali. Oltre al reimpiego di elementi architettonici (colonne, capitelli e parti della trabeazione), anche parte della decorazione scultorea è tratta da monumenti imperiali di epoca traianea (le otto statue dei prigionieri daci del Foro di Traiano poste al di sopra delle colonne distaccate; i quattro rilievi con scene di battaglia collocati sui lati brevi dell'attico e sui lati interni del fornice centrale), adrianea (i plutei con scene di caccia e sacrificio murati a due a due sopra i fornici minori delle fronti) e aureliana (gli otto pannelli illustranti episodi della guerra contro i Quadi e i Marcomanni disposti sull'attico ai lati dell'iscrizione), con l'evidente intento da parte di Costantino di legittimare il proprio potere tramite il richiamo agli *optimi principes* del secolo d'oro di Roma. Oltre al fregio storico, che corre a mezza altezza lungo tutto il perimetro dell'arco, realizzato secondo le nuove tendenze artistiche tardoantiche, risulta, invece, di nuova esecuzione una serie di figure allegoriche che si ispirano a schemi figurativi classici: i tondi con il *Sol oriens* e la *Luna occidens* che, fornendo una dimensione cosmica alle imprese dell'imperatore, integrano i rilievi adrianei sui lati brevi dell'attico; le statue delle Vittorie e dei soldati romani con barbari prigionieri sui piedistalli delle colonne; le Vittorie trofeofore e i Geni delle stagioni negli spicchi del fornice centrale e le divinità fluviali nei pennacchi dei fornici minori; le chiavi degli archi con divinità. Se i rilievi di spoglio esemplificano simbolicamente la *virtus* e insieme la *pietas* dell'imperatore, il fregio narrativo fa diretto riferimento alla guerra civile del 312 d.C., il cui esito felice permetteva a Costantino di presentarsi come *Liberator urbis* e *Fundator quietis*. Diviso in sei pannelli, il rilievo rispetta la successione cronologica degli avvenimenti, a partire dal lato minore ovest dell'arco, con la partenza dell'esercito da Milano, cui seguono, sulla fronte sud (quella rivolta all'esterno), l'assedio di Verona e la battaglia di ponte Milvio; quindi l'*adventus* vittorioso di Costantino a Roma nel lato est, per finire, sulla fronte nord, con il discorso dell'imperatore nel Foro Ro-

Dal punto di vista artistico, tuttavia, cercheremo di mettere in evidenza i numerosi elementi di continuità con i linguaggi espressivi delle età precedenti, oltre che naturalmente gli aspetti innovativi.
Sono state date varie e differenti interpretazioni del mondo tardoantico, che appare complesso da decifrare, e che gode del fascino connesso alle cause del crollo di un'istituzione per lunghi secoli poderosa ed efficiente quale la struttura statale dell'impero. Inoltre, la larga diffusione proprio in questo momento della religione cristiana, nelle sue molteplici interpretazioni, e il suo successo sul piano politico e istituzionale chiamano spesso in causa, in vari studiosi contemporanei, istanze ancora vive, mettendo a rischio il necessario distacco, che deve caratterizzare ogni

mano e con la *liberalitas* avvenuta il primo gennaio del 313 d.C. L'analisi del manufatto appare importante per la definizione dei nuovi canoni del linguaggio stilistico tardoantico, in cui il simbolismo prevale sulla rappresentazione naturalistica delle figure e degli eventi: vediamo così predominare il disegno lineare, l'uso intenso del trapano nella resa dei panneggi, la prospettiva ribaltata, la rigida frontalità dell'imperatore e le proporzioni gerarchiche. Nella *profectio* da Milano Costantino sul carro è preceduto dalle truppe a piedi e a cavallo, tra cui figurano soldati recanti le statuette di *Sol Invictus* e della Vittoria. L'assedio di Verona si configura con le truppe assedianti al centro, a sinistra la città con gli assediati, a destra l'imperatore incoronato da una Vittoria volante. Nella rappresentazione dello scontro del 312 si vedono a sinistra sopra il ponte Milvio, sul Tevere (rappresentato dal vecchio sdraiato che versa l'acqua da un otre), un soldato, la dea Roma e l'imperatore preceduto da una Vittoria alata; al centro si affrontano i due eserciti, disposti su due registri (sopra la cavalleria costantiniana vincitrice; sotto l'esercito soccombente di Massenzio); all'estremità destra i trombettieri costantiniani, raggiunta la riva opposta del fiume, richiamano l'esercito a raccolta. L'ingresso vittorioso a Roma nel 312 d.C. vede l'imperatore sul carro preceduto dal corteo militare. Nella scena di *adlocutio* Costantino, in posizione centrale sulla tribuna dei *Rostra* inquadrati dalle statue di due imperatori seduti, è affiancato dalla corte, mentre ai lati del palco, in una prospettiva distorta, è la folla in ascolto; gli edifici sullo sfondo forniscono l'ambientazione nel Foro (da sinistra la basilica Giulia; l'arco a unico fornice di Tiberio; le cinque colonne sormontate da statue del monumento del decennale dei tetrarchi e, a destra, l'arco trifornice di Settimio Severo). Per finire nel *congiarium* l'imperatore occupa il centro del rilievo seduto su un alto trono, affiancato dalla corte e con togati supplici a suoi piedi; ai lati è il popolo in atto di ricevere i donativi dai funzionari posti sulle logge sopraelevate.

prospettiva di studio, rendendo ancora più complessa la lettura del mondo tardoantico.
A livello istituzionale si sancisce all'inizio di questa fase la divisione in due parti dell'impero, scelta che di fatto costituisce il riconoscimento delle profonde differenze tra la parte orientale e quella occidentale. È come se si ammettesse l'esaurimento della forza politica, organizzativa e culturale dell'impero, che per quasi tre secoli era riuscito a far confluire le differenze in un'unità superiore. Appare quindi estremamente significativa la scelta di Costantino di spostare la capitale in oriente, con la fondazione di Costantinopoli, rendendo manifesto il ruolo vivo e trainante dell'impero orientale rispetto alla crisi che non abbandona la parte occidentale. Roma perde in pratica molto del suo potere, mentre rimane piuttosto uno splendido teatro, sovente rinnovato, dal grande valore simbolico per l'apparizione dei sovrani, che cercano in essa la legittimazione formale e propagandistica del loro potere. Le opere monumentali, che ancora vengono costruite, non corrispondono più, tuttavia, alla forza propulsiva reale della città, ricollegandosi spesso, per altro, all'avanzata trionfale del cristianesimo, sostenuto dall'istituzione imperiale. L'ingresso di popolazioni cosiddette barbare nei territori dell'impero, concordato o guadagnato con la forza, non fa che aumentare la diversità e la varietà delle forme sociali e culturali e dei linguaggi espressivi, che percorrevano lo Stato e che si trasformavano spesso in elementi tendenti alla disgregazione, mentre la classe dirigente si vedeva costretta a una continua opera di cooptazione al proprio interno di elementi stranieri. Quest'ultimo fatto, come ogni fenomeno di acculturazione, mentre sottoponeva ai meccanismi di romanizzazione i capi barbari, sottometteva anche la classe dirigente tradizionale a un processo di cambiamento della propria cultura e dei propri modi di vita.
Da un punto di vista generale, si può dire che il perdurare della crisi economica, acuta come sempre soprattutto per le moltitudini dei ceti medi e bassi, lo sfaldamento istituzionale, con la conseguenza di una presenza del potere ufficiale sempre meno regolare, nonché la generale sensazione di insicurezza – effettivamente fondata su presupposti reali – crearono un clima diffuso, in cui le istanze irrazionali della natura umana videro un'enfasi e un ruolo maggiori rispetto alle risorse razionali.

5. Testa colossale di Costantino, Roma, Musei Capitolini
Posta nell'abside occidentale della basilica di Massenzio, la statua di Costantino nella posa di Giove seduto in trono, di dimensioni colossali, era un acrolito, presentando in marmo le sole parti scoperte (la testa, le braccia e le gambe), attualmente esposte nel cortile del palazzo dei Conservatori, e il resto probabilmente rivestito in bronzo. La testa dell'imperatore, rilavorata da un ritratto più antico (forse quello del Divo Adriano del tempio di Venere e Roma), mostra il superamento della rigidità e del geometrismo volumetrico tipici della ritrattistica tetrarchica e il ritorno a forme più naturalistiche, di ispirazione classica, sebbene rivissute con una sensibilità nuova. Il volto dai tratti regolari, rigidamente frontale, è reso con piani larghi e semplificati, così da rendere il sublime distacco e la maestà divina della figura imperiale, ormai dotata di valenze trascendenti, a cui concorre, oltre al gigantismo stesso dell'opera, anche il trattamento degli occhi sovradimensionati, spalancati e rivolti al cielo. Di conseguenza l'attenzione per la fisionomia del sovrano è sopravanzata dalla funzione simbolica del monumento che porta all'idealizzazione dei tratti individuali e alla creazione di un tipo ritrattistico che, in quanto emblema della dignità imperiale, fu ripreso dai successori dei due secoli successivi.

6. Colosso di Barletta, Barletta, esterno della chiesa del Santo Sepolcro
Rispetto alla ritrattistica tipizzata che a partire da Costantino connota le icone imperiali, il volto del cosiddetto Colosso di Barletta, una gigantesca scultura bronzea (alta più di 5 metri) recuperata dal naufragio di una nave in viaggio da Costantinopoli a Venezia in seguito al sacco della città nel 1204, riproduce in maniera più marcata i tratti fisionomici e la mimica di un imperatore della seconda metà del V secolo d.C. Seppure di incerta identificazione (tra le molte ipotesi ricordiamo quelle di Marciano, 450-457 d.C., e di Leone I, 457-473 d.C.), l'imperatore, in corazza e paludamento, tiene un globo nella mano sinistra, mentre nella destra sollevata doveva reggere in origine una lunga lancia cruciforme (la corta croce che ha attualmente in mano è frutto di un restauro quattrocentesco). Il ritratto, munito di un diadema a doppia fila di perle contraddistinto da pendenti laterali, è caratterizzato dalla fronte aggrottata, le sopracciglia angolose, gli zigomi larghi, il mento prominente, le labbra serrate, una barba corta e rada ed esprime una tensione e una forza emotiva assente nella pacata astrazione delle precedenti immagini imperiali.

Un esempio significativo è dato dal largo successo delle religioni orientali a carattere iniziatico e salvifico, tra cui il cristianesimo, nonché il forte impulso a forme di misticismo. Proprio a questo aspetto, ossia al prevalere dell'irrazionale, è stato legato da certa critica in maniera pressoché esclusiva, e quindi eccessiva, il diffondersi del linguaggio artistico tipico del tardoantico. Senza dubbio i due fenomeni intrecciano una relazione, ma più complessa e ricca di sfumature di quella, troppo semplicistica, di causa ed effetto.
La situazione di insicurezza, invece, insieme al prevalere di concezioni irrazionali della realtà incide profondamente su aspetti sia del mondo concreto sia dell'immaginario collettivo, a partire in primo luogo dalla nuova definizione dell'idea di potere. Le condizioni precarie, infatti, spingono in maniera sempre più diffusa gli individui comuni ad affidare completamente se stessi e la propria famiglia a singole persone di grande potere e ricchezza, legandosi a esse in forme quasi servili. Molti individui finiscono così con il dipendere direttamente da un potere privato, in cui riconoscono la propria unica possibilità di sopravvivenza, potenzialmente in conflitto con il potere ufficiale. Si creano così vasti potentati individuali, economici e sociali, che in generale collaborano con lo stato, pur tuttavia sostituendosi a esso, agendo nella sostanza come poteri autonomi.
A livello di mentalità collettiva si realizza un radicale cambiamento dell'idea di potere, che costituisce il compimento di un processo iniziato secoli prima e che trova ora una condizione favorevole nel diffuso clima di precarietà generale, giungendo infine alla concezione soprannaturale del potere stesso e di conseguenza di colui che lo detiene. Cadono, pertanto, le inibizioni e i freni radicati nella cultura romana alla considerazione divina del sovrano. Questo radicale cambiamento si ripercuote su ogni forma di potere così che, anche quando non teorizzato esplicitamente, le forme dell'espressione e le raffigurazioni dei potenti hanno irrimediabilmente a che fare con la sfera del divino.
È questo un aspetto decisivo non solo per la cultura e per i modi di vita, ma anche per il

7. Ritratto di un imperatore della dinastia di Teodosio, Istanbul, Museo Archeologico
La testa marmorea di un imperatore della dinastia di Teodosio (tradizionalmente identificato con Arcadio o piuttosto, a causa della giovane età, con Teodosio II), proveniente da Costantinopoli (dove probabilmente costituiva una delle statue esposte nel Foro), fornisce un chiaro esempio della forte idealizzazione delle immagini imperiali che, introdotta in età costantiniana, permane nell'intero corso dell'età tardoantica ed è propria anche della rinascenza teodosiana. Il volto, ovale, incorniciato da una frangia di ciocche fini e uniformi, su cui poggia il diadema gemmato, è privo di barba e trattato con piani arrotondati; il naso è lungo e diritto, la bocca piccola e carnosa. La stilizzazione dei particolari individuali e la fissità dell'immagine fornisce al ritratto un aspetto immobile e distaccato, in cui l'attenzione è concentrata sui grandi occhi dalle pupille dilatate e rivolte verso l'alto.

cambiamento dei linguaggi dell'arte. La concezione soprannaturale del potere, infatti, che si lega al prevalere dell'irrazionale, implica una gestione della figura dell'imperatore connessa all'espressione del suo carattere sacro. Proprio come un dio, egli appare e scompare, esiste e agisce nel mistero del segreto; il suo svelarsi è sempre accompagnato da una ritualità solenne e complessa, che si definisce in una vera e propria liturgia, funzionale a metterne in evidenza la qualità divina. La lenta e solenne cerimonialità, che permea i vari aspetti della dimensione sociale, costituisce peraltro l'illusorio tentativo di rappresentare come ordinata una realtà che, al contrario, tende a sfuggire a ogni controllo. Sul modello imperiale, coerentemente con la nuova idea del potere, agiscono anche i membri della classe dirigente più alta. Questa realtà, pertanto, implica nuovi modi di rappresentazione del potere stesso, collegati all'espressione del suo carattere divino.

Così, se un linguaggio formale di tipo simbolico è certo più vicino, rispetto a uno naturalistico, a una sensibilità diffusa legata alla sfera dell'irrazionale, esso è sicuramente anche molto più adatto all'espressione dell'idea divina del potere e degli individui che lo detengono. Questa concezione, infatti, non implica una rappresentazione mimetica della realtà, quanto al contrario la capacità di esprimere simbolicamente concetti astratti e di suggerire atmosfere ed effetti emotivi. In ciò possiamo cogliere una parte importante dei meccanismi decisivi che sono alla base del cambiamento del linguaggio artistico della tarda antichità. Pertanto, nel mondo tardoantico, il linguaggio classicistico vede un'applicazione sempre più ridotta e in generale – tranne qualche rara eccezione – legata più a un'imitazione superficiale della realtà, che a una comprensione della sua sostanza. Al contrario, riscuote un successo sempre maggiore un'espressione di tipo simbolico, già esistente e diffusa nell'arte romana, soprattutto in quella privata, il cui uso si allarga ormai anche ai monumenti dell'arte ufficiale. Si potrebbe dire che anziché descrivere la realtà così per come essa appare, compito svolto ottimamente dal naturalismo classicista, si vuole offrire piuttosto in questo caso un'interpretazione della realtà che sveli e riveli le forze nascoste, che la giustificano e la spiegano, capacità quest'ultima propria di un'espressione figurata di tipo simbolico.

Il classicismo con la sua visione naturalistica appare ora inadeguato per la rappresentazione di una realtà non più misurabile con un canone proporzionale e ideale unitario; la realtà, infatti, appare ora piuttosto una dimensione cifrata, in cui le cose e le persone sono

segni e simboli delle forze misteriose e soprannaturali, e nella quale ogni cosa esiste in funzione di una precisa e rigorosa gerarchia, rispecchiata nell'organizzazione sociale. In altre parole, di fronte a un mondo complesso, instabile e in continuo cambiamento, le categorie culturali della tradizione classica, legate a una forte istanza razionale, sembrano divenute incapaci di descrivere e comprendere una realtà che pare governata da forze potenti e oscure, comprensibili e descrivibili solamente attraverso simboli e allegorie. Si sfalda quindi la visione razionale del mondo, che aveva caratterizzato la cultura greca e, fino a questo momento, anche quella romana, e si sgretola così anche il senso dell'organicità della forma e delle possibilità mimetiche dell'arte, che di questa tradizione costituivano un'espressione alta e fedele.
Fatte queste considerazioni, diviene facile capire come mai in età tardoantica anche l'arte ufficiale si rivolga in maniera costante al filone simbolico dell'arte romana, la cosiddetta "arte plebea", portandone all'estremo compimento tutte le possibilità.
Naturalmente non si tratta di un fenomeno

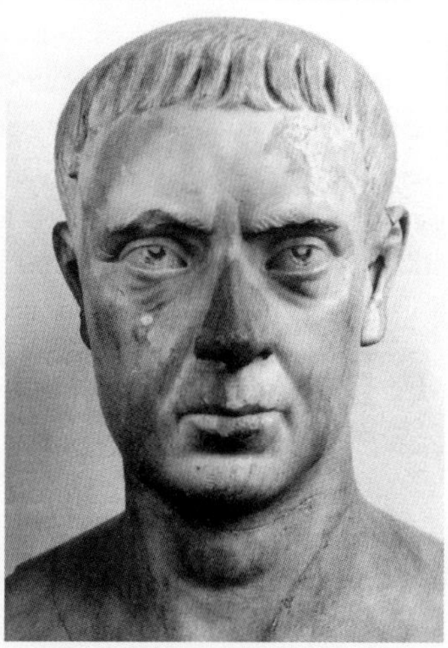

8. Ritratto maschile, Parigi, Musée du Louvre
Il ritratto maschile conservato al Museo del Louvre, databile al tardo IV secolo d.C., fornisce un'utile esemplificazione del rapporto meno stretto che si era venuto a instaurare, a partire dall'epoca costantiniana, tra la ritrattistica imperiale e quella privata. In una fase come quella tardoantica in cui, come abbiamo visto, la rappresentazione imperiale aveva subito un processo di astrazione dovuto alla nuova concezione assolutistica del potere, l'effige del sovrano non costituisce più, come nei primi tre secoli del principato, il modello di riferimento da imitare pedissequamente – tanto nella moda dell'acconciatura quanto nella resa dei tratti fisionomici – in ambito privato. Così nella testa del Louvre la volontà di individuazione personale appare più marcata (si notino la forma rettangolare e allungata del volto, la fronte alta e leggermente corrugata, le borse sotto gli occhi, la barba appena accennata e la verruca sulla guancia destra), nonostante la compostezza mimica e la fissità dello sguardo richiamino la moda ufficiale.

9. Ritratto maschile cosiddetto "Eutropius", Vienna, Kunsthistorisches Museum Antikensammlung
Rinvenuto ad Efeso nella zona orientale dell'agorà, il cosiddetto "Eutropius", una testa-ritratto in origine pertinente alla statua togata di un notabile (ipotetico resta il collegamento con *Eutropius*, il console ordinario del 399 d.C.), rientra nell'ambito della ritrattistica privata microasiatica della seconda metà del V secolo d.C. L'esemplare, diversamente dal ritratto del Louvre sopra esaminato, appartiene pienamente alla corrente astratta e spersonalizzata che, tipica della ritrattistica tardoantica di Efeso, è debitrice dei modi della rappresentazione dell'imperatore. Con il tipo imperiale il ritratto efesino condivide in particolare la tendenza all'espressività (ricercata tramite l'aumento oltre misura della grandezza degli occhi, unito alla fissità dello sguardo) e la rinuncia a particolari individuali. Da notare inoltre l'annullamento dei valori plastici e la smaterializzazione della forma (in primo luogo tramite l'allungamento del volto) funzionali alla sublimazione del committente nella sua qualità di *vir spiritualis*.

10. Base dell'obelisco dell'ippodromo di Costantinopoli

L'obelisco egiziano di Tutmosi III venne fatto erigere da Teodosio I, nel 390 d.C., sulla spina dell'ippodromo, al di sopra di un basamento in marmo proconnesio appositamente decorato con scene inerenti all'ippodromo stesso. La base consta di un plinto, recante su due lati l'iscrizione commemorativa greca e latina e decorato sugli altri due da scene di circo (una pertinente alla difficoltosa opera di innalzamento dell'obelisco; l'altra relativa a una corsa di carri e di cavalieri); segue un dado ornato sulle quattro facce da rilievi di composizione analoga, organizzati in due registri sovrapposti, separati da una transenna. Nel registro superiore è rappresentata in posizione centrale la loggia con gli imperatori che presiedono ai giochi (Valentiniano II, Teodosio I e i figli di questi Arcadio e Onorio), affiancati da dignitari e da soldati; in quello inferiore la raffigurazione di barbari inginocchiati, che offrono tributi agli Augusti, si alterna a scene di soggetto circense (spettatori che attendono l'inizio delle gare; musici e danzatrici). I principi che regolano la composizione sono gli stessi già incontrati nel fregio storico dell'arco di Costantino, tipici del linguaggio simbolico tardoantico: la posizione frontale e simmetrica delle figure, la loro disposizione gerarchica e la distorsione della prospettiva. La resa plastica dei personaggi, però, mostra forme tondeggianti e, analogamente ai ritratti imperiali, presenta un'impronta classicista, coerente con il rinnovamento culturale della cosiddetta rinascenza teodosiana.

univoco. Di fronte alla linea di tendenza prevalente sopra illustrata, continuiamo a vedere tentativi di rivisitazione classicista, ricerche formali di tipo naturalistico, recuperi di modelli della prima età imperiale, che tuttavia rimangono sempre fenomeni minoritari. Classicismo ed espressione simbolica spesso appaiono intrecciati, non perdendo, il primo, il fascino suggestivo di linguaggio solenne e austero, legato ormai agli esempi dell'arte degli imperatori considerati i migliori sovrani possibili, quali appunto Traiano, Adriano e Marco Aurelio. Nello stesso tempo, come vedremo, si delinea una specializzazione del linguaggio classicista, che viene sentito più opportuno in relazione a temi specifici.

Uno straordinario esempio della pluralità dei modelli, ma insieme della forza dell'espressione simbolica, è offerto da uno dei primi monumenti ufficiali dell'arte tardoantica, ossia l'arco di Costantino, a Roma, votato nel 315 [figure 1-4]. Eretto sulla via degli antichi trionfi, con i suoi tre fornici si inserisce nella tradizione dei grandi archi trionfali. Ciò che più interessa, tuttavia, è qui la natura della decorazione scultorea. Da una parte, infatti, ci troviamo di fronte a un vivo impulso classicista, concretizzato in primo luogo nell'utilizzo nell'arco di rilievi provenienti da altri tre monumenti ufficiali, assegnabili rispettivamente all'età di Traiano, Adriano e Marco Aurelio. Si tratta, evidentemente, di espressioni di classicismi diversi, ma pur sempre sentiti come tali e per di più riferibili ai tre sovrani che già nella mentalità antica avevano reso grande l'impero. Sempre di ispirazione classicista, per quanto di maniera e realizzati in modo più descrittivo che aderente alla sostanza dei modelli, appaiono numerose parti della decorazione appositamente realizzate in età costan-

tiniana, quali i rilievi con Vittorie e barbari o i tondi con *Luna* e *Sol*.
Dall'altra parte i pannelli del lungo fregio costantiniano sviluppano un discorso interamente basato su un linguaggio di tipo simbolico. Si tratta di un rilievo di tipo storico-narrativo, che svolge canonicamente, mediante le consuete tappe, il racconto della guerra vittoriosa dell'imperatore contro il rivale Massenzio. Partenza dell'esercito, assedio, battaglia si susseguono quali momenti codificati del racconto, che culminava nelle scene ambientate nel Foro Romano con l'*oratio* e la *liberalitas*. Il linguaggio, tuttavia, ha abbandonato ogni riferimento classicista, recuperando in pieno i meccanismi dell'espressione simbolica. Per la prima volta questo tipo di espressione figurata viene compiutamente assunta in un monumento ufficiale per rappresentare momenti della vita pubblica, anche non militare, dell'imperatore.
L'intento didascalico è ben evidente nelle scene di battaglia, dove è stata abbandonata ogni forma di prospettiva naturalistica, sostituita da una rappresentazione simbolica dello spazio, non solo di lettura più facile e immediata, ma anche emotivamente più intensa, come mostrano ad esempio i corpi senza vita dei soldati interamente visibili tra le acque del Tevere. Nelle due scene del Foro Romano, costruite intorno alla figura dell'imperatore, che funge da asse di simmetria, la rappresentazione spaziale è subordinata non solo alla chiarezza della lettura, quanto soprattutto all'espressione immediata e simbolica della gerarchia dei protagonisti, legata alla vicinanza all'imperatore e alla collocazione in basso o in alto nella composizione. Anche i riquadri con il *congiarium*, non pertinente a una costruzione naturalistica della scena, né a una contemporaneità degli avvenimenti, rispondono alla necessità didascalica e propagandistica di porre enfasi sulla generosità del sovrano.
Quest'ultimo, in particolare nella *liberalitas*, è raffigurato ormai come un dio. Al centro della scena, in immobile frontalità, di dimensioni superiori agli altri uomini, seduto su un alto seggio, appare, piuttosto che agire, dal momento che proprio l'apparizione, l'epifania, è l'azione peculiare della divinità.

11. *Missorium* di Teodosio, Madrid, Real Academia de la Historia
Come è indicato dalla lunga iscrizione che corre lungo il bordo, il grande piatto circolare in argento rinvenuto in Spagna, nei pressi di *Augusta Emerita* (Mérida), venne realizzato per commemorare i decennali del regno di Teodosio I, celebrati a Tessalonica il 19 gennaio del 388 d.C.: rientra, dunque, nelle largizioni che, soprattutto nel periodo tardoantico, gli imperatori distribuivano come propaganda per celebrare particolari avvenimenti ufficiali. La solennità dell'imperatore si esplicita nelle dimensioni e nella centralità della sua figura, rappresentata in trono nell'atto di porgere un dittico a un dignitario di fronte a lui, sullo sfondo di un edificio tetrastilo su podio, che suggerisce l'ambientazione della scena nella sala delle udienze del palazzo; lo affiancano i coreggenti Arcadio (il figlio maggiore, posto a sinistra) e Valentiniano II (a destra), con a lato le guardie imperiali. La maestà divina del sovrano è inoltre accentuata dal ritratto che, munito di nimbo e di diadema gemmato, è privo dei segni dell'età e appare caratterizzato da una accentuata fissità. Completano il quadro alcuni eroti che portano in dono i fiori e i frutti della Terra, raffigurata in posizione distesa sull'esergo in allusione al dominio universale dell'imperatore.

È importante notare nei pannelli del fregio storico-narrativo come si sia abbandonata l'attenzione analitica per la figura umana, la volontà di una rappresentazione organica dei corpi, qui rappresentati ormai sinteticamente per alcune masse principali, a cui si aggiungono gli arti e, con una certa enfasi dimensionale, la testa. Mentre pochi solchi profondi alludono al panneggio, ciò che conta è l'atteggiamento delle figure, sempre icasticamente accentuato e teatralizzato, secondo un'espressività più incisiva. Se l'arco nel suo insieme per la diversità di spunti e di modelli esprime bene la varietà del mondo tardoantico, il fregio costantiniano risulta un esempio formidabile del linguaggio simbolico, che costituisce l'espressione formale tipica dell'arte del periodo, sviluppato dalla tradizione della cosiddetta "arte plebea".

È importante considerare, inoltre, come nelle parti appositamente costruite in età costantiniana per questo monumento si sia optato per un linguaggio classicista nei soggetti allegorici e per uno di tipo simbolico nel fregio "storico-narrativo", a ulteriore dimostrazione di come l'aspetto formale costituisca un'opzione nell'arte romana legata non solo alla forza della consuetudine, ma anche alla ricerca della massima efficacia comunicativa. Abbiamo visto, quindi, come ispirazione classicista e necessità di un linguaggio simbolico si intrecciassero in questo emblematico monumento, che anche in tale aspetto preannuncia una costante del mondo tardoantico. Possiamo dire, tuttavia, che il classicismo sarà sempre più collegato a momenti di ripensamento intellettualistico, a fasi di quiete politica dell'impero, durante le quali è possibile adottare da parte del sovrano forme esplicite di imitazione del linguaggio ufficiale della prima o della media età imperiale, in funzione propagandistica e di legittimazione, sovente per altro riservato a produzioni assolutamente elitarie, quali argenti, avori, gemme. Appaiono emblematiche, in questo senso, l'ultima fase dell'età costantiniana e quella del regno di Teodosio,

12. Affresco del palazzo imperiale di Trier, Treviri, Bischöfliches Domund Diözesanmuseum
Una testimonianza aulica della produzione pittorica tardoantica, ascrivibile ai primi decenni del IV secolo d.C., è fornita dal soffitto a cassettoni del palazzo imperiale di Treviri, la capitale tetrarchica delle province occidentali; la decorazione parietale dello stesso ambiente prevedeva un'architettura a finti pilastri che, posti al di sopra di uno zoccolo a imitazione marmorea, inquadravano pannelli contenenti figure a grandezza naturale. All'interno dei cassettoni sono dipinti, su fondo azzurro, coppie di eroti alati che sorreggono ghirlande (allusivi a *gaudium* e *laetitia*) alternate a busti maschili, nelle vesti di filosofi e poeti, e a busti femminili. Le figure muliebri, caratterizzate da nimbo e velo, sono diversamente impegnate in un caso a estrarre una collana da un cofanetto, in un altro a suonare la lira, o con uno specchio o un *kantharos* in mano. Diverse sono state le ipotesi identificative avanzate per queste immagini, in cui si sono riconosciuti membri della corte e della famiglia imperiale, oppure personificazioni delle attività della vita intellettuale. Lo stile rientra pienamente nel classicismo costantiniano, evidente tanto nella solidità e nella nitidezza delle forme, quanto nello schema ornamentale delle pareti e del soffitto che riprende i modi dell'iniziale II stile pompeiano.

13. Dittico di Probiano, Berlino, Staatsbibliothek der Stiftung Preussischer Kulturbesitz

I dittici, ovvero le tavolette scrittorie in avorio, assumono nella tarda antichità il valore di oggetti di lusso offerti in dono a personaggi di alto rango, con un evidente scopo propagandistico, per commemorare l'assunzione di importanti cariche pubbliche, dal 384 d.C. limitate al consolato ordinario se non per particolare concessione dell'imperatore. In molti casi recavano l'iscrizione con il nome del proprietario o del destinatario, come testimonia il dittico di Berlino intitolato a *Rufus Probianus v(ir) c(larissimus) vicarius urbis Romae*. Le valve, bordate da un fregio a palmette e fiori di loto, sono divise verticalmente in due registri. Nel livello superiore, su uno sfondo architettonico, grandeggia centralmente la figura di Probiano, seduto su un alto seggio e affiancato da due scribi: nella valva destra egli stringe con una mano un rotolo chiuso, evidentemente l'atto di nomina, e solleva l'altra nel gesto dell'*adlocutio*, mentre nella valva sinistra tiene sulle gambe il rotolo svolto dove si legge l'acclamazione "Probiane floreas"; in alto a sinistra è rappresentata una *theca*, simbolo delle prerogative giudiziarie della carica, decorata con due busti di imperatori, due *Tychai* recanti corone e un calamaio. Nella parte inferiore, ma in realtà da immaginare di fronte, sono raffigurati due personaggi, anch'essi con il braccio sollevato nell'atto di parlare, che si rivolgono in alto verso il dignitario. Dal momento che Probiano non è altrimenti noto e non è dunque conosciuta la data dell'assunzione dell'incarico, una cronologia compresa tra il 395 e il 402 d.C. è suggerita, oltre che dallo stile del rilievo, dalla presenza dei due busti imperiali, ipoteticamente riferiti ad Arcadio e a Onorio.

caratterizzate entrambe dal tentativo, svolto con diversa sensibilità, di un'adesione più forte ai modelli derivanti soprattutto dall'arte medioimperiale. Più marcatamente ideologico risulta l'impulso classicista dovuto a Giuliano, finalizzato al tentativo di recuperare il patrimonio tradizionale di un'idea della romanità legata alle grandi figure degli imperatori del I e del II secolo e alla religione olimpica. Nei momenti di crisi, al contrario, quando più urgente appare la necessità di raggiungere ogni strato sociale con un'efficace trasmissione dei messaggi della propaganda imperiale, si farà ricorso al linguaggio di tipo simbolico.

Così in età costantiniana, una volta riorganizzato l'impero, assistiamo al fiorire di una produzione classicistica, tradizionalmente nota come "rinascenza costantiniana". Tale denominazione rivela evidentemente il pregiudizio classicista di gran parte della critica, che vede un segno di progresso nel linguaggio naturalista e di decadenza in quello di tipo simbolico. Fortemente rappresentativa di questo dualismo tardoantico appare la testa-ritratto colossale di Costantino, posta nella basilica di Massenzio, databile attorno al 330 d.C. [figura 5]. Nonostante la generale impostazione classicista, l'accentuazione dimensionale degli occhi, la fissità frontale, lo sguardo perduto lontano e verso l'alto, che, scavalcando la realtà terrestre, fissa un rapporto col mondo celeste, esprimono la sostanza tardoantica di un sovrano divinizzato e inaccessibile agli uomini comuni, che semplicemente manifesta la sua potenza tramite l'apparizione. Anche le dimensioni colossali, insieme alla ieraticità dello sguardo, mirano alla suggestione del pubblico, all'effetto magico sullo spettatore, secondo la volontà di comunicare l'essenza divina del sovrano, la cui immagine assume ormai tutte le caratteristiche di un'icona. Queste peculiarità, del resto, attraversano tutta l'età tardoantica, come mostra un'altra statua colossale, stavolta in bronzo, proveniente da Costantinopoli e nota come il Colosso di Barletta [figura 6]. Non è possibile, tuttavia, sta-

bilire chi fosse l'imperatore ritratto in questa statua. Il processo di trasformazione del volto del sovrano in icona, infatti, prevede un meccanismo di idealizzazione, o meglio di astrazione dei tratti somatici, a tutto vantaggio della ieraticità del volto espressa tramite la fissità dello sguardo e la sua dilatazione, che rende molto simili tra loro i ritratti di *principes* diversi.
Un tipico esempio di questo processo è dato dalla testa-ritratto di un imperatore della dinastia di Teodosio, databile tra IV e V secolo [figura 7]. Pertanto, anche nei momenti di cosiddetta "rinascenza classicistica", concetto forse un po' forzato, la necessità di caratterizzare in senso ieratico e sovrannaturale il volto imperiale assegna ai ritratti dei sovrani queste caratteristiche formali proprie dell'arte tardoantica. Questa diversa concezione, che sottende al nuovo modo di rappresentare il volto del sovrano, si riflette direttamente anche nella ritrattistica privata lungo l'intero arco della tarda antichità [figure 8-9].
Tutto ciò, per altro, vale anche per le immagini intere dell'imperatore e dei suoi familiari, così come esse appaiono nei monumenti pubblici. Risulta di nuovo esemplare un monumento dell'età di Teodosio I, in particolare i rilievi della base dell'obelisco dell'ippodromo di Costantinopoli del 390 d.C. [figura 10], ancor più significativo, perché considerato di norma – e affrettatamente – un esempio della rinascita classicistica teodosiana. La composizione è organizzata simmetricamente ai lati delle immagini degli imperatori, sempre al centro e sempre in rigida frontalità. Ancora una volta l'azione svolta dal sovrano è semplicemente quella di apparire. Le figure dei sovrani, di dimensioni maggiori di ogni altra, si trovano in alto nella composizione, dal momento che anche la dislocazione spaziale non ubbidisce a una resa naturalistica, bensì alla definizione della gerarchia dei personaggi, via via discendente procedendo verso il basso. La resa delle figure, definite semplicemente dal perimetro delle vesti, dalla forma del capo e dagli arti, piccoli, che spuntano nelle loro estremità, è realizzata con un rilievo molto basso, con un risultato ormai sostanzialmente disegnativo. L'elemento classicistico è pertanto da individuare, semplicemente, nella resa, pur sempre disegnativa, del panneggio e negli atteggiamenti composti. Anche in questo caso assistiamo a una sorta di sublimazione della realtà corporea dell'imperatore, in perfetta coerenza con la concezione trascenden-

14. Disegno del piatto di *Ardabur Aspar*, Firenze, Museo Archeologico
Come è esplicitato dall'iscrizione che corre lungo il bordo ("Fl(avius) Ardabur Aspar vir inlustris com(es) et mag(ister) militum et consul ordinarius"), il *missorium* in argento rinvenuto nel 1750 nei pressi di Orbetello fu realizzato da *Flavius Ardabur Aspar* per celebrare l'assunzione della carica consolare per l'Occidente avvenuta a Cartagine nel 434 d.C. e insieme per onorare suo figlio (*Ardabur iunior*) nel rango di pretore a Costantinopoli. Padre e figlio – il primo di dimensioni maggiori, barbato e seduto, con in mano la *mappa* circense e lo scettro consolare sovrastato dai busti imperiali di Teodosio II e Valentiniano III; l'altro, anch'egli con la *mappa* – occupano il centro del piatto, affiancati dalle personificazioni di Roma e di Costantinopoli che si appoggiano ai fasci con la destra. La raffigurazione è tesa a esaltare l'alto lignaggio dei committenti sottolineandone l'appartenenza a una *gens* aristocratica di origine germanica che vantava membri di rango consolare: sopra le figure dei protagonisti compaiono, infatti, le *imagines clipeatae* di *Flavius Ardabur*, il padre di *Ardabur senior*, console nel 427 d.C. (a sinistra) e di *Flavius Plinta*, probabilmente il suocero di *Aspar*, console per l'Oriente nel 419 d.C.

15-16. Affreschi della tomba di Trebio Giusto

L'ipogeo dell'appaltatore edile Trebio Giusto, al primo miglio della via Latina, consta di una camera sepolcrale (dotata di tre loculi su ogni parete laterale e di un arcosolio sul fondo) con vestibolo accessibile da un lungo *dromos*. Il monumento, databile agli inizi del IV secolo d.C., presenta un ciclo pittorico di ispirazione realistica teso all'esaltazione del committente, colto nelle attività del lavoro quotidiano: sulla parete di ingresso è raffigurato il trasporto di materiali da costruzione, mentre sulle pareti laterali sono scene di cantiere che mostrano varie fasi dell'erezione di un edificio e l'incontro del costruttore Trebio con il capomastro *Generosus*. La parete di fondo fornisce invece l'immagine "borghese" del defunto, rappresentato seduto tra i genitori (nella lunetta superiore), fra *capsae*, documenti e strumenti scrittori (nell'arcosolio) e in atto di prendere visione del raccolto che gli viene presentato dai *servi* (nello zoccolo). Il carattere popolare della composizione, consono al livello della committenza, è rilevabile, oltre che dal tema, dalla resa appiattita e statica delle figure e dalla mancanza di una visione sintattica dell'insieme.

te del potere, da cui discende questa sottrazione del corpo dalla rappresentazione e quindi l'impossibilità di una raffigurazione organica del personaggio.

Assai significativo nell'ambito dei modi di rappresentazione dell'imperatore risulta anche lo straordinario piatto in argento, assegnabile verosimilmente alla stessa età teodosiana, rinvenuto in Spagna e riconducibile ai donativi di altissimo livello scambiati tra l'imperatore e i personaggi di rango elevato a lui più vicini [figura 11]. Ancora una volta il sovrano costituisce il centro della scena e insieme l'asse di simmetria di una composizione che non si preoccupa più di una resa spaziale naturalistica, ma di un'espressione solenne e immediata delle gerarchie presenti nella realtà raffigurata. L'imperatore appare, semplicemente, e impone la sua presenza attraverso il gigantismo dimensionale, che domina la scena, la sua immobilità e l'imperturbabilità divina. In questa realtà sublime e rarefatta non c'è spazio per i corpi, scomparsi al di sotto delle vesti elaborate, così come non c'è spazio per alcun movimento o alcun sentimento, che di per sé rimanderebbero alla sfera umana. L'imperatore, ormai, appartiene chiaramente a una dimensione superiore e la sua apparizione coincide con una epifania.

Non è un caso se gli unici corpi e le sole nudità presenti nell'immagine sono posti nell'esergo del piatto, dove è raffigurata la personificazione di *Tellus*, attorno alla quale volano tre putti, rappresentazione allegorica delle tre *regiones* dell'ecumene su cui si estende il potere imperiale. Il tono dell'immagine differisce profondamente da quello della parte superiore, sia per i modelli di riferimento sia

17. Ila rapito dalle Ninfe, basilica di Giunio Basso, Roma, Museo Nazionale Romano
18. Il console tra le fazioni del circo, basilica di Giunio Basso, Roma, Museo Nazionale Romano
Nei pressi di Santa Maria Maggiore, sull'Esquilino, si trovava in età rinascimentale la chiesa di Sant'Andrea in Catabarbara, sorta nel V secolo su un'antica aula basilicale pertinente alla *domus* del console Giunio Basso, in carica nel 331 d.C. La "basilica" – a navata unica, con ampia abside sul fondo e con un atrio biabsidato provvisto di ingresso a trifora – presentava una decorazione parietale in *opus sectile*, documentata da disegni del XVI e XVII secolo. Dell'apparato decorativo a intarsio marmoreo restano quattro pannelli, raffiguranti il ratto del fanciullo *Hylas* alla fonte da parte delle ninfe (mito allusivo alla speranza dell'immortalità dell'anima, dal momento che Ila viene ricompensato dalle ninfe con la vita eterna), una *pompa circensis* (al centro in posizione frontale è la biga del console *Iunius Bassus*, vestito di *toga picta*, in atto di dare avvio ai giochi, mentre in secondo piano sono raffigurati a cavallo i quattro aurighi rappresentanti le rispettive fazioni del circo) e due scene con tigri che aggrediscono prede (un toro e un cerbiatto). La composizione parietale dei lati lunghi della sala si componeva di un alto zoccolo a partizione architettonica e superiormente di un'alta zona dove si aprivano tre finestroni, separati da pilastri decorati con un pannello zoomorfo e con un sottostante pannello figurato posto al di sopra di un *velum alexandrinum*, un finto drappo con i bordi ornati da figurine di tipo egittizzante. La raffinatezza della decorazione dà l'idea del lusso delle dimore aristocratiche tardoantiche di Roma, in cui è caratteristica la presenza di un'aula absidata di rappresentanza, probabilmente polifunzionale.

per il linguaggio formale usato, per quanto risultino chiari i segni della sensibilità tardoantica. Nonostante rispnda ai contenuti propagandistici dell'universalità e della prosperità dell'impero, il soggetto allegorico non implica di per sé quelle nuove necessità ideologiche che spingono all'adozione di un linguaggio simbolico, così da essere liberamente rappresentato secondo modelli classicisti. Del resto la stessa cosa era accaduta anche sull'arco di Costantino, dove le Vittorie, le personificazioni e le immagini delle divinità erano realizzate con un linguaggio classicista a differenza del rilievo "storico-narrativo". Così la scena di *Tellus* con i tre eroti appare ispirata da un intento naturalistico nella composizione e nell'accenno di ambientazione idillico-agreste, mentre lo schema iconografico delle figure deriva chiaramente da prototipi classicisti. L'esecuzione di queste stesse figure, tuttavia, rivela la peculiare sensibilità tardoantica nel carattere superficiale, di maniera, dell'adesione ai modelli classicisti, così come mostra la realizzazione tutta disegnativa, ove si punta sostanzialmente sulla linea di contorno, anziché su una resa volumetrica di tipo pittorico, nonché il viraggio in senso schiettamente decorativo di elementi, altrimenti di sostanza, quali il panneggio.
Anche dal piatto, dunque, emerge quella che

risulta essere una linea di tendenza dominante nell'arte tardoantica, ossia l'utilizzo di un linguaggio simbolico per le rappresentazioni ufficiali dell'imperatore, ma potremmo dire in senso generale per scene legate all'espressione del potere, anche di quello privato, e l'adozione di un linguaggio classicista, per quanto ovviamente filtrato dalla sensibilità tardoantica, per soggetti di tipo allegorico. Prima di analizzare alcune esemplificazioni di questa tendenza è importante sottolineare come non appena si entri nella sfera strettamente privata della famiglia imperiale, e quindi ci si riferisca comunque a immagini riservate a un pubblico estremamente selezionato, mutano le necessità propagandistiche e quindi i modi della rappresentazione, tanto più se si tratta delle donne della dinastia. Ecco allora la rappresentazione ancora tutta classicista dei volti di alcune donne della famiglia di Costantino, intente alla toeletta, nell'affresco di un soffitto del palazzo imperiale di Treviri [figura 12].

Abbiamo sopra accennato a come anche in questo ambito privato, domestico o funerario, si utilizzi per la rappresentazione del *dominus*, e quindi per l'espressione del suo *status* e del suo potere, un linguaggio di tipo simbolico, tendente a suggerire la superiorità del signore in senso anche trascendente. Ciò accade non solo per l'adozione del modello di espressione imperiale, ma anche perché sono questi i nuovi termini della comune concezione del potere.

Questo fenomeno risulta ben evidente nel dittico di Probiano, databile intorno al 400, in cui il protagonista è rappresentato in trono secondo lo schema iconografico e le caratteristiche formali adottate per l'imperatore [figura 13]. L'enfasi dimensionale e la frontalità immobile provocano l'evidenza immediata della grandezza del dignitario, attraverso la suggestione dello spettatore. Inoltre, l'organizzazione in due fasce sovrapposte della scena fa sì che i due personaggi che nella realtà gli starebbero dinanzi, sono posti nel registro infe-

19. Vassoio di Corbridge, Londra, British Museum
La grande *lanx* rettangolare rinvenuta nel letto del fiume Tyne presso Corbridge, in Inghilterra (un vassoio da portata in argento cesellato e dorato ascrivibile alla classe del vasellame di apparato di uso privato o rituale in cui rientra anche la patera di Parabiago [figura 25]), presenta la superficie della vasca coperta da una decorazione di tradizione classica, incisa a bassissimo rilievo. Il tralcio di vite che orna il bordo orizzontale incornicia la scena principale, incentrata su un consesso di divinità riunite presso un santuario immerso in un paesaggio agreste. Da sinistra si succedono: Artemide, con arco e frecce; Atena, armata e munita di egida; una giovane donna con scettro nella sinistra, identificata con Ortigia, sorella di Leto e personificazione dell'isola di Delo; un'ultima figura femminile che, velata e seduta su uno sgabello, indirizza lo sguardo indietro verso un uomo nudo sullo sfondo di una *tholos*. Dotato di corona di alloro, arco e ramoscello in mano e lira al suolo, la figura rappresenta Apollo, a cui si rivolge forse la madre Latona. La scena, in cui si è vista un'allusione al sacrificio offerto nel 363 d.C. ad Apollo Delio da Giuliano l'Apostata, rientrerebbe nel *revival* pagano voluto dal sovrano. Al di sotto del fregio principale una sequenza di piante (la palma sacra ad Apollo) e di animali (il cane e il cervo in relazione ad Artemide, il grifo riferibile ad Apollo) si alterna a una brocca rovesciata da cui sgorga l'acqua e a un altare.

riore; di conseguenza per rivolgersi verso il protagonista della scena devono guardare verso l'alto, provocando un ulteriore effetto di esaltazione del protagonista stesso.
Sia pur eseguito in una qualità non certo elevata, il piatto argenteo del console *Ardabur Aspar*, assegnabile alla prima metà del V secolo d.C., mostra caratteristiche analoghe a quelle delle rappresentazioni imperiali [figura 14]. La rigida frontalità, le dimensioni maggiorate, la fissità del protagonista principale della scena sono adottate per comunicare la superiorità del personaggio, secondo il sistema di un linguaggio di tipo simbolico, destinato a colpire emotivamente lo spettatore.
Le caratteristiche essenziali di questo linguaggio formale di tipo simbolico non sono adottate esclusivamente nel rilievo e nella scultura, ma trovano la medesima applicazione anche in altri settori della produzione artistica. Per restare sempre in ambito privato, appare emblematica la pittura della parete di fondo del sepolcro di Trebio Giusto [figure 15-16]. In questo caso oltre che sulla posizione centrale, la frontalità e il rapporto diretto del protagonista principale con il pubblico, che esclude le altre figure, si punta decisamente sull'iterazione di Trebio Giusto, che al centro di ogni scena domina i tre registri in cui è divisa la parete. In particolare nel registro centrale gli oggetti utilizzati come attributi del personaggio, funzionali all'esaltazione del suo *status*, sono disposti nell'aria, senza nessun rapporto con un intento realistico, ma legati chiaramente a una concezione simbolica. Veniva considerata, infatti, più importante l'immediata evidenza del rango del personaggio, espresso attraverso gli attributi, che una rappresentazione fedele alla realtà degli attributi stessi.
Assai significativa risulta la coppia di scene figurate realizzate in un *opus sectile* di alta qualità per la grande sala basilicale della *domus* di Giunio Basso, a Roma, databile alla prima metà del IV secolo [figure 17-18]. Mentre, infatti, la scena di argomento mitologico, relativa all'episodio di Ila e le Ninfe, viene eseguita con un intento e con modi classicisti, per quanto pervasi, ovviamente, della rinnovata sensibilità tardoantica, l'immagine del committente risponde alle esigenze di autocelebrazione e di esaltazione, adottando pertanto le forme del linguaggio simbolico, come mostra bene la frontalità del carro su cui si trova il console, rappresentata a spese della resa

20. Fregio con fatiche di Eracle dalla villa di Chiragan, particolare con Eracle e Diomede, Toulouse, Musée Saint-Raymond
La villa di Chiragan, nell'alta Garonna, che, sorta in età augustea e rimasta in uso per oltre cinque secoli, in età tardoantica sembra appartenere all'aristocrazia imperiale romana (probabilmente alla *gens Aconia*), costituisce una delle residenze d'*otium* più grandi della Gallia. Gli arredi, rappresentati dai resti di più di duecento sculture in marmo frantumate e sotterrate al momento dell'abbandono, comprendono nel tardo periodo d'uso della seconda metà del IV secolo d.C. un fregio a soggetto erculeo composto da dodici pannelli di grande formato. Tutto il complesso decorativo marmoreo appare riconducibile a un'unica bottega microasiatica, operante verosimilmente ad Afrodisia. Il ciclo, incentrato sulle canoniche dodici fatiche di Eracle, è realizzato in modo eclettico attingendo in parte a schemi compositivi di tradizione lisippea, in parte adottando formule innovative (esemplificative la particolare impostazione di Eracle di spalle nel rilievo con Diomede o l'inusuale iconografia adoperata nella scena della lotta con Gerione, in cui l'eroe, con il corpo disposto in una torsione patetica che richiama schemi ellenistici, si avventa su Gerione caduto a terra in ginocchio). Non stupisce la scelta di un ciclo erculeo, dal momento che l'eroe, che tradizionalmente incarna tutte le virtù e libera il mondo dai mali, ha larga fortuna in epoca tardoantica.

21. Dittico dei Simmaci e dei Nicomaci, valva dei Simmaci, Londra, Victoria and Albert Museum
22. Dittico dei Simmaci e dei Nicomaci, valva dei Nicomaci, Parigi, Musée du Moyen-Age

Il dittico eburneo attualmente diviso tra Londra e Parigi è costituito da due valve che, reimpiegate nel Medioevo come ornamento di un reliquario, sono rispettivamente dedicate, come recita l'iscrizione incisa sulle *tabulae ansatae* al di sopra della decorazione figurata, ai Simmaci e ai Nicomaci. Nella placca dei Simmaci una figura femminile, di profilo a sinistra, con corona d'edera sul capo è in atto di bruciare grani di incenso su un'ara rettangolare, attorno a cui è una ghirlanda di foglie di quercia; la assiste una piccola ancella, anch'essa coronata, che reca in mano un *kantharos* e un vassoio colmo di frutta; un albero di quercia riempie la parte superiore del pannello. Lo stesso tema ricorre anche nella valva dei Nicomaci, dove un'altra figura femminile, con il seno destro scoperto e una fiaccola abbassata su ciascuna mano, è accanto a un altare rotondo; dietro è un albero di pino da cui pendono due cembali. Il legame diretto con due note famiglie dell'aristocrazia romana di avanzato IV secolo d.C., che rivestono un ruolo di primo piano nel quadro politico coevo e che, in una temperie culturale ormai cristiana, si contraddistinguono per un forte legame con il paganesimo, chiarisce il significato della raffigurazione incentrata su sacrifici a divinità pagane (nella valva di Londra la sacerdotessa di Dioniso sarebbe presso l'altare di Zeus, mentre nella valva di Parigi la sacerdotessa di Demetra sarebbe presso l'ara di Cibele): il messaggio è teso a diffondere e conservare gli antichi culti e a esso si adatta lo stile imperniato di studiato classicismo.

realistica dei cavalli, che lo trainano.
Vediamo ora alcuni esempi di come i soggetti mitologici o allegorici vengano svolti, anche in classi di produzione artistica differente, secondo modelli classici. Varia molto naturalmente sia la qualità delle opere sia il grado di adesione alla sostanza dei prototipi classici, che rimangono comunque i riferimenti primi di questa produzione. Non è possibile trovare un significato univoco a questi soggetti, che va di volta in volta compreso in relazione al contesto di utilizzo. Possono infatti essere usati come paradigmi per forme di autorappresentazione e di espressione di *status*, come allegorie di concetti astratti e ammaestramenti di tipo etico, in senso religioso, ovvero quali manifestazioni di raffinatezza culturale, per non citare che alcune delle differenti possibilità. Un celeberrimo esempio di questa variegata produzione è il grande vassoio in argento rinvenuto a Corbridge, in Gran Bretagna, databile alla seconda metà del IV secolo [figura 19]. È interessante vedere in questo caso come risultino di derivazione classicista le singole figure di divinità, eseguite però in maniera disegnativa, e quindi lontano da un classicismo di sostanza, così come del resto appare legata a una sensibilità tutta tardoantica, pertanto non naturalistica, la composizione dell'intera scena figurata e la resa spaziale, con l'inspiegata sequenza di animali nella parte inferiore.
Una più ferma adesione alla sostanza classicista appare nel grande fregio in marmo con le fatiche di Eracle, proveniente dalla grande villa di Chiragan, nella Francia meridionale, da-

23. Mosaico con il ratto di Europa della villa di Lullingstone

La sopravvivenza di temi e iconografie classiche, per quanto rivissuti secondo i nuovi modelli formali lineari e schematici, è una caratteristica della produzione musiva tardoantica delle ricche ville rustiche della Britannia, come testimonia il mosaico della sala tricliniare della villa di Lullingstone, nel Kent, databile alla metà del IV secolo d.C. L'ambiente era decorato con un pavimento musivo riferibile a un'officina locale in cui il mito di Bellerofonte e la chimera, circondato dai busti delle stagioni, occupa la parte anteriore del triclinio, mentre la scena del ratto di Europa è posta sull'abside. Nel secondo caso, lo schema compositivo, di ascendenza ellenistica, mostra Europa, coperta dal mantello trasparente, seduta lateralmente sul toro e affiancata da due eroti. Le figure sono disegnate unicamente a contorno su uno sfondo bianco nella parte superiore e nero-blu nella parte bassa, a indicare probabilmente il cielo e il mare. La figurazione è inquadrata superiormente da un'iscrizione che riporta un distico elegiaco liberamente tratto dal primo libro dell'*Eneide* virgiliana (I, 50), in cui la richiesta fatta da Giunone a Eolo di distruggere la nave di Enea provocando una tempesta è rivolta contro l'adultero marito che, nelle sembianze di un toro, trasporta l'eroina sulle onde.

tato al IV secolo d.C. [figura 20]. L'attenzione per l'analisi anatomica, la sensibilità per una resa volumetrica delle figure, la plasticità ancora intensa del rilievo conducono a una realizzazione ancora permeata di vivo classicismo. Un discorso analogo si deve fare per il dittico in avorio dei Simmaci e dei Nicomaci, della fine del IV secolo, in cui è raffigurata una coppia di sacerdotesse di divinità pagane, appartenenti verosimilmente a queste due grandi e antiche famiglie senatorie di Roma [figure 21-22]. Per quanto appaia evidente la sensibilità tardoantica nella forza assegnata al solco di contorno di alcune delle figure, ci troviamo di fronte a un classicismo pacato e consapevole, che corrisponde anche al valore ideologico del soggetto, tipico delle grandi famiglie senatorie pagane, impegnate in uno strenuo tentativo di affermazione della propria identità sociale e culturale in contrapposizione alla politica religiosa imperiale, che con Teodosio giunge alla soppressione dei culti pagani.

Risulta importante per comprendere il carattere estremamente variegato dell'arte tardoantica l'esempio, tra i numerosi possibili, del mosaico da Lullingstone, in Gran Bretagna, del IV secolo d.C., con il ratto di Europa [figura 23]. Per quanto si adottino un tema e uno schema iconografico risalenti alla tradizione ellenistica, la sensibilità tardoantica per la resa disegnativa è qui portata alle massime conseguenze, così come la mancanza assoluta di qualsiasi intento di resa spaziale naturalistica. Le figure, infatti, definite esclusivamente dalla linea di contorno e da minimi particolari interni, galleggiano in uno spazio inesistente. In queste analisi occorre tenere conto anche delle differenze dovute alle diverse tradizioni regionali. Così non stupiscono né il classicismo di superficie visto nel mosaico britannico appena esaminato, né quello molto più capace e consapevole espresso in una serie di mosaici del IV e V secolo d.C. della città di Antiochia sull'Oronte, in Asia Minore, di cui consideriamo un esempio [figura 24]. In questa scena di caccia, nonostante l'enfasi dimensionale assegnata alle teste dei cavalieri, l'evidente semplificazione anatomica nella resa dei corpi e anche l'uso di proporzioni gerarchiche,

appare manifesta l'adesione, almeno nell'impianto compositivo, a una tradizione classicista ancora forte, con un'ambientazione spaziale naturalistica e un vivo pittoricismo nell'esecuzione delle singole figure. La tradizione artistica delle regioni orientali dell'impero, infatti, è da sempre legata alla forza delle espressioni naturalistiche, mantenendo pertanto viva la possibilità di un'adesione più profonda alla sensibilità classicista.
Chiudiamo questa rassegna con un altro importante esempio di rivisitazione della tradizione dell'arte classica ed ellenistica per la rappresentazione di personificazioni e allegorie, col celebre piatto argenteo rinvenuto a Parabiago, databile alla fine del IV secolo, con una grande scena cosmogonica dedicata alla celebrazione delle divinità soteriche di origine orientale Cibele e Attis [figura 25]. La plastica sensibilità del rilievo, la capacità di collocare le singole figure in uno spazio reale, l'esecuzione di altissima qualità di complessi schemi iconografici di tradizione ellenistica concretizzano un classicismo capace di aderire ancora nella sostanza agli antichi modelli perseguiti.
Lasciando la produzione privata e tornando, per un momento, a quella legata all'imperatore, vediamo in azione i medesimi meccanismi fin qui esaminati, soprattutto in relazione a opere che si pongono in una posizione intermedia tra l'ufficialità e la persona del sovrano. Nell'ottica del peculiare intreccio tra forme classicistiche e concezione tardoantica, infatti, va ricordato il sarcofago in porfido di Elena, madre di Costantino [figura 26]. Le maestranze orientali impiegate danno vita a un rilievo altissimo, in cui è molto viva l'analisi naturalistica dei corpi dei soldati romani e dei barbari caduti o prigionieri. Le figure, tuttavia, sono collocate in una superficie assolutamente priva di elementi paesaggistici e in un con-

24. Antiochia sull'Oronte, scena di caccia, Parigi, Musée du Louvre
La cosiddetta Villa Costantiniana di Antiochia sull'Oronte ha restituito un pavimento musivo della metà del IV secolo d.C. incentrato sul tema della caccia, un soggetto che trova ampia diffusione sui prodotti di lusso dell'epoca tardoantica per le evidenti allusioni simboliche a una delle occupazioni tradizionalmente riservate all'*élite* aristocratica, segno della *virtus* e del coraggio del committente specie quando impegnato nell'uccisione di fiere pericolose. Il mosaico siriano è organizzato in quattro riquadri trapezoidali che illustrano episodi legati al tema venatorio, mitici (Meleagro, Atalanta e il cinghiale calidonio) e reali (in due pannelli cacciatori a cavallo attaccano animali selvaggi; in un altro è rappresentato un sacrificio campestre in cui un gruppo di cacciatori offrono una lepre alla statua di Diana), posti intorno a una fontana ottagonale; negli spazi di risulta tra i pannelli grandeggiano le personificazioni delle stagioni che, nascenti da cespi di acanto, danno alla rappresentazione una dimensione ciclica. Incornicia l'insieme una fascia a meandro intervallata, su ogni lato, da tre quadretti con scenette rurali, eroti e uccelli e, agli angoli, da busti con le personificazioni delle virtù. Nonostante la chiara impostazione classica della composizione e la ricchezza delle notazioni paesaggistiche, si riconoscono i segni del linguaggio formale tardoantico nella mancanza di volume e di proporzioni anatomiche delle figure.

testo che rifiuta una resa spaziale unitaria di stampo naturalistico, bensì riduce la composizione a due semplici fasce sovrapposte.
Abbiamo esaminato le caratteristiche formali del linguaggio simbolico utilizzato con intento celebrativo e di esaltazione del committente, adottato sia dall'imperatore sia dai membri della grande aristocrazia; un linguaggio, abbiamo visto, che assume caratteristiche comuni in ogni parte dell'impero, a cui si affianca una tradizione minoritaria classicista, destinata generalmente, ma non in modo esclusivo, a temi di ordine mitologico. Lo sfarzo e il carattere monumentale degli edifici privati degli esponenti dell'altissima aristocrazia, nonché la comunanza con il linguaggio artistico del sovrano, sono tali che in alcuni casi gli studiosi hanno scambiato enormi residenze private per proprietà imperiali. È il caso, ad esempio, della grande villa di Piazza Armerina, in Sicilia, databile agli inizi del IV secolo d.C. [figura 27], o di quella di Centcelles, in Spagna, costruita nel medesimo periodo [figure 28-29]. Oltre alla dimensione e al lusso estremo di questi due complessi, anche i soggetti e il linguaggio formale delle decorazioni musive hanno fatto pensare a una celebrazione del sovrano, mentre in realtà si trattava dell'esaltazione dei proprietari, membri della più alta classe dirigente. In particolare, nella seconda, una grande cupola decorata con uno strabiliante mosaico articolato in tre fasce sovrapposte definisce con grande enfasi la ricchezza e l'autorità del proprietario. Nel registro inferiore, infatti, egli appare impegnato nella caccia nel latifondo, mentre in quello superiore è raffigurato mentre dà udienza e riceve omaggio da sottoposti. Estremamente interessante risulta il registro centrale, decorato con scene tratte dai testi cristiani. L'attenta organizzazione delle scene figurate fa sì che sull'asse visivo principale si crei una linea continua, che dal basso verso l'alto è scandita dal proprietario nelle vesti del *dominus* in villa, poi dal Buon Pastore e di nuovo dal proprietario, ma in questo caso seduto in trono: l'enfasi sulla sua

25. Patera di Parabiago, Milano, Civiche Raccolte Archeologiche e Numismatiche
Realizzato per fusione a cera persa, il grande piatto in argento, frutto di un rinvenimento occasionale nei pressi di Parabiago (Milano), è internamente decorato a rilievo con il trionfo di Cibele, in una cornice cosmica dominata dalle divinità del cielo e dalle personificazioni delle forze naturali e dell'ordine temporale. Nel registro superiore la volta celeste è rappresentata dalla quadriga del Sole e dalla biga della Luna, precedute da *Phosphoros* e da *Hesperos*. Il centro della patera è occupato dal carro aggiogato a quattro leoni su cui siedono Cibele (con corona turrita, scettro e cembalo) e il giovane Attis, riconoscibile dal berretto frigio, dal bastone da pastore e dalla siringa; l'accompagnano tre Coribanti (i sacerdoti della dea frigia), mentre anteriormente Atlante sorregge l'ellisse zodiacale con all'interno *Aion* (la divinità dell'Eternità) e, attorno a un obelisco, si avvolge un serpente (il simbolo del Tempo). Nell'esergo, infine, si riconoscono a sinistra due ninfe con canna palustre in mano (allusive alle acque fluviali), nel mezzo Oceano e Teti emergenti dalle acque marine e sovrastati da quattro putti simboleggianti le stagioni, a destra *Tellus* appoggiata alla cornucopia e affiancata da due putti che indicano la scena del trionfo di Cibele. La rappresentazione, fortemente debitrice della tradizione classica ed ellenistica sul piano iconografico e stilistico e dotata di un evidente significato cosmico, è ascrivibile alla fine del IV secolo d.C., un momento in cui il culto misterico della dea orientale sembra aver goduto di particolare favore presso l'aristocrazia romana.

26. Sarcofago di Elena, mausoleo di Tor Pignattara, Città del Vaticano, Musei Vaticani

Il sarcofago destinato a ospitare le spoglie della madre di Costantino, come il mausoleo *ad duas lauros* di Tor Pignattara dove l'Augusta venne sepolta nel 329 d.C. [figura 44], era stato originariamente concepito per l'imperatore stesso. Realizzato in porfido, il marmo rosso riservato alle opere di committenza imperiale, il sarcofago è decorato sui lati lunghi della cassa da scene di battaglia in cui i soldati romani a cavallo abbattono barbari appiedati, sopraffatti e legati nelle raffigurazioni laterali; nella parte superiore delle due facce principali sono inoltre rappresentati i busti di personificazioni di genti sottomesse che inquadrano due tabelle ansate, queste ultime presenti anche sui fianchi. Il coperchio, displuviato, è ornato da figure a tutto tondo di Geni e di Vittorie, da cui partono ghirlande che sui lati principali inquadrano un leone sdraiato; ghirlande sorrette da eroti volanti corrono anche sul bordo. L'opera è attribuibile a maestranze orientali che, seppure legate alla tradizione classicistica, risentono delle formule compositive tardoantiche nella mancanza di spazialità e di prospettiva: le figure, scolpite ad altissimo rilievo, sono disposte su due registri contro un fondo neutro, privo di notazioni ambientali.

persona è quindi espressa al massimo grado. La villa, che costituisce il centro delle immense proprietà fondiarie dei grandi aristocratici e insieme la loro splendida residenza, assume all'inizio dell'età tardoantica anche un forte valore simbolico, dal momento che viene sentita come la sede di questi fortissimi poteri personali e per questo motivo diventa anche un soggetto preferito dalle rappresentazioni artistiche. Ne vediamo un eccellente esempio in un noto mosaico africano, rinvenuto a Cartagine, in cui è scritto il nome del personaggio raffigurato, il *dominus Iulius* [figura 30]. La scena è sviluppata per registri sovrapposti, come consuetudine per molti mosaici africani, mantenendo significativamente al centro della composizione il grande edificio della villa, reso in maniera enfatica. Nel registro inferiore il *dominus* e la *domina* sono raffigurati mentre ricevono omaggio. Agli angoli del mosaico trovano posto scene di lavori dei campi, che non solo evocano retoricamente la prosperità del latifondo, ma anche il succedersi ininterrotto delle stagioni; in altre parole traducono nell'ambito di un potentato privato i temi ufficiali della propaganda imperiale della *felicitas temporum* e dell'*aeternitas*.

Proprio la produzione musiva costituisce una delle espressioni artistiche più rilevanti del mondo tardoantico. Nonostante le differenze dovute alle diverse tradizioni regionali, esiste una grande comunanza di temi e motivi iconografici tra le diverse parti dell'impero, che mostrano ancora una volta l'esistenza di una cultura e di un immaginario comune a tutta la classe dirigente. Per motivi storici possediamo una vasta documentazione dei mosaici africani, ma possiamo ricostruire in varia misura la produzione musiva di tutto il territorio imperiale. Per mostrare subito con la massima chiarezza le differenze delle varie tradizioni regionali, possiamo vedere come un medesimo tema venga trattato in un mosaico della Britannia e in uno africano. Si tratta, in particolare, della rappresentazione della toeletta di Venere, un soggetto molto diffuso tratto dal

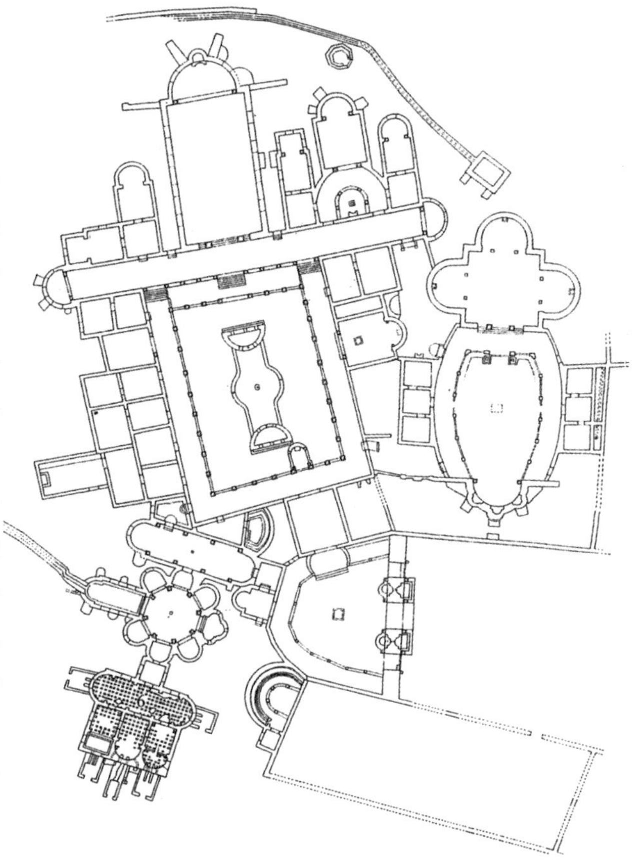

27. Pianta della villa di Piazza Armerina
La villa di Piazza Armerina (Enna), residenza padronale di un grande *fundus* senatorio, il cui nome antico di *Philosophiana* è riportato dall'*itinerarium Antonini*, costituisce uno dei documenti più completi della diffusione in epoca tardoantica della proprietà latifondistica in Sicilia e, al tempo stesso, è un'importante testimonianza dell'architettura privata del IV secolo d.C., dove un'attenta ricerca prospettica si accompagna alla predilezione per le linee curve. Oltre che per il ricco apparato musivo di produzione africana, la villa riveste un notevole interesse, infatti, per la complessa organizzazione planimetrica incentrata su tre principali assi che comprendono il settore residenziale munito di peristilio, aula basilicale e *cubicola*; il peristilio ovoidale e l'aula *trichora*; l'impianto termale. Il monumentale accesso alla villa, costituito da una triplice porta dotata di fontane concepita sul modello degli archi trionfali, introduce in un cortile colonnato a ferro di cavallo che permette il passaggio tanto alle terme a ovest (composte dalla successione di *apodyterium*, palestra, frigidario ottagonale con *natatio*, tepidario biabsidato e tre sale finali adibite a *calidaria*), quanto, attraverso un vestibolo rettangolare, al nucleo principale della residenza a est. Quest'ultimo consta di un ampio peristilio, munito al centro di una grande fontana mistilinea, su cui si affacciano: a nord, una serie di ambienti in doppia fila di carattere privato, forse per il ricovero degli ospiti e del personale di servizio, intramezzati da un vano unico con funzione di *diaeta* estiva; a est, un lungo ambulacro biabsidato e sopraelevato che funge da raccordo con la grande aula basilicale di ricevimento, affiancata dai due appartamenti signorili (particolarmente ricercato l'appartamento meridionale che si compone di un portico semicircolare di ingresso, di una grande sala absidata e di due cubicoli con anticamera e alcova); a sud, un ambiente doppio (forse un cubicolo) e una sala absidata. Un diverso orientamento presenta il settore costituito dal cortile ellittico, con ambienti laterali e fontana absidata, e dal triclinio triabsidato, adibito allo svolgimento dei banchetti di rappresentanza.

mito, sovente usato come esaltazione della bellezza della *domina*, ma anche verosimilmente come opportunità per la raffigurazione del corpo femminile in parziale o totale nudità. Appare trattato in maniera fortemente sintetica ed essenzialmente disegnativa nel pannello centrale del mosaico di Low Ham (Gran Bretagna), della metà del IV secolo [figura 31]; al contrario, in un mosaico da Djemila (Algeria), dell'inizio del V secolo [figura 32], troviamo un'attenzione decisamente maggiore per l'analisi della resa dei corpi, una volontà di collocazione naturalistica nello spazio e un linguaggio formale che mostra ancora una viva sensibilità pittorica. Si raggiunge una buona disposizione delle figure in uno spazio naturale, aderendo con una certa fedeltà a un modello iconografico di tradizione ellenistica, in un mosaico spagnolo della fine del IV secolo, con la rappresentazione di Achille a Sciro,

28. Sezione della sala centrale della villa di Centcelles
29. Ricostruzione della decorazione musiva della cupola
La sala centrale della villa di Centcelles, città della Spagna vicina a Tarragona, è stata riferita al mausoleo di Costante I, morto nel 350 d.C., sebbene la proposta identificativa resti del tutto ipotetica in mancanza di prove certe tanto della destinazione funeraria dell'ambiente, dotato al centro di una cripta, quanto della supposta committenza imperiale. Il sistema decorativo della cupola, realizzato a mosaico, si compone di tre fasce concentriche che, divise da fregi ornamentali, circondano il medaglione centrale. Il registro inferiore (A) è decorato con una serie ininterrotta di otto scene di caccia, una delle occupazioni preferite della vita "rurale" aristocratica: la sequenza si apre con la rappresentazione di una villa e vede cacciatori, a cavallo, impegnati a spingere i cervi nelle reti e, a piedi, accerchiare un cinghiale; la figura del *dominus*, posta tra un gruppo di cacciatori a riposo, è riconoscibile per la posizione frontale e per l'individuazione ritrattistica. L'alta fascia mediana (B) è divisa in sedici pannelli di larghezza diseguale che, separati da colonne tortili con capitelli ionici, presentano episodi tratti dal Vecchio e Nuovo Testamento (Adamo ed Eva; Daniele nella fossa dei leoni; Giona; il Buon Pastore; l'arca di Noè; il risveglio di Lazzaro; i tre giovani nella fornace ardente). La zona superiore (C) conserva otto rappresentazioni divise da fasce ornamentali verticali: nei riquadri diagonali sono le personificazioni delle stagioni, alternate, nei riquadri maggiori, a scene molto frammentarie incentrate sulla rappresentazione in trono del committente nell'atto di ricevere l'omaggio dei sottoposti. Al di sopra due successive fasce a spirale e a ovuli era la decorazione del tondo centrale (D), quasi interamente perduta, di cui resta solo il volto di due figure.

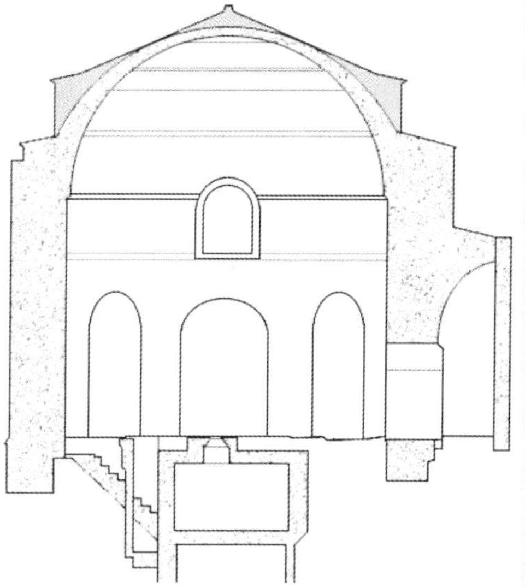

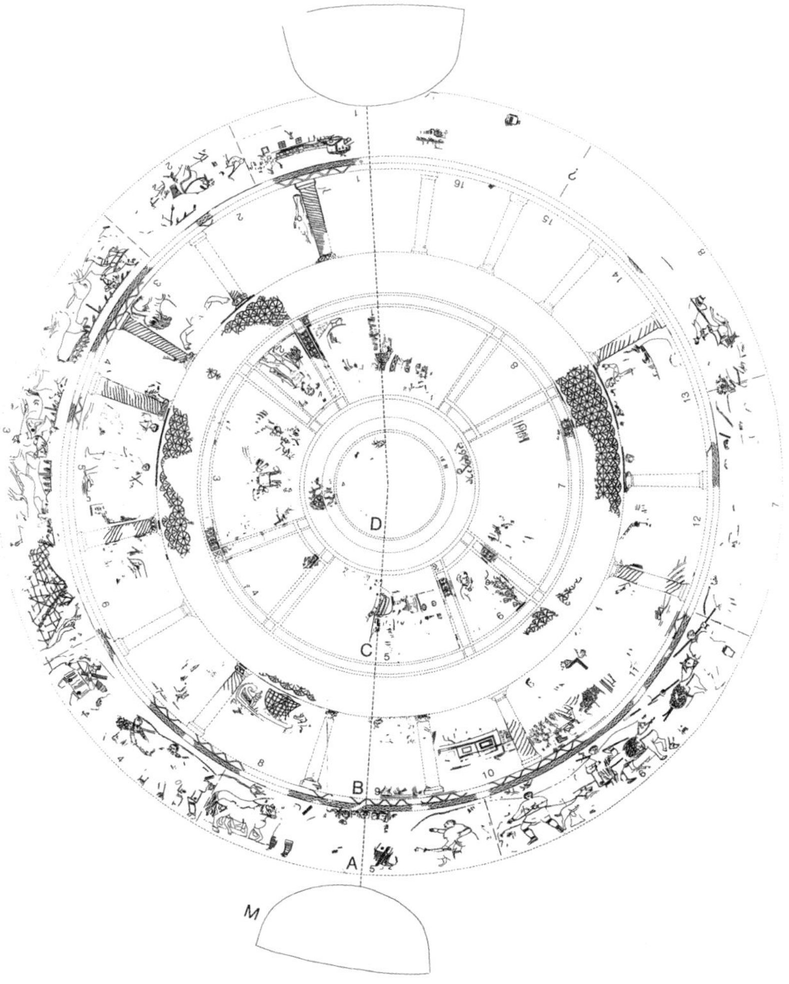

per quanto le figure vengano definite con una certa schematicità [figura 33]. Appaiono ben evidenti, nel volto dell'Inverno nel mosaico delle Stagioni della fine del V secolo da Haghios Taxiarchis (Grecia), le medesime caratteristiche, che abbiamo già messo in evidenza per la rappresentazioni dei volti in scultura, con l'enfasi dimensionale sugli occhi e sullo sguardo, che deve colpire emotivamente lo spettatore, e la rigida frontalità [figura 34].
La varietà e la ricchezza della decorazione musiva delle ville e delle *domus* risponde sempre all'esigenza di ostentare il potere e la ricchezza del proprietario, al fine di creare consenso attorno alla propria figura, di legare a sé un numero sempre maggiore di sottoposti e in definitiva di accrescere continuamente il proprio potere. In primo luogo, naturalmente, lo sfarzo dei mosaici vuole alludere alla ricchezza del *dominus*, in particolare attraverso l'uso di marmi pregiati, ma anche i temi figurati scelti contribuiscono alla definizione dell'immagine che il signore vuole dare di sé mediante allegorie morali, paradigmi mitologici, ostentazione di una cultura vasta e raffinata, nonché espressioni dirette della sua ricchezza, quali il tema del latifondo, o l'adozione esplicita di iconografie e concetti desunti dalla propaganda ufficiale. Un esempio straordinario dello sfarzo a cui potevano giungere queste decorazioni private, è dato dal grande *opus sectile* che decorava le pareti di una vasta aula della *domus* posta fuori porta Marina a Ostia, databile agli ultimi anni del IV secolo [figura 35]. In questo caso non è tanto il valore simbolico dei temi figurati, quanto la profusione di marmi pregiati e la raffinatezza della decorazione nel suo complesso, che esprime in modo impressionante la ricchezza, e quindi il potere, del committente.

30. Mosaico del *dominus Iulius* da Cartagine, Tunisi, Museo del Bardo
La produzione musiva dell'Africa Proconsolare rappresenta una delle manifestazioni artistiche più originali della regione, caratterizzata da specificità stilistiche (la forte sensibilità cromatica e la predilezione per composizioni unitarie) e tematiche. Colpisce in questo senso la grande diffusione di soggetti legati ai piaceri e alle attività della vita rurale nelle grandi proprietà latifondistiche della provincia, in cui la rappresentazione della villa stessa svolge un ruolo di primo piano. Così, nel mosaico cartaginese del *dominus Iulius*, del tardo IV secolo d.C., il complesso residenziale, circondato da mura e turrito, costituisce il perno attorno a cui si sviluppa la raffigurazione che, disposta su tre registri, è incentrata su scene di vita campestre riconducibili alle attività stagionali. La fascia inferiore del pavimento vede i proprietari impegnati a ricevere in omaggio dai coloni i frutti del raccolto e le prede della caccia e della pesca (la *domina*, alzatasi dal seggio di vimini, prende dall'ancella un monile, il *dominus*, seduto, riceve da un servo un rotolo in cui è indicato il suo nome). Al centro del registro superiore la *domina*, munita di ventaglio, è seduta su una *kline*, mentre lateralmente le si avvicinano i sottoposti portando anatre, olive e un agnello, intercalati a scenette relative alla raccolta delle olive e al pascolo di un gregge. Nella fascia mediana, a sinistra, il proprietario a cavallo fa ritorno alla sua tenuta, mentre a destra è rappresentata la partenza per la caccia.

31. Mosaico di Low Ham con episodi di Didone ed Enea, Taunton, Somerset County Museum

Ascrivibile alla metà del IV secolo d.C., il mosaico che decorava il frigidario delle terme della villa rustica di Low Ham, vicino a Taunton in Britannia, presenta una composizione a pannelli geometrici che, secondo la moda diffusa nella tarda antichità di mettere in scena soggetti letterari, recano numerosi episodi della storia di Didone ed Enea ispirati ai libri I e IV dell'*Eneide* virgiliana. I due pannelli maggiori, sui lati, mostrano l'arrivo della flotta troiana in Africa (si riconosce in particolare il momento in cui Acate, fedele compagno di Enea, torna alle navi approdate per andare a prendere Ascanio e doni per la regina, tra cui preziosi monili) e la caccia di Ascanio, Didone ed Enea a cavallo; i pannelli più piccoli presentano Venere nuda insieme a Didone, Ascanio ed Enea e i due amanti abbracciati. L'ottagono centrale è occupato dalla rappresentazione di Venere nuda affiancata da due eroti alati, ognuno con una fiaccola in mano, un tema ricorrente nei mosaici dell'Africa Proconsolare, probabile luogo di origine del modello figurativo: l'amorino di sinistra, con fiaccola rovesciata e gli occhi chiusi, vuole forse alludere alla tragica sorte di Didone, l'altro, a occhi aperti e con la fiaccola sollevata, simboleggia di contro il felice destino di Enea. Sia i soggetti che gli schemi iconografici mostrano una chiara derivazione classica, ormai alterata nella resa dal linguaggio formale tardoantico per di più di un'officina periferica (si veda in tal senso il carattere eminentemente disegnativo delle figure, isolate sul fondo bianco).

32. Mosaico con Venere dalla Maison de l'Âne di Djemila, Djemila, Museo

La ripresa di temi mitici e iconografie classiche caratterizza la produzione musiva africana ancora all'inizio del V secolo d.C. come attesta il mosaico dalla sala XI della Maison de l'Âne di Djemila (antica Cuicul) in Algeria. La scena principale del pavimento è incentrata sulla toeletta di Venere in un ambiente marino popolato da pesci, delfini, Nereidi su mostri marini e dalla figura di Nettuno; il volto della dea, sinuosamente seduta su una conchiglia sostenuta da tritoni, si riflette sullo specchio sorretto da un erote posto al suo fianco. Intorno è una fascia decorata lungo i lati da barche occupate da danzatori e musici, che si avvicinano a edifici posti su isole, da pescatori e da eroti, mentre agli angoli diversi episodi mitici (Perseo e Andromeda, Orfeo, Ero e Leandro) mostrano come l'immaginario pagano continuasse a rappresentare un punto di riferimento essenziale e perfettamente valido e attuale per le classi dirigenti romane dell'impero.

33. Mosaico con Achille a Sciro dalla sala I della villa de La Olmeda, Pedrosa de La Vega

La villa de La Olmeda a Pedrosa de La Vega, nella Tarraconense, uno dei più grandi complessi residenziali conosciuti della penisola iberica ascrivibile al tardo IV secolo d.C., ha restituito un interessante ciclo di mosaici policromi a decorazione geometrica e floreale. L'unica eccezione in tal senso è rappresentata dal pavimento della principale sala di ricevimento della villa, rivestita da un tappeto musivo composto da due grandi pannelli figurati (uno con una scena di caccia a fiere selvatiche che riprende modelli africani, l'altro, di dimensioni maggiori, con l'episodio di Achille a Sciro), circondati da elaborati bordi ornamentali. L'episodio principale vede dunque Achille nascosto in abiti femminili alla corte di Licomede: al centro della scena l'eroe, richiamato dal suono della tromba di Ulisse, imbraccia le armi (lo scudo e la lancia), mentre le figlie del re tentano invano di trattenerlo; l'ambientazione della scena nel gineceo è indicata dalla rappresentazione sul fondo del vano della porta con colonne laterali e tendaggi, da cui si affaccia la figura della moglie di Licomede, e dagli oggetti di pertinenza muliebre (cesti per la lana, fusi) disposti in primo piano sulla striscia di base delle figure. La scelta di raffigurare un episodio della vita di Achille in uno degli ambienti di rappresentanza non stupisce, dal momento che la figura del Pelide, tradizionalmente incarnazione dell'eroe valoroso, conserva in età tardoantica il suo valore paradigmatico per le élite aristocratiche come testimonia la costruzione di veri e propri cicli biografici, incentrati in particolare sull'educazione e la giovinezza dell'eroe (dalla nascita allo svelamento scirio), per decorare oggetti di lusso quali ad esempio i piatti dai tesori di Augst e di Seuso.

34. Mosaico delle Stagioni, l'Inverno da Haghios Taxiarchis, Argo, Museo Archeologico

Il mosaico proveniente dalle terme di Haghios Taxiarchis, vicino ad Argo, databile alla fine del V secolo d.C., presenta una decorazione a pannelli con la rappresentazione dei busti delle quattro Stagioni circondati da un fregio a girali di acanto, popolato da fiori, uccelli, una protome di grifo e una di cinghiale, e intervallato da grandi maschere poste agli angoli e negli spazi residui tra i pannelli. Esternamente corre un bordo decorato in maniera prospettica con un motivo a svastiche e a cassettoni contenenti *emblemata* di vario tipo (uccelli, teste muliebri, frutti, un pesce, una corona d'alloro), separato dalla fascia a girali da un bordo a onde correnti in rosso e nero. Sul piano simbolico, le *Horai* e la loro regolare successione alludono al ciclico ed eterno rinnovarsi del tempo frugifero e dunque all'idea della *felicitas temporum*, di un'epoca di universale prosperità. Dal punto di vista stilistico, se nella fascia ornamentale si nota ancora una certa naturalezza specie nell'associazione dei colori, le figure delle Stagioni, con la loro fissità e gli enormi occhi spalancati, rientrano pienamente nella tradizione figurativa tardoantica.

Una forte analogia sia nei temi sia nelle questioni formali è riscontrabile con la pittura tardoantica, purtroppo assai meno documentata rispetto al coevo mosaico, la cui funzione è simile dal punto di vista dei significati a quella delle decorazioni pavimentali. Abbiamo del resto già esaminato un esempio legato esplicitamente all'autocelebrazione del committente nella tomba di Trebio Giusto.
Per quanto riguarda l'organizzazione della decorazione parietale occorre dire che continua e si potenzia il processo di semplificazione e di astrazione dei partiti decorativi, che già abbiamo visto in atto nel corso del III secolo d.C. Vengono ormai del tutto meno le raffigurazioni di elementi architettonici, che delimitavano i campi nella parete, in cui erano collocate le scene figurate, sostituiti ormai generalmente da semplici linee, spesso colorate, che hanno perduto ogni riferimento con i modelli dell'architettura reale. Parallelamente, tuttavia, si moltiplicano le scene figurate, sovente anche di grandi dimensioni, che decorano diffusamente le pareti.
Un esempio emblematico, sia dal punto di vista dei temi trattati, sia da quello del linguaggio formale adottato, è dato a Roma dall'affresco della casa sul Celio, con processione di servitori, inerente quindi alla celebrazione di un sontuoso banchetto, altro tema connesso

35. Rivestimento parietale in *opus sectile* dell'aula fuori porta Marina, Ostia, Museo Ostiense
La lussuosa aula presso porta Marina a Ostia ha restituito una decorazione in *opus sectile* eccezionale per ricchezza ed eleganza. Ancora in fase di costruzione, l'ambiente, di forma rettangolare e aperto su un cortile con un'ampia trifora a colonne, costituiva verosimilmente l'aula di rappresentanza di una *domus* di altissimo livello: il cantiere, attivo negli anni finali del IV secolo d.C., deve essersi interrotto improvvisamente, tanto che il mosaico pavimentale a modulo geometrico non risultava ancora posto in opera. Il rivestimento a intarsi marmorei in quadricromia (giallo antico, porfido rosso, pavonazzetto e porfido verde) rivestiva interamente il soffitto, le pareti e il pavimento. Il sistema compositivo delle due pareti laterali si articolava in tre registri sovrapposti al di sopra di uno zoccolo ancora privo di ornamento. Dal basso, un primo registro presenta un prospetto architettonico a lesene, sormontato da un fregio a riquadri con rombi e pelte (ornava il centro di una delle lesene il busto-ritratto di un giovane con tunica a *clavus* purpureo, mentre nel riquadro centrale della fascia superiore era la testa-ritratto di un personaggio barbato e nimbato nel gesto dell'*adlocutio*); superiormente era una fascia con girali di acanto. La zona intermedia era occupata da due grandi pannelli figurati zoomorfi (leoni e tigri che assaltano cerbiatti), ai lati di una semplice specchiatura centrale; alle estremità della parete erano due campi rettangolari ornati da una prospettiva architettonica, mentre più semplice risulta l'articolazione geometrica del terzo registro. Il risalto del muro rispondente al restringimento dell'aula era decorato da due lesene floreali, mentre i tre muri dell'esedra di fondo erano rivestiti – secondo una soluzione decorativa assolutamente originale – da un prospetto in opera mista di reticolato e mattoni, con finestre tamponate, posto al di sopra di uno zoccolo a scacchiera.

all'espressione di un rango sociale elevato [figure 36-38]. Anche in questo caso, coerentemente con l'espressione formale più tipica del tardoantico, il corpo è praticamente inesistente sotto l'ampia veste del servo, sulla cui ricca decorazione si concentra l'attenzione del committente. In questo ampio e diffuso ambito tematico va inserita la decorazione pittorica di una tomba a Silistra (Bulgaria), della prima metà del IV secolo d.C., che mostra una processione di inservienti con oggetti vari, diretta verso la coppia dei defunti [figura 39]. Mentre le figure dei servi sono rappresentate in un tentativo di scorcio, il *dominus* e la *domina*, di proporzioni maggiori, sono ritratti in posizione frontale, secondo i modi tipici del linguaggio tardoantico. L'enfasi dimensionale sulle teste, nonché una resa disegnativa, che valorizza fondamentalmente la linea di contorno limitando i particolari interni alle figure colorate ad ampie campiture, sono tutti aspetti tipici della sensibilità tardoantica. Come già visto per altre produzioni, anche in pittura generalmente i temi mitologici tendono a essere rappresentati con un linguaggio espressivo ispirato alla tradizione classicista. Un chiaro esempio è offerto dalla scena con Diana, nell'ipogeo di via Livenza, a Roma [figura 40], databile alla metà del IV secolo d.C., e quindi nella fase di *revival* classicistico e dei temi pagani, legati all'impero di Giuliano. L'utilizzo di un linguaggio caratterizzato da denso pit-

36-37-38. Pittura con dapiferi dalla casa sul Celio a Roma, Napoli, Museo Archeologico Nazionale
I tre frammenti di affresco raffiguranti dapiferi, conservati al Museo Archeologico di Napoli, sono il frutto di un rinvenimento settecentesco nell'area dell'attuale ospedale San Giovanni, sul Celio. Le pitture, ascrivibili al primo venticinquennio del IV secolo d.C., costituiscono quanto resta dell'apparato decorativo di una *domus* attribuibile all'aristocrazia senatoria, i cui resti sono andati distrutti: la raffigurazione prevedeva un fregio con una processione di servi in atto di offrire al *dominus* cibi e bevande, disposti paratatticamente e frontalmente su fondo neutro (uno degli inservienti dai lunghi capelli arricciati, con una coppa nella destra sollevata, indossa una pesante tunica riccamente adorna di *orbiculi* e *clavi*; una seconda figura, in movimento verso destra, porta un largo vassoio colmo di focacce, mentre il terzo servo, di cui resta solo il busto, reca in mano un vassoio contenente un cratere e un mazzo di spighe). L'adozione, a livello figurativo, di tematiche di ambito realistico (la rappresentazione di un banchetto, appunto), si accompagna, a livello stilistico, alla piena adesione ai moduli tipici dell'arte tardoantica in cui la mancanza di ambientazione della scena, l'assenza di plasticità nella resa delle figure unita alla rigidità innaturale delle vesti, contrastano con una certa vivacità nella resa dei volti, animati dai grandi occhi.

39. Decorazione pittorica di una tomba a Silistra, Bulgaria
La tomba a camera rinvenuta a Silistra (in Bulgaria), l'antica *Durostorum* nella provincia di Mesia, conserva un interessante ciclo pittorico che, databile alla metà del IV secolo d.C., riveste sia le pareti, sia il soffitto voltato. La volta è decorata da una composizione lineare su fondo bianco che prevede ottagoni uniti da motivi circolari, così da creare riquadri all'interno dei quali si alternano elementi zoomorfi e fitomorfi. Nella lunetta è l'immagine del *paradeisos*, con due pavoni ai lati di un *kantharos*, mentre l'imposta della volta è ornata da una serie di mensole rese in maniera prospettica. Sulle pareti laterali e di fondo, all'interno di pannelli rettangolari limitati da listelli verdi, si ergono isolate figure maschili e femminili su grande scala, raffiguranti servitori e ancelle impegnati a portare oggetti di abbigliamento e di toeletta alla coppia di *domini* che occupa il centro della parete di fondo. Il criterio delle proporzioni gerarchiche porta alla scelta di una scala leggermente maggiore per la raffigurazione dei proprietari dell'ipogeo, a scapito della visione naturalistica dell'insieme, tanto più che il *dominus*, con rotolo in mano, predomina sulla figura della moglie che, con il capo velato, reca un fiore nella destra. Il monumento testimonia la diffusione, anche in ambito provinciale, della componente realistica e semplificata della produzione pittorica di IV secolo (la stessa che caratterizza i cicli della tomba di Trebio Giusto e della *domus* sul Celio), a cui si contrappone, soprattutto nell'età costantiniana, la tendenza aulica e classicistica che, legata essenzialmente alla corte imperiale, attinge prevalentemente al patrimonio mitologico o ad allegorie etico-politiche (vedi il caso del palazzo imperiale di Treviri e quello dell'ipogeo di via Livenza).

toricismo, che usa le sfumature cromatiche per raggiungere una resa naturalistica del corpo e un certo senso della plasticità sono il chiaro frutto di un intento classicista, legato anche all'adozione di un modello derivante dalla tradizione ellenistica, così come il gusto per l'ambientazione paesistica.

Le linee fin qui delineate valgono naturalmente anche per l'analisi dei sarcofagi, che riprendono sia i temi mitologici, sia quelli connessi alla rappresentazione diretta e all'esaltazione del committente, ritratto nei suoi possedimenti terrieri, o in veste di filosofo, o di musa qualora si tratti di una donna, o ancora al banchetto, per non citare che i soggetti principali. Mostra tutta la sensibilità formale tardoantica un sarcofago dionisiaco da palazzo Lazzeroni, databile alla metà del IV secolo d.C. [figura 41]. Per quanto sia evidente una certa adesione a motivi classicistici negli atteggiamenti e nell'analisi dei corpi dei putti con i simboli delle stagioni, l'enfasi proporzionale della testa e il vivo chiaroscuro dovuto all'abbondante uso del trapano svelano l'impronta tardoantica.

Non c'è nessun motivo dal punto di vista storico per separare l'arte cristiana dal resto della produzione artistica tardoantica. Esiste, infatti, un'assoluta identità del sistema produttivo, della committenza, delle botteghe, degli schemi iconografici, nonché del linguaggio formale tra l'arte cristiana della tardoantichità

40. Pittura murale dell'ipogeo di via Livenza, Roma

Databile alla metà del IV secolo d.C., il cosiddetto ipogeo di via Livenza, sulla via Salaria, in cui si deve probabilmente riconoscere un ninfeo sotterraneo, comprende un grande ambiente dalla pianta circiforme e un vano quadrangolare, più piccolo, dotato di una vasca separata da una transenna marmorea. Il ricco ciclo decorativo, al di sopra dello zoccolo dipinto con il tema degli eroti pescatori, prevedeva un mosaico policromo di cui resta un frammento con l'episodio di san Pietro che fa scaturire una fonte per battezzare il centurione convertito. La nicchia aperta nella parete opposta all'abside è dipinta a riquadri imitanti incrostazioni marmoree, sormontati, sulla lunetta, dalla rappresentazione di un *kantharos* da cui sgorga dell'acqua, affiancato da uccelli. Particolare interesse rivestono gli affreschi ai lati della nicchia dove si svolge una scena di caccia che vede protagoniste sul lato sinistro Diana tra due cervi in fuga, dall'altro lato una ninfa che accarezza con la mano destra un capriolo. L'impianto classicistico della composizione si rivela nella rappresentazione prospettica dello spazio, ricco di elementi naturalistici, nello stile pittorico (contraddistinto dalla organicità e dalla solidità delle forme e da un'efficace sfumatura dei colori) e nella scelta di temi tratti dal patrimonio mitologico classico.

41. Sarcofago di palazzo Lazzaroni, Roma

Il sarcofago, un tempo conservato a palazzo Lazzaroni, databile intorno al 340 d.C., presenta al centro del rilievo frontale Dioniso giovane e nudo che stringe nella mano sinistra un *kantharos*, appoggiandosi a un satiro, e che solleva il braccio destro sulla testa. Lo affiancano sei putti con i simboli delle stagioni: all'estremità sinistra della fronte l'Autunno, con una corona di uva e di foglie di vite, nella sinistra sollevata regge un grappolo d'uva e nella destra stringe un albero di vite su cui si arrampica un piccolo satiro; ai suoi piedi un satirello ne porta a cavalluccio un altro che raccoglie un grappolo da un ramo di vite. Seguono l'Estate, coronata di grano, con un falcetto (dalla lama rotta) e un cesto di spighe e la Primavera che stringe un serto nella sinistra e afferra un caprone per le corna con la destra. Dall'altro lato, intervallato dalla figura mediana del dio, è rappresentato l'Autunno che sorregge con la sinistra una lepre, mentre con la destra stringe un grappolo d'uva che pende dalla vite che circonda Dioniso; un cane gli si arrampica sul fianco. Quindi si succedono due putti con i simboli della Primavera e dell'Inverno: il primo tiene un cesto di fiori e un ramo, mentre il secondo, a capo coperto, sorregge due anatre con la destra e una canna palustre con la sinistra; tra i due un piccolo satiro cavalca una pantera, appoggiando i piedi su un leprotto.

e tutte le altre espressioni a essa contemporanee. Cambiano solamente i soggetti, come accade del resto per ogni produzione religiosa, legata alla propria tradizione di miti e credenze. Pertanto la contrapposizione o per lo meno la distinzione tra arte cristiana e arte tardoantica è fuorviante, non solo perché isola l'arte cristiana, ma anche perché così facendo suggerisce l'idea di un'indistinta uniformità della stessa arte tardoantica. Si deve solo alla storia degli studi e alla cultura contemporanea, se di norma l'arte cristiana viene trattata come un capitolo a parte. Di conseguenza la prospettiva che adotteremo in queste sintetiche considerazioni è quella di collegare l'arte cristiana alla realtà del mondo tardoantico. Esattamente come ogni altra espressione artistica religiosa, anche la produzione cristiana utilizza schemi iconografici e soggetti già esistenti risemantizzandoli, conferendo cioè a essi nuovi significati, legati ai valori del cristianesimo antico, o per meglio dire delle diverse correnti religiose che a esso facevano capo.

L'arte, legata ai luoghi di culto cristiani, ricevette un impulso notevole nel momento in cui con Costantino l'impero riconobbe un ruolo preferenziale a questa religione, destinata poi con Teodosio a divenire religione di Stato. In questa maniera ad una committenza esclusivamente privata si affiancò anche quella ufficiale, che portò naturalmente alla costruzione di complessi grandiosi, spesso in relazione alla memoria – reale o fittizia – di luoghi legati ai personaggi della tradizione cristiana, ridefinendo la topografia del sacro delle grandi città dell'impero, in particolare a Roma e a Costantinopoli. È in questo periodo che si giunge al nuovo tipo architettonico della basilica cristiana, destinata al rito. Proprio Costantino diede vita a numerosi interventi architettonici, che portarono alla costruzione a Roma, tra l'altro, della grande basilica di San Pietro ai piedi del colle del Vaticano [figure 42-43] e di diverse grandi basiliche cimiteriali, sorte sui luoghi del martirio dei santi, dalla planimetria strettamente connessa alla pianta del circo, di cui si rimettono in gioco in questa maniera i complessi valori simbolici [figura 44].

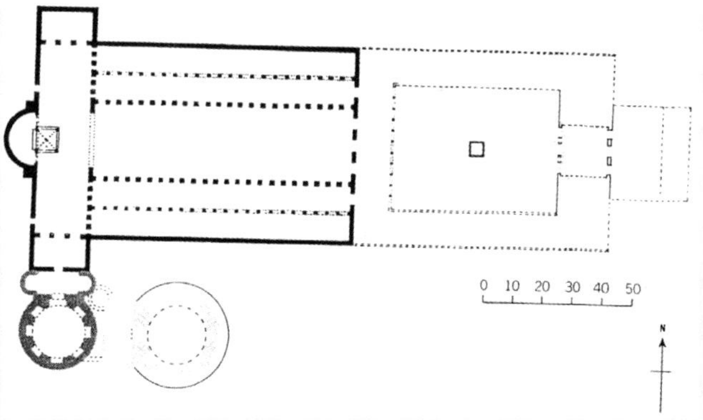

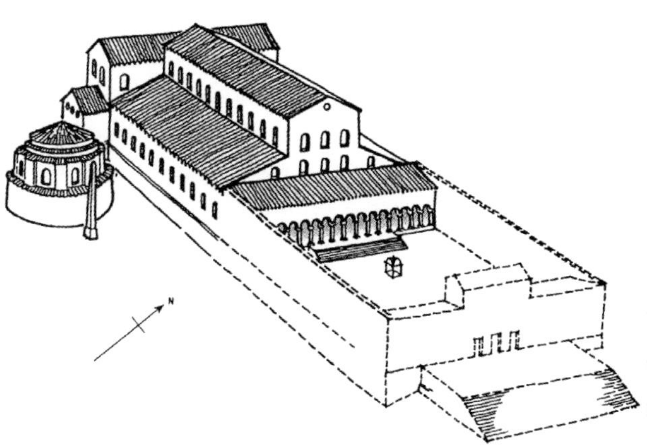

42. Pianta della basilica di San Pietro, Roma
43. Ricostruzione

La nascita dell'edilizia cristiana ufficiale a partire dal 313 d.C. – data dell'editto di Milano che, concedendo la libertà di culto, segna il passaggio dalle *domus ecclesiae* occasionali a veri e propri edifici di culto cristiano – porta alla creazione di uno specifico tipo architettonico adibito alla liturgia, la basilica cristiana. Ne costituisce un esempio di epoca costantiniana (databile tra il 320 e il 327 d.C.) la grandiosa basilica di San Pietro, sorta sul luogo del sepolcro dell'apostolo che, indicato da un'edicola del II secolo d.C. all'interno della vasta necropoli vaticana (il cosiddetto "trofeo di Gaio"), venne poi compreso nell'area presbiteriale. Il progetto originario, noto da documenti anteriori alla demolizione rinascimentale, prevedeva un atrio quadriportico e una basilica a cinque navate (quella centrale di altezza maggiore) separate da quattro colonnati di ventidue colonne. Sul fondo si giustapponeva una navata trasversale (il transetto) più bassa della nave centrale, ma più ampia in rapporto alla larghezza dell'edificio rispetto al quale sporgeva con due nicchie rettangolari; al centro era un'abside che, inquadrante il *martyrium* petriano recintato da una *pergola* a sei colonne tortili decorate a bassorilievo con tralci di vite, richiama, anche ideologicamente, le aule absidate delle dimore imperiali.

Chiese e basiliche furono decorate di norma con mosaici e pitture parietali, funzionali, in generale, oltre che a raffigurare didascalicamente episodi cruciali della tradizione cristiana, a esaltare la figura della divinità, concepita e rappresentata in generale attraverso le medesime categorie connesse al concetto di potere supremo e assoluto, che erano state tipiche fino a questo momento delle figurazioni dell'imperatore [figure 45-46]. D'altra parte va segnalato che anche la ritualità legata alla gestione dell'immagine del sovrano ebbe un ruolo fondamentale nella formazione della sontuosa cerimonialità collegata al culto cristiano.

Naturalmente, accanto a questa produzione monumentale e di estremo sfarzo, ne esiste una connessa agli oggetti di uso quotidiano, quali lucerne, coppe, bicchieri, che recano decorazioni con simboli o soggetti cristiani, destinata alle persone comuni, che in molti casi affiancano e poi lentamente sostituiscono l'analoga produzione con soggetti e simboli di religioni diverse.

L'uso ricorrente del simbolo, lo sfarzo assoluto, le figurazioni del sovrano, dei dignitari e della divinità, caratterizzate da una invvicinabile trascendenza, accomunano l'arte ufficiale dell'impero e quella della Chiesa nascente, che progressivamente tendono a fondersi in un solo linguaggio. Gli stessi concetti, lo abbiamo visto sopra, sono adottati anche per le produzioni artistiche private, corrispondendo ormai a una rinnovata concezione del mondo, che chiude anche politicamente – almeno nella parte occidentale dell'ecumene – l'esistenza complessa, violenta e insieme solenne della repubblica e poi dell'impero romano. Alla realtà da scoprire, misurare e riprodurre si sostituisce

44. Pianta e sezione della basilica cimiteriale e del mausoleo di Tor Pignattara, Roma

Il mausoleo detto di Tor Pignattara, al terzo miglio della via Labicana, fu edificato tra il 313/315 e il 318 d.C. entro la tenuta di proprietà imperiale *inter duas lauros*: inizialmente progettato come sepolcro di Costantino fu poi destinato, come il sarcofago porfiretico con scene di battaglia [figura 26], a Elena, la madre dell'imperatore che scelse, invece, di costruire il monumento dinastico nella basilica dei SS. Apostoli di Costantinopoli, dove dal 330 d.C. fece traslare anche le spoglie materne. Il sepolcro a pianta circolare con copertura a cupola è strettamente connesso alla basilica-*martyrion* di uso cimiteriale. Dedicato alla memoria dei SS. Pietro e Marcellino, l'edificio costituisce un'importante testimonianza di una specifica tipologia basilicale, "a deambulatorio" o "circiforme", destinata al culto martiriale e, come di norma, collocata nell'area suburbana lungo le principali vie consolari. Il modello architettonico è infatti chiaramente derivato da quello del circo, con un'allusione simbolica al concetto di *aeternitas*: la pianta è infatti allungata con l'abside finale circondato dalle navate minori, così come il nartece, che serve da ingresso sia alla basilica che al mausoleo a est, è disposto obliquamente allo stesso modo dei *carceres* del circo.

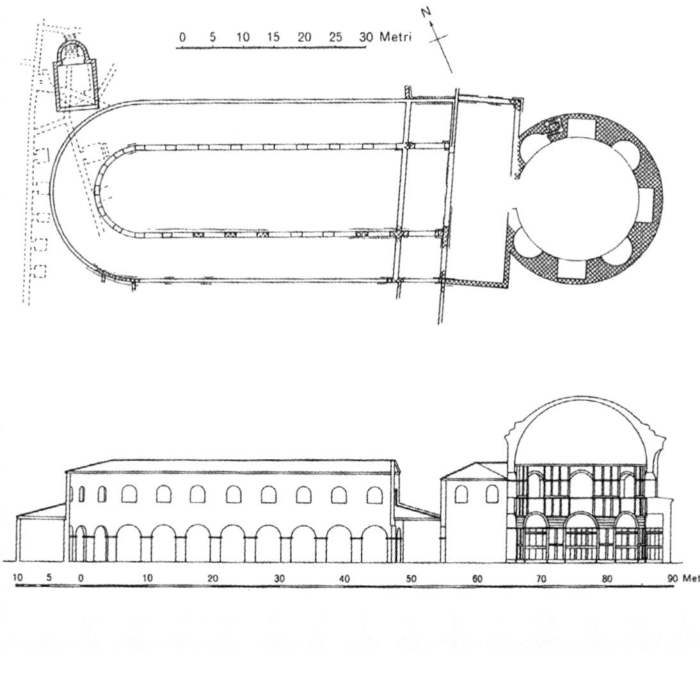

45. Mosaico dell'abside della chiesa di Santa Pudenziana, Roma

Il mosaico dell'abside della chiesa romana di Santa Pudenziana raffigura Cristo in trono tra il collegio apostolico, a significare la coesione della Chiesa. Lo schema iconografico, tipico dei catini absidali delle basiliche romane (di cui però Santa Pudenziana rappresenta l'unico esempio superstite), nasce in ambito sepolcrale, ricorrendo negli affreschi delle catacombe e nei rilievi dei sarcofagi (si veda in tal senso l'arca marmorea cosiddetta di Stilicone o di Sant'Ambrogio). Nel mosaico preso in esame, databile all'inizio del V secolo d.C., il collegio degli apostoli è già distinto in due gruppi che, disposti ai lati dell'immagine centrale e dominante del Cristo assiso sul trono che tiene in mano un libro su cui si legge "Dominus conservator ecclesiae Pudentianae", fanno capo alle figure emergenti di Pietro e di Paolo, simboli delle due *ecclesiae* rappresentate dalle due figure matronali che li incoronano; sullo sfondo appaiono l'immagine di Gerusalemme, simbolo della città ideale, e, superiormente, una grande croce incastonata di pietre preziose e quattro fiere apocalittiche.

46. Mosaico dell'arco trionfale, particolare dell'*Etimasia*, basilica di Santa Maria Maggiore, Roma

Il complesso musivo della basilica paleocristiana di Santa Maria Maggiore sull'Esquilino, realizzato per volere di Sisto III all'indomani del concilio di Efeso (tra il 432 e il 440 d.C.), rappresenta lungo le navate la storia della salvezza che – tratta dalla *Genesi*, dall'*Esodo*, dal *Libro di Giosuè* – culmina nella raffigurazione ciclica dell'arco trionfale, incentrata sugli otto episodi, canonici e apocrifi, dell'infanzia di Gesù. Le scene dell'*infantia Salvatoris* si svolgono ai lati del clipeo centrale con il trono vuoto che, preparato per l'avvento di Cristo il giorno del Giudizio, è il simbolo dell'*Etimasia*, rappresentazione della perenne presenza invisibile di Dio nel mondo. Il trono, che richiama la cattedra imperiale e consolare, è adorno di diadema e clamide intese come *insigna Christi*, sulla scia della tradizione imperiale secondo cui la presenza dell'imperatore era affermata anche dalla sua sola immagine o dalle insegne del suo potere; verso il trono acclamano gli apostoli Pietro e Paolo, mentre al di sotto del clipeo è iscritta la dedica del pontefice al popolo di Dio.

una realtà da decifrare, a una rappresentazione che imita la realtà, gareggiando con il vero, se ne contrappone una che spiega e ammonisce, a un potere legato al concetto aristocratico di migliore tra gli uomini, subentra quello inavvicinabile derivato dal trascendente. Il mondo tardoantico compie una svolta profonda dopo lunghi secoli guidati dall'aspirazione alla razionalità della tradizione greca e romana, cullando il sonno del mondo classico, destinato a essere riscoperto e reinventato molti secoli dopo.

III

Occasioni, luoghi e fonti dell'ispirazione artistica

1. La nascita di Roma

Mauro Menichetti

La ricostruzione della nascita e dello sviluppo urbano di Roma rappresenta a tutt'oggi, al pari di altri casi celebri come quello di Atene, un punto di osservazione privilegiato per vedere all'opera nel modo più chiaro le diverse tendenze che si incrociano negli studi sul mondo antico. In particolare due sono gli elementi coinvolti in un dibattito tuttora intenso e ricco di novità. La documentazione archeologica si è arricchita in modo impressionante negli ultimi decenni così da produrre due effetti immediati: da un lato la continua risalita in senso cronologico di aspetti e problemi della storia di Roma in precedenza confinati nell'ambito del mito e della leggenda; dall'altro lato, la sollecitazione che da ciò deriva verso una rilettura delle fonti letterarie che, seppur appartenenti a epoche più recenti e a generi letterari diversi, possono comunque aver conservato memoria di avvenimenti anche lontani nel tempo. Basti qui ricordare, ad esempio, l'iscrizione su un calice di impasto, probabilmente proveniente da Caere e databile entro la prima metà del VII secolo a.C., che intende segnalare l'appartenenza del vaso a un *Laucie Mezentie*, vale a dire a un personaggio che presenta lo stesso nome del re di Caere, Mezenzio, che la tradizione scritta ricorda come uno dei grandi avversari di Enea [figura 1]. Il secondo elemento che entra in gioco è costituito proprio dalle fonti letterarie, particolarmente abbondanti per Roma, la cui valutazione nella storia degli studi è risultata assai controversa, fino al cosiddetto indirizzo ipercritico tendente a svalutare sistematicamente il ruolo delle fonti nella ricostruzione delle fasi più antiche della storia di Roma.

1. Vaso con iscrizione *Laucie Mezentie*, Parigi, Musée du Louvre

Partiamo dalle fonti. Come si è già avuto modo di vedere [vedi parte I capitolo 2], nella tradizione antica circolavano diverse date relative alla fondazione di Roma. Allo stesso modo è piuttosto fitta la schiera dei personaggi, più o meno mitici e leggendari, che appaiono coinvolti negli stessi eventi. Un antico re di origine ellenica, l'arcade Evandro, accoglie Eracle reduce dalla cattura dei buoi di Gerione, una sorta di guardiano posto nel mondo infero dell'Occidente. Lo stesso Eracle, nelle vesti di eroe civilizzatore, celebra il primo sacrificio presso l'*Ara Maxima* a lui dedicata. Altrettanto importante è la storia dei reduci troiani guidati da Enea che, giunti a Lavinio, fondano Alba Longa da cui si origina la dinastia regale che arriva fino a Romolo, ricordato di volta in volta come figlio o nipote dello stesso Enea. I due gemelli, Romolo e Remo, sarebbero stati accolti nella grotta del Lupercale presso il Tevere da parte del pastore Faustolo e allevati dalla celebre lupa [figura 2]. Altre tradizioni tirano in ballo re indigeni come Pico, Fauno, Latino, discendenti da Marte e Saturno, le cui vicende si incrociano con quelle di Romolo. Non mancano infine altri riferimenti a eroi greci come Diomede, Odisseo e Telemaco. Su un altro versante le fonti, Tacito ma anche Catone, Ovidio e Plutarco, descrivono la fondazione della *Roma quadrata* di Romolo attraverso il *sulcus primigenius* che include il *mundus* o *umbilicus urbis* – una sorta di punto o asse sacro posto al centro della città in grado di mettere in comuni-

2. Specchio con rappresentazione del *Lupercal* da Bolsena, Roma, Antiquarium Comunale

3. Carta di Roma arcaica

cazione la sfera sotterranea con quella celeste – e che origina il *pomerium*, la fascia libera da costruzioni ritenuta il vero confine sacro della città. Secondo la tradizione i quattro vertici del *pomerium Romuli* corrispondono all'*Ara* del dio Conso, all'*Ara Maxima* di Ercole, alle *Curiae Veteres* e al *Sacellum* dei Lari presso l'*atrium Vestae* [figure 3-4]. La città viene dunque fondata con un atto religioso a seguito del consenso degli dèi che si esprime attraverso l'avvistamento di auspici favorevoli da parte dell'augure Romolo [figura 5] corrispon-

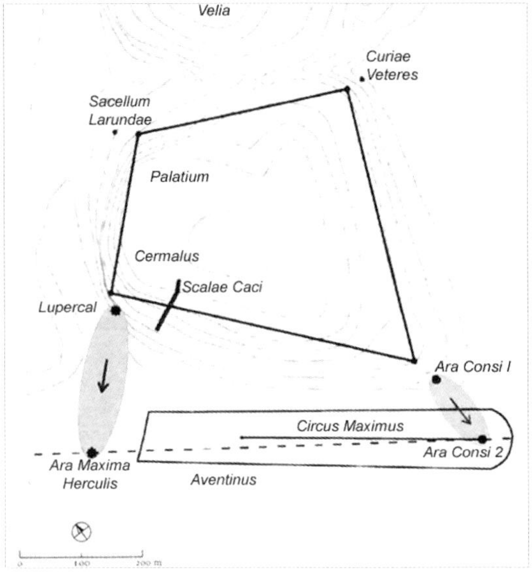

4. Rappresntazione grafica del *pomerium Romuli* con le diverse ipotesi relative alla localizzazione dell'*Ara Maxima Herculis* e dell'*Ara Consi*

denti all'osservazione del volo degli uccelli nella parte "giusta" del cielo.
Come si vede, in ogni caso la fondazione di Roma viene immaginata come un atto unico e senza ritorno, anche se l'ulteriore narrazione della storia dei sette re, tra il 754-753 e il 509 a.C., introduce una gradualità nella costituzione delle strutture politiche, sociali e territoriali della città. Tutta questa ingente mole di informazioni certamente deve essere utilizzata con la massima prudenza nel momento del confronto con la documentazione archeologica in quanto, di volta in volta, dobbiamo riuscire a capire le motivazioni che hanno portato una fonte letteraria a ricostruire un certo quadro della Roma delle origini. Altrettanto sicuramente sappiamo che una fonte più tarda può conservare brani di memoria assai risalenti nel tempo.
La documentazione archeologica ci permette di affermare che una sicura frequentazione dell'area occupata dalla futura Roma è attestata a partire almeno dalla fase appenninica, tra XIV e XIII secolo a.C., da ceramica rinvenuta sul Campidoglio e nell'area del Foro Boario. Un poco più recenti sono i ritrovamenti di ceramica datata al Bronzo Recente effettuati sul Palatino e nell'area del Foro. La cultura laziale si sviluppa nel corso della prima età del Ferro e appare caratterizzata da piccoli insediamenti che a Roma si trovano sparsi sulle alture insieme alle relative necropoli che a quest'epoca occupano anche l'area poi destinata al Foro. Nel corso del IX secolo a.C. assistiamo alla crescita di diversi abitati laziali – come Acquacetosa Laurentina, Decima e Satricum – che mostrano caratteri assai ben definiti come testimoniano la diffusione delle urnette a forma di capanna o il rituale comprendente armi miniaturizzate ben attestato tra l'altro dalla necropoli di Osteria dell'Osa-Gabii. La data della fondazione di Roma, poi divenuta canonica, corrisponde come è noto al 754-753 a.C. e nel periodo che si apre con la metà dell'VIII secolo a.C. possiamo collocare alcuni importanti cambiamenti. Già apparivano consistenti i dati noti relativi al trasferimento e all'unificazione delle necropoli di Roma dall'area del futuro Foro verso zone periferiche presso l'Esquilino e il Quirinale, quasi a completare un precedente processo di crescita dell'abitato riscontrabile in modo più generale per l'area laziale ed etrusca. Inizia la circolazione di ceramica greca lavorata al tornio e presto prodotta direttamente nell'area etrusco-laziale, segnale evidente di una specializzazione del lavoro artigianale resa possibile dalla formazione di una complessità e stratificazione di gruppi sociali. Non a caso sullo scorcio dell'VIII secolo a.C. vediamo comparire le tombe principesche – come a Praeneste o a Decima – che segnano profondamente il paesaggio etrusco-laziale.
I dati ricavabili dai nuovi scavi condotti in particolare a Roma sembrano indicare una ancor più complessa e precoce strutturazione urbanistica [figura 3]. Nel corso della seconda metà dell'VIII secolo le pendici settentrionali del Palatino vedono la distruzione delle precedenti capanne e la costruzione di un muro fortificato con pali di legno e alzato in mattoni crudi, comprendente anche una porta. Lo stesso muro viene ricostruito agli inizi del VII secolo a.C., questa volta con fondazioni in scaglie di pietra e alzato formato da due cor-

tine di argilla con riempimento (*émplekton*). Tutta questa attività sembra essere segnata anche da deposizioni rituali connesse alla fondazione o all'abbandono del muro nelle sue diverse fasi. Sempre entro la seconda metà dell'VIII secolo a.C. sembra iniziare la frequentazione presso l'area del *Comitium* e della *Domus Regia* che verrebbero così a marcare le estremità dell'area poi occupata dal Foro [figura 6]. Il *Comitium* nella sua definitiva strutturazione, tra VII e VI secolo a.C., corrisponde al luogo di riunione dei cittadini, affiancato dalla *Curia* ove si riunivano i senatori, e dal *Volcanal*, identificato con il monumento tuttora visibile del *Lapis Niger*, ove Romolo sarebbe scomparso per trasformarsi in Quirino, dio protettore dei cittadini romani o *Quirites* riuniti in assemblea. La *Regia*, corrispondente alle case dei re, stando ai nuovi dati risalirebbe nella sua prima fase entro l'VIII secolo a.C. e la cosiddetta *Regia* di Brown – dal nome dell'archeologo americano che aveva eseguito gli scavi –, datata alla fine del VII secolo, verrebbe dunque a corrispondere solo alla quarta fase dell'edificio caratterizzato da un portico, da una copertura in tegole e da una sala per banchetti affiancata da altri ambienti [figura 7]. All'interno della *Regia* era custodito il culto di Marte e di *Ops Consiva* protettrice delle messi e della ricchezza accumulata. Inoltre in origine entro l'area della *Domus Regia* dovevano trovare posto anche il culto dei *Lares*, protettori degli antenati, e il sacro focolare di Vesta. Quest'ultimo solo successivamente si stacca letteralmente dalla casa del re per assumere una più ampia funzione pubblica, forse in connessione con la creazione della carica del *rex sacrorum* specializzato negli aspetti religiosi. Tutto ciò segnala il graduale ridimensionamento del potere regale a vantaggio di organi più allargati o controllati dalla comunità.

I nuovi scavi condotti nell'area della *Meta Sudans* [figura 8], la fontana monumentale presso il Colosseo e l'Arco di Costantino da cui si origina la nuova divisione della Roma augustea in 14 *regiones*, hanno anche messo in luce tra l'altro una struttura sacra risalente alla fine del VII secolo a.C. e conservata almeno in parte fino a età neroniana. Si tratta probabilmente dei resti delle *Curiae Veteres*, l'edificio ove si riunivano i cittadini divisi nelle trenta *Curiae*, istituite secondo la tradizione da Romolo insieme alle tre tribù e al calendario. Da qui una strada doveva salire tra il Palatino e la Velia per raggiungere la zona della *Domus Regia* e del santuario di Vesta.

Un momento importante per la strutturazione della città corrisponde alla creazione dell'area forense, già precedentemente liberata dalle sepolture, mediante il drenaggio delle acque e la sistemazione di un primo battuto pavimentale. Anche in questo caso è stato proposto di rialzare dalla seconda alla prima metà del VII secolo a.C. il primo apprestamento di quest'area.

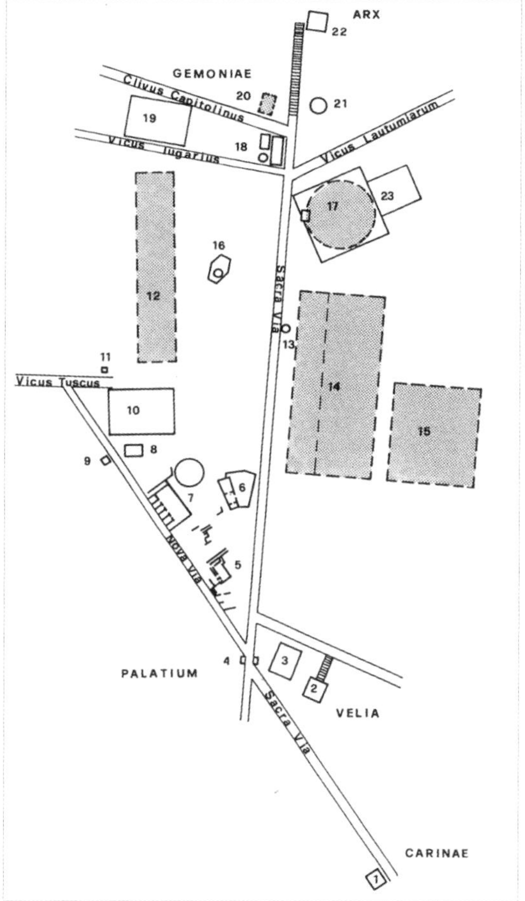

5. Statuetta bronzea di augure con lituo dalla stipe del *Lapis Niger*, Roma, Antiquarium forense

6. Pianta schematica del Foro romano in età arcaica e medio-repubblicana:
1. sacello di Strenia
2. tempio dei Penati
3. tempio di Giove Statore
4. porta Mugonia
5. *domus regis*
6. *regia*
7. *atrium regis*
8. *lacus Iuturnae*
9. sacello di Giuturna
10. tempio dei Castori
11. *signum Vortumni*
12. *tabernae veteres*
13. sacello di Venere Cloacina
14. *tabernae novae*
15. *forum piscarium*
16. *lacus Curtius*
17. comizio
18. *mundus*
19. tempio di saturno
20. tempio della Concordia
21. *carcer*
22. *auguralucum*
23. Curia

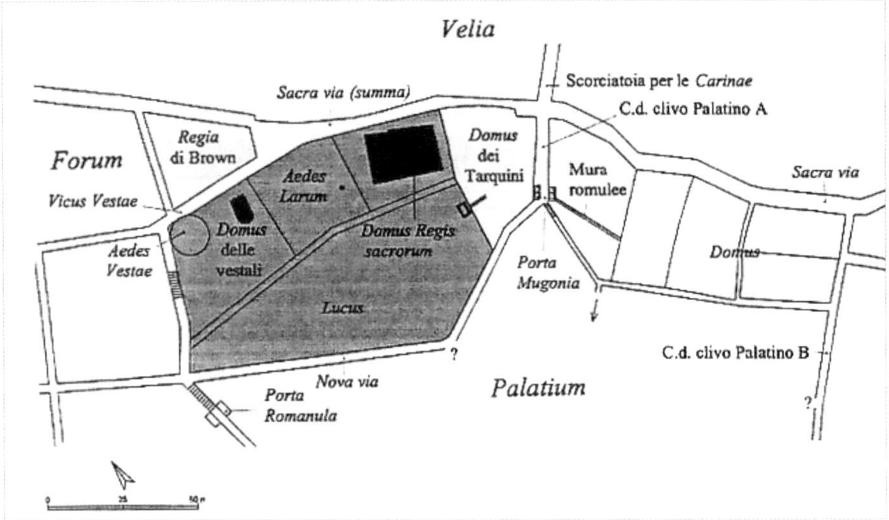

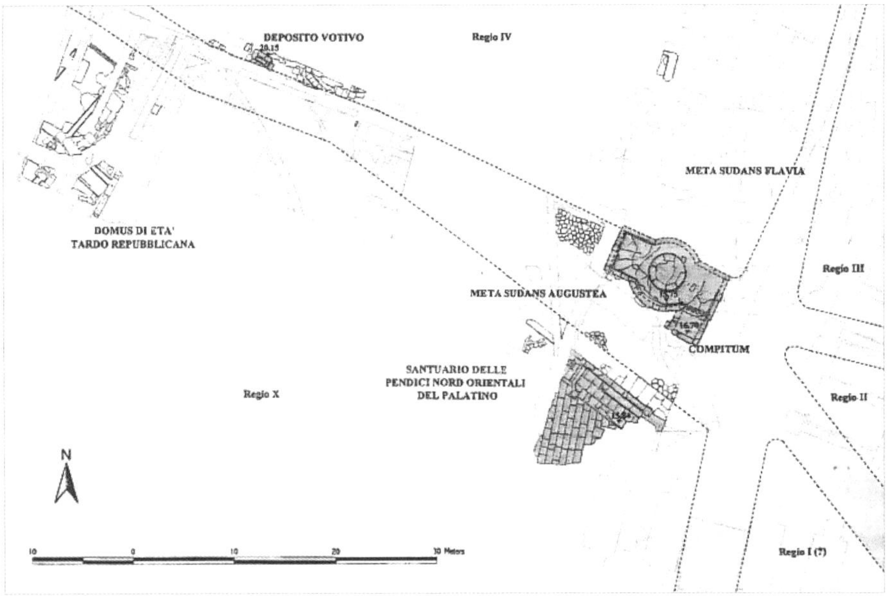

7. Pianta del santuario di Vesta in età arcaica secondo i nuovi scavi

8. Pianta dei nuovi scavi presso la *Meta Sudans*

Da quanto visto possiamo dedurre che a partire dalla seconda metà dell'VIII secolo a.C. lo sviluppo di Roma sta assumendo un volto nuovo attraverso la creazione di aree e strutture specializzate entro un quadro urbanistico e politico sostanzialmente unitario. Le fonti immaginano la fondazione romulea come avvenuta in uno spazio disabitato tanto da dover ricorrere al celebre ratto delle Sabine per procurare le spose ai nuovi abitanti della città. Proprio la guerra menzionata dalle fonti tra romani e Sabini, conclusasi con un accordo sanzionato dal trattato tra Romolo e il sabino Tito Tazio, e la lunga cronologia attestata dalla documentazione archeologica sopra ricordata convergono nel segnalare che la fondazione di Roma avviene in un contesto assai complesso di comunità e di movimenti di genti. Inoltre la fondazione di Roma passa attraverso diverse tappe che disegnano un processo certamente non definito una volta per tutte e che si articola in una sorta di ricorrenti fondazioni o rifondazioni. La processione degli Argei o la festa del *Septimontium* rimandano, verosimilmente, a cerimonie assai antiche poi ricomprese entro la struttura politica e religiosa della città di Roma.

La fondazione e la figura di Romolo sembrano rimandare a una tradizione che traduce a questo modo la consapevolezza della strutturazione di una prima o comunque nascente comunità politica. L'epoca della monarchia etrusca appare come una sorta di rifondazione della struttura urbana di Roma segnata da una nuova ricostruzione delle mura, dalla sistemazione del *Volcanal* sede del culto eroico del fondatore Romolo-Quirino, dal potenziamento della cerimonia del trionfo, dalla specializzazione dei vari santuari come quello imponente dedicato sul Campidoglio a Giove Ottimo Massimo o come quelli dell'area sacra di Sant'Omobono presso il Foro Boario, cui possono aggiungersi i culti individuati di recente nell'area sudovest del Palatino, dalla suddivisione dello spazio urbano secondo le testimonianze letterarie in *vici*, una sorta di quartieri organizzati attorno a culti presso gli incroci delle strade. Nel corso del VI secolo a.C. vediamo anche sorgere case lussuose disposte presso il centro monumentale della città lungo la via Sacra, ulteriore conferma dello sviluppo monumentale e urbanistico di Roma nell'età della monarchia etrusca.

2. Il tempio etrusco-italico e i doni votivi

Mauro Menichetti

Varrone (*De lingua latina*, IV 7,1-5) ci offre una dettagliata descrizione del cosiddetto tempio tuscanico le cui caratteristiche si ritrovano variamente applicate nei templi comunemente denominati come etrusco-italici nella corrente terminologia archeologica. Il tempio di Giove Capitolino eretto [figura 15, pagina 59] a Roma nel corso del VI secolo a.C. corrisponde a uno degli esempi più antichi di questa tipologia edilizia. Il tempio corrisponde essenzialmente alla casa del dio ove è conservata l'immagine di culto e anche i doni votivi offerti dai fedeli. La nozione antica di *templum* non corrisponde al significato moderno di tempio che ricalca invece quello di *aedes*. In altre parole, un tempio può non corrispondere a un *templum* antico e viceversa. La casa del dio, o *aedes*, può avere una forma quadrangolare ed essere consacrata tramite la cerimonia degli auspici da parte degli àuguri: in questo caso coincide con il *templum*; se invece possiede ad esempio una forma circolare, sarà priva del valore di *templum*. Quest'ultimo corrisponde a una porzione della volta celeste che gli àuguri delimitano, agendo allo stesso modo di Romolo e Remo durante la presa degli auspici per la fondazione di Roma, e riportano simbolicamente in terra dopo aver ricevuto l'assenso degli dèi segnalato dall'avvistamento di uccelli nella parte propizia del cielo. Questo spazio diventa allora *effatus et saeptus*, cioè liberato da presenze negative attraverso formule orali rituali ed efficaci e orientato secondo i punti cardinali, nonché *inauguratus*, cioè reso sacro mediante la giusta procedura degli àuguri: qui sorge il podio che eleva la casa del dio verso il cielo e che la differenzia profondamente dal tempio greco. L'idea di *templum* in origine appare anche come uno spazio libero ritagliato entro il *lucus*, cioè il bosco ove filtra la luce. La *aedes* in quanto *templum* prevede anche una divisione interna in *pars antica*, corrispondente alla zona del pronao segnata dalla presenza di colonne, e una *pars postica* relativa all'area posteriore meno luminosa e ospitante le tre celle con le statue (*signa*) delle divinità; misure proporzionali tra lunghezza e larghezza dell'edificio e tra la cella centrale e quelle laterali; un unico ingresso su un lato breve; l'altare disposto in asse dinanzi all'ingresso [figura 1].

Quanto appena visto rappresenta la cornice religiosa entro cui deve essere collocata tutta la storia del tempio etrusco-italico ma non dobbiamo dimenticare che fin dalle fasi più antiche, e almeno dal VI secolo a.C., appaiono assai consistenti le spinte a un adattamento di quel modello alla forte influenza ellenizzante, sollecitata anche dalla più generale tendenza alla ricezione dei modelli ellenici relativi alle figure divine e mitologiche. Accanto alla *aedes* ad *alae*, che prevede un'unica cella nella *pars postica* avvolta da uno spazio libero [figura 2], l'esempio più chiaro di questo processo di adattamento è costituito dal tempio periptero *sine postico* [figura 3; vedi anche figura 1, pagina 76] che intende ripren-

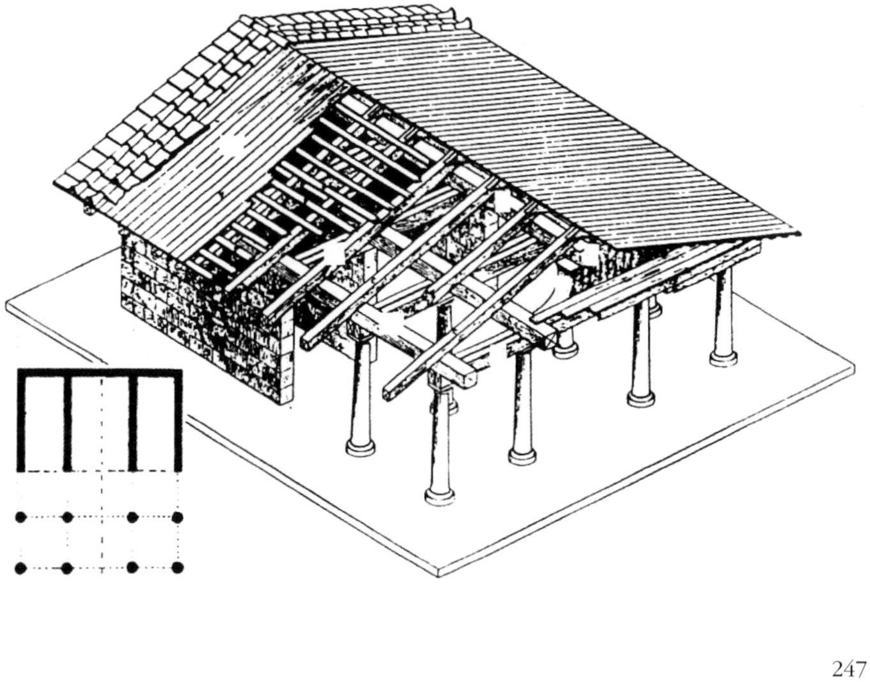

1. Ricostruzione di un tempio tuscanico secondo Vitruvio

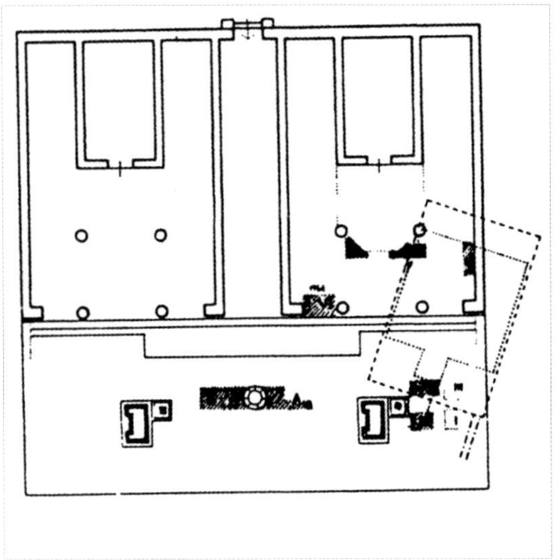

2. Pianta dei templi di *Fortuna* e *Mater Matuta* presso l'area sacra di Sant'Omobono a Roma

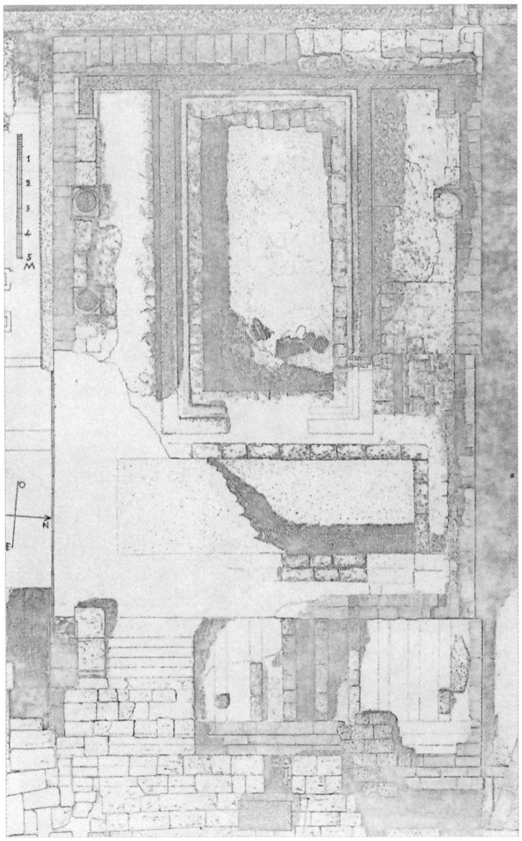

3. Pianta del tempio C di largo Argentina a Roma

dere l'idea del colonnato periptero del tempio greco che circonda completamente l'edificio. È interessante osservare come il modello greco viene adattato conservando però il muro nella parete di fondo al posto del colonnato, in evidente ossequio all'idea della *pars postica* del *templum*.

Nell'*Eneide* di Virgilio (I, 446-497) possiamo trovare una descrizione della ricchezza di uno di questi edifici fatta con gli occhi di Enea quando vede il tempio di Giunone a Cartagine: viene descritta la sua maestosità, le preziose rifiniture in bronzo, gli spazi occupati dalle offerte votive lasciate dai fedeli in onore della divinità, un ciclo di immagini probabilmente pittorico ospitato all'interno dell'edificio. Lo sfarzo di questa descrizione si adatta meglio all'età del poeta ma sicuramente anche nel periodo più antico il tempio doveva offrire un forte impatto visivo con la sua collocazione su podio, con l'alzato in legno e i rivestimenti fittili completati anche dal colore, con acroteri, gruppi scultorei e altre decorazioni sia fittili che in bronzo dorato collocati nelle parti alte dell'edificio, mentre solo più tardi lo spazio del timpano verrà chiuso e rivestito con raffigurazioni fittili di storie del mito.

Nel quadro del sistema religioso romano il tempio che viene dedicato a una divinità costituisce di per sé un ex voto per il favore accordato dagli dèi al popolo romano. Infatti il *votum* da parte di un magistrato *cum imperio* rappresenta la prima tappa della procedura che deve condurre alla realizzazione del tempio. Successivamente la *locatio* implica la scelta dell'area destinata al tempio e la procedura di appalto dei lavori. Una volta terminata la costruzione del tempio, l'atto giuridico della *dedicatio* da parte dei magistrati e la *consecratio* religiosa da parte del pontefice sanciscono il passaggio definitivo del tempio a favore della divinità.

Le trasformazioni connesse alla *Asiatica luxuria* incidono anche nell'architettura religiosa proponendo ora, tra II e I secolo a.C., anche edifici realizzati in marmo e provvisti di una decorazione con capitello corinzio, un elemento che con il suo fascio di foglie di acanto diviene il simbolo dell'architettura sfarzosa ellenistica. In questo quadro salta anche il

controllo che finora il Senato e i magistrati avevano potuto esercitare sulla dedica dei nuovi templi: infatti gli ingenti bottini a disposizione dei *viri triumphales* permettono di forzare la consuetudine e di dedicare nuovi culti e templi a tutto vantaggio della propaganda dei singoli protagonisti della vita politica della Roma tardorepubblicana.
Questa fase di forte ellenizzazione, che vede agire direttamente a Roma artisti e architetti provenienti dalla Grecia, produce ulteriori effetti anche nell'adattamento della pianta del tempio etrusco-italico. Nasce infatti verso la fine del II secolo a.C. lo schema del tempio cosiddetto pseudoperiptero, una sorta di riassunto delle spinte secolari fra tradizione indigena e tendenze ellenizzanti. Qui la cella centrale si allarga in modo tale da addossare i muri laterali al colonnato esterno [figura 4]. L'idea del periptero greco viene dunque recuperata ma in forma allusiva e non funzionale: interessa soprattutto il valore sacralizzante delle colonne che però non rimanda a uno spazio libero retrostante, l'*ambulatio*, reso inutile dalla predominante prospettiva frontale e assiale generata dai fondamenti religiosi del tempio etrusco-italico. Un'ultima creazione nel corso del I secolo a.C. prevede una *aedes* a cosiddetta cella trasversale per cui l'ingresso principale viene spostato su uno dei lati lunghi cui viene addossata la scalinata centrale [figura 5].

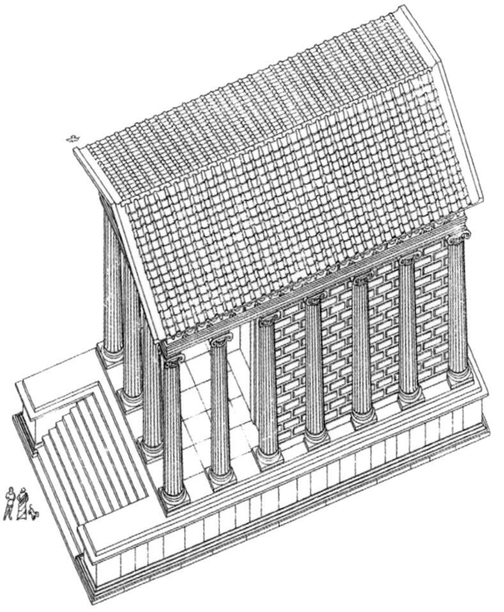

4. Ricostruzione del tempio di *Portunus* nel Foro Boario di Roma

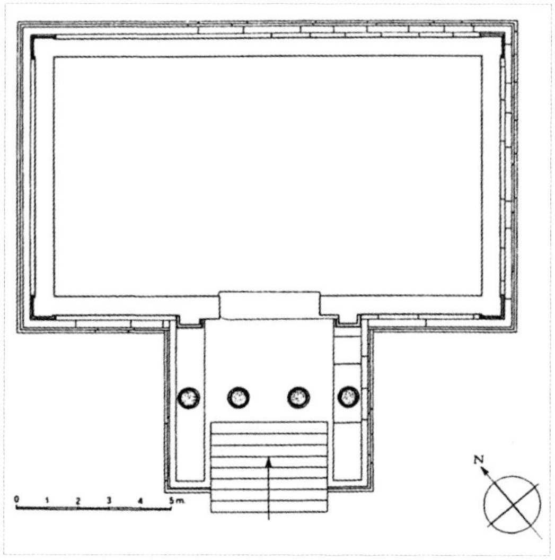

5. Pianta del tempio di Veiove a Roma

Come si vede, la flessibilità di questi schemi planimetrici permette una facilità di adattamento a particolari situazioni topografiche e soprattutto alle diverse esigenze cultuali, tenendo conto del fatto che almeno a partire dall'epoca delle guerre puniche si fa più forte la spinta a introdurre a Roma divinità straniere. Se consideriamo l'introduzione a Roma anche di modelli quali la *tholos* ellenistica a pianta circolare [figura 6], vediamo che alla fine della repubblica risulta formato per gran parte quello che possiamo definire il vocabolario dell'edilizia sacra romana.
Vale la pena di ricordare che l'altare relativo al tempio viene a collocarsi di solito in posizione assiale dinanzi all'ingresso principale, spesso inserito anche entro la struttura della gradinata d'accesso. In ogni caso il momento focale del rito che coinvolge le divinità e i fedeli, il sacrificio, si svolge all'aperto presso l'altare mentre il tempio vero e proprio è sentito come la casa della divinità. Per quanto riguarda il contenuto del tempio, possiamo ricordare tre grandi categorie di elementi. In

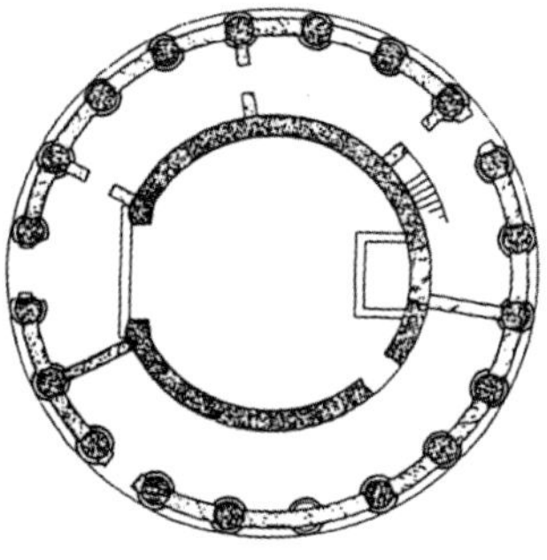

6. Pianta del cosiddetto Tempio rotondo del Foro Boario a Roma

primo luogo l'interno dell'edificio contiene tutto ciò che pertiene all'attività dei sacerdoti a partire dagli arredi sacri necessari alle cerimonie di culto e al mantenimento delle immagini delle divinità; a questo proposito va ricordato che oltre al culto o ai culti principali, il tempio poteva ospitare diversi sacelli per culti minori. In secondo luogo va richiamato il fatto che i templi potevano ospitare strutture e uffici che noi oggi diremmo pertinenti alla pubblica amministrazione: basti qui richiamare ad esempio il tempio di Saturno nell'area forense che ospitava l'*aerarium* pubblico, vale a dire il tesoro dello Stato, oppure il tempio delle Ninfe in Campo Marzio ove si trovavano la sede e gli archivi necessari per le distribuzioni gratuite di grano, le *frumentationes*.

Infine entro il tempio o nelle sue immediate vicinanze, comunque entro lo spazio sacro del santuario, trovavano posto i doni votivi, gli ex voto, offerti dai fedeli alle divinità in ringraziamento del loro intervento positivo. La tipologia e il valore dei doni votivi appaiono molto diversificati in relazione alle epoche e ai diversi gruppi sociali e individui che promuovono l'offerta votiva. Certamente i templi, a partire da quelli più autorevoli in relazione al culto, dovevano presentare un ampio e numeroso campionario di doni comprendenti statue e immagini delle stesse divinità o anche dei fedeli – si pensi ad esempio alla gran quantità di statue di fanciulle provenienti dal santuario di Minerva a Lavinio [figura 6, pagina 68] – in materiali diversi, compresi quelli preziosi come l'oro, il bronzo, l'avorio, i legni pregiati.

7. Patera a vernice nera (gruppo dei "pocola") da Capena, Roma, Museo Nazionale Etrusco di Villa Giulia

Altrettanto pregiati potevano essere i tessuti e i diversi arredi; meno preziose, ma assai diffuse, sono le dediche di vasi in terracotta, spesso con offerte di frutta, cibi e bevande; a partire dalla fase mediorepubblicana troviamo produzioni specificamente dedicate come i *pocola deorum* – una sorta di piatti con immagine al centro prodotti in area laziale [figura 7] – e soprattutto piccoli ex voto in terracotta riproducenti figurette o parti anatomiche come uteri, piedi, teste, mani [figura 8].

8. Ex voto anatomici, Paestum, Museo Archeologico Nazionale

Un'altra ampia categoria è rappresentata dalle armi donate alla divinità anche come decima del bottino di guerra sottratto al nemico in ringraziamento della vittoria militare, una pratica che arriva fino alle insegne dell'esercito romano restituite dai Parti ad Augusto e collocate entro il tempio di Marte Ultore nel nuovo Foro augusteo. In epoca tardorepubblicana l'incidenza dell'*Asiatica luxuria* interviene a segnare profondamente anche la pratica dei doni votivi, come si è già avuto modo di notare, ad esempio, a proposito dell'Eracle di Lisippo sottratto a Taranto e dedicato sul Campidoglio oppure della torma di cavalieri donata dalla famiglia dei Licini nel santuario di Giunone a Lanuvio [figure 20-21, pagina 105].

3. La casa

Gian Luca Grassigli

Solo di recente l'archeologia ha maturato un interesse specifico e profondo per i modi dell'abitare del mondo romano, in seguito sia alla consapevolezza che le forme della casa costituiscono una valida prospettiva per l'analisi di una società, sia alla scoperta dell'importante ruolo della *domus* nelle strategie e nell'azione pubblica dei membri della classe dirigente. Per questo motivo percorrere le forme dell'abitare significa analizzare i modelli politici e culturali a cui si rifacevano gli esponenti dell'aristocrazia e anche delle classi dirigenti locali. Di fronte a un periodo cronologico e a un quadro territoriale così ampi, come quelli del mondo romano, e anche a una grande discontinuità dei dati archeologici, occorre naturalmente compiere un'opera di forte generalizzazione, tesa a inquadrare i fenomeni maggioritari di lunga durata, e quindi a delineare un profilo coerente dei cambiamenti occorsi, ma che ovviamente non può dare ragione di fenomeni puntuali, così tipici del resto della sfera dell'abitare, né di aspetti collettivi di portata o di evidenza minore.

È opportuno, prima di tutto, rimarcare la differenza sostanziale tra l'idea di casa propria del mondo romano, valida per la maggior parte della sua durata, e quella del mondo contemporaneo. Lo stesso Vitruvio indica esplicitamente come le dimore dei membri delle classi dirigenti dovessero contenere spazi simili a quelli pubblici, in cui si potessero esercitare attività di pubblico interesse. La casa, pertanto, lontano dal costituire il luogo della *privacy*, risulta invece un contesto in cui il *dominus* usa strategie di comportamento ponderate, di cui la casa stessa costituisce una parte integrante, per la definizione di una propria immagine sociale vincente, in funzione della personale affermazione e sulla base dei propri valori culturali, ideali e religiosi. Nella parte pubblica della *domus*, nella quale tutti possono entrare, il *dominus* vive il contatto con membri degli strati sociali più umili, che formano la base delle sue clientele, mentre nei vani riservati incontra i personaggi di rango superiore, con cui intesse relazioni e decide del governo della cosa pubblica e, naturalmente, dei propri interessi politici ed economici. Di conseguenza, l'abitazione costituisce uno spazio organizzato attraverso il quale il *dominus* si relaziona con la società: l'articolazione della casa, i suoi percorsi e la disposizione dei vani costituiscono un filtro attraverso cui vengono selezionati gli ospiti. Anche la posizione della casa all'interno della città concorre direttamente a questa azione del proprietario, così come la ricchezza, la raffinatezza e l'efficacia dell'apparato decorativo. Quest'ultimo in particolare, sia attraverso l'utilizzo di materiali preziosi sia mediante la creazione di efficaci programmi figurati, può contribuire in maniera decisiva alla celebrazione del successo del *dominus* e in particolare definire ed esprimere con efficacia la sua

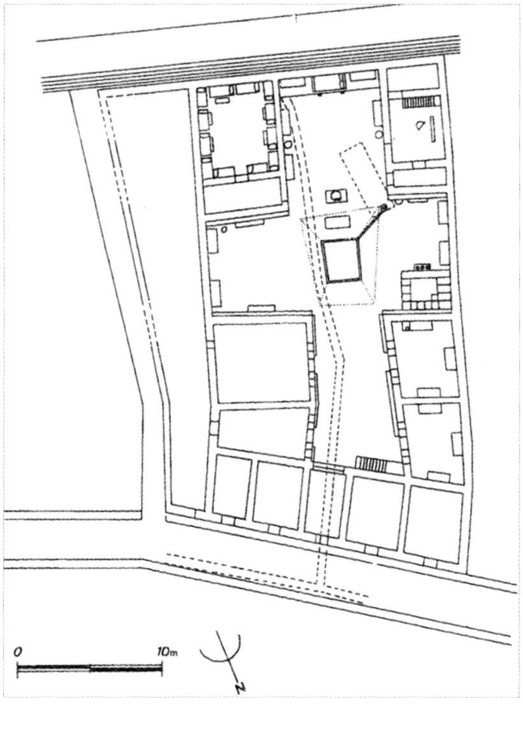

1. Pianta di una casa del VI secolo dall'area tra Palatino e Velia, Roma

immagine pubblica, attingendo alla tradizione artistica e culturale greca e romana. Anche la storia edilizia di una dimora è assai importante. Sappiamo infatti da Plinio che, poiché i trofei militari esposti nell'atrio costituivano parte integrante dell'abitazione, in caso di vendita dell'abitazione stessa non seguivano la famiglia che si trasferiva, ma continuavano a decorare la residenza in cui si trovavano, riverberando così la loro gloria vetusta sui nuovi proprietari. Tutto questo, naturalmente, ha valore in riferimento esclusivo alla classe dirigente. Ma la storia dell'abitare di una società è fatta anche delle dimore di tutti coloro che non occupano una posizione dominante nella comunità cittadina. La documentazione epigrafica insieme alle fonti letterarie ci hanno trasmesso, infatti, alcuni dei diversi nomi riferiti ciascuno a una particolare tipologia abitativa. Se, quindi, la *domus* è un edificio autonomo e indipendente, conosciamo l'esistenza di *cenacula equestria*, ossia di appartamenti eleganti, mentre sappiamo che le *tabernae cum pergolis* univano allo spazio destinato all'esercizio commerciale anche un soppalco a funzione abitativa. Non possiamo tuttavia stilare una vera e propria classificazione di tutti i modi dell'abitare, a causa della discontinuità della documentazione in nostro possesso. In ogni caso chiunque in generale, per quanto in maniera diversa, trasferisce sulla casa segni e caratteristiche derivanti dall'orizzonte culturale di appartenenza e dalla sua disponibilità economica. In tutto ciò, naturalmente, occorre considerare il ruolo dell'emulazione, ossia del tentativo costante da parte delle classi medie di imitare, almeno in alcune caratteristiche, le soluzioni adottate dai ceti dominanti.

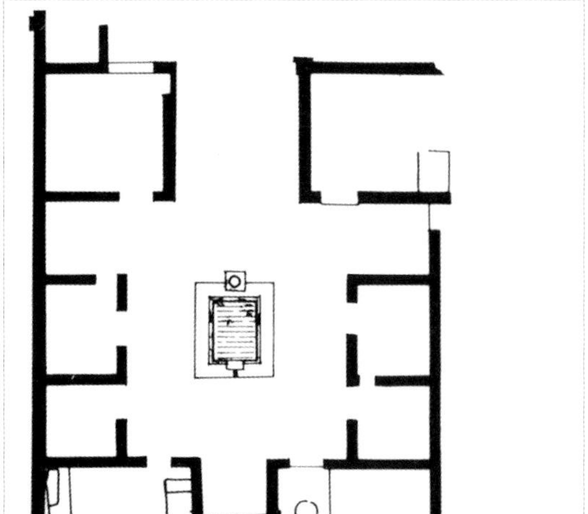

2. Pianta della casa del Chirurgo a Pompei

Per molto tempo il dibattito sulla casa dei romani è coinciso con la riflessione sulla casa ad atrio che, almeno nel testo vitruviano, viene considerata la casa-tipo. Nella presenza dell'atrio, e quindi nel problema della sua origine, si riteneva di individuare la specificità dell'abitazione latina. Di recente, tuttavia, la questione è stata posta in maniera più calibrata, anche in considerazione di indagini sistematiche che hanno mostrato come a Pompei soltanto il quaranta per cento delle abitazioni possa essere iscritto nella tipologia della casa ad atrio. Occorre, pertanto, considerare questa come una delle soluzioni possibili, e non l'unica, che costituisce nella sua forma "standardizzata" il punto di arrivo di un lungo percorso, e che rappresenta di norma la scelta delle élite dirigenti, in primo luogo di quelle di Roma. Non bisogna dimenticare, infatti, anche per questo settore, il ruolo di centro propulsore svolto dalla capitale, almeno fino all'età medioimperiale.

Proprio a Roma, infatti, nell'area tra il Palatino e la Velia, nei pressi della *Regia*, è stato possibile rinvenire alcune abitazioni, databili al terzo quarto del VI secolo a.C. che sembrano costituire il precedente diretto della casa ad atrio [figura 1; vedi anche figura 18, pagina 62]. Il collegamento piuttosto che sul piano strettamente planimetrico è da individuare dal punto di vista concettuale dell'organizzazione dello spazio e dei percorsi. Ci troviamo di fronte, infatti, a un'organizzazione idealmente assiale, in cui la vasca dell'*impluvium* e il piccolo spazio circostante si trovano al punto d'incontro tra l'asse principale e quello secondario, perpendicolare a es-

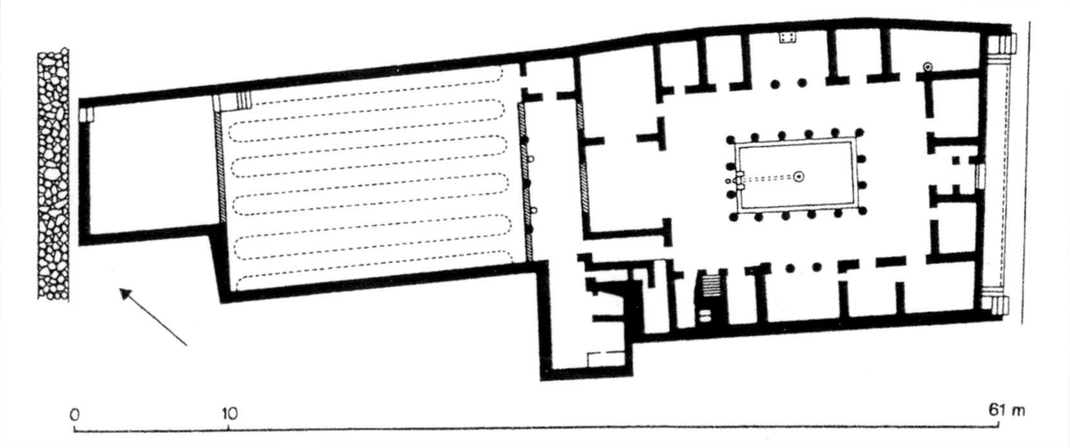

3. Pianta della casa dei Diadumeni a Pompei

so. La posizione di queste dimore nel cuore di Roma e le loro notevoli dimensioni denotano l'appartenenza a un ceto elevato, che non sembra azzardato connettere a quel gruppo sociale emergente, protagonista dell'abbattimento della monarchia e dell'instaurazione del regime repubblicano di stampo aristocratico.

Dopo aver fissato nella capitale l'inizio del percorso che porterà alla definizione del tipo della casa ad atrio, possiamo seguirne l'evoluzione spostandoci a Pompei, e precisamente analizzando la cosiddetta casa del Chirurgo [figura 2], databile nella sua prima fase al IV secolo a.C., che ne fa una delle più antiche dimore conosciute. Possiamo riconoscere nella sua pianta la regolarizzazione del tipo di organizzazione spaziale e dei percorsi già riscontrati a Roma, ma insieme una valorizzazione dello spazio e della posizione destinata all'atrio, che diviene il cuore della casa. Ci troviamo di fronte in pratica a una casa-tipo, strutturata secondo l'asse *fauces-atrium-tablinum*, conclusa da uno spazio verde denominato *hortus*, che costituisce l'ossatura essenziale di questa forma dell'abitare, divenuta in qualche modo caratteristica per una gran parte della classe dirigente. Si tratta in sostanza di quella forma di abitazione che verrà descritta come canonica da Vitruvio.

L'organizzazione rigidamente assiale corrisponde alle forme d'uso della casa aristocratica, e in particolare al sistema cerimoniale della *salutatio*, momento di celebrazione del *pater familias*, il quale riceve i *clientes* stando nel *tablinum*, che diventa un vano della massima importanza. Inoltre la struttura assiale sviluppata nel senso della profondità è funzionale anche a quel meccanismo di selezione degli ospiti, di cui abbiamo accennato sopra. L'organizzazione dello spazio domestico più diffusa tra la classe dirigente, pertanto, unisce risposte efficaci alle esigenze pratiche legate alla luminosità, alla raccolta dell'acqua e all'areazione, a soluzioni assolutamente funzionali alle pratiche sociali e religiose, che vi si svolgono, atte a celebrare la gloria e il potere della *gens* e del *pater familias*.

La struttura, almeno nelle sue caratteristiche essenziali legate ai modi di funzionamento della casa, rimane inalterata anche quando, durante il II secolo a.C., le dimore dell'aristocrazia si arricchiscono notevolmente, sviluppando al proprio interno nuovi spazi, nuovi elementi della decorazione architettonica, nonché un'enfasi nell'apparato decorativo fino ad allora sconosciuta. Questa dilatazione degli spazi connessa a un deciso progresso del lusso e della raffinatezza decorativa è da considerarsi una parte essenziale di quel fenomeno che le fonti antiche chiamano *Asiatica luxuria*, di cui s'è già trattato. Il fenomeno, naturalmente, prende luogo in forme acute nella capitale, dove la lotta politica si trasforma nella tarda repubblica in lotta per il controllo dello Stato, ma si diffonde con grande rapidità in tutte le città italiche. L'adozione del modello orientale del principe ellenistico come ideologia del potere ai livelli più alti della società e in generale come forma massima dell'espressione del successo sociale, finisce da un lato con il fare considerare il lusso uno strumento diretto della lotta politica, in quanto segno di potere e successo, e dall'altro, per quanto riguarda la casa, con l'indurre all'adozione nell'ambito dell'architettura domestica di singoli elementi tipici dell'architettura orientale, fino a quel momento riservati per lo più nel mondo romano esclusivamente agli edifici pubblici.

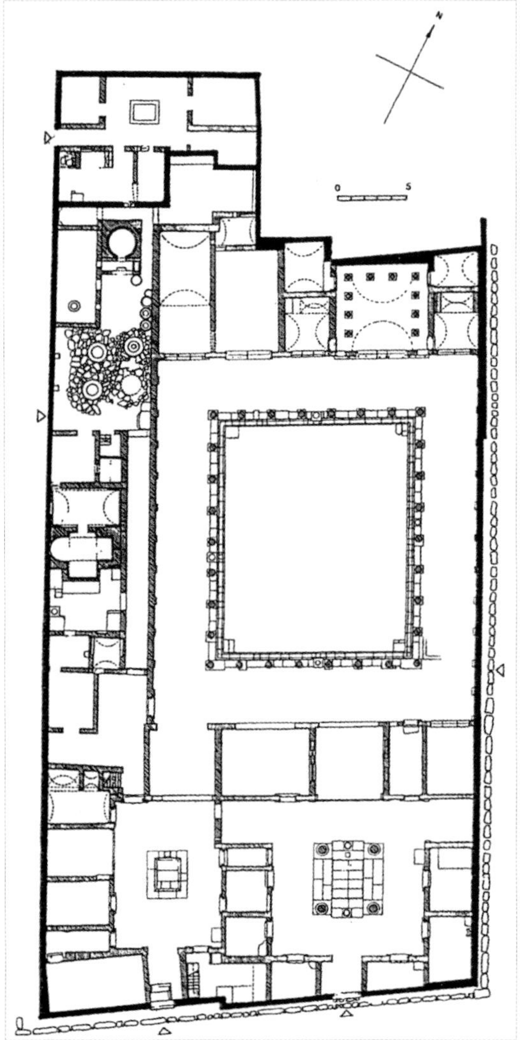

4. Pianta della casa del Labirinto a Pompei

Anche i sistemi decorativi cosiddetti di I e di II stile pompeiano, in maniera diversa tra loro, sono espressione effettiva di questo contesto ideologico e culturale. Il I stile, infatti, utilizzato fino allo scorcio del II secolo a.C., trasferendo nella casa un tipo decorativo riservato agli edifici pubblici, dichiara la rinnovata importanza sociale dell'abitazione, mentre attraverso l'imitazione della decorazione marmorea ne vuole esprimere con enfasi la ricchezza. Il II stile, invece, utilizzato fino al 30-20 a.C., inventando spazi aperti e strutture architettoniche, vuole dilatare la residenza in una sequenza di straordinari padiglioni ispirati idealmente alle residenze orientali. In sintesi si potrebbe dire che la reggia del mondo ellenistico, ovviamente filtrata attraverso la cultura e l'immaginario romani, finisce con il costituire il modello ideale della casa dell'aristocrazia.

Dal punto di vista architettonico il fenomeno più evidente, diffuso lungo il corso del II secolo a.C., è quello dell'aggiunta del peristilio alle case dei ceti medio-alti, ossia di un più o meno ampio spazio scoperto, tenuto a giardino, circondato da un porticato. Il peristilio diviene l'area più riservata della casa, su cui si aprono i vani più ricchi ed eleganti, in cui si incontrano ospiti assolutamente selezionati. Oltre alla moltiplicazione dei *triclinia*, le sale per i banchetti, assistiamo alla proliferazione di *oeci* e di *dietae*, sale polifunzionali, caratterizzate comunque da un alto livello di lusso nella decorazione di mosaici, pitture e statue. Insieme a questo diventa di uso sempre più diffuso, e simbolicamente più importante, l'elemento delle colonne, la cui preziosità è rapportata direttamente all'importanza del proprietario, e che richiama esplicitamente l'architettura pubblica. Durante il secolo successivo, poi, si diffonderà l'uso di ricavare quartieri termali all'interno delle grandi residenze private, un altro elemento che non solo esprime lusso e ricchezza, ma che incorpora nel privato un ambito architettonico e funzionale caratteristico del pubblico.

Tutto ciò non altera, comunque, la struttura della casa. L'inserimento del peristilio, infatti, ove possibile, viene realizzato come tappa ulteriore rispetto alla sequenza, per così dire canonica, di *fauces-atrium-tablinum*, cosicché appare come un quartiere nuovo della residenza, la quale mantiene intatta la sua funzionalità legata alle cerimonie e agli usi di tipo tradizionale. Tra i diversi esempi riscontrabili a Pompei, appare particolarmente efficace quello della cosiddetta casa dei Diadumeni [figura 3], databile alla seconda metà del II secolo a.C., in cui lo spazio verde aggiunto travalica la forma e la dimensione dell'*hortus*, ma non ha assunto la forma di un vero e proprio peristilio, mentre si pone particolare enfasi sull'uso delle colonne, che appaiono in numero di sedici attorno all'*impluvium*. Nello stesso periodo, troviamo la diffusione, ai livelli più alti della società pompeiana, di case con una doppia sequenza parallela di *fauces-atrium-tablinum*, che sfociano in un unico grande peristilio, destinate verosimilmente a modi differenti di ricevere. La casa del Labirinto, assegnabile alla metà del II secolo a.C., è uno degli esempi più chiari in questo senso [figura 4].

I riferimenti costanti a Pompei sono dovuti, naturalmente, alla situazione documentaria straordinaria che l'area vesuviana ha potuto presentare agli studiosi in seguito all'eruzione del 79 d.C. I fenomeni che qui possiamo mettere in luce attraverso una cospicua documentazione archeologica sono in realtà semplicemente un esempio di quelli che attraversano il mondo romano e naturalmente su massima scala la stessa città di Roma. Proprio per la capitale, infatti, le fonti letterarie ci consentono di seguire la crescente importanza della *domus* nello scontro politico e di capire come essa sia al centro dell'azione dei personaggi più in vista. Le dimensioni, lo sfarzo della decorazione, la volontà di connotarle sempre più secondo la maestosità degli edifici pubblici, in sostanza il tentativo di farle idealmente corrispondere a un grande palazzo del mondo ellenistico sono l'elemento portante dei grandi cambiamenti che riguardano in questo periodo i modi dell'abitare.

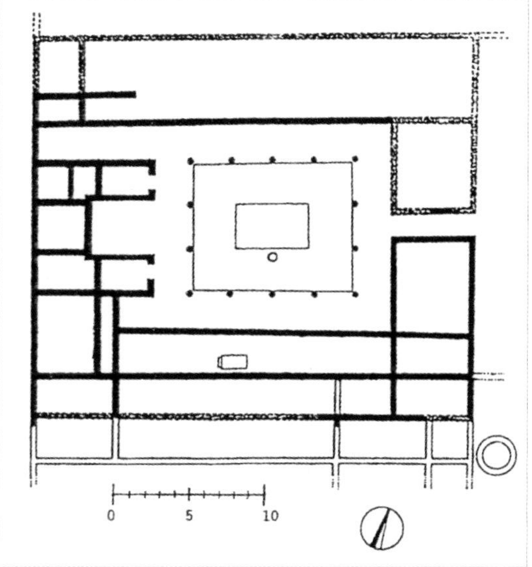

5. Pianta di una *domus* al di sotto della basilica cristiana ad Aquileia

L'instaurazione del regime augusteo e il conseguente nuovo corso culturale ebbero forti ripercussioni anche nel settore della tipologia residenziale, che significa poi dal punto di vista sociale dei modi dell'abitare. Non è possibile, né sarebbe corretto, stabilire un rapporto immediato di causa-effetto tra queste distinte sfere della società, ma non di meno occorre valutare come già durante la prima fase del I secolo d.C. si avverta un deciso cambiamento nella forma, per così dire canonica, della casa della classe dirigente. In qualche maniera connesso a questo cambiamento va considerato anche quello del sistema decorativo, dal momento che a partire dagli anni 30-20 a.C. subentra il cosiddetto III stile pompeiano, che si differenzia dai due precedenti, proprio per il suo intento decorativo, ossia per la cessazione della volontà di trasformare la casa in altro da sé.

L'instaurazione dell'impero, inoltre, e la conseguente pace sociale, comporta il rafforzamento delle aristocrazie locali e insieme l'emersione di un nuovo ceto caratterizzato da una crescente forza economica, che riesce ora a trovare posto ai vertici della società. Il cambiamento nell'abitare percorre quindi direzioni diverse, a cui si affianca anche una nuova edilizia per i ceti medi. La tendenza più importante, in ogni caso, è quella dell'accantonamento e se si vuole del superamento della casa ad atrio, che almeno da quattro secoli aveva soddisfatto le esigenze dell'aristocrazia dominante. Ciò non significa, naturalmente, che sia cessata la necessità di utilizzare la casa ai fini della propria azione sociale, e quindi siano venute meno le esigenze di rappresentanza in essa espresse, bensì sono cambiate le forme attraverso cui si cerca di soddisfarle. La *domus* ora tende a organizzarsi intorno a una corte scoperta o parzialmente scoperta, quando non direttamente attorno al peristilio. Non si tratta naturalmente di un semplice mutamento formale, dal momento che – come abbiamo visto – l'asse *fauces-atrium-tablinum* corrispondeva a istanze sociali e ideologiche ben precise. L'esibizione del lusso e della ricchezza in ogni aspetto della *domus*, e quindi dall'articolazione planimetrica agli aspetti della decorazione pittorica, musiva e scultorea, rimane un fattore decisivo e vincolante per la nuova classe dirigente, ma assume altre forme espressive.

Ancora una volta le evidenze archeologiche vanno cercate, per ovvie questioni contingenti, al di fuori di Roma. Ad Aquileia, ad esempio, sembra risalire alla prima metà del I secolo d.C. la *domus* rinvenuta al di sotto della basilica cristiana [figura 5]. Benché in apparenza la casa sia rimasta fedele all'organizzazione tradizionale, in realtà il cambiamento risulta tale da destrutturare la vecchia abitazione, dal momento che l'atrio è stato sostituito da un peristilio e, in maniera coerente, un grande e lussuoso *triclinium* ha preso il posto del *tablinum*. Nell'ambito dell'iterazione del lusso ci troviamo, tuttavia, di fronte a una diversa e nuova maniera di ricevere e quindi di relazionarsi con la società all'interno della propria casa.

Un'altra direzione del cambiamento è invece quella segnata dal trasferimento nella *domus* di apprestamenti architettonici e apparati decorativi tipici fino a questo momento della villa d'ozio, ossia delle grandi e lussuose residenze extraurbane. Un esempio assai significativo in questo senso è offerto dalla casa di Octavius Quartio a Pompei [figura 6]. Si tratta di una casa ad atrio di tipo tradizionale, che viene modificata in età neroniana. Ancora una volta vediamo significativamente l'eliminazione del *tablinum*, che viene sostituito da un *viridarium*, ossia un piccolo ed elegante giardino. Un altro elemento importante è dato dall'inserimento di uno spazio sacro, dedicato in questo caso al culto di Iside, aperto sul *viridarium* stesso. Grandissimo rilievo assume, infine, la parte posteriore, caratterizzata da un portico rialzato rispetto al grande giar-

6. Pianta della casa di *Octavius Quartio* a Pompei

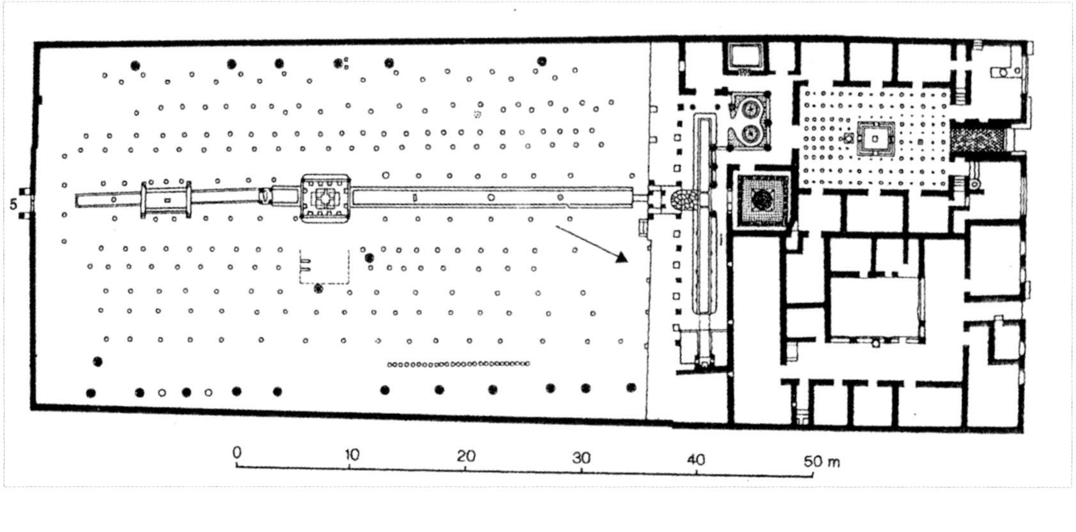

7. Caseggiato presso l'*Aracoeli* a Roma

dino sottostante e attraversato da un euripo, ossia da un piccolo canale artificiale, che termina dinanzi a un ricco *oecus*. Un altro canale perpendicolare a questo attraversa longitudinalmente anche tutto il giardino. Ci troviamo di fronte, quindi, alla destrutturazione della casa di tipo tradizionale, con la sostituzione di una residenza nuova, in cui gli spazi verdi, i giochi d'acqua e i vani residenziali caratterizzati da un grande lusso divengono l'elemento principale. Proprio l'interazione tra architettura e spazio verde, ossia tra strutture e paesaggio artificiale, e l'utilizzo dell'acqua come elemento decorativo, ordinata da canali e fontane, costituiscono gli elementi che la *domus* acquisisce dall'architettura delle ville.

Per molti motivi disponiamo di una minore quantità di dati, e anche di studi, sulle abitazioni dei ceti bassi della società. Negli ultimi anni, tuttavia, sono stati fatti progressi in questo senso, in particolare per ciò che riguarda i grandi fabbricati, in cui si ricavano vari alloggi per le famiglie. Naturalmente Roma conobbe per prima il problema dell'inurbazione, e quindi della necessità di provvedere a numerosi nuovi alloggi per i ceti popolari. La soluzione venne trovata anche attraverso la moltiplicazione dei piani, così da ottenere molti più appartamenti su una medesima porzione di terreno, con i conseguenti immaginabili problemi, sia di ordine strutturale, che più in generale di tipo urbanistico. Un esempio piuttosto chiaro, ancora visibile a Roma, e databile alla seconda metà del II secolo d.C., è quello che sorge alle pendici del Campidoglio, nei pressi della scalinata dell'*Aracoeli* [figura 7]. A piano terra, intorno a una corte porticata, si apriva una serie di botteghe, mentre gli appartamenti si susseguivano almeno fino al quarto piano.

Numerosi esempi di queste grandi strutture residenziali di carattere popolare sono stati recuperati a Ostia. In generale i complessi sono organizzati attorno a una corte centrale scoperta, che funziona come pozzo di luce e di aria, circondata sui quattro lati da una sequenza di piccoli appartamenti, spesso di uno-tre vani, disposti su più piani, a cui si accede mediante una scalinata centrale. Il caseggiato del Larario, assegnabile al II secolo d.C. [figura 8], è uno dei vari esempi possibili.

Naturalmente è molto difficile definire una tipologia delle residenze popolari, dal momento che sono assolutamente vincolate alle situazioni locali e quindi sottoposte a una grande varietà di soluzioni.

Durante la fase medioimperiale, e ancora di più lungo l'età tardoantica, si potenzia in ogni regione dell'impero la tendenza alla trasformazione in villa della *domus*, e quindi all'allargamento dimensionale e all'esibizione di un lusso sempre maggiore. Ma, soprattutto, in età tardoantica si afferma anche la tendenza a valorizzare la villa, e quindi il centro dei grandi possessi fondiari, quale residenza fissa da parte della classe dirigente. Come vedremo, ormai, il modello della *domus* così come quello della villa è di fatto il *palatium*, ossia la residenza di tipo palaziale del sovrano.

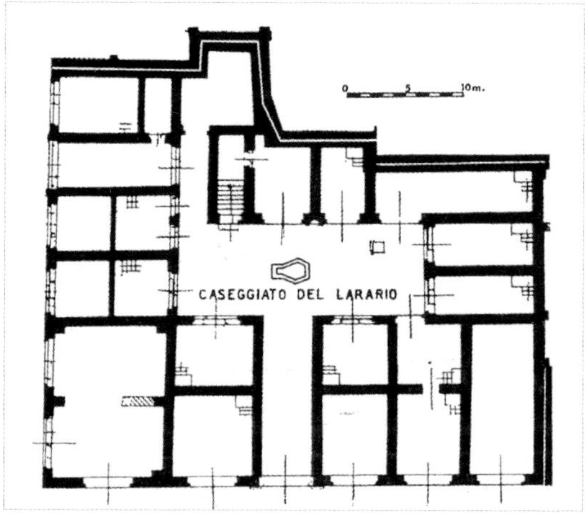

8. Pianta del caseggiato del Larario ad Ostia

4. Il funerale e la tomba

Mauro Menichetti

La morte è un fatto sociale, l'estremo rito di passaggio che l'individuo compie nel quadro del proprio gruppo sociale e tutto ciò che accompagna l'acquisizione dello statuto del defunto, vale a dire il funerale e la tomba con tutto il contorno di elementi rituali, esprime il rapporto che lo stesso defunto o il suo gruppo familiare intendono istituire con il resto della società. Proprio per questo le forme del rituale funerario sono assai varie e mutano profondamente nelle diverse epoche. Inoltre la drammaticità individuale e sociale della morte ha spinto a elaborare fin da epoca antichissima credenze, rituali, miti e forme religiose in grado di attenuare l'angoscia e il dolore prodotti dall'irruzione della morte nel corso dell'esistenza. Nel mondo antico di cui ci occupiamo troviamo in generale almeno tre grandi modelli entro cui la morte è stata inquadrata e per così dire controllata: la sua assimilazione al ciclo agrario, al viaggio pericoloso e, infine, al sonno, modi diversi ma sostanzialmente convergenti nell'esprimere la speranza di morte e rinascita, di un approdo favorevole e di un risveglio finale.

All'inizio dell'età del Ferro la cultura laziale si distingue dal confinante mondo etrusco per l'assenza nel rituale funerario del tipico vaso biconico villanoviano [figura 3, pagina 44]; troviamo invece una marcata presenza delle urnette a forma di capanna [figura 7, pagina 47], diffuse peraltro anche nel mondo etrusco, unitamente al rituale della miniaturizzazione delle armi: l'incinerazione del defunto, la rappresentazione della casa e la dedica perenne delle armi concorrono a segnalare una avviata stratificazione sociale basata anche su un privilegiato rapporto con la sfera della morte. Le grandi tombe a tumulo di epoca orientalizzante accomunano le ormai affermate aristocrazie etrusco-laziali nel segnalare il possesso del territorio, l'importanza del gruppo familiare, l'ostentazione del lusso funerario, a partire dai rituali che accompagnano il trasporto del defunto fino alla sua deposizione nella tomba ove si accumulano sontuosi beni il cui prestigio aumenta anche in relazione all'esotismo. La strutturazione della forma urbana reca con sé anche una tendenziale isonomia contraria alle manifestazioni più eclatanti del lusso, compreso quello funerario, in quanto accomunate all'ideologia tirannica: ecco dunque che nel corso del VI secolo a.C. vediamo progressivamente scomparire la documentazione funeraria in area laziale fino a culminare nelle esplicite norme delle XII tavole, alla metà del secolo successivo, che ora regolano l'ostentazione funeraria.

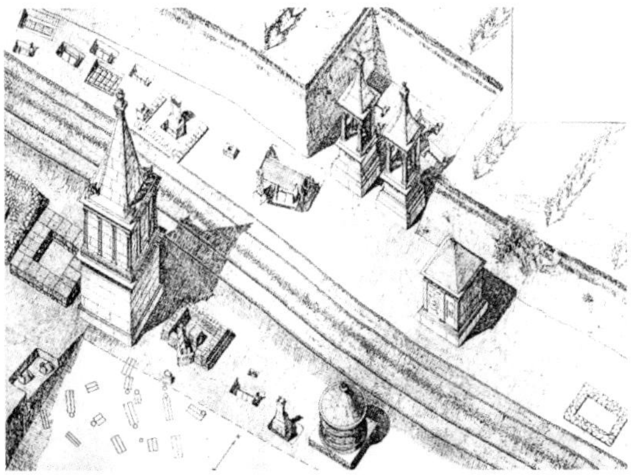

1. Disegno ricostruttivo della necropoli di Sarsina

La documentazione funeraria riprende in modo significativo nel corso del IV secolo a.C. quando ricompaiono necropoli con urnette e sarcofagi in cui sono attestate sia l'incinerazione che l'inumazione. Non mancano i primi segni di una decisa spinta alla monumentalizzazione del sepolcro come vediamo a Roma nelle tombe a camera dell'Esquilino o in quelle ipogee lungo la via Appia, a partire dalla celebre tomba degli Scipioni realizzata agli inizi del III secolo a.C. e ospitante in origine il sepolcro a forma di altare del console Cornelio Scipione Barbato [figure 16-18, pagina 74]. Su questo sfondo dobbiamo collocare la seppur successiva descrizione di Polibio (*Storie*, VI, 53) relativa al funerale romano con la

sua sequenza di esposizioni del defunto nell'atrio della casa, la processione verso il Foro comprendente i parenti con le maschere degli antenati, la lettura dell'*elogium* del defunto che ne esalta la *virtus*. Va inoltre ricordato che il calendario romano includeva precisi periodi dedicati ai defunti come la festa dei *Parentalia* a febbraio, quella dei *Rosalia* tra maggio e giugno e, soprattutto, i *Lemuria* di maggio, quando le anime dei defunti potevano vagare per alcuni giorni in mezzo ai vivi.
I cambiamenti che accompagnano gli ultimi due secoli della repubblica, in connessione alla forte competizione sociale e alla *Asiatica luxuria*, determinano mutamenti radicali anche nella sfera funeraria. Possiamo individuare un duplice processo: da un lato la spinta verso il sepolcro individuale, simbolo di eroizzazione, dall'altro l'emergere di una vera e propria classe media che trova nel sepolcro familiare un mezzo di promozione sociale. Tipiche al riguardo divengono le cosiddette "vie delle tombe", a partire dalla fine del II secolo a.C., disposte lungo le principali vie di comunicazione, subito fuori dalle città, e bordate da una continua fila di sepolcri dotati di finestre e nicchie da cui sporgono i ritratti funerari dei gruppi familiari, soprattutto liberti, che esprimono in primo luogo un'immagine sociale diretta ai passanti esibendo lo *status* di *civis romanus*, collegato al matrimonio legittimo e ai figli liberi, condizione simboleggiata dalla toga e finanche dalla corretta pettinatura. Questa immagine sociale del defunto nel corso dell'età augustea si diffonde nell'Italia settentrionale e nelle province occidentali [figura 1]. Ma l'epoca delle guerre civili porta con sé, come si è detto, anche una forte attenzione al sepolcro individuale come mezzo di esaltazione della *virtus*, fino a sfociare in una vera e propria eroizzazione. I monumenti funerari di Paestum con trofei militari ci offrono testimonianza di questo processo in una città di provincia mentre a Roma tra gli esempi più antichi troviamo la tomba a forma di altare con basamento a dado di Sulpicio Galba eret-

2. A sinistra disegno della tomba a edicola di *Aefionius Rufus* a Sarsina e, a destra, monumento funerario dei *Giulii* a Saint-Rémy, Gallia

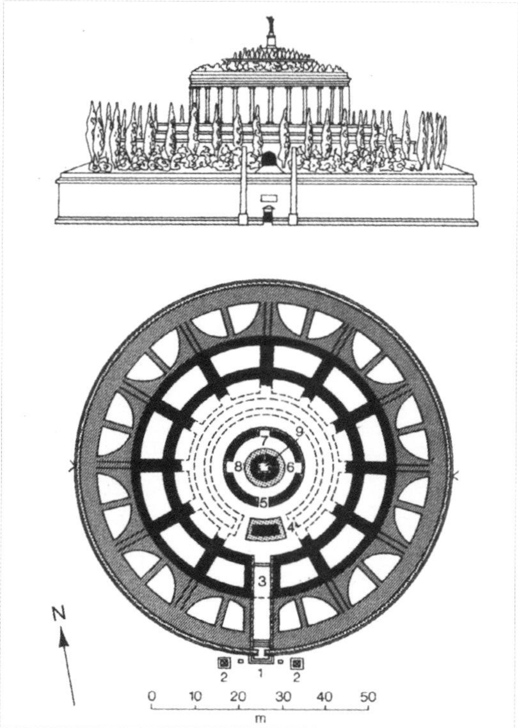

3. Ricostruzione e pianta del mausoleo di Augusto, Roma

4. Tomba a piramide di Caio Cestio, Roma

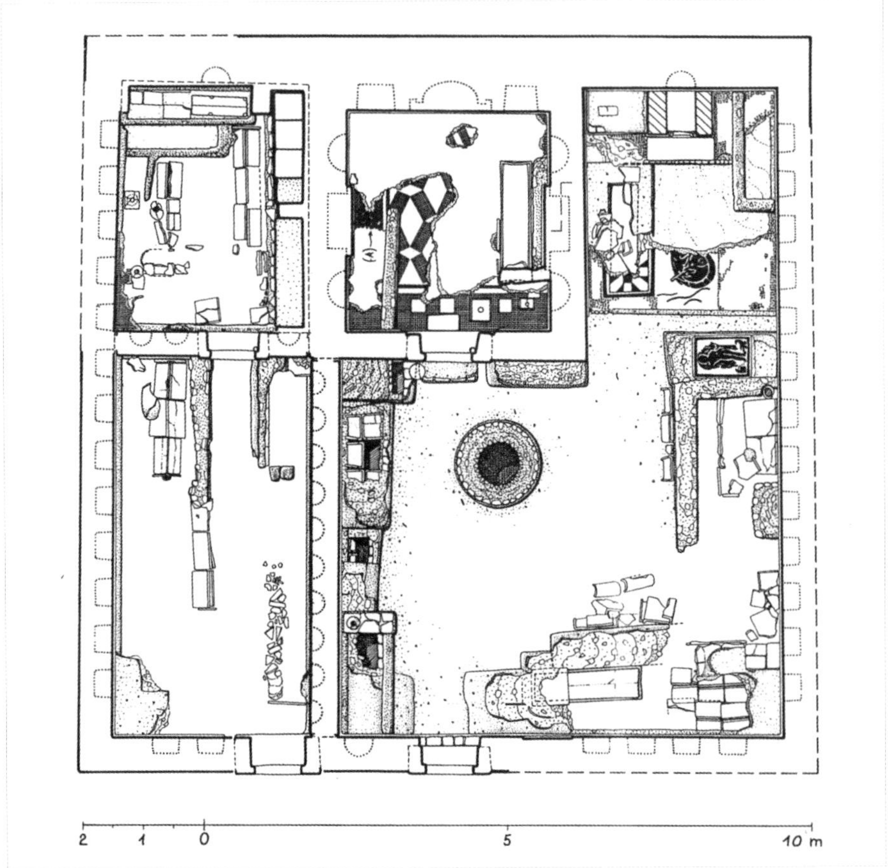

5. Pianta di due tombe a recinto dalla necropoli di Porto, Isola Sacra, Ostia

ta nel 108 a.C. presso i magazzini (*horrea Galbana*) fatti costruire dallo stesso console. Alla stessa idea della tomba-altare, o comunque caratterizzata da un innalzamento, rimandano anche i sepolcri con coronamento a fregio dorico, con facciata a edicola coronata da pinnacoli o anche con *tholos* contenente le statue del defunto e dei suoi familiari, [figura 2, a sinistra]. Un monumento come quello dei *Giulii* a Saint-Rémy, in Gallia [figura 2, a destra], testimonia la diffusione e la rielaborazione di questi modelli nelle province. Altre varianti comprendono un basamento a dado sormontato da una torre, come nel cosiddetto sepolcro di Pompeo ad Albano, che si diffonde poi anche in Africa, oppure un sepolcro cilindrico sormontato da una torre o un tumulo, di derivazione ellenistica, che troviamo ad esempio nella tomba di Munazio Planco a Gaeta o di Cecilia Metella sulla via Appia. A questi modelli ellenistici si richiama, fin dal nome, il grandioso mausoleo di Augusto [figura 3], con doppio tamburo di 87 metri di diametro coronato da cipressi e dalla sua statua colossale, che peraltro riprende anche la tradizione del tumulo sentita come indigena. Con l'età augustea si chiude anche l'epoca della sfrenata esaltazione individuale assegnata al sepolcro come mostrano gli esempi isolati della tomba a forma di piramide di Caio Cestio [figura 4] e il sepolcro monumentale del fornaio Eurisace, entrambi a Roma [vedi figure 27-28, pagina 155].

A partire dal I secolo d.C. assistiamo alla diffusione di tombe in laterizio che rivelano un totale cambiamento di struttura: infatti, mentre in precedenza le "vie delle tombe" si aprivano sulle strade per veicolare un messaggio politico, ora le tombe si presentano chiuse da recinti [figura 5] con all'interno tutto l'occorrente per le cerimonie funebri – altari, fontane, sale per banchetti – officiate dal gruppo ristretto dei familiari o di *collegia*. Come si vede, il nuovo ordine imperiale favorisce il ripiegamento sulla sfera individuale – in cui rientra anche la nuova rappresentazione della propria attività artigianale che troverà ampio spazio nelle province – da cui deriva l'idea del sepolcro come luogo ameno e privato, simile a una casa o a un tempio, ove il defunto è spesso rappresentato a banchetto sulla *kline* e ove si coltivano speranze di resurrezione affidate alle decorazioni degli altari, dei sarcofagi, degli stucchi e delle pitture parietali. In questa prospettiva, che prevede anche la prevalenza dell'inumazione testimoniata dall'ampio uso dei sarcofagi dalla prima metà del II secolo d.C., assumono grande importanza il linguaggio allegorico del mito [figura 6] con le storie esemplari di Dioniso, di Fedra, delle Muse, di Medea, di Alceste, di Adone, oppure le simbologie di *aeternitas* affidate alle stagioni o al circo, o ancora la cosiddetta "religione della cultura" che pone in primo piano il filosofo e gli strumenti del sapere, come il libro e la scrittura, a simbolo di uno stile di vita in grado di garantire il superamento della morte. Per misurare la diffusione e l'importanza di questo aspetto basti pensare agli esempi rappresentati dai ritratti dall'oasi del Fayum – con il defunto che sfoggia lo stilo per scrivere e che rimanda a una cultura elevata grecoromana che coniuga la locale tradizione religiosa e culturale –, dalla tomba-biblioteca di Celso a Efeso e dalla sepoltura dell'imperatore Traiano, posta alla base della celebre colonna, circondata da una biblioteca. Peraltro si può solo qui accennare a come lo sviluppo economico e politico delle province faccia emergere aspetti nuovi e diversificati anche nel campo della sfera funeraria come mostrano, sempre a titolo di esempio, gli straordinari ipogei di Alessandria d'Egitto, la diffusione delle "vie delle tombe" in Grecia e in Oriente a partire dal II secolo d.C. e le monumentali tombe rupestri di Petra.

Un altro aspetto caratterizzante la fase imperiale riguarda la diffusione, soprattutto a Roma e nell'area campana, dei *colombaria*. Va ricordato che per ogni epoca, accanto alle tombe che hanno lasciato una traccia archeologica, dobbiamo collocare una massa per noi quasi invisibile di sepolture semplici, poste nella nuda terra. I *colombaria* [figura 7] sono grandi apprestamenti ipogei con un reticolo di corridoi e pareti scavate da centinaia di piccole nicchie contenenti le urnette dei defunti. Questo tipo di deposizione viene incontro al desiderio di un vasto strato di popolazione di possedere una sepoltura resa economicamente accessibile anche grazie alla gestione da parte di *collegia funeraticia*. Inoltre queste strutture ipogee si prestano anche a ospitare

6. Sarcofago con Muse, Roma, Museo Nazionale Romano

7. Interno del colombario di Pomponio Hylas a Roma

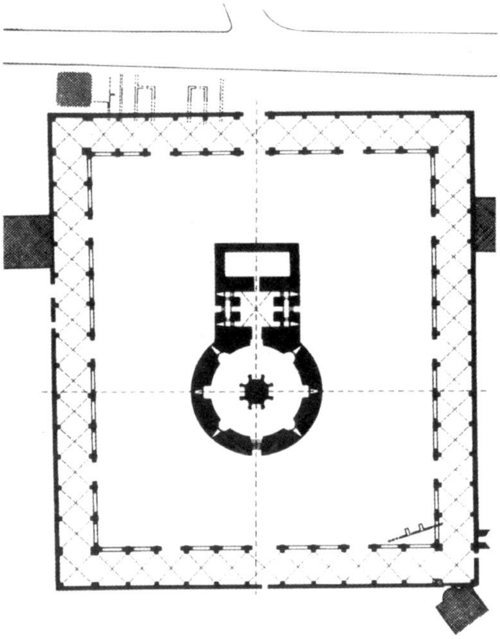

8. Pianta del mausoleo di Massenzio presso la via Appia a Roma

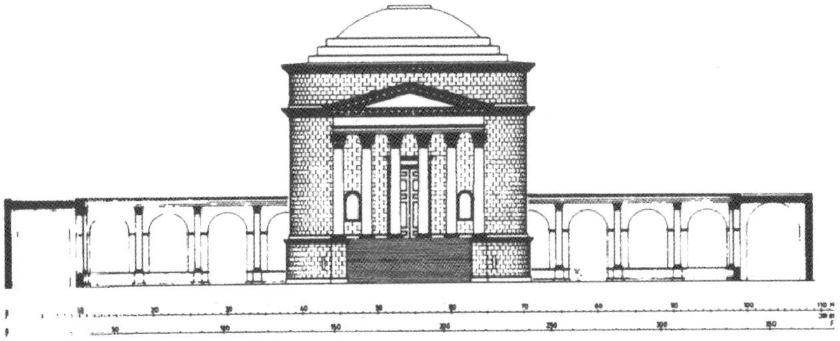

9. Ricostruzione grafica del mausoleo di Massenzio

defunti accomunati dai tanti nuovi credi religiosi, soprattutto di provenienza orientale, che si diffondono in età imperiale, comprese le catacombe del cristianesimo primitivo. Anche in sepolture di questo genere ritroviamo una stratificazione sociale avvertibile dalla presenza, accanto alle nicchie, di apprestamenti più ampi, gli arcosoli, decorati con stucchi e pitture che, nel caso delle catacombe, testimoniano il formarsi della più antica iconografia cristiana comprendente, ad esempio, Daniele tra i leoni, il Buon Pastore, il Cristo e la relativa simbologia come nel caso dei pesci.
L'iconografia del funerale imperiale insiste sulla cremazione del corpo dell'imperatore da cui deve librarsi in volo l'aquila simbolo della sua apoteosi [figura 20, pagina 171], come si vede anche nei rilievi del grande sepolcro della famiglia degli *Haterii* a Roma. La sepoltura dell'imperatore Adriano, corrispondente all'attuale Castel Sant'Angelo, mostra come il modello augusteo continui a essere un punto di riferimento per tutto il II secolo d.C. Le turbolenze ed i cambiamenti succedutisi nel corso del III secolo d.C. da un lato mettono fine alla rappresentazione "borghese" del sepolcro con il ritratto individuale e, dall'altro lato, richiedono l'elaborazione di nuovi e più convincenti rituali annessi alla figura imperiale che vediamo consolidarsi in età tetrarchica e soprattutto con Costantino. Il suo sepolcro, probabilmente corrispondente al monumento in località Tor Pignattara sulla via Labicana [figura 44, pagina 238], testimonia il nuovo modello della tomba circolare a volta ora collocato generalmente presso la basilica e il circo, in una complessiva allusione all'*aeternitas*, come vediamo ad esempio anche a proposito del mausoleo di Massenzio [figure 8-9]. Tale idea viene ora rafforzata dalla concezione dell'imperatore porfirogenito, nato dal porfido usato nei sepolcri della famiglia imperiale e pensato, per il suo colore, simile alla porpora.

5. Il trionfo e i bottini d'arte

Mauro Menichetti

Le fonti antiche (Dionigi d'Alicarnasso, *Antichità romane*, III 61-62; Strabone, *Geografia*, V 2,2; Plutarco, *Vite parallele, Romolo*, XXVI; *Numa*, VII) riferiscono concordemente che le insegne del potere regale e del trionfo giunsero a Roma dal mondo etrusco [figura 1] durante il regno di Tarquinio Prisco, anche se il trionfo più antico viene identificato con quello di Romolo (Plutarco, *Vite parallele, Romolo*, XVII 4) che dedica le armi (*spolia opima*) tolte al re sabino Acrone a Giove Feretrio sul Campidoglio. Appare probabile che la fase della monarchia etrusca di Roma abbia costituito un momento fondamentale per la strutturazione dei rituali del potere arcaico, compreso quello del trionfo, nel quadro di una rifondazione simbolica della città e di una specializzazione degli spazi urbani per cui in una zona del Campo Marzio, probabilmente appartenuta ai Tarquini, viene ora fissata la celebrazione di *ludi* connessi anche alle cerimonie trionfali [figura 6, pagina 80]. In ogni caso il rituale del trionfo ha radici antichissime e si connette da un lato alle forme religiose custodite dal collegio sacerdotale dei Salii e, dall'altro lato, ai rituali della vittoria in guerra. Nel primo caso il trionfo si collega ai riti di iniziazione militare dei giovani; nel secondo caso il trionfo discende dalle diverse forme più o meno ritualizzate che in tutta l'Italia antica marcano il destino vittorioso del guerriero. In questa prospettiva una documentazione particolarmente importante è costituita da tutte quelle rappresentazioni di cortei militari, spesso includenti personaggi su carro affiancati da opliti armati, che ricorrono nel mondo etrusco-laziale almeno a partire dalla seconda metà dell'VIII secolo a.C. e che trovano una sorta di canonizzazione nelle lastre delle *regiae* di cosiddetta prima fase. Un cinerario bronzeo da Bisenzio con figurette applicate comprendenti anche una pompa militare con prigioniero ci restituisce una delle più antiche rappresentazioni trionfali mentre una lastra da Praeneste [figura 2] ci documenta, ad esempio, la strutturazione ormai in corso del rituale del trionfo con il protagonista posto su carro con cavalli alati e circondato da opliti e assistenti tra cui il portatore di lituo simbolo del potere politico e religioso detenuto dallo stesso trionfatore. Conosciamo per Roma il percorso classico della pompa trionfale che muoveva dall'area extraurbana della *villa Publica* nel Campo Marzio, proseguiva verso il circo Massimo, attraversava le mura presso la porta *Triumphalis* seguendo il percorso della via Sacra ancor oggi richiamato significativamente dagli archi trionfali di Costantino e di Tito, penetrava nel Foro e si concludeva nel tempio di Giove Capitolino sul Campidoglio ove il trionfatore per un giorno poteva essere as-

1. Particolare degli affreschi della tomba François di Vulci con *Vel Saties* in veste di trionfatore, Roma, già Villa Albani, Collezione Torlonia

2. Sima frontonale da Praeneste, Roma, Museo Nazionale Etrusco di Villa Giulia

3. Cratere bronzeo con iscrizione di Mitridate *Eupator* VI re del Ponto, Roma, Musei Capitolini

similato alla massima figura divina.

Il sapore tirannico del trionfo assume nella prima età repubblicana le forme meno fastose della cerimonia dell'*ovatio* ma, successivamente, le fonti letterarie forniscono ampia attestazione per i grandiosi trionfi sempre più in linea con la tradizione ellenistica che accompagnano la formazione dell'impero mediterraneo di Roma. Al IV-III secolo a.C. risalgono i primi monumenti dedicati dai trionfatori, come avviene ad esempio per le *columnae rostratae* che esponevano i rostri delle navi sconfitte, o le rappresentazioni pittoriche più antiche collegate alla sfera del trionfo, come avviene per i dipinti del tempio di *Salus* nel 303 a.C., opera di Fabius Pictor, per noi perdute ma di cui forse possediamo un riflesso nel celebre frammento pittorico con scene militari sovrapposte dall'Esquilino [figura 12, pagina 71]; possiamo richiamare ancora l'esempio della *tabula Valeria* che celebrava le vittorie di M. Valerius Messalla sui Cartaginesi e i loro alleati. La genesi di questo tipo di rappresentazione, cosiddetta "storica", che comprende anche i *pegmata* (scenari mobili) e che arriva fino ai fregi delle colonne coclidi imperiali, va ricercata da un lato nei *commentarii* che i magistrati inviavano al Senato di Roma per aggiornare quest'ultimo sugli eventi in corso e, dall'altro lato, nell'arte greca che, dopo alcuni rari precedenti di età classica, aveva sviluppato la rappresentazione di battaglie ed eventi reali sulla spinta delle esigenze propagandistiche delle corti dinastiche ellenistiche.

Parallelamente alle notizie sui trionfi, le fonti letterarie ci forniscono anche ampia attestazione sui bottini di guerra che permettono l'afflusso a Roma di ingenti ricchezze e opere d'arte di ogni tipo. Possiamo richiamare, a solo titolo esemplificativo, gli scudi dorati appesi alle *tabernae* del Foro Romano da L. Papirio Cursore nel 310 a.C. dopo la vittoria sui Sanniti; la statua colossale di Giove che qualche decennio dopo Spurio Carvilio dedica sul Campidoglio grazie alle armature sottratte ai Sanniti; la dedica nel santuario di *Fortuna* e *Mater Matuta* a Roma nel 264 a.C. da parte di Fulvio Flacco di un monumento che ricordava la presa di Volsinii da cui erano state trafugate secondo la tradizione duemila statue bronzee. Un'ulteriore accelerazione di questo processo avviene con la presa di Siracusa nel 212 a.C. a opera di Marcello e, subito dopo, con la presa di Taranto nel 209 a seguito della quale Fabio Massimo trasporta a Roma l'Ercole di Lisippo e lo dedica sul Campidoglio insieme a un suo monumento equestre. Di seguito possiamo almeno richiamare il trionfo durato tre giorni di Flaminino nel 194 a.C. su Filippo V di Macedonia che vede l'afflusso a Roma di numerose statue e vasi preziosi [figura 3]; le vittorie contro Antioco III di Siria nel 190 a.C. che secondo Plinio (*Naturalis Historia*, XXXIX, 34) segnano addirittura la fine delle statue lignee e in terracotta a Roma; la vendita del bottino di Corinto a opera di L. Mummio nel 146 a.C. e, nello stesso anno, l'arrivo a Roma del gruppo di Lisippo raffigurante Alessandro al Granico per il trionfo di Q. Metello Macedonico. Cicerone (*In Verrem actio secunda*, IV, 24 seguenti) ricorda come Verre in Sicilia aveva messo all'opera una squadra di artigiani che staccava rilievi da coppe in oro e argento e li ricomponeva in un nuovo vasellame.

Gli attributi canonici del trionfo [figura 1] comprendono la tunica palmata e la toga *picta*, entrambe decorate con fili d'oro, il volto del trionfatore coperto di minio dal colore rosso simile al cinabro della statua di Giove Capitolino, lo scettro sovrastato dall'aquila, la bulla al collo, il carro preziosamente decorato su cui trova posto il *servus publicus* che porge la corona al trionfatore. La fastosità e l'importanza che il trionfo assume nel quadro delle lotte politiche in età tardorepubblicana favoriscono la creazione di nuove tipologie monumentali che traggono ispirazione anche dai modelli delle corti ellenistiche. Un esempio letterario ci viene fornito dalla descrizione redatta da Ateneo (*I Deipnosofisti*, V 197C-203B) relativamente alla processione trionfale in occasione dei giochi organizzati ad Alessandria da Tolomeo II Filadelfo in onore del padre Tolomeo Soter. In particolare si possono ricordare almeno i trofei di armi che con Mario e Silla [figura 29, pagina 106] assumono un ruolo primario nella celebrazione delle loro vittorie. A questo proposito va ricordato il recente ritrovamento a Cheronea, in Beozia, di un trofeo di Silla con dedica ad Ares, Nike e Afrodite per la vittoria su Mitridate e i suoi alleati.

L'*arcus triumphalis* costituisce il più caratteristico monumento legato al trionfo. Gli esempi più antichi risalgono all'età tardorepubblicana e nelle fonti letterarie appaiono indistintamente con i termini di *arcus* o *fornix* come avviene per i *fornices* di L. Stertinius elevati nel 196 a.C., per l'arco di Scipione Africano costruito sul Campidoglio nel 190 a.C., per il *fornix* di Q. Fabio Massimo posto nel Foro nel 120 a.C. Probabilmente in origine l'arco individua un punto di passaggio di particolare rilevanza per poi sganciarsi da questa funzione parallelamente all'attenzione sempre più rivolta alla decorazione dell'alzato comprendente le statue addossate alle colonne o ai pilastri, i pannelli delle facciate, i gruppi statuari posti a coronamento dell'attico. In età imperiale l'arco si diffonde in tutte le province romane – ne conosciamo oltre quattrocento – e diviene un motivo tipico del paesaggio urbano e della simbologia imperiale a partire dai celebri modelli degli archi di Tito [figura 4], di Settimio Severo e di Costantino elevati nella capitale.

4. Arco di Tito, Foro romano

Il teatro di Pompeo e il Foro di Cesare [figura 14, pagina 87 e figura 17, pagina 89] anticipano l'organizzazione di grandi spazi pubblici che celebrano la vittoria e il potere tipici dell'età imperiale. In effetti, a partire da Augusto, è difficile delimitare gli spazi, la tipologia e la simbologia del trionfo e della vittoria. Tutta la città diviene una sorta di grande scenografia del potere imperiale che trova i suoi punti nevralgici nelle piazze – come nei fori imperiali a Roma –, nelle basiliche, nei teatri e anfiteatri, nelle terme, nei parchi e negli *horti*. L'immagine dell'imperatore diviene onnipresente e costantemente accompagnata dalle figure di Vittoria, dal globo che simboleggia il dominio sull'*oikoumene*, dai barbari schiacciati dal dominio di Roma [figura 5; vedi anche figura 23, pagina 131]. Già i condottieri della tarda repubblica si erano presentati come i favoriti di particolari divinità, un modello poi costantemente adoperato dagli imperatori che, nel quadro della tendenza alla divinizzazione, si vantano della protezione di Venere-Afrodite, di Apollo, di Marte, di Ercole o di Achille. Lo stesso nome di *Augustus*, che poi transita a tutta la nomenclatura imperiale, rimanda al potere religioso dell'àugure e all'idea di felicità e accrescimento. Inoltre la figura imperia-

5. Tazza da Boscoreale, già Parigi, Collezione Rothschild

6. Dittico Barberini con rappresentazione dell'*adventus* dell'imperatore, già Parigi, Musée du Louvre

le si ammanta di attributi trionfali quali la corona di alloro o di quercia o di mirto poi tradotta in oro e gemme e, successivamente, la corona radiata alludente al sole fino al diadema regale di Costantino. I momenti salienti delle virtù trionfali dell'imperatore sono ben sintetizzati nelle scene visibili nei pannelli degli archi trionfali che illustrano gli interventi imperiali in pace e in guerra. La rappresentazione dell'*adventus* [figura 6], vale a dire il ritorno vittorioso dell'imperatore, assume gradualmente un particolare rilievo nell'iconografia imperiale fino a fissarsi in un vero e proprio genere letterario e iconografico in età tardoantica. L'età tetrarchica appare in questo senso un punto di svolta in cui si forma la concezione che vede nell'*adventus* dell'imperatore la manifestazione del suo potere di apportare sicurezza alla città e al territorio, di mantenere la *pietas* con gli dèi e, soprattutto, di presentarsi come una epifania, un *deus praesens*. Tutto ciò sarà ulteriormente rielaborato alla luce della nuova religione cristiana che condiziona la simbologia imperiale a partire da Costantino. In ogni caso l'ingresso nelle capitali di Roma e Costantinopoli rappresenta l'ultima grande versione del trionfo romano e l'occasione più importante per l'apparizione della figura imperiale. Va sottolineato che la visione dell'imperatore e dei suoi attributi di potere diviene sempre più un fatto controllato e sottomesso a un rigido protocollo cerimoniale che prevede differenti gradi di accesso. Di tutto questo apparato saranno grandemente debitori le rappresentazioni del potere medievale e della Chiesa cristiana.

6. I luoghi dell'*otium*

Gian Luca Grassigli

Nel corso degli anni sono state proposte numerose definizioni di villa. Nessuna, tuttavia, è risultata capace di definire in maniera stringente e insieme esaustiva questa categoria architettonica. La varietà tipologica, funzionale, planimetrica, nonché di inserimento nel paesaggio rende accettabili solamente definizioni di carattere generale. D'altra parte le fonti latine, numerose ma differenti tra loro sia per cronologia sia per natura, variando dalla manualistica, ai vagheggiamenti letterari, a narrazioni storiche o cronachistiche, non offrono, a loro volta, una definizione univoca. Così occorre riferirsi alla villa come alla grande residenza di campagna della classe dirigente, quale corrispettivo agreste della dimora urbana, ossia la *domus*, in qualche modo sempre funzionale non solo al soggiorno in campagna, e quindi all'*otium*, ma anche ad attività economiche, quali soprattutto l'agricoltura e l'allevamento.

Solo una definizione così generica è in grado di comprendere una serie di edifici così vasta e di valere, inoltre, per nove secoli; tanto, infatti, è la durata di quella realtà architettonica, produttiva e residenziale, che possiamo definire con il nome di villa.

Oltre alla definizione, l'archeologia si è interrogata a lungo sulle origini della villa stessa, dibattendo generalmente tra un'origine italica o etrusco-italica ed una derivazione dal mondo greco-orientale, senza giungere per altro a una conclusione condivisa. Conviene, in ogni caso, indagare la questione dell'origine non tanto dal punto di vista degli aspetti formali, ossia della morfologia della villa, quanto piuttosto da quello delle esigenze che questo complesso architettonico è chiamato a soddisfare. In questa maniera possiamo dire che si tratta di una struttura composita, in generale artificialmente sopraelevata rispetto al terreno circostante, connessa fin dall'inizio alle grandi proprietà terriere, in cui si concentravano aspetti legati alla produzione agricola insieme a quelli di celebrazione ed esibizione del potere della *gens* e del *dominus*. Questa doppia vocazione della villa comporta la divisione strutturale in due parti, ossia la *pars rustica*, riservata a tutte le attività produttive e di stoccaggio delle merci, e la *pars urbana*, un'area destinata al soggiorno del *dominus*, concepito evidentemente nell'ambito della sfera del lusso e della bellezza, non solo come espressione di un edonismo individuale e come condizione indispensabile al soggiorno stesso del proprietario, ma in quanto strumento dell'esibizione dello *status* di quest'ultimo. Questa caratteristica originaria non verrà mai perduta dalla villa, anche quando troveremo complessi in cui l'ambito residenziale apparirà preponderante, almeno dal punto di vista del disegno architettonico e dell'organizzazione funzionale.

Per questi motivi anche la villa, esattamente come la *domus*, non si esaurisce in un più o meno articolato complesso architettonico, ma corrisponde a un fenomeno intrinseco della società romana, in quanto concepita in funzione del potere, della ricchezza, della cultura e in generale della vita della classe dirigente. In altre parole potremmo dire che la villa,

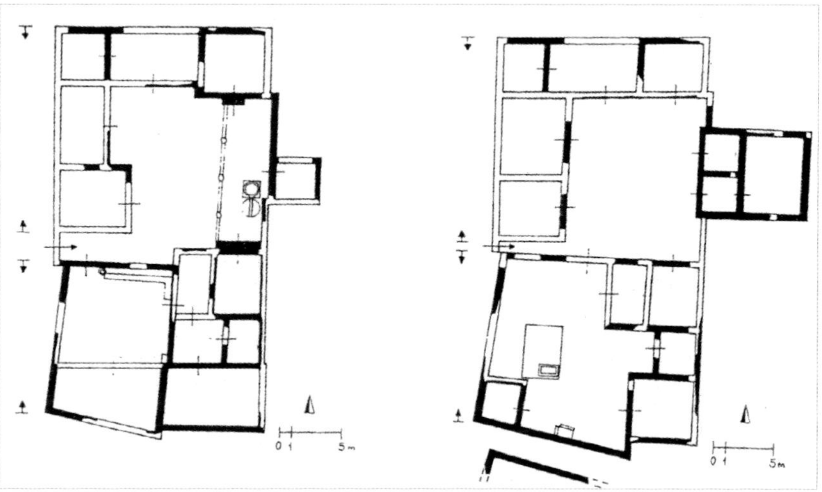

1. Pianta della villa dell'*Auditorium*, seconda fase degli scavi, Roma

al di là di somiglianze formali con realtà proprie di altre civiltà, è un'espressione del mondo romano. Ciò non toglie, naturalmente, che nella configurazione del suo aspetto, dall'articolazione planimetrica, all'organizzazione dei diversi quartieri fino alla decorazione degli ambienti e dei giardini, non abbia risentito dei modelli provenienti da culture diverse e in particolare, almeno da un certo momento in poi, dalla tradizione dell'oriente ellenistico. Il modello certamente idealizzato delle regge orientali col susseguirsi di padiglioni riccamente decorati e soprattutto la presenza di giardini lussureggianti popolati di piante e animali esotici è presente per lungo tempo nella maniera di immaginare la villa, e spesso di descriverla, se non proprio di realizzarla. Inoltre la collocazione rurale, o extraurbana, di questi complessi consentiva una maggiore libertà progettuale, sia per lo spazio disponibile, sia per la mancanza del forte controllo sociale presente invece in città, e in particolare ovviamente a Roma.
Abbiamo detto poco sopra che la villa va interpretata in relazione alla *domus*, ma naturalmente è corretto anche il contrario. In città il *dominus* partecipa attivamente alla vita politica e amministrativa e, anche all'interno della propria casa, cura le innumerevoli relazioni sociali, coltivando i rapporti con i *clientes*, ma anche con gli altri aristocratici, in funzione ovviamente di un proprio crescente successo. È questa quella sfera di attività che i latini chiamano *negotium*. Si tratta, tuttavia, di una parte sola della vita del *dominus*, a cui si alterna l'*otium*, ossia il tempo del godimento delle raffinatezze e dei piaceri che gli derivano dai propri beni, tra i quali occupano un posto importante le attività culturali, come lo studio, la lettura, la musica, la scrittura, la riflessione filosofica. La villa è il luogo privilegiato per il tempo dell'*otium*, che peraltro costituisce una maniera per coltivare se stessi anche in funzione di una maggiore efficacia nell'ambito della vita urbana. Ma la villa al tempo stesso è anche lo spazio in cui il signore verifica la redditività dei propri possedimenti, organizza la produzione e si preoccupa della vendita dei prodotti in eccesso. Accanto all'*otium*, in sostanza, trova spazio la cura dei propri affari economici. Non bisogna dimenticare, infatti, che nel mondo romano la proprietà terriera, anzi il latifondo, è sempre la base solida di ogni grande ricchezza. Potremmo dire, quindi, che è l'ottimo funzionamento di una o più ville, che rende possibile l'esistenza di una grande *domus*.
La durata così estesa della villa, che esiste almeno dal V secolo a.C. e continua per tutto il tempo dell'impero, da un lato dimostra la sua particolare funzionalità per l'esistenza e la crescita della classe dominante, ma dall'altro implica anche una serie di cambiamenti nel tempo. Ancora una volta, tuttavia, sarebbe limitato cercarli semplicemente nella morfologia della struttura, mentre più produttivo è vedere come la realtà della villa assecondi i mutamenti culturali e ideologici della classe dirigente. A partire, infatti, dalla media età imperiale si diffonde un fenomeno importante tra l'aristocrazia, dapprima in forma lieve e poi con un'intensità sempre crescente: la tendenza dei suoi membri ad abbandonare la vita urbana, e quindi le cariche pubbliche, per ritirarsi a vivere nel lusso delle proprie straordinarie ville. Questo fenomeno provoca notevoli cambiamenti non solo nella società, ma anche nel modo stesso di concepire la villa. Una delle principali conseguenze è il fatto

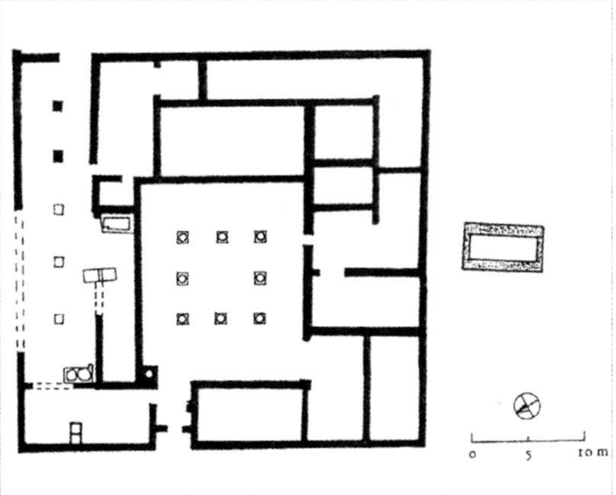

2. Pianta di una villa a Blera

che, proprio in questo momento, la villa e la vita in villa divengono uno dei soggetti principali per opere d'arte, quali mosaici, pitture, oggetti preziosi, arredi. Ma prima di riflettere su questi aspetti, che hanno a che fare col tramonto della società romana, analizziamo una serie di esempi di ville, nella consapevolezza della difficoltà di rendere conto di un fenomeno così vasto e variegato.
Grazie a scavi recenti è stato possibile individuare un complesso, innalzato alcuni chilometri al di fuori della Roma antica, che presenta in qualche modo tutti gli elementi essenziali per riconoscervi una villa [figura 1]. Essendo databile, nella sua seconda fase, alla seconda metà del V secolo a.C. esso offre oggi la testimonianza più antica di questa tipologia. Naturalmente l'estensione così come la caratterizzazione del lusso non sono assolutamente comparabili con ciò che presentano i secoli successivi. Si può, tuttavia, riconoscere già una divisione in due settori, uno residenziale e uno produttivo, nonché l'organizzazione intorno ad un'area scoperta e l'impiego di una tecnica edilizia, l'*opus quadratum*, che conferisce maestosità e valore al complesso stesso. Appare estremamente importante il fatto che questo edificio sia stato eretto al di sopra di uno precedente, che presentava tuttavia una diversa articolazione planimetrica. Lo possiamo considerare, quindi, come il testimone dell'evoluzione che portò dal palazzo padronale arcaico a una struttura che già possiamo riconoscere come villa.
Spostandoci al II secolo a.C. troviamo un esempio, che potremmo considerare canonico, a Blera, poco distante da Tarquinia [figura 2]. L'edificio, infatti, organizzato nei due settori di *pars urbana* e *pars rustica*, si sviluppa intorno a un'area scoperta che a un certo punto della sua esistenza viene porticata sui quattro lati. Appare tipico di queste costruzioni la presenza del grande granaio, sviluppato come una lunga sala rettangolare, divisa per necessità strutturali in due navate da una fila di pilastri, dotato di un accesso indipendente.

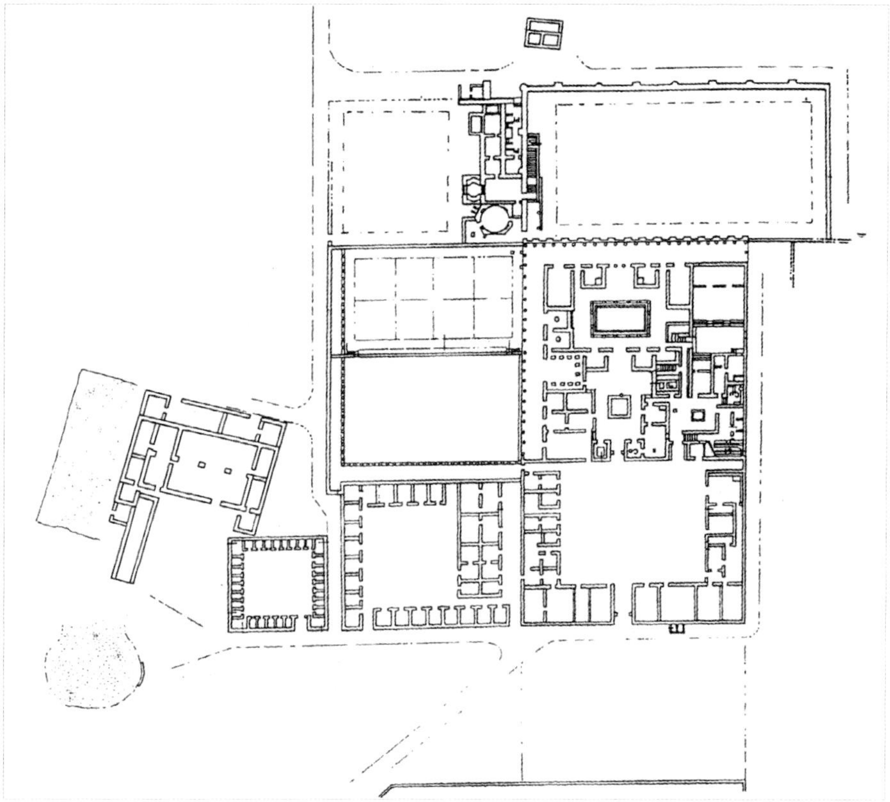

3. Pianta della villa di Settefinestre a Cosa

Sul lato opposto della corte, invece, si sviluppa il quartiere padronale.
La presenza di ampi vani per la conservazione e lo stoccaggio dei prodotti indica la vocazione commerciale di queste produzioni, che solo in una certa porzione sono destinate alla sussistenza dei proprietari e degli abitanti della villa. Proprio la destinazione commerciale incide fortemente sulla scelta del luogo in cui costruire la villa. Diventa infatti prioritaria la vicinanza a una strada, possibilmente importante, o – e in alcuni casi è anche meglio – la prossimità a un fiume, al fine di facilitare l'invio ai mercati dei prodotti. Troviamo, così, ville dotate di un proprio porto fluviale, mentre a volte la vicinanza di una via di comunicazione stradale offre la possibilità di un'ulteriore attività produttiva, mediante la destinazione di un quartiere alla funzione di *mansio*, ossia di alloggio e ristoro per i viaggiatori.
Le fonti indicano esplicitamente che la dimensione della villa deve essere rapportata a

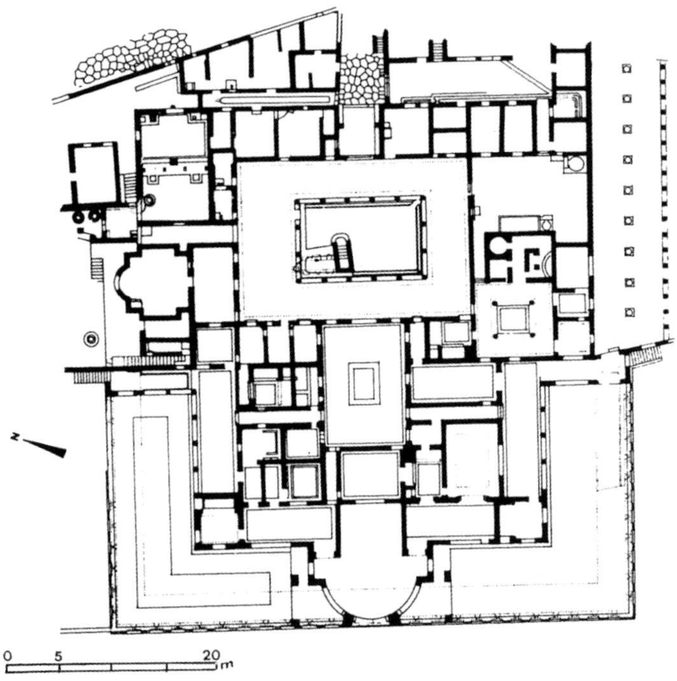

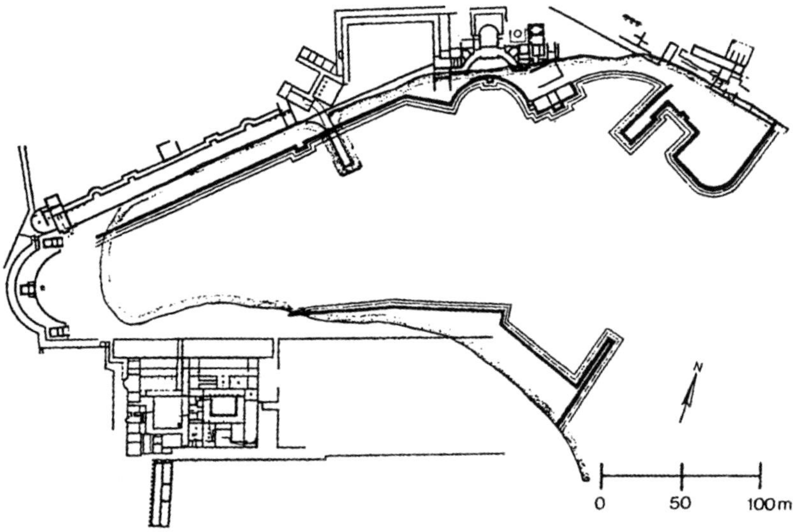

4. Pianta della villa dei Misteri a Pompei

5. Pianta della villa di Val Catena sull'isola di Brioni Maggiore

quella del fondo, affinché si raggiunga non solo un'ottimale organizzazione produttiva, ma anche la maggiore convenienza economica. Le dimensioni della villa, pertanto, dovrebbero – almeno da un punto di vista teorico – costituire un indicatore per valutare l'estensione della proprietà terriera a essa riferibile. L'articolazione della villa, tuttavia, proprio per la natura dell'edificio, è collegata anche al sistema di produzione adottato in quella determinata proprietà. Dal momento che, infatti, per una buona parte della durata dello Stato romano i grandi proprietari terrieri hanno utilizzato per la conduzione del latifondo la manodopera schiavile, dovremmo aspettarci di ritrovare nelle ville una porzione destinata all'alloggio degli schiavi. Per molto tempo, tuttavia, l'archeologia ha riservato il suo interesse alla *pars urbana* delle ville, decorata da mosaici, pitture e sculture, trascurando pressoché completamente tutto ciò che aveva a che fare con il settore produttivo. Da qualche decennio soltanto si sono intrapresi scavi sistematici, finalizzati all'indagine della villa nel suo complesso, secondo questa duplice natura di struttura residenziale e produttiva insieme. Sono state così portate alla luce grandi ville, caratterizzate da una complessa organizzazione planimetrica, che hanno permesso di riconoscere al loro interno i settori destinati agli schiavi e in generale alla manodopera di grado inferiore.

Ha dato il via a questo filone di studi lo scavo della grande villa di Settefinestre, poco distante da Cosa, di proprietà di *Lucius Sestius*, console nel 23 a.C. [figura 3; vedi anche figure 3-4, pagina 92]. Nella sua seconda fase sono ben riconoscibili i diversi quartieri, giustapposti su due file parallele, organizzati in generale ognuno su una propria area scoperta centrale, ed impiantati su un'ampia *basis villae*, ossia il rialzamento artificiale, che rende la struttura sopraelevata rispetto al terreno circostante. Nonostante l'evidente separazione tra i vari quartieri, può stupire a occhi moderni la prossimità tra i settori destinati all'alloggio servile, alla produzione, alla conservazione delle derrate, all'allevamento, e la parte padronale. Quest'ultima, in particolare, è in questo caso caratterizzata da grande fasto, come mostra, tra gli altri aspetti, il grande quartiere termale costruito nel settore nord-occidentale.

È importante notare come, in questo caso, la

pars urbana sia disegnata esattamente come se fosse una *domus*. Si accede, infatti, tramite un *vestibulum*, che conduce a un grande atrio, alle spalle del quale, oltre il *tablinum*, si apre il peristilio. Su di esso sono aperti *oeci*, *triclinia* e una *esedra*, ossia i vani più eleganti. Questa articolazione, attestata anche in altri casi, ha fatto parlare per l'ultima parte dell'età repubblicana di un'influenza della *domus* sulla villa. Tale considerazione, tuttavia, si basa ancora una volta sul semplice dato morfologico, trascurando piuttosto quello legato alla funzionalità sociale del tipo di edificio. Analizzando la *domus*, abbiamo visto come questa successione di vani corrispondesse, in verità, a usi sociali e cerimoniali ben precisi, che davano un senso specifico alla *domus* stessa e alla sua organizzazione. La villa, invece, che si trova al di fuori della città, svolge funzioni sociali di tipo ben diverso.
Non è un caso, quindi, se una delle più famose ville del mondo romano, la cosiddetta villa dei Misteri, appare dotata di atrio e peristilio, ma in una successione inversa rispetto a ciò che normalmente accade nelle *domus* [figura 4]. Questa articolazione, che risale alla prima costruzione della villa, databile alla seconda metà del II secolo a.C. non muta nella sua seconda fase, assegnabile intorno agli anni 60 a.C., quando viene ulteriormente ampliata. Questa inversione del normale percorso domestico è possibile proprio perché tale organizzazione non corrisponde alle effettive necessità di una villa.
La villa dei Misteri è una residenza assai prossima alla città; pertanto la consideriamo parte di quel gruppo particolare che denominiamo ville suburbane. Si tratta di residenze estremamente vicine alla città, in cui il quartiere destinato al piacere del *dominus*, ossia all'*otium*, è certo preponderante rispetto a quello dedicato al settore produttivo. Queste residenze, che affollano il circondario di Roma, ma che troviamo nei pressi di ogni grande città, consentono ai proprietari una libertà progettuale e un impiego del lusso, di cui non

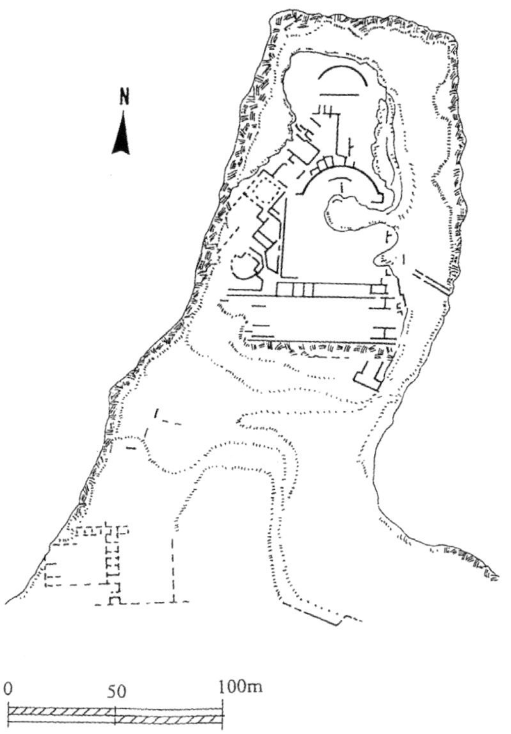

6. Pianta della villa di Punta Eolo a Ventotene

avrebbero potuto disporre negli spazi più ristretti e socialmente controllati delle città.
Con il grande cambiamento politico, culturale e ideologico che accompagna l'instaurazione dell'impero, anche le ville mutano in parte il loro aspetto. Abbiamo già visto come, ad esempio, elementi tipici delle ville finiscono con il I secolo d.C. per essere adottati anche nelle *domus*. Ove possibile la residenza urbana delle classi dirigenti moltiplica gli spazi verdi, cerca di instaurare un nuovo rapporto tra il giardino, vissuto come la ricostruzione artificiale dell'ambiente naturale, e l'architettura. Tale fine viene perseguito anche attraverso l'introduzione di vari giochi d'acqua che tentano di riprodurre nell'abitazione l'immagine assolutamente idealizzata di una natura composta secondo la capacità e l'estetica del *dominus*. La fase economica assai prospera, la rinnovata tranquillità sociale e l'affermazione di un ceto estremamente ricco, ma fino ad allora costretto a un ruolo da comprimario, moltiplicano le occasioni per la realizzazione

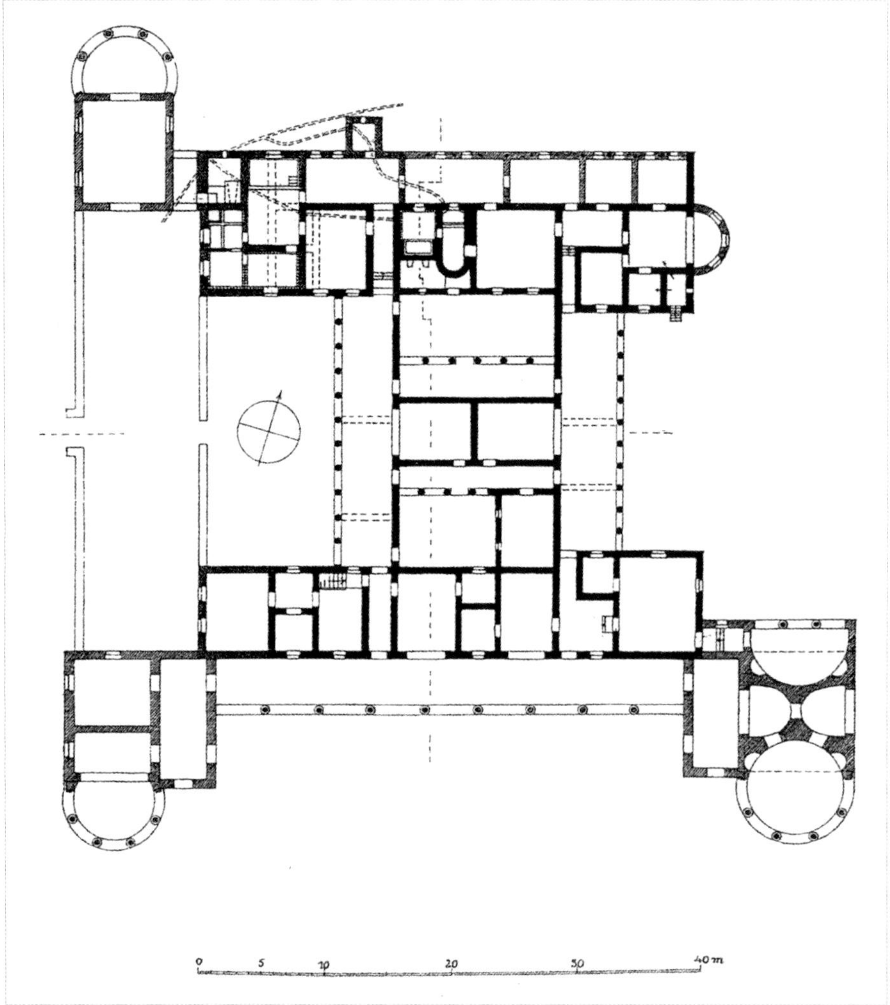

7. Pianta della villa di Fliessem

di straordinari progetti architettonici, che diffondono la nuova concezione della villa. Non si tratta, naturalmente, dell'eliminazione dell'aspetto produttivo, che rimane – anche se in misura diversa – un elemento centrale nella natura stessa della villa. Si tratta piuttosto di progetti caratterizzati da una grande fantasia e arditezza architettonica, e dall'idea della realizzazione di un rapporto armonico, secondo l'estetica del tempo, tra struttura e natura, concepita, quest'ultima, come realtà da modellare. Questa idea di un rapporto libero e spettacolare tra architettura e natura antropizzata, che rappresenta un'eredità della tradizione architettonica ellenistica, trova realizzazione soprattutto nelle ville di piacere costruite nei pressi della costa. Abbiamo già sottolineato come definiamo ville di piacere quelle che, almeno in apparenza, dedicano gli sforzi maggiori alla parte residenziale, riservando alla *pars rustica* uno spazio e un'importanza minore. Un esempio straordinario di questo tipo di villa, purtroppo mal conservato, è offerto dal complesso che sorge su un'insenatura naturale dell'isola di Brioni Maggiore, nell'Adriatico settentrionale, databile a età giulio-claudia. La villa è costituita da una serie di grandi padiglioni, la cui forma e organizzazione si sposano a quella delle pendici dei due lati del golfo, sul quale si dispone. Inoltre, di fronte alla parte terminale dell'insenatura, è costruito un piccolo santuario a semicerchio, che raccorda i due bracci della villa e al contempo riprende la forma naturale dell'insenatura stessa [figura 5]. Un altro esempio straordinario di questo tipo di villa, che non a caso viene inglobato già in età augustea nelle proprietà imperiali, è il complesso della villa di Punta Eolo, a Ventotene, che nel ricercato rapporto scenografico tra struttura architettonica e morfologia – in parte artificiale – del paesaggio, gioca tutta la sua bellezza [figura 6]. La realtà della villa è così intimamente connessa al funzionamento dell'economia e ai meccanismi sociali del mondo romano, che si diffonde in tutti i territori dell'impero. Anzi, molti degli esempi meglio conservati sono attestati proprio nelle diverse province. D'altra parte la celere costituzione durante l'età imperiale di una classe dirigente per così dire "internazionale" costituisce un elemento uniformatore del modo di vivere nei vasti confini dell'impero. Così, come semplice esempio di una serie assai numerosa di grandi ville, legate a estese proprietà fondiarie, e che concentrano in sé funzione produttiva e residenziale del *dominus*, ricordiamo la villa di Fliessem, in Germania [figura 7].

Proprio la connessione stretta tra grande proprietà fondiaria e villa rende determinanti i cambiamenti nella struttura dell'intera società romana avvenuti a partire dal III secolo. La grande crisi economica che attraversa gran parte delle province, e che si lega anche alla crisi del sistema di produzione schiavistico, la debolezza del potere centrale che si frammenta in varie autorità non sempre istituzionalmente definite, la tendenza all'abbandono delle città da parte delle classi dirigenti, la lacerazione del tessuto sociale sono tutti elementi che conducono a una rinnovata funzione della villa, che assume ora un ruolo centrale non solo nella produzione, ma anche nell'esercizio del potere.

Le grandi ville, che ampliano ulteriormente le loro dimensioni, diventano le sedi pressoché permanenti dell'aristocrazia e assumono le funzioni di coordinamento dei vasti territori che compongono il latifondo. Un coordinamento che comporta non solo la dipendenza economica dei lavoratori del latifondo stesso, ormai non più schiavi, ma ridotti piuttosto a un rapporto subalterno di tipo servile, ma anche compiti amministrativi, non sempre istituzionalmente configurati da parte del *dominus*. Per questo motivo i signori possono pensare il loro latifondo come una sorta di piccolo regno, di cui la villa costituisce il cuore pulsante, vero e proprio *palatium* in un territorio in cui sono in qualche modo sovrani. Non a caso è questa è la fase in cui la struttura della villa e i momenti della vita che vi si svolge entrano a far parte del repertorio artistico. In altre parole farsi rappresentare nell'ambito della propria villa e dei propri possedimenti fondiari è ritenuto ora una maniera per celebrare il proprio *status* di classe dominante. Assistiamo così alla costruzione di complessi di una ricchezza straordinaria, che nulla hanno da invidiare alle residenze imperiali. La celeberrima villa di Piazza Armerina, da datare entro la prima metà del IV secolo, con il suo splendido apparato musivo, con l'eleganza della sua organizzazione planimetrica, con la raffinata ricchezza delle sue dotazioni, offre un esempio straordinario di queste vere e proprie realtà palaziali extraurbane [figura 8].

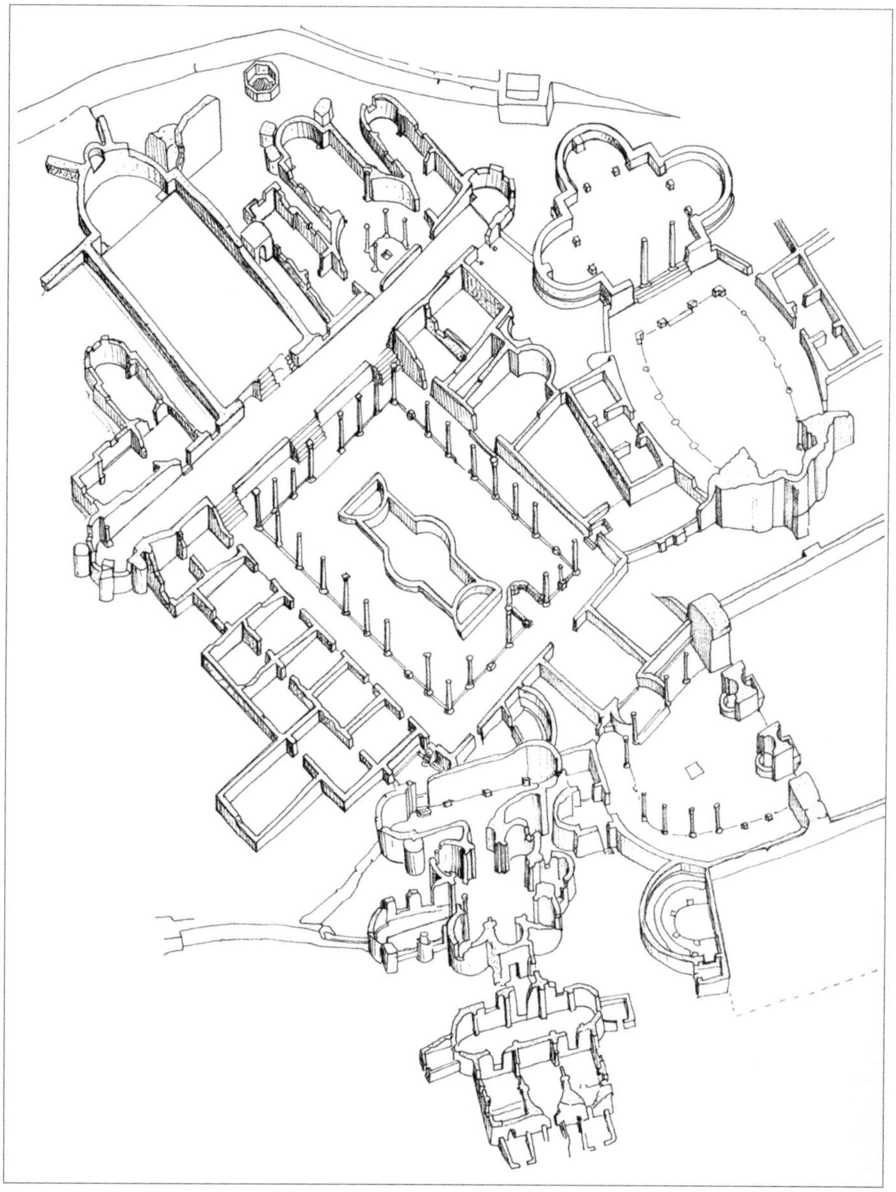

8. Assonometria della villa di Piazza Armerina

7. Il Foro

Gian Luca Grassigli

Racconta Plutarco che Gaio Gracco, nel momento in cui volle presentare una legge che riformava la composizione dei collegi giudicanti per aprirli anche ai cavalieri, anziché rivolgere il proprio discorso in direzione della *Curia* e del *Comitium*, lo diresse verso il Foro; aggiunge poi la fonte che "con quella piccola deviazione e mutamento di posizione, egli attuò una grande rivoluzione e modificò, in certo modo, il regime da aristocratico a democratico, facendo vedere che gli oratori dovevano prendere in considerazione il popolo e non il Senato" (*Vite parallele*, *Gaio Gracco*, V, 4). Questo celebre passo mette bene in evidenza il valore politico e simbolico assunto nel tempo dagli spazi e dagli edifici, che compongono il Foro Romano. Le strategie di occupazione del Foro, pertanto, costituiscono uno strumento formidabile della lotta e della propaganda politica sia a Roma sia, per quanto in maniera diversa, nelle altre città dello Stato.

Il Foro costituisce il nucleo centrale della città romana, lo spazio pubblico attorno al quale si affacciano i diversi edifici, nella cui destinazione religiosa e civile è racchiuso il significato stesso della vita cittadina. Fin dal primo organizzarsi dell'abitato arcaico secondo le caratteristiche di una forma urbana, il Foro assume questa funzione, in cui l'aspetto pratico non è scindibile dai significati ideologici e propagandistici. In particolare è a partire dalla nascita dello Stato repubblicano tra la fine del VI e l'inizio del V secolo a.C. che i gruppi aristocratici valorizzano l'area forense come centro della vita pubblica cittadina, in contrapposizione con le zone della città privilegiate dalla monarchia etrusca, ossia in particolare il Foro Boario e l'Aventino. Il Foro, così, diviene un luogo dove si realizzano programmi monumentali legati alla celebrazione dello Stato repubblicano e dell'identità collettiva, ossia all'esaltazione dell'"essere romani". Ben presto, tuttavia, si cominciano a costruire monumenti celebrativi che usano l'esaltazione di episodi storici per rappresentare in verità il successo e il potere di specifiche *gentes* o di singoli personaggi. Il Foro, dunque, almeno in origine e per una lunga fase, è il teatro primario in cui vengono messe in scena le cerimonie religiose e politiche, si radunano le assemblee, si amministra la giustizia, si svolgono transazioni commerciali, si tengono giochi e spettacoli, si regolano in sostanza tutti gli aspetti della vita della città. Ma per i normali cittadini nella pratica della vita quotidiana il Foro è innanzi tutto il luogo in cui ci si incontra per parlare, conoscere, vendere e comprare, osservare, insomma fare parte della comunità cittadina. Proprio per la sua ininterrotta continuità di occupazione il Foro Romano non appare, né può apparire, come il frutto di un progetto unitario, quali invece risultano molti dei successivi complessi forensi delle altre città. L'intera area vive infatti un continuo processo di cambiamento sia nel tipo di edifici contenuti sia nell'organizzazione complessiva, come conseguenza del cambiamento degli assetti politici, degli orizzonti ideologici e insieme delle necessità pratiche che è di volta in volta chiamata a svolgere. Nondimeno continua a costituire, fino alla tarda età repubblicana, il modello di riferimento per le aree

1. Ricostruzione delle strutture lungo il lato nord-est del Foro di Cosa in età medio-repubblicana (la basilica, il comizio, la curia, il tempio della Concordia)

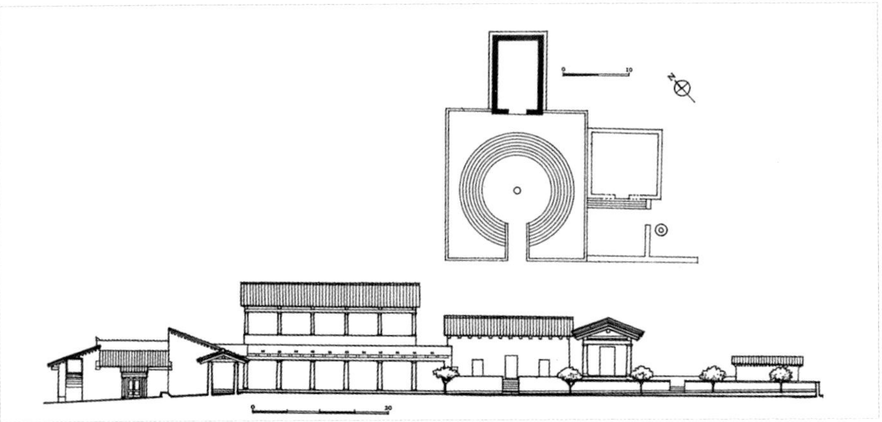

forensi delle altre città, soprattutto per la tipologia degli edifici che ospita, piuttosto che per la sua organizzazione complessiva. A partire dalla tarda età repubblicana, con la valorizzazione urbanistica e monumentale di altri settori, a cominciare dall'area immediatamente a sud del Foro stesso, e con la costruzione del primo Foro privato da parte di Cesare, il Foro Romano propriamente detto inizia a perdere importanza con il conseguente fossilizzarsi del suo aspetto. Ma esaminiamo innanzitutto le tipologie architettoniche e le funzioni dei principali edifici che lo compongono nel corso della sua prima evoluzione.

Proprio il ruolo di modello svolto dal Foro Romano ci consente di utilizzare alcuni complessi forensi di altre città per comprenderne meglio le caratteristiche. Da questo punto di vista risulta estremamente importante il Foro di Cosa [figura 1]. La colonia venne dedotta nel 273 a.C., insieme alla sua gemella Paestum, per cui costituisce, grazie al suo stato di conservazione, un documento eccezionale. Già al momento della fondazione lo spazio del Foro viene ricavato nella più ampia fascia pianeggiante del promontorio, per quanto collocata non in posizione centrale, e messo in comunicazione diretta con l'*arx*, replicando, quindi, la situazione attestata a Roma. Non si tratta, naturalmente, di una semplice imitazione formale, bensì del trasferimento dei medesimi processi rituali e religiosi e quindi anche degli spazi, rigorosamente determinati, destinati a ospitarli.

Il Foro di Cosa, realizzato quasi per intero nel corso del II secolo a.C., ci consente di considerare anche la natura degli edifici che nel tempo vengono costruiti lungo i bordi della piazza porticata e di conseguenza le funzioni che l'area urbana viene chiamata a svolgere. Oltre agli atri pubblici, altrimenti noti solo dalle fonti, non caratterizzati da alcuna funzione specifica, se non quella di costituire spazi coperti e protetti accanto alla piazza, assume notevole importanza documentaria il gruppo formato dalla Curia e dal Comizio. La

2. Pompei, foro

curia, un edificio di tipo templare, destinata alle riunioni del Senato cittadino, si apre sul comizio, adibito alle assemblee popolari, costruito come una cavea circolare, racchiusa in una struttura quadrangolare. Il fatto che il complesso *Curia-Comitium* di Roma, sovente menzionato dalle fonti, sia noto in maniera estremamente lacunosa dal punto di vista archeologico, ha fatto sì che quello di Cosa, insieme a pochi altri casi, abbia assunto la funzione di modello per la ricostruzione anche della realtà monumentale dell'*Urbs*.

Intorno al 150 a.C. il Foro di Cosa viene dotato di una basilica, un edificio che diventerà una presenza costante nei complessi forensi. Basta pensare che a Roma in pochi anni ne vennero costruite ben tre, a testimonianza del successo e della funzionalità di tale tipologia architettonica: la basilica Porcia (184 a.C.), l'E-

3. Pianta del foro di Roma

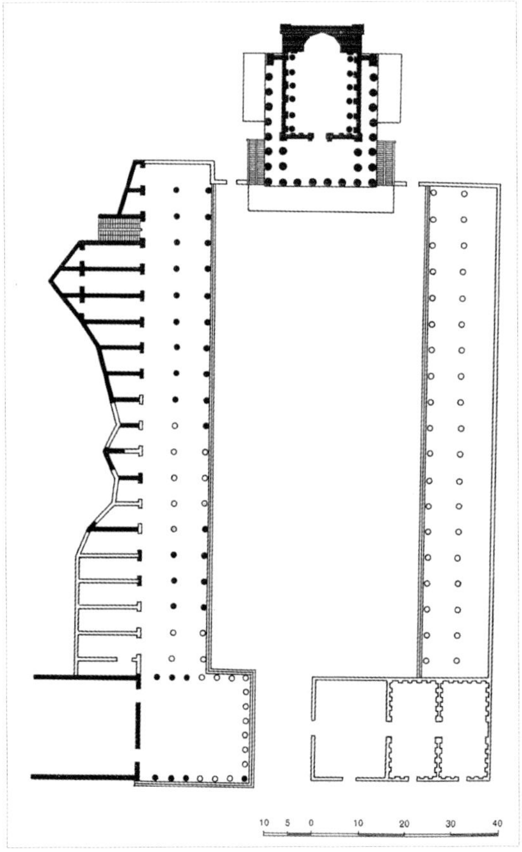

4. Pianta del Foro di Cesare a Roma

milia (179 a.C.) e la Sempronia (170 a.C.). Inizialmente, la basilica viene concepita sostanzialmente come un prolungamento coperto della piazza, apparendo quindi priva di una funzione specifica, se non quella di ospitare le persone, riparandole dagli eccessi climatici. Solo più tardi alcune basiliche vengono dotate di un apprestamento permanente per ospitare i tribunali, mentre con l'età imperiale l'edificio riserva pressoché costantemente uno spazio per la celebrazione del culto del sovrano.

Il Foro di Pompei, frutto di un progressivo arricchimento del suo aspetto monumentale, costituisce un altro esempio, in parte diverso da quello di Cosa, delle forme assunte dal centro della vita politica e religiosa cittadina [figura 2]. È importante sottolineare, innanzi tutto, la presenza dominante del tempio cittadino, il *Capitolium*, che costituirà un elemento costante e caratteristico di tutti i Fori del mondo romano. Il complesso pompeiano, inoltre, per la sua durata nel tempo mostra bene la progressiva importanza del culto imperiale, alla cui esclusiva celebrazione viene riservato praticamente tutto il lato maggiore occidentale. In stretto rapporto con la piazza, inoltre, è visibile il *macellum*, una struttura adibita al mercato della carne e del pesce, che sottolinea l'importanza della funzione commerciale per i Fori delle città romane. A vari commerci di altro tipo sono destinate le *tabernae*, botteghe di norma di piccole dimensioni, che rappresentano un'altra costante dei complessi forensi.

Rispetto a questi esempi il Foro Romano appare più irregolare nella sua articolazione generale, ma senza dubbio assai più rilevante dal punto di vista monumentale, come mostrano, ad esempio, la grandezza delle due grandi basiliche che ne definiscono i lati lunghi, le già citate Emilia e Sempronia, o la dimensione e la ricchezza dell'apparato decorativo del complesso *Curia-Comitium* o ancora la grande quantità di monumenti onorari, noti per lo più solamente dalle fonti e da conii monetali [figura 3]. In ogni caso, rispetto alla conformazione tipica dei Fori delle altre città, in qualche modo standardizzati, il Foro Romano manterrà nel tempo l'idea di una sorta di irregolarità e originalità, dovuta non solo alla sua durata nel tempo, ma anche al suo costituire un'espressione diretta della vita politica della capitale. Quest'area, infatti, è così legata alla storia e alla natura dello Stato, che nel momento in cui l'istituto repubblicano entra in crisi, una crisi che si consuma lentamente in un secolo di aspre e violente lotte, anche l'area del Foro perde la sua forza e funzione di spazio vitale. Il Foro Romano mantiene il suo valore simbolico, ma si trova progressivamente affiancato e poi sostituito da altre aree e in particolare superato dalla costruzione di Fori privati, un fatto assolutamente inconcepibile nella tradizione della Roma repubblicana.

La costruzione, per opera di Cesare, di un primo Foro privato, ossia legato ad una singola personalità politica, va considerata come un fatto ideologico, prima ancora che come un fenomeno architettonico. Fino a quel momento, infatti, le principali figure, che giocavano un ruolo di rilievo sulla scena politica, avevano cercato di occupare, attraverso la costruzione di edifici e monumenti, una posizione di visibilità all'interno del Foro, che rimaneva, tuttavia, un ambito pubblico. In questo senso possiamo leggere il Foro come uno spazio collettivo e quindi neutrale, in cui i diversi esponenti del ceto di governo combattevano la propria battaglia per il successo politico, pensato, tuttavia, all'interno della tradizionale struttura dello stato.

Un primo tentativo di rompere questa situazione di equilibrio e di neutralità dello spazio politico collettivo è da riconoscere nella costruzione del grande complesso in Campo Marzio da parte di Pompeo Magno, concepita sul modello delle regge ellenistiche. Si tratta certamente di una struttura privata, che prevede però al suo interno spazi di uso pubblico, quali una curia e un teatro. In altre parole costituisce una sorta di colpo di mano, che cerca di sottrarre alla neutralità di uno spazio collettivo luoghi deputati a riunioni istituzionali, per trasferirli all'interno di un complesso privato, creando così un'evidente situazione di disparità. È, tuttavia, un progetto che non consegue pienamente il suo obiettivo, dal momento che non osa ancora né configurarsi come un Foro vero e proprio, né tantomeno porsi accanto al Foro repubblicano.

Da questo punto di vista, il complesso voluto da Giulio Cesare appare assai più destabilizzante, per non dire davvero rivoluzionario, nei confronti dell'ordinamento repubblicano [figura 4; vedi anche figura 17 pagina 89]. L'idea di un Foro personale, infatti, comporta l'abolizione nella concretezza dei fatti della neutralità dello spazio del dibattito politico conseguente al suo carattere pubblico, per sottometterlo al controllo – reale o simbolico che sia – di una singola personalità, che pertanto si contraddistingue per un carattere di diversità e quindi di superiorità, rispetto agli

5. Pianta del Foro di Augusto a Roma

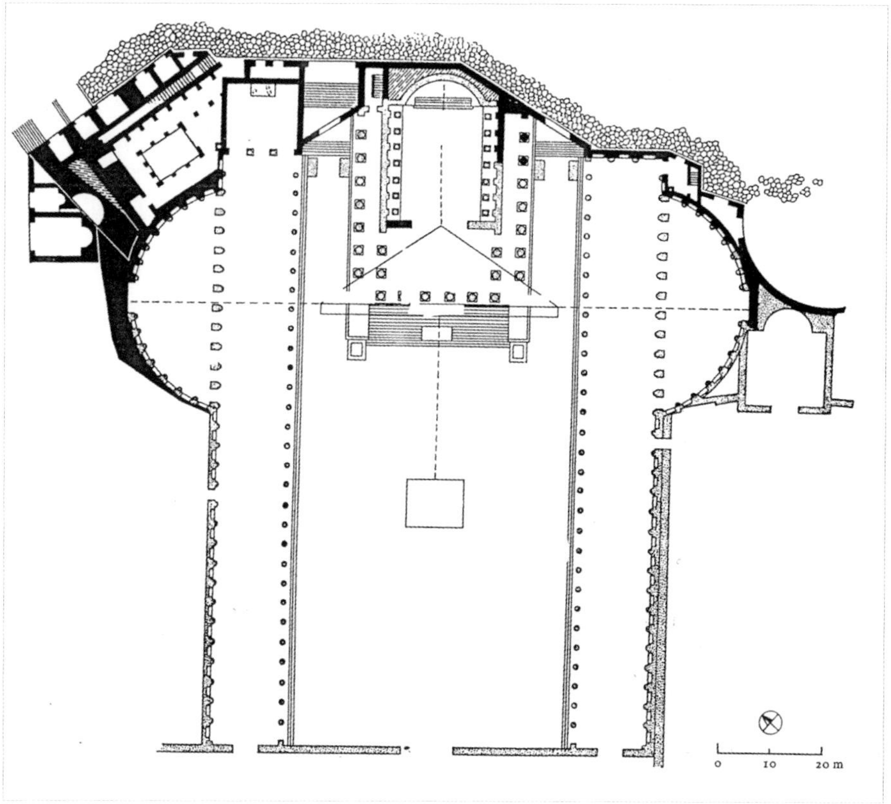

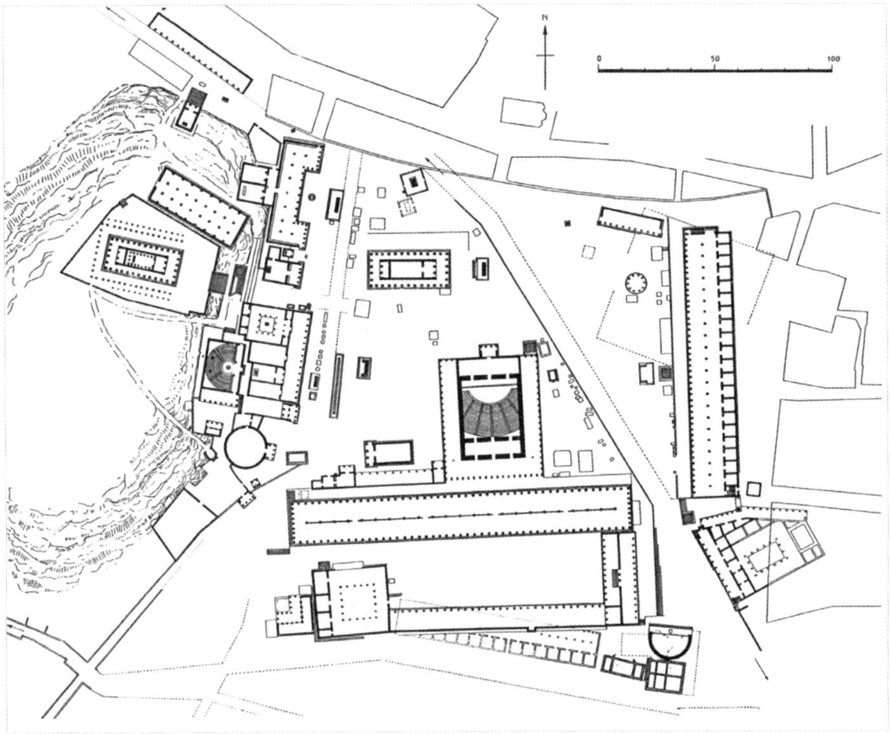

6. Pianta dell'*agorà* di Atene in seguito agli interventi augustei

altri uomini politici. La creazione di un Foro personale si configura quindi prima di tutto come un'azione legata a precise convinzioni ideologiche e a chiare finalità propagandistiche, che vanno chiaramente nella direzione dell'affermazione di un potere personale. È proprio questo fatto a spiegare in primo luogo le differenze sostanziali rispetto al Foro Romano, e non semplicemente la sua natura di progetto unitario. Alle finalità ideologiche e propagandistiche, infatti, corrisponde il ruolo principale svolto dal tempio, che, diversamente dal Foro repubblicano, viene trattato come l'elemento attorno a cui svolgere l'intero complesso. Il tempio posto in posizione centrale in fondo alla piazza fiancheggiata da portici, costituisce l'elemento ordinatore dell'intera composizione. Il suo carattere dominante si spiega da un lato con la sanzione sacra conferita all'intero complesso, dall'altro con il legame diretto che esso instaura tra divinità venerata e committente. Nel Foro di Cesare il tempio è dedicato a *Venus Genetrix*, ossia a Venere in quanto progenitrice della *gens Iulia*. L'ascendenza divina e l'antichità della stirpe non sono altro che fondamentali motivi propagandistici usati da Cesare per porre enfasi, anche da un punto di vista religioso, sulla propria persona. L'assenza di una basilica, elemento successivamente caratteristico di tutti i Fori personali, testimonia della originaria mancanza di una loro funzione pratica dei fori personali, costituendo un ulteriore elemento di differenziazione rispetto a quelli pubblici. La grande piazza del Foro di Cesare era occupata solo da una fontana monumentale e dalla statua bronzea del committente, ritratto in veste di Alessandro. Anche questi elementi, che si ricollegano evidentemente al modello del sovrano ellenistico, svelano in maniera chiara il programma coerentemente assolutistico all'origine del complesso stesso. Come racconta non senza malizia Svetonio, Cesare amava ricevere i senatori che procedevano verso di lui, percorrendo l'asse del suo Foro, attendendoli seduto sull'alto podio del tempio di *Venus Genetrix*.

Il medesimo discorso architettonico, e quindi anche ideologico, viene ripreso da Augusto, non solo nell'idea della costruzione di un altro Foro personale, ma anche nell'adozione per il complesso di un'organizzazione simile a quella già sperimentata da Cesare.

Nel Foro di Augusto, tuttavia, tramite la decorazione figurata viene esplicitato un discorso ideologico e propagandistico assai raffinato, che sintetizza ottimamente le linee portanti del nuovo corso dello Stato [figura 5], di cui si è già riferito nel testo. Nel Foro personale del *princeps* l'origine mitica della famiglia del sovrano si fonde con quella di Roma stessa, così che Augusto e Roma diventano i due protagonisti di una storia assoluta, espressione diretta del supremo volere degli dèi.

L'espansione territoriale dello Stato compiuta prima da Cesare e poi da Augusto, con le conseguenti numerose deduzioni di colonie e di municipi, danno il via a un ampio processo di fondazione o di ristrutturazione urbanistica di molte città, che, per ciò che riguarda l'architettura forense, comporta la sperimentazione e la definizione di modelli, il cui successo sarà sancito nell'arco del I secolo d.C. Il Foro-tipo, per così dire, al di là delle varie possibilità di dislocazione dei singoli edifici, appare nelle sue componenti essenziali come una piazza rettangolare porticata, caratterizzata dalla presenza di una basilica e di un edificio templare, posto in posizione assolutamente rilevante. In generale il tempio che domina il Foro non è più dedicato come in passato alla triade capitolina, ma alla dea Roma, affiancata sovente dalla figura imperiale. Nel Foro, quindi, si esprime in maniera monumentale il nuovo assetto politico dello Stato, che sta allargando progressivamente i propri confini.

Ma oltre le fondazioni *ex novo*, vanno registrati gli interventi di ridefinizione monumentale delle piazze già esistenti, in particolare delle città orientali, che vengono sentite come uno scenario in cui inscrivere i nomi e le forme del conquistatore. In questo senso l'azione decisa nell'*agorà* di Atene e condotta da Agrippa costituisce un esempio chiaro della volontà

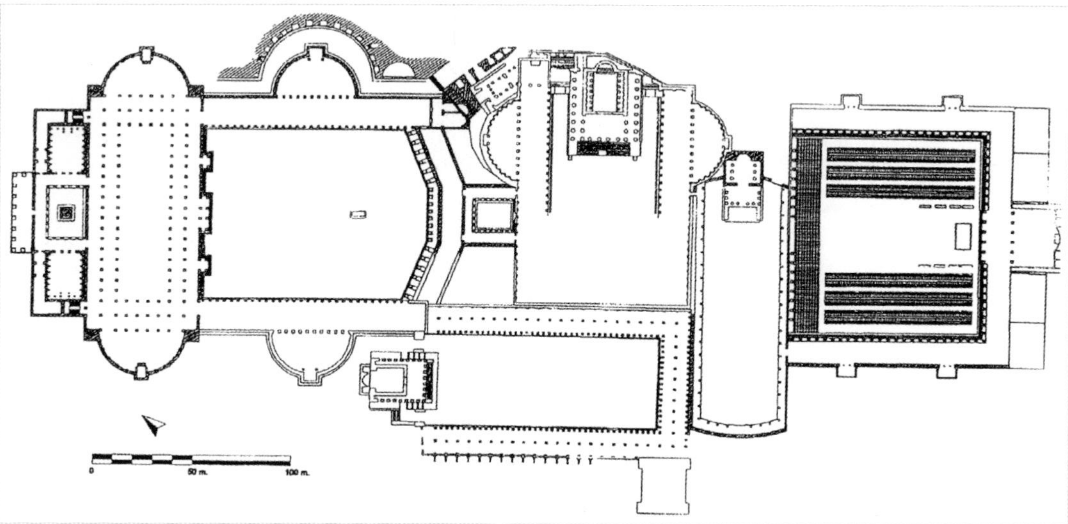

7. Pianta dei Fori imperiali a seguito degli scavi del 2001

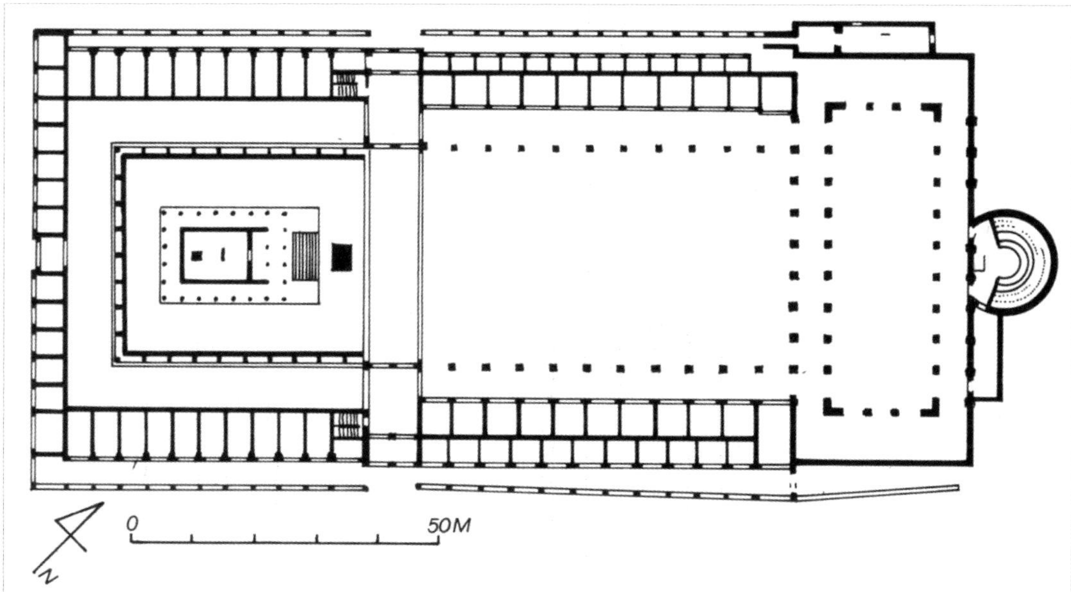

8. Pianta del Foro di Augusta Raurica

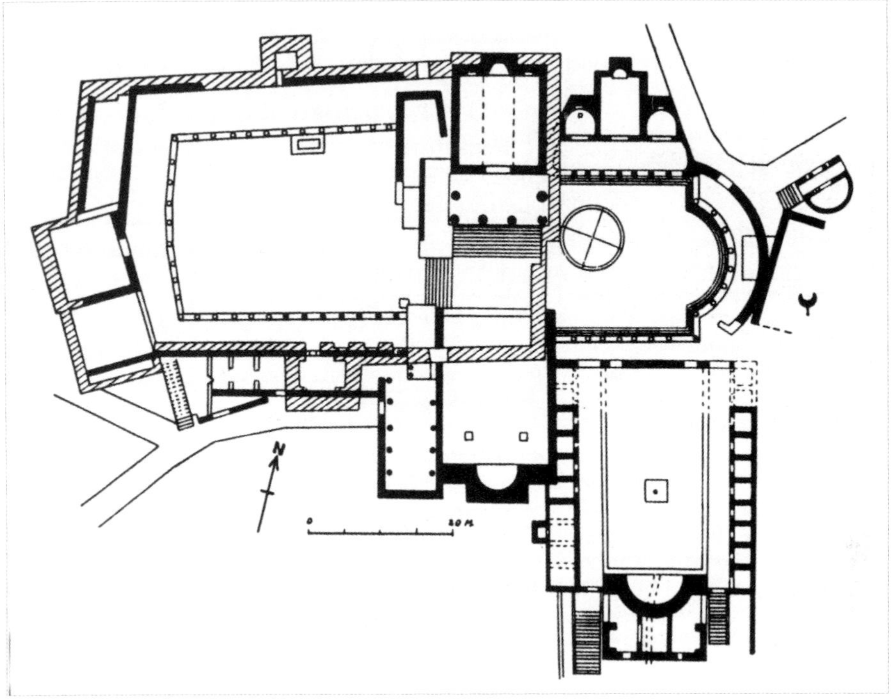

9. Pianta del Foro di Dougga

di trasformare in senso romano il cuore della città simbolo della Grecia [figura 6].

Nella seconda metà del I secolo Roma vede la costruzione di altri due Fori privati che, sia pur in scala minore, pretendono di continuare il discorso ideologico e simbolico inaugurato con Cesare e con Augusto: il cosiddetto foro Transitorio e il *Forum Pacis* [figura 7].

La serie dei Fori imperiali si conclude con il Foro di Traiano, il primo imperatore del II secolo, di cui abbiamo già trattato. Basti dire qui che il progetto si distingue nettamente dai Fori precedenti per l'articolazione planimetrica, per la grandiosità monumentale e anche per la ricchezza e la complessità del discorso figurato sviluppato dalla decorazione architettonica.

Occorre dire che proprio il carattere propagandistico e di rappresentanza che ispira i Fori imperiali li rende una realtà architettonica sensibilmente diversa dai comuni Fori delle città, che dipendono in primo luogo da una serie di necessità dei centri urbani. Per questo l'evoluzione dei modelli forensi segue una propria strada, non confrontabile in maniera stretta con i Fori imperiali della capitale. Anche la prima metà del II secolo d.C. conosce un vorticoso succedersi di interventi di ricostruzione e di accentuazione monumentale dei fori di molte città dell'impero, che a seconda si tratti di edificazioni *ex novo* o di interventi su complessi esistenti, assumono aspetti notevolmente diversi.

Il celeberrimo Foro di Augusta Raurica costituisce un ottimo esempio di un Foro nato da un progetto unitario, rispondente per altro a uno dei modelli più diffusi in particolare nelle province occidentali dell'impero, nel quale la basilica, a cui è connessa la curia, si oppone frontalmente all'edificio templare, costituendo i due poli del complesso forense [figura 8]. Diversamente il Foro di Dougga, nell'odierna Tunisia, offre un significativo esempio di uno spazio forense sviluppatosi nel tempo, privo pertanto di quella regolarità tipica dei complessi unitari, ma ugualmente più aderente alle forme e alle varie necessità della vita cittadina [figura 9].

Bisogna dire, in ogni caso, come nel Foro le istanze e i modelli derivati o imposti dal potere centrale si intreccino con quelli legati alle esigenze dell'aristocrazia locale, che di norma finanzia le singole parti del complesso. Per questo, cioè per il legame diretto con le funzioni pratiche e le necessità di rappresentanza del ceto dirigente, i singoli Fori assumono ognuno aspetti e caratteristiche specifiche, aderendo solo nelle linee guida a modelli generali. Ciò che più conta, tuttavia, è che il foro, insieme a tutti gli edifici che lo compongono, costituisce con l'avvento dell'impero uno degli spazi privilegiati in cui si celebra effettivamente il culto del sovrano e della famiglia regnante.

8. Le colonie

Mauro Menichetti

Forme di colonizzazione del territorio erano state messe in pratica fin dall'età arcaica e, in particolare, tra il VI e i primi decenni del V secolo a.C. si erano formate le *priscae Latinae coloniae*, il cui sviluppo viene però compromesso dall'ostilità crescente delle comunità italiche contermini. Un esito diverso avrà invece la colonizzazione dei territori italici, intrapresa direttamente da Roma dopo lo scioglimento della Lega Latina nel 338 a.C., che in modo inarrestabile condurrà alla formazione di un'Italia romana nel corso del I secolo a.C. Lo sviluppo del movimento coloniale promosso da Roma comporta una serie di trasformazioni profonde e durature sia sul piano interno sia nell'assetto complessivo della penisola. L'invio di coloni nei territori sottratti al nemico vinto in guerra permette in primo luogo di alleggerire la pressione sociale e politica da parte dei ceti meno abbienti nel quadro istituzionale di Roma. Inoltre la colonizzazione induce a profonde trasformazioni nei territori italici, attraendo le fazioni filoromane, ridisegnando gli assi principali della viabilità rispetto alle più antiche direttrici, definendo le nuove forme di proprietà attraverso la divisione geometrica del territorio scandita dalla *centuriatio*, presentandosi soprattutto con il volto della città e dell'urbanizzazione in grado di mettere in crisi i precedenti modelli insediativi basati sul villaggio e su forme di aggregazione politica e religiosa decentrate nel territorio. Sul piano culturale più generale, romanizzazione ed ellenizzazione procedono sostanzialmente di pari passo nel produrre reazioni a catena nel quadro delle società italiche in cui vediamo emergere forme di resistenza insieme a forme di omologazione e di accettazione dei valori politici e culturali veicolati dall'espansione romana.

Se escludiamo la distribuzione individuale di terre che così rientrano direttamente nell'*ager Romanus*, troviamo due tipi di colonie che si differenziano per funzione e per statuto giuridico. Le colonie di diritto romano assolvono sostanzialmente a una funzione di tipo militare: si tratta di piccoli insediamenti, composti da circa trecento coloni, posti a controllo della linea costiera come nei casi di Ostia, Anzio, Terracina e Minturnae. Le colonie di diritto latino assolvono invece a una pluralità di funzioni: si tratta innanzitutto di insediamenti con un alto popolamento solitamente compreso entro i seimila coloni; l'impatto sul territorio circostante è fortissimo dal punto di vista della quantità di terra fertile distribuita agli abitanti, del controllo comunque esercitato nella regione limitrofa, della propagazione di valori politici e culturali nelle comunità italiche tanto da creare le premesse per il sorge-

1. Pianta del Foro di Pompei

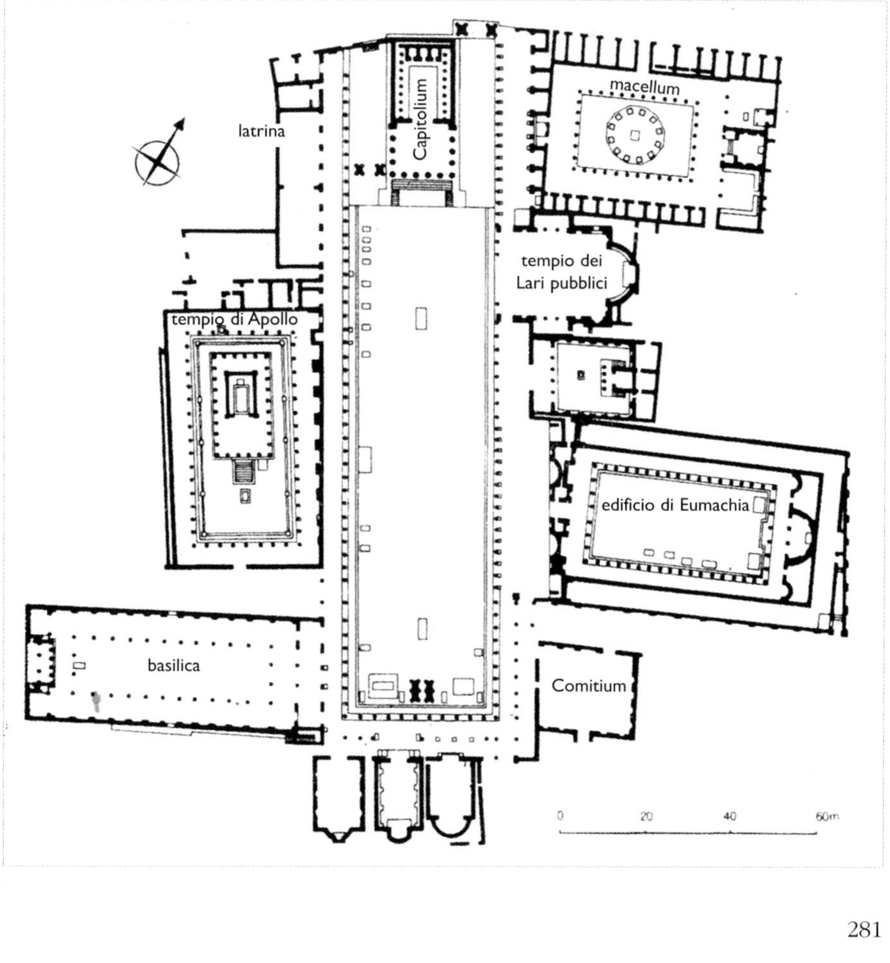

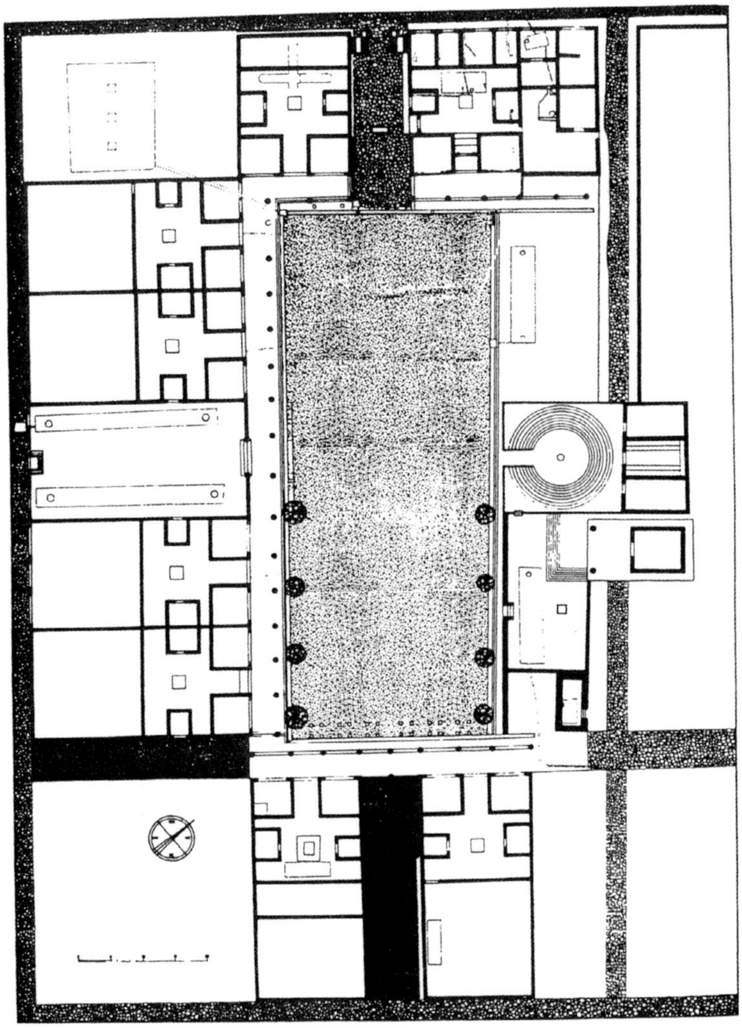

2. Pianta del Foro di Cosa con gli *atria* publici.

re di fazioni filoromane ben presto inglobate nel quadro politico delle colonie.
Le colonie romane, almeno nella fase più antica, mostrano un apparato urbanistico scarno ed essenziale, basato su un perimetro rettangolare con al centro l'incrocio dei due assi principali, il cardo in direzione nord-sud e il decumano in direzione est-ovest, il cui schema risale alla disciplina augurale connessa alla definizione del *templum* [vedi parte III capitolo 2]. Le colonie latine, invece, si dotano di un impianto urbanistico complesso e funzionale che, seppur risalente alle medesime pratiche augurali, adotta diffusamente i modelli dell'urbanistica greca, come si vede ad esempio dalla disposizione *per strigas* o *per scamnas* (cioè con il lato corto rivolto verso il decumano o il cardo) dei lotti rettangolari in cui viene diviso lo spazio urbano.
La colonia si organizza ovviamente attorno al Foro su cui si aprono i principali edifici politici e religiosi, il *capitolium* o templi e santuari dedicati a altre divinità [figura 1], il complesso *Curia-Comitium*, i luoghi dello scambio come le *tabernae* e gli *atria* ben attestati a Cosa [figura 2]. Ma è a partire dal II secolo a.C., in contemporanea all'afflusso delle ricchezze dovuto alle conquiste orientali e alla diffusione delle tecniche costruttive dell'*opus caementicium* e *incertum*, che si apre la grande stagione dell'urbanizzazione dell'Italia antica che troverà ulteriori impulsi dopo la guerra sociale del 91-90 a.C., con l'estensione della cittadinanza romana a tutte le comunità a sud del Rubicone, e successivamente con la rifondazione augustea dello Stato romano. Tra II e I secolo a.C. le colonie e i municipi assumono il volto del decoro urbano ellenistico in cui un ruolo di primo piano spetta ora alle sequenze di portici e alle basiliche, ma anche agli spazi per i ludi e le rappresentazioni teatrali, alle rivisitazioni del ginnasio con le relative attività dei giovani, agli edifici termali, alle mura e alle porte che assumono prospetti sempre più elaborati.
Particolarmente istruttivo ed esemplificativo di tutti questi processi è il caso di Alba Fucens nell'odierno Abruzzo, fondata nel 307 o nel 303 a.C. La colonia latina sorge nel territorio sottratto agli Equi che viene ora assegnato ai coloni come mostrano le tracce della centuriazione. Inoltre la colonia svolge una funzione di controllo verso la popolazione dei Marsi e in relazione a diversi passaggi appenninici; il controllo della viabilità appare così importante da attrarre in seguito anche la direttrice della via Valeria che attraverserà il centro cittadino. Nella fase iniziale, compresa entro il III secolo a.C., l'insediamento si organizza con le mura e la rete stradale, con alcuni santuari sulle alture del Pettorino e di San Pie-

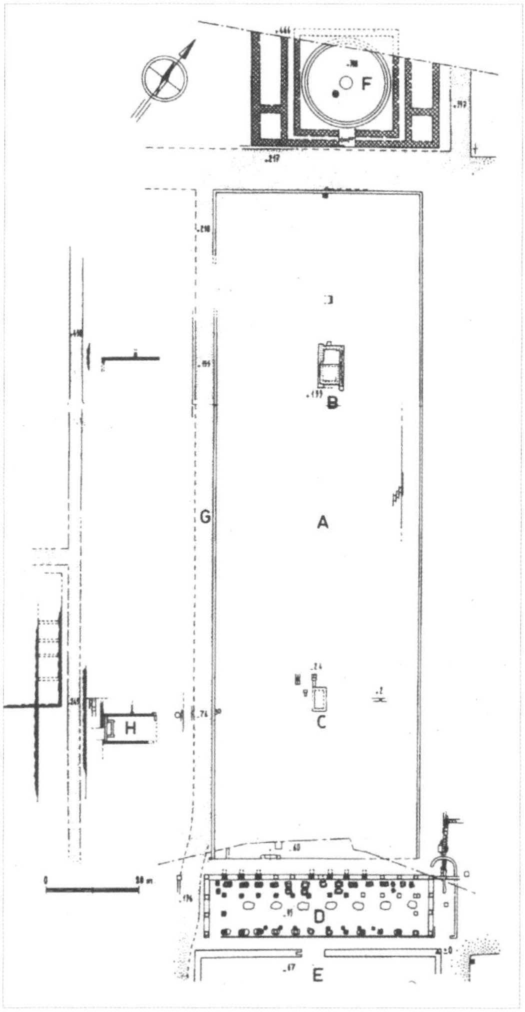

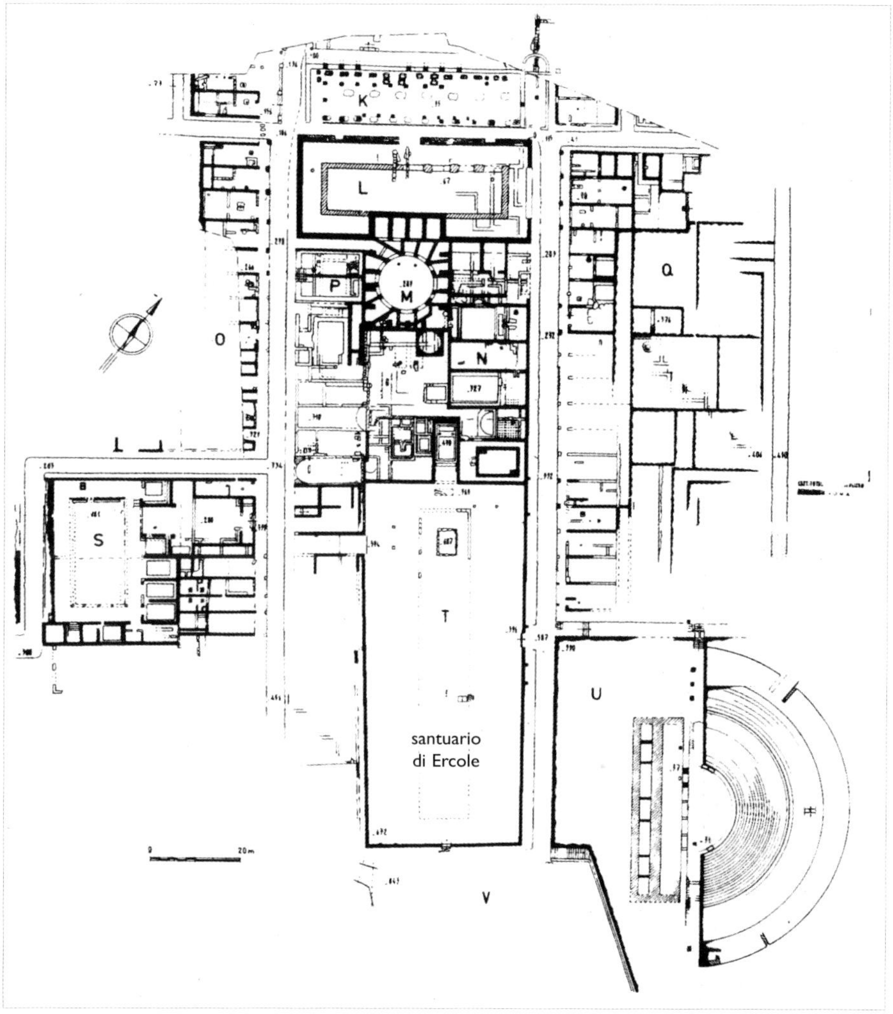

tro e, soprattutto, con lo spazio politico del Foro bordato a nord dal *Comitium* e a sud da un'area comprendente una pavimentazione e pozzetti forse pertinenti a strutture per le votazioni [figura 3]. Tra il II e il I secolo a.C. assistiamo al grande sviluppo urbanistico della colonia comprendente la basilica e il portico a sud del Foro, il *Macellum*, le terme, il tempietto su via del Miliario, le *tabernae* con i portici lungo la via del Miliario e dei Pilastri. Sempre a questa fase devono essere assegnate la monumentalizzazione del grande santuario di Ercole, già attivo in precedenza, e la costruzione del teatro [figura 4]. Alla prima fase imperiale risale la costruzione dell'anfiteatro. Al 350-351 d.C. risale il miliario di Magenzio, rinvenuto all'incrocio tra via del Miliario e dell'Elefante, che ci fornisce la distanza da Roma, 68 miglia pari a 100 chilometri, calcolata dalla via Valeria che attraversava la città. Vale la pena di richiamare più in dettaglio due aree monumentali della colonia. La grande area del santuario di Ercole presenta a nord un piccolo sacello contenente un baldacchino entro cui si trovava la statua del dio, rinvenuta in frammenti, forse nella sua accezione di Salarius, protettore del sale ma anche degli armenti, di cui conosciamo una corporazione dedita al suo culto nella colonia. A questa interpretazione si accorderebbe anche la funzione della grande area del santuario probabilmente corrispondente a un *forum pecua-*

3. Pianta del Foro di Alba Fucens:
A. piazza
B. sacello
C. base
D. portico colonnato
E. basilica
F. comizio
G. via del Miliario
H. schola

4. Pianta del centro di Alba Fucens:
K. portico
L. basilica
M. *macellum*
N. terme
O. taberne
P. tempietto
Q. case repubblicane
S. casa imperiale
T. tempio di Ercole
U. teatro

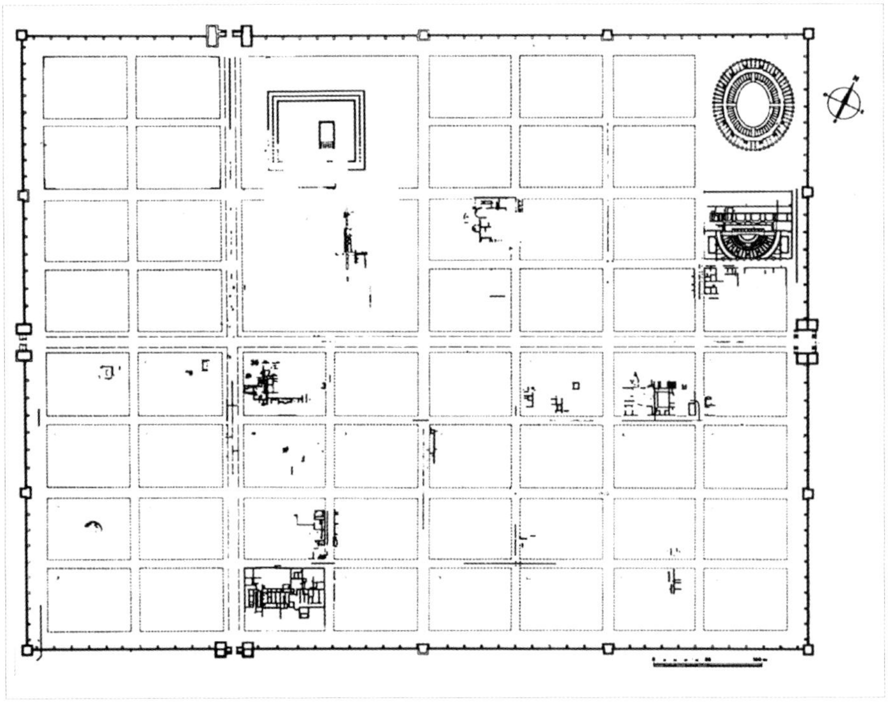

5. Pianta del santuario di Pietrabbondante

6. Pianta della colonia di Aosta

rium (il mercato degli ovini) che doveva svolgere un ruolo fondamentale nell'economia della colonia. Infine, nella zona a nord delle mura è stata rinvenuta una terrazza comprendente un'area identificabile con uno *xystus* (la pista coperta per le corse), una sala absidata e un sacello per un culto eroico. Si tratta di un apprestamento di chiara derivazione ellenistica in cui il ginnasio si associa al culto di un eroe, in questo caso forse identificabile con Cornelio Scipione, morto ad Alba Fucens nel 78 a.C., cosicché tutto il complesso sarebbe stato edificato da parte del fratello, il triumviro Lepido. Un altro esempio particolarmente istruttivo proviene dal sito di Pietrabbondante in area sannitica [figura 5]. Qui, a partire dalla fine del II secolo a.C., viene costruito un santuario comprendente un tempio con tre celle addossato a una cavea teatrale, in evidente rapporto alla spinta urbanistica sollecitata da Roma. Il complesso è particolarmente interessante perché costituisce una chiara attestazione del fatto che ellenizzazione e romanizzazione sono facce di un'unica medaglia: infatti, mentre da un lato lo schema teatro-tempio deriva dai grandi modelli dell'architettura ellenistica, dall'altro lato esso richiama apertamente anche lo schema del complesso *Curia-Comitium* proprio del mondo romano. La struttura funziona infatti come luogo di riunione politica delle comunità pentre e come santuario ove si dedicano alla divinità le decime del bottino sottratto al nemico. Vediamo qui in funzione anche il teatro come luogo di riunione e di svolgimento delle assemblee politiche, motivo per cui a Roma il controllo senatorio non permetterà la costruzione di un teatro stabile prima della metà del I secolo a.C., e significativamente a seguito dell'iniziativa di un *homo novus* come Pompeo, per paura di offrire un luogo di aggregazione alla plebe urbana. I teatri di Pompei, Teanum Sidicinum, Capua, Cales, Alba Fucens sono tutti precedenti a quello di Roma e testimoniano così il ruolo svolto dal mondo coloniale nella sperimentazione di nuovi modelli urbanistici e monumentali. Il I secolo a.C. corrisponde a un generale processo di standardizzazione della forma urbana nel quadro della nuova Italia romana successiva alla guerra sociale del 90 a.C.: dal punto di vista giuridico le città sono elevate a municipi i cui abitanti godono della cittadinanza romana; il decoro urbano passa attraverso l'evergetismo delle ricche aristocrazie locali e l'uso di specifiche e ricorrenti tipologie edilizie; la rapidità degli interventi è favorita dall'*opus caementicium* messa in opera da maestranze schiavili ora ampiamente disponibili sui mercati orientali, come avviene nel caso dell'isola di Delo; anche la divisione dello spazio urbano appare ora standardizzata come è possibile verificare dalle colonie più recenti ove risulta adottata una divisione a scacchiera che annulla ogni differenziazione e gerarchia degli spazi [figura 6]; infine, la ricorrente citazione di *muros*, *portas* e *turres* nelle iscrizioni di questo periodo segnala il diffuso orgoglio delle comunità municipali a presentare una sorta di biglietto da visita al primo impatto che l'osservatore esterno riceve dalla città: ecco allora la cura per le cinte murarie, per il ritmo delle torri che scandiscono la cinta e che si allontanano sempre più dalla funzione originaria della poliorcetica ellenistica, per le porte che assumono sempre più la forma di archi trionfali e si dotano di prospetti decorativi animati anche da gruppi statuari [figure 7-8].

7. Porta Marzia, Perugia

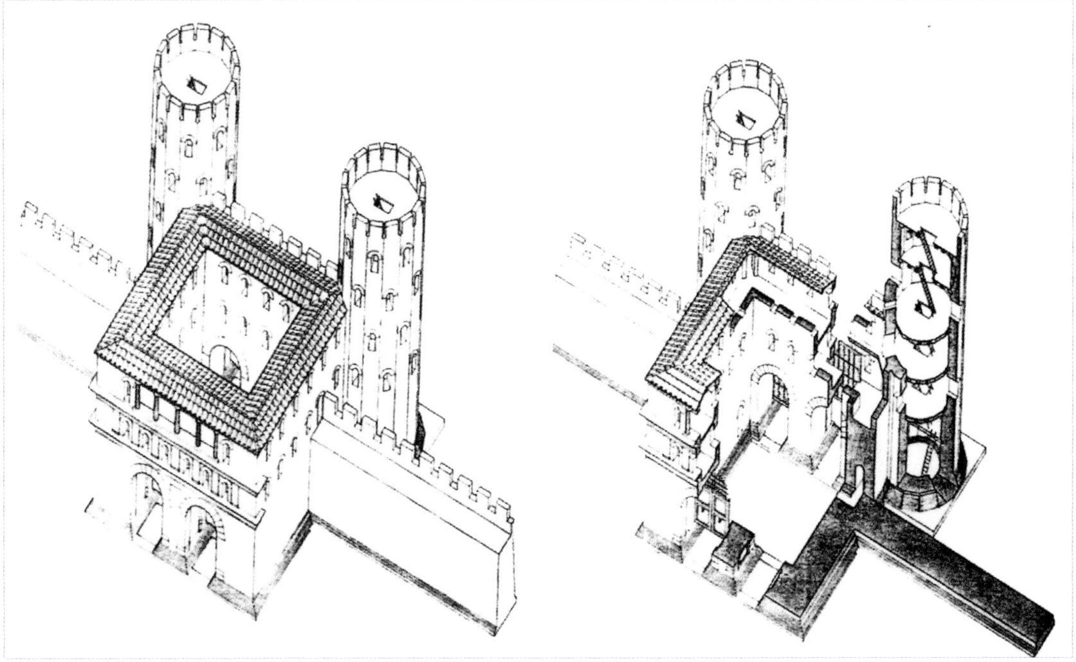

8. Ricostruzione della porta dei Leoni a Verona

9. Le residenze imperiali

Gian Luca Grassigli

Con la fondazione dell'impero, e quindi con la fine dello Stato repubblicano, venne a porsi inevitabilmente la questione della casa dell'imperatore. Non si trattava solamente di trovare una risposta alle peculiari esigenze di una residenza di questa natura, e quindi di elaborare in definitiva una nuova tipologia architettonica, ma anche di riflettere intorno a un edificio che per la sua stessa funzione avrebbe avuto una forte connotazione ideologica e anche un'implicita volontà propagandistica.
Per quanto le dimore private, infatti, avessero svolto fino a quel momento, come abbiamo visto, un ruolo importante nell'ambito delle strategie di comportamento e di apparizione degli uomini politici, esisteva comunque uno spazio pubblico sentito come il teatro appropriato dell'azione politica. Con la fondazione dell'impero non solo il pubblico tende a essere occupato dal sovrano, e quindi a venire incluso nel suo privato, ma anche per un fenomeno conseguente e speculare la sfera privata del sovrano acquista una dimensione e un'importanza pubblica. A ciò bisogna aggiungere la considerazione che in ogni regime autoritario la residenza del capo supremo da un lato assume sempre valori simbolici, dall'altro diventa un ottimo strumento per la comunicazione di uno specifico contenuto ideologico. Non a caso nel mondo romano, soprattutto dal II secolo in poi, si finirà per indicare la residenza imperiale semplicemente col termine *palatium*, ossia "il palazzo".
Si capisce, pertanto, come l'aspetto definitivo, e quindi in qualche modo l'elaborazione tipologica della "casa dell'imperatore", rappresenti il punto di arrivo di un lungo percorso di ricerca e sperimentazione, non sempre univoco, che ha dovuto tenere conto sia delle necessità effettive, pratiche e di rappresentanza, che la residenza del sovrano doveva avere, sia della capacità di esprimere in maniera efficace ed enfatica l'idea di potere assoluto. La gradualità del progetto dipende anche naturalmente dal carattere ambiguo dell'istituto imperiale, almeno nella sua fase iniziale, per cui come per altri settori della vita pubblica anche per l'architettura palaziale occorreva trovare nuove soluzioni, che almeno in apparenza non contraddicessero la consuetudine, la forza e i significati della tradizione.
In effetti la prima casa dell'imperatore nasce semplicemente come casa di uno dei massimi esponenti della classe dirigente dell'ultima repubblica, ossia di Ottaviano [figura 1]. Né sarebbe potuto essere altrimenti, data la scrupolosa attenzione da parte di Augusto a non far apparire in alcuna maniera il suo ruolo come quello di un sovrano assoluto. La posizione della dimora sul Palatino e la sua articolazione planimetrica rimandano alle forme, alle dimensioni e alla ricca eleganza consuete per le residenze dell'aristocrazia; anzi almeno nella sua fase iniziale la casa di Ottaviano non era certo la maggiore di Roma. Il progressivo affermarsi dello stesso Ottaviano come detentore di fatto di un potere supremo e quindi la trasformazione dello Stato in senso autoritario

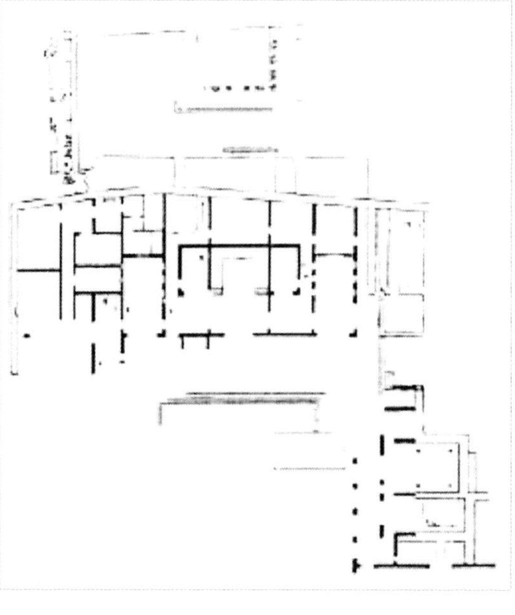

1. Pianta della casa di Ottaviano Augusto, Roma

portano a un importante cambiamento nella struttura della sua residenza, ossia alla costruzione accanto alla casa vera e propria e in diretta comunicazione con essa di un santuario dedicato ad Apollo [figura 2]. Si tratta, quindi, di una modifica che non riguarda la casa nel suo aspetto intrinseco, ma che in un certo senso allarga la competenza della residenza stessa, annettendo a essa un'area sacra. La soluzione, estranea al modo tradizionale di abitare dell'aristocrazia romana, ma già sperimentata da una qualche personalità emergente, vuole indicare con immediatezza ed efficacia l'eccezionalità della posizione di Augusto sia nella società sia dal punto di vista della sua qualità umana. Lo stretto legame tra il santuario di Apollo e la sua residenza esprime benissimo il rapporto privilegiato che Augusto ha con la divinità, nel cui segno sceglie di governare Roma e di definire la propria identità pubblica e privata. In questa maniera, inoltre, fissa la sanzione del sacro su ogni aspetto della sua azione.
Non è il primo tentativo in questo senso nell'edilizia residenziale dell'aristocrazia romana, ma certamente è quello che gode di un successo duraturo, non solo per la posizione dominante del suo autore, ma anche per la sua costante attenzione nel dissimulare queste scelte chiaramente autoritarie facendole apparire dal punto di vista formale come inserite nell'alveo della tradizione dello Stato repubblicano.
Questa scelta si rivolge a un modello ben preciso e definito, ossia a quello dei palazzi dei sovrani ellenistici, che ospitano un'ampia sala di culto al loro interno, ovvero fissano un rapporto privilegiato con un santuario. Augusto, pertanto, si rivolge al modello ellenistico orientale, che è poi il modello fondamentale per l'espressione del concetto di regalità anche nel mondo romano, ma lo fa con estrema prudenza e con abilità, avendo sempre in mente l'idea di non alterare esplicitamente le consuetudini della romanità. Non interviene, infatti, sulla casa trasformandola in un palazzo, fatto che sarebbe stato preso per un atteggiamento all'orientale, e quindi malvisto da un'ampia fetta della classe dirigente di estrazione senatoria, ma aggiunge a essa il santuario. È questo, in ogni caso, il primo nucleo di quello che diverrà in seguito il *palatium*.

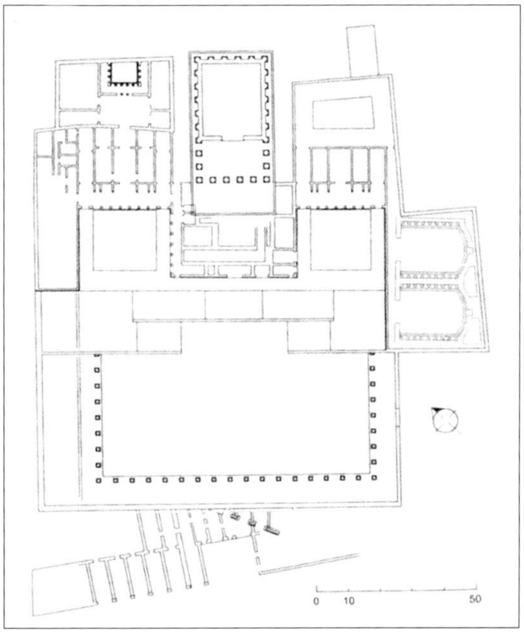

2. Pianta del tempio di Apollo sul Palatino, Roma

Il successore di Augusto, Tiberio, prosegue per ciò che riguarda la residenza in Roma la via segnata dal suo predecessore con una serie di ampliamenti rispetto al complesso esistente, ma pone la sua attenzione anche su un altro aspetto dell'abitare imperiale, quello che consente una più ampia libertà di azione e la possibilità di riferirsi anche a modelli non consoni alla tradizione e all'aspetto pubblico che l'ideologia augustea prevede per l'imperatore, in quanto realizzato e concepito fuori dalla capitale. Si tratta, infatti, dell'inaugurazione della serie delle grandi ville imperiali, in cui la parte per così dire pubblica riveste un ruolo decisamente minore, rispetto allo spazio dedicato ai piaceri del sovrano. Nella villa di Sperlonga [figura 3], infatti, Tiberio esprime liberamente il suo gusto per la tradizione ellenistica nei suoi aspetti più enfaticamente barocchi, come appare dall'ardita e fantasiosa planimetria e dalla strabiliante decorazione scultorea, eseguita da artisti orien-

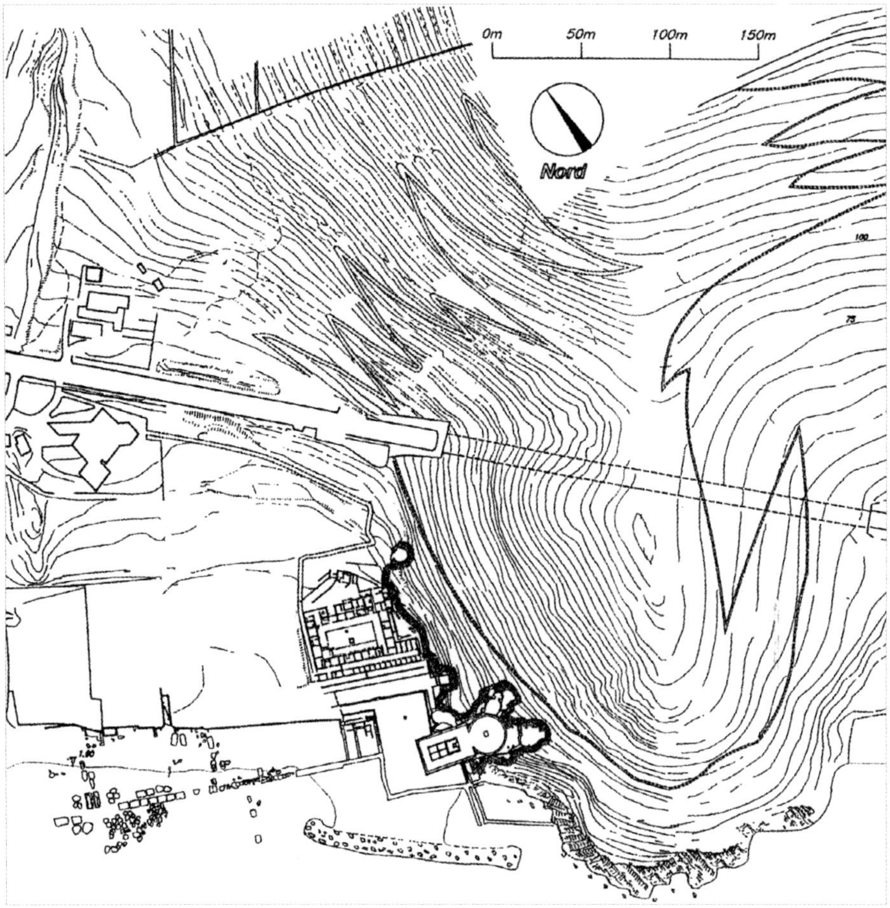

3. Pianta della villa di Tiberio a Sperlonga

tali, dando vita a un complesso non certo consono al modello della residenza urbana dell'imperatore, per la sua evidente vicinanza all'arte prodotta nelle corti principesche del mondo greco e asiatico. La celeberrima decorazione scultorea disposta in una elegante sala ricavata in una grotta, indica la piena adesione alla tradizione della cultura ellenistica, e la capacità del suo sfruttamento sia in un'ottica di celebrazione personale, sia in quello del godimento estetico. Non meno straordinaria per articolazione planimetrica, caratterizzazione monumentale, felice sfruttamento del rapporto con l'ambiente naturale, nonché per eleganza decorativa appare l'altra villa tiberiana, quella fatta costruire a Capri quale eccezionale rifugio del sovrano [figura 4].

Quanto la residenza ufficiale dell'imperatore fosse espressione del progetto politico del sovrano stesso risulta ben chiaro dapprima con le modifiche al complesso sul Palatino fatte realizzare da Caligola e poi con i due grandi interventi neroniani. Sappiamo dalle fonti – e le indagini archeologiche sembrano confermare il fatto – che Caligola mediante un articolato progetto architettonico trasformò il tempio dei *Castores* nel Foro in una sorta di vestibolo della *domus* imperiale, o per meglio dire, inglobò l'edificio sacro, fino ad allora assolutamente pubblico, nell'allargata residenza imperiale. Un intervento, naturalmente, che non poteva non sollevare l'opposizione dei senatori, che vi riconoscevano l'espressione di un potere esercitato senza alcun limite.

Ancora più provocatoria apparve l'azione di Nerone, che in un primo tempo realizzò un complesso che aveva lo scopo di congiungere la residenza imperiale del Palatino con gli orti Sallustiani sull'Esquilino. Per questa sua caratteristica ricevette il nome di *Domus Transitoria*, di cui, tuttavia, conosciamo poco dal punto di vista archeologico. Ma questo fu solo il primo atto di un'idea che si rivelò ancora più grandiosa, per quanto assolutamente invisa al Senato. Successivamente al grande incendio che devastò Roma, infatti, lo stesso imperatore diede vita, grazie all'opera degli architetti *Severus* e *Celer*, al poderoso intervento per la costruzione di una straordinaria residenza che occupava una grande estensione del centro della città. L'enorme complesso che ne risultò [figura 5], la cosiddetta *Domus Aurea*, sulla cui descrizione ci siamo già soffermati, era concepibile solamente nell'ambito di un progetto esplicito di Stato imperiale, quale erede del modello delle grandi monarchie orientali. Proprio per questo motivo tale straordinario intervento suscitò una reazione così aspra in un'ampia fetta dell'opinione pubblica e certamente negli esponenti della classe senatoria. Venne infatti percepito come il segno più chiaro di quella volontà di potere assoluto, espressa senza infingimenti, inaccettabile per la classe dirigente, assuefatta piuttosto alle forme, ma solo a quelle, di una

sovranità morbida, così come erano state concepite da Augusto.
Pertanto l'uccisione di Nerone e il ripristino di un modo di concepire il potere legato alle forme originarie dell'impero, riportò l'attenzione dei sovrani sul Palatino, dove Domiziano, per mano dell'architetto Rabirio, fece costruire una grande dimora all'estremità orientale del colle, che resterà immutata nei suoi elementi principali per tutta la durata dell'impero. Con l'erezione di questo palazzo, indicato dagli autori antichi come *Domus Augustana*, possiamo dire che l'architettura romana è giunta a una propria definizione originale e compiuta della tipologia architettonica della *domus* dell'imperatore [figura 6]. È da questo momento, in effetti, che il termine *palatium* indica per antonomasia la residenza del sovrano. Il nuovo complesso, che ha ormai abbandonato ogni riferimento alla tradizione architettonica e alla tipologia della *domus*, esprime in modo esemplare l'avvenuta svolta in senso esplicitamente monarchico dell'impero. Il lusso straordinario in ogni forma di decorazione, il carattere monumentale, l'attenzione per le esigenze di rappresentanza la definiscono come la residenza di un sovrano assoluto. Purtroppo i lavori di sterro condotti a partire dal XVIII secolo hanno impedito una conoscenza più approfondita del complesso, che appare in ogni caso organizzato su alcuni peristili, attorno ai quali si aprono ampie camere per ricevimenti e triclini. L'ampiezza e l'articolazione planimetrica di alcuni vani fanno capire che erano destinati alle udienze dell'imperatore. Il complesso, inoltre, era fortemente organizzato nei percorsi interni, con una cura particolare e ovvia per l'efficacia della sorveglianza delle guardie e quindi per la sicurezza del sovrano. Proprio questo aspetto, quello cioè di un *palatium* chiuso e inaccessibile, venne utilizzato come spunto polemico dalla storiografia di parte senatoria, fortemente contraria a Domiziano, per stigmatizzare proprio il carattere monarchico del suo governo.

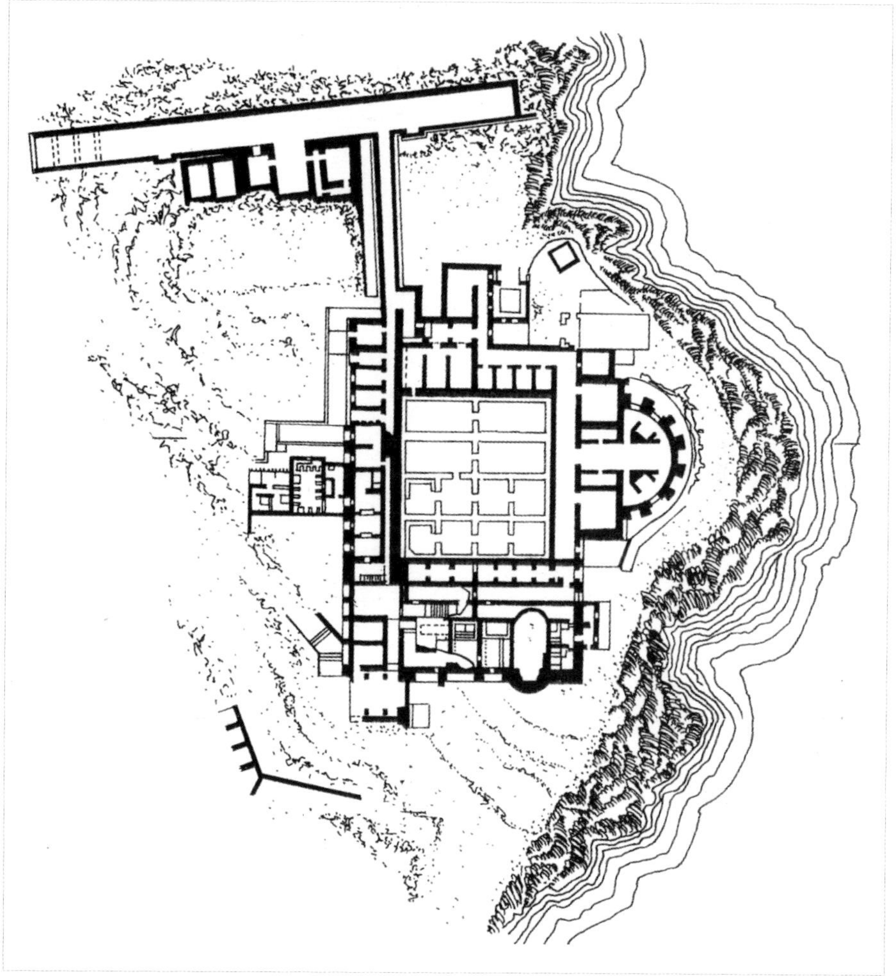

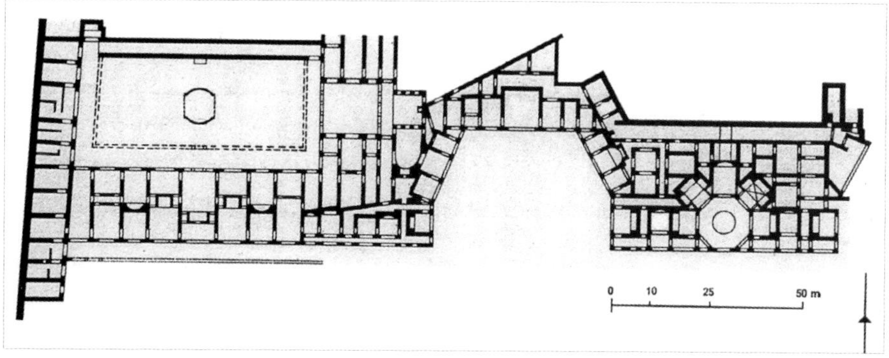

4. Pianta della villa di Tiberio a Capri

5. Pianta della *Domus Aurea*, Roma

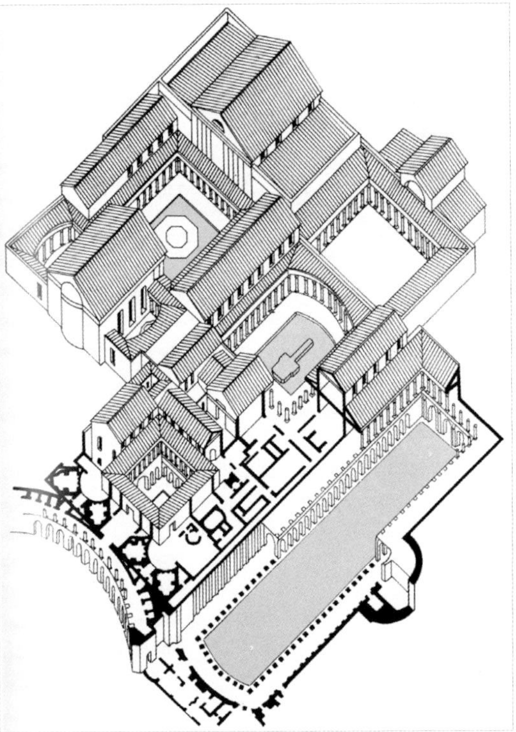

6. Assonometria della *Domus Augustana*, Roma

Domiziano provvide anche alla costruzione di un ippodromo lungo l'intero lato orientale del palazzo, che sottolinea ancora una volta il valore emblematico e la validità simbolica assunti dal circo nella cultura romana, e che diventerà inoltre un elemento caratteristico delle residenze imperiali tardoantiche. D'altra parte, proprio sul circo Massimo, ossia sul luogo di maggior concentrazione di folla di tutta Roma, si affacciava il *palatium*, che appariva nelle sue forme ardite, monumentali e solenni.
Con l'erezione della *Domus Augustana* l'architettura romana fissò un modello autonomo, che eliminò la necessità di rivolgersi alla tradizione orientale. Anche se non vennero costruite ulteriori residenze imperiali sul Palatino, infatti, da un lato si andavano edificando straordinarie residenze extraurbane, ma soprattutto, in seguito alla divisione amministrativa e territoriale dell'impero, a partire dalla organizzazione tetrarchia concepita da Diocleziano, si vennero moltiplicando le sedi – e quindi le residenze – imperiali.

Un aspetto senza dubbio importante dell'edilizia imperiale e segno di un rinnovamento profondo, non casualmente verificatosi al termine del III secolo, è dato dal palazzo di Diocleziano a Spalato [figure 18-19, pagina 205]. Propriamente non dovremmo parlare di una residenza dell'imperatore, dal momento che Diocleziano lo occupò solo dopo aver abdicato al trono, ma nei fatti, cioè nella sua realtà tipologica, funzionale e simbolica, costituisce la dimora di un sovrano. D'altra parte questa particolare realtà, proprio alle soglie dell'età tardoantica, apre uno scorcio assai significativo sulla realtà del potere imperiale nell'ultima fase del mondo romano.
A parte il grandioso complesso di Costantinopoli, che tuttavia non conosciamo a sufficienza dal punto di vista archeologico, costituisce un'attestazione esemplare di questa nuova tipologia architettonica il grande palazzo di Galerio a Salonicco [figura 7]. Quest'ultimo occupava un'ampia porzione del centro cittadino, caratterizzato da un ingresso monumentale e da vani di enormi dimensioni e un lusso profuso in ogni tipo di arredo e di decorazione. L'attenzione maggiore era rivolta ai vani destinati a una funzione di rappresentanza. Anche in questo caso, proprio come sul Palatino, era stato costruito un circo privato.
Naturalmente il modello imperiale finì col riverberarsi anche nell'edilizia privata, ovviamente quella dell'altissima aristocrazia. Quest'ultima, mentre incrementava a dismisura le proprietà fondiarie, a partire dall'età medioimperiale diede vita a programmi edilizi straordinari, che generarono residenze etraurbane di imponenti dimensioni e di ricchezza inaudita. Proprio a causa di tali caratteristiche, e di fatto per una sostanziale equivalenza con le residenze imperiali, l'archeologia moderna ha attribuito ai sovrani ville che invece appartenevano a esponenti delle classi dirigenti più alte, quali ad esempio la villa di Piazza Armerina, in Sicilia, o quella di Centcelles, in Spagna.
Caduta definitivamente l'attitudine dei primi

imperatori a dissimulare l'autorità assoluta in forme ancora legate alla tradizione dello stato repubblicano, le residenze imperiali, ora create *ex novo*, e non più frutto di un incremento progressivo come avvenuto a Roma, assumono l'aspetto di una vera e propria reggia, ossia di un palazzo inespugnabile, di dimensioni inaudite e caratterizzato all'interno da un'esibizione di lusso supremo. D'altra parte l'inaccessibilità del sovrano e la sua incommensurabile ricchezza sono vissuti nel mondo tardoantico come il segno principale del potere assoluto e della dimensione sovrannaturale della figura del sovrano stesso.

In età tardoantica la residenza dell'imperatore assume nella mentalità comune non solo un valore simbolico sempre più intenso, ma anche, attraverso le descrizioni letterarie, un aspetto quasi leggendario.

Questo fatto spiega in parte l'utilizzo della raffigurazione del *palatium*, ovviamente idealizzata e a volte del tutto simbolica, anche nell'arte privata o ufficiale che fosse.

Così anche le grandi residenze private finirono con l'assumere nelle rappresentazioni artistiche, quali mosaici e pitture, l'aspetto idealizzato del *palatium*, come risulta emblematicamente da mosaico cosiddetto del *dominus Iulius* [figura 30, pagina 230]. Ma il *palatium* viene utilizzato nelle espressioni artistiche quasi come una sorta di attributo imperiale, come mostra bene il *Missorium* di Teodosio [figura 11, pagina 215], dove la figura dell'imperatore è inquadrata da una quinta architettonica, che esprime in forte sintesi l'idea della residenza imperiale. La sede del potere supremo è divenuta così espressione diretta e idealizzata di quello stesso potere che in essa si esercita.

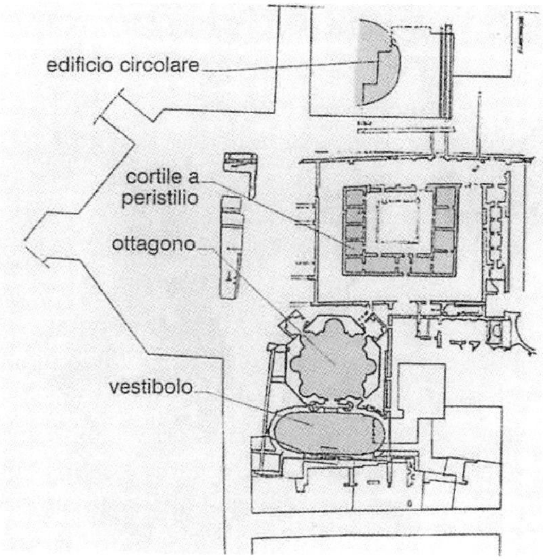

7. Pianta della parte centrale del palazzo di Galerio, Salonicco

III Occasioni, luoghi e fonti dell'ispirazione artistica

10. Gli spazi dei *ludi*

Mauro Menichetti

Per comprendere l'importanza dei *ludi* nel mondo romano sono necessarie due osservazioni preliminari. In primo luogo i *ludi* fanno parte in origine delle funzioni di culto svolte per le divinità, e per questo la loro ricorrenza è inserita nei calendari, oppure si svolgono in occasioni rituali, soprattutto i grandi funerali delle aristocrazie arcaiche. Tale carattere è destinato ad attenuarsi nel corso del tempo ma rimarrà sempre presente anche in relazione al successivo rapporto con il culto imperiale. In secondo luogo apprendiamo da un discorso di G. Fannio pronunciato nel 122 a.C. che l'oratore mette in guardia i cittadini dal concedere la cittadinanza ai Latini in quanto metterebbe a rischio la partecipazione di tutti alla *contio* (assemblea politica), ai *ludi* e ai *dies fasti* (giorni festivi dedicati agli dèi). Come si vede, i *ludi* individuano addirittura un aspetto dell'identità politica del *civis romanus*.

Conosciamo almeno tre grandi categorie di giochi: i *ludi circenses* con corse di carri nel circo; i *ludi scaenici* relativi a rappresentazioni teatrali; i *munera* che indicano i *ludi* gladiatori negli anfiteatri. A questi vanno aggiunti diversi altri giochi che si svolgevano negli stessi spazi o in altri apprestamenti come gli agoni musicali, quelli ginnici, le battaglie navali. Corse di carri si dovevano svolgere già in un'età assai antica, durante il regno dei Tarquini, nell'area del Campo Marzio così come, secondo la tradizione, il ratto delle Sabine da parte di Romolo e compagni avviene durante lo svolgimento di giochi con corse di carri. In età imperiale assistiamo alla più ampia diffusione di questi *ludi* testimoniata peraltro dalla celebre definizione di Giovenale, nel I secolo d.C., secondo cui il popolo romano vuole solo "panem et circenses". Nel suo assetto definitivo il circo presenta una forma allungata e i carri devono correre per sette volte attorno alla divisione centrale, detta spina. Nel corso del tempo il circo assume una complessa simbologia solare ma già nella fase più antica appaiono forti le valenze religiose testimoniate, ad esempio, dall'impiego di sette uova riferite ai Dioscuri per contare i giri dei carri. Possediamo inoltre alcune notizie relative all'organizzazione di quella che oggi potremmo chiamare la tifoseria variamente divisa in Rossi, Bianchi, Azzurri o Verdi. Si è calcolato che il Circo Massimo [figura 1] a Roma poteva ospitare circa 150.000 spettatori.

I *ludi scaenici* organizzati a Roma nel 240 a.C. a cui prese parte anche Livio Andronico dovettero utilizzare delle strutture di legno così come avveniva di solito per le rappresentazioni teatrali nell'ambito dei *ludi Apollinares* e dei *ludi Megalenses* rispettivamente presso il tempio di Apollo nel Campo Marzio e quello di Cibele sul Palatino. Tali rappresentazioni, prima di essere definitivamente fissate anche a seguito dell'influenza dei modelli greci, comprendevano un'ampia gamma di spettacoli diffusi nel mondo italico (mimi, atellane, giochi osci) e risalenti ben indietro nel tempo fino a occasioni rituali legate anche ai funerali arcaici come dimostrano le strutture teatriformi ritrovate ad esempio presso le grandi tombe principesche del mondo etrusco. Dalla fine del III e soprattutto nel corso del II secolo a.C. troviamo i primi edifici teatrali stabili realizzati in Italia, ma non a Roma, dove bisognerà aspettare quello di Pompeo realizzato nel 55 a.C. In realtà il teatro nel mondo greco includeva non solo rappresentazioni sceniche ma funzionava anche come luogo di riunione per assemblee politiche. Questo fatto spiega la resistenza del Senato di Roma assai contrario a offrire uno spazio stabile per le riunioni popolari. Lo stesso Pompeo deve giustificare la presenza della cavea teatrale entro il suo complesso monumentale nel Campo Marzio quale scalinata di accesso al piccolo tempio di Venere posto in cima all'edificio. L'età augustea vede sorgere a Roma i due nuovi teatri di

1. Pianta del Circo Massimo a Roma

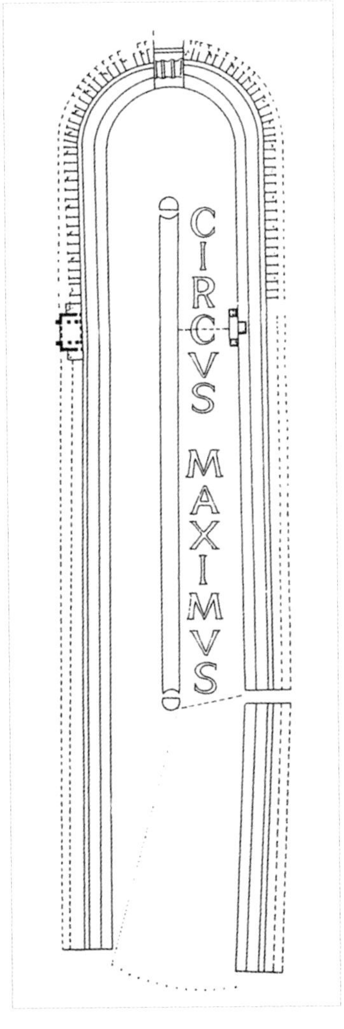

Marcello e di Balbo, sempre nel Campo Marzio, mentre si è calcolato che tra la metà del I secolo a.C. e la metà del I secolo d.C. vengono realizzati almeno sessanta nuovi teatri nel mondo romano. Nel corso dell'età imperiale i teatri si diffondono nelle province occidentali – come la Spagna, l'Africa [figura 2] ed anche la Gallia ove ritroviamo una particolare struttura nei cosiddetti teatri gallo-romani – ma anche in Asia Minore e in Siria mentre in Grecia vengono soprattutto restaurati i precedenti edifici. Il teatro romano si differenzia da quello greco anche se il modello descritto da Vitruvio (*De Architectura*, V, 3-9) [figura 3] non si può automaticamente rintracciare dietro le infinite variazioni proposte dai diversi edifici. In ogni caso appare forte la tendenza a costruire del tutto artificialmente la cavea svincolandola dal prevalente uso greco di sistemarla lungo un pendio; inoltre lo spazio dell'orchestra viene ridotto della metà facendo avanzare la *scenae frons* nel quadro di un modello geometrico che prevede quattro triangoli inscritti entro l'orchestra. Ma ciò che più conta segnalare è che, soprattutto a partire dall'età imperiale, il teatro diviene uno specchio fedele della gerarchia sociale con i posti assegnati secondo i vari ordini (il Senato, l'ordine equestre, il resto dei cittadini, le donne) fino al seggio imperiale.

I giochi gladiatori, chiamati *munera*, traggono origine ancora una volta anche da una sfera rituale funeraria [figura 4] relativa soprattutto al sacrificio di prigionieri di guerra sulle tombe dei grandi aristocratici, al modo descritto da Omero per i funerali di Patroclo. Tale modello funziona ancora per il primo *munus* a noi noto del 364 a.C. offerto da Giunio Bruto in onore del padre defunto. In età repubblicana, al pari dei *ludi scaenici*, i giochi gladiatori vengono rappresentati nell'area del Foro mediante l'apprestamento di strutture provvisorie. L'area campana ha sicuramente svolto un ruolo importante nello sviluppo dei giochi gladiatori, compresa l'elaborazione dell'edifi-

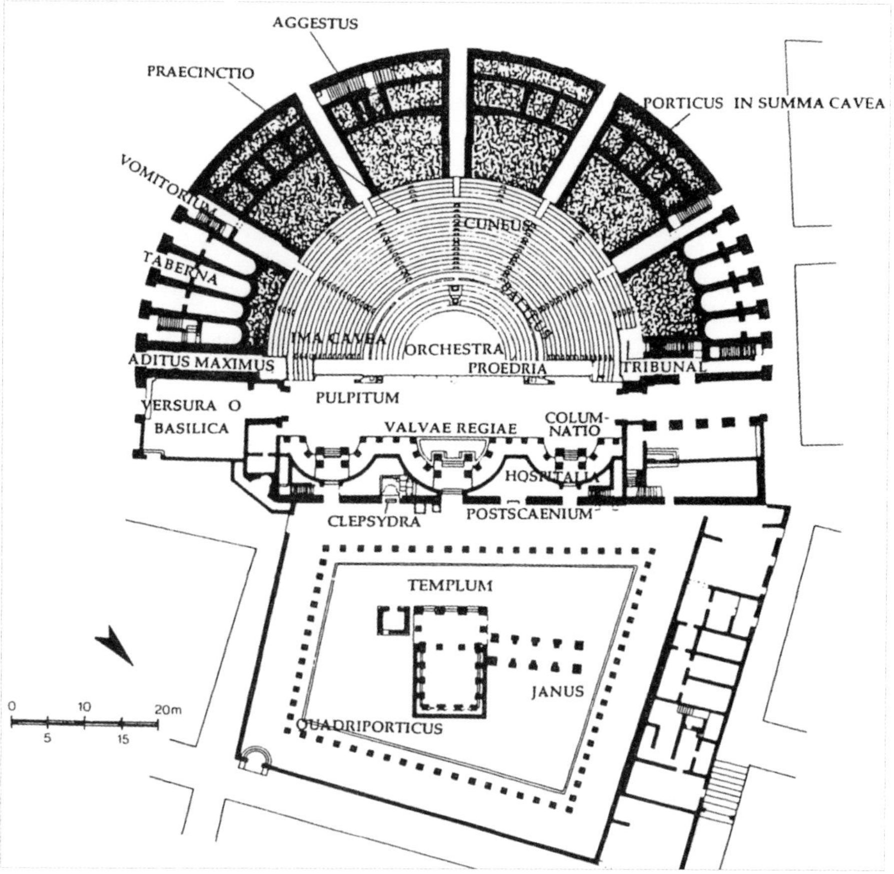

2. Pianta del teatro di Leptis Magna

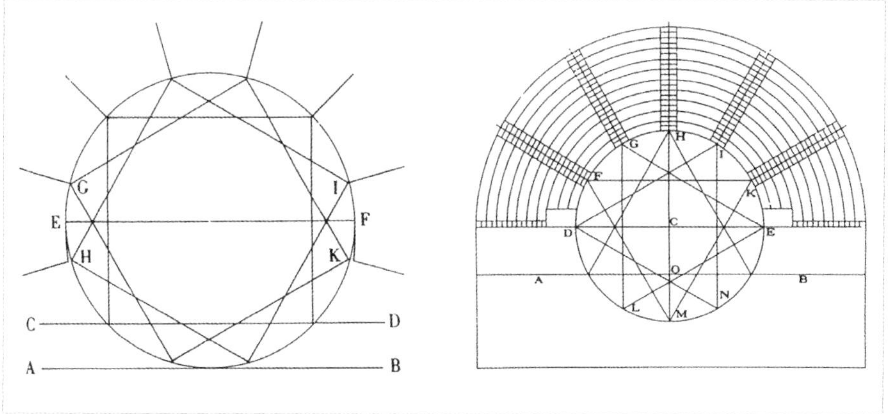

3. Ricostruzione del teatro greco e del teatro latino secondo Vitruvio (A-B indicano rispettivamente l'allineamento della *scaena*).

4. Fregio dal sepolcro di *C. Lusius Storax* da Teate, Chieti, Museo Archeologico

5. Elmo dalla caserma dei Gladiatori a Pompei, Napoli, Museo Archeologico Nazionale

cio che poi diverrà canonico per questo tipo di giochi, vale a dire l'anfiteatro sicuramente attestato a Pompei almeno a partire dal 70 a.C. A Roma, alla metà del I secolo a.C., troviamo un edificio realizzato da C. Scribonius Curio che ha tutta l'aria di essere un anfiteatro e che viene descritto come formato da due teatri lignei contrapposti e ruotanti su cardini. Il coinvolgimento dei gladiatori nelle lotte politiche tardorepubblicane ne segnala la crescente popolarità destinata a continuare per tutta l'età imperiale fino a che gli editti di Costantino e di Onorio metteranno definitivamente fine ai giochi gladiatori. Nel corso dell'età augustea e del I secolo d.C. vengono probabilmente fissate le varie componenti dei *ludi* gladiatori, a partire dai diversi tipi di combattenti che possiamo solo brevemente richiamare [figura 5]: i *Thraeces* con elmo, piccola spada ricurva e schinieri; i *Retiarii* muniti di rete; gli *Equites* che probabilmente si esibivano per primi; i *Sagittarî* armati di arco e frecce; gli *Essedarii* muniti di carro; i *Velites* con giavellotti; gli *Spatharii* con lunga spada; la classe più comune dei *Murmillones* con elmo, scudo rettangolare e gladio; gli *Oplomachi* caratterizzati da pesanti armature. Sappiamo che dovevano esistere regole precise per l'accoppiamento dei diversi tipi di combattenti e che i *ludi* gladiatori vennero presto affiancati dalle *venationes*, la caccia ad animali esotici importati soprattutto dall'Africa attraverso compagnie specializzate e ambientata in paesaggi artificiali mediante apposite scenografie. Per quanto riguarda gli animali è attestata la presenza di leoni, tigri, leopardi, iene, tori ma anche elefanti, rinoceronti, ippopotami, coccodrilli, giraffe e orsi. Il Colosseo [figure 6-7], inaugurato nell'80 d.C., è il più celebre degli edifici destinati ai giochi gladiatori e nei pressi è stata individuata l'area dove sorgeva il *Ludus Magnus* [figura 8], vale a dire la caserma dei gladiatori diretta da un *lanista* e comprendente i diversi spazi per l'allenamento e per l'alloggio dei combattenti, dei medici e dei maestri d'armi, per il deposito delle armi e delle apparecchiature sceniche, per l'ospedale. In età imperiale la sequenza del *munus* prevede al mattino una *venatio*, al centro della giornata i *damnati ad bestias*, cioè i condannati a essere sbranati in quanto disertori, traditori o banditi pericolosi; infine, nel pomeriggio entravano in scena i gladiatori mentre il pubblico veniva fatto segno di *sparsiones* (vaporizzazioni di profumi) e di lanci di generi alimentari, di monete e pietre preziose, di tessere per il ritiro di premi. Un apposito distaccamento della marina di Miseno manovrava al Colosseo il grande velario che proteggeva gli spettatori dal sole e dalla pioggia.

Così come nelle nicchie della *scaenae frons* del teatro le statue richiamavano continuamente la presenza dell'imperatore e della sua famiglia, allo stesso modo i *ludi* presso l'anfiteatro richiamano continuamente la presenza imperiale, a partire dal *pulvinar* che ospita l'Augusto. Negli spazi e nelle occasioni dei *ludi* il pubblico esprime il gradimento o meno alla figura dell'imperatore, non solo per quel che riguarda lo svolgimento dei giochi stessi ma anche per questioni politiche. Come segnala già Cicerone, la misura degli applausi e l'esposizione negli spazi dei *ludi* rappresentano ormai il vero giudizio sugli uomini politici. Ad esempio, nel 357 d.C. Costanzo II dovette cedere al richiamo della folla per il reintegro di papa Liberio.

Oltre a quelli già descritti, incontriamo nel mondo romano una più ampia varietà di *ludi* che potevano aver luogo negli stessi edifici o in altri spazi. Le naumachie o battaglie navali, ad esempio, potevano svolgersi nelle arene degli anfiteatri opportunamente allestite mentre giochi atletici e agoni musicali potevano aver luogo in diverse occasioni. Gli spettacoli atletici secondo la tradizione greca non trovano ampia diffusione nel mondo romano: sappiamo che M. Fulvio Nobiliore presentò spettacoli di questo genere nel 186 a.C. e poco dopo anche L. Emilio Paolo per celebrare la vittoria su Perseo. L'edificio più importante fuori dalla Grecia è lo stadio di Domiziano la cui forma ed estensione è valutabile dall'attuale disposizione di piazza Navona a Roma.

L'edificio che nel mondo romano solitamente ospita le esecuzioni canore e musicali corri-

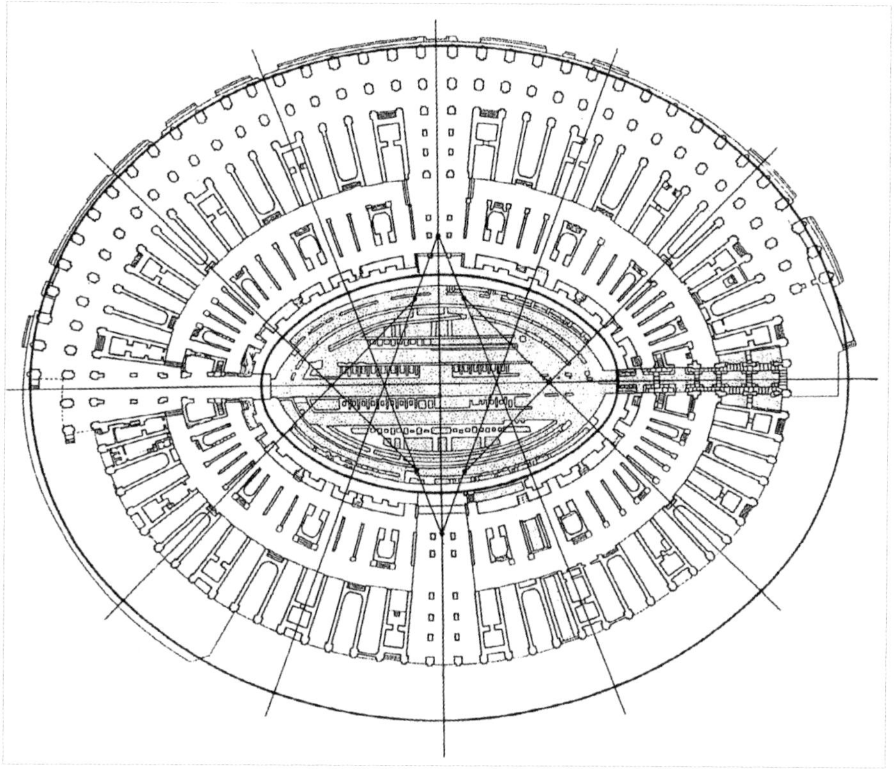

6. Pianta del Colosseo, Roma

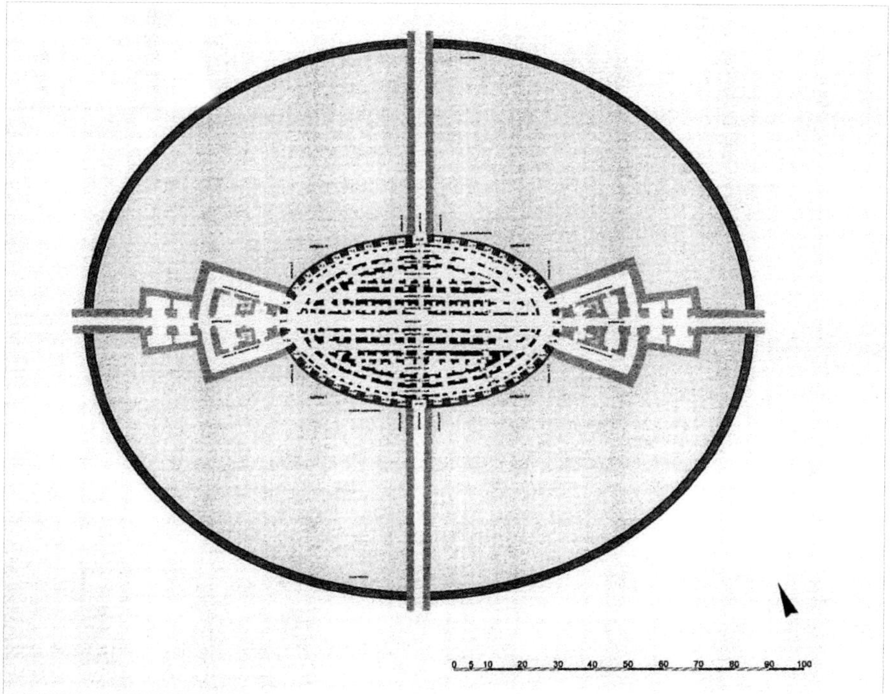

7. Pianta degli ipogei del Colosseo, Roma

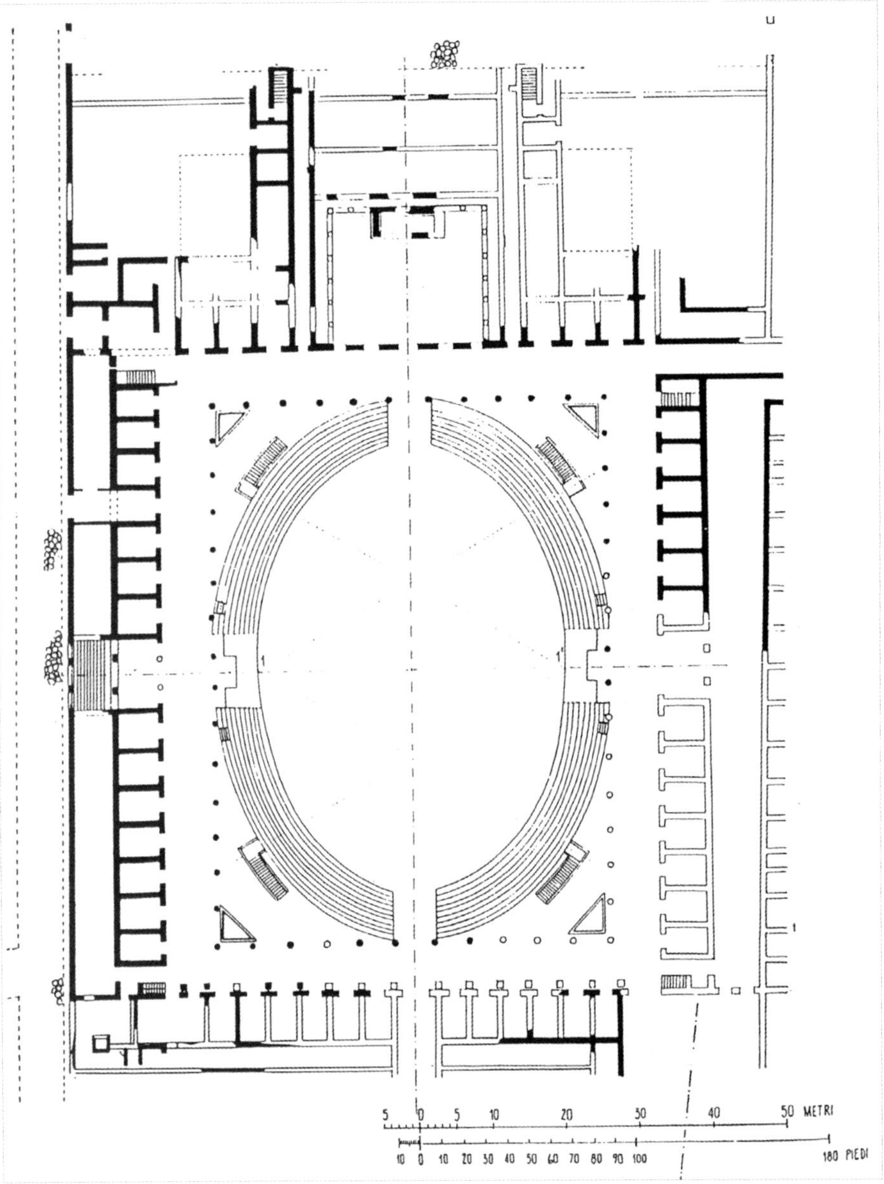

8. Pianta del *Ludus Magnus*

sponde all'*odeum*. Si tratta di un edificio con una *scaena* ristretta rispetto al teatro mentre la *cavea* è totalmente o parzialmente coperta per favorire l'acustica. Da qui anche la definizione di *theatrum tectum* (coperto). L'esempio più antico in Italia è quello di Pompei risalente al 70 a.C. circa; ad Atene furono realizzati due edifici del genere, quello di Agrippa [figura 9] e quello di Erode Attico. In realtà gli *odeia*, già a partire da quelli presenti nel mondo greco, non sono facilmente distinguibili dai *bouleuteria* utilizzati per le riunioni delle assemblee politiche.

Complessivamente i giochi nel mondo romano subiscono un graduale allontanamento nel corso del tempo rispetto alle origini e alle funzioni religiose e rituali fino a diventare una delle massime espressioni dell'*Asiatica luxuria* nel corso delle lotte politiche tardorepubblicane. In età imperiale gli spazi dei *ludi* divengono una delle più importanti scenografie del culto imperiale e, soprattutto, sostituiscono il Foro assumendo la funzione politica di luogo di espressione del consenso o meno verso la figura dell'imperatore.

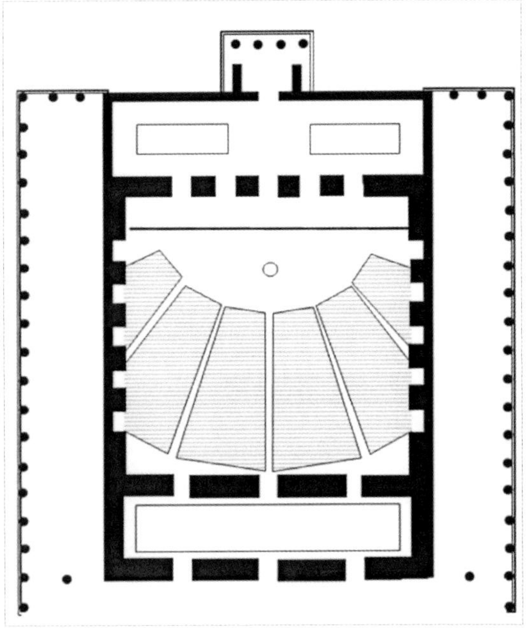

9. Pianta dell'*Odeion* di Agrippa ad Atene

11. Il culto imperiale

Mauro Menichetti

La nascita e lo sviluppo del culto imperiale possono essere colti attraverso alcune date e avvenimenti precisi ma nello stesso tempo bisogna fare riferimento anche ad aspetti di lungo periodo che hanno preparato il terreno per la formazione del quadro istituzionale. In questa prospettiva un'ottica sicuramente interessante è quella ricavabile dai calendari in relazione all'inserimento dei giorni festivi che, come ricorda Varrone, si possono dividere in onore degli dèi e degli uomini con la specificazione che in età repubblicana i *dies festi* pubblici con relativi *ludi* si svolgono sempre a causa degli dèi. Nel 45 a.C. i decreti del Senato impongono che nel calendario riformato di Cesare debbano ora comparire *feriae publicae* per commemorare ogni anno le vittorie dello stesso Cesare. La distinzione operata da Varrone comincia a essere messa in discussione aprendo la strada a una sovrapposizione tra pubblico e privato per cui aspetti individuali e familiari divengono rilevanti, come vedremo, anche sul piano delle istituzioni politiche e religiose. Tutto ciò è favorito anche dalla circolazione di notizie prodigiose come nel caso della stella di Cesare (*sidus Iulius*) che poi sarebbe riapparsa a Ottaviano (non ancora Augusto) mentre celebrava i *ludi* in onore di Cesare assunto in cielo nel 44 a.C. (Svetonio, *Iulius*, 88, 2). La corte cesariana elabora anche la tradizione della discendenza divina di Cesare da Enea e da Venere. Le statue di Cesare invadono le piazze pubbliche e i santuari fino alla comparsa del culto pubblico del *Genius Caesaris*. Un altro punto nevralgico è rappresentato dai funerali che si trasformano in una vera e propria cerimonia trionfale. Anche in questo caso i funerali di Cesare risultano una tappa decisiva in quanto, a seguito dei tumulti sorti dopo la sua uccisione, viene eretto un altare rotondo sul luogo della pira nel Foro ove gli vengono dedicati onori divini cui fa seguito la dichiarazione del suo statuto di *divus* che lo annovera tra le divinità. In conseguenza di ciò Ottaviano, figlio adottivo di Cesare, può proclamarsi *Divi filius*.
Il ricorso a una genealogia o a una identifica-

1. Lato frontale dell'altare del Belvedere, Città del Vaticano, Musei Vaticani

2. Rilievo del cosiddetto Arco di Portogallo con apoteosi dell'imperatrice Sabina, Roma, Musei Capitolini

zione divina diviene parte integrante della lotta politica alla fine della Repubblica: Sesto Pompeo si dichiara figlio di Nettuno, Antonio viene descritto da Plutarco al suo arrivo a Efeso come nuovo Dioniso, Ottaviano si presenta nelle vesti di Apollo durante un banchetto stando alla testimonianza di Svetonio. Dopo la vittoria di Azio, Augusto subentra al culto faraonico in terra egiziana mentre tra il 29 e il 27 a.C. in Asia, in Bitinia e a Mitilene si richiede di svolgere onori divini a lui dedicati. Inoltre il giorno della sua nascita viene proclamato giorno festivo pubblico; il suo nome viene inserito tra quello degli dèi nell'inno religioso del collegio dei Salii; vengono effettuate libagioni al suo *Genius* sia in pubblico che in privato; lo stesso nome *Augustus* rimanda a un'aura religiosa e positiva grazie al legame con *augurium*, *augere*, *auctoritas*. Come si vede, soprattutto in Occidente gli onori divini per l'imperatore vivente non possono assumere forme dirette e per questo debbono transitare attraverso l'inserzione di feste e ricorrenze nei calendari festivi, l'associazione di statue e immagini in luoghi pubblici e religiosi, l'accoglimento del culto di Vesta entro la casa di Augusto sul Palatino e il collegamento stabilito tra la stessa casa ed il tempio di Apollo, lo svolgimento di culti al *Genius Augusti* (personificazione della sua potenza vitale), alla *Concordia Augusti*, alla *Pax Augusti*, alla *Salus* e alla *Fortuna Augusti*. Un'altra soluzione è quella di associare il nome dell'imperatore a quello di Roma come avviene nel 27 a.C. sull'acropoli di Atene, dinanzi alla facciata del Partenone, quando viene eretto un nuovo tempio dedicato ad Augusto e a Roma; allo stesso modo nel 12 a.C. a *Lugdunum* (Lione) viene eretto da Druso un altare a nome delle sessanta tribù delle tre Gallie dedicato ad Augusto e Roma. Un punto di svolta si colloca tra il 12 e il 7 a.C. quando i *Lares Praestites*, vale a dire gli antenati di tutto il popolo romano, divengono *Lares Augusti*. La conseguenza è duplice: gli antenati dell'imperatore si identificano con quelli di tutto il popolo romano e il relativo culto – il cui anniversario cade nel mese di agosto che porta lo stesso nome dell'imperatore – viene svolto presso altari [figura 1] e statue (*compita*, da cui la festa dei *Compitalia*) in tutti i *vici* di Roma sotto la direzione dei vicomagistri; in questo modo il culto indiretto di Augusto e quel-

3. Dittico in avorio con ascesa al cielo di un imperatore, 430 d.C. circa, Augusto, Londra, British Museum

lo diretto verso la sua famiglia innervano la capitale dell'impero raggiungendo anche i più ampi strati sociali.
Il funerale di Augusto rappresenta il culmine del processo fin qui descritto. L'imperatore muore il 19 agosto a Nola, in Campania, e tutto il percorso di ritorno a Roma diviene una sorta di grande corteo trionfale in cui ogni segno acquista un preciso significato. A *Bovillae* il feretro viene preso in consegna dall'ordine equestre, mentre nei diversi municipi sono i magistrati locali a rendere omaggio all'imperatore ospitandolo in basiliche e templi. Quest'ultimo aspetto, assai indicativo, sta a significare l'equiparazione del corpo dell'imperatore a quello di un dio, poiché altrimenti si sarebbe avuta la contaminazione dell'edificio sacro tramite il contatto con la morte.
A Roma la grande scenografia del funerale segue due grandi direttrici: la continua sovrapposizione tra sfera familiare e quella pubblica da una parte, e la trasformazione del funerale in trionfo che preclude alla divinizzazione dall'altra. Il corpo di Augusto viene esposto nella sua casa sul Palatino e da qui i senatori lo prendono in consegna per il corteo funebre. Tutta la città è avvolta nel lutto, con la chiusura dei templi e con l'interruzione di ogni attività. Da vari punti della città i diversi ordini e le diverse istituzioni muovono con le loro insegne. Come di consueto, partecipano al corteo funebre anche le immagini degli antenati – tra cui manca quella di Cesare in quanto *divus* – e ora anche quelle dei *summi viri* della repubblica, richiamando così il programma iconografico del nuovo Foro di Augusto. Vi prendono parte anche tre immagini dell'imperatore: una con veste trionfale dal Palatino, un'altra in oro dalla Curia e infine una posta su un carro trionfale.
Nel Foro è prevista come di consueto la *laudatio* che però in questo caso è duplice: quella privata a opera di Druso Cesare, svolta presso i rostra antichi nell'area vicina al Comizio, e quella pubblica presso i rostra del tempio del Divo Giulio, dall'altra parte del Foro,

4. Statua dell'imperatore Claudio, Città del Vaticano, Musei Vaticani

ove si svolgeva il culto dello stesso Cesare antenato dell'imperatore.
La promessa di apoteosi viene ribadita dal decreto senatorio che prevede il transito del corteo verso il Campo Marzio attraverso la porta Trionfale. Nel Campo Marzio avviene la cremazione con la *decursio* dei cavalieri [figure 19-20, pagina 171] e dei sacerdoti attorno alla pira finché un senatore dichiara di aver visto l'anima dell'imperatore ascendere al cielo sotto forma di aquila: il 17 settembre del 14 d.C. vengono assegnati gli onori celesti al *Divus Augustus*. L'anno seguente la città di *Tarraco* (Tarragona) ottiene da Tiberio il permesso di erigere il primo tempio al *Divus Augustus*, un modello successivamente seguito da tutte le province (Tacito, *Annales*, I, 78).
Il modello augusteo costituisce il punto di riferimento per la storia successiva del culto imperiale che riceve una canonizzazione in età flavia [figure 2-3]. Oltre ai templi e ai san-

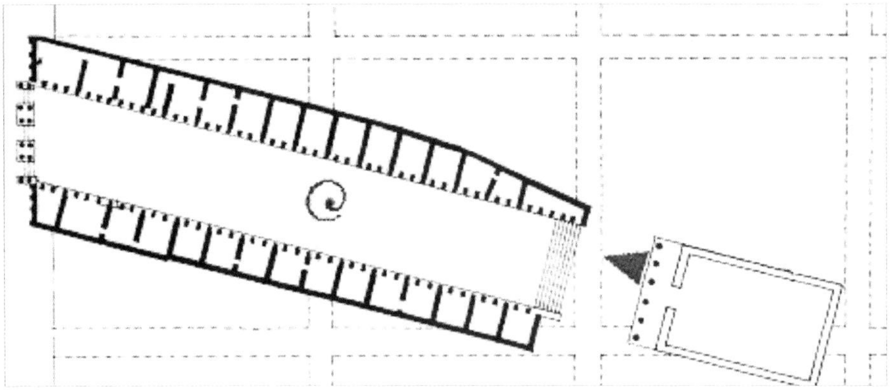

5. Pianta del *Sebasteion* di Aphrodisias

6. Pannello a rilievo, Aphrodisias, *Sebasteion*

tuari, le statue dei *Divi Augusti* e della *Domus Augusta* [figura 4] innervano gli spazi pubblici delle città dell'impero attraverso una presenza vivente presso le piazze, le basiliche, le terme, i teatri, gli anfiteatri, gli *odeia* e i circhi. La *damnatio memoriae*, vale a dire la cancellazione ufficiale dell'immagine imperiale dagli edifici pubblici, conferma al contrario il ruolo essenziale svolto dall'iconografia imperiale. Vengono apprestati edifici appositamente dedicati al culto imperiale come i *Caesarea* e i *Sebasteia*. L'esempio di *Aphrodisias* [figure 5-6], in Caria, ci mostra un grandioso apparato architettonico con propilei, portici e tempio su podio. Nei tre ordini dei portici troviamo uno straordinario complesso di pannelli figurati a rilievo che mettono in scena la famiglia giulio-claudia insieme a eroi e divinità del mondo greco come Achille, Eracle, Enea, Dioniso, Eros, le Grazie. Tutte le capitali delle province si dotano di un tempio del culto imperiale ove risiede il *flamen provinciae*; nelle capitali orientali, da tempo abituate a simili concezioni elaborate nelle corti dei dinasti ellenistici, ha sede il *koinon*, guidato da un *archiereus* (sacerdote maggiore) che coordina il culto imperiale nel relativo territorio, o il *neokoros* che qualifica la città come guardiana del tempio ospitante il culto imperiale. In alcuni casi archeologicamente noti il cosiddetto "Foro provinciale" assume dimensioni eccezionali ove si esplica la scenografia del potere sacralizzante della *domus imperiale*. Per le province africane la dinastia dei Severi segna il massimo sviluppo del culto imperiale. Un caso particolare di culto è quello promosso in tutto l'impero a favore di Antinoo, il compagno favorito dell'imperatore Adriano, morto in circostanze poco chiare in Egitto.

I cambiamenti anche tumultuosi sorti nel corso del III secolo d.C. spingono verso una più decisa affermazione della qualità divina dell'imperatore già in vita nel tentativo di puntellare e di rafforzare il potere imperiale ora minato da una lunga e profonda crisi. Ecco allora, ad esempio, che Eliogabalo si presenta come Helios oppure Aureliano che si mostra seguace del dio sole Mazda segnalando contemporaneamente la diffusione sempre più ampia di religioni salvifiche di derivazione orientale in ampi strati della società imperiale. L'età tardoantica si muove lungo due direttrici apparentemente contrastanti: da un lato la fede cristiana di Costantino introduce una concezione che qualifica l'imperatore come vicario di Dio e dunque privo di una reale natura divina; nello stesso tempo la figura dell'imperatore diviene sempre più irraggiungibile: si ammanta del colore del porfido fino alla titolatura di Porfirogenito; il palazzo imperiale prevede un rigido codice di accesso per cui la presenza imperiale diviene una sorta di teofania riservata a un gruppo di eletti [figura

7. Mosaico
con rappresentazione
di Giustiniano e la sua corte,
Ravenna, Chiesa di San Vitale

8. Particolare della base
dell'obelisco di Teodosio con
l'imperatore che riceve la
sottomissione dei vinti, Istanbul

7]; l'iconografia ufficiale, come sulla base della colonna di Costantinopoli [figura 8], mostra l'imperatore più in alto di tutti, al culmine di un rigido sistema gerarchico che pone i dignitari in posizione inferiore; infine, l'iconografia imperiale si appropria del motivo della frontalità con cui si mostra allo spettatore e che ormai qualifica la dimensione sovrumana, come indica bene la storia di questo motivo nella rappresentazione sacra medievale.

12. Religioni e culti

Mauro Menichetti

La religione romana affonda le sue radici in concezioni comuni al mondo italico tra l'età del Bronzo e la prima età del Ferro, comprendendo aspetti aniconici (cioè privi di forma umana) delle potenze religiose. Alcune caratteristiche rimarranno costanti nel tempo: il sostanziale aspetto politeistico della religione romana, l'assenza di una teologia rivelata che non preclude la circolazione di testi importanti come i Libri Sibillini, la forte incidenza dell'aspetto rituale [figura 1] per cui il rapporto tra fedeli e divinità assume la forma di un contratto che fa corrispondere a determinati atti e gesti del fedele una precisa volontà della divinità: se ciò non accade vuol dire che è stata compromessa la *pax deorum* che deve essere ripristinata con altri atti rituali a carattere straordinario.

1. Statua di *Lupercus* con perizoma e frusta in pelle di capra, Fondi, Museo Civico

Un'altra caratteristica attiva fin dalla più alta antichità riguarda il continuo processo di *interpretatio*, vale a dire la possibilità di accogliere divinità straniere assimilandole o avvicinandole a figure religiose già esistenti. Le divinità del mondo greco hanno avuto in questo senso un ruolo fondamentale nel forgiare le singole divinità del mondo etrusco-romano (peraltro da non considerare come calchi precisi come nel caso di Giove o Tinia in rapporto a Zeus, di Minerva in rapporto ad Atena, di Marte [figura 2] in rapporto ad Ares, Apollo ecc.) e nel portare a termine la concezione antropomorfa delle stesse divinità. Ma fin dall'età più antica transitano nel mondo latino ed etrusco anche altre figure religiose e culti di provenienza orientale i cui diversi aspetti finiscono per influenzare o per essere assimilati alle diverse divinità: un caso esemplare è quello di Afrodite in relazione a Venere nel mondo latino o a Turan nel mondo etrusco.

Un aggiornamento del *pantheon* religioso romano con fasi di diversa intensità e mascherato sotto un forte conservatorismo segna tutta l'età repubblicana come mostrano, ad esempio, l'introduzione agli inizi della repubblica del culto di Diana comprendente sacerdoti di origine greca, la successiva integrazione di divinità mediche come Apollo Medico e Asclepio-Esculapio, l'arrivo entro la società romana dell'influenza delle dottrine pitagoriche, che trova un punto di riferimento nella figura di Appio Claudio alla fine del IV secolo a.C., la capillare diffusione del culto dionisiaco in tutta l'Italia, fino a esplodere nella repressione dei *Bacchanalia* nel 189 a.C. Un caso di particolare interesse è quello concernente l'introduzione a Roma del culto di Cibele o *Magna Mater* avvenuto nel 205 a.C. secondo la descrizione di Tito Livio (*Ab Urbe*

2. Statua colossale di Marte Ultore dal Foro di Nerva, Roma, Musei Capitolini

Condita, XXIX, 10, 4-5). La difficile situazione connessa agli eventi della seconda guerra punica crea le condizioni nell'opinione pubblica di un timore per una compromessa *pax deorum*. Ecco allora l'attenzione verso questa divinità frigia, venerata nella forma di una pietra nera che, prelevata dal santuario originario di Pessinunte, giunge alla foce del Tevere ove avviene un prodigio [figura 3]. La nave della dea si incaglia e solo una *matrona* dalla moralità discussa, Claudia Quinta, riesce a trasportare la nave a Roma dimostrando allo stesso tempo la purezza dei suoi costumi. Pur essendo una divinità straniera, la dea viene accolta nel cuore di Roma, sul Palatino presso i luoghi della memoria delle origini, e il suo tempio sarà addirittura accolto entro la casa di Augusto. È significativo osservare come il culto della *Magna Mater*, caratterizzato da aspetti orgiastici e cruenti, come nel caso dell'evirazione dei sacerdoti, venga rigidamente incanalato a Roma sotto un controllo senatorio – evidente anche dall'episodio della *matrona* – che ne depotenzia tali aspetti vietando ad esempio il sacerdozio ai romani.

Le vicende connesse a Cesare e soprattutto allo scontro tra Antonio e Augusto, entro cui un ruolo importante spetta a Cleopatra, pongono in primo piano il ruolo dell'Egitto che possiamo cogliere anche nella forte diffusione di elementi egittizzanti, decorativi e sacrali, in importanti cicli pittorici tra la fine della repubblica e la fase augustea, come si può apprezzare ad esempio nell'Aula Isiaca del Palatino. In realtà l'introduzione in Italia del culto di un'importante divinità egizia, Iside, risale almeno alla fine del II secolo a.C., come dimostrano i casi di Ostia, *Puteoli* (Pozzuoli), *Prae-*

3. Altare di *Magna Mater*, Roma, Musei Capitolini

4. Statua in marmo bianco e nero di Iside, Napoli, Museo Archeologico Nazionale

5. Busto di sacerdote di *Atargatis*, Roma, Musei Capitolini

neste e Pompei. A Roma il più importante *Iseum* sorgerà nel Campo Marzio e a esso probabilmente si riferisce Dione Cassio (*Storia romana*, XLVII, 15, 4) in relazione ad avvenimenti del 43 a.C. Il culto di Iside, antica dea egizia [figura 4], viene rimodellato in età ellenistica sotto la dinastia tolemaica, con l'elaborazione della nuova figura di Serapide che riunisce l'antico sposo di Iside, Osiride, e la figura del dio-toro Apis. L'*Iseum* di Pompei, databile entro il II secolo a.C. e posto nella zona centrale della città presso il Foro Triangolare, ci offre un esempio piuttosto chiaro di questo tipo di struttura comprendente un recinto esterno che racchiude un quadriportico entro cui si dispongono gli edifici funzionali al culto – ambienti per banchetti e per ospitare i sacerdoti e gli iniziati – che culminano in un tempio su podio con la tipica caratteristica del pronao di dimensioni pari a quelle della cella. La pressoché contemporanea aula Absidata di Praeneste, in realtà un *Iseum*, comprende anche un apprestamento sotterraneo che fungeva da nilometro, lo strumento per misurare l'acqua del Nilo che richiamava il culto della dea egizia.

L'età imperiale, che affianca il culto dell'imperatore alle divinità tradizionali, accentua ulteriormente il processo di introduzione di divinità e culti soprattutto di derivazione orientale, caratterizzati al proprio interno da una scala gerarchica relativa ai gradi di iniziazione. Se, ad esempio, il culto e i misteri connessi alle antiche divinità di Eleusi continuano senza soluzione di continuità e una divinità come la dea Syria-Atargatis [figura 5] aveva fatto la sua comparsa in Occidente già nel corso del II secolo a.C., è durante la fase imperiale che si diffondono in circoli più o meno ampi i culti di Baal Dolicheno, quello di Baal Celeste assimilato a Iuppiter Heliopolitanus proveniente da Baalbeck in Libano, delle divinità di Palmira, del culto tracio di Sabazio, dei vari aspetti di Helios-Sol o di un particolare aspetto di Dioniso cosiddetto Sardanapalo.

In questo panorama un forte rilievo assume la

6. Rilievo con Mithra tauroctono, Roma, Museo Nazionale Romano

diffusione del culto di Mithra [figura 6] su tutto il Mediterraneo, a partire dal I secolo d.C., soprattutto tra i soldati e i funzionari dell'amministrazione imperiale, ma anche schiavi, fino ad avere un riconoscimento ufficiale nel 307 d.C. quando Diocleziano si rivolge a Mithra come protettore dell'impero.
La divinità centrale, Mithra, è di antica derivazione persiana e indo-iranica e il suo nome significa "contratto" in relazione alla sua funzione di garante del cosmo e del mondo umano legata anche al cielo luminoso. Si presenta anche come un dio guerriero che dà la vittoria e distrugge il nemico. A fronte di queste antiche radici, la religione mitraica dell'impero romano sembra essere il frutto di una costruzione elaborata forse a Roma, soprattutto per quanto riguarda la complessa simbologia rituale e la scala iniziatica che prevede sette livelli. Il culto avviene in un ambiente sotterraneo che nella parete di fondo comprende una raffigurazione della complessa simbologia concernente il momento centrale dell'iniziazione, il sacrificio del toro. Il dio sembra spesso emergere da una pietra, la *petra genetrix* nota dalle fonti letterarie, con in mano la fiaccola e il coltello che viene affondato nel toro. Alcuni animali accompagnano costantemente il sacrificio: lo scorpione attaccato ai genitali del toro, il cane che si nutre del sangue, il serpente. In alto, tra le rappresentazioni cosmiche del Sole e della Luna, spesso compare un corvo che sembra recare al dio l'ordine di esecuzione del sacrificio cosmico. Due altri personaggi con fiaccola, Cautes e Cautopates, affiancano la scena richiamando ancora una volta il sorgere e il tramonto del sole.
Quelli fin qui richiamati sono soltanto i culti più diffusi e noti grazie alla documentazione archeologica e letteraria, ma dobbiamo tener presente che doveva circolare una varietà assai più ampia di culti e divinità. Un esempio ci è dato dalla statuetta in bronzo dorato, ritrovata in un apprestamento triangolare presso un santuario del Gianicolo a Roma, che ha un preciso confronto in un altro pezzo, in legno, ritrovato ad Arezzo [figura 7] e pure databile agli inizi del III secolo d.C. Il personaggio – difficile dire se si tratti di una figura maschile o femminile – è coperto da una lunga veste e viene avvolto dalle sette spire di un

7. Idolo di divinità orientale, Arezzo, Museo Archeologico Nazionale

serpente. Non siamo in grado di identificare la figura ma le sette spire probabilmente richiamano la simbologia cosmica dei sette cieli e il loro arrotolarsi rimanda al ciclo del divenire, all'infinito rinnovamento.

Possiamo concludere osservando che tra le religioni orientali che si diffondono nell'impero dobbiamo includere anche il cristianesimo. Lo storico Tacito (*Annales*, XV, 44), riferendosi alla superstizione, ricorda come un personaggio, Cristo, sia stato giustiziato sotto Tiberio da parte del governatore della Giudea, Ponzio Pilato. Anche Plinio (*Epistolae* 9, 96) in qualità di governatore della Bitinia e del Ponto ricorda di aver indagato su accuse di superstizione rivolte ai cristiani. Come si vede, almeno fino al II secolo d.C. la conoscenza del movimento cristiano appare assai limitata. A cavallo tra II e III secolo d.C. la situazione appare mutata, come è ricavabile dagli scritti polemici di Celso al quale risponde uno dei padri della Chiesa, Origene (*Contra Celso*). Inizialmente, nel corso del I secolo d.C., il cristianesimo si presenta come uno dei tanti movimenti rinnovatori che agitano la Palestina e il giudaismo, di cui possiamo farci un'idea attraverso l'ottica dello storico Giuseppe Flavio contemporaneo alla grande rivolta della Giudea contro Roma tra il 66 e il 73 d.C. All'interno di tali movimenti troviamo indirizzi assai diversi se non opposti: se la scuola filosofica degli Esseni si presenta come un gruppo elitario di cui possediamo gli straordinari manoscritti ritrovati a Wadi Qumran nella Giudea orientale, il cristianesimo sceglie una strada diversa, quella del proselitismo e si configura come una setta messianica scaturita dall'ambito del giudaismo. La sua prima diffusione avviene in ambito urbano – Damasco, Roma, Alessandria – attraverso un'organizzazione che si basa su tre elementi costanti: l'episcopato monarchico, vale a dire un singolo vescovo (*episkopos*), a capo di una città che si avvale degli anziani (*presbyteroi*) e dei diaconi (*diakonoi*). Uno dei più antichi edifici di culto che conosciamo si data alla prima

8. Cristo taumaturgo e il discorso della Montagna, Roma, Museo Nazionale Romano alle Terme di Diocleziano

metà del III secolo d.C. ed è stato scoperto a Doura Europos. Vale la pena di osservare che il piccolo complesso di culto comprende affreschi e un battistero e si colloca in un ambito domestico. Quest'ultimo aspetto segnala un elemento fondamentale che ha giocato nella diffusione della nuova religione: la conversione di tutta la famiglia a partire dal capofamiglia. In questa prospettiva il cristianesimo poteva offrire anche una nuova forma di socializzazione e di solidarietà – basate sull'unità del popolo di Dio – anche in assenza di una visibilità e di un pubblico riconoscimento. Come è noto, la svolta di Costantino segnerà l'ingresso ufficiale del cristianesimo anche in ambito pubblico con la conseguente ricaduta nell'elaborazione della liturgia e della gerarchia degli ordini ecclesiastici, dello spazio di raccolta dei fedeli che si stabilizza entro il nuovo modello della basilica cristiana, dell'iconografia [figura 8] e della produzione letteraria nel quadro del processo di elaborazione della dottrina.

Apparati

Bibliografia

Per un avviamento alla storia dell'archeologia e dei suoi metodi:

R. Bianchi Bandinelli, *Introduzione all'archeologia classica come storia dell'arte antica*, Roma-Bari 1976
I. Hodder, *Leggere il passato. Tendenze attuali dell'archeologia*, Torino 1992
P.G. Guzzo, *Antico e archeologia. Scienza e politica delle diverse antichità*, Bologna 1993
G. Pucci, *Il passato prossimo. La scienza dell'antichità alle origini della cultura moderna*, Roma 1993
A. Schnapp, *La conquista del passato. Alle origini dell'archeologia*, Milano 1994
E. Giannichedda, *Archeologia teorica*, Roma 2002
D. Manacorda, *Prima lezione di archeologia*, Roma-Bari 2004
B.G. Trigger, *A History of Archaeological Thought*, Cambridge 2006

Per una raccolta delle fonti antiche relative alla storia dell'arte antica:

M.L. Gualandi, *L'arte classica. Guida alle fonti antiche*, Roma 2000

Sulla metodologia dello scavo archeologico:

P. Barker, *Tecniche dello scavo archeologico*, Milano 1981
E.C. Harris, *Principi di stratigrafia archeologica*, Roma 1983
A. Carandini, *Storie dalla terra. Manuale di scavo archeologico*, Torino 2000

Per un'introduzione all'archeologia dei paesaggi:

F. Cambi, *Archeologia dei paesaggi antichi: fonti e diagnostica*, Roma 2003

Per un avviamento alla manualistica sull'archeologia e l'arte romana:

R. Bianchi Bandinelli, *Roma. L'arte romana al centro del potere*, Milano 1976
R. Bianchi Bandinelli, M. Torelli, *Etruria-Roma*, Torino 1976
G. Becatti, *L'arte dell'antichità classica*, Firenze 1978
G.A. Mansuelli, *Roma e il mondo romano, I-II*, Torino 1981
O. Brendel, *Introduzione all'arte romana*, Torino 1982
S. Settis, *Un'arte al plurale. L'impero romano, i Greci e i posteri*, in *Storia di Roma. IV. Caratteri e morfologie*, Torino 1989, pp. 827-878
G. Bejor, *L'arte romana: centro e periferia, arte colta e arti plebee*, in S. Settis (a cura di), *Civiltà dei Romani. Un linguaggio comune*, Milano 1993, pp. 235-246
S. De Maria, *Botteghe di artisti, botteghe di copisti, collezioni d'arte*, in S. Settis (a cura di), *Civiltà dei Romani. Un linguaggio comune*, Milano 1993, pp. 219-234
F. Ghedini, *Arte romana: generi e gesti*, in S. Settis (a cura di), *Civiltà dei Romani. Un linguaggio comune*, Milano 1993, pp. 161-178
J. Boardman (a cura di), *L'arte classica*, Roma-Bari 1995
N.H. Ramage, A. Ramage, *Roman Art*, London 1995
A.H. Borbein, T. Hölscher, P. Zanker (a cura di), *Klassische Archäologie. Eine Einführung*, Berlin 2000
P. Zanker, *Il mondo delle immagini e la comunicazione*, in A. Giardina (a cura di), *Storia di Roma dall'antichità a oggi. Roma antica*, Roma-Bari 2000, pp. 211-245
T. Hölscher, *Il linguaggio dell'arte romana. Un sistema semantico*, Torino 2002

Per una panoramica generale sul mondo romano:

The Cambridge Ancient History (il primo dei volumi dedicati al mondo romano è il VII. *The Hellenistic Monarchies and the Rise of Rome*, London 1969 con successive riedizioni, aggiornamenti e traduzioni italiane)
Aufstieg und Niedergang der römischer Welt. Geschichte und Kultur Roms im Spiegel der neueren Forschung, Berlin-New York (a partire dal 1972)
A. Momigliano, A. Schiavone (a cura di), *Storia di Roma* (7 voll.), Torino 1988-1993
S. Settis (a cura di), *Civiltà dei Romani* (4 voll.), Milano 1990-1993
A. Giardina (a cura di), *Storia di Roma dall'antichità a oggi. Roma antica*, Roma-Bari 2000

Per aspetti generali della colonizzazione greca in Italia e relative implicazioni:

G. Pugliese Carratelli (a cura di), *Megale Hellas. Storia e civiltà della Magna Grecia*, Milano 1983
G. Pugliese Carratelli (a cura di), *Sikanie. Storia e civiltà della Sicilia greca*, Milano 1985
E.M. De Juliis, *Magna Grecia. L'Italia meridionale dalle origini alla conquista romana*, Bari 1996
G. Pugliese Carratelli (a cura di), *I Greci in Occidente*, Milano 1996
E. Greco, *Archeologia della Magna Grecia*, Roma-Bari 2000
I. Malkin, *I ritorni di Odisseo. Colonizzazione e identità etnica nella Grecia antica*, Roma 2004

Per un repertorio della topografia e dei rinvenimenti archeologici a Roma e nel Lazio:

Archeologia laziale. Quaderni del centro di studio per l'archeologia etrusco-italica, Roma (a partire dal 1978)
E.M. Steinby (a cura di), *Lexicon Topographicum Urbis Romae*, Roma 1993-2000
A. La Regina (a cura di), *Lexicon Topographicum Urbis Romae. Suburbium, Roma* (a partire dal 2001)

Per una panoramica sulla decorazione fittile:

E. Rystedt, C. Wikander, Ö. Wikander (a cura di), *Deliciae Fictiles. 1*, Stockholm 1993
P.S. Lulof, E.M. Moormann (a cura di), *Deliciae Fictiles. 2*, Amsterdam 1997
I. Edlund-Berry, G. Greco, J. Kenfield (a cura di), *Deliciae Fictiles. 3*, Oxford 2006

Per una panoramica sulla pittura romana:

A. Donati (a cura di), *Romana Pictura. La pittura romana dalle origini all'età bizantina*, Milano 1998
I. Baldassarre, A. Pontrandolfo, A. Rouveret, M. Salvadori, *Pittura romana*, Milano 2002

Per una panoramica sul ritratto romano repubblicano:

L. Giuliani, *Bildnis und Botschaft. Hermeneutische Untersuchungen zur Bildniskunst der römischen Republik*, Frankfurt am Main 1986
M. Papini, *Antichi volti della Repubblica. La ritrattistica in Italia centrale tra IV e II secolo a.C.*, Roma 2004

Per una panoramica sull'architettura romana:

P. Gros, *L'architettura romana. Dagli inizi del III secolo a.C. alla fine dell'alto impero*, Milano 2001
C. Bozzoni, V. Franchetti Pardo, G. Ortolani, A. Viscogliosi, *L'architettura del mondo antico*, Roma-Bari 2006

Per un'introduzione all'urbanistica:

P. Gros, M. Torelli, *Storia dell'urbanistica. Il mondo romano*, Roma-Bari 2007

Per una panoramica sulla rappresentazione storica romana:

T. Hölscher, *Die Geschichtsauffassung in der römischen Repräsentationskunst*, in *Jahrbuch des Deutschen Archäologischen Instituts* 95, 1980, pp. 265-321
M. Torelli, *Typology and Structure of Roman Historical Reliefs*, Ann Arbor 1982
G.M. Koeppel, *Die historischen Reliefs der römischen Kaiserzeit*, in *Bonner Jahrbücher* 183, 1983, pp. 61-144
F. Rebecchi, *Il rilievo storico romano*, S. De Maria, *Segni, cerimonie e monumenti del potere*, in S. Settis (a cura di), *Civiltà dei*

Romani. Il potere e l'esercito, Milano 1991, pp. 144-166

Per un'introduzione alla ceramica romana:
D.P.S. Peacock, *La ceramica romana tra archeologia ed etnografia*, Bari 1997

Si vedano inoltre i diversi contributi dedicati alla produzione ceramica in:
A. Giardina, A. Schiavone (a cura di), *Società romana e produzione schiavistica. 2. Merci, mercati e scambi nel Mediterraneo*, Roma-Bari 1981
A. Giardina (a cura di), *Società romana e impero tardoantico. III. Le merci e gli insediamenti*, Roma-Bari 1986

Per una panoramica sulle tecniche edilizie:
G. Lugli, *La tecnica edilizia romana*, Roma 1957
J.-P. Adam, *L'arte di costruire presso i Romani. Materiali e tecniche*, Milano 1988
C.F. Giuliani, *L'edilizia nell'antichità*, Roma 1990
M.L. Gualandi, *I modi del costruire*, in S. Settis (a cura di), *Civiltà dei Romani. Il rito e la vita privata*, Milano 1992, pp. 101-114

Per un'introduzione alle tecniche e alle costruzioni idrauliche:
R. Tölle-Kastenbein, *Archeologia dell'acqua. La cultura idraulica nel mondo classico*, Milano 1993

Per una panoramica sulle vie di comunicazione:
P.A. Gianfrotta, *Le vie di comunicazione*, in *Storia di Roma. IV. Caratteri e morfologie*, Torino 1989, pp. 301-322
L. Gualandi, *Strade, viaggi, trasporti e servizi postali*, in S. Settis (a cura di), *Civiltà dei Romani. La città, il territorio, l'impero*, Milano 1990, pp. 199-214
R. Laurence, *The Roads of Roman Italy. Mobility and Cultural Change*, London-New York 1999
C. Pavolini, *Il fiume e i porti*, in A. Giardina (a cura di), *Storia di Roma dall'antichità a oggi. Roma antica*, Roma-Bari 2000, pp. 163-181

Per alcune trattazioni complessive sull'arte e sull'archeologia di Roma repubblicana:
P. Zanker, *Augusto e il potere delle immagini*, Torino 1989, pp. 7-36
E. La Rocca, *Linguaggio artistico e ideologia politica a Roma in età repubblicana*, in G. Pugliese Carratelli (a cura di), *Roma e l'Italia. Radices Imperii*, Milano 1990, pp. 289-495
F.-H. Massa-Pairault, *Iconologia e politica nell'Italia antica. Roma, Lazio, Etruria dal VII al I secolo a.C.*, Milano 1992
T. Hölscher, *Monumenti statali e pubblico*, Roma 1994
T.J. Cornell, *The Beginnings of Rome. Italy and Rome from the Bronze Age to the Punic War (c. 1000-264 B.C.)*, London-New York 1995
F. Coarelli, *Revixit Ars. Arte e ideologia a Roma. Dai modelli ellenistici alla tradizione repubblicana*, Roma 1996
E. La Rocca, *"Graeci artifices" nella Roma repubblicana: lineamenti di storia della scultura*, in G. Pugliese Carratelli (a cura di), *I Greci in Occidente*, Milano 1996, pp. 607-626
M. Torelli, *Il rango, il rito e l'immagine. Alle origini della rappresentazione storica romana*, Milano 1997

Per un'introduzione alla memoria e al riuso dei monumenti e della cultura del mondo antico:
S. Settis (a cura di), *Memoria dell'antico nell'arte italiana. I. L'uso dei classici*, Torino 1984
S. Settis (a cura di), *Memoria dell'antico nell'arte italiana. II. I generi e i temi ritrovati*, Torino 1985
S. Settis (a cura di), *Memoria dell'antico nell'arte italiana. III. Dalla tradizione all'archeologia*, Torino 1986
A.C. Quintavalle (a cura di), *Medioevo: il tempo degli antichi*, Milano 2006

Per specifici approfondimenti relativi ai singoli capitoli

Parte II
Capitolo 1. La formazione della civiltà romana nell'Italia protostorica
AA.VV., *Popoli e civiltà dell'Italia antica*, (12 voll.), Roma (a partire dal 1974)
R. Bianchi Bandinelli, A.Giuliano, *Etruschi e Italici prima del dominio di Roma*, Milano 1979
A. Pontrandolfo Greco, *I Lucani. Etnografia e archeologia di una regione antica*, Milano 1982
G. Pugliese Carratelli (a cura di), *Rasenna. Storia e civiltà degli Etruschi*, Milano 1986
G. Bartoloni, F. Buranelli, V. D'Atri, *Le urne a capanna rinvenute in Italia*, Roma 1987
E. De Juliis, *Gli Iapigi. Storia e civiltà della Puglia preromana*, Milano 1988
G. Pugliese Carratelli (a cura di), *Italia omnium terrarum alumna*, Milano 1988
C. Tronchetti, *I Sardi. Traffici, relazioni, ideologie nella Sardegna antica*, Milano 1988
M. Torelli, *Le popolazioni dell'Italia antica: società e forme del potere*, *Storia di Roma. I. Roma in Italia*, Torino 1988, pp. 53-74
P.G. Guzzo, *I Brettii. Storia e archeologia della Calabria preromana*, Milano 1989
G. Pugliese Carratelli (a cura di), *Italia omnium terrarum parens*, Milano 1989
L. Cerchiai, *I Campani*, Milano 1995
R. Peroni, *L'Italia alle soglie della storia*, Roma-Bari 1996
A. Guidi, *Preistoria della complessità sociale*, Roma-Bari 2000
G. Tagliamonte, *I Sanniti. Caudini, Irpini, Pentri, Carricini, Frentani*, Milano 1996
A. Naso, *I Piceni. Storia e archeologia delle Marche in epoca preromana*, Milano 2000
R. Cappelli (a cura di), *Studi sull'Italia dei Sanniti*, Milano 2000
E. M. De Juliis, *I fondamenti dell'arte italica*, Roma-Bari 2000
M. Pacciarelli, *Dal villaggio alla città. La svolta protourbana del 1000 a.C. nell'Italia tirrenica*, Firenze 2000
L. Franchi dell'Orto (a cura di), *Eroi e regine. Piceni popolo d'Europa*, Roma 2001
R.M. Albanese Procelli, *Sicani, Siculi, Elimi. Forme di identità, modi di contatto e processi di trasformazione*, Milano 2003
O. Paoletti (a cura di), *Dinamiche di sviluppo delle città dell'Etruria meridionale. Veio, Caere, Tarquinia, Vulci*, Pisa-Roma 2005
F. Pesando (a cura di), *L'Italia antica. Culture e forme del popolamento nel I millennio a.C.*, Roma 2005

Capitolo 2. Roma e il Lazio tra *reges e principes*
F. Coarelli, *Il Foro Romano. Periodo arcaico*, Roma 1983
M. Torelli, *Lavinio e Roma. Riti iniziatici e matrimonio tra archeologia e storia*, Roma 1984
F. Coarelli, *Il Foro Boario. Dalle origini alla fine della Repubblica*, Roma 1988
G. Colonna, *La produzione artigianale*, in *Storia di Roma. I. Roma in Italia*, Torino 1988, pp. 292-316
M. Menichetti, *Le aristocrazie tirreniche*, in *Storia di Roma. I. Roma in Italia*, Torino 1988, pp. 75-124
M. Cristofani (a cura di), *La grande Roma dei Tarquini*, Roma 1990
A.M. Bietti Sestieri, *La necropoli laziale di Osteria dell'Osa*, Roma 1992
M. Menichetti, *Archeologia del potere. Re, immagini e miti a Roma e in Etruria in età arcaica*, Milano 1994
F. Coarelli, *Il Campo Marzio. Dalle origini alla fine della Repubblica*, Roma 1997
M. Torelli, *Il rango, il rito e l'immagine. Alle origini della rappresentazione storica*

romana, Milano 1997
A. Carandini, R. Cappelli (cura di), *Roma. Romolo, Remo e la fondazione della città*, Milano 2000
E. Gabba, *Roma arcaica. Storia e storiografia*, Roma 2000
G. Bartoloni, *Le società dell'Italia primitiva. Lo studio delle necropoli e la nascita delle aristocrazie*, Roma 2003
F. Fulminante, *Le sepolture principesche nel Latium vetus tra la fine della prima età del ferro e l'inizio dell'età orientalizzante*, Roma 2003

Capitolo 3. L'età alto e mediorepubblicana
F. Coarelli (a cura di), *Roma medio-repubblicana. Aspetti culturali di Roma e del Lazio nei secoli IV e III a.C.*, Roma 1973
I. Dondero, P. Pensabene (a cura di), *Roma repubblicana fra il 509 e il 270 a.C.*, Roma 1982
F. Coarelli, *Il Foro Romano. Periodo repubblicano e augusteo*, Roma 1985
F. Coarelli, *Cultura artistica e società*, in *Storia di Roma. II.1. La repubblica imperiale*, Torino 1990, pp. 159-185
E. Gabba, *La società romana fra IV e III secolo*, in *Storia di Roma. II.1. La repubblica imperiale*, Torino 1990, pp. 7-17
P. Gros, *L'organizzazione dello spazio pubblico e privato*, in *Storia di Roma. II.1. La repubblica imperiale*, Torino 1990, pp. 133-142
M. Menichetti, *Archeologia della conquista romana*, in *Storia di Roma. II.1. La repubblica imperiale*, Torino 1990, pp. 313-363
J.-P. Morel, *L'artigianato e gli artigiani*, in *Storia di Roma. II.1. La repubblica imperiale*, Torino 1990, pp. 143-158
M. Torelli, *La formazione della villa*, in *Storia di Roma. II.1. La repubblica imperiale*, Torino 1990, pp. 123-132
M. Menichetti, Quoius forma virtutei parisuma fuit. *Ciste prenestine e cultura di Roma medio-repubblicana*, Roma 1995
C. Bruun (a cura di), *The Roman Middle Republic. Politics, religion, and Historiography c. 400 – 133 B.C.*, Roma 2000

Capitolo 4. L'urbanistica e i nuovi modelli dell'architettura ellenistica
F. Coarelli, *I santuari del Lazio in età repubblicana*, Roma 1987
P. Gros, *Architettura e società nell'Italia romana*, Roma 1987
F. Coarelli, *Il Foro Boario. Dalle origini alla fine della Repubblica*, Roma 1988
P. Gros, M. Torelli, *Storia dell'urbanistica. Il mondo romano*, Roma-Bari 2007
P. Gros, *L'urbanesimo romano dopo le guerre d'Oriente*, in *Storia di Roma. II.1. La repubblica imperiale*, Torino 1990, pp. 385-398
P. Gros, *L'urbanizzazione dopo la guerra sociale*, in *Storia di Roma. II.1. La repubblica imperiale*, Torino 1990, pp. 831-855
M. Torelli, *Il modello urbano e l'immagine della città*, in S. Settis (a cura di), *Civiltà dei Romani. La città, il territorio, l'impero*, Milano 1990, pp. 43-64
F. Coarelli, *Il Campo Marzio. Dalle origini alla fine della Repubblica*, Roma 1997
H. Lauter, *L'architettura dell'ellenismo*, Milano 1999
H. Mielsch, *La villa romana*, Firenze 1999
F. Coarelli, *Gli spazi della vita sociale*, in E. Lo Cascio (a cura di), *Roma imperiale. Una metropoli antica*, Roma 2000, pp. 221-247
F. de Caprariis, F. Zevi, *L'edilizia pubblica e sacra*, in E. Lo Cascio (a cura di), *Roma imperiale. Una metropoli antica*, Roma 2000, pp. 249-314
F. Guidobaldi, *Le abitazioni private e l'urbanistica*, in A. Giardina (a cura di), *Storia di Roma dall'antichità a oggi. Roma antica*, Roma-Bari 2000, pp. 133-161
C. Pavolini, *Il fiume e i porti*, in A. Giardina (a cura di), *Storia di Roma dall'antichità a oggi. Roma antica*, Roma-Bari 2000, pp. 163-181
P. Gros, *L'architettura romana. Dagli inizi del III secolo a.C. alla fine dell'alto impero*, Milano 2001

Capitolo 5. Arte e lotte politiche tra tarda repubblica e impero
P. Zanker (a cura di), *Hellenismus in Mittelitalien*, Göttingen 1976
W.V. Harris, *War and Imperialism in Republican Rome, 327-70 B.C.*, Oxford 1979
A. Giardina, A. Schiavone (a cura di), *Società romana e produzione schiavistica. 1. L'Italia: insediamenti e forme economiche. 2. Merci, mercati e scambi nel Mediterraneo. 3. Modelli etici, diritto e trasformazioni sociali*, Roma-Bari 1981
AA.VV., *Roma repubblicana dal 270 a.C. all'età augustea*, Roma 1987
J.L. Ferrary, *Philhellénisme et impérialisme. Aspects idéologiques de la conquête romaine du monde hellénistique, de la seconde guerre de Macédoine à la guerre contre Mithridate*, Rome 1988
A. Carandini, *La villa romana e la piantagione schiavistica*, in *Storia di Roma. IV. Caratteri e morfologie*, Torino 1989, pp. 101-200
C. Nicolet, *L'inventario del mondo. Geografia e politica alle origini dell'Impero romano*, Roma-Bari 1989
F. Coarelli, *La cultura figurativa*, in *Storia di Roma. II.1. La repubblica imperiale*, Torino 1990, pp. 631-670
J.-P. Morel, *La produzione artigianale e il commercio transmarino*, in *Storia di Roma. II.1. La repubblica imperiale*, Torino 1990, pp. 399-412
G. Cresci Marrone, *Ecumene Augustea. Una politica per il consenso*, Roma 1993
V. Saladino, *Artisti greci e committenti romani*, in S. Settis (a cura di), *I Greci. Storia Cultura Arte Società. 2. Una storia greca. III. Trasformazioni*, Torino 1998, pp. 965-990
A. Wallace-Hadrill, *Vivere alla greca per essere Romani*, in S. Settis (a cura di), *I Greci. Storia Cultura Arte Società. 2. Una storia greca. III. Trasformazioni*, Torino 1998, pp. 939-963
M. David, *I luoghi della politica dalla repubblica all'impero*, in A. Giardina (a cura di), *Storia di Roma dall'antichità a oggi. Roma antica*, Roma-Bari 2000, pp. 57-83

Capitolo 6. L'età di Augusto
P. Gros, *Aurea Templa. Recherches sur l'architecture religieuse de Rome à l'époque d'Auguste*, Roma 1976
G. Carettoni, *Das Haus des Augustus auf dem Palatin*, Mainz 1983
E. Simon, *Augustus. Kunst und Leben in Rom um die Zeitenwende*, München 1986
P. Zanker, *Augusto e il potere delle immagini*, Torino 1987
AA.VV., *Kaiser Augustus und die verlorene Republik*, Mainz 1989
P. Zanker, *Immagini e valori collettivi*, in *Storia di Roma, II.2. L'impero mediterraneo. I principi e il mondo*, Torino 1991, pp. 193-220
J. Pollini, *The Tazza Farnese. Augusto imperatore "redeunt Saturnia regna"*, in *American Journal of Archeology* 96, 1992, pp. 283-300
I. Bragantini, *Problemi di pittura romana*, in *Annali dell'Istituto Orientale di Napoli. Archeologia e Storia antica* 2, 1995, pp. 175-197
S. Settis, F. Donati, *Le pareti ingannevoli. La villa di Livia e le pitture da giardino*, Milano 2002
E. La Rocca, *La fragile misura del classico. L'arte augustea e la formazione di una nuova classicità*, in M. Barbanera (a cura di), *Storie dell'arte antica*, Roma 2004, pp. 67-116
P. Rehak, *Imperium and cosmos. Augustus in the northern campus Martius*, Madison Wisconsin 2006

Capitolo 7. L'arte e la costruzione dell'impero nel I secolo d.C.
F. Coarelli, *Sperlogna e Tiberio*, in *Dialoghi di archeologia* 7, 1973, pp. 97-122
L. Beschi, *I rilievi ravennati dei 'troni'*, in *Felix Ravenna Giornale di erudizione artistica* 127-130, 1984-85, pp. 37-80
M. Torelli, *Culto imperiale e spazi urbani in età flavia. Dai rilievi Hartwig all'Arco di Tito*, in *L'Urbs. Espace urbain et histoire. Ier siècle av. J.C. - IIIe siècle ap. J.C.*, Rome 1987, pp. 563-582
F. Coarelli, *La cultura artistica*, in *Storia di Roma, II.3. L'impero mediterraneo. La cultura e l'impero*, Torino 1992, pp. 631-654
T. Hölscher, E. Köhne, *Monumenti politici di Domiziano. Stabilità e sviluppo dell'iconografia politica romana*, in *La storia, la letteratura e l'arte a Roma da Tiberio a Domiziano*, Mantova 1992, pp. 293-309
E. La Rocca, *Ara reditus Claudii. Linguaggio figurativo e simbologia nell'età di Claudio*, in *La storia, la letteratura e l'arte a Roma da Tiberio a Domiziano,* Mantova 1992, pp. 61-120
E. D'Ambra, *Private Lives, Imperial Virtutes. The Frieze of the Forum Transitorium in Rome*, Princeton 1993
M. Torelli, *Roman art, 43 B.C. to A.D. 69.*, in *The Cambridge Ancient History. Second edition, 10. The Augustan empire, 43 B.C. - A.D. 69,* Cambridge 1996, pp. 930-958
M. Bergmann, *Der Koloss Neros, die Domus Aurea und der Mentalitätswandel im Rom der frühen Kaiserzeit*, Mainz 1994
D. Boschung, *Gens Augusta. Untersuchungen zu Aufstellung, Wirkung und Bedeutung der Statuengruppen des julisch-claudischen Kaiserhauses,* Mainz 2002
A.J. Boyle, W.J. Dominik (a cura di), *Flavian Rome: Culture, Image, Text*, Leiden-Boston 2003

Capitolo 8. L'età di Traiano e degli Antonini
AA.VV., *La Colonna Traiana*, Torino 1988
E. Calandra, *Oltre la Grecia. Alle origini del filellenismo di Adriano*, Napoli 1996
M. Torelli, "Ex his castra, ex his tribus replebuntur". *The Marble Panegyric on the Arch of Trajan at Beneventum*, in D. Buitron-Oliver (a cura di), *The Interpretation of Architectural Sculpture in Greece and Rome,* Washington 1997, pp.144-177
AA.VV., *Adriano e il suo mausoleo. Studi indagini e interpretazioni*, Milano 1998
F. Coarelli, *La Colonna Traiana*, Roma 1999
K. Fittschen, *Prinzenbildnisse antoninischer Zeit,* Mainz 1999
J. Scheid, V. Huet (a cura di), *La Colonne Aurélienne. Autour de la Colonne Aurélienne. Geste et image sur la Colonne de Marc Aurèle à Rome*, Turnhout 2000
AA.VV., *Villa Adriana. Paesaggio antico e ambiente moderno. Elementi di novità e ricerche in corso*, Milano 2002
AA.VV., *Arte e memoria culturale nell'età della Seconda Sofistica*, Catania 2007

Capitolo 9. Città e cultura figurativa nelle province dell'impero
C. Ebel, *Transalpine Gaul. The Emergence of a Roman Province*, Leida 1976
G.A. Mansuelli, *Roma e il mondo romano. II. Da Traiano all'antichità tarda*, Torino 1981
E. Hadidi (a cura di), *Studies in the History and Archaeology of Jordan*, Amman 1985
G.I. Luzzato, G.A. Mansuelli, *Roma e le province*, Bologna 1985
S.S. Frere, *Britannia*, London 1987
E. Frézouls (a cura di), *Sociétés urbaines, sociétés rurales dans l'Asie Mineure et la Syrie hellénistique et romaine*, Strasbourg 1987
AA.VV., *The Greek Renaissance in the Roman Empire*, London 1989
C. Vismara, *Il funzionamento dell'impero*, Roma 1989
AA.VV., *L'Afrique dans l'Occident Romain*, Roma 1990
W. Trillmich (a cura di), *Stadtbild und Ideologie*, Monaco 1990
S.E. Alcock, *Graecia capta. The Landscapes of Roman Greece*, Cambridge 1993
AA.VV., *La ciudad en el mundo romano*, Tarragona 1994
G. Hajnóczi (a cura di), *La Pannonia e l'impero romano*, Milano 1995
AA.VV., *I Daci*, Milano 1997
S. Rinaldi Tufi, *Archeologia delle province romane*, Roma 2000

Cap. 10. I cambiamenti del III secolo d.C.
Cap. 11. L'arte del mondo tardoantico
P. Brown, *Il mondo tardoantico*, Torino 1974
AA.VV., *Filosofiana. La villa di Piazza Armerina*, Palermo 1982
R. Krautheimer, *Tre capitali cristiane: topografia e politica*, Torino 1987
G.A. Mansuelli, *La fine del mondo antico*, Torino 1988
L. Cracco Ruggini, *La città imperiale*, in *Storia di Roma. IV, Caratteri e morfologie*, Torino 1989, pp. 201-266
E. Kitzinger, *L'arte bizantina*, Milano 1989
R. Krautheimer, *Architettura paleocristiana e bizantina*, Torino 1989
G. Sena Chiesa (a cura di), *Milano Capitale. Felix Temporis Reparatio*, Milano 1992
A. Cameron, *Il tardo impero romano*, Bologna 1995
S. MacCormack, *Arte e cerimoniale nella tarda antichità*, Torino 1995
C. Webster, M. Brown (a cura di), *The Transformation of the Roman World*, London 1997
J. Elsner, *Imperial Rome and Christian Triumph*, Oxford-New York 1998
G.W. Bowersock, *L'ellenismo nel mondo tardoantico*, Roma-Bari 1992
M. Bergmann, *L'evoluzione delle forme*, in *Aurea Roma*, Roma 2000, pp.237-243
E. La Rocca, *Divina ispirazione*, in *Aurea Roma*, Roma 2000, pp. 1-37
AA.VV., *The Cambridge Ancient History, 12. The Crisis of Empire, A.D. 193-337,* Cambridge 2005

Parte III
Capitolo 1. La nascita di Roma
F. Coarelli, *Il Foro Romano. Periodo arcaico*, Roma 1983
C. Ampolo, *La nascita della città*, in *Storia di Roma. I. Roma in Italia*, Torino 1988, pp. 153-180
C. Ampolo, *La città riformata e l'organizzazione centuriata. Lo spazio, il tempo, il sacro nella nuova realtà urbana*, in *Storia di Roma. I. Roma in Italia*, Torino 1988, pp. 203-239
L. Capogrossi Colognesi, *La città e la sua terra*, in *Storia di Roma. I. Roma in Italia*, Torino 1988, pp. 263-289
F. Coarelli, *I santuari, il fiume, gli empori*, in *Storia di Roma. I. Roma in Italia*, Torino 1988, pp. 127-151
A. Grandazzi, *La fondazione di Roma. Riflessione sulla storia*, Roma-Bari 1993
T.P. Wiseman, *Remus. Un mito di Roma*, Roma 1999
T. Cornell, *La prima Roma*, in A.Giardina (a cura di), *Storia di Roma dall'antichità a oggi. Roma antica*, Roma-Bari 2000, pp. 3-22
A. Giardina, *Perimetri*, in A.Giardina (a cura di), *Storia di Roma dall'antichità a oggi. Roma antica*, Roma-Bari 2000, pp. 23-34
A. Fraschetti, *Romolo il fondatore*, Roma-Bari 2002
AA.VV., *Il progetto della prima Roma: il Palatino e il santuario di Vesta*, in *Workshop* 1, 2004, pp. 63-161
E. Greco (a cura di), *Teseo e Romolo. Le origini di Atene e di Roma*, Roma 2005
A. Carandini, *Remo e Romolo. Dai rioni dei Quiriti alla città dei Romani (775/750-700/675 a.C. circa)*, Torino 2006
A. Carandini, *Roma. Il primo giorno*, Roma-Bari 2007

Bibliografia

Capitolo 2. Il tempio etrusco-italico e i doni votivi

A. ZIOLKOWSKI, *The Temples of Mid-Republican Rome and their Historical and Topographical Context*, Roma 1992

M. TORELLI, *Il tempio romano*, in S. SETTIS (a cura di), *Civiltà dei Romani. Un linguaggio comune*, Milano 1993, pp. 31-61

E.M. ORLIN, *Temples, Religion and Politics in the Roman Republic*, Leiden-New York-Köln 1997

P. GROS, *L'architettura romana. Dagli inizi del III secolo a.C. alla fine dell'alto impero*, Milano 2001

Capitolo 3. La casa

F. COARELLI, *La casa dell'aristocrazia romana secondo Vitruvio*, in *Munus non ingratum*, BABesch, suppl. II, Leida 1989, pp. 178-187

E. DE ALBENTIIS, *La casa dei Romani*, Milano 1990.

Y. THÉBERT, *Vita privata e architettura domestica nell'Africa romana*, in *La vita privata dall'impero romano all'anno mille*, Roma-Bari 1990, pp.233-309

J.R. CLARKE, *The House of Roman Italy, 100 B.C.-250 A.D.*, Berkeley 1991

A. WALLACE-HADRILL, *Houses and Society in Pompeii and Herulaneum*, Princeton 1994

A. ZACCARIA RUGGIU, *Spazio privato e spazio pubblico nella città romana*, Roma 1995

F. PESANDO, *'Domus'. Edilizia privata e società pompeiana fra III e II sec. a.C.*, Roma 1997

G.L. GRASSIGLI, *La scena domestica e il suo immaginario. I temi figurati nei mosaici della Cisalpina*, Napoli 1998

P. GROS, *L'architecture romaine du début du IIIe siècle av. J.-C. à la fin du Haut-Empire. 2. Maisons, palais, villas et tombeaux*, Paris 2001, pp. 30-230

S. BULLO, F. GHEDINI (a cura di), *Amplissimae atque ornatissimae domus (Aug., civ., II, 20, 26). L'edilizia residenziale nelle città della Tunisia romana*, Roma 2003

M. NOVELLO, *Scelte tematiche e committenza nelle abitazioni dell'Africa Proconsolare. I mosaici figurati*, Pisa-Roma 2007

Capitolo 4. Il funerale e la tomba

M. TORELLI, *Necropoli dell'Italia antica*, Milano 1982

M. BETTINI, *Culto degli antenati e culto dei morti*, in S. SETTIS (a cura di), *Civiltà dei Romani. Il rito e la vita privata*, Milano 1992, pp. 260-264

S. DE MARIA, *Apoteosi private*, in S. SETTIS (a cura di), *Civiltà dei Romani. Il rito e la vita privata*, Milano 1992, pp. 292-304

M. PAOLETTI, *Usi funebri e forme del sepolcro*, in S. SETTIS (a cura di), *Civiltà dei Romani. Il rito e la vita privata*, Milano 1992, pp. 265-277

H. VON HESBERG, *Monumenta. I sepolcri romani e la loro architettura*, Milano 1994

AA.VV., *Espacios y usos funerarios en el Occidente romano*, Còrdoba 2002

Capitolo 5. Il trionfo e i bottini d'arte

H. JUCKER, *Vom Verhältnis der Römer zur bildenden Kunst der Griechen*, Bamberg 1950

H.S. VERSNEL, *Triumphus. An Inquiry into the Origin, Development and Meaning of the Roman Triumph*, Leiden 1970

P. GROS, *Les statues de Syracuse et les "dieux" de Taras. La classe politique romaine devant l'art grec à la fin du IIIe siècle a. J.-C.*, in *Revue des études latines* 57, 1979, pp. 85-114

F. COARELLI, *Il Foro Boario. Dalle origini alla fine della Repubblica*, Roma 1988

S. DE MARIA, *Segni, cerimonie e monumenti del potere*, in S. SETTIS (a cura di), *Civiltà dei Romani. Il potere e l'esercito*, Milano 1991, pp. 123-143

S. DE MARIA, *Botteghe di artisti, botteghe di copisti, collezioni d'arte*, in S. SETTIS (a cura di), *Civiltà dei Romani. Un linguaggio comune*, Milano 1993, pp. 219-234

F. COARELLI, *Revixit Ars. Arte e ideologia a Roma. Dai modelli ellenistici alla tradizione repubblicana*, Roma 1996, pp. 312-326

V. SALADINO, *Artisti greci e committenti romani*, in S.SETTIS (a cura di), *I Greci. Storia Cultura Arte Società. 2. Una storia greca. III. Trasformazioni*, Torino 1998, pp. 965-990

P. GROS, *Archi onorari e trionfali*, in ID., *L'architettura romana. Dagli inizi del III secolo a.C. alla fine dell'alto impero*, Milano 2001

F. COARELLI, *I percorsi cerimoniali a Roma in età regia*, in E. GRECO (a cura di), *Teseo e Romolo. Le origini di Atene e di Roma*, Roma 2005, pp. 29-42

Capitolo 6. I luoghi dell'*otium*

J.J. ROSSITER, *Roman Farm Buildings in Italy*, Oxford 1978

A. CARANDINI (a cura di), *Settefinestre. Una villa schiavistica nell'Etruria romana*, Modena 1985

M. DE FRANCESCHINI, *Le ville romane della* X Regio (Venetia et Histria), Roma 1998

P. GROS, *L'architecture romaine du début du IIIe siècle av. J.-C. à la fin du Haut-Empire. 2. Maisons, palais, villas et tombeaux*, Paris 2001

M.S. BUSANA, *Architetture rurali nella Venetia romana*, Roma 2002

D. SCAGLIARINI CORLÁITA, Domus villae palatia. *Convergenze e divergenze nelle tipologie architettoniche*, in *Abitare in città. La Cisalpina tra impero e medioevo*, Wiesbaden 2003, pp. 153-172

A. CARANDINI, M.T. D'ALESSIO, H. DI GIUSEPPE, *La fattoria e la villa dell'Auditorium nel quartiere Flaminio di Roma*, Roma 2006

Capitolo 7. Il foro

G.A. MANSUELLI, *Urbanistica e architettura della Cisalpina romana*, Bruxelles 1971

J.C. ANDERSON, *The Historical Topography of the Imperial Forums*, Bruxelles 1984

H. HÄNLEIN SCHÄFER, *Veneratio Augusti. Eine Studie zu den Tempeln des ersten römischen Kaisers*, Roma 1985

P. GROS, M. TORELLI, *Storia dell'urbanistica. Il mondo romano*, Roma-Bari 2007

J.-C. BALTY, *Curia Ordinis. Recherches d'architecture et d'urbanisme antiques sur les curies provinciales du monde romain*, Bruxelles 1991

AA.VV., *La ciudad en el mundo romano*, Tarragona 1994

I luoghi del consenso imperiale. Il Foro di Augusto. Il Foro di Traiano. Introduzione storico-topografica, a cura di E.LA ROCCA, L.UNGERO, R.MENEGHINI, Roma 1995

P. GROS, *L'architettura romana. Dagli inizi del III secolo a.C. alla fine dell'alto impero. I monumenti pubblici*, Milano 2001, pp. 228-259

E. LA ROCCA, *La nuova immagine dei fori imperiali. Appunti in margine agli scavi*, in *Mitteilungen des Deutschen Archäologischen Instituts.Römische Abteilung* 108, 2001, pp. 171-213

Capitolo 8. Le colonie

A. CARANDINI (a cura di), *La romanizzazione dell'Etruria: il territorio di Vulci*, Milano 1985

M.H. CRAWFORD, *Origini e sviluppi del sistema provinciale romano*, in *Storia di Roma. II.1. La repubblica imperiale*, Torino 1990, pp. 91-121

E. GABBA, *L'imperialismo romano*, in *Storia di Roma. II.1. La repubblica imperiale*, Torino 1990, pp. 189-233

M. TAGLIENTE (a cura di), *Italici in Magna Grecia. Lingua, insediamenti e strutture*, Venosa 1990

AA.VV., *La romanisation du Samnium aux IIe et Ier siècles av. J.-C.*, Naples 1991

M.P. GUIDOBALDI, *La romanizzazione dell'ager Praetutianus (secoli III-I a.C.)*, Napoli 1995

M. TORELLI, *Studies in the Romanization of Italy* (a cura di H. FRACCHIA, M. GUALTIERI), Edmonton 1995

M. Torelli, *Tota Italia. Essays in the Cultural Formation of Roman Italy*, Oxford 1999
AA.VV., *Romanization and the City. Creation, Transformations, and Failures*, (Supplem. *Journal of Roman Archaeology*), Portsmouth 2000
W.H. Harris, *Roma fuori di Roma*, in A. Giardina (a cura di), *Storia di Roma dall'antichità a oggi. Roma antica*, Roma-Bari 2000, pp. 329-348
S. Rinaldi Tufi, *Archeologia delle province romane*, Roma 2000
J.-M. David, *La romanizzazione dell'Italia*, Roma-Bari 2002
M. Gualtieri, *La Lucania romana. Cultura e società nella documentazione archeologica*, Napoli 2003

Capitolo 9. Le residenze imperiali

G. Carettoni, *Das Haus des Augustus auf dem Palatin*, Magonza 1983
L.F. Ball, *A reappraisal of Nero's* Domus Aurea, in *Rome Papers*, Ann Arbor 1994, pp. 183-254
Il Palatino. Area sacra sud-ovest e Domus Tiberiana, Roma 1998
M. Royo, *Domus Imperatoriae. Topographie, formation et imaginaire des palais impériaux du Palatin*, Roma 1999
H. Broise, X. Lafon, *La villa Prato de Sperlonga*, Roma 2001
C. Cecamore, Palatium. *Topografia storica del Palatino tra III secolo a.C. e I secolo d.C.*, Roma 2002
A. Carandini, E. Papi, M.L. Gualandi, *Palatium e Sacra Via, 2. L'età tardo-repubblicana e la prima età imperiale (fine III secolo a.C. - 64 d.C.)*, in *Bollettino di Archeologia* 59-60, (1999), 2005, pp. 3-327

Capitolo 10. Gli spazi dei *ludi*

A. Fraschetti, *Le feste, il circo, i calendari*, in *Storia di Roma. IV. Caratteri e morfologie*, Torino 1989, pp. 609-627
L. Luschi, *Potere pubblico: spese, spettacoli, feste*, S. De Maria, *Segni, cerimonie e monumenti del potere*, in S. Settis (a cura di), *Civiltà dei Romani. Il potere e l'esercito*, Milano 1991, pp. 217-234
A. Fraschetti, *Feste e rituali*, in S. Settis (a cura di), *Civiltà dei Romani. Il rito e la vita privata*, Milano 1992, pp. 40-50
P. Betto, *Il teatro dei Romani: uno specchio della società*, in S. Settis (a cura di), *Civiltà dei Romani. Un linguaggio comune*, Milano 1993, pp. 15-30
F. Coarelli, G.L. Gregori, L. Lombardi, *Il Colosseo*, Milano 1999
F. Dupont, *Gli spettacoli*, in A. Giardina (a cura di), *Storia di Roma dall'antichità a oggi. Roma antica*, Roma-Bari 2000, pp. 281-306
P. Gros, *L'architettura romana. Dagli inizi del III secolo a.C. alla fine dell'alto impero*, Milano 2001
A. La Regina (a cura di), *Sangue e arena*, Milano 2001

Capitolo 11. Il culto imperiale

P. Zanker, *Augusto e il potere delle immagini*, Torino 1989
A. Fraschetti, *Roma e il principe*, Roma-Bari 1990
G. Bejor, *Il culto imperiale e i suoi monumenti*, in S. Settis (a cura di), *Civiltà dei Romani. Il rito e la vita privata*, Milano 1992, pp. 51-64
L. Luschi, *Apoteosi e mausolei imperiali*, in S. Settis (a cura di), *Civiltà dei Romani. Il rito e la vita privata*, Milano 1992, pp. 278-291
R. Teja, *Il cerimoniale imperiale*, in *Storia di Roma. III. L'età tardoantica. 1. Crisi e trasformazioni*, Torino 1993, pp. 613-642
S.G. MacCormack, *Arte e cerimoniale nell'antichità*, Torino 1995
P. Zanker, *Die Apotheose der römischen Kaiser. Ritual und städtische Bühne*, München 2004

Capitolo 12. Religioni e culti

A. Brelich, *Tre variazioni romane sul tema delle origini*, Roma 1955
I.S. Ryberg, *Rites of State Religion in Roman Art*, in *Memoirs of the American Academy in Rome* 22, 1955
G. Dumezil, *La religione di Roma arcaica*, Milano 1977
J. Scheid, *La religione a Roma*, Roma-Bari 1983
M. Torelli, *Lavinio e Roma. Riti iniziatici e matrimonio tra archeologia e storia*, Roma 1984
P. Brown, *La società e il sacro nella tarda antichità*, Torino 1988
C. Grottanelli, N.F. Parise (a cura di), *Sacrificio e società nel mondo antico*, Roma-Bari 1988
D. Sabbatucci, *La religione di Roma antica dal calendario festivo all'ordine cosmico*, Milano 1988
J. Scheid, *Religione e società*, in *Storia di Roma. IV. Caratteri e morfologie*, Torino 1989, pp. 631-659
J. North, *La religione repubblicana*, in *Storia di Roma. II.1. La repubblica imperiale*, Torino 1990, pp. 557-593
C. Franzoni, *Le immagini e il culto*, in S. Settis (a cura di), *Civiltà dei Romani. Il rito e la vita privata*, Milano 1992, pp. 25-39
C. Letta, *Le religioni orientali e i loro luoghi di culto*, in S. Settis (a cura di), *Civiltà dei Romani. Il rito e la vita privata*, Milano 1992, pp. 73-82
W. Liebeschütz, *La religione romana*, in *Storia di Roma. II.3. L'impero mediterraneo. III. La cultura e l'impero*, Torino 1992, pp. 237-281
W.A. Meeks, *Il Cristianesimo*, in *Storia di Roma. II.3. L'impero mediterraneo. La cultura e l'impero*, Torino 1992, pp. 283-319
J. Scheid, *La religione romana*, in S. Settis (a cura di), *Civiltà dei Romani. Il rito e la vita privata*, Milano 1992, pp. 9-24
R. Lizzi, F. E. Consolino, *Le religioni nell'Impero tardoantico: persistenze e mutamenti*, in *Storia di Roma. III. L'età tardoantica. 1. Crisi e trasformazioni*, Torino 1993, pp. 895-974
A. Marcone, *La politica religiosa: dall'ultima persecuzione alla tolleranza* in *Storia di Roma. III.1. L'età tardoantica. Crisi e trasformazioni*, Torino 1993, pp. 223-245
C. Pietri, *La cristianizzazione dell'impero*, in *Storia di Roma. III.1. L'età tardoantica. Crisi e trasformazioni*, Torino 1993, pp. 845-876
P. Brown, *Potere e cristianesimo nella tarda antichità*, Roma-Bari 1995
A. Fraschetti, *La conversione. Da Roma pagana a Roma cristiana*, Roma-Bari 1999
M. Beard, *Gli spazi degli dei, le feste* in A. Giardina (a cura di), *Storia di Roma dall'antichità a oggi. Roma antica*, Roma-Bari 2000, pp. 35-56
J. Rüpke, *La religione dei Romani*, Torino 2004
A. Bottini (a cura di), *Il rito segreto. Misteri in Grecia e a Roma*, Roma 2005

Pianta di Roma nel IV secolo d.C.

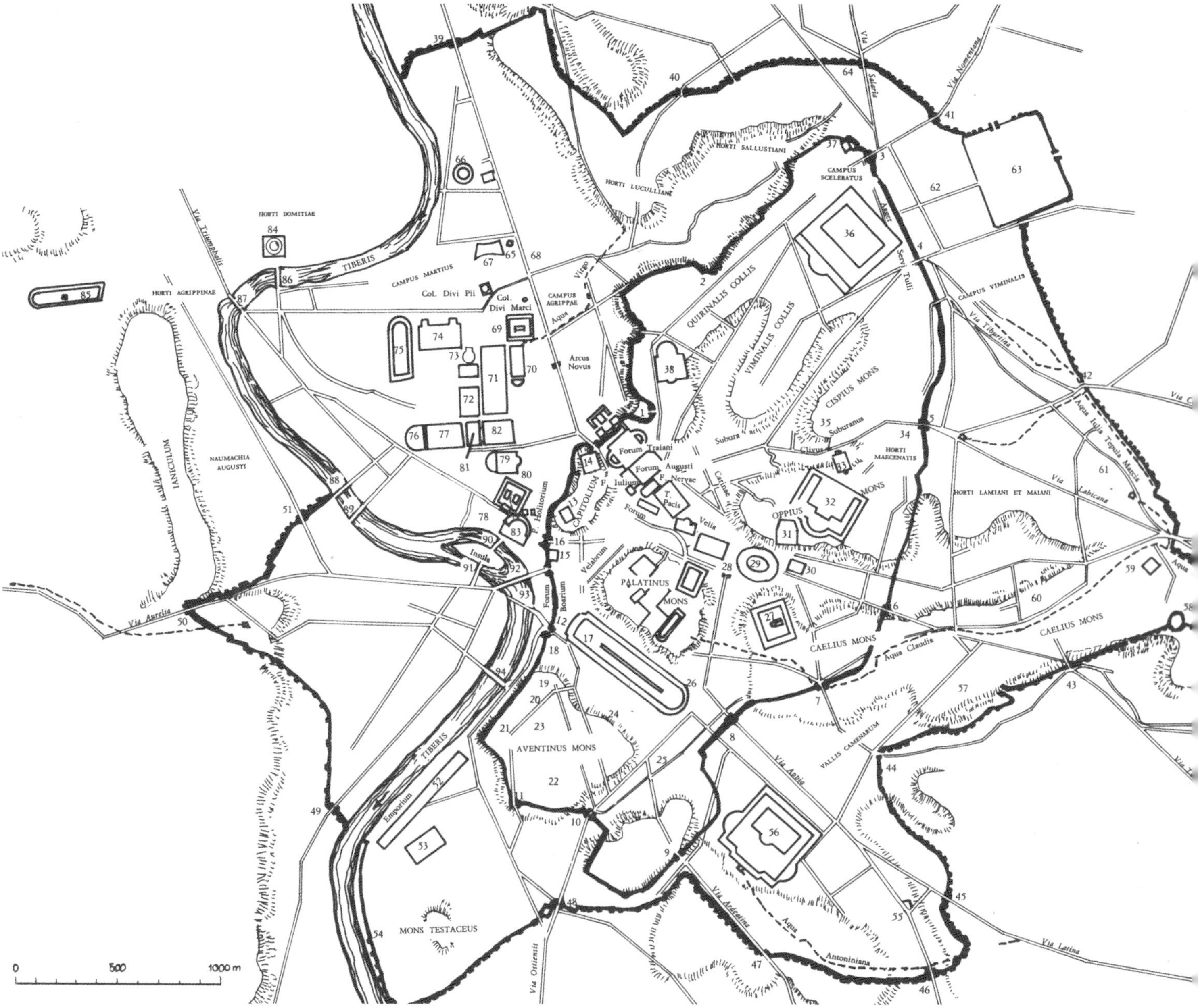

Porte delle mura serviane (nn. 1-12 e 16):
1 Porta Sanqualis; 2 Porta Quirinalis; 3 Porta Collina; 4 Porta Viminalis; 5 Porta Esquilina; 6 Porta Caelimontana; 7 Porta Querquetulana; 8 Porta Capena; 9 Porta Naevia; 10 Porta Raudusculana; 11 Porta Lavernalis; 12 Porta Trigemina; 16 Porta Carmentalis
13 Tempio di Giove Ottimo Massimo sul Campidoglio
14 Tempio di Giunone Moneta, sull'Arce
15 "Area sacra" di S. Omobono
17 Circo Massimo
18 Tempio di Cerere, Libero e Libera
19 Tempio di Luna
20 Tempio di Minerva
21 Tempio di Giunone Regina
22 Terme Deciane
23 Tempio di Diana
24 Casa e Terme di Sura
25 Tempio della Bona Dea
26 Septizodium
27 Tempio del Divo Claudio
28 Arco di Costantino
29 Colosseo
30 Ludus Magnus
31 Terme di Tito
32 Terme di Traiano
33 Portico di Livia
34 Arco di Gallieno
35 Tempio di Giunone Lucina
36 Terme di Diocleziano
37 Tempio della Fortuna
38 Terme di Costantino
Porte delle mura di Aureliano (nn. 39-51):
39 Porta Flaminia; 40 Porta Pinciana; 41 Porta Nomentana; 42 Porta Tiburtina; 43 Porta Asinaria; 44 Porta Metronia; 45 Porta Latina; 46 Porta Appia; 47 Porta Ardeatina; 48 Porta Ostiense; 49 Porta Portuense; 50 Porta Aurelia; 51 Porta Septimiana
52 Porticus Aemilia
53 Horrea Galbana
54 Horrea Lolliana
55 Sepolcro degli Scipioni
56 Terme di Caracalla
57 Casa dei Laterani
58 Anfiteatro Castrense
59 Terme Eleniane
60 Horti Lamiani
61 Ninfeo ("Tempio di Minerva Medica")
62 Campo delle coorti pretorie
63 Castra Praetoria (accampamento dei Pretoriani)
64 Tempio di Venere Ericina
65 Mausoleo di Augusto
66 Ara Pacis
67 Orologio solare di Augusto
68 Tempio del Sole di Aureliano
69 Tempio del Divo Adriano
70 Tempio di Iside nel Campo Marzio
71 Saepta Iulia
72 Terme di Agrippa
73 Pantheon
74 Terme di Nerone (poi di Alessandro Severo)
75 Stadio di Domiziano (Piazza Navona)
76 Teatro di Pompeo
77 Portici di Pompeo
78 Circo Flaminio
79 Teatro e "crypta" di Balbo
80 Portico di Ottavia
81 "Area sacra" di Largo Argentina
82 Porticus Minucia Frumentaria
83 Teatro di Marcello
84 Mausoleo di Adriano (Castel S. Angelo)
85 Circo di Caligola
86 Ponte Elio (S. Angelo)
87 Ponte Neroniano
88 Ponte di Agrippa
89 Ponte Aurelio
90 Ponte Fabricio
91 Ponte Cestio
92 Ponte Emilio
93 Ponte Sublicio
94 Ponte di Probo

Le regioni dell'Italia augustea

L'Impero da Augusto a Traiano

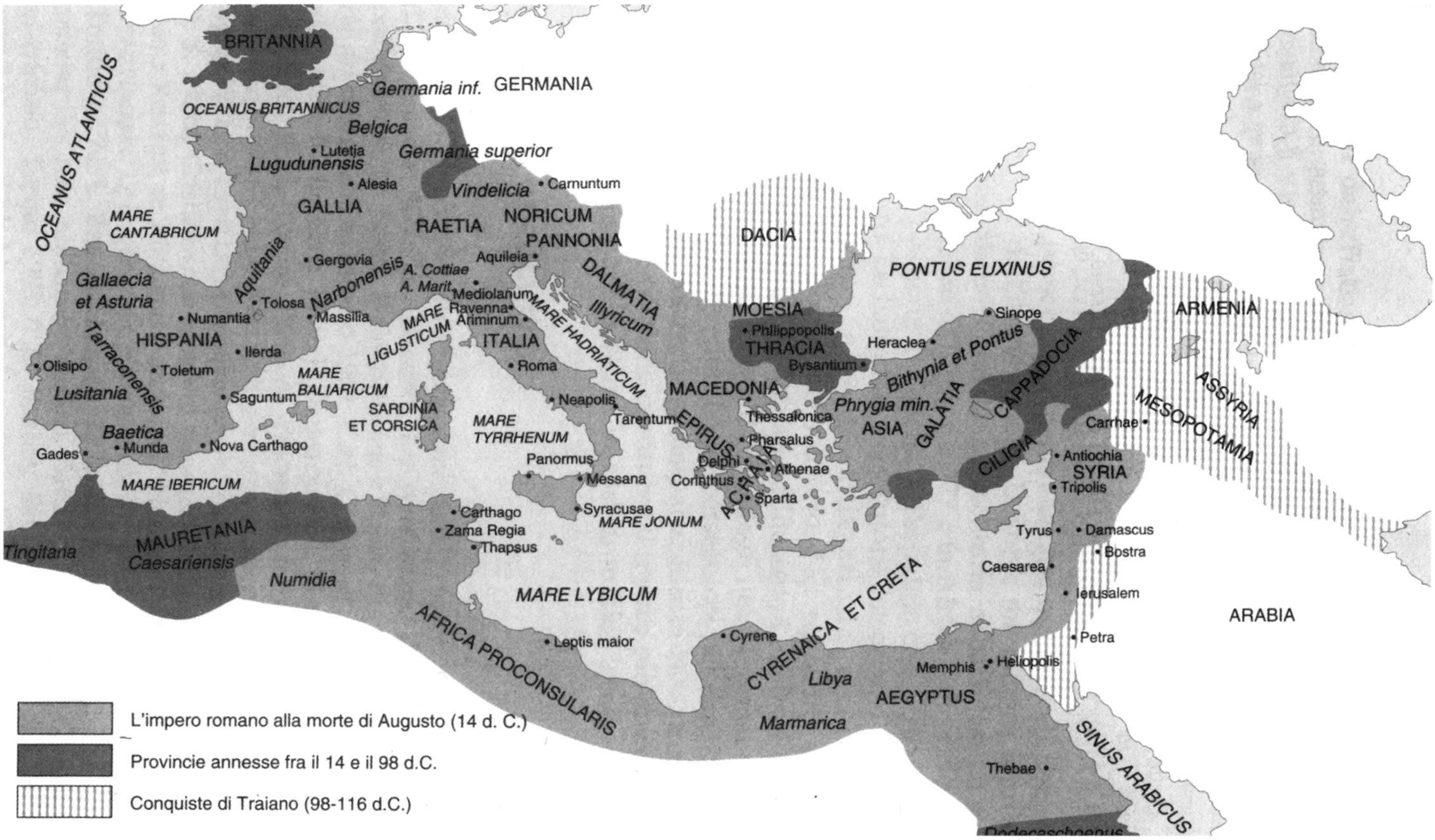

Referenze fotografiche

Archivi Alinari Firenze: p. 112 fig. 40, p. 116 fig. 48, p. 120 fig. 4, p. 128 fig. 18, p. 129 fig. 20, p. 131 fig. 23, p. 155 fig. 27, p. 164 fig. 7, p. 165 fig. 9, p. 166 fig. 10-12, p. 167 fig. 14, p. 171 fig. 19-20, p. 172 fig. 22, p. 179 fig. 30, p. 194 fig. 1, p. 196 fig. 4, pp. 208-209 figg. 1-2-3-4, p. 211 fig. 6, p. 214 fig. 10, p. 239 fig. 46, p. 273 fig. 8, p. 301 fig. 7, p. 142 fig. 5 (Bridgeman/ Archvi Alinari, Firenze), p. 275 fig. 2 (Folco Quilici © Fratelli Alinari)

© Foto Scala, Firenze: p. 124 fig. 10, p. 125 fig. 11, p. 189 fig. 13, p. 239 fig. 45 (© 1990. Foto Scala, Firenze), p. 131 fig. 24, p. 145 fig. 10, p. 158 fig. 33 (© 1990. Foto Scala,Firenze – su concessione del Ministero per i Beni e le Attività Culturali), p. 121 fig. 5 (© 2003. Foto Scala,Firenze – su concessione del Ministero per i Beni e le Attività Culturali), p. 285 fig. 7 (© 2003. Foto Scala, Firenze), p. 125 fig. 12 (© 2005. Foto Scala, Firenze), p. 193 fig. 20 (© 2005. Foto Spectrum/HIP/Scala, Firenze), p. 208 fig. 1 (© 2005. Foto Scala,Firenze – su concessione del Ministero per i Beni e le Attività Culturali), p. 129 fig. 19 (© 2006. Foto Werner Forman Archive/Scala, Firenze), p. 137 fig. 35 (© 2007. Foto Scala,Firenze/Bildarchiv Preussischer Kulturbesitz, Berlin), p. 210 fig. 5 (© 2007. Foto Werner Forman Archive/Scala, Firenze)

Su gentile concessione del Ministero per i Beni e le Attività Culturali sono riprodotte le immagini fornite da:

Assessorato alle Politiche Culturali del Comune di Roma

© Soprintendenza per i Beni Archeologici dell'Etruria Meridionale: p. 50 fig. 10, p. 53 fig. 2, p. 53 fig. 3, p. 66 fig. 4, p. 69 fig. 7, p. 70 fig. 10, p. 250 fig. 7, p. 264 fig. 2

Soprintendenza per i Beni Archeologici della Toscana: p. 97 fig. 9, p. 108 fig. 34, p. 138 fig. 36, p. 306 fig. 7

© Museo Nazionale Preistorico/Etnografico L. Pigorini, Roma-EUR: p. 42 fig. 1, p. 47 fig. 7

Soprintendenza Archeologica di Roma: p. 54 figg. 4-5, p. 65 fig. 2, p. 69 fig. 8, p. 73 fig. 15, p. 99 fig. 14, p. 100 fig. 16, p. 101 fig. 17, p. 102 fig. 20, p. 107 fig. 32, p. 113 fig. 42, p. 114 fig. 44, p. 117 fig. 49, p. 132 fig. 25, p. 133 fig. 27-29, p. 134 fig. 30, p. 149 fig. 18, pp. 150-151 figg. 19-20-21-22, p. 159 fig. 37, p. 167 fig. 13, p. 177 fig. 28, p. 198 fig. 6, p. 200 fig. 11, p. 220 fig. 17-18, p. 261 fig. 6, p. 305 fig. 6, p. 307 fig. 8

Soprintendenza per i Beni Archeologici delle province di Napoli e Caserta: p. 56 fig. 12, p. 57 fig. 13, p. 90 fig. 1, p. 118 fig. 2, p. 133 fig. 28, p. 152 figg. 24-25, p. 154 fig. 26, p. 168 fig. 15, p. 176 fig. 27, p. 195 fig. 2, p. 234 figg. 36-37-38, p. 294 fig. 5, p. 304 fig. 4

Si ringraziano inoltre gli archivi fotografici dei musei e degli enti pubblici e privati che hanno fornito il materiale iconografico:

Museo dell'Ara Pacis, Roma: pp. 126-127 figg. 13-14-15-16-17 (© Comune di Roma, fotografie di Stefano Castellani)

Archivio Fotografico dei Musei Capitolini, Roma: p. 52 fig. 1, p. 60 fig. 16, p. 66 fig. 3, p. 67 fig. 5, p. 71 fig. 12, p. 72 fig. 13, p. 99 fig. 12-13, p. 105 fig. 25-27, p. 106 fig. 29, p. 107 fig. 31-33, p. 114 fig. 45, p. 119 fig. 3, p. 123 fig. 9, p. 134 fig. 31, p. 135 fig. 32, p. 180 fig. 31, p. 240 fig. 5, p. 264 fig. 3, p. 303 fig. 2-3, p. 304 fig. 5 (fotografie di Maria Teresa Natale)

Musei Vaticani, Città del Vaticano: p. 74 fig. 18, p. 113 fig. 41, p. 114 fig. 43, p. 147 fig. 15, p. 156 fig. 30, p. 159 fig. 36, p. 161 fig. 40, p. 162 fig. 1, p. 164 fig. 8, p. 172 fig. 21, p. 195 fig. 3, p. 200 fig. 10, p. 227 fig. 26, p. 297 fig. 1, p. 299 fig. 4